Processo do TRABALHO

concursos públicos

RENATO SARAIVA | ROGÉRIO RENZETTI

Processo do TRABALHO

concursos públicos

19.ª edição
revista e atualizada

2025

EDITORA JusPODIVM
www.editorajuspodivm.com.br

EDITORA *Jus*PODIVM
www.editorajuspodivm.com.br

Rua Canuto Saraiva, 131 – Mooca – CEP: 03113-010 – São Paulo – São Paulo
Tel: (11) 3582.5757
• Contato: https://www.editorajuspodivm.com.br/central-de-relacionamento

Diagramação: Claudia Lino *(claudiafatellino@gmail.com)*

Capa: Marcelo S. Brandão *(santibrando@gmail.com)*

S243p Saraiva, Renato
Processo do Trabalho para Concursos Públicos / Renato Saraiva e Rogério Renzetti. – 19. ed. rev., atual. e ampl. – São Paulo: Editora Juspodivm, 2025.
688 p.

ISBN 978-85-442-5771-5

1. Direito Processual do Trabalho. I. Saraiva, Renato. II. Renzetti, Rogério. III. Título.

CDD 342.68

BIBLIOTECÁRIA RESPONSÁVEL

Ana Carolina Ribeiro Mois – CRB7 – RJ 007348/0

À minha esposa, Michelle,
e aos meus filhos, Guilherme,
Luiz Fellipe, Rafaell e Miguel.

Renato Saraiva

Aos meus amores: Tina,
Laura e Luísa.

Rogério Renzetti

NOTA À 19ª EDIÇÃO

Impossível começar a falar desta obra sem mencionar o privilégio que é passar de aluno a parceiro do professor Renato Saraiva. Mas esse privilégio trouxe um desafio, atualizar este livro sem desapontar o mestre. Espero sinceramente que a tarefa tenha sido cumprida.

A 19ª edição deste livro foi minuciosamente revisada e atualizada com base na legislação vigente e na jurisprudência recente dos tribunais. A intenção é fazer desta obra, uma fonte de conhecimento útil para você leitor.

Confie que nas próximas páginas irá encontrar os principais assuntos da área trabalhista que irá atender a todos aqueles que precisem aprimorar seus conhecimentos trabalhistas.

Acredito que todo livro, independentemente de sua edição é um começo. Espero que as próximas páginas possam não apenas fazer parte da sua vida, mas, também, abrir um espaço para que a parceria Rogério Renzetti e Renato Saraiva contribua em seus estudos da doutrina trabalhista de forma mais aprofundada e didática.

Vamos juntos.

Rogério Renzetti

PREFÁCIO

Foi com muita satisfação e alegria que recebi o convite do professor e amigo Renato Saraiva para prefaciar seu livro *Processo do trabalho*, destinado a estudantes que estão se preparando para submeter-se a exames de concursos públicos.

Na verdade, a obra desborda dos limites de sua finalidade.

Realmente, a obra é clara, precisa e objetiva, como deve ser um trabalho destinado a estudantes que se dedicam a concursos públicos. O autor superou, contudo, a finalidade do livro, produzindo um material que serve não apenas de apoio para esse estudante, mas que também constitui ferramenta fundamental para o advogado, o juiz e o procurador do trabalho. Enfim, a qualidade da obra permite que sirva de fonte de consulta imprescindível não somente para o estudante, mas igualmente para o profissional que lida com as demandas trabalhistas.

Cada vez mais me convenço de que o Direito Processual deve adaptar-se às peculiaridades do Direito Material. Não é sem razão, aliás, que existe um processo civil, um processo penal, um processo eleitoral, um processo tributário, um processo do trabalho. Há quem já fale na necessidade de um processo destinado a questões de direito de família e, ainda, num processo destinado a lides que envolvam a Fazenda Pública em juízo. E não se esgotam as possibilidades de novos ramos do Direito Processual: para cada Direito Material surge a necessidade de um processo específico, consolidando a construção indispensável de tutelas diferenciadas.

O Professor Renato Saraiva manteve-se fiel a essa perspectiva metodológica. O presente livro analisa os institutos do Direito Processual levando em conta as vicissitudes do Direito do Trabalho. Em outras palavras, o autor parte das noções gerais, colhidas na teoria geral do processo, para, então, adaptá-las ao Direito do Trabalho, com o que discorre sobre o chamado Processo do Trabalho, é dizer, sobre o processo que aplica o Direito do

Trabalho, pondo em relevo a função instrumental do Direito Processual, que consiste, justamente, em resolver os conflitos de interesse relacionados com determinado ramo do Direito Material.

Em linguagem simples, objetiva e acessível, Renato Saraiva transmite no presente livro toda sua experiência de professor de cursos preparatórios para concursos e, igualmente, toda sua experiência de Procurador do Trabalho, oferecendo ao público material de primeira qualidade.

Estão de parabéns tanto o autor como a editora por divulgarem essas lições, que serão de fundamental importância para o estudante e, de igual modo, para o profissional que milita em demandas trabalhistas. Tenho certeza de que tais palavras não bastam para expressar com fidelidade *todas* as qualidades do livro, mas me parece necessário encerrar este prefácio para que o leitor não perca mais tempo e possa, desde logo, desfrutar de agradável leitura e absorver as explicações de seu autor.

Leonardo José Carneiro da Cunha

Mestre em Direito pela UFPE. Doutor em Direito pela PUC/SP.
Professor de Direito Processual Civil. Procurador do Estado de Pernambuco. Advogado.

SUMÁRIO

CAPÍTULO 1

ORGANIZAÇÃO DA JUSTIÇA DO TRABALHO, COMPETÊNCIA

1.1. ORGANIZAÇÃO DA JUSTIÇA DO TRABALHO

1.1.1. Introdução

O art. 111 da CF/1988 define como órgãos da Justiça do Trabalho:

- o Tribunal Superior do Trabalho (TST);
- os Tribunais Regionais do Trabalho (TRTs);
- os juízes do trabalho.

O Judiciário trabalhista, portanto, é dividido em três graus de jurisdição, quais sejam: TST (terceiro grau de jurisdição), TRTs (segundo grau de jurisdição) e os juízes do trabalho (primeiro grau de jurisdição, que exercem a jurisdição nas Varas do Trabalho).

A denominação "desembargadores" é frequentemente utilizada em regimentos internos de tribunais para se referir aos magistrados que atuam nessas cortes. No entanto, a Constituição Federal, especificamente em seu artigo 115, adota a expressão "juízes" para designar esses magistrados. Atualmente, encontra-se em trâmite no Congresso Nacional um projeto de lei que visa modificar essa nomenclatura, alterando o termo "juízes dos TRT's" por "desembargadores dos TRTs". Essa alteração busca uniformizar a terminologia regulamentar nos tribunais.

1.1.2. Tribunal Superior do Trabalho

O TST surgiu em 1946, ano em que a Justiça do Trabalho foi integrada ao Poder Judiciário.

O Tribunal Superior do Trabalho é o órgão de cúpula da Justiça do Trabalho, com sede em Brasília e jurisdição em todo o território nacional.

A EC 45/2004, dispondo sobre o TST, criou o art. 111-A da CF/88, cuja redação após a EC 92, é a seguinte:

> Art. 111-A. O Tribunal Superior do Trabalho compõe-se de vinte e sete Ministros, escolhidos dentre brasileiros com mais de trinta e cinco e menos de setenta anos de idade, de notável saber jurídico e reputação ilibada, nomeados pelo Presidente da República após aprovação pela maioria absoluta do Senado Federal, sendo:
>
> I – um quinto dentre advogados com mais de dez anos de efetiva atividade profissional e membros do Ministério Público do Trabalho com mais de dez anos de efetivo exercício, observado o disposto no art. 94;
>
> II – os demais dentre juízes dos Tribunais Regionais do Trabalho, oriundos da magistratura da carreira, indicados pelo próprio Tribunal Superior.
>
> § 1º A lei disporá sobre a competência do Tribunal Superior do Trabalho.
>
> § 2º Funcionarão junto ao Tribunal Superior do Trabalho:
>
> I – a Escola Nacional de Formação e Aperfeiçoamento de Magistrados do Trabalho, cabendo-lhe, dentre outras funções, regulamentar os cursos oficiais para o ingresso e promoção na carreira;
>
> II – o Conselho Superior da Justiça do Trabalho, cabendo-lhe exercer, na forma da lei, a supervisão administrativa, orçamentária, financeira e patrimonial da Justiça do Trabalho de primeiro e segundo graus, como órgão central do sistema, cujas decisões terão efeito vinculante.

> § 3º Compete ao Tribunal Superior do Trabalho processar e julgar, originariamente, a reclamação para a preservação de sua competência e garantia da autoridade de suas decisões.

Ressalte-se que a EC 92, de 2016, alterou em 2 momentos o art. 111-A da CF/88: primeiro no *caput*, passando a exigir expressamente notável saber jurídico e reputação ilibada aos Ministros do TST e, depois, ao acrescentar o parágrafo terceiro, atribuindo ao TST a competência para processar e julgar, originariamente, a reclamação para a preservação de sua competência e garantia da autoridade de suas decisões.

O TST é composto por 27 ministros, escolhidos dentre brasileiros com mais de 35 e menos de 70 anos, nomeados pelo Presidente da República, após aprovação da maioria absoluta do Senado Federal.

A EC 24/1999 extinguiu a representação classista em todos os níveis na Justiça do Trabalho. Da totalidade de 27 ministros, deverá ser observado o quinto constitucional em relação aos membros provenientes do Ministério Público do Trabalho e da OAB, sendo o restante dos magistrados escolhidos dentre juízes dos TRTs, oriundos da magistratura de carreira.

A escolha dos membros oriundos do quinto constitucional ocorre da seguinte maneira: primeiro é apresentada ao TST uma lista sêxtupla elaborada pela OAB e pelo Ministério Público indicando os nomes. Recebidas as indicações, o tribunal formará uma lista tríplice. Essa lista é encaminhada ao chefe do Poder Executivo, que, no prazo de 20 dias, escolhe um dentre os três nomes. O escolhido é sabatinado e, se aprovado pelo Senado, ele será nomeado pelo Presidente da República.

Para provimento dos cargos ocupados por magistrados de carreira são elaboradas pelos Ministros do TST listas tríplices, dispensando-se o respeito aos critérios de antiguidade/merecimento. É importante mencionar que, mesmo se o Juiz integrar essa lista por três vezes seguidas ou cinco alternadas, não será promovido obrigatoriamente.

A competência do Tribunal Superior do Trabalho será fixada em lei. Atualmente, a Lei que a regula é a de n. 7.701/1988.

Os magistrados do TST recebem o título constitucional de ministros, a exemplo de todos os tribunais superiores e do próprio Tribunal de Contas da União.

O TST editou a Resolução Administrativa 1.937/2017 (Regimento Interno do TST), definindo, em seu art. 65, os órgãos que compõem o próprio TST, quais sejam:

- Tribunal Pleno;
- Órgão Especial;
- Seção Especializada em Dissídios Coletivos;
- Seção Especializada em Dissídios Individuais, dividida em duas subseções; e
- Turmas (atualmente, 8 Turmas).

Importante destacar que o art. 702, I, "f" e §3º, da CLT estabelece que para a edição ou alteração de súmulas e outros enunciados de jurisprudência no âmbito do TST, devem estar presentes os seguintes requisitos cumulativos:

- voto de pelo menos 2/3 dos membros do tribunal pleno;
- a matéria já tiver sido decidida de forma idêntica por unanimidade em, no mínimo, 2/3 das turmas em pelo menos 10 sessões diferentes em cada uma delas;
- sessão pública, divulgada com, no mínimo, 30 dias de antecedência;
- deverão possibilitar a sustentação oral pelo Procurador-Geral do Trabalho, pelo Conselho Federal da Ordem dos Advogados do Brasil, pelo Advogado-Geral da União e por confederações sindicais ou entidades de classe de âmbito nacional.

O estabelecimento ou a alteração de súmulas e outros enunciados de jurisprudência pelos Tribunais Regionais do Trabalho deverão observar o disposto na alínea *f* do inciso I e no §3º deste artigo, com rol equivalente de legitimados para sustentação oral, observada a abrangência de sua circunscrição judiciária (CLT, art. 702, §4º).

O art. 111-A da CF/1988 também criou dois órgãos, que funcionarão junto ao TST, que também estão previstos no parágrafo único do art. 59 do Regimento Interno do TST, quais sejam:

- **Escola Nacional de Formação e Aperfeiçoamento de Magistrados do Trabalho** – cabendo-lhe, dentre outras funções, regulamentar os cursos oficiais para ingresso e promoção na carreira;
- **Conselho Superior da Justiça do Trabalho –** cabendo-lhe exercer, na forma da lei, a supervisão administrativa, orçamentária, financeira e patrimonial da Justiça do Trabalho de primeiro e segundo graus, como órgão central do sistema, cujas decisões terão efeito vinculante.

O Conselho Superior da Justiça do Trabalho atua apenas no âmbito administrativo, orçamentário, financeiro e patrimonial da Justiça do Trabalho, **não exercendo atividade jurisdicional. Exemplo:** Resolução nº 174 de 2016 que dispõe sobre a política judiciária nacional de tratamento adequado das disputas de interesses no âmbito do Poder Judiciário Trabalhista.

Frise-se, por último, que o art. 95, parágrafo único, V, da CF/1988, com redação dada pela EC 45/2004, proíbe que o juiz exerça a advocacia no juízo ou tribunal do qual se afastou, antes de decorridos três anos do desligamento do cargo por aposentadoria ou exoneração.

Portanto, sendo aposentado ou exonerado um Ministro do TST, este não poderá exercer a advocacia, pelo prazo de três anos perante o próprio TST, órgão em que atuou antes da aposentadoria ou exoneração.

1.1.3. Tribunais Regionais do Trabalho

A exemplo do TST, em 1946, quando a Justiça do Trabalho foi integrada ao Poder Judiciário, surgiram os TRTs, em substituição aos Conselhos Regionais do Trabalho.

A EC 122/2022 conferiu nova redação ao art. 115 da Carta Maior, dispondo sobre os TRTs. Veja a redação do dispositivo constitucional em comento:

> "Art. 115. Os Tribunais Regionais do Trabalho compõem-se de, no mínimo, sete juízes, recrutados, quando possível, na respectiva região e nomeados pelo Presidente da República dentre brasileiros com mais de trinta e menos de setenta anos de idade, sendo:
>
> I – um quinto dentre advogados com mais de dez anos de efetiva atividade profissional e membros do Ministério Público do Trabalho com mais de dez anos de efetivo exercício, observado o disposto no art. 94;
>
> II – os demais, mediante promoção de juízes do trabalho por antiguidade e merecimento, alternadamente.
>
> § 1.º Os Tribunais Regionais do Trabalho instalarão a justiça itinerante, com a realização de audiências e demais funções de atividade jurisdicional, nos limites territoriais da respectiva jurisdição, servindo-se de equipamentos públicos e comunitários.
>
> § 2.º Os Tribunais Regionais do Trabalho poderão funcionar descentralizadamente, constituindo Câmaras regionais, a fim de assegurar o pleno acesso do jurisdicionado à justiça em todas as fases do processo".

Anteriormente, a Constituição da República previa que haveria pelo menos um TRT em cada Estado, o que nunca chegou a ocorrer, visto que os Estados de Tocantins, Roraima, Acre e Amapá nunca possuíram TRT.

O território nacional está dividido em 24 regiões para efeito da Jurisdição dos Tribunais Regionais. Portanto, hoje existem 24 regiões e 24 Tribunais Regionais do Trabalho, sendo dois deles situados no Estado de São Paulo, o da 2.ª Região (capital de São Paulo, região metropolitana e Baixada Santista) e o da 15.ª Região (cidade de Campinas e cidades do interior de São Paulo). Não há Tribunal Regional do Trabalho nos seguintes Estados: Tocantins, Amapá, Acre e Roraima.

Na **R A T A** não tem TRT – **R**oraima, **A**mapá, **T**ocantins e **A**cre.

Compete aos Tribunais Regionais do Trabalho elaborar seu próprio Regimento Interno (art. 96, I, "a", da CF/1988).

O art. 115 da Constituição da República estabelece que os TRTs são compostos, no mínimo, de sete juízes, recrutados, quando possível, nas respectivas regiões, e nomeados pelo Presidente da República, dentre brasileiros com mais de trinta e menos de setenta anos.

Na composição dos TRTs também deve ser observado o quinto constitucional de membros oriundos do Ministério Público do Trabalho e da OAB, com os demais juízes nomeados mediante promoção de magistrados do trabalho vinculados às Varas, alternadamente, por antiguidade e merecimento, sendo o número de magistrados variável (no mínimo sete juízes), atendendo ao critério da necessidade de desmembramento em Turmas em função do movimento processual.

Uma inovação trazida pelo art. 115 da CF/1988 foi a criação da denominada "**justiça itinerante**", com a realização de audiências e demais funções de atividade jurisdicional, nos limites territoriais da respectiva jurisdição, servindo-se de equipamentos públicos e comunitários. Isso, sem dúvida, vai favorecer a população, pois a justiça "móvel" propiciará melhor acesso ao Judiciário das pessoas que residem em lugares distantes dos centros urbanos.

Ainda em relação ao art. 115 da Constituição, outra novidade é que os TRTs poderão funcionar descentralizadamente, constituindo **Câmaras regionais**, a fim de assegurar o pleno acesso do jurisdicionado à justiça em todas as fases do processo. Essas "Câmaras regionais" deverão atuar, principalmente, nos Estados que não possuem TRT, como é o caso de Tocantins, Amapá, Roraima e Acre.

1.1.4. Juízes do trabalho

Em função da extinção das Juntas de Conciliação e Julgamento (EC 24/1999), a jurisdição trabalhista no primeiro grau passou a ser exercida por um juiz singular, denominado juiz do trabalho, que exerce suas funções nas denominadas Varas do Trabalho.

Estabelece o art. 112 da Carta Maior (com redação dada pela EC 45/2004) que "a lei criará varas da Justiça do Trabalho, podendo, nas comarcas não abrangidas por sua jurisdição, atribuí-la aos juízes de direito, com recurso para o respectivo Tribunal Regional do Trabalho".

A Súmula 10 do STJ dispõe que, instalada a Vara do Trabalho, cessa a competência do juiz de direito em matéria trabalhista, inclusive para a execução das sentenças por ele proferidas.

Por sua vez, determina o art. 113 da Carta Maior que a lei disporá sobre a constituição, investidura, jurisdição, competência, garantias e condições de exercício dos órgãos da Justiça do Trabalho.

O art. 650 da CLT estabelecia que a jurisdição de cada Vara do Trabalho abrangia todo o território da Comarca em que tinha sede, somente podendo ser estendida ou restringida por lei federal.

A Lei 6.947/1981 estabelece normas para criação de uma vara do trabalho, definindo como requisito que a frequência de reclamações trabalhistas em cada órgão já existente exceda, seguidamente, a 1500 reclamações trabalhistas por ano.

Nas comarcas onde não houver juiz do trabalho, por lei, os Juízes de Direito poderão ser investidos da jurisdição trabalhista. Das sentenças que proferirem caberá recurso ordinário para o respectivo Tribunal Regional do Trabalho (art. 112 da CF/1988 e art. 668 da CLT).

Como bem esclarece o professor Mauro Schiavi (*Manual de direito processual do trabalho*. 4. ed. São Paulo: LTr, 2010. p. 155):

> "O Juiz do Trabalho ingressará na carreira como Juiz do Trabalho Substituto, após aprovação em concurso público de provas e títulos, sendo designado pelo Presidente do TRT para auxiliar ou substituir nas Varas do Trabalho. Após dois anos de exercício, o Juiz do Trabalho substituto torna-se vitalício. Alternadamente, por antiguidade ou merecimento, o Juiz será promovido a juiz Titular da Vara do Trabalho e, posteriormente, pelo mesmo critério, a juiz do Tribunal Regional do Trabalho. Além disso, poderá chegar ao posto de Ministro do Tribunal Superior do Trabalho desde que preencha os requisitos constitucionais".

1.2. JUÍZO 100% DIGITAL

O Conselho Nacional de Justiça – CNJ, na Resolução nº 345 do ano de 2020, autorizou a adoção, pelos tribunais, de medidas necessárias à implementação do "Juízo 100% Digital", no qual todos os atos processuais serão exclusivamente praticados por meio eletrônico e remoto por intermédio da rede mundial de computadores.

O Juízo 100% Digital é a possibilidade de o cidadão valer-se da tecnologia para ter acesso à Justiça sem precisar comparecer fisicamente nos Fóruns, uma vez que, no "Juízo 100% Digital", todos os atos processuais serão praticados exclusivamente por meio eletrônico e remoto, pela Internet. Isso vale, também, para as audiências e sessões de julgamento, que vão ocorrer exclusivamente por videoconferência, tendo as seguintes diretrizes:

- as unidades jurisdicionais não terão a sua competência alterada em razão da adoção do "juízo 100% digital";
- a escolha pelo "Juízo 100% Digital" é facultativa e será exercida pela parte demandante no momento da distribuição da ação, podendo a parte demandada opor-se a essa opção até o momento da contestação. No ato do ajuizamento do feito, a parte e seu advogado deverão fornecer endereço eletrônico e linha telefônica móvel celular, sendo admitida a citação, a notificação e a intimação por qualquer meio eletrônico;
- a parte demandada poderá se opor a essa escolha até 05 dias úteis contados do recebimento da primeira notificação;
- adotado o "Juízo 100% Digital", as partes poderão retratar-se dessa escolha, por uma única vez, até a prolação da sentença, preservados todos os atos processuais já praticados;
- os tribunais fornecerão a infraestrutura de informática e telecomunicação necessárias ao funcionamento das unidades jurisdicionais incluídas no "Juízo 100% Digital" e regulamentarão os critérios de utilização desses equipamentos e instalações;
- o "Juízo 100% Digital" deverá prestar atendimento remoto durante o horário de atendimento ao público por telefone, por e-mail, por vídeo chamadas, por aplicativos digitais ou por outros meios de comunicação que venham a ser definidos pelo tribunal, inclusive por intermédio do "Balcão Virtual", nos termos da Resolução CNJ nº 372/2021;
- as audiências e sessões no "Juízo 100% Digital" ocorrerão exclusivamente por videoconferência;

- o atendimento exclusivo de advogados pelos magistrados e servidores lotados no "Juízo 100% Digital" ocorrerá durante o horário fixado para o atendimento ao público de forma eletrônica, observando-se a ordem de solicitação, os casos urgentes e as preferências legais.

1.3. ÓRGÃOS AUXILIARES DA JUSTIÇA DO TRABALHO

Os serviços auxiliares da Justiça do Trabalho são prestados por servidores e órgãos de auxílio.

O Capítulo VI da CLT (arts. 710 a 721) é destinado apenas aos serviços auxiliares da Justiça do Trabalho.

Nos termos do art. 710 da CLT, as secretarias são dirigidas pelo Diretor de Secretaria. Na opinião de Mauro Schiavi (op. cit., p. 160), elas são compostas pelo Diretor de Secretaria; pelo Assistente de Diretor (que substitui o diretor em suas ausências); um assistente de Juiz (que auxilia o juiz diretamente); um Secretário de Audiências, também chamado de datilógrafo de audiências, a quem compete secretariar as audiências e digitar as atas; um assistente de cálculos (a quem compete auxiliar o juiz na elaboração e conferência dos cálculos de liquidação); o oficial de justiça avaliador, a quem compete o cumprimento dos mandados e diligências solicitadas pelo Juiz; e pelos demais funcionários da Justiça do Trabalho (analistas e técnicos judiciários), que ingressam mediante concurso público de provas.

Compete às secretarias realizar notificações, autuações, atendimento aos advogados e, ainda, sob a supervisão do juiz, nos termos do art. 203, § 4.º, do CPC, atos meramente ordinatórios, como a juntada e a vista obrigatória.

1.4. DOS DISTRIBUIDORES

Nas localidades em que houver mais de uma Vara do trabalho e nos Tribunais onde existir mais de uma Turma, haverá um distribuidor. Serão de sua competência, entre outras, a distribuição do feito rigorosamente por ordem de entrada e o fornecimento de informações sobre os processos distribuídos (arts. 713 a 715 da CLT).

Os distribuidores são designados pelo Presidente do TRT, dentre os funcionários das Varas do Trabalho e do TRT, ficando subordinados diretamente a ele (art. 715 da CLT).

As atribuições do distribuidor estão disciplinadas no art. 714 da CLT. *In verbis*:

> "Art. 714. Compete ao distribuidor:
>
> a) a distribuição, pela ordem rigorosa de entrada, e sucessivamente a cada Junta, dos feitos que, para esse fim, lhe forem apresentados pelos interessados;
>
> b) o fornecimento, aos interessados, do recibo correspondente a cada feito distribuído;
>
> c) a manutenção de 2 (dois) fichários dos feitos distribuídos, sendo um organizado pelos nomes dos reclamantes e o outro dos reclamados – ambos por ordem alfabética;
>
> d) o fornecimento a qualquer pessoa que o solicite, verbalmente ou por certidão, de informações sobre os feitos distribuídos;
>
> e) a baixa na distribuição dos feitos, quando isto lhe for determinado pelos Presidentes das Juntas, formando, com as fichas correspondentes, fichários à parte, cujos dados poderão ser consultados pelos interessados, mas não serão mencionados em certidões".

Quando há apenas uma Vara do Trabalho na localidade, não é necessária a existência de um setor de distribuição. Isso ocorre porque todos os processos ajustados serão automaticamente direcionados para uma única vara disponível, dispensando a necessidade de sorteio ou qualquer outra forma de distribuição.

1.5. COMPETÊNCIA DA JUSTIÇA DO TRABALHO

1.5.1. Jurisdição e competência

O Estado é detentor do monopólio da Justiça, somente a ele cabendo dizer o direito.

A jurisdição, por consequência, consiste no poder/dever do Estado de prestar a tutela jurisdicional a todo aquele que tenha uma pretensão resistida por outrem, aplicando a regra jurídica à celeuma.

O exercício da jurisdição pelo Estado restabelece a ordem jurídica, mediante eliminação do conflito de interesses que ameaça a paz social.

A jurisdição, portanto, é una e indivisível.

Neste contexto, podemos conceituar competência como a medida da jurisdição, ou seja, a determinação da esfera de atribuições dos órgãos encarregados da função jurisdicional.

As regras fixadoras da competência se encontram dispostas na Carta Maior e nas leis infraconstitucionais.

Diversos critérios para determinação da competência foram criados, levando-se em conta a matéria (*ratione materiae*), as pessoas (*ratione personae*), a função (ou hierarquia) ou o território (*ratione loci*).

O tema competência na seara trabalhista ganhou grande importância em função da alteração introduzida pela EC 45/2004, a qual, ao modificar a redação do art. 114 da CF/1988, elasteceu, consideravelmente, a competência material da Justiça do Trabalho, razão pela qual procuraremos analisar, específica e exaustivamente, todas as regras e peculiaridades envolvendo o tema.

1.5.2. Competência em razão da matéria e da pessoa

A competência em razão da matéria é definida em função da natureza da lide descrita na peça inaugural, ou seja, a competência é firmada em função da causa de pedir e dos pedidos contidos na petição inicial.

No âmbito da Justiça laboral, a competência é definida em razão da matéria e tem como fundamento jurídico principal o art. 114 da Carta Maior, artigo este alterado pela EC 45/2004, a qual ampliou, significativamente, a competência material da Justiça do Trabalho.

Atente-se para a nova redação do art. 114 da Carta Maior:

> "Art. 114. Compete à Justiça do Trabalho processar e julgar:
>
> I – as ações oriundas da relação de trabalho, abrangidos os entes de direito público externo e da administração pública direta e indireta da União, dos Estados, do Distrito Federal e dos Municípios;
>
> II – as açoes que envolvam exercício do direito de greve;
>
> III – as ações sobre representação sindical, entre sindicatos, entre sindicatos e trabalhadores, e entre sindicatos e empregadores;
>
> IV – os mandados de segurança, *habeas corpus* e *habeas data*, quando o ato questionado envolver matéria sujeita à sua jurisdição;
>
> V – os conflitos de competência entre órgãos com jurisdição trabalhista, ressalvado o disposto no art. 102, I, *o*;
>
> VI – as ações de indenização por dano moral ou patrimonial, decorrentes da relação de trabalho;
>
> VII – as ações relativas às penalidades administrativas impostas aos empregadores pelos órgãos de fiscalização das relações de trabalho;

> VIII – a execução, de ofício, das contribuições sociais previstas no art. 195, I, *a*, e II, e seus acréscimos legais, decorrentes das sentenças que proferir;
>
> IX – outras controvérsias decorrentes da relação de trabalho, na forma da lei.
>
> § 1.º Frustrada a negociação coletiva, as partes poderão eleger árbitros.
>
> § 2.º Recusando-se qualquer das partes à negociação coletiva ou à arbitragem, é facultado às mesmas, de comum acordo, ajuizar dissídio coletivo de natureza econômica, podendo a Justiça do Trabalho decidir o conflito, respeitadas as disposições mínimas legais de proteção ao trabalho, bem como as convencionadas anteriormente.
>
> § 3.º Em caso de greve em atividade essencial, com possibilidade de lesão do interesse público, o Ministério Público do Trabalho poderá ajuizar dissídio coletivo, competindo à Justiça do Trabalho decidir o conflito."

Em função da importância do tema, passemos a analisar, individualmente, as mudanças implementadas pela EC 45/2004 à competência material da Justiça do Trabalho estabelecida no art. 114 da Carta Maior.

1.5.2.1. Ações oriundas da relação de trabalho

Seguramente, a mais importante inovação trazida pela EC 45/2004 foi a ampliação da competência da Justiça do Trabalho para processar e julgar as **ações oriundas das relações de trabalho** (art. 114, I, da CF/1988).

Relação de trabalho corresponde a qualquer vínculo jurídico por meio do qual uma pessoa natural executa obra ou serviços para outrem, mediante o pagamento de uma contraprestação.

Podemos afirmar, portanto, que a relação de trabalho é gênero da qual a relação de emprego é uma espécie. Em outras palavras, toda relação de emprego corresponde a uma relação de trabalho, mas nem toda relação de trabalho corresponde a uma relação de emprego.

Quando se fala, portanto, em relação de trabalho, incluem-se a relação de emprego, a relação de trabalho autônomo, eventual, avulso, voluntário, estágio e a relação de trabalho institucional.

Antes da EC 45/2004, a Justiça do Trabalho era competente para processar e julgar apenas as ações envolvendo as relações de emprego e as demandas resultantes dos contratos de empreitada, em que o empreiteiro fosse operário ou artífice, e as ações entre os trabalhadores portuários e os operadores portuários ou o Órgão Gestor de Mão de Obra – OGMO.

O art. 652, *a*, III, da CLT, já determinava que competia às Varas do Trabalho conciliar e julgar os dissídios resultantes de contratos de empreitada em que o empreiteiro fosse operário ou artífice.

Após a EC 45/2004, mesmo que a Consolidação das Leis do Trabalho não estabelecesse em seu bojo essa possibilidade, tem a Justiça do Trabalho competência para processar e julgar as demandas envolvendo o pequeno empreiteiro ou artífice, em função de expressa previsão no art. 114, I, da Carta Maior.

O mesmo ocorre em relação aos litígios entre os trabalhadores portuários e os operadores portuários ou o Órgão Gestor de Mão de Obra – OGMO.

Portanto, após a EC 45/2004, passou a Justiça do Trabalho a ter competência para processar e julgar qualquer relação de trabalho e não só a relação de emprego.

Nesta esteira, um pedreiro, um pintor, um marceneiro, ou qualquer outro profissional autônomo que não receber pelos serviços prestados, embora não seja empregado do tomador de serviços em função da ausência de subordinação, ajuizará eventual demanda perante a Justiça laboral.

Logo, o Poder Judiciário Trabalhista passa a ter competência para análise de todos os conflitos decorrentes da relação de trabalho em sentido amplo.

Nesse sentido, temos o posicionamento do STJ. No final do ano de 2008, este Tribunal editou a Súmula 363 estabelecendo que: "Compete à justiça estadual processar e julgar a ação de cobrança ajuizada por profissional liberal contra cliente". Predomina, portanto, o entendimento de que as ações entre o consumidor e o prestador dos serviços são de competência da Justiça Comum e não da Justiça do Trabalho.

Em relação às ações acidentárias (previdenciárias) decorrentes de acidente de trabalho, embora envolvam situações decorrentes da relação de trabalho não se encontram na esfera de competência material da Justiça do Trabalho, sendo a Justiça Ordinária competente para processar e julgar ação acidentária proposta pelo empregado (acidentado segurado) em face do INSS (seguradora), conforme previsto no art. 643, § 2.º, da CLT.

> O Plenário do Supremo Tribunal Federal decidiu, em 20.02.2013, no julgamento do Recurso Extraordinário (RE) 586456, que cabe à Justiça Comum julgar processos decorrentes de contrato de previdência complementar privada. Como a matéria teve repercussão geral reconhecida, o entendimento passa a valer para todos os processos semelhantes que

tramitam nas diversas instâncias do Poder Judiciário – sobretudo na Justiça do Trabalho.

No mesmo julgamento, o STF decidiu também modular os efeitos da decisão e definiu que continuam na Justiça do Trabalho todos os processos que já tiverem sentença de mérito proferida até 20.02.2013. Os demais processos em tramitação que ainda não tiveram sentença, a partir desta data, deverão ser remetidos à Justiça Comum.

O STF entendeu que o art. 202, § 2.º, da CF determina que a previdência complementar não integra o contrato de trabalho, tanto que é possível a portabilidade do direito acumulado pelo participante para outro plano, consoante autoriza o art. 14, II, da LC 109/2001.

A competência da Justiça Comum para julgar processos decorrentes de contrato de previdência complementar privada abrange, naturalmente, a complementação de pensão requerida por viúva, de modo que a OJ 26 da SBDI-I/TST, que estabelece que "a Justiça do Trabalho é competente para julgar pedidos de complementação de pensão postulada por viúva de ex-empregado, por se tratar de pedido que deriva do contrato de trabalho", dever ser cancelada.

Cumpre ainda, fazer três observações quanto à competência nos casos de representantes comerciais, motoristas de aplicativo e transportadores autônomos de carga.

O STF, no Recurso Extraordinário nº 606.003, em que foi reconhecida a repercussão geral, entendeu que a competência para o julgamento das questões envolvendo a relação entre o **representante comercial** e a empresa por ele representada é da **Justiça Comum**. De acordo com o STF, não se trata de relação de trabalho ou de emprego, mas de relação comercial típica, que pode ser realizada por pessoa física ou jurídica.

Em ação proposta por motoristas de aplicativo solicitando a reativação de sua conta no aplicativo UBER e o ressarcimento de danos morais e materiais, a 2ª Turma do STJ entendeu que não se trata de relação de emprego e nem mesmo relação de trabalho, mas sim de uma nova modalidade de interação econômica, fazendo surgir a "economia compartilhada". A Segunda Seção entendeu que se trata de relação jurídica eminentemente civil, de modo que a competência para o caso é da Justiça Estadual.[1]

---

1. STJ-CC 164.554/MG, Rel. Ministro MOURA RIBEIRO, SEGUNDA SEÇÃO, julgado em 28/08/2019, DJe 04/09/2019.

No âmbito do Tribunal Superior do Trabalho (TST) tem se reconhecida a competência da Justiça do Trabalho para julgar demandas de envolvimento de motoristas de aplicativos, mesmo quando não há pedido de reconhecimento de vínculo empregatício. Nesses casos, a atuação da Justiça do Trabalho se justifica pela necessidade de solucionar controvérsias relacionadas ao contrato firmado entre o motorista e a empresa, como, por exemplo, pedidos para a reativação de contas suspensas ou a retirada de restrições territoriais impostas pelo aplicativo.

O Supremo Tribunal Federal (STF) recebeu a repercussão geral do Recurso Extraordinário (RE) 1.446.336, Tema 1.291, que discute a possibilidade de reconhecimento de vínculo empregatício entre motoristas de aplicativos de transporte e as empresas administradoras das plataformas digitais. Essa decisão é fundamental, pois a definição sobre a existência ou não desse vínculo impactará diretamente a competência material da Justiça do Trabalho para julgar ações que buscam tal reconhecimento. Uma eventual confirmação do vínculo empregatício consolidará a atribuição da Justiça do Trabalho para processar e julgar esses casos. Por outro lado, se o STF decidir pela inexistência do vínculo, poderá haver uma reavaliação sobre a competência da Justiça especializada em relação a essas demandas.

Sem adentrarmos ao mérito da questão envolvendo o vínculo empregatício ou não do motorista com o aplicativo, defendemos que as ações entre motorista e empresa de aplicativo devem ser julgadas pela Justiça do Trabalho.

A Lei nº 11.442/2007 que dispõe sobre o transporte rodoviário de cargas por conta de terceiros e mediante remuneração aborda a contratação de **transportadores autônomos de carga** por proprietários de carga e por empresas transportadoras de carga, a autorização da terceirização da atividade-fim pelas empresas transportadoras e afasta a configuração de vínculo de emprego nessa hipótese.

O STF na SDC 48 e na ADI 3961, reconheceu a constitucionalidade da referida lei, firmando a seguinte tese: uma vez preenchidos os requisitos dispostos na Lei nº 11.442/2007, estará configurada a relação comercial de natureza civil e afastada a configuração de vínculo trabalhista. Por essa razão, as demandas devem ser analisadas perante Justiça Comum, e não pela Justiça do Trabalho.

1.5.2.2. Entes de direito público externo

Os entes de direito público externo dividem-se em: estados estrangeiros e organismos internacionais (ONU, OIT, OTAN).

Quanto à competência da Justiça do Trabalho para processar e julgar as ações oriundas da relação de trabalho, abrangidos os entes de direito público externo, o Supremo Tribunal Federal já decidiu que em relação aos Estados Estrangeiros seus atos se classificam em: atos de gestão e de império. No tocante aos atos de império, como, por exemplo, a concessão de visto para entrada no país, a imunidade é absoluta, logo são atos que não se sujeitam às decisões da Justiça do Trabalho brasileira. Já com referência aos atos de gestão, praticados por Estados Estrangeiros, como é o caso de contratação de trabalhadores, não há que se falar em "**imunidade de jurisdição**", possuindo a Justiça laboral competência para processar e julgar demanda envolvendo estes entes de direito público externo.

Todavia, permanece o entendimento da Suprema Corte de que estes entes de direito público externo possuem "**imunidade de execução**", ou seja, embora tenha a Justiça laboral competência para processar e julgar demanda os envolvendo, ela não possui competência para executar seus julgados, devendo socorrer-se aos apelos diplomáticos, mediante a denominada carta rogatória.

Em outras palavras, o STF (RE. 222.368-Agr/PE) firmou entendimento de que os Estados Estrangeiros mantêm como prerrogativa institucional a imunidade de execução, ressalvadas as hipóteses excepcionais de renúncia por parte do Estado Estrangeiro à prerrogativa da intangibilidade dos seus próprios bens ou da existência em território brasileiro de bens que, embora pertencentes ao ente externo, não tenham qualquer vinculação com as finalidades essenciais inerentes às de legações diplomáticas ou representações consulares mantidas no Brasil.

Por sua vez, as organizações ou organismos internacionais gozam de imunidade absoluta de jurisdição quando amparados por norma internacional incorporada ao ordenamento jurídico brasileiro, não se lhes aplicando a regra do Direito Consuetudinário relativa à natureza dos atos praticados.

No mesmo contexto, confira a OJ 416 da SDI-I/TST:

> "OJ 416. IMUNIDADE DE JURISDIÇÃO. ORGANIZAÇÃO OU ORGANISMO INTERNACIONAL. As organizações ou organismos internacionais gozam de imunidade absoluta de jurisdição quando amparados por norma internacional incorporada ao ordenamento jurídico brasileiro, não se lhes aplicando a regra do Direito Consuetudinário relativa à natureza dos atos praticados. Excepcionalmente, prevalecerá a jurisdição brasileira na hipótese de renúncia expressa à cláusula de imunidade jurisdicional".

1.5.2.3. Servidores da administração pública

A EC 45/2004, ao estabelecer a amplitude da competência material da Justiça do Trabalho, estendeu-a aos dissídios envolvendo os entes da administração pública direta e indireta da União, dos Estados, do Distrito Federal e dos Municípios, sem estabelecer qualquer ressalva (art. 114, I, CF/1988).

Em verdade, o texto original da PEC 29/2000 (que originou a EC 45/2004), aprovado pelo Senado Federal em 17.11.2004, continha a ressalva de que não seriam submetidas à Justiça do Trabalho as ações que envolvessem os servidores ocupantes de cargos criados por lei, de provimento efetivo ou em comissão, incluídas as autarquias e fundações públicas dos referidos entes da federação.

Todavia, a redação final publicada não abrangeu a exceção votada e aprovada pelo Senado Federal, o que gerou inconformismo pelos órgãos de classe dos juízes federais, em especial a Ajufe – Associação dos Juízes Federais do Brasil –, a qual, em 25.01.2005, ajuizou ação direta de inconstitucionalidade perante o Supremo Tribunal Federal, Processo 3.395-6, em face da redação contida no inciso I do art. 114 da Carta Maior.

O Min. Nelson Jobim concedeu liminar para interpretar o citado dispositivo constitucional, suspendendo toda e qualquer interpretação dada ao inciso I do art. 114 da CF, na redação dada pela EC 45/2004, que inclua, na competência da Justiça do Trabalho, a apreciação de causas que sejam instauradas entre seus servidores e o Poder Público, a este vinculados por típica relação de ordem estatutária ou de caráter jurídico-administrativo.

Vale mencionar que o posicionamento adotado pelo Ministro Nelson Jobim foi referendado pelo Plenário do STF no dia 05.04.2006, no julgamento da já mencionada Ação Direta de Inconstitucionalidade n.º 3.395-6. Portanto, em face da interpretação manifestada pelo Supremo Tribunal Federal, temos que a Justiça do Trabalho é incompetente para conciliar e julgar as ações envolvendo servidores públicos estatutários, sendo competente a Justiça Federal (no caso de ações que envolvam servidores públicos federais) ou a Justiça Estadual (na hipótese de ações que envolvam servidores públicos estaduais ou municipais).

Vale destacar que o STF vem decidindo, reiteradamente, que, em caso de contratação temporária realizada pela Administração Pública, mesmo que irregular, a competência para julgamento de eventual ação não será da Justiça do Trabalho, mas sim da Justiça Federal ou Estadual (conforme o ente público envolvido), conforme se observa pela transcrição do seguinte julgado:

> "CONFLITO NEGATIVO DE COMPETÊNCIA. JUSTIÇA ESTADUAL E O TRIBUNAL SUPERIOR DO TRABALHO. RECLAMAÇÃO TRABALHISTA. SERVIDOR PÚBLICO. REGIME ESPECIAL DE DIREITO ADMINISTRATIVO. COMPETÊNCIA DA JUSTIÇA ESTADUAL. I – Compete à Justiça Estadual processar e julgar causas instauradas entre o Poder Público e seus servidores submetidos a regime especial disciplinado por lei local editada antes ou após a Constituição Republicana de 1988. II – Conflito conhecido para declarar competente a Justiça Estadual amazonense. (RECLAMAÇÃO STF 5.381/AM)"

Contudo, se o servidor da administração pública direta, indireta, autárquica ou fundacional for regido pela Consolidação das Leis do Trabalho, será a Justiça laboral competente para conciliar e julgar os dissídios entre o denominado "empregado público" e a administração pública.

A empresa pública e a sociedade de economia mista que, nos termos do art. 173, § 1.º, II, da CF/1988, explorem atividade econômica, serão submetidas ao regime próprio das empresas privadas, constituindo-se em pessoas jurídicas de direito privado, com empregados regidos pela norma consolidada.

A Súmula 97 do STJ dispõe que, se houver mudança de regime do servidor de celetista (contratual) para estatutário, permanece a competência da Justiça do Trabalho em relação aos direitos oriundos do contrato celetário.

Por sua vez, a Súmula 137 do STJ menciona que compete à Justiça Comum Estadual processar e julgar ação de servidor público municipal, pleiteando direitos relativos ao vínculo estatutário.

Já a Súmula 218 do STJ fixa a competência da Justiça dos Estados para processar e julgar ação de servidor estadual decorrente de direitos e vantagens estatutários no exercício de cargo em comissão.

O TST, por meio da OJ 138, da SDI-I/TST, com redação dada pela Res. Adm. 129/2005, *DJ* 20.04.2005, quanto à competência da Justiça do Trabalho para processar e julgar demandas envolvendo servidores públicos, assim estabeleceu:

> "COMPETÊNCIA RESIDUAL. REGIME JURÍDICO ÚNICO. LIMITAÇÃO DA EXECUÇÃO. Compete à Justiça do Trabalho julgar pedidos de direitos e vantagens previstos na legislação trabalhista referente a período anterior à Lei 8.112/1990, mesmo que a ação tenha sido ajuizada após a edição da referida lei. A superveniência de regime estatutário em substituição ao celetista, mesmo após a sentença, limita a execução ao período celetista."

Destacamos, ainda, a Súmula 430 do TST:

"SÚMULA 430 DO TST. ADMINISTRAÇÃO PÚBLICA INDIRETA. CONTRATAÇÃO. AUSÊNCIA DE CONCURSO PÚBLICO. NULIDADE. ULTERIOR PRIVATIZAÇÃO. CONVALIDAÇÃO. INSUBSISTÊNCIA DO VÍCIO. Convalidam-se os efeitos do contrato de trabalho que, considerado nulo por ausência de concurso público, quando celebrado originalmente com ente da Administração Pública Indireta, continua a existir após a sua privatização".

1.5.2.4. Ações que envolvam o exercício do direito de greve

O inciso II do novo art. 114 da CF/1988 assegurou à Justiça do Trabalho competência para processar e julgar as ações que envolvam o exercício do direito de greve, havendo a possibilidade do manejo, nesta hipótese, de ações individuais e/ou coletivas.

O exercício abusivo do direito de greve pode gerar o manejo de ações coletivas disciplinadas nos §§ 2.º e 3.º do art. 114 da Carta Maior (dissídio coletivo de greve proposto pelo sindicato patronal, empresa ou Ministério Público).

O STF fixou tese no RE 846854 (*DJe* 06.02.2018) estabelecendo que "a justiça comum, federal ou estadual, é competente para julgar a abusividade de greve de servidores públicos celetistas da Administração pública direta, autárquica e fundações públicas".

Logo, não importa se a greve é de servidor público celetista ou estatutário, se for servidor da administração pública direta (União, Estados, Distrito Federal e Municípios), de autarquias ou fundações públicas, a competência será da justiça comum, federal ou estadual.

A competência da Justiça do Trabalho limita-se a declarar a abusividade da greve dos servidores celetistas das empresas públicas e sociedades de economia mista, pois estas sujeitam-se ao regime jurídico próprio das empresas privadas, nos termos do art. 173, § 1º, II, da CF.

Por outro lado, o exercício irregular do direito de greve também pode gerar a propositura de ações individuais (de competência da Justiça do Trabalho), como as ações de reparação propostas pela empresa ou por qualquer interessado em face de danos causados pelo sindicato profissional, ou mesmo pelos trabalhadores em função de uma greve abusiva; ações indenizatórias, de obrigação de fazer, para assegurar durante a greve a prestação de serviços individuais; e ainda ações possessórias. Ressalte-se que, nesses casos, a competência é das Varas do Trabalho.

Portanto, nas ações individuais que envolvam o exercício do direito de greve poderemos ter como partes (autor e réu): empresas, sindicatos, empregados, dirigentes sindicais, usuário do serviço paralisado etc., sendo a Justiça laboral competente para dirimir o conflito.

Entendemos que passou também a Justiça do Trabalho a ter competência para processar e julgar as ações possessórias de interditos proibitórios entre empregado e/ou sindicato profissional e empregador em face do exercício do direito de greve.

Nesta linha, o STF editou a Súmula Vinculante 23, estabelecendo que a Justiça do Trabalho é competente para processar e julgar ação possessória ajuizada em decorrência do exercício do direito de greve pelos trabalhadores da iniciativa privada. Tal entendimento compatibiliza-se com o pronunciado do STF na ADI 3.395, segundo o qual, a Justiça do Trabalho não é competente para processar e julgar as causas entre o poder público e seus servidores estatutários, ou entre o poder público e os que possuam com este outros regimes jurídicos administrativos. É pacífico, porém, que compete à Justiça do Trabalho, à luz do art. 114 da CF, processar e julgar as ações que envolvam exercício do direito de greve, em caso de trabalhadores submetidos a regime celetista, inclusive em caso de empregados de empresas públicas e sociedades de economia mista.

Seguindo o mesmo raciocínio, aplica-se também o posicionamento do STF consubstanciado na ADI 3.684, razão pela qual se pode afirmar que a Justiça do Trabalho não é competente para julgar as ações penais decorrentes do exercício do direito de greve.

1.5.2.5. Ações sobre representação sindical

O inciso III do novo art. 114 da CF/1988 atribui competência à Justiça do Trabalho para processar e julgar ações sobre representação sindical, entre sindicatos, entre sindicatos e trabalhadores e entre sindicatos e empregadores.

Inicialmente, tendo em vista que o diploma constitucional em comento somente se refere a "sindicatos", entendemos que deve ser conferida uma interpretação extensiva ao texto legal, para nele compreender também as federações e confederações.

Com a inovação trazida pela EC 45, passaram as lides intersindicais envolvendo disputa de base territorial a ser julgadas pela Justiça do Trabalho e não mais pela Justiça Estadual, como era anteriormente.

Assim, quando dois ou mais sindicatos disputarem base territorial de representação de categoria, tal matéria estará afeta à seara trabalhista.

Outro aspecto ampliativo da competência laboral foi a possibilidade do manejo, na Justiça do Trabalho, de dissídios individuais sindicais, envolvendo sindicatos, sindicatos e trabalhadores e sindicatos e empregadores.

É bem verdade que a Lei 8.984/1995 já possibilitava a ação de cumprimento de cláusula de convenção coletiva ou acordo coletivo na Justiça do Trabalho, mesmo quando ocorressem entre sindicatos ou entre sindicatos de trabalhadores e empregador.

Por outro lado, o art. 872, parágrafo único, da CLT também já previa a possibilidade de propositura de ação de cumprimento de sentença normativa pelo próprio sindicato profissional.

No entanto, com a nova redação do art. 114, III, da Carta Maior, outras matérias conexas envolvendo direito sindical poderão ser objeto de ações propostas perante a Justiça do Trabalho, tais como:

- Ações declaratórias de vínculo jurídico e sindical entre sindicato e federação;
- Ações envolvendo o direito à filiação ou desfiliação;
- Ações concernentes à eleição de dirigente sindical e ao respectivo processo eleitoral;
- Ações dirigidas à proteção do sindicato contra atos atentatórios à liberdade sindical ou condutas antissindicais;
- Ações envolvendo direitos trabalhistas propostas por dirigente sindical licenciado em face do seu próprio sindicato – utilizadas nos casos em que o contrato de trabalho do dirigente sindical permanece suspenso durante o exercício do mandato, em que o sindicato obreiro, muitas vezes, compromete-se a arcar com as verbas trabalhistas devidas ao trabalhador durante o seu licenciamento da empresa (férias, 13.º salário, salário etc.);
- Ações de prestação de contas de repasse das contribuições previdenciárias descontadas dos empregados movida pelo sindicato em face do empregador. Ação de consignação em pagamento proposta pelo empregador para depósito das contribuições descontadas dos empregados. Ressalte-se que a contribuição sindical passou a ser facultativa com a reforma trabalhista, nos termos dos arts. 545, 578, 579, 582, 587, 583 e 602 da CLT. Na ADI 5.794 (*DJe* 03.08.2018), o STF reconheceu a constitucionalidade de tais dispositivos no que tangem a prévia e expressa autorização para que seja exigível a contribuição sindical.

Por fim, o Supremo Tribunal Federal (STF), ao julgar o Recurso Extraordinário (RE) 1.089.282, correspondente ao Tema 994 da Repercussão Geral, decidiu que compete à Justiça comum analisar e julgar ações que envolvem o recolhimento e o repasse de contribuição sindical de servidores públicos regidos pelo regime estatutário. Essa decisão, tomada por unanimidade, foi destacada no Informativo nº 1001 do STF. A tese estabelece que a Justiça do Trabalho não possui competência para julgar tais demandas, reafirmando a atribuição da Justiça comum nesses casos.

1.5.2.6. Mandado de segurança, habeas corpus *e* habeas data

O novo art. 114, IV, da CF/1988 estabeleceu como competência da Justiça do Trabalho processar e julgar os mandados de segurança, *habeas corpus* e *habeas data*, quando o ato questionado envolver matéria sujeita à sua jurisdição.

Uma das grandes novidades trazidas pela EC 45/2004 é a possibilidade de impetração de mandado de segurança perante a Vara do Trabalho (primeiro grau de jurisdição), evidentemente quando o ato questionado envolver matéria sujeita à sua jurisdição.

Dessa forma, um mandado de segurança proposto em face de ato de auditor fiscal do trabalho (como na hipótese de interdição ou embargos de obras) será processado perante a Justiça do Trabalho (Vara do Trabalho) e não mais perante a Justiça Federal, como era anteriormente, tendo em vista que o ato questionado envolve matéria sujeita à jurisdição trabalhista (no caso, medicina e segurança do trabalho).

Por outro lado, eventuais mandados de segurança envolvendo a atuação de membros do Ministério Público do Trabalho, como na hipótese de atos praticados na condução de procedimentos administrativos investigatórios, serão apreciados também pela Justiça do Trabalho (Vara do Trabalho).

O *habeas corpus*, quando o ato questionado envolver matéria sujeita à jurisdição trabalhista, passa a ser julgado pela Justiça laboral.

O *habeas corpus* pode ser manejado contra o ato de autoridade judiciária trabalhista, (em razão do descumprimento de uma ordem judicial ou do depositário infiel) e contra ato de particular que esteja, ilegalmente ou em abuso de poder, restringindo a liberdade de outrem, como ocorre quando o empregador mantém o empregado no local de trabalho durante o movimento grevista.

No que atine à prisão do depositário infiel, o STF editou a Súmula Vinculante 25 estabelecendo que é ilícita a prisão civil do depositário infiel, qualquer que seja a modalidade do depósito. Logo, o Magistrado trabalhista não mais poderá decretar a prisão de depositário infiel, como era comum ocorrer em execuções trabalhistas, quando os depositários dos bens excutidos desapareciam com os mesmos. Todavia, caso o Magistrado descumpra o inteiro teor da Súmula Vinculante 25 do STF, entendemos que o remédio heroico *Habeas Corpus* poderá ser utilizado na Justiça do Trabalho, sendo, na hipótese, competente para o julgamento o TRT a que estiver subordinado o Magistrado coator.

Apesar de a Justiça do Trabalho ser competente para julgar o *habeas corpus*, o STF, na ADI 3.684, concedeu liminar com efeito *ex tunc* para declarar a incompetência da Justiça do Trabalho para processar e julgar ações penais.

O Tribunal Superior do Trabalho (TST) reconheceu a possibilidade de impetração de *habeas corpus* contra a decisão judicial que determina a suspensão de passaporte como medida executiva atípica. Esse entendimento se justifica pelo fato de que tal medida restringe o direito de locomoção internacional do indivíduo, uma vez que há impossibilidade de sair do país.

Por outro lado, o TST não admite o *habeas corpus* contra a suspensão da Carteira Nacional de Habilitação (CNH), pois essa medida não afeta diretamente a liberdade de locomoção primária, já que o indivíduo ainda pode se deslocar por outros meios, como transporte público ou particular, sem a necessidade de dirigir. Assim, a suspensão da CNH não caracteriza uma violação direta e imediata do direito de ir e vir.

Em relação ao *habeas data*, a Carta Maior, doravante, permite o manejo desse remédio na seara trabalhista, para possibilitar ao trabalhador o acesso a dados pessoais constantes de registros ou bancos de dados de entidades governamentais ou de caráter público. O banco de dados deve ser público. Pode ser manejado, por exemplo, pelo empregador para ter acesso à lista de "maus empregadores" do Ministério do Trabalho ou por um servidor celetista para que tenha acesso ao seu prontuário no Estado.[2] Objetiva o *habeas data*, portanto, salvaguardar os direitos da personalidade, por meio da autodeterminação informativa, protegendo-se o direito à intimidade e à vida privada.

2. SCHIAVI, Mauro. *Manual de direito processual do trabalho*. 6. ed. São Paulo: LTr, 2013. p. 1.350.

1.5.2.7. *Conflitos de competência entre órgãos com jurisdição trabalhista*

A nova redação do art. 114, V, da CF, confere alçada para a Justiça do Trabalho examinar os conflitos de competência apenas entre órgãos com jurisdição trabalhista, ressalvando o disposto no art. 102, I, *o*, da Carta Maior, que impõe ao Supremo Tribunal Federal o julgamento dos conflitos entre o Superior Tribunal de Justiça e quaisquer tribunais, entre tribunais superiores ou entre estes e qualquer outro tribunal.

O conflito de competência ocorre quando:

- dois ou mais juízes se declaram competentes (conflito positivo de competência);
- dois ou mais juízes se declaram incompetentes (conflito negativo de competência);
- entre dois ou mais juízes surge controvérsia sobre a reunião ou separação de processos (arts. 66 do CPC e 804 da CLT).

Observe o disposto no art. 66 do CPC, aplicável ao Processo do Trabalho:

> "Art. 66. Há conflito de competência quando:
>
> I - 2 (dois) ou mais juízes se declaram competentes;
>
> II - 2 (dois) ou mais juízes se consideram incompetentes, atribuindo um ao outro a competência.
>
> III - entre 2 (dois) ou mais juízes surge controvérsia acerca da reunião ou separação de processos.
>
> Parágrafo único. O juiz que não acolher a competência declinada deverá suscitar o conflito, salvo se a atribuir a outro juízo".

No âmbito laboral, o conflito de competência pode ser suscitado pelos juízes e tribunais do trabalho, pelo Ministério Público do Trabalho ou pela parte interessada.

No que concerne à parte interessada, o art. 806 da CLT dispõe que, se ela já houver oposto na causa exceção de incompetência, estará proibida de suscitar o conflito.

Os conflitos de competência serão resolvidos:

- Pelos TRTs, quando suscitado entre Varas do Trabalho da mesma região, entre juízes de direito investidos na jurisdição trabalhista da mesma região, ou entre Varas do Trabalho e juízes de direito investidos na jurisdição trabalhista (na mesma região) - art. 808 da CLT;

- Pelo TST, quando suscitado entre TRTs, entre Varas do Trabalho e juízes de direito investidos na jurisdição trabalhista, sujeitos à jurisdição de Tribunais Regionais diferentes – art. 808 da CLT;
- Pelo Superior Tribunal de Justiça, quando suscitado entre quaisquer tribunais, ressalvado o disposto no art. 102, I, *o*, bem como entre tribunal e juízes a ele não vinculados e entre juízes vinculados a tribunais diversos. Destaca-se a competência do STJ para julgar os conflitos entre Vara do Trabalho e juiz de direito não investido na jurisdição trabalhista – art. 105, I, *d*, CF/1988;
- Pelo Supremo Tribunal Federal, quando suscitado entre o Superior Tribunal de Justiça e quaisquer tribunais, entre Tribunais Superiores, ou entre estes e qualquer outro tribunal. Ressalte-se a competência do STF para julgar o conflito de competência entre o TST e órgãos de outros ramos do Judiciário – art. 102, I, *o*, CF/1988.

Vale mencionar que, em virtude da hierarquia, não se configura conflito de competência entre TRT e Vara do Trabalho a ele vinculada (Súmula 420 do TST), e, da mesma forma, não há conflito de competência entre juiz do trabalho e o TRT a que está vinculado.

1.5.2.8. Ações de indenização por dano moral ou patrimonial

A Carta Maior estipulou no inciso VI do art. 114 a competência material da Justiça do Trabalho para processar e julgar as ações de indenização por dano moral ou patrimonial, decorrentes da relação de trabalho.

Portanto, o novo art. 114, VI, da CF/1988 consagra definitivamente o entendimento de que qualquer ação de dano moral ou patrimonial proposta pelo empregado em face do empregador ou vice-versa, quando decorrente da relação de trabalho, será de competência material da Justiça do Trabalho, posicionamento este que já era adotado pelo Supremo Tribunal Federal, mesmo antes da EC 45.

O TST, em relação ao dano moral, também adotou semelhante posicionamento, consubstanciado na Súmula 392, *in verbis*:

> "SÚMULA 392 do TST. DANO MORAL E MATERIAL. RELAÇÃO DE TRABALHO. COMPETÊNCIA DA JUSTIÇA DO TRABALHO. Nos termos do art. 114, inc. VI, da Constituição da República, a Justiça do Trabalho é competente para processar e julgar ações de indenização por dano moral e material, decorrentes da relação de trabalho, inclusive as oriundas de acidente de trabalho e doenças a ele equiparadas".

Convém ressaltar que em relação às ações acidentárias, ou seja, lides previdenciárias derivadas de acidente de trabalho promovidas pelo trabalhador segurado em face da seguradora INSS, a competência será da Justiça Comum e não da Justiça do Trabalho.

Por outro lado, o art. 120 da Lei 8.213/1991 determina que, em caso de acidente de trabalho causado por negligência do responsável pelo cumprimento das normas de segurança e saúde no trabalho indicadas para a proteção individual e coletiva dos segurados (empregador), ajuizará a Previdência Social ação regressiva em face de tal empregador perante a Justiça Federal (art. 109 da CF/1988). Nesta hipótese, o empregador não se exime de sua responsabilidade pelo fato de a Previdência Social ter honrado prestações decorrentes da incapacidade gerada pelo acidente de trabalho.

Quanto às ações indenizatórias por danos morais e patrimoniais, foi pacificada a discussão: o STF editou a Súmula Vinculante 22, estabelecendo que a Justiça do Trabalho é competente para processar e julgar as ações de indenização por danos morais e patrimoniais decorrentes de acidente de trabalho propostas por empregado contra empregador, inclusive aquelas que ainda não possuíam sentença de mérito de primeiro grau quando da promulgação da Emenda Constitucional 45/2004.

Portanto, aqueles feitos já com sentença prosseguem regidos pela antiga competência da Justiça Comum Estadual, inclusive recursal. O STF e o STJ firmaram entendimento de que, quanto às ações que se tornaram de competência da Justiça do Trabalho com a EC 45/2004, a alteração superveniente de competência, mesmo que determinada por regra constitucional, não atinge a validade da sentença anteriormente proferida.

Nesse sentido temos a Súmula 367 do STJ:

> SÚMULA 367 DO STJ. "A competência estabelecida pela EC n. 45/2004 não alcança os processos já sentenciados".

O STJ, no final do ano de 2008, editou a Súmula 366 (*DJe* 26.11.2008), que estabelecia a competência da Justiça estadual para processar e julgar ação indenizatória proposta por viúva e filhos de empregado falecido em acidente de trabalho.

Tal posicionamento divergia do entendimento do STF, materializado no acórdão abaixo transcrito:

> "AGRAVO REGIMENTAL EM RECURSO EXTRAORDINÁRIO – CONSTITUCIONAL – COMPETÊNCIA EM RAZÃO DA MATÉRIA – INDENIZAÇÃO POR DANOS

MORAIS E PATRIMONIAIS, DECORRENTES DE ACIDENTE DE TRABALHO – AÇÃO AJUIZADA OU ASSUMIDA PELOS DEPENDENTES DO TRABALHADOR FALECIDO – COMPETÊNCIA DA JUSTIÇA ESPECIAL. Compete à Justiça do Trabalho apreciar e julgar pedido de indenização por danos morais e patrimoniais, decorrentes de acidente de trabalho, nos termos da redação originária do artigo 114 c/c inciso I do artigo 109 da Lei Maior. Precedente: CC 7.204. Competência que remanesce ainda quando a ação é ajuizada ou assumida pelos dependentes do trabalhador falecido, pois a causa do pedido de indenização continua sendo o acidente sofrido pelo trabalhador" (Agravo Regimental desprovido – AG Reg. no Rec. Ext. 503.278-7-RJ – STF – Min. Rel. Carlos Ayres Britto – *DJU* 03.08.2007).

Contudo, a referida Súmula 366 do STJ foi revogada, em 21.09.2009, de modo que atualmente a Justiça do Trabalho é a única competente para julgar ação indenizatória de acidente do trabalho, ainda que o empregado seja falecido.

Por último, vale destacar a Súmula 439 editada pelo TST, segundo a qual, os juros incidem a partir da data do ajuizamento da ação (art. 883 da CLT) e a correção monetária a partir da decisão que arbitrou ou alterou o valor da condenação ao pagamento de indenização por danos morais. *In verbis*:

"SÚMULA 439 DO TST. DANOS MORAIS. JUROS DE MORA E ATUALIZAÇÃO MONETÁRIA. TERMO INICIAL – Res. 185/2012, *DEJT* divulgado em 25, 26 e 27.09.2012. Nas condenações por dano moral, a atualização monetária é devida a partir da data da decisão de arbitramento ou de alteração do valor. Os juros incidem desde o ajuizamento da ação, nos termos do art. 883 da CLT".

1.5.2.9. Ações relativas às penalidades administrativas impostas aos empregadores pelos órgãos de fiscalização das relações de trabalho

Outra inovação trazida pela EC 45 repousa no art. 114, VII, da Carta Maior, atribuindo competência material à Justiça do Trabalho para processar e julgar as ações relativas às penalidades administrativas impostas aos empregadores pelos órgãos de fiscalização das relações de trabalho, cuja competência anterior era da Justiça Federal.

Com efeito, a competência em destaque refere-se a qualquer ação, seja a lide intentada pelo empregador objetivando invalidar a sanção administrativa imposta pelos agentes de fiscalização das relações de trabalho, por meio da impetração de mandado de segurança ou do ajuizamento de ação declaratória de nulidade, como também as execuções dos títulos extrajudiciais oriundos dos autos de infração lavrados pelos auditores fiscais do trabalho, proposta pela Fazenda Pública Federal em face do infrator.

A legitimidade ativa para propositura da ação de execução para cobrança das multas impostas pelos órgãos de fiscalização das relações de trabalho cabe à União Federal, representada pela Procuradoria da Fazenda Nacional, por se tratar de um crédito tributário da União, devendo ser observado o procedimento previsto na Lei 6.830/1980 (que dispõe sobre a cobrança judicial da dívida ativa da Fazenda Pública), aplicando-se a CLT e o CPC de forma subsidiária.

1.5.2.10. Execução de ofício das contribuições sociais

A EC 20/1998 introduziu o § 3º ao art. 114 da CF/1988, estabelecendo que:

> "Compete ainda à Justiça do Trabalho executar, de ofício, as contribuições sociais previstas no artigo 195, I, *a*, e II, e seus acréscimos legais, decorrentes das sentenças que proferir".

Posteriormente, a EC 45/2004 inseriu esta mesma competência no inciso VIII do mesmo art. 114 da CF/1988, dispondo que:

> "Art. 114. Compete à Justiça do Trabalho processar e julgar:
>
> (...)
>
> VIII – a execução, de ofício, das contribuições sociais previstas no art. 195, I, *a*, e II, e seus acréscimos legais, decorrentes das sentenças que proferir".

Nos termos do art. 876, parágrafo único, da CLT, a Justiça do Trabalho executará, de ofício, as contribuições sociais previstas na alínea "a" do inciso I e no inciso II do *caput* do art. 195 da Constituição Federal, e seus acréscimos legais, exclusivamente quanto às sentenças condenatórias em pecúnia e homologatórias de acordo. No mesmo sentido é a Súmula 368, I, TST e a Súmula Vinculante 53 do STF.

Com efeito, no caso de conciliação, o termo que for lavrado valerá como decisão irrecorrível, salvo para a Previdência Social quanto às contribuições que lhe forem devidas (art. 831, parágrafo único, da CLT).

Nessa esteira, a União será intimada das decisões homologatórias de acordos que contenham parcela indenizatória, na forma do art. 20 da Lei

11.033, de 21 de dezembro de 2004, facultada a interposição de recurso relativo aos tributos que lhe forem devidos (art. 832, § 4º, da CLT).

Idêntico raciocínio pode ser utilizado em relação às decisões cognitivas (sentenças que julgam o mérito), das quais a União também poderá apresentar recurso ordinário em razão das parcelas consideradas pelo juiz como de natureza indenizatória (art. 832, § 5º, da CLT).

A Lei 8.212/1991 autoriza a União a dispensar a constituição ou exigência de crédito previdenciário, mediante critérios a serem definidos pelos órgãos competentes (no caso, a Fazenda Pública) que avaliem o custo despendido na tentativa de arrecadação. Previsão semelhante é encontrada nos arts. 832, § 7º, e 879, § 5º, da CLT.

> "Art. 54, Lei 8.212/1991. Os órgãos competentes estabelecerão critério para a dispensa de constituição ou exigência de crédito de valor inferior ao custo dessa medida. CLT".
>
> "Art. 832, CLT. Da decisão deverão constar o nome das partes, o resumo do pedido e da defesa, a apreciação das provas, os fundamentos da decisão e a respectiva conclusão.
>
> (...)
>
> § 7º. O Ministro de Estado da Fazenda poderá, mediante ato fundamentado, dispensar a manifestação da União nas decisões homologatórias de acordos em que o montante da parcela indenizatória envolvida ocasionar perda de escala decorrente da atuação do órgão jurídico". (Incluído pela Lei nº 11.457, de 2007).
>
> "Art. 879. Sendo ilíquida a sentença exequenda, ordenar-se-á, previamente, a sua liquidação, que poderá ser feita por cálculo, por arbitramento ou por artigos. (Redação dada pela Lei nº 2.244, de 23.6.1954)
>
> (...)
>
> § 5º O Ministro de Estado da Fazenda poderá, mediante ato fundamentado, dispensar a manifestação da União quando o valor total das verbas que integram o salário-de-contribuição, na forma do art. 28 da Lei nº 8.212, de 24 de julho de 1991, ocasionar perda de escala decorrente da atuação do órgão jurídico". (Incluído pela Lei nº 11.457, de 2007).

Cabe destacar que, elaborados os cálculos, as partes terão o prazo comum de 8 dias para impugná-los e a União, o prazo de 10 dias (art. 879, §§ 2º e 3º, da CLT).

No tocante aos acordos celebrados na Justiça do Trabalho após o trânsito em julgado, cumpre ressaltar que o art. 43, § 5.º, da Lei 8.212/1991, institui que as contribuições previdenciárias devem incidir sobre o valor do acordo, e não sobre a condenação, como fixava o art. 832, § 6.º, da CLT, revogado tacitamente pelo artigo referido.

> Ainda a OJ 376 da SDI-I, do TST determina que é devida a contribuição previdenciária sobre o valor do acordo celebrado e homologado após o trânsito em julgado de decisão judicial, respeitada a proporcionalidade de valores entre as parcelas de natureza salarial e indenizatória deferidas na decisão condenatória e as parcelas objeto do acordo.
>
> Nos acordos homologados em juízo em que não haja o reconhecimento de vínculo empregatício, é devido o recolhimento da contribuição previdenciária, mediante a alíquota de 20% a cargo do tomador de serviços e de 11% por parte do prestador de serviços, na qualidade de contribuinte individual, sobre o valor total do acordo, respeitado o teto de contribuição. Inteligência do § 4.º do art. 30 e do inciso III do art. 22, todos da Lei 8.212, de 24.07.1991, consoante preceitua a OJ 398 da SDI-1 do TST.

Deste modo, inclui-se na competência da Justiça do Trabalho a execução, de ofício, da contribuição referente ao Seguro de Acidente de Trabalho (SAT), uma vez que esta tem natureza de contribuição para a seguridade social, pois se destina ao financiamento de benefícios relativos à incapacidade do empregado decorrente de infortúnio no trabalho. No mesmo sentido é a Súmula 454 do TST. Verifique:

> "SÚMULA 454 DO TST. COMPETÊNCIA DA JUSTIÇA DO TRABALHO. EXECUÇÃO DE OFÍCIO. CONTRIBUIÇÃO SOCIAL REFERENTE AO SEGURO DE ACIDENTE DE TRABALHO (SAT). ARTS. 114, VIII, E 195, I, "A", DA CONSTITUIÇÃO DA REPÚBLICA (conversão da Orientação Jurisprudencial n.º 414 da SBDI-1) – Res. 194/2014, *DEJT* divulgado em 21, 22 e 23.05.2014. Compete à Justiça do Trabalho a execução, de ofício, da contribuição referente ao Seguro de Acidente de Trabalho (SAT), que tem natureza de contribuição para a seguridade social (arts. 114, VIII, e 195, I, "a", da CF), pois se destina ao financiamento de benefícios relativos à incapacidade do empregado decorrente de infortúnio no trabalho (arts. 11 e 22 da Lei 8.212/1991)".

A Justiça do Trabalho não é competente para executar as contribuições devidas a terceiros do sistema S (Sesi, Sesc, Senai etc.).

Por fim, a Justiça do Trabalho é competente para executar as contribuições previdenciárias decorrentes dos acordos firmados perante a Comissão de Conciliação Prévia.[3]

3. TST-E-RR-40600-80.2009.5.09.0096, SBDI-I, Rel. Min. José Roberto Freire Pimenta, j. em 24.05.2012 (*Informativo* nº 10 do TST).

1.5.2.11. Outras controvérsias decorrentes da relação de trabalho

O inciso IX do art. 114 da CF estabelece a competência material da Justiça do Trabalho para processar e julgar outras controvérsias decorrentes da relação de trabalho. São exemplos:

O TST, por meio da Súmula 300, determinou que compete à Justiça do Trabalho processar e julgar ações ajuizadas por empregados em face de empregadores relativas ao cadastramento no Programa de Integração Social (PIS).

Também é competente a Justiça do Trabalho para apreciar reclamação de empregado que tenha por objeto direito fundado em quadro de carreira (Súmula 19 do TST).

1.5.2.12. Poder normativo

Em relação às alterações introduzidas pela EC 45 quanto ao Poder Normativo da Justiça do Trabalho, especialmente as mudanças descritas nos §§ 2.º e 3.º do novo art. 114 da CF, remetemos o leitor ao capítulo atinente ao dissídio coletivo, em que o tema será tratado especificamente.

1.5.2.13. Ações que versam sobre descumprimento de normas trabalhistas relativas à segurança, higiene e saúde dos trabalhadores

O Supremo Tribunal Federal firmou entendimento, consubstanciado na Súmula 736, de 09.12.2003, de que compete à Justiça do Trabalho julgar as ações que tenham como causa de pedir o descumprimento de normas trabalhistas relativas à segurança, higiene e saúde dos trabalhadores.

1.5.2.14. Homologação de Acordo Extrajudicial

Nos termos do art. 652, V, f, da CLT, a Justiça do Trabalho é competente para homologação de acordo extrajudicial, *in verbis*:

> "Art. 652, CLT. Compete às Varas do Trabalho:
>
> (...)
>
> f) decidir quanto à homologação de acordo extrajudicial em matéria de competência da Justiça do Trabalho."

Trata-se de procedimento de jurisdição voluntária, em que o juiz apenas homologa o acordo celebrado entre as partes extrajudicialmente.

O procedimento está previsto na CLT, no capítulo III-A, denominado "Processo de Jurisdição Voluntária para Homologação de Acordo Extrajudicial", regulamentado nos arts. 855-B a 855-E, da CLT.

O processo de homologação de acordo extrajudicial terá início por petição conjunta, sendo obrigatória a representação das partes por advogado, que não poderá ser comum, sendo facultado ao trabalhador ser assistido pelo advogado do sindicato de sua categoria (art. 855-B, CLT).

Nos termos do art. 855-D da CLT, no prazo de quinze dias a contar da distribuição da petição, o juiz analisará o acordo, designará audiência se entender necessário e proferirá sentença. O prazo de 15 dias é impróprio e é faculdade do juiz a homologação do acordo, nos termos da Súmula 418 do TST.

A sentença homologatória do acordo transita em julgado na data de sua homologação, nos termos da Súmula 100, V, do TST.

Não há dúvidas de que mesmo sendo obrigatório que as partes tenham advogados distintos, este procedimento favorecerá lides simuladas, em que para o recebimento das verbas rescisórias o empregado procurará advogado indicado pelo próprio empregador, que após a homologação do acordo contará com uma decisão transitada em julgado, de modo que o empregado nada mais poderá reclamar no futuro. Apenas as audiências podem coibir esses casos e elas são faculdade dos juízes, que por prudência sempre deve designá-las.

Determina o art. 855-C da CLT que a submissão de acordo extrajudicial à homologação não prejudica o prazo de 10 dias para pagamento das verbas rescisórias a contar do término do contrato de trabalho previsto no art. 477, § 6º, da CLT e tampouco afasta a aplicação da multa de um salário do empregado por atraso no pagamento do art. 477, § 8º, da CLT.

Dessa forma, se o acordo não for homologado pelo juiz, volta-se à estaca a zero, como se o acordo jamais tivesse sido realizado, e se houve atraso no pagamento das verbas rescisórias, a multa será devida.

A petição de homologação de acordo extrajudicial suspende o prazo prescricional da ação exclusivamente quanto aos direitos nela especificados, os quais voltarão a fluir no dia útil seguinte ao do trânsito em julgado da decisão que negar a homologação do acordo (art. 852-E, CLT).

Uma vez que a CLT determina que o pedido de homologação suspende o prazo prescricional apenas quanto aos direitos nela especificados, permite-se deduzir que o acordo limita-se às parcelas postuladas e não a todo o contrato de trabalho, o que, para nós, não impede que seja expressamente pactuada a plena e ampla quitação ao contrato de trabalho.

1.5.3. Competência territorial das Varas do Trabalho

A competência territorial das Varas do Trabalho (competência em razão do lugar) está disciplinada no art. 651 da CLT.

Vejamos:

> "Art. 651. A competência das Varas do Trabalho é determinada pela localidade onde o empregado, reclamante ou reclamado, prestar serviços ao empregador, ainda que tenha sido contratado noutro local ou no estrangeiro.
>
> § 1.º Quando for parte no dissídio agente ou viajante comercial, a competência será da Vara da localidade em que a empresa tenha agência ou filial e a esta o empregado esteja subordinado e, na falta, será competente a Vara da Localização em que o empregado tenha domicílio ou a localidade mais próxima.
>
> § 2.º A competência das Varas do Trabalho, estabelecida neste artigo, estende-se aos dissídios ocorridos em agência ou filial no estrangeiro, desde que o empregado seja brasileiro e não haja convenção internacional dispondo em contrário.
>
> § 3.º Em se tratando de empregador que promova realização de atividades fora do lugar do contrato de trabalho, é assegurado ao empregado apresentar reclamação no foro da celebração do contrato ou no da prestação dos respectivos serviços".

Portanto, em regra, a demanda trabalhista deve ser proposta na localidade em que o empregado efetivamente tenha prestado seus serviços, independentemente do local da contratação.

Neste contexto, contratado o trabalhador no Paraná para laborar na Bah ia, terá competência territorial para processar e julgar eventual reclamação trabalhista uma das Varas do Trabalho do local da prestação de serviços, qual seja Bahia.

Quanto ao agente ou viajante comercial, o § 1.º do art. 651 contempla uma exceção à regra geral, devendo o obreiro viajante propor sua ação trabalhista:

- na Vara da localidade em que a empresa tenha agência ou filial e a esta o trabalhador esteja subordinado;
- não existindo agência ou filial, na Vara localizada onde o empregado tenha domicílio ou na localidade mais próxima.

Outra exceção à regra geral da competência territorial estabelecida no diploma consolidado é o § 2.º do art. 651 da CLT, o qual atribui competência às Varas do Trabalho para processar e julgar lides ocorridas em agência ou filial situada no estrangeiro, desde que o empregado seja brasileiro e não haja convenção internacional em contrário.

Outrossim, em relação aos dissídios ocorridos no exterior, a regra de direito processual a ser aplicado é a brasileira, tendo em vista que a demanda será submetida à Justiça do Trabalho brasileira.

No entanto, quanto ao direito material, aplica-se o princípio da territorialidade, segundo o qual a regra a ser aplicada será a do país onde o empregado efetivamente prestou os seus serviços, ou seja, os direitos a que o trabalhador fará jus serão os previstos na legislação estrangeira.

A Lei 7.064/1982, com a redação dada pela Lei 11.962/2009, entretanto, elenca exceções ao princípio da territorialidade. Prevê que, "independentemente da observância da legislação do local da execução dos serviços", serão garantidos ao trabalhador *transferido para trabalhar no estrangeiro* (art. 2.º da Lei 7.064/1982)[4] os direitos previstos na lei e a aplicação da legislação brasileira de proteção ao trabalho quando for mais favorável do que a do local de prestação dos serviços (art. 3.º). Caso o trabalhador tenha sido *contratado no Brasil para trabalhar no estrangeiro*, prevê o art. 14 da Lei 7.064/1982 que, além dos direitos a que faz jus o trabalhador pela legislação do local da prestação dos serviços, também lhe serão garantidos os direitos previstos no Capítulo III da lei, onde está inserido este art. 14, entre eles o de que a empresa pague as despesas de viagem do trabalhador ao exterior, com seus dependentes; de que anualmente possa gozar férias no Brasil, caso o seu contrato seja ajustado por período superior a três anos; de ter assegurado o seu retorno definitivo ao Brasil ao fim do contrato de trabalho ou se tal for recomendado por meio de laudo médico.

A novidade legislativa trazida pela Lei 11.962/2009, que tornou a Lei 7.064/1982 aplicável a trabalhadores contratados no Brasil e transferidos por seus empregadores para prestar serviço no exterior, contemplou exceção ao princípio da territorialidade, previsto na Súmula 207 do TST, levando o TST a cancelá-la, em sessão do Tribunal Pleno realizada em 16.04.2012.

O art. 651, § 3.º, da CLT, ademais, menciona que em relação às empresas que promovam atividades fora do lugar da celebração do contrato

---

4. Art. 2.º Para os efeitos desta Lei, considera-se transferido: I – o empregado removido para o exterior, cujo contrato estava sendo executado no território brasileiro; II – o empregado cedido à empresa sediada no estrangeiro, para trabalhar no exterior, desde que mantido o vínculo trabalhista com o empregador brasileiro; III – o empregado contratado por empresa sediada no Brasil para trabalhar a seu serviço no exterior.

(exemplos: atividades circenses, feiras agropecuárias, motoristas de ônibus de linhas intermunicipais etc.), será assegurado ao obreiro apresentar reclamação trabalhista no foro da celebração do contrato ou no da prestação dos respectivos serviços.

Por último, vale destacar a OJ 149 da SDI-II/TST (dezembro de 2008), *in verbis*:

> "OJ 149 – SDI-II/TST – CONFLITO DE COMPETÊNCIA. INCOMPETÊNCIA TERRITORIAL. HIPÓTESE DO ART. 651, § 3º, DA CLT. IMPOSSIBILIDADE DE DECLARAÇÃO DE OFÍCIO DE INCOMPETÊNCIA RELATIVA. Não cabe declaração de ofício de incompetência territorial no caso do uso, pelo trabalhador, da faculdade prevista no art. 651, § 3º, da CLT. Nessa hipótese, resolve-se o conflito pelo reconhecimento da competência do juízo do local onde a ação foi proposta."

1.6. Resumo da matéria

1. São órgãos da Justiça do Trabalho: o Tribunal Superior do Trabalho (TST), os Tribunais Regionais do Trabalho (TRTs) e os juízes do trabalho.

2. O judiciário trabalhista, portanto, é dividido em três graus de jurisdição, quais sejam: TST (terceiro grau de jurisdição), TRTs (segundo grau de jurisdição) e os juízes do trabalho (primeiro grau de jurisdição, que exercem a jurisdição nas Varas do Trabalho).

3. A EC 45/2004 implementou algumas mudanças na organização da Justiça do Trabalho.

4. O TST, que tem sede em Brasília e jurisdição em todo o território nacional, passou a ser composto de 27 ministros, escolhidos dentre brasileiros com mais de 35 e menos de 70 anos, nomeados pelo Presidente da República, após aprovação da maioria absoluta do Senado Federal.

5. Da totalidade de 27 ministros, deverá ser observado o quinto constitucional em relação aos membros provenientes do Ministério Público do Trabalho e da OAB, sendo o restante dos magistrados escolhidos dentre juízes dos TRTs, oriundos da magistratura de carreira.

6. O TST editou a Resolução Administrativa 1.937/2017 (Regimento Interno do TST), definindo, em seu art. 65, os órgãos que compõem o próprio TST, quais sejam: Tribunal Pleno, Órgão Especial, Seção Especializada em Dissídios Coletivos, Seção Especializada em Dissídios Individuais, dividida em duas subseções; e Turmas. Por sua vez, o parágrafo único do art. 59 do novo Regimento Interno do TST, estabelece que são Órgãos

que funcionam junto ao Tribunal Superior do Trabalho a Escola Nacional de Formação e Aperfeiçoamento de Magistrados do Trabalho – ENAMAT; e o Conselho Superior da Justiça do Trabalho – CSJT.

7. Foi criada pela EC 45/2004 a Escola Nacional de Formação e Aperfeiçoamento de Magistrados do Trabalho, cabendo-lhe, dentre outras funções, regulamentar os cursos oficiais para ingresso e promoção na carreira.

8. Também restou criado o Conselho Superior da Justiça do Trabalho, cabendo-lhe exercer, na forma da lei, a supervisão administrativa, orçamentária, financeira e patrimonial da Justiça do Trabalho de primeiro e segundo graus, como órgão central do sistema, cujas decisões terão efeito vinculante.

9. Frise-se, por último, que o art. 95, parágrafo único, V, da CF/1988, com redação dada pela EC 45/2004, proíbe que o juiz exerça a advocacia no juízo ou tribunal do qual se afastou, antes de decorridos três anos do desligamento do cargo por aposentadoria ou exoneração.

10. Anteriormente, a Constituição da República previa que haveria pelo menos um TRT em cada Estado, o que nunca chegou a ocorrer, visto que os Estados de Tocantins, Roraima, Acre e Amapá nunca possuíram TRT.

11. Foi excluída esta obrigatoriedade da Carta Maior, apenas exigindo o atual art. 115 que os TRTs sejam compostos, no mínimo, de sete juízes, recrutados, quando possível, nas respectivas regiões, e nomeados pelo Presidente da República, dentre brasileiros com mais de trinta e menos de setenta anos.

12. Na composição dos TRTs também deve ser observado o quinto constitucional de membros oriundos do Ministério Público do Trabalho e da OAB, com os demais juízes nomeados mediante promoção de magistrados do trabalho vinculados às Varas, alternadamente, por antiguidade e merecimento, sendo o número de magistrados variável (no mínimo sete juízes), atendendo ao critério da necessidade de desmembramento em Turmas em função do movimento processual.

13. Uma inovação trazida pelo art. 115 da CF/1988 foi a criação da denominada "justiça itinerante", com a realização de audiências e demais funções de atividade jurisdicional, nos limites territoriais da respectiva jurisdição, servindo-se de equipamentos públicos e comunitários. Isso, sem dúvida, vai favorecer a população, pois a justiça "móvel" propiciará melhor acesso ao Judiciário das pessoas que residem em lugares distantes dos centros urbanos.

14. Ainda em relação ao art. 115 da Constituição, outra novidade é que os TRTs poderão funcionar descentralizadamente, constituindo Câmaras Regionais, a fim de assegurar o pleno acesso do jurisdicionado à justiça em todas as fases do processo. Essas "Câmaras Regionais" deverão atuar, principalmente, nos Estados que não possuem TRT, como é o caso de Tocantins, Amapá, Roraima e Acre.

15. O Estado de São Paulo possui dois Tribunais do Trabalho, quais sejam: 2.ª região (SP/Capital) e 15.ª região (Campinas).

16. Em função da extinção das Juntas de Conciliação e Julgamento (EC 24/1999), a jurisdição trabalhista no primeiro grau passou a ser exercida por um juiz singular, denominado juiz do trabalho, que exerce suas funções nas denominadas Varas do Trabalho.

17. Estipula o art. 112 da Carta Maior (com redação dada pela EC 45/2004) que "a lei criará varas da Justiça do Trabalho, podendo, nas comarcas não abrangidas por sua jurisdição, atribuí-la aos juízes de direito, com recurso para o respectivo Tribunal Regional do Trabalho".

18. A Súmula 10 do STJ dispõe que, instalada a Vara do Trabalho, cessa a competência do juiz de direito em matéria trabalhista, inclusive para a execução das sentenças por ele proferidas.

19. Por sua vez, estabelece o art. 113 da Carta Maior que a lei disporá sobre a constituição, investidura, jurisdição, competência, garantias e condições de exercício dos órgãos da Justiça do Trabalho.

20. O art. 650 da CLT estabelecia que a jurisdição de cada Vara do Trabalho abrangia todo o território da Comarca em que tinha sede, somente podendo ser estendida ou restringida por lei federal.

21. A Lei 6.947/1981 estabelece normas para criação de uma vara do trabalho, definindo como requisito que a frequência de reclamações trabalhistas em cada órgão já existente exceda, seguidamente, a 1500 reclamações trabalhistas por ano.

22. No âmbito da Justiça laboral, a competência material e em razão da pessoa tem como fundamento jurídico principal o art. 114 da Carta Maior, artigo este alterado pela EC 45/2004, a qual ampliou, significativamente, a competência material da Justiça do Trabalho.

23. Seguramente, a mais importante inovação trazida pela EC 45/2004 foi a ampliação da competência da Justiça do Trabalho para processar e julgar as ações oriundas das relações de trabalho (art. 114, I, da CF/1988). Portanto, após a EC 45/2004, passou a Justiça do Trabalho a ter competência para processar e julgar qualquer relação de trabalho e não só a relação de emprego.

24. Relativamente às ações acidentárias (previdenciárias) decorrentes de acidente de trabalho, embora envolvam situações decorrentes da relação de trabalho não se encontram na esfera de competência material da Justiça do Trabalho, sendo a Justiça Ordinária (Varas de Acidente de Trabalho) competente para processar e julgar ação acidentária proposta pelo empregado (acidentado segurado) em face do INSS (seguradora), conforme previsto no art. 643, § 2.º, da CLT.

25. O art. 120 da Lei 8.213/1991 determina que, em caso de acidente de trabalho causado por negligência do responsável pelo cumprimento das normas de segurança e saúde no trabalho indicadas para a proteção individual e coletiva dos segurados (empregador), ajuizará a Previdência Social ação regressiva em face de tal empregador perante a Justiça Federal (art. 109 da CF/1988). Nesta hipótese, o empregador não se exime de sua responsabilidade pelo fato de a Previdência Social ter honrado prestações decorrentes da incapacidade gerada pelo acidente de trabalho.

26. Quanto às ações indenizatórias por danos morais e patrimoniais, foi pacificada a discussão: o STF editou a Súmula Vinculante 22 estabelecendo que a Justiça do Trabalho é competente para processar e julgar as ações de indenização por danos morais e patrimoniais decorrentes de acidente de trabalho propostas por empregado contra empregador, inclusive aquelas que ainda não possuíam sentença de mérito de primeiro grau quando da promulgação da Emenda Constitucional 45/2004.

27. Assim, aqueles feitos já com sentença prosseguem regidos pela antiga competência da Justiça Comum Estadual, inclusive recursal. O STF e o STJ firmaram entendimento de que a alteração superveniente de competência, em razão da EC 45/2004, não atinge a validade da sentença anteriormente proferida.

28. Os entes de direito público externo dividem-se em: estados estrangeiros e organismos internacionais (ONU, OIT, OTAN).

29. Quanto à competência da Justiça do Trabalho para processar e julgar as ações oriundas da relação de trabalho, abrangidos os entes de direito público externo, o Supremo Tribunal Federal já decidiu que em relação aos Estados Estrangeiros seus atos se classificam em: atos de gestão e de império. No tocante aos atos de império, como é a concessão de visto para entrada no país, a imunidade é absoluta, logo são atos que não se sujeitam às decisões da Justiça do Trabalho brasileira. Já com referência aos atos de gestão, praticados por Estados Estrangeiros, como é o caso de contratação de trabalhadores, não há que se falar em "imunidade de jurisdição", possuindo a Justiça laboral competência para processar e julgar demanda envolvendo estes entes de direito público externo.

30. Entretanto, permanece o entendimento da Suprema Corte de que estes entes de direito público externo possuem **"imunidade de execução"**, ou seja, embora tenha a Justiça laboral competência para processar e julgar demanda os envolvendo, ela não possui competência para executar seus julgados, devendo socorrer-se aos apelos diplomáticos, mediante a denominada carta rogatória.

31. Por sua vez, as organizações ou organismos internacionais gozam de imunidade absoluta de jurisdição quando amparados por norma internacional incorporada ao ordenamento jurídico brasileiro, não se lhes aplicando a regra do Direito Consuetudinário relativa à natureza dos atos praticados.

32. O Min. Nelson Jobim concedeu liminar em ADI suspendendo toda e qualquer interpretação conferida ao novo inciso I do art. 114 da CF, na redação dada pela EC 45/2004, que inclua, na competência da Justiça do Trabalho, a apreciação de causas que sejam instauradas entre o Poder Público e seus servidores, a ele vinculados por envolver, em verdade, típica relação de ordem estatutária ou de caráter jurídico-administrativo.

33. Vale mencionar que o posicionamento adotado pelo Ministro Nelson Jobim foi referendado pelo Plenário do STF no dia 05.04.2006, no julgamento da já mencionada Ação Direta de Inconstitucionalidade n.º 3.395-6. Portanto, em face da interpretação manifestada pelo Supremo Tribunal Federal, temos que a Justiça do Trabalho é incompetente para conciliar e julgar as ações envolvendo servidores públicos estatutários, sendo competente a Justiça Federal (no caso de ações que envolvam servidores públicos federais) ou a Justiça Estadual (na hipótese de ações que envolvam servidores públicos estaduais ou municipais).

34. Contudo, se o servidor da administração pública direta, indireta, autárquica ou fundacional for regido pela Consolidação das Leis do Trabalho, será a Justiça laboral competente para conciliar e julgar os dissídios entre o denominado "empregado público" e a administração pública.

35. A empresa pública e a sociedade de economia mista, que, nos termos do art. 173, § 1.º, II, da CF/1988, explorem atividade econômica, serão submetidas ao regime próprio das empresas privadas, constituindo-se em pessoas jurídicas de direito privado, com empregados regidos pela norma consolidada.

36. A Súmula 97 do STJ dispõe que, se houver mudança de regime do servidor de celetista (contratual) para estatutário, permanece a competência da Justiça do Trabalho em relação aos direitos oriundos do contrato celetário.

37. Por sua vez, a Súmula 137 do STJ menciona que compete à Justiça Comum Estadual processar e julgar ação de servidor público municipal, pleiteando direitos relativos ao vínculo estatutário.

38. Já a Súmula 218 do STJ fixa a competência da Justiça dos Estados para processar e julgar ação de servidor estadual decorrente de direitos e vantagens estatutários no exercício de cargo em comissão.

39. O inciso II do novo art. 114 da CF/1988 assegurou à Justiça do Trabalho competência para processar e julgar as ações que envolvam o exercício do direito de greve, havendo a possibilidade do manejo, nesta hipótese, de ações individuais e/ou coletivas.

40. O exercício abusivo do direito de greve, pode gerar o manejo de ações coletivas disciplinadas nos §§ 2.º e 3.º do art. 114 da Carta Maior (dissídio coletivo de greve proposto pelo sindicato patronal, empresa ou Ministério Público).

41. O STF fixou tese no RE 846854 (*DJe* 06.02.2018) estabelecendo que "a justiça comum, federal ou estadual, é competente para julgar a abusividade de greve de servidores públicos celetistas da Administração pública direta, autárquica e fundações públicas".

42. A competência da Justiça do Trabalho limita-se a declarar a abusividade da greve dos servidores celetistas das empresas públicas e sociedades de economia mista, pois estas sujeitam-se ao regime jurídico próprio das empresas privadas, nos termos do art. 173, § 1º, II, da CF.

43. Por outro lado, o exercício irregular do direito de greve também pode gerar a propositura de ações individuais (de competência da Justiça do Trabalho), como as ações de reparação propostas pela empresa ou qualquer interessado em face de danos causados pelo sindicato profissional ou mesmo pelos trabalhadores em função de uma greve abusiva.

44. Portanto, nas ações individuais que envolvam o exercício do direito de greve poderemos ter como partes (autor e réu): empresas, sindicatos, empregados, dirigentes sindicais, usuário do serviço paralisado etc., sendo a Justiça laboral competente para dirimir o conflito.

45. A Súmula Vinculante 23 estabelece que a Justiça do Trabalho é competente para processar e julgar ação possessória ajuizada em decorrência do exercício do direito de greve pelos trabalhadores da iniciativa privada.

46. O inciso III do novo art. 114 da CF/1988 atribui competência à Justiça do Trabalho para processar e julgar ações sobre representação sindical, entre sindicatos, entre sindicatos e trabalhadores e entre sindicatos e empregadores.

47. Com a inovação trazida pela EC 45, passaram as lides intersindicais envolvendo disputa de base territorial a ser julgadas pela Justiça do Trabalho e não mais pela Justiça Estadual, como era anteriormente.

48. Outro aspecto ampliativo da competência laboral foi a possibilidade do manejo, na Justiça do Trabalho, de dissídios individuais sindicais, envolvendo sindicatos, sindicatos e trabalhadores e sindicatos e empregadores.

49. O novo art. 114, IV, da CF/1988 estabeleceu como competência da Justiça do Trabalho processar e julgar os mandados de segurança, *habeas corpus* e *habeas data*, quando o ato questionado envolver matéria sujeita à sua jurisdição.

50. Uma das grandes novidades é a possibilidade de impetração de mandado de segurança perante a Vara do Trabalho (primeiro grau de jurisdição), evidentemente quando o ato questionado envolver matéria sujeita à sua jurisdição.

51. No que atine à prisão do depositário infiel, o STF editou a Súmula Vinculante 25, estabelecendo que é ilícita a prisão civil do depositário infiel, qualquer que seja a modalidade do depósito. Logo, o Magistrado trabalhista não mais poderá decretar a prisão de depositário infiel, como era comum ocorrer em execuções trabalhistas, quando os depositários dos bens excutidos desapareciam com os mesmos. Todavia, caso o Magistrado descumpra o inteiro teor da Súmula Vinculante 25 do STF, entendemos que o remédio heroico *Habeas Corpus* poderá ser utilizado na Justiça do Trabalho, sendo, na hipótese, competente para o julgamento o TRT a que estiver subordinado o Magistrado coator.

52. Em relação ao *habeas data*, a Carta Maior, doravante, permite o manejo desse remédio na seara trabalhista, para possibilitar ao trabalhador o acesso a registro e dados de entidades governamentais ou de caráter público. Objetiva o *habeas data*, portanto, salvaguardar os direitos da personalidade, por meio da autodeterminação informativa, protegendo-se o direito à intimidade e à vida privada.

53. A nova redação do art. 114, V, da CF confere alçada para a Justiça do Trabalho examinar os conflitos de competência apenas entre órgãos com jurisdição trabalhista, ressalvando o disposto no art. 102, I, *o*, da Carta Maior, que impõe ao Supremo Tribunal Federal o julgamento dos conflitos entre o Superior Tribunal de Justiça e quaisquer tribunais, entre tribunais superiores ou entre estes e qualquer outro tribunal.

54. No âmbito laboral, o conflito de competência pode ser suscitado pelos juízes e tribunais do trabalho, pelo Ministério Público do Trabalho ou pela parte interessada.

55. A Carta Maior estipulou no inciso VI do art. 114 a competência material da Justiça do Trabalho para processar e julgar as ações de indenização por dano moral ou patrimonial, decorrentes da relação de trabalho.

56. Portanto, o novo art. 114, VI, da CF/1988 consagra definitivamente o entendimento de que qualquer ação de dano moral ou patrimonial proposta pelo empregado em face do empregador ou vice-versa, quando decorrente da relação de trabalho, será de competência material da Justiça do Trabalho, posicionamento este que já era adotado pelo Supremo Tribunal Federal, mesmo antes da EC 45.

57. Outra inovação trazida pela EC 45 repousa no art. 114, VII, da Carta Maior, atribuindo competência material à Justiça do Trabalho para processar e julgar as ações relativas às penalidades administrativas impostas aos empregadores pelos órgãos de fiscalização das relações de trabalho, cuja competência anterior era da Justiça Federal.

58. Com efeito, a competência em destaque refere-se a qualquer ação, seja a lide intentada pelo empregador objetivando invalidar sanção administrativa imposta pelas Delegacias Regionais do Trabalho do Ministério do Trabalho e Emprego (atualmente Superintendências Regionais do Trabalho e Emprego – SRT) (autos de infração), como também as execuções dos títulos extrajudiciais oriundos dos autos de infração lavrados pelos auditores fiscais do trabalho, proposta pela Fazenda Pública Federal em face do infrator.

59. Entendemos que o inciso IX do novo art. 114 da CF, estabelecendo a competência material da Justiça do Trabalho para processar e julgar outras controvérsias decorrentes da relação de trabalho, é totalmente desnecessário, uma vez que se trata de mera repetição do disposto no inciso I do mesmo art. 114, que já confere esta competência à Justiça Especializada laboral.

60. O art. 652, *a*, III, da CLT, o qual determina que compete às Varas do Trabalho conciliar e julgar os dissídios resultantes de contratos de empreitada em que o empreiteiro seja operário ou artífice, era um exemplo de ampliação da antiga competência material da Justiça do Trabalho.

61. Após a EC 45/2004, mesmo que a Consolidação das Leis do Trabalho não estabelecesse em seu bojo essa possibilidade, tem a Justiça do Trabalho competência para processar e julgar as demandas envolvendo o pequeno empreiteiro ou artífice, em função de expressa previsão no art. 114, I, da Carta Maior.

62. O mesmo ocorre em relação aos litígios entre os trabalhadores portuários e os operadores portuários ou o Órgão Gestor de Mão de Obra – OGMO, cujos arts. 643, § 3.º, c/c o 652, V, ambos da CLT, ampliavam, sob a égide constitucional anterior, a competência material da Justiça do Trabalho.

63. O TST, por meio da Súmula 300, estabeleceu que compete à Justiça do Trabalho processar e julgar ações ajuizadas por empregados em face de empregadores relativas ao cadastramento no Programa de Integração Social (PIS).

64. O Supremo Tribunal Federal firmou entendimento, consubstanciado na Súmula 736, de 09.12.2003, de que compete à Justiça do Trabalho julgar as ações que tenham como causa de pedir o descumprimento de normas trabalhistas relativas à segurança, higiene e saúde dos trabalhadores.

65. Nos termos do art. 652, f, da CLT, a Justiça do Trabalho é competente para homologação de acordo extrajudicial. Trata-se de procedimento de jurisdição voluntária, previsto nos art. 855-B a 855-E da CLT, em que o juiz apenas homologa o acordo celebrado entre as partes extrajudicialmente.

66. Em relação à competência territorial, nos termos do art. 651 da CLT, em regra, a demanda trabalhista deve ser proposta na localidade em que o empregado efetivamente tenha prestado seus serviços, independentemente do local da contratação.

67. Quanto ao agente ou viajante comercial, o § 1.º do art. 651 contempla uma exceção à regra geral, devendo o obreiro viajante propor sua ação trabalhista na Vara da localidade em que a empresa tenha agência ou filial e a esta o trabalhador esteja subordinado. Não existindo agência ou filial, deverá ser proposta a ação na Vara localizada onde o empregado tenha domicílio ou na localidade mais próxima.

68. Outra exceção à regra geral da competência territorial estabelecida no diploma consolidado é o § 2.º do art. 651 da CLT, o qual atribui competência às Varas do Trabalho para processar e julgar lides ocorridas em agência ou filial situada no estrangeiro, desde que o empregado seja brasileiro e não haja convenção internacional em contrário. Para tanto, a empresa estrangeira deverá ter sede, filial ou representante no Brasil, sob pena de impossibilidade da propositura da ação, pois restaria inviabilizada a notificação da empresa para a audiência.

69. Outrossim, em relação aos dissídios ocorridos no exterior, a regra de direito processual a ser aplicado é a brasileira, tendo em vista que a demanda será submetida à Justiça do Trabalho brasileira. No entanto, a regra de direito material a ser aplicada será a do país onde o empregado efetivamente prestou os seus serviços, ou seja, os direitos a que o trabalhador fará jus serão os previstos na legislação estrangeira (princípio da territorialidade), com exceção das hipóteses em que o empregado é transferido (art. 2.º da Lei 7.064/1982), casos em que se aplica a legislação brasileira, se mais favorável.

70. O art. 651, § 3.º, da CLT, por último, menciona que, em relação às empresas que promovam atividades fora do lugar da celebração do contrato, será assegurado ao obreiro apresentar reclamação trabalhista no foro da celebração do contrato ou no da prestação dos respectivos serviços.

1.7. QUESTÕES CORRELATAS

01. (TRT-1/Técnico Judiciário – Área Administrativa/2013) Conforme previsão contida na Constituição Federal, são órgãos da Justiça do Trabalho no Brasil:

(A) Tribunal Superior do Trabalho, Tribunais de Justiça e Varas do Trabalho.

(B) Superior Tribunal de Justiça, Tribunais Regionais do Trabalho e Juntas de Conciliação e Julgamento.

(C) Tribunal Superior do Trabalho, Tribunais Regionais do Trabalho e Varas do Trabalho.

(D) Supremo Tribunal Federal, Tribunais Regionais do Trabalho e Varas do Trabalho.

(E) Tribunal Superior do Trabalho, Tribunais Regionais do Trabalho e Juizados Especiais Trabalhistas.

02. (TRT-9/Analista Judiciário – Área Judiciária/2013) Conforme normas legais aplicáveis à organização da Justiça do Trabalho, incluindo o Tribunal Superior do Trabalho, os Tribunais Regionais do Trabalho e as Varas do Trabalho, é correto afirmar que

(A) o Conselho Superior da Justiça do Trabalho funcionará junto ao Tribunal Superior do Trabalho, cabendo-lhe exercer, na forma da lei, a supervisão administrativa, orçamentária, financeira e patrimonial da Justiça do Trabalho de primeiro e segundo graus, como órgão central do sistema, cujas decisões terão efeito vinculante.

(B) o Tribunal Superior do Trabalho compor-se-á de 17 Ministros, togados e vitalícios, escolhidos dentre brasileiros com mais de 35 e menos de 60 anos, nomeados pelo Presidente da República, após aprovação pelo Congresso Nacional.

(C) dentre os Ministros do Tribunal Superior do Trabalho, 11 serão escolhidos dentre juízes dos Tribunais Regionais do Trabalho, integrantes da carreira da magistratura trabalhista, três dentre advogados e três dentre membros do Ministério Público do Trabalho.

(D) em cada Estado e no Distrito Federal haverá pelo menos um Tribunal Regional do Trabalho, e a lei instituirá as Varas do Trabalho, podendo, nas comarcas onde não forem instituídas, atribuir sua jurisdição aos juízes de direito, sendo que nesse caso os recursos são julgados diretamente pelo Tribunal Superior do Trabalho.

(E) os Tribunais Regionais do Trabalho compõem-se de, no mínimo, 11 juízes, recrutados, quando possível, na respectiva região, e nomeados pelo Presidente do Tribunal Superior do Trabalho dentre brasileiros com mais de 30 e menos de 65 anos.

03. (TRT-1/Analista Judiciário – Execução de Mandados/2013) Sobre a organização, jurisdição e competência da Justiça do Trabalho, nos termos da legislação vigente, é correto afirmar que

(A) a Justiça do Trabalho não é competente para processar e julgar as ações entre trabalhadores portuários e os operadores portuários ou o Órgão Gestor de Mão de Obra decorrentes da relação de trabalho, visto que por envolver trabalho marítimo a competência é da Justiça Federal.

(B) a competência das Varas do Trabalho é determinada pela localidade onde o empregado, reclamante ou reclamado, foi contratado, independentemente do local onde prestou seus serviços ao empregador.

(C) a lei criará Varas da Justiça do Trabalho, podendo, nas comarcas não abrangidas por sua jurisdição, atribuí-la aos juízes de direito, com recurso para o respectivo Tribunal Regional do Trabalho.

(D) o Tribunal Superior do Trabalho compor-se-á de vinte e sete Ministros, escolhidos dentre brasileiros com mais de trinta e cinco e menos de sessenta e cinco anos, nomeados pelo Presidente da República após aprovação pela maioria simples do Congresso Nacional.

(E) a Justiça do Trabalho tem competência para processar e julgar a execução, de ofício, das contribuições sociais previdenciárias e de imposto de renda, decorrentes das sentenças que proferir.

04. (TRT-9/Técnico Judiciário – Área Administrativa/2013) Conforme normas legais que regulam a matéria, a competência da Justiça do Trabalho EXCLUI a análise e julgamento de ações

(A) relativas às penalidades administrativas impostas aos empregadores por órgãos de fiscalização das relações de trabalho.

(B) de indenizações por danos morais e também danos materiais ou patrimoniais, decorrentes da relação de trabalho.

(C) penais para apuração de crimes contra a organização do trabalho, incluindo trabalho escravo e trabalho infantil irregular.

(D) sobre representação sindical, entre sindicatos, entre sindicatos e trabalhadores, e entre sindicatos e empregadores.

(E) oriundas da relação de trabalho, abrangidos os entes de direito público externo e da administração pública direta e indireta da União, dos Estados, do Distrito Federal e dos Municípios.

05. (TRT-9/Técnico Judiciário – Área Administrativa/2013) Conforme previsão constitucional, as vagas destinadas à advocacia e ao Ministério Público do Trabalho nos Tribunais Regionais do Trabalho, observado o disposto no artigo 94 da CF, serão de

(A) um terço dentre os advogados com mais de cinco anos de efetiva atividade profissional e membros do Ministério Público do Trabalho com mais de cinco anos de efetivo exercício.

(B) um quinto dentre os advogados com mais de dez anos de efetiva atividade profissional e membros do Ministério Público do Trabalho com mais de dez anos de efetivo exercício.

(C) um quinto dentre os advogados com mais de cinco anos de efetiva atividade profissional e membros do Ministério Público do Trabalho com mais de cinco anos de efetivo exercício.

(D) um terço dentre os advogados com mais de três anos de efetiva atividade profissional e membros do Ministério Público do Trabalho com mais de três anos de efetivo exercício.

(E) um quinto dentre os advogados com mais de três anos de efetiva atividade profissional e membros do Ministério Público do Trabalho com mais de três anos de efetivo exercício.

06. (TRT-1/Técnico Judiciário – Área Administrativa/2013) Quanto à composição e funcionamento da Justiça do Trabalho, nos termos da Constituição Federal, é correto afirmar que

(A) o Tribunal Superior do Trabalho é composto por dezessete ministros escolhidos entre brasileiros com mais de trinta anos e menos de sessenta e cinco anos.

(B) os Tribunais Regionais do Trabalho compõem-se de, no mínimo, onze juízes escolhidos entre brasileiros com mais de trinta anos e menos de sessenta e cinco anos.

(C) as Varas do Trabalho funcionarão com a presença de um Juiz do Trabalho que será seu presidente e dois vogais ou classistas, sendo um representante dos empregadores e outro dos empregados.

(D) a lei criará Varas da Justiça do Trabalho, podendo, nas comarcas não abrangidas por sua jurisdição, atribuí-la aos juízes de direito, com recurso para o respectivo Tribunal de Justiça do Estado.

(E) os Tribunais Regionais do Trabalho instalarão a justiça itinerante, com realização de audiências e demais funções de atividade jurisdicional, nos limites territoriais da respectiva jurisdição, servindo-se de equipamentos públicos e comunitários.

07. (TRT-5/Analista Judiciário – Área Administrativa/2013) Conforme previsão constitucional, a competência da Justiça do Trabalho abrange

(A) as ações oriundas da relação de trabalho.

(B) os conflitos decorrentes das relações de emprego e, mediante lei especial, outras controvérsias decorrentes de relações de trabalho, exceto as que envolvam representação sindical.

(C) todos os conflitos decorrentes de relações de trabalho e alguns casos de relações de emprego, sempre nos termos da lei específica.

(D) os conflitos decorrentes de relações de emprego e, mediante lei ou convenção coletiva, outras controvérsias decorrentes de relação de trabalho.

(E) todos os conflitos decorrentes das relações de trabalho, exceto naqueles em que forem parte os entes de direito público externo e da Administração pública direta e indireta da União, dos Estados, do Distrito Federal e dos Municípios.

08. (TRT-1/Técnico Judiciário – Área Administrativa/2013) A Constituição Federal e a Consolidação das Leis do Trabalho NÃO inserem na competência das Varas do Trabalho a apreciação e julgamento dos dissídios e ações

(A) em que se pretenda estabilidade no emprego.

(B) coletivas de natureza econômica e jurídica, originalmente.

(C) resultantes de contratos de empreitadas em que o empreiteiro seja operário ou artífice.

(D) sobre representação sindical, entre sindicatos, entre sindicatos e trabalhadores.

(E) para a execução de contribuições previdenciárias decorrentes de suas sentenças condenatórias.

09. (TRT-15/Analista Judiciário – Área Administrativa/2013) Considere:

I. Ações declaratórias de vínculo jurídico e sindical entre sindicato e federação.

II. Ação de cobrança executiva envolvendo a contribuição sindical.

III. Ação regressiva ajuizada pelo INSS em face de empregador que tenha causado acidente de trabalho ante a sua negligência no cumprimento das normas de segurança e saúde do trabalho.

IV. Ações relativas às penalidades administrativas impostas aos empregadores pelos órgãos de fiscalização das relações de trabalho.

Compete à Justiça do Trabalho processar e julgar as demandas

(A) I, II e IV, apenas.

(B) I, II, III e IV.

(C) I e II, apenas.

(D) II e III, apenas.

(E) I e IV, apenas.

10. (TRT-1/Técnico Judiciário – Área Administrativa/2013) Hércules, morador de Nova Iguaçu, foi contratado em Angra dos Reis para trabalhar na empresa Beta & Gama Produções, localizada no município do Rio de Janeiro. Após oito meses de trabalho foi dispensado sem justa causa. Na presente situação, a competência territorial para ajuizar reclamação trabalhista questionando o motivo da rescisão contratual e postular indenização por danos morais é do município

(A) do Rio de Janeiro, porque é a Capital do Estado e há pedido de indenização por danos morais.

(B) de Nova Iguaçu, porque é o local do domicílio do reclamante.

(C) de Angra dos Reis, porque é o local onde o trabalhador foi contratado.

(D) do Rio de Janeiro, porque é o local da prestação dos serviços do empregado.

(E) de Nova Iguaçu ou Angra dos Reis, sendo opção do reclamante por atender a sua conveniência.

11. (TRT-1/Analista Judiciário – Área Judiciária/2013) Minerva, domiciliada no município de Duque de Caxias, foi contratada no município de Resende para trabalhar na empresa Olimpo Empreendimentos. Durante todo o contrato de trabalho trabalhou no município de Friburgo, sede da sua empregadora. Após três anos de labor, Minerva foi dispensada. Para receber as verbas rescisórias que não foram pagas, a comarca competente para o ajuizamento de reclamação trabalhista é a do município de

(A) Resende, porque é o local onde foi firmado o contrato de trabalho.

(B) Friburgo, porque é o local da prestação dos serviços da trabalhadora.

(C) Duque de Caxias, porque é o local do domicílio da reclamante.

(D) Rio de Janeiro, porque, além de ser a Capital do Estado, é a sede do Tribunal Regional do Trabalho da 1.ª Região.

(E) Duque de Caxias, Resende ou Friburgo, *pois não há regra na CLT – Consolidação das Leis* do Trabalho regulando a competência territorial.

12. (TRT-9/Analista Judiciário – Área Judiciária/2013) Athenas, residente na cidade de Apucarana, foi contratada em Londrina para trabalhar como secretária da Diretoria Comercial da Empresa de Turismo Semideuses Ltda., cuja matriz está sediada em Cascavel. Após dois anos de contrato prestado na filial da empresa em Curitiba, foi dispensada, embora tenha avisado o seu empregador que estava grávida. Athenas decidiu ajuizar ação reclamatória trabalhista postulando a sua reintegração por estabilidade de gestante. No presente caso, a Vara do Trabalho competente para processar e julgar a demanda é a do município de

(A) Cascavel, em razão de ser a matriz da empresa empregadora que é ré na ação.

(B) Curitiba, porque nesse caso a comarca competente é a Capital do Estado.

(C) Apucarana, por ser o local da residência da trabalhadora.

(D) Curitiba, por ser o local da prestação dos serviços.

(E) Londrina, porque foi o local da contratação da trabalhadora.

13. (TST/Técnico Judiciário – Área Administrativa/2013) Carmem Lúcia, moradora da cidade satélite Gama, foi contratada pela Sede da empresa especializada em cerimônia matrimonial "Casar Ltda.", em Brasília, para exercer a função de costureira. Após a sua contratação, Carmem Lúcia exerceu primeiramente suas atividades na filial da empresa na cidade de Vitória – Espírito Santo. Após 1 ano, foi transferida para a cidade satélite Palmas e, há 5 anos, foi novamente transferida para outra filial da empresa na cidade satélite Taguatinga, local em que exerce suas funções. Porém, Carmem Lúcia vem sofrendo assédio moral praticado pelo seu superior hierárquico no ambiente de trabalho. Tal assédio está tornando insustentável a manutenção do contrato de trabalho. Assim, Carmem Lúcia pretende ajuizar Reclamação Trabalhista visando à rescisão indireta do seu contrato de trabalho. De acordo com a Consolidação das Leis do Trabalho, Carmem Lúcia deverá ajuizar tal ação

(A) em Brasília ou na cidade satélite Taguatinga.

(B) em Brasília.

(C) na cidade satélite Gama ou em Brasília.

(D) tanto em Vitória, como nas cidades satélites de Palmas ou Taguatinga.

(E) na cidade satélite Taguatinga.

14. (TRT-1/Técnico Judiciário – Área Administrativa/2013) Quanto à organização e competência da Justiça do Trabalho, conforme previsões contidas na Constituição Federal e na Consolidação das Leis do Trabalho, é correto afirmar que

(A) compete ao Tribunal Superior do Trabalho processar e julgar originalmente o pedido de medida cautelar das ações diretas de inconstitucionalidade.

(B) os Tribunais Regionais do Trabalho compõem-se de, no mínimo, sete juízes, nomeados pelo Presidente da República, após aprovação pela maioria absoluta do Senado Federal.

(C) não compete à Justiça do Trabalho processar e julgar as ações relativas às penalidades administrativas impostas às empresas pelos órgãos de fiscalização das relações de trabalho.

(D) não compete à Vara do Trabalho processar e julgar os conflitos resultantes de contratos de empreitadas em que o empreiteiro seja operário ou artífice e não discuta verbas da relação de emprego.

(E) em se tratando de empregador que promova realização de atividades fora do lugar do contrato de trabalho, é assegurado ao empregado apresentar reclamação no foro de celebração do contrato ou naquela da prestação dos respectivos serviços.

15. (TRT-1/Técnico Judiciário – Área Administrativa/2013) Nos termos das previsões da Constituição Federal e da Consolidação das Leis do Trabalho, compete à Justiça do Trabalho processar e julgar

(A) as demandas que envolvam as questões relativas aos benefícios da Previdência Social, sendo partes o trabalhador e o INSS.

(B) as contas prestadas anualmente pelo Ministro do Trabalho e Emprego, mediante parecer prévio que deverá ser elaborado em sessenta dias a contar de seu recebimento.

(C) originalmente, a ação direta de inconstitucionalidade de lei ou ato normativo federal ou estadual e a ação declaratória de constitucionalidade de lei ou ato normativo federal.

(D) os crimes contra a organização do trabalho e, nos casos determinados por lei, contra o sistema financeiro e a ordem econômico-financeira.

(E) as ações entre trabalhadores portuários e os operadores portuários ou o Órgão Gestor de Mão de Obra – OGMO decorrentes da relação de trabalho.

16. (TRT-5/Analista Judiciário – Área Judiciária/2013) Fernando, residente em Camaçari, foi contratado em Salvador para trabalhar na filial da empresa Ao Homem Elegante Comércio de Roupas Ltda. que fica em Feira de Santana. Considerando que a sede da empresa fica em São Paulo, de acordo com as regras sobre competência territorial previstas em lei, a competência para o ajuizamento de reclamação trabalhista por Fernando em face do ex-empregador é de uma das Varas do Trabalho de

(A) São Paulo.

(B) Feira de Santana.

(C) qualquer uma das localidades, à escolha de Fernando.

(D) Camaçari.

(E) Salvador.

17. (TRT-5/Técnico Judiciário – Área Administrativa/2013) Joana foi contratada em Salvador (BA) pela empresa Moça Bonita Indústria de Confecções Ltda., para prestar serviços em Juazeiro (BA). Considerando que Joana reside em Petrolina (PE),

eventual reclamação trabalhista que Joana pretenda ajuizar deverá ser distribuída para uma das Varas do Trabalho de

(A) Salvador, que é o local da contratação.

(B) Juazeiro, que é o local da prestação dos serviços.

(C) Petrolina ou Juazeiro, indiferentemente, ou seja, no local do domicílio do empregado ou no da prestação dos serviços.

(D) Salvador ou Juazeiro, indiferentemente, ou seja, no local da contratação ou no da prestação dos serviços.

(E) Petrolina, que é o local do domicílio da trabalhadora.

18. (TRT-19/ Técnico Judiciário – Área Administrativa/2014) Ricardo foi contratado pela empresa "Fazenda Ltda." para exercer a função de montador de estande em feiras agropecuárias. Considerando que Ricardo reside em Marechal Deodoro e que a sede da empresa é em Maceió, local da celebração do contrato, bem como as feiras agropecuárias não ocorrem na referida capital e sim em diversas cidades interioranas, segundo a Consolidação das Leis do Trabalho, eventual reclamação trabalhista, no tocante à competência territorial deverá ser ajuizada

(A) obrigatoriamente em Marechal Deodoro.

(B) obrigatoriamente em Maceió.

(C) obrigatoriamente no local em que prestou serviços em último lugar.

(D) em Maceió ou Marechal Deodoro.

(E) em Maceió ou no local da prestação dos respectivos serviços.

19. (TRT-2/Analista Judiciário – Área Judiciária/2014) Compete à Justiça do Trabalho processar e julgar:

I. As ações sobre representação sindical, entre sindicatos, entre sindicatos e trabalhadores e entre sindicatos e empregadores.

II. A ação em que todos os membros da magistratura sejam direta ou indiretamente interessados, e aquela em que mais da metade dos membros do tribunal de origem estejam impedidos ou sejam direta ou indiretamente interessados.

III. Os conflitos e atribuições entre autoridades administrativas e judiciárias da União, ou entre autoridades judiciárias de um Estado e administrativas de outro ou do Distrito Federal, ou entre as deste e da União.

IV. As ações relativas às penalidades administrativas impostas aos empregadores pelos órgãos de fiscalização das relações de trabalho.

Está correto o que consta em

(A) I e III, apenas.

(B) I, apenas.

(C) II e IV, apenas.

(D) I e IV, apenas.

(E) I, II, III e IV.

20. (TRT-16/Analista Judiciário – Execução de Mandados/2014) A Emenda Constitucional 45/2004 incorporou as seguintes matérias à competência da Justiça do Trabalho, EXCETO:

(A) quanto aos funcionários públicos estatutários.

(B) que envolvam exercício do direito de greve.

(C) sobre representação sindical.

(D) alusivas a eleições sindicais.

(E) execução, de ofício, de contribuições sociais, decorrentes das decisões proferidas pelos Juízes do Trabalho.

21. (TRT-2/Analista Judiciário – Execução de Mandados/2014) Mateus, residente na cidade de São Bernardo do Campo, foi contratado em Diadema para trabalhar como Auxiliar Administrativo da Empresa Tudo Azul Ltda., cuja matriz está sediada em São Caetano do Sul. Após dois anos de contrato prestado na filial da empresa em São Paulo, foi dispensado, mesmo tendo informado ao empregador que está em vias de se aposentar. Mateus decidiu ajuizar reclamação trabalhista requerendo sua reintegração ao emprego por estabilidade pré-aposentadoria. No presente caso, a Vara do Trabalho competente para processar e julgar a demanda é a do município de

(A) São Paulo, por ser o local da prestação de serviços.

(B) São Caetano do Sul, em razão de ser a matriz da empresa empregadora.

(C) São Paulo, porque, neste caso, a comarca competente é a Capital do Estado.

(D) São Bernardo do Campo, por ser o local da residência do trabalhador.

(E) Diadema, porque foi o local da contratação do trabalhador.

22. (TRT9 AJAJ 2015) Sobre organização e competência da Justiça do Trabalho, conforme ditames insculpidos na Constituição Federal do Brasil é correto afirmar:

(A) Os Juizados Especiais Acidentários Trabalhistas, as Varas do Trabalho, os Tribunais Regionais do Trabalho, os Tribunais Arbitrais Coletivos do Trabalho e o Tribunal Superior do Trabalho são órgãos da Justiça do Trabalho.

(B) O Tribunal Superior do Trabalho será composto de dezessete Ministros, togados e vitalícios, dos quais treze escolhidos dentre juízes dos Tribunais Regionais do Trabalho, dois dentre advogados e dois dentre membros do Ministério Público do Trabalho.

(C) O Conselho Superior da Justiça do Trabalho funcionará junto ao Tribunal Superior do Trabalho, cabendo-lhe exercer, na forma da lei, a supervisão administrativa, orçamentária, financeira e patrimonial da Justiça do Trabalho de primeiro e segundo graus, como órgão central do sistema, cujas decisões terão efeito vinculante.

(D) A Escola Nacional de Formação e Aperfeiçoamento de Magistrados do Trabalho, não funcionará junto ao Tribunal Superior do Trabalho por se tratar de órgão administrativo e consultivo, sem funções jurisdicionais, cabendo-lhe apenas regulamentar os cursos oficiais para o ingresso e promoção na carreira.

(E) A competência da Justiça do Trabalho não abrange nenhum dos entes ou organismos de direito público externo, ainda que se trate de relação de emprego, visto que em razão da pessoa litigante a competência será da Justiça Federal Comum.

23. (TRT3 AJAJ 2015) Em relação às Varas do Trabalho e aos Tribunais Regionais do Trabalho,

(A) a lei criará Varas da Justiça do Trabalho, podendo, nas comarcas não abrangidas por sua jurisdição, atribuí-la aos Juízes de Direito, com Recurso para o respectivo Tribunal Regional do Trabalho.

(B) a lei criará Varas da Justiça do Trabalho, não podendo, nas comarcas não abrangidas por sua jurisdição, atribuí-la aos Juízes de Direito, com Recurso para o respectivo Tribunal Regional do Trabalho.

(C) a lei criará Varas da Justiça do Trabalho, podendo, nas comarcas não abrangidas por sua jurisdição, atribuí-la aos Juízes de Direito, com Recurso para o respectivo Tribunal de Justiça.

(D) há, atualmente, no Brasil, 22 Tribunais Regionais do Trabalho, sendo um em cada Estado, exceto no Estado de São Paulo que possui dois Tribunais Regionais do Trabalho.

(E) compete aos Tribunais Regionais do Trabalho, julgar os recursos ordinários interpostos em face das decisões das Varas e também, originariamente, as ações envolvendo relação de trabalho.

24. (TRT4 OJAF 2015) A Constituição Federal do Brasil elenca normas relativas à competência material dos diversos órgãos do Poder Judiciário. O artigo 114, com redação determinada pela Emenda Constitucional nº 45/2004 aumentou as hipóteses originalmente previstas para a Justiça do Trabalho. Entretanto, mesmo com essa ampliação, NÃO estão abrangidas as ações

(A) oriundas das relações de trabalho, abrangidos entes de direito público externo.

(B) relativas a benefício previdenciário do trabalhador previsto no Regime Geral da Previdência Social.

(C) indenizações por danos morais e patrimoniais, decorrentes da relação de trabalho.

(D) sobre representação sindical entre sindicatos e empregadores.

(E) de execução, de ofício, de contribuições sociais previdenciárias decorrentes das condenações dos dissídios individuais trabalhistas.

25. (TRT3 AJAJ 2015) Em relação à competência material da Justiça do Trabalho:

(A) As ações relativas às penalidades administrativas impostas aos empregadores pelos órgãos de fiscalização das relações de trabalho devem ser julgadas pela Justiça Federal, nos termos do artigo 109 da CF/88.

(B) Desde a promulgação da CF/88, a Justiça do Trabalho é competente para julgar ações impostas pelos órgãos de fiscalização, em matéria trabalhista, aos empregadores.

(C) A Emenda Constitucional nº 45/04, deu nova redação ao artigo 114 da CF/88, estabelecendo que cabe à Justiça do Trabalho processar e julgar as ações relativas às penalidades administrativas impostas aos empregadores pelos órgãos de fiscalização das relações de trabalho.

(D) Impõe multas administrativas ao empregador em processos trabalhistas, nos quais foi constatada a ocorrência de infração aos dispositivos da CLT.

(E) Não é competente, de ofício, para executar as contribuições previdenciárias das sentenças que proferir.

26. (TRT4 AJAJ 2015) A competência em razão da matéria dos órgãos da Justiça do Trabalho abrange

(A) dissídios envolvendo revisão de pensão por morte de segurado do Instituto Nacional de Seguridade Social.

(B) ação coletiva objetivando indenização por danos coletivos, envolvendo servidor público estatutário e o município.

(C) ações relativas à penalidade administrativa imposta por agente de fiscalização das relações de trabalho ao empregador.

(D) lides relativas a acidentes de trabalho envolvendo o trabalhador e o Instituto Nacional de Seguridade Social.

(E) litígios relativos à recuperação judicial ou falência de empresas privadas ou sociedades de economia mista.

27. (TRT9 OJAF 2015) Conforme normas contidas na Constituição Federal brasileira, a competência da Justiça do Trabalho abrange

(A) os conflitos de atribuições entre autoridades administrativas e judiciárias da União, ou entre autoridades judiciárias de um Estado e administrativas de outro, ou do Distrito Federal, ou entre as deste e da União.

(B) a homologação de sentenças estrangeiras e a concessão de *exequatur* às cartas rogatórias.

(C) as ações relativas às penalidades administrativas impostas aos empregadores pelos órgãos de fiscalização das relações de trabalho.

(D) os crimes contra a organização do trabalho e, nos casos determinados por lei, contra o sistema financeiro e a ordem econômico-financeira que possam interferir nas relações de trabalho.

(E) as ações que visam dirimir conflitos fundiários, por meio de Varas especializadas com competência exclusiva que serão criadas pelo Tribunal competente.

28. (MANAUSPREV Procurador 2015) Sobre a competência da Justiça do Trabalho, é correto afirmar:

(A) Não é competente para dirimir as controvérsias sobre representação sindical entre sindicatos e empregadores, visto que, tais lides fogem da discussão envolvendo a relação de trabalho entre trabalhadores e empregadores.

(B) É de sua competência a execução de ofício para cobrança das contribuições sociais do artigo 195, I, letra "a" e II e seus acréscimos legais, decorrentes das sentenças que proferir.

(C) As questões decorrentes de acidente de trabalho envolvendo prestações previdenciárias passaram a ser também da Emenda Constitucional 45/2004.

(D) As ações entre trabalhadores portuários e os operadores portuários ou o órgão Gestor de Mão de Obra – OGMO decorrentes da relação de trabalho são da competência da Justiça Comum.

(E) A competência para dirimir conflitos sobre o pagamento dos serviços, sem que envolva relação empregatícia, resultantes dos contratos de empreitada em que o empreiteiro seja operário ou artífice é da Justiça Comum.

29. (TRT1 Juiz do Trabalho 2015) É INCORRETO afirmar que compete à Justiça do Trabalho

(A) executar as contribuições previdenciárias decorrentes das sentenças declaratórias, condenatórias e dos acordos homologados em juízo.

(B) processar e julgar as ações que envolvam o exercício do direito de greve.

(C) executar a contribuição referente ao Seguro de Acidente do Trabalho – SAT.

(D) processar e julgar as ações relativas às penalidades administrativas impostas aos empregadores pelos órgãos de fiscalização das relações de trabalho.

(E) processar e julgar outras controvérsias decorrentes da relação de trabalho, na forma da lei.

30. (TRT6 Juiz do Trabalho 2015) Sobre competência, considere:

I. Inscreve-se na competência material da Justiça do Trabalho a lide entre empregado e empregador tendo por objeto indenização pelo não fornecimento das guias do seguro-desemprego, sendo que o não fornecimento dá origem ao direito à indenização.

II. Compete à Justiça do Trabalho a execução, de ofício, da contribuição referente ao Seguro de Acidente de Trabalho – SAT, que tem natureza de contribuição para a seguridade social (arts. 114, VIII, e 195, I, "a", da CF), pois se destina ao financiamento de benefícios relativos à incapacidade do empregado decorrente de infortúnio no trabalho (arts. 11 e 22 da Lei nº 8.212/1991).

III. Compete à Justiça do Trabalho processar e julgar ações ajuizadas por empregados em face de empregadores relativas ao cadastramento no Programa de Integração Social – PIS.

Está correto o que consta em

(A) II e III, apenas.

(B) I, apenas.

(C) II, apenas.

(D) I, II e III.

(E) I e III, apenas.

31. (TRT3 OJAF 2015) Compete à Justiça do Trabalho

(A) a execução, de ofício, da contribuição referente ao Seguro de Acidente de Trabalho – SAT, que tem natureza de contribuição para a seguridade social.

(B) o julgamento de reclamação trabalhista de funcionário público concursado sob o regime estatutário proposta contra uma autarquia municipal.

(C) o julgamento de ação promovida por um segurado do Instituto Nacional de Seguro Social – INSS, que sofreu um acidente de trabalho e pede o restabelecimento do benefício previdenciário.

(D) a execução de cheque sem fundos passado pelo empregador ao empregado para o pagamento de verbas salariais.

(E) o julgamento de crime contra a organização do trabalho atribuído à empresa privada, relativo à falsa anotação na Carteira de Trabalho e Previdência Social.

32. (AOCP – Técnico Judiciário – Área Administrativa – TRT 1/2018) João tem domicílio na cidade do Rio de Janeiro/RJ e foi chamado para uma entrevista de emprego pela empresa Colchões Ortopédicos Ltda., com sede na cidade de Campinas/SP, ocasião em que foi contratado no próprio local. Já no momento da contratação, a empresa informou ao novo empregado que o mesmo iria trabalhar na filial da empresa na cidade de São José do Rio Preto/ SP. Depois de três anos de trabalho na empresa em questão, João foi dispensado sem justa causa, não recebendo as verbas rescisórias, dentre outros pleitos que considera devidos, razão pela qual almeja buscar a efetivação de seus direitos na Justiça do Trabalho. Nesse seguimento, João deve pleitear seus direitos

(A) em Campinas/SP, pois é o local da sede da empresa, pressupondo, assim, o dever de ingressar com ação nesta localidade.

(B) em qualquer uma das cidades mencionadas, pois o foro de ingresso da ação trabalhista é opcional ao empregado.

(C) no Rio de Janeiro/RJ, pois é a cidade de seu domicílio, oferecendo maiores facilidades ao empregado.

(D) em São José do Rio Preto/SP, pois é o local da prestação de serviços.

(E) em Campinas/SP, pois é o local em que o empregado foi contratado.

33. (AOCP – Técnico Judiciário – Área Administrativa – TRT 1/2018) Tendo como base a estrutura, a organização e a competência (EC 45/2004) da Justiça do Trabalho, assinale a alternativa correta.

(A) Compete à Justiça do Trabalho processar e julgar ações que envolvam crimes contra a organização do trabalho, como o trabalho escravo.

(B) O Tribunal Superior do Trabalho compor-se-á de vinte e sete Ministros, escolhidos dentre brasileiros com mais de trinta e cinco anos e menos de sessenta e cinco anos, de notável saber jurídico e reputação ilibada, nomeados pelo Presidente da República após aprovação de 2/3 (dois terços) do Senado Federal.

(C) O Tribunal Superior do Trabalho é composto por um quinto dentre advogados com mais de quinze anos de efetiva atividade profissional e membros do Ministério Público do Trabalho com mais de quinze anos de efetivo exercício, indicados em lista sêxtupla pelos órgãos de representação das respectivas classes.

(D) A lei criará Varas da Justiça do Trabalho, podendo, nas comarcas não abrangidas por sua jurisdição, atribuí-la aos juízes de direito, com recurso para o respectivo Tribunal Regional do Trabalho.

(E) Os Tribunais Regionais do Trabalho compõem-se de, no mínimo, nove juízes, recrutados, quando possível, na respectiva região, e nomeados pelo Presidente da República dentre brasileiros com mais de trinta e menos de sessenta e cinco anos.

34. (AOCP – Analista Judiciário – Área Administrativa – TRT 1/2018) Em relação à competência da Justiça do Trabalho, assinale a alternativa INCORRETA.

(A) A Constituição federal ampliou a competência da Justiça do Trabalho, atribuindo a esta poderes para dirimir conflitos decorrentes das relações de trabalho e não somente relações de emprego.

(B) À Justiça do Trabalho compete processar e julgar as ações que envolvam representação sindical entre sindicatos, entre sindicatos e trabalhadores e entre sindicatos e empregadores.

(C) A Justiça do Trabalho é competente para processar e julgar mandados de segurança, habeas corpus e habeas data quando o ato questionado envolver matéria sujeita à sua jurisdição.

(D) A Justiça do Trabalho é competente para processar e julgar ações de indenização por dano moral ou patrimonial, decorrentes da relação de trabalho.

(E) À Justiça do Trabalho compete processar e julgar as ações que envolvam representação sindical entre sindicatos, entre sindicatos e trabalhadores, entre sindicatos e empregadores e demandas de qualquer natureza entre empregadores que façam parte de um mesmo sindicato patronal.

35. (AOCP - Analista Judiciário - Área Judiciária - TRT 1/2018) Lucas, residente na cidade de Nova Iguaçu (RJ), foi contratado na cidade de Petrópolis (RJ) pela empresa Brasa Quente para trabalhar como Gerente na cidade de Teresópolis (RJ). Observa-se que Duque de Caxias (RJ) é o domicílio eleitoral de Lucas, onde reside toda a sua família, sendo que, aos finais de semana, aproveita para visitá-los. Sabe-se, ainda, que a sede da empresa é na cidade de Barretos (SP) local onde Lucas recebeu todos os treinamentos para o exercício de sua função. Considerando a possibilidade de ingressar com uma ação trabalhista e valendo-se da regra geral prevista na Consolidação das Leis do Trabalho, assinale a alternativa correta.

(A) Lucas deverá propor a ação na cidade de Petropólis (RJ), pois a competência territorial é fixada pelo local onde foi realizada a contratação.

(B) Lucas deverá propor a ação na cidade de São Paulo, pois a competência territorial é fixada pela capital do Estado no qual a matriz da empresa estiver localizada.

(C) Lucas deverá propor a ação na cidade de Teresópolis (RJ), pois a competência territorial é fixada pelo local onde o empregado prestar serviços ao empregador.

(D) Lucas deverá propor a ação na cidade de Duque de Caxias (RJ), pois a, competência territorial é fixada pelo domicilio eleitoral do empregado.

(E) Lucas deverá propor a ação na cidade de Nova Iguaçu (RJ), pois a competência territorial é fixada pelo domicílio civil do empregador.

36. (FCC – Técnico Judiciário – Área Administrativa – TRT 6/2018) Conforme previsões legais sobre a organização, jurisdição, competência das Varas do Trabalho e os serviços auxiliares da Justiça do Trabalho,

(A) como regra geral, a competência das Varas do Trabalho é determinada pela localidade onde o empregado, reclamante ou reclamado, prestar serviços ao empregador, ainda que tenha sido contratado noutro local ou no estrangeiro.

(B) cada Vara do Trabalho será composta por um juiz do trabalho, que será seu Presidente, e dois juízes classistas, sendo um representante dos empregadores e outro dos empregados.

(C) não compete à Vara do Trabalho o julgamento dos dissídios resultantes de contratos de empreitadas em que o empreiteiro seja operário ou artífice.

(D) nas localidades em que existir mais de uma Vara do Trabalho, haverá um distribuidor, designado pelo juiz mais antigo do Fórum, exclusivamente dentre o quadro de oficiais de justiça do Tribunal Regional.

(E) a lei criará Varas da Justiça do Trabalho, podendo, nas comarcas não abrangidas por sua jurisdição, atribuí-la aos juízes de direito, cabendo recurso de suas decisões para o respectivo Tribunal de Justiça.

37. (FCC – Analista Judiciário – Área Administrativa – TRT – 21ª/2023) O Tribunal Superior do Trabalho, com sede na Capital da República e jurisdição sobre todo o território nacional, é a instância suprema da Justiça do Trabalho. Em relação à sua composição e ao seu funcionamento, a Constituição Federal prevê que:

(A) dentre os 27 Ministros que o compõem, excluídos os oriundos da advocacia e do Ministério Público do Trabalho, os demais são escolhidos dentre juízes dos Tribunais Regionais do Trabalho, oriundos da magistratura de carreira, indicados pelos Presidentes dos respectivos Tribunais Regionais.

(B) funcionando junto a ele, ao Conselho Superior da Justiça do Trabalho e ao Conselho Superior do Ministério Público do Trabalho cabe o exercício conjunto da supervisão administrativa, orçamentária, financeira e patrimonial da Justiça cio Trabalho.

(C) funcionarão junto a ele a Escola Nacional de Formação e Aperfeiçoamento de Magistrados, o Conselho Superior da Justiça do Trabalho e o Conselho Superior do Ministério Público do Trabalho.

(D) o mesmo compõe-se de 27 Ministros, escolhidos dentre brasileiros com mais de 35 e menos de 70 anos de idade, de notável saber jurídico e reputação Ilibada, nomeados pelo Presidente da República após aprovação pela maioria absoluta do Senado Federal.

(E) dentre os 27 Ministros que o compõem, um quinto é de advogados com mais de 15 anos de efetiva atividade profissional e um quinto é de membros do Ministério público do Trabalho com mais de 15 anos de efetivo exercício.

38. (FCC – Analista Judiciário – Área Judiciária – TRT 6/2018) Em relação à competência material da Justiça do Trabalho, esta

a) é competente para processar e julgar ações de indenização por dano moral e material, decorrentes da relação de trabalho, inclusive as oriundas de acidente de trabalho e doenças a ele equiparadas, mas não para as propostas pelos dependentes ou sucessores do trabalhador falecido.

b) não é competente para a execução, de ofício, da contribuição referente ao Seguro de Acidente de Trabalho (SAT), que tem natureza de contribuição para a seguridade social, ainda que se destine ao financiamento de benefícios relativos à incapacidade do empregado decorrente de infortúnio no trabalho.

c) é competente para processar e julgar ação possessória ajuizada em decorrência do exercício do direito de greve pelos trabalhadores da iniciativa privada.

d) não é competente para processar e julgar ações ajuizadas por empregados em face de empregadores relativas ao cadastramento no Programa de Integração Social (PIS).

e) não é competente para determinar o recolhimento das contribuições fiscais.

39. (FCC – Procurador do Estado – TO/2018) Em relação à organização e competência da Justiça do Trabalho no Brasil, com fulcro na legislação pertinente,

(A) é competência das Varas do Trabalho processar e julgar os dissídios resultantes de contratos de empreitadas em que o empreiteiro seja operário ou artífice.

(B) compete ao Supremo Tribunal Federal processar e julgar originalmente a reclamação para preservação da competência do Tribunal Superior do Trabalho e garantia da autoridade das decisões desta corte.

(C) compete à Justiça do Trabalho processar e julgar as ações oriundas da relação de trabalho, exceto quando se trata de entes de direito público externo.

(D) as ações relativas às penalidades administrativas impostas aos empregadores pelos órgãos de fiscalização das relações de trabalho não são da competência da Justiça do Trabalho, mas sim da Justiça Federal, por se tratar de modalidade tributária.

(E) sendo o empregado viajante é competente a Vara do Trabalho da localidade onde houve a contratação, salvo se ele estiver imediatamente subordinado à uma filial, caso em que será competente a Vara em cuja jurisdição estiver situada a mesma filial ou o foro do domicílio do empregado.

40. (FCC – Procurador do Estado – TO/2018) O Direito Processual do Trabalho brasileiro se apropria de determinados métodos de solução de conflitos interindividuais e sociais, como a autodefesa, a autocomposição e a heterocomposição, podendo ser identificados como exemplos práticos destas, respectivamente:

(A) greve – transação – jurisdição.

(B) renúncia – jurisdição – convenção coletiva de trabalho.

(C) greve – renúncia – transação extrajudicial.

(D) jurisdição – lockout – arbitragem.

(E) *lockout* – greve – transação.

41. (Vunesp – Procurador – IPSM/2018) Compete à Justiça do Trabalho processar e julgar as ações

(A) oriundas de relações de trabalho, inclusive aquelas que decorrem de uma relação de natureza estatutária dos servidores públicos, apenas ficando excepcionadas as demandas que competem à Justiça Federal comum.

(B) oriundas de relações de trabalho, abrangidos os entes de direito público externo e da Administração Pública direta e indireta da União, dos Estados, do Distrito Federal e dos Municípios.

(C) que envolvam o exercício do direito de greve, inclusive dos servidores públicos civis e militares da União, dos Estados, do Distrito Federal e dos Municípios.

(D) sobre representação sindical, entre sindicatos e entre sindicatos e empregadores, ficando excepcionadas as ações entre sindicatos e trabalhadores.

(E) que envolvem os crimes contra a organização do trabalho, ficando apenas excepcionados os agentes públicos.

42. (Cespe / Cebraspe – PGE-AL – Procurador do Estado/2021) A respeito da organização, da competência e da composição da justiça do trabalho, assinale a opção correta.

(A) ações de indenização por dano moral oriundas de acidente de trabalho devem ser analisadas na justiça federal, e não na justiça do trabalho, pois não dizem respeito à relação de trabalho.

(B) a justiça do trabalho é competente para julgar demanda em que o empregado pleiteie indenização do empregador pela falta de fornecimento das guias de seguro-desemprego.

(C) ação que demande complementação de pensão, requerida por viúva de ex-empregado de empresa privada, não deve ser julgada pela justiça do trabalho, pois extrapola a discussão a respeito do contrato de trabalho originário.

(D) a justiça do trabalho não é competente para o julgamento de execuções de contribuições previdenciárias.

(E) as comissões de conciliação prévia, por terem competência para pactuar acordos, integram a estrutura da justiça do trabalho.

43. (Vunesp – Prefeitura de Guarujá – SP – Procurador Jurídico/2021) No que diz respeito ao processo do trabalho, está correta a seguinte afirmação:

(A) compete às varas do trabalho decidir quanto à homologação de acordo extrajudicial em matéria de competência da justiça do trabalho.

(B) a compensação, ou retenção, poderá ser arguida na fase de execução do julgado, independentemente de alegação ou pronunciamento judicial na fase de conhecimento.

(C) os atos processuais serão públicos, salvo quando o contrário determinar o interesse social, e realizar-se-ão nos dias úteis das 6 (seis) às 20 (vinte) horas, mas a penhora poderá realizar-se em domingo ou dia feriado, mediante autorização do oficial de justiça avaliador.

(D) os prazos podem ser prorrogados, quando o juízo entender necessário, em virtude de força maior, devidamente comprovada, mas apenas pelo tempo descrito em lei.

(E) das decisões sobre exceções de suspeição e incompetência, não caberá recurso, podendo, no entanto, as partes alegá-las novamente no recurso que couber da decisão final.

GABARITO

01 – C	02 – A	03 – C
04 – C	05 – B	06 – E
07 – A	08 – B	09 – A
10 – D	11 – B	12 – D
13 – E	14 – E	15 – E
16 – B	17 – B	18 – E
19 – D	20 – A	21 – A
22 – C	23 – A	24 – B
25 – C	26 – C	27 – C
28 – B	29 – A	30 – D
31 – A	32 – D	33 – D
34 – E	35 – C	36 – A
37 – D	38 – C	39 – A
40 – A	41 – B	42 – B
43 – A		

CAPÍTULO 2

MINISTÉRIO PÚBLICO DO TRABALHO

2.1. MINISTÉRIO PÚBLICO

2.1.1. Princípios institucionais

A Constituição Federal de 1988 elencou, no art. 127, § 1.º, como princípios institucionais do Ministério Público a unidade, a indivisibilidade e a independência funcional.

Atente-se para o significado de cada um deles:

- **Unidade** – o princípio institucional da unidade determina que os membros de cada ramo do Ministério Público integrem um único órgão, sob a direção única de um só Procurador-Geral. Ressalte-se, porém, que o princípio da unidade somente é aplicável dentro de cada ramo do Ministério Público, inexistindo unidade, exemplificativamente, entre o Ministério Público do Trabalho e o Ministério Público dos Estados, ou mesmo entre os diversos ramos do Ministério Público da União.
- **Indivisibilidade** – os membros do Ministério Público não se vinculam aos processos que atuam, admitindo-se a substituição de uns pelos

outros na forma da lei, quer quando atuem como órgão agente ou interveniente, sendo a indivisibilidade decorrência do próprio princípio da unidade.

- **Independência funcional** – não há hierarquia funcional entre os membros do Ministério Público, sendo o órgão deste independente no exercício de suas funções, não estando subordinado ou vinculado a ninguém, mas tão somente às leis e a sua consciência. Somente existe hierarquia administrativa, não podendo os superiores hierárquicos do membro do Ministério Público avocarem determinado processo ou procedimento investigatório ou mesmo determinarem ao *Parquet* a forma da condução dos procedimentos investigatórios sob sua direção. Saliente-se que a Carta Magna valorizou sobremaneira a autonomia e independência funcional do Ministério Público, considerando crime de responsabilidade do Presidente da República a prática de atos atentatórios ao livre exercício da Instituição (CF/1988, art. 85, II).

2.1.2. Princípio do promotor natural

A doutrina e jurisprudência reconhecem a existência do princípio do promotor natural, para impedir, assim, designações arbitrárias efetuadas pela chefia da Instituição estabelecendo a figura do promotor de exceção.

O princípio do promotor natural encontra seu fundamento na CF/1988, no art. 5.º, LIII, ao determinar que "ninguém será processado nem sentenciado senão pela autoridade competente", assentando-se, também, nas cláusulas de independência funcional e na inamovibilidade dos membros da instituição.

É inegável que o princípio do promotor natural protege o membro do Ministério Público, assegurando-lhe o pleno exercício independente de sua missão constitucional.

Por outro lado, o princípio em comento também resguarda a própria sociedade, uma vez que o jurisdicionado tem a garantia constitucional de ver-se processado pelo promotor cuja intervenção se justifique em critérios objetivos, abstratos, predeterminados em lei, impedindo que qualquer autoridade escolha *Parquet* específico para atuar em certa causa.

2.1.3. Dos instrumentos de atuação

A LC 75/1993, nos arts. 6.º ao 8.º, disponibilizou diversos instrumentos de atuação ao Ministério Público, conforme abaixo transcritos:

"Art. 6.º Compete ao Ministério Público da União:

I – promover a ação direta de inconstitucionalidade e o respectivo pedido de medida cautelar;

II – promover a ação direta de inconstitucionalidade por omissão;

III – promover a arguição de descumprimento de preceito fundamental decorrente da Constituição Federal;

IV – promover a representação para intervenção federal nos Estados e no Distrito Federal;

V – promover, privativamente, a ação penal pública, na forma da lei;

VI – impetrar *habeas corpus* e mandado de segurança;

VII – promover o inquérito civil e a ação civil pública para:

a) a proteção dos direitos constitucionais;

b) a proteção do patrimônio público e social, do meio ambiente, dos bens e direitos de valor artístico, estético, histórico, turístico e paisagístico;

c) a proteção dos interesses individuais indisponíveis, difusos e coletivos, relativos às comunidades indígenas, à família, à criança, ao adolescente, ao idoso, às minorias étnicas e ao consumidor;

d) outros interesses individuais indisponíveis, homogêneos, sociais, difusos e coletivos;

VIII – promover outras ações, nelas incluído o mandado de injunção sempre que a falta de norma regulamentadora torne inviável o exercício dos direitos e liberdades constitucionais e das prerrogativas inerentes à nacionalidade, à soberania e à cidadania, quando difusos os interesses a serem protegidos;

IX – promover ação visando ao cancelamento de naturalização, em virtude de atividade nociva ao interesse nacional;

X – promover a responsabilidade dos executores ou agentes do estado de defesa ou do estado de sítio, pelos ilícitos cometidos no período de sua duração;

XI – defender judicialmente os direitos e interesses das populações indígenas, incluídos os relativos às terras por elas tradicionalmente habitadas, propondo as ações cabíveis;

XII – propor ação civil coletiva para defesa de interesses individuais homogêneos;

XIII – propor ações de responsabilidade do fornecedor de produtos e serviços;

XIV – promover outras ações necessárias ao exercício de suas funções institucionais, em defesa da ordem jurídica, do regime democrático e dos interesses sociais e individuais indisponíveis, especialmente quanto:

a) ao Estado de Direito e às instituições democráticas;

b) à ordem econômica e financeira;

c) à ordem social;

d) ao patrimônio cultural brasileiro;

e) à manifestação de pensamento, de criação, de expressão ou de informação;

f) à probidade administrativa;

g) ao meio ambiente;

XV – manifestar-se em qualquer fase dos processos, acolhendo solicitação do juiz ou por sua iniciativa, quando entender existente interesse em causa que justifique a intervenção;

XVI – (*Vetado*);

XVII – propor as ações cabíveis para:

a) perda ou suspensão de direitos políticos, nos casos previstos na Constituição Federal;

b) declaração de nulidade de atos ou contratos geradores do endividamento externo da União, de suas autarquias, fundações e demais entidades controladas pelo Poder Público Federal, ou com repercussão direta ou indireta em suas finanças;

c) dissolução compulsória de associações, inclusive de partidos políticos, nos casos previstos na Constituição Federal;

d) cancelamento de concessão ou de permissão, nos casos previstos na Constituição Federal;

e) declaração de nulidade de cláusula contratual que contrarie direito do consumidor;

XVIII – representar;

a) ao órgão judicial competente para quebra de sigilo da correspondência e das comunicações telegráficas, de dados e das comunicações telefônicas, para fins de investigação criminal ou instrução processual penal, bem como manifestar-se sobre representação a ele dirigida para os mesmos fins;

b) ao Congresso Nacional, visando ao exercício das competências deste ou de qualquer de suas Casas ou comissões;

c) ao Tribunal de Contas da União, visando ao exercício das competências deste;

d) ao órgão judicial competente, visando à aplicação de penalidade por infrações cometidas contra as normas de proteção à infância e à juventude, sem prejuízo da promoção da responsabilidade civil e penal do infrator, quando cabível;

XIX – promover a responsabilidade:

a) da autoridade competente, pelo não exercício das incumbências, constitucional e legalmente impostas ao Poder Público da União, em defesa do meio ambiente, de sua preservação e de sua recuperação;

b) de pessoas físicas ou jurídicas, em razão da prática de atividade lesiva ao meio ambiente, tendo em vista a aplicação de sanções penais e a reparação dos danos causados;

XX – expedir recomendações, visando à melhoria dos serviços públicos e de relevância pública, bem como ao respeito, aos interesses, direitos e bens cuja defesa lhe cabe promover, fixando prazo razoável para a adoção das providências cabíveis.

§ 1.º Será assegurada a participação do Ministério Público da União, como instituição observadora, na forma e nas condições estabelecidas em ato do Procurador-Geral da República, em qualquer órgão da administração pública direta, indireta ou fundacional da União, que tenha atribuições correlatas às funções da Instituição.

§ 2.º A lei assegurará a participação do Ministério Público da União nos órgãos colegiados estatais, federais ou do Distrito Federal, constituídos para defesa de direitos e interesses relacionados com as funções da Instituição".

"Art. 7.º Incumbe ao Ministério Público da União, sempre que necessário ao exercício de suas funções institucionais:

I – instaurar inquérito civil e outros procedimentos administrativos correlatos;

II – requisitar diligências investigatórias e a instauração de inquérito policial e de inquérito policial militar, podendo acompanhá-los e apresentar provas;

III – requisitar à autoridade competente a instauração de procedimentos administrativos, ressalvados os de natureza disciplinar, podendo acompanhá-los e produzir provas".

"Art. 8.º Para o exercício de suas atribuições, o Ministério Público da União poderá, nos procedimentos de sua competência:

I – notificar testemunhas e requisitar sua condução coercitiva, no caso de ausência injustificada;

II – requisitar informações, exames, perícias e documentos de autoridades da Administração Pública direta ou indireta;

III – requisitar da Administração Pública serviços temporários de seus servidores e meios materiais necessários para a realização de atividades específicas;

IV – requisitar informações e documentos a entidades privadas;

V – realizar inspeções e diligências investigatórias;

VI – ter livre acesso a qualquer local público ou privado, respeitadas as normas constitucionais pertinentes à inviolabilidade do domicílio;

VII – expedir notificações e intimações necessárias aos procedimentos e inquéritos que instaurar;

VIII – ter acesso incondicional a qualquer banco de dados de caráter público ou relativo a serviço de relevância pública;

IX – requisitar o auxílio de força policial.

§ 1.º O membro do Ministério Público será civil e criminalmente responsável pelo uso indevido das informações e documentos que requisitar; a ação penal, na hipótese, poderá ser proposta também pelo ofendido, subsidiariamente, na forma da lei processual penal.

§ 2.º Nenhuma autoridade poderá opor ao Ministério Público, sob qualquer pretexto, a exceção de sigilo, sem prejuízo da subsistência do caráter sigiloso da informação, do registro, do dado ou do documento que lhe seja fornecido.

§ 3.º A falta injustificada e o retardamento indevido do cumprimento das requisições do Ministério Público implicarão na responsabilidade de quem lhe der causa.

§ 4.º As correspondências, notificações, requisições e intimações do Ministério Público quando tiverem como destinatário o Presidente da República, o Vice-Presidente da República, membro do Congresso Nacional, Ministro do Supremo Tribunal Federal, Ministro de Estado, Ministro de Tribunal Superior, Ministro do Tribunal de Contas da União ou chefe de missão diplomática de caráter permanente serão encaminhadas e levadas a efeito pelo Procurador-Geral da República ou outro órgão do Ministério Público a quem essa atribuição seja delegada, cabendo às autoridades mencionadas fixar data, hora e local em que puderem ser ouvidas, se for o caso.

§ 5.º As requisições do Ministério Público serão feitas fixando-se prazo razoável de até dez dias úteis para atendimento, prorrogável mediante solicitação justificada".

2.1.4. Autonomia funcional, administrativa, financeira, iniciativa legislativa e elaboração de proposta orçamentária

A CF/1988, no art. 127, §§ 2.º e 3.º, estabelece a autonomia funcional, administrativa, a iniciativa legislativa e a elaboração de proposta orçamentária pelo Ministério Público. Veja:

> "Art. 127. (...)
>
> § 2.º Ao Ministério Público é assegurada autonomia funcional e administrativa, podendo, observado o disposto no art. 169, propor ao Poder Legislativo a criação e extinção de seus cargos e serviços auxiliares, provendo-os por concurso público de provas ou de provas e títulos, a política remuneratória e os planos de carreira; a lei disporá sobre sua organização e funcionamento.
>
> § 3.º O Ministério Público elaborará sua proposta orçamentária dentro dos limites estabelecidos na lei de diretrizes orçamentárias".

No âmbito da LC 75/1993 (Lei Orgânica do Ministério Público da União), a matéria em destaque também restou normatizada, *in verbis*:

> "Art. 22. Ao Ministério Público da União é assegurada autonomia funcional, administrativa e financeira, cabendo-lhe:
>
> I – propor ao Poder Legislativo a criação e extinção de seus cargos e serviços auxiliares, bem como a fixação dos vencimentos de seus membros e servidores;
>
> II – prover os cargos de suas carreiras e dos serviços auxiliares;
>
> III – organizar os serviços auxiliares;
>
> IV – praticar atos próprios de gestão".
>
> "Art. 23. O Ministério Público da União elaborará sua proposta orçamentária dentro dos limites da lei de diretrizes orçamentárias.
>
> § 1.º Os recursos correspondentes às suas dotações orçamentárias, compreendidos os créditos suplementares e especiais, ser-lhe-ão entregues até o dia vinte de cada mês.
>
> § 2.º A fiscalização contábil, financeira, orçamentária, operacional e patrimonial do Ministério Público da União será exercida pelo Congresso Nacional, mediante controle externo, com o auxílio do Tribunal de Contas da União, segundo o disposto no Título IV, Capítulo I, Seção IX, da Constituição Federal, e por sistema próprio de controle interno.
>
> § 3.º As contas referentes ao exercício anterior serão prestadas, anualmente, dentro de sessenta dias da abertura da sessão legislativa do Congresso Nacional".

Em função dos diplomas acima mencionados, resta cristalina a autonomia funcional, administrativa e financeira do Ministério Público, cabendo à instituição o papel de elaborar o próprio orçamento, respeitada a lei de diretrizes orçamentárias.

Por outro lado, o Ministério Público pode propor ao Poder Legislativo, observadas as limitações orçamentárias imposta pela lei, a criação e extinção de seus cargos e serviços auxiliares, bem como iniciar o processo legislativo objetivando organizar a própria instituição (art. 128, § 5.º, CF/1988).

2.1.5. Procurador-Geral da República – requisitos para investidura e procedimentos para destituição

O art. 128, § 1.º, da CF/1988 estabelece que o Ministério Público da União tem por chefe o Procurador-Geral da República, nomeado pelo Presidente da República dentre integrantes da carreira, maiores de trinta e cinco anos, após aprovação de seu nome pela maioria absoluta dos membros do Senado Federal, para mandato de dois anos, permitida a recondução.

Nesse contexto, qualquer membro integrante da carreira (membro do Ministério Público da União), cumpridos os requisitos do art. 128, § 1.º, da Carta Maior, poderá ser Procurador-Geral da República, havendo a possibilidade de o Procurador-Geral da República ser reconduzido várias vezes, desde que precedida de nova decisão do Senado Federal a cada recondução (conforme estabelecido no art. 25 da LC 75/1993).

A destituição do Procurador-Geral da República dar-se-á por iniciativa do Presidente da República, precedida de autorização da maioria absoluta do Senado Federal, em votação secreta (CF/1988, art. 128, § 2.º, c/c o art. 25, parágrafo único, da LC 75/1993).

Vale destacar que a LC 75/1993 dispõe nos arts. 26 e 49, respectivamente, sobre as atribuições do Procurador-Geral da República como chefe do Ministério Público da União e como chefe do Ministério Público Federal (considerando que o chefe do Ministério Público da União acumula a função de chefe do Ministério Público Federal).

2.1.6. Garantias, prerrogativas e vedações aos membros

2.1.6.1. Garantias

O art. 128, § 5.º, I, da CF/1988 assegura as seguintes garantias aos membros do Ministério Público:

A – **Vitaliciedade** – Adquirida após dois anos de exercício, não podendo o membro do Ministério Público perder o cargo senão por sentença judicial transitada em julgado;

A LC 75/1993, no art. 197, instituiu o período de estágio probatório, correspondente aos dois primeiros anos de efetivo exercício do cargo, necessários para que o membro alcance a vitaliciedade.

Os membros do Ministério Público da União, durante o estágio probatório, somente poderão perder o cargo mediante decisão da maioria absoluta do respectivo Conselho Superior (art. 198 da LC 75/1993), em processo administrativo no qual seja assegurada a ampla defesa do acusado.

Após o estágio probatório, alcançada a vitaliciedade, os membros do Ministério Público somente poderão perder o cargo mediante decisão judicial transitada em julgado.

O art. 259, IV, *a*, da LC 75/1993 determina que compete ao Conselho Superior propor ao Procurador-Geral da República o ajuizamento de ação civil para demissão do membro do Ministério Público da União com garantia de vitaliciedade, importando o ajuizamento da ação no afastamento do membro do exercício de suas funções, com perda dos vencimentos e das vantagens pecuniárias do respectivo cargo (LC 75/1993, art. 208, parágrafo único).

B – **Inamovibilidade** – Consiste na garantia do *Parquet* de não ser transferido compulsoriamente de uma localidade para outra, salvo por motivo de interesse público, mediante decisão do órgão colegiado competente do Ministério Público, por voto da maioria absoluta de seus membros, assegurada ampla defesa ao membro do Ministério Público (art. 128, § 5.º, I, *b*, da CF/1988).

C – **Irredutibilidade de subsídio** – Ao membro do Ministério Público foi assegurada a garantia de irredutibilidade de subsídio, fixado na forma do art. 39, § 4.º, e ressalvado o disposto nos arts. 37, X e XI, 150, II, 153, III, 153, § 2.º, I, todos da Carta Maior.

Essa garantia não é exclusiva dos membros do Ministério Público, mas também dos juízes e dos servidores públicos em geral (art. 37, XV, da CF/1988).

Impende destacar que o art. 17, III, da LC 75/1993, que dispunha sobre a irredutibilidade de vencimentos dos membros do Ministério Público da União foi objeto de veto presidencial, em função do dispositivo mencionado não ter feito remissão ao art. 153, III, da CF/1988.

2.1.6.2. *Prerrogativas*

As prerrogativas (institucionais e processuais) conferidas aos membros do Ministério Público possibilitam ao Parquet o exercício de seu ofício de forma independente e autônoma na defesa da sociedade, sem o risco de sofrer ameaças ou represálias em função das atividades desenvolvidas.

No âmbito do Ministério Público da União, o art. 18 da LC 75/1993 assegura aos seus membros as seguintes prerrogativas:

> "I – institucionais:
>
> *a)* sentar-se no mesmo plano e imediatamente à direita dos juízes singulares ou presidentes dos órgãos judiciários perante os quais oficiem;
>
> *b)* usar vestes talares;
>
> *c)* ter ingresso e trânsitos livres, em razão de serviço, em qualquer recinto público ou privado, respeitada a garantia constitucional da inviolabilidade do domicílio;
>
> *d)* a prioridade em qualquer serviço de transporte ou comunicação, público ou privado, no território nacional, quando em serviço de caráter urgente;
>
> *e)* o porte de arma, independentemente de autorização;
>
> *f)* carteira de identidade especial, de acordo com modelo aprovado pelo Procurador-Geral da República e por ele expedida, nela se consignando as prerrogativas constantes do inciso I, alíneas 'c', 'd' e 'e' do inciso II, alíneas 'd', 'e' e 'f', deste artigo;
>
> II – processuais:
>
> *a)* do Procurador-Geral da República, ser processado e julgado, nos crimes comuns, pelo Supremo Tribunal Federal e pelo Senado Federal, nos crimes de responsabilidade;
>
> *b)* do membro do Ministério Público da União que oficie perante tribunais, ser processado e julgado, nos crimes comuns e de responsabilidade, pelo Superior Tribunal de Justiça;
>
> *c)* do membro do Ministério Público da União que oficie perante juízos de primeira instância, ser processado e julgado, nos crimes comuns e de responsabilidade, pelos Tribunais Regionais Federais, ressalvada a competência da Justiça Eleitoral;
>
> *d)* ser preso ou detido somente por ordem escrita do tribunal competente ou em razão de flagrante de crime inafiançável, caso em que a autoridade fará imediata comunicação àquele tribunal e ao Procurador-Geral da República, sob pena de responsabilidade;
>
> *e)* ser recolhido à prisão especial ou à sala especial de EstadoMaior, com direito à privacidade e à disposição do tribunal competente para o julgamento, quando sujeito a prisão antes da decisão final; e a dependência separada no estabelecimento em que tiver de ser cumprida a pena;

> *f)* não ser indiciado em inquérito policial, observado o disposto no parágrafo único deste artigo;
>
> *g)* ser ouvido, como testemunhas, em dia, hora e local previamente ajustados com o magistrado ou a autoridade competente;
>
> *h)* receber intimação pessoalmente nos autos em qualquer processo e grau de jurisdição nos feitos em que tiver que oficiar.
>
> Parágrafo único. Quando, no curso de investigação, houver indício de prática de infração penal por membro do Ministério Público da União, a autoridade policial, civil ou militar, remeterá imediatamente os autos ao Procurador-Geral da República, que designará membro do Ministério Público para prosseguimento da apuração do fato".

Frise-se que o Procurador-Geral da República terá as mesmas honras e tratamento dos Ministros do Supremo Tribunal Federal, e os demais membros da instituição, as que forem reservadas aos magistrados perante os quais oficiem (art. 19 da LC 75/1993).

O art. 20 da LC 75/1993 determina que os órgãos do Ministério Público da União terão presença e palavra asseguradas em todas as sessões dos órgãos colegiados em que oficiem.

Por último, a Carta Maior, em seu art. 94, estabelece o chamado "quinto constitucional", ao regular o acesso dos membros do Ministério Público ao Poder Judiciário, passando a integrá-lo como juízes. Confira:

> CF/1988 – "Art. 94. Um quinto dos lugares dos Tribunais Regionais Federais, dos Tribunais dos Estados, e do Distrito Federal e Territórios será composto de membros, do Ministério Público, com mais de dez anos de carreira, e de advogados de notório saber jurídico e de reputação ilibada, com mais de dez anos de efetiva atividade profissional, indicados em lista sêxtupla pelos órgãos de representação das respectivas classes".

2.1.6.3. *Vedações*

O art. 128, § 5.º, II, da CF/1988, estabelece as seguintes vedações aos membros do Ministério Público:

> "*a)* receber, a qualquer título e sob qualquer pretexto, honorários, percentagens ou custas processuais;
>
> *b)* exercer a advocacia;

> *c)* participar de sociedade comercial, na forma da lei;
>
> *d)* exercer, ainda que em disponibilidade, qualquer outra função pública, salvo uma de magistério;
>
> *e)* exercer atividade político-partidária;
>
> *f)* receber, a qualquer título ou pretexto, auxílios ou contribuições de pessoas físicas, entidades públicas ou privadas, ressalvadas as exceções previstas em lei".

A LC 75/1993 (art. 237) também estabelece as vedações aos membros do Ministério Público da União, *in verbis*:

> "*a)* receber, a qualquer título e sob qualquer pretexto, honorários, percentagens ou custas processuais;
>
> *b)* exercer a advocacia;
>
> *c)* participar de sociedade comercial, salvo na condição de cotista ou acionista;
>
> *d)* exercer, ainda que em disponibilidade, qualquer outra função pública, salvo uma de magistério;
>
> *e)* exercer atividade político-partidária, ressalvada a filiação e o direito de afastar-se para exercer cargo eletivo ou a ele concorrer" (parte final revogada em decorrência da nova redação do art. 128, § 5.º, II, *e*, da CF/1988).

Vale destacar que o art. 29, § 3.º, do ADCT, CF/1988, possibilitou aos membros do Ministério Público, que já advogavam antes da promulgação da Carta Magna, que continuassem a exercer a advocacia.

Nesse contexto, os membros admitidos antes da promulgação da Constituição Federal de 1988, puderam optar pelo regime anterior, no que respeita às garantias e vantagens, o que acarretou uma exceção à vedação do exercício da advocacia, salvo vedação já prevista anteriormente em legislação específica.

Outrossim, dispõe o art. 129, IX, da CF/1988 que ao Ministério Público são vedadas a representação judicial e a consultoria jurídica de entidades públicas.

Frise-se que não é permitido ao membro do Ministério Público exercer a advocacia no juízo ou tribunal do qual se desligou antes de decorridos três anos do afastamento do cargo por aposentadoria ou exoneração, conforme disposto no art. 128, § 6.º, c/c o art. 95, parágrafo único, V, ambos da CF/1988, com redação dada pela EC 45/2004.

Ademais, o ingresso na carreira de membro do Ministério Público depende de prévia aprovação em concurso público de provas e títulos, exigindo-se também do candidato bacharel em direito, no mínimo, três anos de atividade jurídica, conforme previsto no art. 129, § 3.º, da CF/1988, com redação dada pela EC 45/2004.

2.1.7. Funções institucionais do Ministério Público

A Carta Maior de 1988, no art. 129, enumera as funções institucionais do Ministério Público, sendo algumas exclusivas do Ministério Público (privativas) e outras concorrentes (podendo ser atribuídas a outros órgãos ou pessoas).

Observe:

- Promover, privativamente, a ação penal pública, na forma da lei (competência privativa);
- Zelar pelo efetivo respeito dos Poderes Públicos e dos serviços de relevância pública aos direitos assegurados nesta Constituição, promovendo as medidas necessárias a sua garantia (competência concorrente);
- Promover o inquérito civil (competência privativa) e a ação civil pública (competência concorrente), uma vez que a Lei 7.347/1985, art. 5.º, possibilita que outros entes possam ajuizar a ação civil pública, assim como a própria Constituição Federal de 1988, no art. 129, § 1.º, para a proteção do patrimônio público e social, do meio ambiente e de outros interesses difusos e coletivos;
- Promover a ação de inconstitucionalidade ou representação para fins de intervenção da União e dos Estados, nos casos previstos nesta Constituição (competência concorrente);
- Defender judicialmente os direitos e interesses das populações indígenas (competência concorrente);
- Expedir notificações nos procedimentos administrativos de sua competência, requisitando informações e documentos para instruí-los, na forma da lei complementar respectiva (competência privativa);
- Exercer o controle externo da atividade policial, na forma da lei complementar mencionada no artigo anterior (competência privativa);
- Requisitar diligências investigatórias e a instauração de inquérito policial, indicados os fundamentos jurídicos de suas manifestações processuais (competência concorrente);
- Exercer outras funções que lhe forem conferidas, desde que compatíveis com sua finalidade, sendo-lhe vedadas a representação judicial e a consultoria jurídica de entidades públicas.

Por sua vez, a LC 75/1993, em seu art. 5.º, também estabelece as funções institucionais do Ministério Público da União, *in verbis*:

> "Art. 5.º São funções institucionais do Ministério Público da União:
>
> I – a defesa da ordem jurídica, do regime democrático, dos interesses sociais e dos interesses individuais indisponíveis, considerados, dentre outros, os seguintes fundamentos e princípios:
>
> *a)* a soberania e a representatividade popular;
>
> *b)* os direitos políticos;
>
> *c)* os objetivos fundamentais da República Federativa do Brasil;
>
> *d)* a indissolubilidade da União;
>
> *e)* a independência e a harmonia dos Poderes da União;
>
> *f)* a autonomia dos Estados, do Distrito Federal e dos Municípios;
>
> *g)* as vedações impostas à União, aos Estados, ao Distrito Federal e aos Municípios;
>
> *h)* a legalidade, a impessoalidade, a moralidade e a publicidade, relativas à administração pública direta, indireta ou fundacional, de qualquer dos Poderes da União;
>
> II – zelar pela observância dos princípios constitucionais relativos:
>
> *a)* ao sistema tributário, às limitações do poder de tributar, à repartição do poder impositivo e das receitas tributárias e aos direitos do contribuinte;
>
> *b)* às finanças públicas;
>
> *c)* à atividade econômica, à política urbana, agrícola, fundiária e de reforma agrária e ao sistema financeiro nacional;
>
> *d)* à seguridade social, à educação, à cultura e ao desporto, à ciência e à tecnologia, à comunicação social e ao meio ambiente;
>
> *e)* à segurança pública;
>
> III – a defesa dos seguintes bens e interesses:
>
> *a)* o patrimônio nacional;
>
> *b)* o patrimônio público e social;
>
> *c)* o patrimônio cultural brasileiro;
>
> *d)* o meio ambiente;
>
> *e)* os direitos e interesses coletivos, especialmente das comunidades indígenas, da família, da criança, do adolescente e do idoso;
>
> IV – zelar pelo efetivo respeito dos Poderes Públicos da União, dos serviços de relevância pública e dos meios de comunicação social aos

princípios, garantias, condições, direitos, deveres e vedações previstos na Constituição Federal e na lei, relativos à comunicação social;

V – zelar pelo efetivo respeito dos Poderes Públicos da União e dos serviços de relevância pública quanto:

a) aos direitos assegurados na Constituição Federal relativos às ações e aos serviços de saúde e à educação;

b) aos princípios da legalidade, da impessoalidade, da moralidade e da publicidade;

VI – exercer outras funções previstas na Constituição Federal e na lei".

2.1.8. Estrutura e abrangência

O Ministério Público, nos termos do art. 128 da CF/1988, abrange:

A – Ministério Público da União, que compreende:

- Ministério Público Federal;
- Ministério Público do Trabalho;
- Ministério Público Militar;
- Ministério Público do Distrito Federal e Territórios;

B – Ministérios Públicos dos Estados.

2.2. MINISTÉRIO PÚBLICO DO TRABALHO

2.2.1. Órgãos e atribuições do Ministério Público do Trabalho

O art. 85 da LC 75/1993 estabelece que são órgãos do Ministério Público do Trabalho:

- O Procurador-Geral do Trabalho;
- O Colégio de Procuradores do Trabalho;
- O Conselho Superior do Ministério Público do Trabalho;
- A Câmara de Coordenação e Revisão do Ministério Público do Trabalho;
- A Corregedoria do Ministério Público do Trabalho;
- Os Subprocuradores-Gerais do Trabalho;
- Os Procuradores Regionais do Trabalho;
- Os Procuradores do Trabalho.

O Procurador-Geral do Trabalho é o chefe do Ministério Público do Trabalho, sendo nomeado pelo Procurador-Geral da República, dentre integrantes da instituição, com mais de trinta e cinco anos de idade e de cinco anos de carreira, integrantes de lista tríplice escolhida mediante voto plurinominal, facultativo e secreto, pelo Colégio de Procuradores, para um mandato de dois anos, permitida uma recondução (arts. 87 e 88 da LC 75/1993).

Caso não haja número de candidatos suficientes com mais de cinco anos na carreira, poderá concorrer à lista tríplice quem contar mais de dois anos.

A exoneração do Procurador-Geral do Trabalho antes do término do mandato será proposta ao Procurador-Geral da República pelo Conselho Superior do Ministério Público do Trabalho, mediante deliberação obtida com base em voto secreto de dois terços de seus integrantes.

Compete ao Procurador-Geral do Trabalho exercer as funções atribuídas ao Ministério Público do Trabalho junto ao Plenário do Tribunal Superior do Trabalho, propondo as ações cabíveis e manifestando-se nos processos de sua competência, bem como as atribuições definidas no art. 91 da LC 75/1993.

O Colégio de Procuradores do Trabalho é integrado por todos os membros da carreira em atividade no Ministério Público do Trabalho, sendo presidido pelo Procurador-Geral do Trabalho, e com atribuições estabelecidas no art. 94 da LC 75/1993.

O Conselho Superior do Ministério Público do Trabalho, presidido pelo Procurador-Geral do Trabalho, possui atribuições definidas no art. 98 da LC 75/1993, apresentando a seguinte composição:

- O Procurador-Geral do Trabalho e o Vice-Procurador-Geral do Trabalho, que o integram como membros natos;
- Quatro Subprocuradores-Gerais do Trabalho, eleitos para um mandato de dois anos, pelo Colégio de Procuradores do Trabalho, mediante voto plurinominal, facultativo e secreto, permitida uma reeleição;
- Quatro Subprocuradores-Gerais do Trabalho, eleitos para um mandato de dois anos, por seus pares, mediante voto plurinominal, facultativo e secreto, permitida uma reeleição.

A Câmara de Coordenação e Revisão do Ministério Público do Trabalho, com atribuições definidas no art. 103 da LC 75/1993, será composta por três membros do Ministério Público do Trabalho, sendo um indicado pelo Procurador-Geral do Trabalho e dois pelo Conselho Superior do Ministério Público do Trabalho, juntamente de seus suplentes, para um mandato de dois anos, sempre que possível, dentre integrantes do último grau da carreira.

O Corregedor-Geral do Ministério Público do Trabalho exerce as funções de fiscalizador das atividades funcionais e da conduta dos membros do Ministério Público, com atribuições definidas no art. 106 da LC 75/1993, sendo nomeado pelo Procurador-Geral do Trabalho, dentre os Subprocuradores-Gerais do Trabalho, integrantes de lista tríplice elaborada pelo Conselho Superior, para mandato de dois anos, renovável uma vez.

Os Subprocuradores-Gerais do Trabalho integram o último grau da carreira, oficiando junto ao Tribunal Superior do Trabalho e nos ofícios na Câmara de Coordenação e Revisão, estando lotados, nos ofícios, na Procuradoria-Geral do Trabalho.

Os Procuradores Regionais do Trabalho oficiam perante os Tribunais Regionais do Trabalho, estando lotados, nos ofícios, nas Procuradorias Regionais do Trabalho nos Estados e no Distrito Federal. O chefe da Procuradoria Regional do Trabalho será designado dentre os Procuradores Regionais do Trabalho lotados na respectiva Procuradoria Regional.

Frise-se que os Procuradores Regionais e os Subprocuradores do Trabalho não podem atuar perante os órgãos de primeiro grau da Justiça do Trabalho, salvo se houver interesse do serviço, concordância do membro designado e autorização do Conselho Superior (art. 214, parágrafo único, LC 75/1993).

Os Procuradores do Trabalho integram o grau inicial da carreira, sendo designados para oficiar perante os Tribunais Regionais do Trabalho e as Varas do Trabalho.

2.2.2. Atuação judicial: previsão legal, atuação como órgão agente e interveniente

2.2.2.1. Previsão legal

Primeiramente, cabe destacar que os arts. 127 e 129 da Carta Maior indicam hipóteses exemplificativas das duas formas de atuação do *Parquet* laboral, visto que mencionam instrumentos de atuação judicial (ação civil pública) e extrajudicial (inquérito civil).

A atuação judicial do Ministério Público do Trabalho está descrita no art. 83 da LC 75/1993, conforme abaixo transcrito:

> "Art. 83. Compete ao Ministério Público do Trabalho o exercício das seguintes atribuições junto aos órgãos da Justiça do Trabalho:
>
> I – promover as ações que lhe sejam atribuídas pela Constituição Federal e pelas leis trabalhistas;

II – manifestar-se em qualquer fase do processo trabalhista, acolhendo solicitação do juiz ou por sua iniciativa, quando entender existente interesse público que justifique a intervenção;

III – promover a ação civil pública no âmbito da Justiça do Trabalho, para defesa de interesses coletivos, quando desrespeitados os direitos sociais constitucionalmente garantidos;

IV – propor as ações cabíveis para declaração de nulidade de cláusula de contrato, acordo coletivo ou convenção coletiva que viole as liberdades individuais ou coletivas ou os direitos individuais indispensáveis aos trabalhadores;

V – propor as ações necessárias á defesa dos direitos e interesses dos menores, incapazes e índios, decorrentes das relações de trabalho;

VI – recorrer das decisões da Justiça do Trabalho, quando entender necessário, tanto nos processos em que for parte, como naqueles em que oficiar com fiscal da lei, bem como pedir revisão dos Enunciados da Súmula de Jurisprudência do Tribunal Superior do Trabalho;

VII – funcionar nas sessões dos Tribunais Trabalhistas, manifestando-se verbalmente sobre a matéria em debate, sempre que entender necessário, sendo-lhe assegurado o direito de vista dos processos em julgamento, podendo solicitar as requisições e diligências que julgar convenientes;

VIII – instaurar instâncias em caso de greve, quando a defesa da ordem jurídica ou o interesse público assim o exigir;

IX – promover ou participar da instrução e conciliação em dissídios decorrentes da paralisação de serviços de qualquer natureza, oficiando obrigatoriamente nos processos, manifestando sua concordância ou discordância, em eventuais acordos firmados antes da homologação, resguardado o direito de recorrer em caso de violação à lei e à Constituição Federal;

X – promover mandado de injunção, quando a competência for da Justiça do Trabalho;

XI – atuar como árbitro, se assim for solicitado pelas partes, nos dissídios de competência da Justiça do Trabalho;

XII – requerer as diligências que julgar convenientes para o correto andamento dos processos e para a melhor solução das lides trabalhistas;

XIII – intervir obrigatoriamente em todos os feitos nos segundo e terceiro graus de jurisdição da Justiça do Trabalho quando a parte for pessoa jurídica de Direito Público, Estado Estrangeiro ou organismo internacional".

Evidentemente, atuando judicialmente, o *Parquet* laboral poderá fazê-lo na condição de órgão agente (parte) ou interveniente (*custos legis*), o que adiante será objeto de estudo.

2.2.2.2. Atuação como órgão agente

Com a promulgação da Constituição Federal de 1988, a atuação do Ministério Público do Trabalho como órgão agente ganhou enorme relevo, passando a ser a função institucional mais importante exercida pelo *Parquet* laboral, qual seja a defesa dos interesses difusos, coletivos e individuais homogêneos.

Os incisos I, III, IV, V, VI (quando recorrer como parte), VIII e X do art. 83 da LOMPU estabelecem hipóteses de atuação do Ministério Público do Trabalho como órgão agente, ou seja, na qualidade de autor da ação.

O principal instrumento de atuação judicial do Ministério Público do Trabalho, sem dúvida, é a ação civil pública (que será abordada ainda neste livro), utilizada para a proteção dos interesses metaindividuais no campo das relações trabalhistas.

Como exemplos de situações que ensejam o manejo pelo Ministério Público do Trabalho da ação civil pública, podemos destacar:

- Combate ao trabalho escravo e em condições degradantes;
- Combate ao trabalho infantil;
- Combate às cooperativas fraudulentas e à terceirização irregular;
- Combate à discriminação;
- Proteção ao meio ambiente de trabalho;
- Moralidade administrativa, principalmente em função da contratação sem concurso público;
- Desrespeito às normas constitucionais e consolidadas no que atine ao trabalho sem registro (clandestino), jornada de trabalho, salário-mínimo, sonegação e atraso de salários, descontos abusivos etc.

Podemos mencionar outros instrumentos de atuação do *Parquet* laboral como órgão agente, tais como a ação rescisória, o dissídio coletivo de greve, a ação anulatória de cláusula convencional, o mandado de segurança etc.

Por fim, o art. 793 da CLT também menciona hipótese de atuação do Ministério Público do Trabalho como parte, na qualidade de substituto processual do menor, *in verbis*:

> "Art. 793. A reclamação trabalhista do menor de 18 anos será feita por seus representantes legais e, na falta destes, pela Procuradoria da Justiça do Trabalho, pelo sindicato, pelo Ministério Público Estadual ou curador nomeado em juízo".

Ainda em relação ao art. 793 consolidado, por interpretação extensiva, quando o menor, sem representante legal, estiver no polo passivo de uma reclamação trabalhista (como nas hipóteses de inquérito para apuração de falta grave ou ação de consignação em pagamento ajuizadas pelo empregador em face do empregado menor), atuará o Ministério Público do Trabalho também na defesa do seu interesse.

2.2.2.3. Atuação como órgão interveniente

Os incisos II, VI (quando não for parte), VII, IX, XII e XIII, do art. 83 da LC 75/1993, encerram hipóteses de atuação do Ministério Público do Trabalho como órgão interveniente, na qualidade de fiscal da lei (*custos legis*), participando e manifestando-se o *Parquet* laboral nas sessões realizadas nos Tribunais Regionais do Trabalho e Tribunal Superior do Trabalho, e elaborando pareceres, sempre que o interesse público restar evidenciado.

Também pode atuar o *Parquet* laboral como *custos legis* junto aos órgãos de primeiro grau de jurisdição trabalhista (Varas do Trabalho), acolhendo solicitação do juiz ou por sua iniciativa, quando entender existente interesse público que justifique sua atuação (art. 83, II, da LC 75/1993).

Frise-se que a Orientação Jurisprudencial (OJ) 237 da SDI-I/TST preceitua que o Ministério Público do Trabalho não tem legitimidade para recorrer, como *custos legis*, na defesa de interesse patrimonial privado, inclusive de empresas públicas e sociedades de economia mista. Em contrapartida, há legitimidade do Ministério Público do Trabalho para recorrer de decisão que declara a existência de vínculo empregatício com sociedade de economia mista ou empresa pública, após a Constituição Federal de 1988, sem a prévia aprovação em concurso público, pois é matéria de ordem pública.

Por outro lado, a Súmula 407 do TST esclarece que a legitimidade *ad causam* do Ministério Público do Trabalho para propor ação rescisória, ainda que não tenha sido parte no processo que deu origem à decisão rescindenda, não está limitada às hipóteses em que não foi ouvido no processo na ocasião em que sua intervenção era obrigatória e também quando a sentença é o resultado da colusão entre as partes (art. 967, III, *a*, *b* e *c* do CPC).

O art. 967, III, alíneas *a*, *b* e *c*, do CPC determina que o Ministério Público terá legitimidade para propor a ação rescisória se não foi ouvido no processo em que lhe era obrigatória a intervenção (alínea *a*); quando a decisão rescindenda é o efeito de simulação ou de colusão das partes, a fim de fraudar a lei (alínea *b*); e, também, em outros casos em que se imponha sua atuação (alínea *c*). Ou seja, o atual diploma processual estabelece que também será cabível a ação rescisória, pelo MP, em caso de simulação e em outras situações em que se imponha sua atuação.

Ainda em relação à ação rescisória, o prazo decadencial de dois anos para propositura da ação pelo Ministério Público que não interveio no processo, em caso de colusão das partes, somente começa a fluir a partir do momento em que o *Parquet* teve ciência da fraude, conforme previsão da Súmula 100 do TST (item VI).

Em relação à prescrição arguida pelo Ministério Público na qualidade de órgão interveniente, a OJ 130 da SDI-I/TST, institui que: ao exarar o parecer na remessa de ofício, na qualidade de *custos legis*, o Ministério Público não tem legitimidade para arguir a prescrição em favor de entidade de direito público, em matéria de direito patrimonial".

Por fim, cabe destacar a OJ 350 da SDI-I/TST:

> "MINISTÉRIO PÚBLICO DO TRABALHO. NULIDADE DO CONTRATO DE TRABALHO NÃO SUSCITADA PELO ENTE PÚBLICO NO MOMENTO DA DEFESA. ARGUIÇÃO EM PARECER. POSSIBILIDADE. (ALTERADA EM DECORRÊNCIA DO JULGAMENTO DO PROCESSO TST IUJ-ERR 526538/1999.2) - RES. 162/2009, *DJe* DIVULGADO EM 23, 24 E 25.11.2009. O Ministério Público do Trabalho pode arguir, em parecer, na primeira vez que tenha de se manifestar no processo, a nulidade do contrato de trabalho em favor de ente público, ainda que a parte não a tenha suscitado, a qual será apreciada, sendo vedada, no entanto, qualquer dilação probatória."

2.2.3. Atuação extrajudicial

A atuação extrajudicial do *Parquet* laboral também ocorre na esfera administrativa, principalmente na instauração e condução de procedimentos administrativos (representações, procedimentos preparatórios, investigatórios ou inquéritos civis), iniciados de ofício, ou mesmo em virtude de denúncias da sociedade.

A participação do Ministério Público do Trabalho na condução de procedimentos administrativos constitui-se em forte mecanismo de investigação e coleta de provas, objetivando a propositura da ação judicial cabível (em geral ação civil pública), ou mesmo funcionando como instrumento de convencimento para que o investigado ajuste sua conduta à lei (mediante a assinatura do Termo de Compromisso de Ajustamento de Conduta).

Nesse sentido, o art. 84 da LC 75/1993 exemplifica hipóteses de atuação extrajudicial do *Parquet* laboral, tais como: integrar os órgãos colegiados previstos no § 1.º do art. 6.º da LOMPU; instaurar inquérito civil e outros procedimentos administrativos, sempre que cabíveis, para assegurar a observância dos direitos sociais dos trabalhadores; requisitar à autoridade administrativa federal competente, dos órgãos de proteção ao trabalho, a instauração de procedimentos administrativos, podendo acompanhá-los e produzir provas etc.

O art. 83, XI, da LC 75/1993, determina que compete ao Ministério Público do Trabalho atuar como árbitro, se assim for solicitado pelas partes, nos dissídios de competência da Justiça do Trabalho, ou seja, revela também nesta hipótese atuação extrajudicial do *Parquet*.

A arbitragem é cabível nos dissídios coletivos (art. 114, § 1º, da CF) e nos dissídios individuais cujos contratos de trabalho tenham remuneração superior a duas vezes o limite máximo estabelecido para os benefícios do Regime Geral de Previdência Social, desde que pactuada cláusula compromissória de arbitragem, por iniciativa do empregado ou mediante a sua concordância expressa, antes ou após o término do contrato (art. 507-A, CLT).

2.3. Resumo da matéria

1.	A Carta atual desvinculou o Ministério Público da estrutura dos demais poderes, consagrando a autonomia e independência da instituição, ampliando, consideravelmente as suas funções.
2.	Passou o Ministério Público à condição de órgão extrapoderes, com o objetivo de controle dos poderes clássicos. Deixou o Ministério Público de representar as entidades públicas (vedação expressa no art. 129, IX, da CF/1988) em juízo ou fora dele. O art. 127 da Carta Maior definiu o Ministério Público como instituição permanente, essencial à função jurisdicional do Estado, incumbindo lhe a defesa da ordem jurídica, do regime democrático e dos direitos sociais e individuais indisponíveis.
3.	A Constituição Federal de 1988 elencou, no art. 127, § 1.º, como princípios institucionais do Ministério Público a unidade, a indivisibilidade e a independência funcional.

4. O princípio institucional da unidade determina que os membros de cada ramo do Ministério Público integram um único órgão, sob a direção única de um só Procurador-Geral.

5. Os membros do Ministério Público não se vinculam aos processos que atuam, admitindo-se a substituição de uns pelos outros na forma da lei, quer quando atuem como órgão agente ou interveniente, sendo a indivisibilidade decorrência do próprio princípio da unidade.

6. Não há hierarquia funcional entre os membros do Ministério Público, sendo este independente no exercício de suas funções, não estando subordinado ou vinculado a ninguém, mas tão somente às leis e à sua consciência. Somente existe hierarquia administrativa, não podendo os superiores hierárquicos do membro do Ministério Público avocarem determinado processo ou procedimento investigatório ou mesmo determinarem ao *Parquet* a forma da condução dos procedimentos investigatórios sob sua direção.

7. O princípio do promotor natural encontra seu fundamento na CF/1988, no art. 5.º, LIII, ao determinar que "ninguém será processado nem sentenciado senão pela autoridade competente", assentando-se, também, nas cláusulas de independência funcional e na inamovibilidade dos membros da instituição.

8. A CF/1988, no art. 127, §§ 2.º e 3.º, estabelece a autonomia funcional, administrativa, a iniciativa legislativa e a elaboração de proposta orçamentária pelo Ministério Público.

9. O art. 128, § 1.º, da CF/1988 dispõe que o Ministério Público da União tem por chefe o Procurador-Geral da República, nomeado pelo Presidente da República dentre integrantes da carreira, maiores de trina e cinco anos, após aprovação de seu nome pela maioria absoluta dos membros do Senado Federal, para mandato de dois anos, permitida a recondução.

10. Nesse contexto, qualquer membro integrante da carreira (membro do Ministério Público da União), cumprido os requisitos do art. 128, § 1.º, da Carta Maior, poderá ser Procurador-Geral da República, havendo a possibilidade de este ser reconduzido várias vezes, desde que precedida de nova decisão do Senado Federal a cada recondução (conforme estabelecido no art. 25 da LC 75/1993).

11. A destituição do Procurador-Geral da República dar-se-á por iniciativa do Presidente da República, precedida de autorização da maioria absoluta do Senado Federal, em votação secreta (CF/1988, art. 128, § 2.º, c/c o art. 25, parágrafo único, da LC 75/1993).

12. Vale destacar que a LC 75/1993 dispõe nos arts. 26 e 49, respectivamente, sobre as atribuições do Procurador-Geral da República como chefe do Ministério Público da União e como chefe do Ministério Público Federal (considerando que o chefe do Ministério Público da União acumula a função de chefe do Ministério Público Federal).

13. O art. 128, § 5.º, I, da CF/1988 assegura aos membros do Ministério Público as garantias da vitaliciedade, inamovibilidade e irredutibilidade de subsídio.

14. A vitaliciedade é adquirida após dois anos de exercício, não podendo o membro do Ministério Público perder o cargo senão por sentença judicial transitada em julgado.

15. Após o estágio probatório, correspondente aos dois primeiros anos de efetivo exercício do cargo, alcançada a vitaliciedade, os membros do Ministério Público somente poderão perder o cargo mediante decisão judicial transitada em julgado.

16. A inamovibilidade consiste na garantia do *Parquet* de não ser transferido compulsoriamente de uma localidade para outra, salvo por motivo de interesse público, mediante decisão do órgão colegiado competente do Ministério Público, por voto da maioria absoluta de seus membros, assegurada ampla defesa ao membro do Ministério Público.

17. Ao membro do Ministério Público foi assegurada a garantia de irredutibilidade de subsídio.

18. As prerrogativas (institucionais e processuais) conferidas aos membros do Ministério Público possibilitam ao *Parquet* o exercício de seu ofício de forma independente e autônoma na defesa da sociedade, sem o risco de sofrer ameaças ou represálias em função das atividades desenvolvidas.

19. O art. 128, § 5.º, II, da CF/1988 estabelece as seguintes vedações aos membros do Ministério Público: receber, a qualquer título e sob qualquer pretexto, honorários, percentagens ou custas processuais; exercer a advocacia; participar de sociedade comercial, na forma da lei; exercer, ainda que em disponibilidade, qualquer outra função pública, salvo uma de magistério; e desempenhar atividade político-partidária, receber, a qualquer título ou pretexto, auxílios ou contribuições de pessoas físicas, entidades públicas ou privadas, ressalvadas as exceções previstas em lei.

20. O art. 129, IX, da CF/1988 estabelece que ao Ministério Público são vedadas a representação judicial e a consultoria jurídica de entidades públicas.

21. A Carta Maior de 1988, no art. 129, enumera as funções institucionais do Ministério Público, sendo algumas exclusivas do Ministério Público (privativas) e outras concorrentes (podendo ser atribuídas a outros órgãos ou pessoas).

22. O Ministério Público, nos termos do art. 128 da CF/1988, abrange Ministério Público da União e os Ministérios Públicos dos Estados.

23. O Ministério Público da União abrange o Ministério Público Federal, o Ministério Público do Trabalho, o Ministério Público Militar e o Ministério Público do Distrito Federal e Territórios.

24. O nascimento, evolução e desenvolvimento do Ministério Público do Trabalho se confundem com o próprio surgimento da Justiça do Trabalho, uma vez que o *Parquet* laboral exerce seu ofício perante aquela Justiça.

25. A Constituição Federal de 1988 desvinculou o Ministério Público (dentre eles o Ministério Público do Trabalho) da estrutura dos demais poderes, consagrando a autonomia e independência da instituição, ampliando, consideravelmente as suas funções.

26. O art. 127 da Carta Maior definiu o Ministério Público como instituição permanente, essencial à função jurisdicional do Estado, incumbindo-lhe a defesa da ordem jurídica, do regime democrático e dos direitos sociais e individuais indisponíveis.

27. O Ministério Público do Trabalho atualmente integra o Ministério Público da União, atuando perante a Justiça do Trabalho, na defesa da ordem jurídica, do regime democrático e dos interesses sociais e individuais indisponíveis dos trabalhadores.

28. São órgãos do Ministério Público do Trabalho: o Procurador-Geral do Trabalho, o Colégio de Procuradores do Trabalho, o Conselho Superior do Ministério Público do Trabalho, a Câmara de Coordenação e Revisão do Ministério Público do Trabalho, a Corregedoria do Ministério Público do Trabalho, os Subprocuradores-Gerais do Trabalho, os Procuradores Regionais do Trabalho e os Procuradores do Trabalho.

29. O Procurador-Geral do Trabalho é o Chefe do Ministério Público do Trabalho, sendo nomeado pelo Procurador-Geral da República, dentre integrantes da instituição, com mais de trinta e cinco anos de idade e de cinco anos de carreira, integrantes de lista tríplice escolhida mediante voto plurinominal, facultativo e secreto, pelo Colégio de Procuradores, para um mandato de dois anos, permitida uma recondução (arts. 87 e 88 da LC 75/1993).

30. A exoneração do Procurador-Geral do Trabalho antes do término do mandato será proposta ao Procurador-Geral da República pelo Conselho Superior do Ministério Público do Trabalho, mediante deliberação obtida com base em voto secreto de dois terços de seus integrantes.

31. A atuação judicial do Ministério Público do Trabalho está descrita no art. 83 da LC 75/1993, competindo-lhe: promover as ações que lhe sejam atribuídas pela Constituição Federal e pelas leis trabalhistas; manifestar-se em qualquer fase do processo trabalhista, acolhendo solicitação do juiz ou por sua iniciativa, quando entender existente interesse público que justifique a intervenção; promover a ação civil pública no âmbito da Justiça do Trabalho, para defesa de interesses coletivos, quando desrespeitados os direitos sociais constitucionalmente garantidos; propor as ações cabíveis para declaração de nulidade de cláusula de contrato, acordo coletivo ou convenção coletiva que viole as liberdades individuais ou coletivas ou os direitos individuais indispensáveis aos trabalhadores; propor as ações necessárias à defesa dos direitos e interesses dos menores, incapazes e índios, decorrentes das relações de trabalho; recorrer das decisões da Justiça do Trabalho, quando entender necessário, tanto nos processos em que for parte como naqueles em que oficiar com fiscal da lei, bem como pedir revisão dos enunciados da súmula de jurisprudência do Tribunal Superior do Trabalho; funcionar nas sessões dos Tribunais Trabalhistas, manifestando-se verbalmente sobre a matéria em debate, sempre que entender necessário, sendo-lhe assegurado o direito de vista dos processos em julgamento, podendo solicitar as requisições e diligências que julgar convenientes; instaurar instâncias em caso de greve, quando a defesa da ordem jurídica ou o interesse público assim o exigir; promover ou participar da instrução e conciliação em dissídios decorrentes da paralisação de serviços de qualquer natureza, oficiando obrigatoriamente nos processos, manifestando sua concordância ou discordância, em eventuais acordos firmados antes da homologação, resguardado o direito de recorrer em caso de violação à lei e à Constituição Federal; promover mandado de injunção, quando a competência for da Justiça do Trabalho; atuar como árbitro, se assim for solicitado pelas partes, nos dissídios de competência da Justiça do Trabalho; requerer as diligências que julgar convenientes para o correto andamento dos processos e para a melhor solução das lides trabalhistas; e intervir obrigatoriamente em todos os feitos nos segundo e terceiro graus de jurisdição da Justiça do Trabalho quando a parte for pessoa jurídica de Direito Público, Estado estrangeiro ou organismo internacional.

32. Os incisos I, III, IV, V, VI (quando recorrer como parte), VIII e X do art. 83 da LOMPU estabelecem hipóteses de atuação do Ministério Público do Trabalho como órgão agente, ou seja, na qualidade de autor da ação.

33. O principal instrumento de atuação judicial do Ministério Público do Trabalho, sem dúvida, é a ação civil pública, utilizada para a proteção dos interesses metaindividuais no campo das relações trabalhistas.

34. Podemos mencionar outros instrumentos de atuação do *Parquet* laboral como órgão agente, tais como: a ação rescisória, o dissídio coletivo de greve, a ação anulatória de cláusula convencional, o mandado de segurança etc.

35. Os incisos II, VI (quando não for parte), VII, IX, XII e XIII do art. 83 da LC 75/1993 encerram hipóteses de atuação do Ministério Público do Trabalho como órgão interveniente, na qualidade de fiscal da lei (*custos legis*), participando e manifestando-se o *Parquet* laboral nas sessões realizadas nos Tribunais Regionais do Trabalho e Tribunal Superior do Trabalho, e elaborando pareceres, sempre que o interesse público restar evidenciado.

36. Também pode atuar o *Parquet* laboral como *custos legis* junto aos órgãos de primeiro grau de jurisdição trabalhista (Varas do Trabalho), acolhendo solicitação do juiz ou por sua iniciativa, quando entender existente interesse público que justifique sua atuação (art. 83, II, da LC 75/1993).

37. A atuação extrajudicial do *Parquet* laboral ocorre na esfera administrativa, destacando-se, principalmente, na instauração e condução de procedimentos administrativos (representações, procedimentos preparatórios, investigatórios ou inquéritos civis), iniciados de ofício, ou mesmo em virtude de denúncias da sociedade.

38. O art. 84 da LC 75/1993 exemplifica hipóteses de atuação extrajudicial do *Parquet* laboral, tais como: integrar os órgãos colegiados previstos no § 1.º do art. 6.º da LOMPU; instaurar inquérito civil e outros procedimentos administrativos, sempre que cabíveis, para assegurar a observância dos direitos sociais dos trabalhadores; requisitar à autoridade administrativa federal competente, dos órgãos de proteção ao trabalho, a instauração de procedimentos administrativos, podendo acompanhá-los e produzir provas etc.

39. A atuação do Ministério Público do Trabalho, na qualidade de árbitro, quando solicitada pelas partes, nos dissídios de competência da Justiça do Trabalho, revela também atuação administrativa do *Parquet*.

40. O art. 83, XI, da LC 75/1993 determina que compete ao Ministério Público do Trabalho atuar como árbitro, se assim for solicitado pelas partes, nos dissídios de competência da Justiça do Trabalho, ou seja, revela também nesta hipótese atuação extrajudicial do *Parquet*.

41. A arbitragem é cabível nos dissídios coletivos (art. 114, § 1º, da CF) e nos dissídios individuais cujos contratos de trabalho tenham remuneração superior a duas vezes o limite máximo estabelecido para os benefícios do Regime Geral de Previdência Social, desde que pactuada cláusula compromissória de arbitragem, por iniciativa do empregado ou mediante a sua concordância expressa, antes ou após o término do contrato (art. 507-A, CLT).

2.4. QUESTÕES CORRELATAS

01. (TRT3 – OJAF – 2015) O Chefe do Ministério Público do Trabalho é o Procurador--Geral do Trabalho, nomeado pelo

(A) Presidente da República, dentre integrantes da instituição, com mais de trinta anos de idade e de dez anos na carreira, integrante de lista tríplice escolhida mediante voto nominal, obrigatório e secreto, pelo Colégio dos Procuradores para um mandato de três anos, permitida uma recondução.

(B) Procurador-Geral da República, dentre integrantes da instituição, com mais de trinta e cinco anos de idade e de cinco anos na carreira, integrante de lista tríplice escolhida mediante voto plurinominal, facultativo e secreto, pelo Colégio dos Procuradores para um mandato de dois anos, permitida uma recondução.

(C) Procurador-Geral da República, dentre integrantes da instituição, com mais de trinta anos de idade e de cinco anos na carreira, integrante de lista tríplice escolhida mediante voto nominal, obrigatório e aberto, pelos Subprocuradores para um mandato de quatro anos, sem direito à recondução.

(D) Presidente da República, dentre integrantes da instituição, com mais de trinta e cinco anos de idade e de dez anos na carreira, integrante de lista tríplice escolhida mediante voto plurinominal, obrigatório e secreto, pelos Subprocuradores para um mandato de quatro anos, permitida uma recondução.

(E) Colégio de Procuradores da República, dentre integrantes da instituição, com mais de trinta e cinco anos de idade e de dez anos na carreira, integrante de lista tríplice escolhida mediante voto nominal, facultativo e aberto, pelos Subprocuradores para um mandato de dois anos, permitidas duas reconduções.

02. (TRT23 –OJAF – 2016) A Constituição Federal do Brasil prevê que o Ministério Público é uma instituição permanente, essencial à função jurisdicional do Estado. Sobre a organização do órgão na área trabalhista,

(A) será exercida por membros do Ministério Público Federal e na sua falta pelo Ministério Público Federal, ante a falta de previsão de órgão específico na área trabalhista.

(B) o chefe do Ministério Público do Trabalho é o Procurador Geral da Justiça, sendo eleito e sabatinado pelo Congresso Nacional.

(C) o chefe da Procuradoria Regional do Trabalho será designado dentre os Procuradores Regionais do Trabalho lotados na respectiva Procuradoria Regional.

(D) o Colégio de Procuradores do Trabalho será presidido pelo Corregedor-Geral do Ministério Público do Trabalho, composto pelos Procuradores Regionais do Trabalho.

(E) o Corregedor-Geral do Ministério Público do Trabalho será eleito de forma direta por voto dos Subprocuradores-Gerais do Trabalho e dos Procuradores Regionais do Trabalho.

03. (TRT3 – AJAJ – 2015) Em relação à competência e às formas de atuação, compete ao Ministério Público do Trabalho:

(A) promover ação civil pública no âmbito da Justiça do Trabalho, para defesa de interesses individuais e coletivos, quando desrespeitados os direitos sociais constitucionalmente garantidos.

(B) promover ação civil pública no âmbito da Justiça do Trabalho, para defesa de interesses coletivos, quando desrespeitados os direitos sociais constitucionalmente garantidos.

(C) promover ação civil pública no âmbito da Justiça Comum, para defesa de interesses coletivos, quando desrespeitados os direitos sociais constitucionalmente garantidos.

(D) promover ação civil pública no âmbito da Justiça do Trabalho, para defesa de interesses individuais e coletivos, quando desrespeitadas os normas previstas na Consolidação das Leis do Trabalho.

(E) instaurar instância em caso de greve, desde que provocado pelo sindicato patronal.

04. (TRT15 – AJADM – 2018) Compete ao Ministério Público do Trabalho o exercício das seguintes atribuições junto aos órgãos da Justiça do Trabalho, EXCETO:

(A) manifestar-se em qualquer fase do processo trabalhista, acolhendo solicitação do juiz ou por sua iniciativa, quando entender existente interesse público que justifique a intervenção.

(B) propor as ações cabíveis para declaração de nulidade de cláusula de contrato, acordo coletivo ou convenção coletiva que viole as liberdades individuais ou coletivas ou os direitos individuais disponíveis dos trabalhadores.

(C) funcionar nas sessões dos Tribunais Trabalhistas, manifestando-se verbalmente sobre a matéria em debate, sempre que entender necessário, sendo-lhe assegurado o direito de vista dos processos em julgamento, podendo solicitar as requisições e diligências que julgar convenientes.

(D) instaurar instância em caso de greve, quando a defesa da ordem jurídica ou o interesse público assim o exigir.

(E) propor as ações necessárias à defesa dos direitos e interesses dos menores, incapazes e índios, decorrentes das relações de trabalho.

05. (2024 – MPT – Procurador(a) do Trabalho) Quanto à intervenção processual do Ministério Público do Trabalho como fiscal da ordem jurídica em demandas trabalhistas, assinale a alternativa INCORRETA:

(A) É obrigatória a intervenção, perante os Tribunais Regionais e o Tribunal Superior do Trabalho, nos processos que envolvam a Organização Mundial do Comércio e a Organização das Nações Unidas para a Educação, a Ciência e a Cultura.

(B) Não é obrigatória a intervenção em todos os processos em que for parte a Fazenda Pública.

(C) É obrigatória a intervenção nas ações que envolvam acidentes de trabalho ou reparação por dano moral.

(D) É obrigatória a intervenção nos processos que envolvam direito à posse de terra rural, em litígio originário de relações laborais, envolvendo grupo de trabalhadores e empregadores.

(E) Não respondida.

06. (FGV – 2022 – AGE-MG – Procurador do Estado) O Ministério Público do Trabalho (MPT), como ramo do Ministério Público da União, é instituição permanente, essencial à função jurisdicional do Estado, incumbindo-lhe a defesa da ordem jurídica, do regime democrático, dos interesses sociais e dos interesses individuais indisponíveis.

De acordo com a Lei de Regência, assinale a opção que contempla dois órgãos do MPT.

(A) O Procurador-Geral do Trabalho e o Procurador-Geral da República.

(B) A Câmara de Coordenação e Revisão e o Conselho Superior da Justiça do Trabalho (CSJT).

(C) O Colégio de Procuradores do Trabalho e os Subprocuradores-Gerais do Trabalho.

(D) O Conselho Superior do MPT e o Conselho Nacional de Justiça (CNJ).

(E) A Corregedoria do Ministério Público do Trabalho e os Procuradores da República.

GABARITO

01 – B	**02** – C	**03** – B
04 – B	**05** – C	**06** – C

CAPÍTULO 3

ATOS, TERMOS, PRAZOS E NULIDADES PROCESSUAIS

3.1. ATOS PROCESSUAIS

3.1.1. Conceito

O processo nada mais representa do que um complexo ordenado de atos processuais, destinado à obtenção de um objetivo, qual seja a sentença.

O ato processual constitui-se numa espécie de ato jurídico que objetiva a constituição, a conservação, o desenvolvimento, a modificação ou a extinção da relação processual.

Os atos processuais ocorrem, evidentemente, no curso do processo, podendo ser praticados pelas partes, pelo juiz ou pelos órgãos auxiliares da Justiça.

O Código de Processo Civil aborda o tema (atos processuais) nos arts. 188 a 293, e a Consolidação das Leis do Trabalho, embora de maneira não concentrada, disciplina a matéria a partir do art. 770.

Vale destacar que o atual diploma processual, atento às dificuldades da implantação do processo judicial eletrônico, admite a coexistência de autos físicos e digitais ao estatuir em seu art. 193 que os atos processuais podem ser total ou parcialmente digitais, de forma a permitir que sejam produzidos, comunicados, armazenados e validados por meio eletrônico, na forma da lei.

As regras do processo eletrônico serão aplicadas, no que for cabível, à prática de atos notariais e de registro.

3.1.2. Classificação

Não há unanimidade na doutrina acerca da classificação dos atos processuais, havendo duas correntes, a subjetiva e a objetiva.

A corrente objetiva classifica os atos processuais em postulatórios (ex.: apresentação da petição inicial), de desenvolvimento (ex.: atos que impulsionam o processo), de instrução (ex.: alegações no curso do processo e atos probatórios) e de atos de provimento (sentenças, despachos e decisão interlocutória proferidos pelo juiz).

O atual Código classifica os atos processuais em atos da parte (art. 200 do CPC), pronunciamentos do juiz (art. 203 do CPC) e atos do escrivão ou do chefe de secretaria (art. 206 do CPC).

Estabelece o art. 200 do digesto processual civil que os atos das partes, consistentes em declarações unilaterais ou bilaterais de vontade, produzem imediatamente a constituição, a modificação ou a extinção de direitos processuais.

Vale ressaltar que o art. 205, § 2º, do CPC dispõe que a assinatura dos juízes, em todos os graus de jurisdição, pode ser feita eletronicamente, na forma da lei.

Seguem as definições dos pronunciamentos do juiz:

Consoante o art. 203, § 1.º, do CPC, sentença é o pronunciamento por meio do qual o juiz, com fundamento nos arts. 485 e 487, põe fim à fase cognitiva do procedimento comum, assim como extingue a execução.

O atual Código define a sentença com base em dois critérios: o do momento e o do conteúdo. Assim, sentença é o ato que ao mesmo tempo põe fim ao processo e/ou a uma das fases (critério do momento) e implica uma das situações dos arts. 485 e 487 no CPC (critério do conteúdo).

E ainda, para não deixar qualquer margem para confusão entre sentença e decisão interlocutória, o dispositivo legal define decisão interlocutória como o pronunciamento judicial, de natureza decisória, que não seja sentença (art. 203, § 2.º, do CPC).

O digesto processual civil conceitua como despachos todos os demais pronunciamentos do juiz praticados no processo, de ofício ou a requerimento da parte, isto é, todos os pronunciamentos que não se enquadrem no conceito de sentença ou de decisões interlocutórias (art. 203, § 3.º, do CPC).

Por fim, classificam-se como atos meramente ordinatórios os que independem de despacho, devendo ser praticados de ofício pelo servidor e revistos pelo juiz quando necessário, como, por exemplo, a juntada e a vista obrigatória (art. 203, § 4.º, do CPC).

O art. 206 do CPC institui que, ao receber a petição inicial de qualquer processo, o escrivão a autuará, mencionando o juízo, a natureza do feito, o número de seu registro, os nomes das partes e a data do seu início, procedendo do mesmo modo em relação aos volumes que se forem formando, constituindo-se em exemplos de atos praticados pelos órgãos auxiliares da justiça.

O art. 841 da CLT também elenca um exemplo de ato processual realizado pelo escrivão ou chefe da secretaria da Vara do Trabalho, quando determina que o mesmo, no prazo de 48 horas da distribuição da reclamação, remeterá a segunda via da petição ao reclamado, notificando-o para comparecer à audiência.

No processo de execução trabalhista, a citação do executado e posterior penhora pelo oficial de justiça (arts. 880 e 883, ambos da CLT) também representam atos processuais praticados pelos auxiliares da justiça.

3.1.3. Comunicação dos atos

Torna-se imprescindível para o desenvolvimento da cadeia procedimental que haja a comunicação dos atos processuais às partes.

O Código de Processo Civil estabelece como formas de comunicação dos atos processuais a citação e a intimação.

Citação é o ato pelo qual são convocados o réu, o executado ou o interessado para integrar a relação processual (art. 238 do CPC). E para validade do processo é indispensável a citação do réu ou do executado, ressalvadas as hipóteses de indeferimento da petição inicial ou de improcedência liminar do pedido (art. 239 do CPC). O comparecimento espontâneo do réu ou do executado supre a falta ou a nulidade da citação, fluindo a partir desta data o prazo para apresentação de contestação ou de embargos à execução, consoante reza o § 1.º do citado artigo.

Intimação é o ato pelo qual se dá ciência a alguém dos atos e dos termos do processo (art. 269 do CPC). As intimações devem ser realizadas, sempre que possível, por meio eletrônico. As empresas públicas e privadas são obrigadas a manter cadastro nos sistemas de processo em autos eletrônicos, para efeito de recebimento de citações e intimações, as quais serão efetuadas preferencialmente por esse meio.

O legislador pátrio, entretanto, objetivando justificar a autonomia do Processo do Trabalho, utilizou na Consolidação das Leis do Trabalho, de forma indiscriminada, o termo **notificação**, como o meio adequado para a comunicação de todo e qualquer ato processual realizado no âmbito da Justiça laboral (seja citação ou intimação).

Logo, a legislação processual trabalhista denomina, igualmente, como **notificação** a comunicação dirigida ao autor como também ao réu.

Todavia, no processo de execução, o art. 880 da CLT previu, expressamente, a citação do executado pelo oficial de justiça para que cumpra o julgado, ou, tratando-se de pagamento em dinheiro, para que pague no prazo de 48 horas ou garanta a execução sob pena de penhora. Neste caso, a citação deve ser pessoal.

Na inicial trabalhista, portanto, há notificação do reclamado, por meio de remessa automática pelo servidor da secretaria da Vara, dentro de 48 horas do recebimento da ação, via postal, de cópia da petição inicial ao reclamado, notificando-o a comparecer à audiência de julgamento, que será a primeira desimpedida, depois de cinco dias (art. 841 da CLT), ocasião em que o demandado apresentará, caso deseje, sua defesa. A notificação inicial trabalhista será feita em registro postal com franquia. Se o reclamado criar embaraços ao seu recebimento ou não for encontrado, far-se-á a notificação por edital, inserto no jornal oficial ou no que publicar o expediente forense, ou, na falta, afixado na sede da Junta ou Juízo (art. 841, § 1.º, da CLT).

O art. 774, parágrafo único, da CLT esclarece que, tratando-se de notificação postal, no caso de não ser encontrado o destinatário ou no de recusa de recebimento, o Correio ficará obrigado, sob pena de responsabilidade do servidor, a devolver a notificação ao tribunal de origem, no prazo de 48 horas. Em decorrência disso, o TST presume que a notificação foi recebida no prazo de 48 horas (Súmula 16 do TST). Trata-se de presunção relativa, de modo que o destinatário poderá comprovar o não recebimento neste prazo.

Nos termos do art. 841 da CLT, entre o recebimento da notificação postal e a realização da audiência deverá decorrer o prazo mínimo de cinco dias, tempo necessário para que o demandado prepare a sua defesa.

A falta da notificação pode ser suprida pelo comparecimento espontâneo do réu. Todavia, não respeitado o quinquídio legal previsto no art. 841 consolidado, o reclamado poderá comparecer à audiência apenas para arguir a nulidade de citação, caso em que decretada a nulidade pelo juiz, será designada nova data para a realização da audiência, onde o réu apresentará sua defesa.

Ressalte-se que o atual CPC determina que "a citação da União, dos Estados, do Distrito Federal, dos Municípios e de suas respectivas autarquias e fundações de direito público será realizada perante o órgão de Advocacia Pública responsável por sua representação judicial" (art. 242, § 3.º, do CPC).

A Lei 11.419/2006, regulamentada pela Resolução 185/2017 do CSJT, institui que, nos processos eletrônicos, todas as citações, intimações e notificações, inclusive da Fazenda Pública, far-se-ão por meio eletrônico, sem prejuízo da publicação do *Diário Eletrônico da Justiça do Trabalho* (*DEJT*) nas hipóteses previstas em lei (art. 9º, *caput*, Lei 11.419/2006 e art. 17, *caput*, da Resolução 185/2017 do CSJT).

As citações, intimações, notificações e remessas que viabilizem o acesso à íntegra do processo serão consideradas vista pessoal do interessado para todos os efeitos legais (art. 9º, § 1º, da Lei 11.419/06 e art. 19, § 1º, da Res. 185/2013 do CNJ).

Em relação ao reclamante, ele será notificado da data designada para a audiência no ato da distribuição da reclamação ou então via postal, nos moldes do art. 841, § 2.º, da CLT.

A jurisprudência e a doutrina têm considerado válida a notificação postal entregue na empresa a empregado do reclamado, zelador ou empregado da administração do edifício, já que não há previsão legal de pessoalidade na realização da comunicação, sendo a notificação considerada válida com a simples entrega do registro postal no endereço da parte.

Reza o § 1.º do art. 841 da CLT que, se o reclamado criar embaraços ao recebimento da notificação postal para comparecimento à audiência ou não for encontrado, far-se-á a notificação por edital, inserto no jornal oficial ou no que publicar o expediente forense, ou, na falta, afixado na sede da Vara ou Juízo.

Na prática, entretanto, quando o reclamado não é encontrado ou opõe embaraços ao recebimento da notificação, esta é feita pelo oficial de justiça, evitando os juízes a notificação por edital, principalmente para impedir gastos com a publicação de editais e para assegurar o efetivo recebimento da notificação pelo réu, prevenindo-se futuros questionamentos de nulidade de citação.

Frise-se que, mesmo que a notificação para comparecimento à audiência seja feita pelo oficial de justiça, ela não precisará ser pessoal, bastando sua entrega pelo meirinho no domicílio do reclamado, salvo na execução, quando a citação do executado, pelo oficial de justiça, será pessoal (art. 880, § 2.º, da CLT).

Justamente pelo fato de a notificação por edital consistir em ato de conteúdo precário, ineficiente, meramente formal, deixando o reclamado, na maioria das vezes, revel e sem defesa, ocasionalmente provocada pela má-fé ou deslealdade processual do reclamante, é que alguns magistrados têm implementado a citação por hora certa pelo oficial de justiça na fase de conhecimento, muito embora não haja previsão explícita no diploma consolidado, apenas havendo previsão no CPC, arts. 252 a 254.

No entanto, se o reclamado estiver em local incerto e não sabido, não restará outra alternativa ao magistrado trabalhista a não ser notificá-lo por edital.

Realizada a notificação por edital e correndo o processo à revelia, entendemos que não haverá nomeação de curador especial para o revel, sendo inaplicável o art. 72, II, do CPC, uma vez que a Consolidação das Leis do Trabalho determina que somente na hipótese do art. 793 (reclamação trabalhista promovida por menor de 18 anos sem representante legal) é que será nomeado curador especial, embora sejamos forçados a reconhecer que o tema provoca divergências na doutrina.

Outrossim, se o endereço do reclamado se localizar em zona não servida por entrega domiciliar de correspondência, a citação será feita pelo oficial de justiça.

Frise-se que, mesmo que a notificação para comparecimento à audiência seja feita pelo oficial de justiça, ela não precisará ser pessoal, bastando a entrega da notificação pelo meirinho no domicílio do reclamado, salvo na execução, quando a **citação do executado**, pelo oficial de justiça, será pessoal (art. 880, § 2.º, da CLT).

Caso o reclamado esteja domiciliado no exterior, a notificação será feita mediante carta rogatória, nos moldes do art. 237, II, do CPC.

Ainda em relação à comunicação dos atos processuais, podemos destacar:

- A partir do momento em que reclamante e reclamado possuírem advogados constituídos nos autos, as futuras notificações serão feitas aos causídicos. Caso as partes estejam no exercício do *jus postulandi*, as notificações serão enviadas diretamente a elas, também pelos correios;

- Havendo pedido expresso de que as intimações e publicações sejam realizadas exclusivamente em nome de determinado advogado, a comunicação em nome de outro profissional constituído nos autos é nula, salvo se constatada a inexistência de prejuízo (Súmula 427). No mesmo sentido, encontra-se o art. 272, § 5º, do CPC. Entretanto, segundo o art. 16 da IN 39/2016 do TST, "para efeito de aplicação do § 5.º do art. 272 do CPC, não é causa de nulidade processual a intimação realizada na pessoa de advogado regularmente habilitado nos autos, ainda que conste pedido expresso para que as comunicações dos atos processuais sejam feitas em nome de outro advogado, se o profissional indicado não se encontra previamente cadastrado no Sistema de Processo Judicial Eletrônico, impedindo a serventia judicial de atender ao requerimento de envio da intimação direcionada. A decretação de nulidade não pode ser acolhida em favor da parte que lhe deu causa (CPC, art. 276)";
- O art. 825 da CLT indica que as testemunhas comparecerão à audiência independentemente de intimação, sendo intimadas as que não comparecerem, *ex officio*, ou a requerimento da parte, ficando sujeitas à condução coercitiva e multa, caso, sem justo motivo, não atendam a intimação;
- No que lhe diz respeito, o art. 852-H determina que no procedimento sumaríssimo também as testemunhas comparecerão à audiência independentemente de notificação, apenas sendo deferida intimação da testemunha que, comprovadamente convidada, deixar de comparecer;
- Em relação à sentença normativa prolatada pelo Tribunal, estabelece o art. 867 da CLT que as partes ou seus representantes legais serão notificadas via postal, fazendo-se, outrossim, a sua publicação no jornal oficial para ciência dos demais interessados;
- Encontrando-se o processo já em fase recursal, as intimações serão feitas por meio de publicação do nome das partes e advogados no órgão oficial;
- O art. 834 da CLT determina, em regra, que a publicação das decisões e sua notificação aos litigantes, ou seus patronos, consideram-se realizadas nas próprias audiências em que forem proferidas;
- No mesmo sentido, dispõe o art. 852 consolidado que da decisão serão os litigantes notificados, pessoalmente ou por seu representante, na

própria audiência. No entanto, em caso de revelia, a notificação da decisão será feita via postal;

- Saliente-se que o prazo para recurso da parte que, devidamente intimada, não comparecer à audiência de julgamento para prolação da sentença conta-se da publicação da sentença, na própria audiência, conforme entendimento consubstanciado na Súmula 197 do TST;
- O art. 851, § 2.º, da CLT dispõe que o juiz deverá juntar a ata de sentença aos autos, devidamente assinada, no prazo improrrogável de 48 horas, sob pena de o prazo para recurso apenas ser contado da data em que a parte receber a intimação da sentença (Súmula 30 do TST).
- A comunicação dos atos processuais também pode ser feita por meio de carta precatória, rogatória, de ordem e arbitral, conforme estabelecidas nos arts. 260 e seguintes do CPC.
- A carta de ordem é emanada pelo tribunal a um juiz a este subordinado;
- A carta rogatória é a comunicação processual dirigida à autoridade judiciária estrangeira, como acontece no caso de eventual execução em face de pessoa jurídica de direito público externo;
- A carta precatória é utilizada quando a comunicação ou prática de atos processuais tenha que ser realizada fora da jurisdição territorial da Vara, como nos casos de notificação do reclamado que resida em outra comarca para comparecer à inicial, oitiva de testemunhas fora da sede do juízo, realização de prova pericial em outra jurisdição, execução de bens em outra comarca etc.;
- A carta arbitral é utilizada para que o órgão do Poder Judiciário pratique ou determine o cumprimento de ato objeto de pedido de cooperação judiciária formulado por juízo arbitral, inclusive os que importem efetivação de tutela provisória.
- Vale ressaltar que o art. 263 do CPC, estabelece que as cartas deverão, preferencialmente, ser expedidas por meio eletrônico, caso em que a assinatura do juiz deverá ser eletrônica, na forma da lei.

3.1.4. Publicidade

A EC 45, publicada pelo Senado Federal no dia 08.12.2004, alterou o art. 93 da CF/1988, prestigiando nos incisos IX e X o princípio da publicidade dos julgamentos dos órgãos do Poder Judiciário, *in verbis*:

> "Art. 93. Lei complementar, de iniciativa do Supremo Tribunal Federal, disporá sobre o Estatuto da Magistratura, observados os seguintes princípios: (...)
>
> IX – todos os julgamentos dos órgãos do Poder Judiciário serão públicos, e fundamentadas todas as decisões, sob pena de nulidade, podendo a lei limitar a presença, em determinados atos, às próprias partes e a seus advogados, ou somente a estes, em casos nos quais a preservação do direito à intimidade do interessado no sigilo não prejudique o interesse público à informação;
>
> X – as decisões administrativas dos tribunais serão motivadas e em sessão pública, sendo as disciplinares tomadas pelo voto da maioria absoluta de seus membros".

Portanto, a regra é a publicidade dos atos processuais, permitindo-se que a sociedade fiscalize as atividades forenses.

Somente em casos excepcionais é admitido que o processo, na Justiça do Trabalho, corra em **segredo de justiça**, como nas hipóteses de preservação do direito à intimidade da parte, discriminação por motivo de doença, sexo, discussão relativa a atos de improbidade praticados pelo obreiro, assédio moral ou sexual etc.

Por seu lado, o art. 770 da CLT dispõe que os atos processuais serão públicos, salvo quando o contrário determinar o interesse social, e realizar-se-ão nos dias úteis das 6 às 20 horas.

O art. 212, § 3.º, do CPC dispõe que quando o ato tiver de ser praticado por meio de petição em autos não eletrônicos, essa deverá ser protocolada no horário de funcionamento do fórum ou tribunal, conforme o disposto na lei de organização judiciária local.

A prática eletrônica do ato processual pode ocorrer em qualquer horário até as vinte e quatro horas do último dia do prazo. O horário vigente no juízo perante o qual o ato deve ser praticado será considerado para fim de atendimento deste prazo. Sob o mesmo ponto de vista, versa o CPC, em seu art. 213.

Por outro lado, a legislação consolidada (art. 770, parágrafo único, da CLT) menciona que o juiz do trabalho poderá autorizar, expressamente (normalmente constando no mandado de citação, penhora e avaliação), que a **penhora pelo oficial de justiça possa ser realizada em domingo ou feriado.**

3.1.5. Ato processual por *fac-símile*

A Lei 9.800, de 26 de maio de 1999, instituiu o sistema de transmissão de dados e imagens por meio de fac-símile para a prática de atos processuais que dependam de petição escrita. Ressalte-se, entretanto, que somente poderá ser utilizado nas varas e tribunais em que ainda não houver sido implantado o Sistema do Processo Judicial Eletrônico.

Estabelece a lei em comento que a utilização de sistema de transmissão de dados e imagens não prejudica o cumprimento dos prazos, devendo os **originais** ser entregues em juízo, necessariamente, até cinco dias da data de seu término (art. 2.º).

Relativamente aos **atos não sujeitos a prazo**, os originais deverão ser entregues, indispensavelmente, até cinco dias contados do término do prazo processual (Súmula 387 do TST).

3.1.6. Informatização do processo judicial

A prática eletrônica de atos processuais será realizada por intermédio do Sistema Processo Judicial Eletrônico (PJe) instalado na Justiça do Trabalho nos termos da Lei nº 11.419/06, arts. 193 a 199, do CPC e da Resolução 185/2017 do Conselho Superior da Justiça.

Destacam-se as seguintes características do Sistema de Processo Judicial Eletrônico da Justiça do Trabalho – PJe-JT:

Nos termos do art. 1.º, § 2.º, da Lei 11.419/2006, considera-se:

a) **Meio Eletrônico:** qualquer forma de armazenamento ou tráfego de documentos e arquivos digitais;
b) **Transmissão Eletrônica**: toda forma de comunicação a distância com a utilização de redes de computadores, preferencialmente a rede mundial de computadores;
c) **Assinatura Eletrônica**: são as seguintes formas de comunicação inequívoca do signatário:
   - Assinatura digital: baseada em certificado digital, emitido por Autoridade Certificadora credenciada, na forma de lei específica;
   - Mediante cadastro do usuário no poder judiciário, como disciplinado pelos órgãos respectivos.

3.1.6.1. Do acesso

Vigora no Processo do Trabalho o "jus postulandi" (art. 791 da CLT), segundo a qual o empregado e o empregador podem demandar pessoalmente na Justiça do Trabalho. Nesses casos, partes ou terceiros interessados desassistidos de advogados poderão apresentar peças processuais e documentos em papel nos locais competentes para recebê-los, que serão inseridos nos autos eletrônicos pela unidade judiciária (art. 4º da Resolução 185/2017 do CSJT).

O credenciamento dos advogados no PJe dar-se-á pela identificação do usuário por meio de seu certificado digital e remessa do formulário eletrônico disponibilizado no portal de acesso ao PJe, devidamente preenchido e assinado digitalmente (art. 5º, *caput*, da Resolução 185/2017 do CSJT).

Por sua vez, a sociedade de advogados fará seu credenciamento por meio da remessa do formulário eletrônico disponibilizado no portal de acesso ao PJe, devidamente preenchido e assinado digitalmente, dispensando-se a identificação do usuário por meio de seu certificado digital (art. 5º, § 1º, da Resolução 185/2017 do CSJT).

As alterações de dados cadastrais poderão ser feitas pelos próprios usuários, a qualquer momento, utilizando funcionalidade específica do PJe para este fim, salvo as informações obtidas de bancos de dados credenciados, como Receita Federal, Justiça Eleitoral e Ordem dos Advogados do Brasil – OAB –, que deverão ser atualizadas diretamente nas respectivas fontes (art. 5º, § 2º, da Resolução 185/2017 do CSJT).

Os advogados e sociedades de advogados devem requerer sua habilitação para atuar nos autos eletrônicos cujas partes representarão, juntando a procuração (art. 5º, § 6º, da Resolução 185/2017 do CSJT).

É atribuição do magistrado determinar, por despacho ou delegação de ato ordinatório, a alteração da autuação para inativação de advogado indevidamente habilitado, ou que deixou de representar quaisquer das partes (art. 5º, § 7º, da Resolução 185/2017 do CSJT).

Os documentos digitalizados juntados em processo eletrônico estarão **disponíveis para acesso por meio da rede externa** pelas respectivas partes processuais, pelos advogados, independentemente de procuração nos autos, pelos membros do Ministério Público e pelos magistrados, sem prejuízo da possibilidade de visualização nas secretarias dos órgãos julgadores, à exceção daqueles que tramitarem em segredo de justiça (art. 11, § 6º, da Lei 11.419/2006 – incluído pela Lei 13.793/2019).

Os sistemas de informações pertinentes a processos eletrônicos devem possibilitar que advogados, procuradores e membros do Ministério Público

cadastrados, mas não vinculados a processo previamente identificado, **acessem automaticamente** todos os atos e documentos processuais armazenados em meio eletrônico, desde que **demonstrado interesse** para fins apenas de registro, salvo nos casos de processos em segredo de justiça (art. 11, § 7º, da Lei 11.419/2006 – incluído pela Lei 13.793/2019).

Para que o advogado, procurador ou membro do Ministério Público tenha acesso a autos eletrônico deve fazer um cadastro identificando-se. Esse cadastro não está sujeito à aprovação, bastando que comprove sua condição profissional. O objetivo é a identificação das pessoas que acessam ao sistema. A demonstração de interesse faz-se pela simples busca do processo, ou seja, não se exige petição justificando a busca pelas informações.

O Estatuto da OAB prevê o mesmo, determinado que, inclusive em processos e procedimentos eletrônicos, é direito do advogado:

a) "**examinar**, em qualquer órgão dos Poderes Judiciário e Legislativo, ou da Administração Pública em geral, autos de processos findos ou em andamento, mesmo sem procuração, quando não estiverem sujeitos a sigilo ou segredo de justiça, assegurada a obtenção de cópias, com possibilidade de tomar apontamentos" (art. 7º, XIII, e § 13, da Lei 8.906/1994 – Estatuto da Advocacia, incluído pela Lei 13.793/2019).

b) "**examinar**, em qualquer instituição responsável por conduzir investigação, mesmo sem procuração, autos de flagrante e de investigações de qualquer natureza, findos ou em andamento, ainda que conclusos à autoridade, podendo copiar peças e tomar apontamentos, em meio físico ou digital" (art. 7º, XIV e § 13, da Lei 8.906/94 – Estatuto da Advocacia, alterado pela Lei 13.793/2019). O acesso do advogado aos processos e procedimentos de investigação poderá ser delimitado pela autoridade competente aos elementos de prova relacionados a diligências em andamento e ainda não documentados nos autos, quando houver risco de comprometimento da eficiência, da eficácia ou da finalidade das diligências (art. 7º, §§ 11 e 13, da Lei 8.906/1994 – Estatuto da Advocacia, alterado pela Lei 13.793/2019).

Da mesma forma, o Código de Processo Civil estabelece que, inclusive nos processos eletrônicos, é direito do advogado "**examinar**, em cartório de fórum e secretaria de tribunal, mesmo sem procuração, autos de qualquer processo, independentemente da fase de tramitação, assegurados a obtenção de **cópias** e o **registro de anotações**, salvo na hipótese de segredo de justiça, nas quais apenas o advogado constituído terá acesso aos autos" (art. 107, I e § 5º, do CPC – alterado pela Lei 13.793/2019).

3.1.6.2. Da disponibilidade do sistema

Determina a Resolução 185/2017 do CSJT (art. 10) que a disponibilidade do PJe será aferida na forma definida pelo Conselho Nacional de Justiça – CNJ. Por sua vez, a Resolução 185 do CNJ versa sobre o acesso aos sistemas nos arts. 7º ao 13.

Segundo o art. 9º da Resolução 25 Consolidada, o sistema ficará disponível 24 horas por dia, salvo durante os períodos de manutenção.

Considera-se indisponibilidade do sistema PJe-JT a falta de oferta ao público externo, diretamente ou por meio de WebService, de qualquer um dos seguintes serviços:

> I – A consulta aos autos digitais;
>
> II – transmissão eletrônica de atos processuais;
>
> III – acesso a citações, intimações ou notificações eletrônicas feitas via sistema;

As manutenções programadas do sistema serão sempre informadas ostensivamente com pelo menos 5 dias de antecedência e realizadas, preferencialmente, entre 0h de sábado e 22h de domingo, ou entre 0h e 6h dos demais dias da semana.

Toda indisponibilidade do sistema PJe será registrada em relatório de interrupções de funcionamento acessível ao público no sítio do Tribunal e dos Conselhos, devendo conter, pelo menos, as seguintes informações: a) data, hora e minuto de início da indisponibilidade; b) data, hora e minuto de término da indisponibilidade; c) os serviços que ficaram indisponíveis e d) V – assinatura digital do responsável pela unidade de tecnologia da informação do TRT, ou a quem este delegar, com efeito de certidão, devendo – enquanto não implementada a juntada automática nos processos – estar acessível, preferencialmente, em tempo real, ou, no máximo, até as 12h do dia seguinte ao da indisponibilidade.

Os prazos que vencerem no dia da ocorrência de indisponibilidade serão prorrogados para o dia útil seguinte à retomada de funcionamento, quando:

> i) a indisponibilidade for superior a 60 minutos ininterruptos ou não, entre as 6h00 e as 23h00;
>
> ii) por qualquer tempo, entre as 23h00 e as 24h00.

Os prazos fixados em hora ou minuto serão prorrogados até as 24 horas do dia útil seguinte quando:

> i – ocorrer a indisponibilidade superior a 60 minutos ininterruptos ou não, nas últimas 24 horas do prazo; ou
>
> ii – ocorrer a indisponibilidade nos 60 minutos anteriores ao término do prazo.

A indisponibilidade entre 0h e 6h00, feriados e finais de semana não levará à prorrogação do prazo.

3.1.6.3. Petições e documentos

O sistema receberá arquivos com tamanho máximo definido por ato do Tribunal ou Conselho e apenas nos formatos definidos pela Presidência do Conselho Nacional de Justiça, o qual não poderá ser inferior a 1.5 Mb.

Será admitido peticionamento fora do PJe, pelas vias ordinárias, nas seguintes hipóteses: a) o PJe estiver indisponível e o prazo para a prática do ato não for prorrogável na forma do art. 12 ou essa prorrogação puder causar perecimento do direito; b) para a prática de ato urgente ou destinado a impedir perecimento de direito, quando o usuário externo não possua, em razão de caso fortuito ou força maior, assinatura digital.

Os documentos produzidos eletronicamente, os extratos digitais, bem como os documentos digitalizados e juntados aos autos pelos órgãos da Justiça do Trabalho e seus auxiliares, pelos membros do Ministério Público, pelas procuradorias e por advogados públicos e privados, têm a mesma força probante dos originais, ressalvada a alegação motivada e fundamentada de adulteração.

Os documentos originais digitalizados deverão ser preservados pelo seu detentor até o trânsito em julgado da sentença ou, quando admitida, até o final do prazo para propositura de ação rescisória.

A arguição de falsidade dos documentos será processada eletronicamente na forma da lei processual em vigor.

Deverão ser apresentados em secretaria os documentos cuja digitalização mostre-se tecnicamente inviável devido ao grande volume, tamanho/formato ou por motivo de ilegibilidade. Os documentos deverão ser apresentados na secretaria no prazo de 10 dias contados do envio da petição eletrônica comunicando o fato. Após o trânsito em julgado, os referidos documentos serão devolvidos, incumbindo-se à parte preservá-los até o final do prazo para propositura da ação rescisória, quando admitida.

Os documentos apresentados pelas partes que se valerem do *jus postulandi* deverão ser retirados no prazo de 45 dias. Após esse prazo a Unidade Judiciária correspondente poderá inutilizar os documentos mantidos sob sua guarda em meio impresso.

As petições, documentos e seus respectivos anexos enviados sem observância das normas vigentes poderão ser indisponibilizados por expressa determinação do magistrado, com o registro de movimento e exclusão da petição e documentos, assinalando-se, se for o caso, novo prazo para a adequada apresentação da petição.

Os documentos digitalizados e anexados às petições eletrônicas serão classificados e organizados de forma a facilitar o exame dos autos eletrônicos. Quando a forma de apresentação dos documentos puder ensejar prejuízo ao exercício do contraditório e da ampla defesa, deverá o juiz determinar nova apresentação e a exclusão dos anteriormente juntados.

Os órgãos do Poder Judiciário manterão instalados equipamentos à disposição das partes, advogados e interessados para consulta ao conteúdo dos autos digitais, digitalização e envio de peças processuais e documentos em meio eletrônico, bem como auxílio técnico presencial às pessoas com deficiência ou que comprovem idade igual ou superior a 60 anos.

3.1.6.4. Atos Processuais

No processo eletrônico, todas as citações, intimações e notificações, inclusive da Fazenda Pública, far-se-ão por meio eletrônico, nos termos da Lei n. 11.419, de 19 de dezembro de 2006 e caso viabilizem o acesso à íntegra do processo correspondente serão consideradas vista pessoal do interessado para todos os efeitos legais.

No expediente de notificação inicial ou de citação constará indicação da forma de acesso ao inteiro teor da petição inicial no endereço referente à consulta pública do PJe, cujo acesso também será disponibilizado nos sítios dos TRTs e do CSJT na rede mundial de computadores (art. 18 da Resolução 185/2017 do CSJT).

Os avisos de recebimento (ARs) devidamente assinados pelo recebedor das comunicações feitas pelos Correios deverão ser digitalizados e os respectivos arquivos juntados aos autos eletrônicos.

A petição inicial conterá, além dos requisitos do art. 840, § 1º, da CLT, a indicação do CPF ou CNPJ das partes e, sempre que possível, também os seguintes dados: a) o CEI (Cadastro Específico do INSS contendo número da matrícula do empregador pessoa física); b) o Número de Identificação do Trabalhador (NIT) perante o INSS; c) o PIS ou PASEP; d) o número da CTPS do empregado; e e) o CNAE (Classificação Nacional de Atividades Econômicas – código do ramo de atividade) do empregador (art. 19, *caput* e § 1º, da Resolução 185/2017 do CSJT).

O PJe fornecerá, na distribuição da ação, o número atribuído ao processo, o órgão julgador para o qual foi distribuída e, se for o caso, o local, a data e o horário de realização da audiência, da qual estará a parte autora imediatamente intimada. Os dados da autuação automática serão conferidos pela unidade judiciária, que procederá, com determinação do magistrado e registro no PJe, à intimação da parte para alteração em caso de desconformidade com a petição e documentos. A ausência de retificação dos dados da autuação automática, referente à petição inicial, no prazo de 15 dias, ensejará a aplicação do disposto no art. 321, parágrafo único, do CPC, ou seja, o indeferimento da petição inicial (art. 19, *caput* e §§ 2º e 3º, da Resolução 185/2017 do CSJT).

As partes poderão atribuir segredo de justiça à petição inicial e sigilo à contestação, reconvenção, petições incidentais e documentos, desde que, justificadamente, fundamentem uma das hipóteses do art. 770, *caput*, da CLT e dos arts. 189 ou 773 do CPC. O magistrado poderá determinar a exclusão de petições e documentos indevidamente protocolados sob sigilo (art. 22, §§ 2º e 3º, da Resolução 185/2017 do CSJT).

Diferentemente da opção de sigilo que a parte só pode atribuir nas hipóteses previstas em lei, o reclamado pode manter a contestação e os documentos que a acompanham ocultos até a realização da proposta conciliatória infrutífera (art. 22, § 4º, da Resolução 185/2017 do CSJT).

Na hipótese de celebração de acordo, a contestação os documentos que a acompanham serão excluídos do PJe (art. 22, § 5º, da Resolução 185/2017 do CSJT).

As audiências serão sempre reduzidas a termo, ainda que gravadas em áudio e vídeo, e o arquivo eletrônico que utilize linguagem padronizada de marcação genérica daí decorrente será, ao final da audiência: a) imediatamente assinado pelo magistrado, impossibilitando a alteração de sua forma e conteúdo; ou b) facultativamente enviado ao PJe, imediatamente após o término da audiência, também impossibilitando a alteração de sua forma e conteúdo (art. 23 da Resolução 185/2017 do CSJT).

Na hipótese de celebração de acordo e ausência de assinatura imediata do arquivo eletrônico que utilize linguagem padronizada de marcação genérica e, havendo requerimento da parte, a ata deverá ser impressa, assinada manualmente pelas partes e magistrado e, então, digitalizada e inserida no PJe (art. 23, § 3º, da Resolução 185/2017 do CSJT).

3.1.6.5. Contagem dos Prazos Processuais

No processo judicial eletrônico, o prazo processual começa a contar a partir do momento em que o advogado faz a consulta. Caso não o faça no prazo máximo de 10 dias, a intimação será tida por consumada. O primeiro dos 10 dias será a data subsequente ao da disponibilização do ato de comunicação no sistema, seja dia útil ou não. Todavia, caso o décimo dia recaia em dia sem expediente forense, a consumação da intimação ocorrerá no primeiro dia útil subsequente. Em síntese, o primeiro dos 10 dias pode coincidir com o período sem expediente forense, entretanto, se o 10º dia recair em dia sem expediente, prorroga-se para o próximo dia útil a consumação da intimação. A partir do primeiro dia útil seguinte, ainda, começa a correr o prazo para a prática do ato.

3.2. PRAZOS PROCESSUAIS

3.2.1. Contagem dos prazos

A Consolidação das Leis do Trabalho disciplina, nos arts. 774 e 775, a contagem dos prazos no Processo do Trabalho.

Vejamos:

> "Art. 774. Salvo disposição em contrário, os prazos previstos neste Título contam-se, conforme o caso, a partir da data em que for feita pessoalmente, ou recebida a notificação, daquela em que for publicado o edital no jornal oficial ou no que publicar o expediente da Justiça do Trabalho, ou, ainda, daquela em que for afixado o edital, na sede da Vara, Juízo ou Tribunal.
>
> (...)
>
> Art. 775. Os prazos estabelecidos neste Título serão contados em dias úteis, com exclusão do dia do começo e inclusão do dia do vencimento.
>
> § 1º Os prazos podem ser prorrogados, pelo tempo estritamente necessário, nas seguintes hipóteses:
>
> I – quando o juízo entender necessário;
>
> II – em virtude de força maior, devidamente comprovada.

> § 2º Ao juízo incumbe dilatar os prazos processuais e alterar a ordem de produção dos meios de prova, adequando-os às necessidades do conflito de modo a conferir maior efetividade à tutela do direito".

Em função do disposto nos arts. 774 e 775 consolidados, é preciso, na contagem dos prazos, diferenciar o **início do prazo** do **início da contagem do prazo**.

O **início do prazo** ocorre no momento em que o interessado toma conhecimento ou ciência do ato processual a ser realizado.

Portanto, recebida a notificação postal, ou publicado o edital no jornal oficial ou mesmo afixado o edital na sede da Vara, Juízo ou Tribunal, ocorre o início do prazo.

Caso a comunicação dos atos processuais seja feita por meio do oficial de justiça, via mandado, o início do prazo também ocorre no momento da ciência do inteiro teor do mandado.

Por sua vez, o **início da contagem do prazo** acontece no dia útil seguinte ao **início do prazo**.

Em outras palavras, na contagem dos prazos, exclui-se o dia do começo e inclui-se o dia do vencimento.

Da mesma forma, se o interessado for intimado ou notificado no sábado ou no feriado, o início do prazo dar-se-á no primeiro dia útil imediato, e a contagem do prazo, no subsequente (Súmula 262, I, do TST).

À luz do art. 775 da CLT, os prazos são contados em dias úteis, nos mesmos moldes do art. 219 do CPC que determina que "na contagem de prazo em dias, estabelecido por lei ou pelo juiz, computar-se-ão somente os úteis".

Incumbe à parte comprovar, apenas quando da interposição do recurso, a existência de feriado local que leve à prorrogação do prazo recursal, nos termos do art. 1003, § 6º, do CPC. Caso não o faça, o relator deverá conceder o prazo de 5 dias para que seja sanado o vício, sob pena de não conhecer o recurso por intempestividade, como determina o art. 932, parágrafo único, do CPC, que consagra o princípio da primazia da decisão de mérito (Súmula 385, I, do TST).

No mesmo sentido dispõe a Súmula 385, I, do TST. Observe-se:

> "SÚMULA 385. FERIADO LOCAL OU FORENSE. AUSÊNCIA DE EXPE- DIENTE. PRAZO RECURSAL. PRORROGAÇÃO. COMPRO- VAÇÃO. NECESSIDADE (alterada em decorrência do CPC de 2015) – Res. 220/2017 – DEJT divulgado em 21, 22 e 25.09.2017)

> I – Incumbe à parte o ônus de provar, quando da interposição do recurso, a existência de feriado local que autorize a prorrogação do prazo recursal (art. 1.003, § 6º, do CPC de 2015). No caso de o recorrente alegar a existência de feriado local e não o comprovar no momento da interposição do recurso, cumpre ao relator conceder o prazo de 5 (cinco) dias para que seja sanado o vício (art. 932, parágrafo único, do CPC de 2015), sob pena de não conhecimento se da comprovação depender a tempestividade recursal."

Naturalmente, os Tribunais Regionais e o TST, enquanto juízos "ad quem", não são obrigados a ter ciência da ocorrência de feriado forense, ou seja, dos dias úteis em que não houve expediente forense ou este foi encerrado antes do horário normal, por isso cabe à autoridade que proferir a decisão de admissibilidade certificar o expediente nos autos (Súmula 385, II, do TST). Caso não o faça, o TST, na Súmula 385, reconhece o direito da parte de produzir prova documental superveniente, em agravo de instrumento, agravo interno, agravo regimental, ou embargos de declaração, visando à reconsideração da tempestividade, desde que, em momento anterior, não tenha havido a concessão de prazo para a comprovação da ausência de expediente forense (Súmula 385, III, do TST).

Observe o disposto nos itens II e III da Súmula 385 do TST:

> "SÚMULA 385. FERIADO LOCAL OU FORENSE. AUSÊNCIA DE EXPEDIENTE. PRAZO RECURSAL. PRORROGAÇÃO. COMPROVAÇÃO. NECESSIDADE (alterada em decorrência do CPC de 2015) – Res. 220/2017 – DEJT divulgado em 21, 22 e 25.09.2017)
>
> (...)
>
> II – Na hipótese de feriado forense, incumbirá à autoridade que proferir a decisão de admissibilidade certificar o expediente nos autos;
>
> III – Admite-se a reconsideração da análise da tempestividade do recurso, mediante prova documental superveniente, em agravo de instrumento, agravo interno, agravo regimental, ou embargos de declaração, desde que, em momento anterior, não tenha havido a concessão de prazo para a comprovação da ausência de expediente forense."

Segundo o atual Código, os prazos se suspendem durante a execução de programa instituído pelo Poder Judiciário para promover a autocomposição, incumbindo aos tribunais especificar, com antecedência, a duração dos trabalhos (art. 221, parágrafo único, do CPC).

Os prazos judiciais podem ser prorrogados pelo tempo estritamente necessário quando o juízo entender necessário e em virtude de força maior, devidamente comprovada (art. 775, § 1º, I e II, CLT).

Não havendo preceito legal ou prazo determinado pelo juiz, será de cinco dias o prazo para a prática de ato processual a cargo da parte (art. 218, § 3.º, do CPC).

O atual Código de Processo Civil também determina que "quando a lei ou o juiz não determinar prazo, as intimações somente obrigarão a comparecimento após decorridas 48 (quarenta e oito) horas (art. 218, § 2.º, do CPC)".

Outrossim, as pessoas jurídicas de direito público (União, Estados, Municípios, Distrito Federal e suas respectivas autarquias e fundações de direito público) têm prazo em dobro para todas as suas manifestações processuais, contados a partir da intimação pessoal (art. 183 do CPC).

Há apenas uma exceção: o prazo para a contestação, que é em quádruplo, conforme preceitua o art. 1º, II, do Decreto-lei 779/1969, que dispõe sobre a aplicação de normas processuais trabalhistas à Fazenda Pública, sendo, portanto, lei específica.

Observe o art. 1º, II, do Decreto-lei 779/1969:

> "Art. 1º Nos processos perante a Justiça do Trabalho, constituem privilégio da União, dos Estados, do Distrito Federal, dos Municípios e das autarquias ou fundações de direito público federais, estaduais ou municipais que não explorem atividade econômica:
>
> (...)
>
> II – o quádruplo do prazo fixado no artigo 841, *"in fine"*, da Consolidação das Leis do Trabalho;
>
> III – o prazo em dobro para recurso;"

Estabelece o art. 841 da CLT que entre a data do recebimento da notificação e a data da audiência deve decorrer um prazo mínimo de 5 dias. Uma vez que a contestação é apresentada em audiência, esse é o prazo mínimo para a elaboração da contestação. Para a Fazenda Pública, esse prazo é em quádruplo; logo, entre a data do recebimento da notificação e a data da audiência deve decorrer no mínimo 20 dias.

Esse entendimento é confirmado pelo art. 74 da Consolidação dos Provimentos da Corregedoria-Geral da Justiça do Trabalho. Verifique:

> "Art. 74. As secretarias das varas do trabalho velarão para que nas ações ajuizadas em desfavor de entes públicos (Decreto-lei nº 779/1969), inclusive Estado estrangeiro ou organismo internacional, observe-se lapso temporal para preparação da defesa de, no mínimo, 20 (vinte) dias entre o recebimento da notificação citatória e a realização da audiência."

Ressalte-se que a Empresa de Correios e Telégrafos (EBCT) equipara-se à Fazenda Pública quanto as prerrogativas processuais de impenhorabilidade de seus bens, rendas e serviços, foro, prazos e custas processuais (art. 12, Decreto-lei 509/1969[1]). Assim, conta com prazo em quádruplo para contestar e em dobro para todas as demais manifestações.

Da mesma forma, nos termos do art. 180 do CPC, o Ministério Público tem prazo em dobro para todas as manifestações, cuja contagem terá início a partir de sua intimação pessoal, a qual far-se-á por carga, remessa ou meio eletrônico.

A Lei 5.010, de 30.05.1966, em seu art. 62, estabeleceu como feriado, entre outros, o recesso forense anual, no período compreendido entre 20 de dezembro e 6 de janeiro, *in verbis*:

> "Art. 62. Além dos fixados em lei, serão feriados na Justiça Federal, inclusive nos Tribunais Superiores:
>
> I – os dias compreendidos entre 20 de dezembro e 6 de janeiro, inclusive;
>
> II – os dias da Semana Santa, compreendidos entre a quarta-feira e o domingo de páscoa;
>
> III – os dias de segunda e terça-feira de Carnaval;
>
> IV – os dias 11 de agosto, 1.º e 2.º de novembro e 8 de dezembro".

Portanto, durante o recesso forense, a Justiça do Trabalho suspende o expediente forense e assim o atendimento ao público, garantindo atendimento aos casos urgentes por meio dos plantões judiciários, tal como ocorre no período noturno, nos finais de semana e feriados.

Convém destacar que o art. 93, XII, com a redação dada pela EC 45/2004, aboliu as férias coletivas nos juízos e tribunais de segundo grau, funcionando, nos dias em que não houver expediente forense normal, juízes em plantão permanente. No entanto, o recesso forense não foi abolido pela Carta Maior, permanecendo em vigor a Lei 5.010/1966.

Institui o art. 775-A da CLT que suspende o curso do prazo processual nos dias compreendidos entre 20 de dezembro e 20 de janeiro, inclusive. Durante a suspensão do prazo, não se realizarão audiências nem sessões de julgamento (art. 775-A, § 2.º, da CLT). Já os juízes, os membros do

---

1. Art. 12, Decreto-lei 509/1969 – "A ECT gozará de isenção de direitos de importação de materiais e equipamentos destinados aos seus serviços, dos privilégios concedidos à Fazenda Pública, quer em relação a imunidade tributária, direta ou indireta, impenhorabilidade de seus bens, rendas e serviços, quer no concernente a foro, prazos e custas processuais".

Ministério Público, da Defensoria Pública e da Advocacia Pública e os auxiliares da Justiça exercerão suas atribuições normalmente durante o período referido, ressalvadas as férias individuais e os feriados instituídos por lei (art. 775-A, § 1.º, da CLT).

O recesso forense e o art. 775-A da CLT, que prevê a suspensão dos prazos dos dias 20/12 a 20/01, coexistem, como esclarece o Conselho Nacional de Justiça, na Resolução 244/2016. Desse modo, em síntese: a) no recesso forense (20/12 a 06/01) não há expediente forense. Há apenas o plantão judiciário para medidas urgentes; e b) no período de suspensão dos prazos processuais, entre os dias 20/12 a 20/01, ficam suspensos apenas os prazos processuais, as audiências e sessões de julgamento. Excetuado o período de recesso forense e ressalvadas as férias individuais e os feriados instituídos por lei, os juízes, os membros do Ministério Público, da Defensoria Pública e da Advocacia Pública e os auxiliares da Justiça exercerão suas atribuições normalmente durante esse período.

O art. 221 do CPC dispõe que se suspende o curso do prazo por obstáculo criado pela parte ou ocorrendo qualquer das hipóteses do art. 313 do CPC, quais sejam: morte ou perda da capacidade processual de qualquer das partes, de seu representante legal ou de seu procurador; pela convenção das partes; pela arguição de impedimento ou de suspeição; pela admissão de incidente de resolução de demandas repetitivas; quando a sentença de mérito depender do julgamento de outra causa ou da declaração de existência ou de inexistência de relação jurídica que constitua o objeto principal de outro processo pendente ou tiver de ser proferida somente após a verificação de determinado fato ou a produção de certa prova, requisitada a outro juízo; por motivo de força maior; quando se discutir em juízo questão decorrente de acidentes e fatos da navegação de competência do Tribunal Marítimo; nos demais casos regulados pelo CPC. Nesses casos, o prazo será restituído por tempo igual ao que faltava para sua complementação.

Um exemplo de obstáculo criado pela parte é a não devolução dos autos em cartório no prazo fixado (em caso de prazos sucessivos), impedindo o outro litigante de ter acesso aos autos.

Nesse caso, o prejudicado terá direito à devolução integral do prazo.

Caso os pedidos da reclamatória sejam julgados parcialmente procedentes, haverá prazo comum para interposição de eventual recurso, não podendo os autos ser retirados da Vara do Trabalho.

Vale destacar que no âmbito da Justiça do Trabalho não será aplicado o art. 229 do CPC, que determina que quando os litisconsortes tiverem diferentes procuradores, de escritórios de advocacia distintos, terão prazo em dobro para todas as suas manifestações, em qualquer juízo ou tribunal, independentemente de requerimento, já que tal preceito atenta contra o princípio da celeridade processual trabalhista (entendimento consubstanciado na OJ 310 da SDI-I/TST).

Ainda que os litisconsortes com procuradores diferentes não tenham prazos diferenciados no Processo do Trabalho, convém destacar que o atual Código de Processo Civil trouxe mudanças. Não basta que os litisconsortes tenham patronos diversos, estes devem pertencer a escritórios de advocacia distintos, para que os prazos sejam computados em dobro (art. 229 do CPC). Além disso, o prazo será contado normalmente se, havendo apenas dois réus, for oferecida defesa por apenas um deles (art. 229, § 1.º, do CPC). Da mesma forma, o prazo não será em dobro quando os autos forem eletrônicos (art. 229, § 2.º, do CPC).

3.2.2. Principais prazos trabalhistas

Objetivando facilitar o estudo do concursando, passamos a mencionar os principais prazos trabalhistas:

HIPÓTESE	FUNDAMENTO LEGAL	PRAZO
Envio da petição inicial ao reclamado	Art. 841, CLT	48 horas
Defesa verbal	Art. 847, CLT	20 minutos
Razões finais	Art. 850, CLT	10 minutos
Recurso ordinário	Art. 895, CLT	8 dias
Recurso de revista	Art. 896, CLT	8 dias
Agravo de petição	Art. 897, *a*, CLT	8 dias
Agravo de instrumento	Art. 897, *b*, CLT	8 dias
Embargos de declaração	Art. 897-A, CLT	5 dias
Embargos de divergência	Art. 894, II, CLT e Art. 3º, III, b, Lei 7.701/88	8 dias
Embargos infringentes	Art. 894, I, CLT e Art. 2º, II, c, Lei 7.701/88	8 dias
Recurso adesivo	Art. 997, CPC e Súmula 283, TST	8 dias
Recurso extraordinário	Art. 102, III, CF/1988	15 dias
Agravo regimental	Regimento interno dos tribunais	8 dias

HIPÓTESE	FUNDAMENTO LEGAL	PRAZO
Depósito recursal	Art. 7.º, Lei 5.584/1970 e Súmula 245, TST	Deve ser pago e comprovado dentro do prazo recursal (regra).
Custas judiciais	Art. 789, § 1.º, CLT	Serão pagas pelo vencido após o trânsito em julgado. Em caso de recurso, deverão ser pagas e comprovadas dentro do prazo recursal.
Custas da execução	Art. 789-A, CLT	Pagas ao final, conforme tabela prevista no art. 789-A da CLT.
Embargos à execução	Art. 884, CLT	5 dias
Impugnação	Art. 884, CLT	5 dias
Embargos à execução pela Fazenda Pública	Art. 1.º-B, Lei 9.494/1997 e art. 910, CPC	30 dias
Devolução da notificação postal pelos correios ao Tribunal ou Vara, em caso do destinatário não ser encontrado ou no de recusa de recebimento	Art. 774, parágrafo único, CLT	48 horas
Redução a termo de reclamação verbal	Art. 786, parágrafo único, CLT	5 dias
Perda do direito de reclamar à Justiça do Trabalho – não redução a termo de reclamação verbal ou quando o reclamante der causa a dois arquivamentos seguidos	Arts. 731 e 732, CLT	6 meses
Arguição de nulidade	Art. 795, CLT	Primeira oportunidade em que a parte tiver de falar nos autos e/ou audiência.
Exceção de incompetência – prazo para manifestação do exceto	Art. 800, CLT	No prazo de cinco dias a contar da notificação para a audiência.
Duração máxima da audiência	Art. 813, CLT	5 horas seguidas, salvo matéria urgente.
Audiência designada para outro local – comunicação por meio de edital fixado na sede do juízo ou tribunal – antecedência mínima	Art. 813, § 1.º, CLT	24 horas
Juntada aos autos da ata de julgamento	Art. 851, § 2.º, CLT	48 horas contadas da audiência de julgamento.

HIPÓTESE	FUNDAMENTO LEGAL	PRAZO
Prazo decadencial para ajuizamento de inquérito para apuração de falta grave	Art. 853, CLT	30 dias contados da suspensão do empregado.
Prazo para ajuizamento de ação rescisória	Art. 975, CPC e art. 836, CLT	2 anos contados do trânsito em julgado da decisão.
Retirada das partes, testemunhas e demais presentes em função de atraso do juiz para comparecimento à audiência	Art. 815, § 1.º, CLT	15 minutos após a hora marcada para a audiência.
Retirada do advogado pelo não comparecimento do juiz à audiência	Art. 7.º, XX, Lei 8.906/1994 e Art. 815, § 2º, CLT	30 minutos após a hora marcada para a audiência.
Audiência de conciliação – Dissídio coletivo	Art. 860, CLT	10 dias após recebida e protocolada a representação.
Audiência de conciliação – instauração *ex officio* (paralisação dos serviços pelos empregados)	Art. 860, parágrafo único, CLT	O mais breve possível.
Extensão do dissídio coletivo a toda categoria profissional – prazo para manifestação dos interessados	Art. 870, § 1.º, CLT	Prazo não inferior a 30 nem superior a 60 dias.
Revisão do dissídio coletivo – prazo para manifestação dos interessados	Art. 874, parágrafo único, CLT	30 dias
Prazo para pagamento ou garantia da execução trabalhista	Art. 880, CLT	48 horas
Prazo para realização de audiência – produção de provas – embargos à execução	Art. 884, § 2.º, CLT	5 dias
Prazo para julgamento dos embargos à execução	Art. 885, CLT	5 dias
Prazo mínimo necessário entre o recebimento da notificação postal pelo reclamado e a realização da audiência	Art. 841, CLT	5 dias
Prazo mínimo necessário entre o recebimento da notificação por pessoa jurídica de direito público e a realização da audiência	Art. 1.º, II, Decreto-lei 779/1969	20 dias (quádruplo, em relação ao art. 841 da CLT).

HIPÓTESE	FUNDAMENTO LEGAL	PRAZO
Prazo para as pessoas jurídicas de direito público	Art. 1ª, Decreto-lei 779/1969	Prazo em quádruplo para contestar e dobro para recorrer.
Prazo para o Ministério Público contestar	Art. 180, CPC	Prazo em dobro para todas as manifestações.
Prazo para o Ministério Público recorrer	Art. 180, CPC	Prazo em dobro
Prazo para o oficial de justiça cumprir os atos processuais ordenados	Art. 721, §§ 2.º e 3.º, CLT	10 dias (avaliação) 9 dias (cumprimento do ato)
Prazo prescricional para postulação de créditos trabalhistas	Art. 7.º, XXIX, CF/1988	5 anos na vigência do contrato do trabalho, limitado a 2 anos após a extinção do vínculo.

3.3. NULIDADES PROCESSUAIS

3.3.1. Introdução

Antigamente, prevalecia no direito o sistema legalista ou formalista, sendo que qualquer desrespeito à forma determinada na legislação então vigente implicava a nulidade do processo.

Após a edição do Código de Processo Civil de 1939 e, posteriormente, do Código de Processo Civil de 1973, o sistema de nulidades foi radicalmente renovado, prevalecendo atualmente o sistema instrumental do processo, mitigando-se o rigor das formalidades dos atos e termos processuais.

Nesse contexto, o próprio art. 188 do atual digesto processual civil dispõe que os atos e termos processuais não dependem de forma determinada senão quando a lei expressamente a exigir, reputando-se válidos os atos e termos que, realizados de outro modo, lhe preencham a finalidade essencial.

Portanto, nos dias atuais a forma é apenas um instrumento para se alcançar a finalidade do processo, não sendo, em regra, essencial para a validade do ato.

3.3.2. Vícios dos atos processuais

A nulidade do ato ocorre quando lhe falta algum requisito que a lei prescreve como necessário para a sua validade.

A exemplo dos atos jurídicos em geral, os atos processuais podem estar eivados de vícios ou irregularidades que podem vir a contaminar ou não a sua validade.

Com efeito, alguns atos processuais praticados são dotados de irregularidades que não o contaminam, não produzindo maiores consequências, como um despacho exarado a lápis, o uso de abreviaturas nos autos, a ausência de numeração e rubrica das folhas dos autos etc.

Acentue-se que o atual Código de Processo Civil veda abreviaturas apenas nos nomes das partes (art. 272 § 3.º, do CPC).

Por outro lado, os vícios podem gerar nulidades absolutas, relativas e inexistência.

Nessa esteira, considerando a natureza do ato processual e a gravidade dos vícios, estes podem ser classificados da seguinte maneira:

- Irregularidades – conforme já mencionado, são vícios desprovidos de força suficiente para invalidar o ato, devendo ser ignorados, ou mesmo, quando necessário, realizada simples correção, seja de ofício, ou a requerimento de qualquer das partes. Frise-se que alguns atos processuais praticados com inobservância de determinado requisito legal apenas conduzem à sanção extraprocessual, como na hipótese em que o juiz ou o servidor, injustificadamente, retarda a prática de um ato, ou a utilização de língua estrangeira, desde que não torne a petição incompreensível, embora contrarie o disposto no art. 192, parágrafo único, do CPC. (ASSUMPÇÃO NEVES, Daniel Amorim. *Manual de direito processual civil*. 2. ed. São Paulo: Método, 2010. p. 268).
- Inexistência – o ato processual sequer chega a surgir, em face de uma circunstância que impede o seu nascimento, como nos casos da sentença não assinada pelo juiz, ou mesmo dos atos processuais não ratificados praticados por advogado que atua sem procuração (art. 104, § 2.º, do CPC); uma sentença sem parte dispositiva.
- Nulidades – de acordo com a gravidade do vício processual, haverá uma consequência processual, classificando-se em nulidades absoluta e relativa.

A nulidade absoluta será declarada toda vez que o ato processual viciado violar normas de interesse público, podendo ser **declarada de ofício pelo magistrado**, não se permitindo às partes disporem sobre esse interesse, como no caso da incompetência absoluta, a qual deve ser declarada de ofício e pode ser alegada em qualquer tempo e grau de jurisdição, independentemente de exceção (art. 64, § 1.º, do CPC). Durante o trâmite processual, a nulidade absoluta não preclui, podendo, a qualquer momento, ser declarada.

Quanto à nulidade relativa ou anulabilidade, o vício do ato processual viola normas de interesse privado, dependendo sempre da **provocação do interessado**, não podendo ser declarada de ofício pelo magistrado, como ocorre nos casos de incompetência relativa, em que esta pode ser prorrogada se não oposta exceção pelo reclamado no prazo de 5 dias contados do recebimento da notificação (art. 800 da CLT).

Impende destacar que o art. 938, parágrafo único, do CPC, apresenta a seguinte redação: "Constatada a ocorrência de vício sanável, inclusive aquele que possa ser conhecido de ofício, o relator determinará a realização ou a renovação do ato processual, no próprio tribunal ou em primeiro grau de jurisdição, intimadas as partes".

3.3.3. Princípios

A Consolidação das Leis do Trabalho disciplina as nulidades processuais, especificamente nos arts. 794 a 798, em que encontramos regras e princípios que devem ser observados, para a efetiva garantia das partes em face de eventuais abusos, bem como para o correto encadeamento dos atos processuais até o provimento final (sentença).

Passamos a destacar os princípios que norteiam o sistema de nulidades processuais:

- **Princípio da instrumentalidade das formas ou da finalidade** – conforme já explicitado, na legislação processual atual, a forma é apenas um instrumento para se alcançar a finalidade do processo, não sendo, em regra, essencial para a validade do ato, pelo que se depreende que, se a lei prescrever que o ato tenha determinada forma, sem cominar nulidade, o juiz considerará válido o ato se, realizado de outra forma, lhe alcançar a finalidade. O atinente princípio está inserido nos arts. 188 e 277 do CPC;
- **Princípio do prejuízo ou da transcendência** – o princípio em comento está previsto no art. 794 da CLT, ao dispor que nos processos sujeitos à apreciação da Justiça do Trabalho somente haverá nulidade quando resultar dos atos inquinados manifesto prejuízo processual aos litigantes. O art. 282, § 1.º, do CPC também alberga tal princípio.

Logo, exemplificando, se o reclamado é notificado por edital e, posteriormente, comparece de forma espontânea à audiência, apresentando sua defesa, não poderá, no futuro, alegar nulidade em função da ausência de notificação via postal, uma vez que a nulidade apontada não lhe causou prejuízo.

- **Princípio da convalidação ou da preclusão** – está explícito no art. 795 da CLT, segundo o qual as nulidades não serão declaradas senão mediante provocação das partes, as quais deverão argui-las na primeira vez em que tiverem de falar em audiência ou nos autos.

Impende destacar que o princípio da convalidação somente é aplicável às nulidades relativas (que dependem de provocação do interessado), não se aplicando às nulidades absolutas (que devem ser declaradas de ofício pelo magistrado).

O art. 795, § 1.º, da CLT estabelece que deverá ser declarada *ex officio* a nulidade fundada em incompetência de foro, sendo considerados em tal caso nulos os atos decisórios. No entanto, a redação do artigo mencionado é frágil, sendo desprovida da boa técnica legislativa.

Com efeito, quando o art. 795, § 1.º, consolidado, menciona a "incompetência de foro", em verdade referiu-se à incompetência absoluta (seja em razão da matéria ou funcional), a qual pode ser declarada de ofício, e não à incompetência territorial (foro), que é relativa, dependendo de provocação do interessado.

O CPC, em seu art. 278, também adotou o princípio da convalidação ou preclusão.

- **Princípio da economia processual** – por esse princípio, não obedecida a forma prevista na lei, apenas serão anulados os atos que não possam ser aproveitados.

Os arts. 796, *a* e 797, ambos da CLT, prestigiam o princípio da economia processual. Veja:

> "Art. 796. A nulidade não será pronunciada:
>
> *a)* quando for possível suprir-se a falta ou repetir-se o ato";
>
> "Art. 797. O juiz ou Tribunal que pronunciar a nulidade declarará os atos a que ela se estende".

O princípio da economia processual também encontra fundamento no art. 282 do CPC, *in verbis*:

"Art. 282. Ao pronunciar a nulidade, o juiz declarará que atos são atingidos e ordenará as providências necessárias a fim de que sejam repetidos ou retificados".

- **Princípio do interesse** – está previsto no art. 796, *b*, da CLT, segundo o qual a nulidade do ato processual não será pronunciada quando arguida por quem lhe tiver dado causa, não podendo a parte obter vantagem, prevalecendo-se de sua própria torpeza. O princípio em comento também está previsto no art. 276 do CPC;
- **Princípio da utilidade** – este princípio encontra suporte no art. 798 da CLT, o qual determina que a nulidade do ato não prejudicará senão os posteriores que dele dependam ou sejam consequência.

Portanto, o princípio da utilidade impõe o aproveitamento, ao máximo, dos atos processuais posteriores, desde que não sejam atingidos pelo ato inquinado.

O Código de Processo Civil também dispõe sobre o princípio da utilidade no art. 281, CPC.

3.4. Resumo da matéria

1. O ato processual constitui-se numa espécie de ato jurídico que objetiva a constituição, a conservação, o desenvolvimento, a modificação ou a extinção da relação processual.
2. O Código de Processo Civil adotou a corrente subjetiva, classificando os atos processuais em atos da parte, do juiz e dos órgãos auxiliares da justiça.
3. O atual diploma processual civil classifica os atos processuais em: atos da parte (art. 200 do CPC), pronunciamentos do juiz (art. 203 do CPC) e atos do escrivão ou do chefe de secretaria (art. 206 do CPC).
4. O Código de Processo Civil estabelece como formas de comunicação dos atos processuais a citação e a intimação.
5. **Citação** é o ato pelo qual são convocados o réu, o executado ou o interessado para integrar a relação processual (art. 238 do CPC).
6. **Intimação** é o ato pelo qual se dá ciência a alguém dos atos e dos termos do processo (art. 269 do CPC).

7. O legislador pátrio, objetivando justificar a autonomia do Processo do Trabalho, utilizou na Consolidação das Leis do Trabalho, de forma indiscriminada, o termo **notificação**, como o meio adequado para comunicação de todo e qualquer ato processual realizado no âmbito da Justiça laboral (seja citação ou intimação).

8. No processo de execução, o art. 880 da CLT previu, expressamente, a citação do executado pelo oficial de justiça para que cumpra o julgado, ou, tratando de pagamento em dinheiro, para que pague no prazo de 48 horas ou garanta a execução sob pena de penhora.

9. Uma vez ajuizada, a reclamação trabalhista será distribuída a uma das Varas do Trabalho, na qual, por sua vez, o servidor da secretaria, dentro de 48 horas do recebimento da ação, remeterá ao reclamado a notificação, via postal, com cópia da petição inicial, notificando-o a comparecer à audiência de julgamento, que será a primeira desimpedida, depois de 5 dias (art. 841 da CLT), ocasião em que o demandado apresentará, caso deseje, sua defesa.

10. O art. 774, parágrafo único, da CLT esclarece que, tratando-se de notificação postal, no caso de não ser encontrado o destinatário ou no de recusa de recebimento, o Correio ficará obrigado, sob pena de responsabilidade do servidor, a devolver a notificação ao tribunal de origem, no prazo de 48 horas.

11. À luz do art. 841 da CLT, entre o recebimento da notificação postal e a realização da audiência deverá decorrer o prazo mínimo de cinco dias, tempo necessário para que o demandado prepare a sua defesa.

12. O Decreto-lei 779/1969 (art. 1.º, II) assegura às pessoas jurídicas de direito público o quádruplo do prazo fixado no art. 841 da CLT (20 dias entre o recebimento da notificação e a realização da audiência), não sendo concedido este benefício às empresas públicas e sociedades de economia mista que exploram atividade econômica, por serem pessoas jurídicas de direito privado.

13. Em relação ao reclamante, este será notificado da data designada para a audiência no ato da distribuição da reclamação ou então via postal, nos moldes do art. 841, § 2.º, da CLT.

14. O Tribunal Superior do Trabalho, por meio da Súmula 16, firmou o entendimento de que se presume recebida a notificação postal no prazo de 48 horas após a sua postagem, constituindo o não recebimento da correspondência ou a entrega após o decurso desse prazo ônus de prova do destinatário.

15. A jurisprudência e doutrina têm considerado válida a notificação postal entregue na empresa a empregado do reclamado, zelador ou empregado da administração do edifício ou mesmo depositada em caixa postal, uma vez que não há previsão legal de pessoalidade na realização da comunicação, sendo a notificação considerada válida com a simples entrega do registro postal no endereço da parte.

16. Estabelece o § 1.º do art. 841 da CLT que, se o reclamado criar embaraços ao recebimento da notificação postal para comparecimento à audiência ou não for encontrado, far-se-á a notificação por edital, inserto no jornal oficial ou no que publicar o expediente forense, ou, na falta, afixado na sede da Vara ou Juízo.

17. Realizada a notificação por edital e correndo o processo à revelia, entendemos que não haverá nomeação de curador especial para o revel, sendo inaplicável o art. 72, II, do CPC, visto que a Consolidação das Leis do Trabalho determina que somente na hipótese do art. 793 (reclamação trabalhista promovida por menor de 18 anos sem representante legal) é que será nomeado curador especial, embora sejamos forçados a reconhecer que o tema provoca divergências na doutrina.

18. Outrossim, se o endereço do reclamado se localizar em zona não servida por entrega domiciliar de correspondência, a citação será feita pelo oficial de justiça.

19. O procedimento sumaríssimo não admite a citação por edital, incumbindo ao autor a correta indicação do nome e endereço do reclamado.

20. Caso o reclamado esteja domiciliado no exterior, a notificação será feita por meio de carta rogatória, nos moldes dos arts. 260 e seguintes do CPC.

21. O art. 834 da CLT determina, em regra, que a publicação das decisões e sua notificação aos litigantes, ou seus patronos, consideram-se realizadas nas próprias audiências em que forem proferidas.

22. No mesmo sentido, dispõe o art. 852 consolidado que da decisão serão os litigantes notificados, pessoalmente ou por seu representante, na própria audiência. No entanto, em caso de revelia, a notificação da decisão será feita via postal.

23. Saliente-se que o prazo para recurso da parte que, devidamente intimada, não comparecer à audiência de julgamento para prolação da sentença conta-se da publicação da sentença, na própria audiência, conforme entendimento consubstanciado na Súmula 197 do TST.

24. O art. 851, § 2.º, da CLT dispõe que o juiz deverá juntar a ata de sentença, devidamente assinada, no prazo improrrogável de 48 horas, sob pena de o prazo para recurso apenas ser contado da data em que a parte receber a intimação da sentença (Súmula 30 do TST).

25. A Consolidação dos Provimentos da Corregedoria-Geral da Justiça do Trabalho/2023, em seu art. 35, estabelece que os membros do Ministério Público do Trabalho serão cientificados pessoalmente das decisões proferidas pela Justiça do Trabalho nas causas em que o órgão haja atuado como parte ou como fiscal da lei, mediante a remessa eletrô-nica dos autos, pelo sistema PJe. As intimações serão pessoais, mediante o envio dos autos às respectivas sedes das procuradorias regionais do trabalho, ou da forma como for ajustado entre o Presidente do Tribunal e o Procurador-Chefe Regional. A intimação pessoal já era prevista no art. 18, II, *h*, da LC 75/1993.

26. A comunicação dos atos processuais também pode ser feita mediante carta precatória, rogatória ou de ordem, conforme estabelecidas nos arts. 260 e seguintes do CPC.

27. A EC 45/2004, publicada pelo Senado Federal no dia 08.12.2004, alterou o art. 93 da CF/1988, prestigiando nos incisos IX e X o princípio da publicidade dos julgamentos dos órgãos do Poder Judiciário.

28. Por seu lado, o art. 770 da CLT dispõe que os atos processuais serão públicos, salvo quando o contrário determinar o interesse social, e realizar-se-ão nos dias úteis das 6 às 20 horas.

29. A legislação consolidada (art. 770, parágrafo único, da CLT) menciona que o juiz do trabalho poderá autorizar, expressamente (normalmente constando no mandado de citação penhora e avaliação), que a penhora pelo oficial de justiça possa ser realizada em domingo ou feriado.

30. A prática eletrônica de atos processuais, serão realizadas por intermédio do Sistema Processo Judicial Eletrônico (PJe) instalado na Justiça do Trabalho nos termos da Lei no 11.419/06, arts. 193 a 199, do CPC e da Resolução 185/2017 do Conselho Superior da Justiça.

31. Vigora no Processo do Trabalho o "jus postulandi" (art. 791, CLT), segundo a qual o empregado e o empregador podem demandar pessoalmente na Justiça do Trabalho. Nesses casos, partes ou terceiros interessados desassistidos de advogados poderão apresentar peças processuais e documentos em papel nos locais competentes para recebê-los, que serão inseridos nos autos eletrônicos pela unidade judiciária (art. 4º, da Resolução 185/2017 do CSJT e art. 14, § 2º, da Resolução 25 Consolidada do CNJ).

32. Os advogados e sociedades de advogados devem requerer sua habilitação para atuar nos autos eletrônicos cujas partes representarão, juntando a procuração (art. 5º, § 6º, da Resolução 185/2017 do CSJT).

33. É atribuição do magistrado determinar, por despacho ou delegação de ato ordinatório, a alteração da autuação para inativação de advogado indevidamente habilitado, ou que deixou de representar quaisquer das partes (art. 5º, § 7º, da Resolução 185/2017 do CSJT).

34. Os documentos digitalizados juntados em processo eletrônico estarão **disponíveis para acesso por meio da rede externa** pelas respectivas partes processuais, pelos advogados, independentemente de procuração nos autos, pelos membros do Ministério Público e pelos magistrados, sem prejuízo da possibilidade de visualização nas secretarias dos órgãos julgadores, à exceção daqueles que tramitarem em segredo de justiça (art. 11, § 6º, da Lei 11.419/ 2006 – incluído pela Lei 13.793/2019).

35. Os sistemas de informações pertinentes a processos eletrônicos devem possibilitar que advogados, procuradores e membros do Ministério Público **cadastrados**, mas não vinculados a processo previamente identificado, **acessem automaticamente** todos os atos e documentos processuais armazenados em meio eletrônico, desde que **demonstrado interesse** para fins apenas de registro, salvo nos casos de processos em segredo de justiça (art. 11, § 7°, da Lei 11.419/ 2006 – incluído pela Lei 13.793/2019).

36. Para que o advogado, procurador ou membro do Ministério Público tenha acesso a autos eletrônico deve fazer um cadastro identificando-se. Esse cadastro não está sujeito à aprovação, bastando que comprove sua condição profissional. O objetivo é a identificação das pessoas que acessam ao sistema. A demonstração de interesse faz-se pela simples busca do processo, ou seja, não se exige petição justificando a busca pelas informações.

37. Da mesma forma, o Código de Processo Civil estabelece que, inclusive nos processos eletrônicos, é direito do advogado "**examinar**, em cartório de fórum e secretaria de tribunal, mesmo sem procuração, autos de qualquer processo, independentemente da fase de tramitação, assegurados a obtenção de **cópias** e o **registro de anotações**, salvo na hipótese de segredo de justiça, nas quais apenas o advogado constituído terá acesso aos autos" (art. 107, I e § 5°, do CPC – alterado pela lei 13.793/2019).

38. Determina a Resolução 185/2017 do CSJT (art. 10°) que a disponibilidade do PJe será aferida na forma definida pelo Conselho Nacional de Justiça – CNJ. Por sua vez, a Resolução 25 (Consolidada) do Conselho Nacional de Justiça de 2016 versa sobre o acesso ao sistemas nos arts. 7° ao 13.

39. Segundo o art. 9° da Resolução 25 Consolidada, o sistema ficará disponível 24 horas por dia, salvo durante os períodos de manutenção.

40. Considera-se indisponibilidade do sistema PJe-JT a falta de oferta ao público externo, diretamente ou por meio de WebService, de qualquer um dos seguintes serviços (art. 10 da Resolução 25 Consolidada/CNJ): a) consulta aos autos digitais; b) transmissão eletrônica de atos processuais; e c) acesso a citações, intimações ou notificações eletrônicas feitas via sistema.

41. As manutenções programadas do sistema serão sempre informadas ostensivamente com pelo menos 5 dias de antecedência e realizadas, preferencialmente, entre 0h de sábado e 22h de domingo, ou entre 0h e 6h dos demais dias da semana (arts. 9° e 13, da Resolução 25 Consolidada do CNJ).

42. Toda indisponibilidade do sistema PJe será registrada em relatório de interrupções de funcionamento acessível ao público no sítio do Tribunal e dos Conselhos, devendo conter, pelo menos, as seguintes informações: a) data, hora e minuto de início da indisponibilidade; b) data, hora e minuto de término da indisponibilidade; c) os serviços que ficaram indisponíveis e d) V – assinatura digital do responsável pela unidade de tecnologia da informação do TRT, ou a quem este delegar, com efeito de certidão, devendo – enquanto não implementada a juntada automática nos processos – estar acessível, preferencialmente, em tempo real, ou, no máximo, até às 12h do dia seguinte ao da indisponibilidade (art. 11, § 2º, da Resolução 25 Consolidada do CNJ e art. 10 da Resolução 185/2017 do CSJT).

43. Os prazos que vencerem no dia da ocorrência de indisponibilidade serão prorrogados para o dia útil seguinte à retomada de funcionamento, quando (art. 12, da Resolução 25 Consolidada, do CNJ): a) a indisponibilidade for superior a 60 minutos ininterruptos ou não, entre as 6h00 e as 23h00; e b) por qualquer tempo, entre as 23h00 e as 24h00.

44. Os prazos fixados em hora ou minuto serão prorrogados até as 24 horas do dia útil seguinte quando (art. 12, § 2º, CNJ): a) ocorrer a indisponibilidade superior a 60 minutos ininterruptos ou não, nas últimas 24 horas do prazo; ou b) ocorrer a indisponibilidade nos 60 minutos anteriores ao término do prazo.

45. A indisponibilidade entre 0h e 6h00, feriados e finais de semana não levará à prorrogação do prazo (art. 12, § 1.º, da Resolução 25 Consolidada, do CNJ).

46. O sistema receberá arquivos com tamanho máximo definido por ato do Tribunal ou Conselho e apenas nos formatos definidos pela Presidência do Conselho Nacional de Justiça, o qual não poderá ser inferior a 1.5Mb (art. 14, *caput* e § 1º, Resolução 25 Consolidada, do CNJ).

47. Será admitido peticionamento fora do PJe, pelas vias ordinárias, nas seguintes hipóteses: a) o PJe estiver indisponível e o prazo para a prática do ato não for prorrogável na forma do art. 12 ou essa prorrogação puder causar perecimento do direito; b) para a prática de ato urgente ou destinado a impedir perecimento de direito, quando o usuário externo não possua, em razão de caso fortuito ou força maior, assinatura digital (art. 14, § 3º, da Resolução Consolidada 25 do CNJ).

48. Os documentos produzidos eletronicamente, os extratos digitais, bem como os documentos digitalizados e juntados aos autos pelos órgãos da Justiça do Trabalho e seus auxiliares, pelos membros do Ministério Público, pelas procuradorias e por advogados públicos e privados, têm a mesma força probante dos originais, ressalvada a alegação motivada e fundamentada de adulteração (art. 15, *caput*, da Resolução Consolidada 25 do CNJ).

49. Os documentos originais digitalizados deverão ser preservados pelo seu detentor até o trânsito em julgado da sentença ou, quando admitida, até o final do prazo para propositura de ação rescisória (art. 15 § 2.º, da Resolução Consolidada 25 do CNJ).

50. A arguição de falsidade dos documentos será processada eletronicamente na forma da lei processual em vigor (art. 15, § 3º, da Resolução Consolidada 25 do CNJ).

51. Deverão ser apresentados em secretaria os documentos cuja digitalização mostre-se tecnicamente inviável devido ao grande volume, tamanho/formato ou por motivo de ilegibilidade. Os documentos deverão ser apresentados na secretaria no prazo de 10 dias contados do envio da petição eletrônica comunicando o fato. Após o trânsito em julgado, os referidos documentos serão devolvidos, incumbindo-se à parte preservá-los até o final do prazo para propositura da ação rescisória, quando admitida (art. 15, § 3º, da Resolução Consolidada 25 do CNJ).

52. Os documentos apresentados pelas partes que se valerem do jus postulandi deverão ser retirados no prazo de 45 dias. Após esse prazo a Unidade Judiciária correspondente poderá inutilizar os documentos mantidos sob sua guarda em meio impresso (art. 16, parágrafo único, da Resolução Consolidada 25 do CNJ).

53. As petições, documentos e seus respectivos anexos enviados sem observância das normas vigentes poderão ser indisponibilizados por expressa determinação do magistrado, com o registro de movimento e exclusão da petição e documentos, assinalando-se, se for o caso, novo prazo para a adequada apresentação da petição (art. 15, *caput* e § 1º, da Resolução 185/2017 do CSJT).

54. Os documentos digitalizados e anexados às petições eletrônicas serão classificados e organizados de forma a facilitar o exame dos autos eletrônicos. Quando a forma de apresentação dos documentos puder ensejar prejuízo ao exercício do contraditório e da ampla defesa, deverá o juiz determinar nova apresentação e a exclusão dos anteriormente juntados (art. 18 da Resolução Consolidada 25 do CNJ).

55. Os órgãos do Poder Judiciário manterão instalados equipamentos à disposição das partes, advogados e interessados para consulta ao conteúdo dos autos digitais, digitalização e envio de peças processuais e documentos em meio eletrônico, bem como auxílio técnico presencial às pessoas com deficiência ou que comprovem idade igual ou superior (art. 19 da Resolução Consolidada 25 do CNJ).

56. No processo eletrônico, todas as citações, intimações e notificações, inclusive da Fazenda Pública, far-se-ão por meio eletrônico, nos termos da Lei n. 11.419, de 19 de dezembro de 2006 e caso viabilizem o acesso à íntegra do processo correspondente serão consideradas vista pessoal do interessado para todos os efeitos legais (art. 20 da Resolução Consolidada 25 do CNJ).

57. No expediente de notificação inicial ou de citação constará indicação da forma de acesso ao inteiro teor da petição inicial no endereço referente à consulta pública do PJe, cujo acesso também será disponibilizado nos sítios dos TRTs e do CSJT na rede mundial de computadores (art. 18, da Resolução 185/2017 do CSJT).

58. Os avisos de recebimento (ARs) devidamente assinados pelo recebedor das comunicações feitas pelos Correios deverão ser digitalizados e os respectivos arquivos juntados aos autos eletrônicos (art. 25 da Resolução Consolidada 25 do CNJ).

59. A petição inicial conterá, além dos requisitos do art. 840, § 1o, da CLT, a indicação do CPF ou CNPJ das partes e, sempre que possível também os seguintes dados: a) o

CEI (Cadastro Específico do INSS contendo número da matrícula do empregador pessoa física); b) o Número de Identificação do Trabalhador (NIT) perante o INSS; c) o PIS ou PASEP; d) o número da CTPS do empregado; e e) o CNAE (Classificação Nacional de Atividades Econômicas – código do ramo de atividade) do empregador (art. 19, *caput* e § 1º, da Resolução 185/2017 do CSJT).

60. O PJe fornecerá, na distribuição da ação, o número atribuído ao processo, o órgão julgador para o qual foi distribuída e, se for o caso, o local, a data e o horário de realização da audiência, da qual estará a parte autora imediatamente intimada. Os dados da autuação automática serão conferidos pela unidade judiciária, que procederá, com determinação do magistrado e registro no PJe, à intimação da parte para alteração em caso de desconformidade com a petição e documentos. A ausência de retificação dos dados da autuação automática, referente à petição inicial, no prazo de 15 dias, ensejará a aplicação do disposto no art. 321, parágrafo único, do CPC, ou seja, o indeferimento da petição inicial (art. 19, *caput* e §§ 2º e 3º, da Resolução 185/2017 do CSJT).

61. As partes poderão atribuir segredo de justiça à petição inicial e sigilo à contestação, reconvenção, petições incidentais e documentos, desde que, justificadamente, fundamentem uma das hipóteses do art. 770, *caput*, da CLT e dos arts. 189 ou 773 do CPC. O magistrado poderá determinar a exclusão de petições e documentos indevidamente protocolados sob sigilo (art. 22, §§ 2º e 3º, da Resolução 185/2017 do CSJT).

62. Diferentemente da opção de sigilo que a parte só pode atribuir nas hipóteses previstas em lei, o reclamado pode manter a contestação e os documentos a acompanham ocultos até a realização da proposta conciliatória infrutífera (art. 22, § 4º, da Resolução 185/2017 do CSJT).

63. Na hipótese de celebração de acordo, a contestação e documentos que a acompanham serão excluídos do PJe (art. 22, § 5º, da Resolução 185/2017 do CSJT).

64. As audiências serão sempre reduzidas a termo, ainda que gravadas em áudio e vídeo, e o arquivo eletrônico que utilize linguagem padronizada de marcação genérica daí decorrente será, ao final da audiência: a) imediatamente assinado pelo magistrado, impossibilitando a alteração de sua forma e conteúdo; ou b) facultativamente enviado ao PJe, imediatamente após o término da audiência, também impossibilitando a alteração de sua forma e conteúdo (art. 23 da Resolução 185/2017 do CSJT).

65. Na hipótese de celebração de acordo e ausência de assinatura imediata do arquivo eletrônico que utilize linguagem padronizada de marcação genérica e, havendo requerimento da parte, a ata deverá ser impressa, assinada manualmente pelas partes e magistrado e, então, digitalizada e inserida no PJe (art. 23, § 3º, da Resolução 185/2017 do CSJT).

66. No processo judicial eletrônico, o prazo processual começa a contar a partir do momento em que o advogado faz a consulta. Caso não o faça no prazo máximo de 10 dias, a intimação será tida por consumada. O primeiro dos 10 dias será a data subsequente ao da disponibilização do ato de comunicação no sistema, seja dia útil ou não. Todavia, caso o décimo dia recaia em dia sem expediente forense, a consumação da intimação ocorrerá no primeiro dia útil subsequente.

67. Em síntese, o primeiro dos 10 dias pode coincidir com o período sem expediente forense, entretanto, se o 10º recair em dia sem expediente, prorroga-se para o próximo dia útil a consumação da intimação. A partir do primeiro dia útil seguinte, ainda, começa a correr o prazo para a prática do ato (art. 5.º da Lei 11.419/2006 e art. 22 da Resolução Consolidada 25 do CNJ).

68. O **início do prazo** ocorre no momento em que o interessado toma conhecimento ou ciência do ato processual a ser realizado. Portanto, recebida a notificação postal, ou publicado o edital no jornal oficial ou mesmo afixado o edital na sede da Vara, Juízo ou Tribunal, ocorre o início do prazo.

69. Por sua vez, o **início da contagem do prazo** ocorre no dia útil seguinte ao **início do prazo**. Em outras palavras, na contagem dos prazos, exclui-se o dia do começo e inclui-se o dia do vencimento.

70. Se o interessado for intimado ou notificado no sábado ou no feriado, o início do prazo dar-se-á no primeiro dia útil imediato, e a contagem do prazo, no subsequente.

71. Quando a intimação tiver lugar na sexta-feira, ou a publicação com efeito de intimação for feita nesse dia, o prazo judicial será contado da segunda-feira imediata, inclusive, salvo se não houver expediente, caso em que fluirá do dia útil que se seguir.

72. Os prazos judiciais são contados em dias úteis (art. 775, CLT).

73. Incumbe à parte comprovar, apenas quando da interposição do recurso, a existência de feriado local que leve à prorrogação do prazo recursal, nos termos do art. 1003, § 6º, do CPC. Caso não o faça, o relator deverá conceder o prazo de 5 dias para que seja sanado o vício, sob pena de não conhecer o recurso por intempestividade, como determina o art. 932, parágrafo único, do CPC, que consagra o princípio da primazia da decisão de mérito (súmula 385, I, do TST).

74. Os Tribunais Regionais e o TST, enquanto juízos "ad quem" não são obrigados a ter ciência da ocorrência de feriado forense, ou seja, dos dias úteis em que não houve expediente forense ou este foi encerrado antes do horário normal, por isso cabe à autoridade que proferir a decisão de admissibilidade certificar o expediente nos autos (Súmula 385, II, do TST). Caso não o faça, o TST, na Súmula 385, reconhece o direito da parte de produzir prova documental superveniente, em agravo de instrumento, agravo interno, agravo regimental, ou embargos de declaração, visando a reconsideração da tempestividade, desde que, em momento anterior, não tenha havido a concessão de prazo para a comprovação da ausência de expediente forense (Súmula 385, II, do TST).

75. Não havendo preceito legal, nem assinalação pelo juiz, será de cinco dias o prazo para a prática de ato processual a cargo da parte.

76. As pessoas jurídicas de direito público (União, Estados, Municípios, Distrito Federal e suas respectivas autarquias e fundações de direito público) têm prazo em dobro para todas as suas manifestações processuais, contados a partir de sua intimação pessoal (art. 183, CPC), com exceção apenas do prazo para a contestação, que é em quádruplo, como determina o art. 1º, II, do Decreto-Lei 779/69. As mesmas regras aplicam-se à Empresa Brasileira de Correios e Telégrafos, que possui as mesmas prerrogativas processuais da Fazenda Pública (art. 12, Decreto-Lei 509/69).

77. O Ministério Público tem prazo em dobro para todas as manifestações, cuja contagem terá início a partir de sua intimação pessoal, a qual far-se-á por carga, remessa ou meio eletrônico (art. 180, CPC)

78. Institui o art. 775-A da CLT que suspende-se o curso do prazo processual nos dias compreendidos entre 20 de dezembro e 20 de janeiro, inclusive. Durante a suspensão do prazo, não se realizarão audiências nem sessões de julgamento (art. 775-A, § 2.º, da CLT). Já os juízes, os membros do Ministério Público, da Defensoria Pública e da Advocacia Pública e os auxiliares da Justiça exercerão suas atribuições normalmente durante o período referido, ressalvadas as férias individuais e os feriados instituídos por lei (art. 775-A, § 1.º, da CLT).

79. O recesso forense e o art. 775-A da CLT, que prevê a suspensão dos prazos dos dias 20/12 a 20/01, coexistem, como esclarece o Conselho Nacional de Justiça, na Resolução 244/2016. Desse modo, em síntese: a) no recesso forense (20/12 a 06/01) não há expediente forense. Há apenas o plantão judiciário para medidas urgentes; e b) no período de suspensão dos prazos processuais, entre os dias 20/12 a 20/01, ficam suspensos apenas os prazos processuais, as audiências e sessões de julgamento. Excetuado o período de recesso forense e ressalvadas as férias individuais e os feriados instituídos por lei, os juízes, os membros do Ministério Público, da Defensoria Pública e da Advocacia Pública e os auxiliares da Justiça exercerão suas atribuições normalmente durante esse período.

80. O art. 221 do CPC dispõe que se suspende o curso do prazo por obstáculo criado pela parte ou ocorrendo qualquer das hipóteses do art. 313 do CPC, quais sejam: morte ou perda da capacidade processual de qualquer das partes, de seu representante legal ou de seu procurador; pela convenção das partes; pela arguição de impedimento ou de suspeição; pela admissão de incidente de resolução de demandas repetitivas; quando a sentença de mérito depender do julgamento de outra causa ou da declaração de existência, ou de inexistência de relação jurídica que constitua o objeto principal de outro processo pendente, ou tiver de ser proferida somente após a verificação de determinado fato, ou a produção de certa prova, requisitada a outro juízo; por motivo de força maior; quando se discutir em juízo questão decorrente de acidentes e fatos da navegação de competência do Tribunal Marítimo; nos demais casos regulados pelo CPC. Nesses casos, o prazo será restituído por tempo igual ao que faltava para sua complementação.

81. Vale destacar que no âmbito da Justiça do Trabalho não será aplicado o art. 229 do CPC, que determina que quando os litisconsortes tiverem diferentes procuradores ser-lhes-ão contados em dobro os prazos para recorrer e, de modo geral, para falar nos autos, uma vez que tal preceito atenta contra o princípio da celeridade processual trabalhista (entendimento consubstanciado na OJ 310 da SDI-I/TST).

82. A nulidade do ato ocorre quando lhe falta algum requisito que a lei prescreve como necessário para a sua validade.

83. A exemplo dos atos jurídicos em geral, os atos processuais podem estar eivados de vícios ou irregularidades que podem vir a contaminar ou não a sua validade.

84. Com efeito, alguns atos processuais praticados são dotados de irregularidades que não o contaminam, não produzindo maiores consequências, como um despacho exarado a lápis, o uso de abreviaturas nos autos, a ausência de numeração e rubrica das folhas dos autos etc.

85. Ato processual inexistente é aquele que sequer chega a surgir, em face de uma circunstância que impede o seu nascimento, como nos casos da sentença não assinada pelo juiz, ou mesmo os atos processuais não ratificados praticados por advogado que atua sem procuração (art. 104, § 2.º, do CPC).

86. A nulidade absoluta será declarada toda vez que o ato processual viciado violar normas de interesse público, podendo ser declarada de ofício pelo magistrado, não se permitindo às partes disporem sobre esse interesse, como no caso da incompetência absoluta, a qual deve ser declarada de ofício e pode ser alegada em qualquer tempo e grau de jurisdição, independentemente de exceção (art. 64, § 1.º, do CPC).

87. Quanto à nulidade relativa o vício do ato processual viola normas de interesse privado, dependendo sempre da provocação do interessado, não podendo ser declarada de ofício pelo magistrado, como ocorre nos casos de incompetência relativa, em que a mesma pode ser prorrogada se não oposta exceção pelo reclamado no prazo de 5 dias contados do recebimento da notificação (art. 800, CLT).

88. O princípio da instrumentalidade das formas ou da finalidade determina que a forma é apenas um instrumento para se alcançar a finalidade do processo, não sendo, em regra, essencial para a validade do ato, pelo que se depreende que, se a lei prescrever que o ato tenha determinada forma, sem cominar nulidade, o juiz considerará válido o ato se, realizado de outra forma, lhe alcançar a finalidade.

88. O princípio da transcendência ou do prejuízo está inserido no art. 794 da CLT, ao dispor que nos processos sujeitos à apreciação da Justiça do Trabalho somente haverá nulidade quando resultar dos atos inquinados manifesto prejuízo processual aos litigantes.

89. O princípio da convalidação ou da preclusão está previsto no art. 795 da CLT, segundo o qual as nulidades não serão declaradas senão mediante provocação das partes, as quais deverão argui-las na primeira vez em que tiverem de falar em audiência ou nos autos.

90. O art. 795, § 1.º, consolidado, estabelece que deverá ser declarada *ex officio* a nulidade fundada em incompetência de foro. A "incompetência de foro" a que se refere, em verdade, referiu-se à incompetência absoluta (seja em razão da matéria ou da pessoa), a qual pode ser declarada de ofício, e não à incompetência territorial (foro), que é relativa, dependendo de provocação do interessado.

91. O princípio da economia processual estabelece que, não obedecida a forma prevista na lei, apenas serão anulados os atos que não possam ser aproveitados. Os arts. 796, *a*, e 797, ambos da CLT, prestigiam tal princípio.

92. O princípio do interesse está previsto no art. 796, *b*, da CLT, segundo o qual a nulidade do ato processual não será pronunciada quando arguida por quem lhe tiver dado causa, não podendo a parte obter vantagem, prevalecendo-se de sua própria torpeza.

93. O princípio da utilidade encontra suporte no art. 798 da CLT, o qual determina que a nulidade do ato não prejudicará senão os posteriores que dele dependam ou sejam consequência.

3.5. QUESTÕES CORRELATAS

01. (TRT4 – AJAJ – 2015) Conforme normas disciplinadoras do Processo Judiciário do Trabalho, contidas no texto consolidado, é INCORRETO afirmar que:

(A) Os dissídios individuais ou coletivos submetidos à apreciação da Justiça do Trabalho serão sempre sujeitos à conciliação.

(B) A compensação, ou retenção, só poderá ser arguida como matéria de defesa.

(C) A reclamação trabalhista do menor de 18 anos será feita por seus representantes legais e, na falta destes, pela Procuradoria da Justiça do Trabalho, pelo Sindicato, pelo Ministério Público Estadual ou curador nomeado em Juízo.

(D) Os atos processuais serão públicos, salvo quando o contrário determinar o interesse social, e realizar-se-ão nos dias úteis das 9 às 18 horas.

(E) A penhora poderá realizar-se em domingo ou dia feriado, mediante autorização expressa do juiz ou presidente.

02. (TRT14 – OJAF – 2016) Sobre os atos processuais relativos ao processo do trabalho no rito ordinário é correto afirmar:

(A) Serão públicos, salvo quando o contrário determinar o interesse social, e serão realizados nos dias úteis das 6 às 20 horas, exceto a penhora, que pode ser realizada em domingo ou feriado, mediante autorização judicial expressa.

(B) A penhora poderá ser realizada em qualquer dia e horário independente de autorização expressa do juiz por se tratar de ato de execução e para atender ao princípio da eficácia.

(C) Serão sempre públicos, realizados somente nos dias úteis, no horário das 6 às 21 horas, exceto a penhora que poderá ocorrer das 5 às 23 horas.

(D) Serão públicos, salvo em caso de segredo de justiça assim determinado pelo Ministério Público do Trabalho, apenas em dias úteis, no horário das 8 às 19 horas.

(E) Serão sempre públicos, não havendo segredo de justiça em processo trabalhista, nos dias úteis, das 11 às 19 horas, exceto as penhoras que podem ocorrer das 8 às 20 horas.

03. (TRT14 – AJAJ – 2016) A Teoria Geral do Processo conceitua a nulidade como sendo uma sanção pela qual a lei priva um ato jurídico dos seus efeitos normais, quando em sua execução não são observadas as formas ou requisitos para ele prescritas. Entretanto, diante da informalidade do processo do trabalho, em relação às nulidades é correto que:

(A) Só haverá nulidade quando resultar dos atos inquinados manifesto prejuízo às partes litigantes.

(B) As partes litigantes podem arguir as nulidades a qualquer momento processual, cabendo-lhes a escolha do momento processual que entendam oportuno.

(C) A nulidade será declarada mesmo que for possível suprir-lhe a falta ou repetir o ato, uma vez que o ato já foi realizado e se consolidou.

(D) A nulidade deverá ser pronunciada ainda que tenha sido arguida pela parte litigante que lhe originou ou lhe deu causa.

(E) O juiz que pronunciar a nulidade não precisa declarar os atos a que ela se estende porque a nulidade de um ato prejudica os atos anteriores a este.

04. (TRT4 – OJAF – 2015) O advogado que representa a reclamada em um dissídio individual trabalhista entende que determinado ato processual praticado pelo Magistrado encontra-se eivado por vício. Nesse caso,

(A) as nulidades relativas somente serão declaradas se houver arguição pelas partes na primeira vez que tiverem que falar em audiência ou nos autos.

(B) ainda que do ato inquinado não resulte manifesto prejuízo à parte litigante haverá nulidade.

(C) a nulidade será pronunciada mesmo que for possível suprir-lhe a falta ou repetir-se o ato.

(D) ainda que a parte tenha lhe dado causa a nulidade será declarada.

(E) a nulidade do ato processual prejudica todo o processo, ou seja, todos os atos anteriores e os posteriores, ainda que dele não dependam ou sejam consequência.

05. (MANAUSPREV – Procurador – 2015) Em relação às nulidades no processo do trabalho,

(A) não há momento oportuno previsto em lei para as relativas que podem ser arguidas em qualquer fase processual, bem como de ofício pelo magistrado.

(B) somente podem ser arguidas em audiência, diante do princípio da oralidade que norteia o processo do trabalho.

(C) poderá ser declarada mesmo que não ocorra manifesto prejuízo aos litigantes.

(D) a nulidade fundada em incompetência absoluta material ou funcional deve ser declarada *ex officio*.

(E) ainda que seja possível suprir-lhe a falta ou repetir o ato processual, a nulidade será pronunciada quando arguida oportunamente.

06. (TRT9 – AJAJ – 2015) O advogado de Isis, autora em reclamação trabalhista, entendeu que o juiz da causa praticou ato processual irregular e pretende arguir a nulidade desse ato. Em relação às nulidades nos processos sujeitos à apreciação da Justiça do Trabalho, é correto afirmar que:

(A) A Consolidação das Leis do Trabalho – CLT – não apresenta regras próprias sobre o tema, razão pela qual devem ser aplicadas as normas do Código Processual Civil – CPC – e do Código Processual Penal – CPP.

(B) A nulidade deverá ser declarada, ainda que não resulte dos atos inquinados manifesto prejuízo às partes litigantes.

(C) A nulidade do ato não prejudicará senão os posteriores que dele dependam ou sejam consequência.

(D) As nulidades podem ser arguidas pelas partes em qualquer fase e momento processual, visto que a lei não prevê momento oportuno para tal medida processual.

(E) A nulidade deverá ser pronunciada mesmo que tenha sido arguida por quem lhe tiver dado causa.

07. (TÉCNICO JUDICIÁRIO/ÁREA ADMINISTRATIVA – TRT 21 – 2017) Eliane move reclamação trabalhista em face da sua ex-empregadora Empresa Limpa Tudo Ltda. e a Concessionária de Veículos Ande Bem Ltda., sendo esta a tomadora de seus serviços terceirizados. Encerrada a instrução processual, foi proferida sentença, julgando procedente em parte a ação e condenando a Concessionária como responsável subsidiária no pagamento das verbas deferidas à reclamante, que não obteve êxito em seu pedido de danos morais. No tocante aos prazos processuais e já esgotado o prazo para interposição de Embargos de Declaração, segundo jurisprudência do TST, bem como o disposto pela Lei 13.467/2017.

(A) Todos possuem prazo comum de oito dias contínuos e irreleváveis, podendo, entretanto, ser prorrogados pelo tempo estritamente necessário pelo juiz ou tribunal, ou em virtude de força maior, devidamente comprovada.

(B) Eliane possui prazo de oito dias úteis, mas as reclamadas possuem prazos sucessivos, após o prazo de Eliane de oito dias úteis para interposição de Recurso Ordinário, tendo em vista que são litisconsortes passivos com procuradores distintos, devendo cumpri-lo primeiramente a Empresa Limpa Tudo Ltda. e posteriormente a Concessionária de Veículos.

(C) Todos possuem prazo comum de oito dias úteis para interposição de Recurso Ordinário, não importando a existência de litisconsórcio passivo, com procuradores distintos.

(D) Eliane possui prazo de oito dias contínuos e irreleváveis para interposição de Recurso Ordinário, sendo que as reclamadas possuem prazo em dobro, tendo em vista o litisconsórcio com procuradores diferentes.

(E) Eliane e sua ex-empregadora Empresa Limpa Tudo Ltda. possuem o prazo de oito dias úteis para interposição de Recurso Ordinário, sendo que a tomadora dos serviços terceirizados de limpeza, por ter sido condenada de forma subsidiária, terá o prazo de oito dias úteis posterior ao prazo das duas para interposição de Recurso Ordinário.

08. FCC – Técnico Judiciário – TI – TRT 2/2018) De acordo com a Consolidação das Leis do Trabalho, o curso do prazo processual nos dias compreendidos entre 20 de dezembro e 20 de janeiro,

(A) não incluso esse último dia, suspende-se, sendo permitida a realização de audiências e sessões de julgamento durante tal lapso de tempo.

(B) inclusive, interrompe-se, sendo que, durante tal lapso de tempo, não se realizarão audiências nem sessões de julgamento.

(C) inclusive, interrompe-se, sendo que, durante tal lapso de tempo, é permitido que sejam realizadas audiências e sessões de julgamento.

(D) inclusive, suspende-se, sendo que, durante tal lapso de tempo, não se realizarão audiências nem sessões de julgamento.

(E) não incluso esse último dia, interrompe-se, sendo vedada a realização de audiências e sessões de julgamento durante o prazo suspenso.

09. (AOCP – Técnico Judiciário – Área Administrativa – TRT 1/2018) Com base nos atos e prazos processuais estabelecidos na Consolidação das Leis Trabalhistas e pautados na Lei nº 13.467/2017, assinale a alternativa correta.

(A) Os atos processuais serão públicos, salvo quando o contrário determinar o interesse social, e realizar-se-ão nos dias úteis das 8 (oito) às 18 (dezoito) horas.

(B) Os prazos serão contados em dias úteis, com exclusão do dia do começo e inclusão do dia do vencimento.

(C) Os atos processuais serão públicos, salvo quando o contrário determinar o interesse social, e realizar-se-ão nos dias úteis das 6 (seis) às 18 (dezoito) horas.

(D) Os prazos serão contados em dias úteis, com inclusão do dia do começo e exclusão do dia do vencimento.

(E) Os prazos são contínuos, contados com a exclusão do dia do começo e inclusão do dia do vencimento.

10. (AOCP – Técnico Judiciário – Área Administrativa – TRT 1/2018) O Juiz da Vara do Trabalho do Rio de Janeiro agendou uma audiência para o dia 11 de abr. de 2018 às 15h30. Manoela, reclamante na ação trabalhista, e a empresa Gotas de Água S.A., em face de quem Manoela ingressou com o pleito, compareceram à audiência com seus respectivos advogados no horário agendado. O juiz, por sua vez, somente chegou à audiência na referida data às 16h. Assinale a alternativa que apresenta como as partes devem proceder nessa situação.

(A) Ao Juiz é permitido chegar a qualquer tempo, considerando ser o mesmo quem irá presidir a audiência, devendo as partes aguardar sua chegada.

(B) Se o Juiz não houver comparecido até 20 (vinte) minutos após a hora marcada, os presentes poderão retirar-se, devendo o ocorrido constar do livro de registro das audiências.

(C) Se o Juiz comparecer à audiência com até 30 (trinta) minutos de atraso após a hora marcada, as partes têm o dever de estarem aguardando o juiz para o início da audiência, devendo o atraso constar do livro de registro das audiências.

(D) Se o Juiz não houver comparecido até 15 (quinze) minutos após a hora marcada, os presentes poderão retirar-se, devendo o ocorrido constar do livro de registro das audiências.

(E) Se o Juiz não houver comparecido até 60 (sessenta) minutos após a hora marcada, os presentes poderão retirar-se, devendo o ocorrido constar do livro de registro das audiências.

11. (Vunesp – Procurador – Fapesp/2018) A nulidade processual trabalhista

(A) não será declarada quando a parte concordar em ressarcir o dano da parte contrária.

(B) não será declarada quando for possível suprir-se a falta ou repetir-se o ato.

(C) pode prejudicar os atos anteriores já praticados.

(D) pode ser declarada em favor daquele que lhe deu causa.

(E) deve ser declarada *ex officio* quando fundada na incompetência em razão do valor.

12. (FCC – Analista Judiciário – Área Judiciária – TRT 6/2018) A Lei n° 13.467/2017 ampliou a competência das Varas do Trabalho, atribuindo a elas a decisão quanto à homologação de acordo extrajudicial, sendo que

(A) este terá início por petição conjunta, sendo facultada às partes a representação por advogado, que pode ser comum a ambas.

(B) o juiz analisará o acordo, designará audiência se entender necessário e proferirá sentença no prazo de 5 dias a contar da distribuição da petição.

(C) a utilização deste pelas partes, de comum acordo, afasta a multa prevista em lei para o caso de atraso no pagamento das verbas rescisórias.

(D) a petição de homologação de acordo extrajudicial suspende o prazo prescricional da ação quanto aos direitos nele especificados que, porém, voltará a fluir no dia útil seguinte ao trânsito em julgado da decisão que negar a homologação do acordo.

(E) é incabível a assistência do trabalhador pelo advogado do sindicato de sua categoria, por tratar-se de processo de jurisdição voluntária.

13. (FCC – Analista Judiciário – Área Judiciária – TRT 6/2018) Sobre os prazos no processo do trabalho,

(A) podem ser prorrogados, pelo tempo estritamente necessário, quando o juiz entender necessário e em virtude de força maior, devidamente comprovada.

(B) são contínuos e irreleváveis, sendo contados com exclusão do dia do começo e inclusão do dia do vencimento.

(C) sendo a parte intimada ou notificada no sábado, a contagem do prazo inicia-se na segunda-feira seguinte.

(D) o recesso forense e as férias coletivas dos Ministros do TST interrompem os prazos recursais.

(E) quando não juntada a ata ao processo em 24 horas, contadas da audiência de julgamento, o prazo para recurso será contado da data em que a parte receber a intimação da sentença.

14. (FCC – Técnico Judiciário – Área Administrativa – TRT 6/2018) Quanto ao processo do trabalho, conforme jurisprudência sumulada do Tribunal Superior do Trabalho,

(A) homologação de acordo não constitui faculdade do juiz, havendo direito líquido e certo tutelável pela via do Mandado de segurança, caso o juiz não homologue.

(B) se a intimação tiver lugar na sexta-feira, o prazo judicial será contado da segunda-feira imediata, inclusive, salvo se não houver expediente, caso em que fluirá no dia útil que se seguir.

(C) o jus postulandi das partes, estabelecido na CLT, estende-se a todas as ações propostas perante as Varas do Trabalho, os Tribunais Regionais do Trabalho e o Tribunal Superior do Trabalho.

(D) a reclamada, ausente à audiência em que deveria apresentar defesa, é revel, salvo se estiver presente seu advogado, munido de procuração.

(E) na Justiça do Trabalho, conforme previsão contida na CLT, as decisões interlocutórias ensejam recurso imediato, em qualquer situação.

15. (FCC – Analista Judiciário – Oficial de Justiça Avaliador – TRT 6/2018) A exceção de incompetência territorial deverá ser apresentada pelo reclamado em Processo do Trabalho

(A) no prazo de 5 dias antes da audiência, mas sempre em peça apartada à defesa.

(B) juntamente com a defesa, em audiência, podendo inclusive ser feita de forma verbal, em respeito ao princípio da oralidade.

(C) no prazo de 10 dias a contar da notificação, em peça autônoma onde se fundamente a existência da exceção.

(D) juntamente com a defesa, em audiência, devendo ser sempre escrita e em peça apartada.

(E) no prazo de 5 dias a contar da notificação, antes da audiência e em peça que sinalize a existência da exceção.

16. (IADES – Advogado – CFM/2018) Diz o brocardo jurídico *dormientibus non succurrit jus*, ou seja, "o direito não socorre a quem dorme".

Quanto à referida máxima, ao tema correlato e aos prazos no processo de trabalho, é correto afirmar que os prazos estabelecidos serão contados em dias

(A) corridos, computando-se o primeiro dia útil a partir da data estipulada.

(B) corridos, não se computando o primeiro dia útil a partir da data estipulada.

(C) corridos, com exclusão do dia do começo e inclusão do dia do vencimento.

(D) úteis, com inclusão do dia do começo e exclusão do dia do vencimento.

(E) úteis, com exclusão do dia do começo e inclusão do dia do vencimento.

17. (IADES – Advogado – CFM/2018) A Justiça do Trabalho tem uma visão diferenciada em relação às nulidades. Com base nessa afirmação e no tema correlato, assinale a alternativa correta.

(A) Os atos inquinados geram nulidade mesmo não havendo prejuízo às partes.

(B) A nulidade deverá ser pronunciada, sob pena de preclusão, quando for possível suprir-se a falta ou repetir-se o ato.

(C) A nulidade declarada por juiz ou tribunal se estende a todos os atos do processo.

(D) Os atos posteriores à nulidade que não dependiam do que fora anulado também são prejudicados pela declaração de nulidade.

(E) A nulidade não será pronunciada quando for possível suprir-se a falta ou repetir-se o ato.

18. (IADES – Advogado – CFM/2018) As audiências trabalhistas são fundamentais ao deslinde da lide, uma vez que trazem ao processo os fatos ocorridos e demonstram a existência dos direitos que devem ser garantidos ao trabalhados.

Em relação ao exposto e ao tema tratado, assinale a alternativa correta.

(A) Não havendo acordo, o reclamado terá 30 minutos para aduzir a própria defesa, após a leitura da reclamação, quando esta não for dispensada por ambas as partes.

(B) A parte poderá apresentar defesa escrita pelo sistema de processo judicial eletrônico até 15 dias após a audiência.

(C) O presidente, *ex officio* ou a requerimento de qualquer juiz temporário, interrogará os litigantes e, em seguida, será apresentada a defesa.

(D) A parte poderá apresentar defesa escrita pelo sistema de processo judicial eletrônico até a audiência.

(E) Os litigantes devem permanecer na audiência até o término dela, mesmo após a realização do respectivo interrogatório.

19. (Fepese – Advogado – Celesc/2018) É correto afirmar acerca dos prazos no processo do trabalho:

(A) O curso dos prazos processuais é suspenso nos meses de dezembro e janeiro.

(B) Durante a suspensão do prazo poderão, a critério do juízo, ser realizadas audiências e sessões de julgamento.

(C) Os prazos serão contados em dias úteis, com a inclusão do dia do começo e a exclusão do dia do vencimento.

(D) Os prazos são peremptórios, não podendo o juiz prorrogá-los mesmo que entenda necessário.

(E) Incumbe ao juízo dilatar os prazos processuais para adequar às necessidades do conflito de modo a conferir maior efetividade à tutela do direito.

20. (Vunesp – Procurador – IPSM/2018) Após a elaboração da conta de liquidação, o juiz do trabalho

(A) poderá abrir às partes prazo sucessivo de dez dias para impugnação.

(B) poderá abrir às partes o prazo comum de oito dias para impugnação.

(C) deverá abrir às partes o prazo comum de oito dias para impugnação

(D) deverá ouvir o Ministério Público do Trabalho.

(E) deverá intimar a União para apresentação do valor das contribuições previdenciárias.

21. (Vunesp – Procurador – Prefeitura de Várzea Paulista – SP/2021) No processo do trabalho, os prazos processuais são contados:

(A) em dias úteis, com inclusão do dia do começo e do dia do vencimento.

(B) em dias úteis, com exclusão do dia do começo e do dia do vencimento.

(C) em dias úteis, com exclusão do dia do começo e inclusão do dia do vencimento.

(D) em dias corridos, com exclusão do dia do começo e inclusão do dia do vencimento.

(E) em dias corridos, com inclusão do dia do começo e exclusão do dia do vencimento.

22. (FCC – 2024 – TRT – 7ª Região (CE) – Técnico Judiciário – Área Administrativa) Ana teve julgada procedente em parte sua reclamação trabalhista, com disponibilização da sentença pelo Diário de Justiça eletrônico em 16/12, uma segunda-feira, sendo que tem interesse em interpor recurso ordinário no prazo de oito dias. Assim, tendo em vista o recesso forense que tem início em 20/12 e o disposto na Consolidação das Leis do Trabalho (CLT) e considerando que as datas recalam em dia útil, o restante do prazo de Ana terá seu reinício em:

(A) 22/01.

(B) 21/01.

(C) 20/01.

(D 07/01.

(E) 06/01.

GABARITO

01 – D	**02** – A	**03** – A
04 – A	**05** – D	**06** – C
07 – C	**08** – D	**09** – B
10 – D	**11** – B	**12** – D
13 – A	**14** – B	**15** – E
16 – E	**17** – E	**18** – D
19 – E	**20** – C	**21** – C
22 – B		

CAPÍTULO 4

PARTES E PROCURADORES

4.1. PARTES

4.1.1. Conceito, denominação e capacidade

4.1.1.1. Conceito

Tradicionalmente, conceitua-se como parte aquele que demanda em nome próprio a prestação jurisdicional do Estado, ou mesmo a pessoa em cujo nome é demandada. Em outras palavras, partes são o autor, que demanda a tutela jurisdicional, e o réu, contra quem a atuação é postulada.

Todavia, entendemos que o conceito clássico de partes revela-se insuficiente, uma vez que o processo não envolve tão somente o autor, réu e juiz, englobando, por vezes, outras pessoas (terceiros) que podem ingressar no processo em momento posterior à sua formação, seja para apoiar uma das partes principais, seja para defender interesse próprio.

4.1.1.2. Denominação

Objetivando induzir uma ideia de autonomia do processo laboral em relação ao processo civil, ou mesmo considerando as raízes históricas da Justiça do

Trabalho (a qual era órgão administrativo vinculado ao Poder Executivo), o legislador processual do trabalho inovou na terminologia autor e réu.

Com efeito, no Processo do Trabalho, o autor é denominado reclamante e o réu, reclamado.

4.1.1.3. Capacidade

Inicialmente, convém distinguir os institutos capacidade de ser parte, capacidade processual e capacidade postulatória.

A **capacidade de ser parte** (ou capacidade de direito) diz respeito à possibilidade de a pessoa (física ou jurídica) se apresentar em juízo como autor ou réu, ocupando um dos polos do processo.

Nessa esteira, a capacidade para ser parte exige a "personalidade civil", que em relação à pessoa natural ou física inicia-se com o seu nascimento com vida (art. 2.º do CC), embora a lei ponha a salvo, desde a concepção, os direitos do nascituro.

Quanto à pessoa jurídica, a sua "personalidade civil" inicia-se com a inscrição dos atos constitutivos no respectivo registro (art. 45 do CC) – Junta Comercial, órgão de classe (exemplificadamente, a OAB, no caso de sociedade de advogados) etc.

Confere-se ainda a capacidade para ser parte aos denominados "entes despersonalizados", como a massa falida, o condomínio, o espólio, as sociedades e os órgãos desprovidos de personalidade jurídica etc.

Quanto à capacidade processual, também conhecida como capacidade de estar em juízo (ou capacidade de fato ou de exercício), ela é outorgada pelo art. 70 do CPC, o qual estabelece que: "Toda pessoa que se encontre no exercício de seus direitos tem capacidade para estar em juízo".

Portanto, adquirida a capacidade de ser parte, impõe-se verificar se os sujeitos do processo podem praticar os atos processuais pessoalmente, sem o auxílio ou acompanhamento de outras pessoas, ou seja, se possuem capacidade processual plena para se manterem na relação processual sem amparo de qualquer espécie.

Assim, possuindo os sujeitos a capacidade civil plena (capacidade de praticar todos os atos da vida civil e de administrar seus bens), também possuirão a chamada capacidade processual, que é exigida para a prática de atos processuais. Por consequência, não possuem capacidade processual as pessoas arroladas nos arts. 3.º e 4.º do CC, embora tenham capacidade de ser parte.

No direito do trabalho, a capacidade civil plena dos empregados, ou seja, a plena capacidade de, na qualidade de parte, estar em juízo sem a assistência ou representação (maioridade trabalhista), ocorre aos 18 anos (art. 792 da CLT).

Ressalte-se que a CF/1988, art. 7.º, XXXIII, proíbe o trabalho noturno, perigoso e insalubre aos menores de 18 anos e de qualquer trabalho aos menores de 16 anos, salvo na condição de aprendiz, a partir dos 14 anos. Portanto, o menor de 16 anos não poderá trabalhar, salvo na condição de aprendiz (a partir dos 14 anos). No entanto, o art. 439 da CLT estabelece que: "É lícito ao menor firmar recibo pelo pagamento dos salários". Tratando-se, porém, de rescisão do contrato de trabalho, é vedado ao menor de 18 anos dar, sem assistência dos seus responsáveis legais, quitação ao empregador pelo recebimento de indenização que lhe for devida.

Impende destacar que o Código Civil, no art. 5.º, parágrafo único, possibilita a emancipação do obreiro com menos de 18 anos nos seguintes casos: pela concessão dos pais, pelo casamento, pelo exercício de emprego público efetivo, pela colação de grau em curso de ensino superior ou pela existência de relação de emprego, desde que, neste último caso, o menor com 16 anos completos tenha economia própria.

Com relação à emancipação pela existência de vínculo de emprego, transcrevemos Mauro Schiavi (op. cit., p. 304):

> "Quanto ao inciso V do art. 5.º do CC que prevê a emancipação do menor em razão da relação de emprego, e desde que em razão dela o menor tenha economia própria, pensamos que a menoridade cessa pela existência de vínculo de emprego, caso o menor receba um salário-mínimo por mês. Embora se possa dizer que o menor que recebe apenas um salário-mínimo não tem economia própria, acreditamos que a finalidade da lei ao conceder a emancipação legal foi no sentido de deferir a emancipação ao menor que apresenta maior maturidade em razão das responsabilidades inerentes ao contrato de trabalho.
>
> Portanto, desde que receba um salário-mínimo e exista relação de emprego, o menor de 18 anos e maior de 16 estará emancipado, inclusive para postular em juízo sem necessidade de representação ou assistência, independentemente de declaração judicial de emancipação.
>
> No nosso sentir, apesar de o salário-mínimo ser muito baixo no Brasil, segundo disposição constitucional, ele atende as necessidades do trabalhador (art. 7.º, IV, da CF). De outro lado, o menor estará emancipado a partir de 16 anos completos, pois o trabalho é proibido antes dessa idade".

Já o empregador pessoa física também adquire capacidade civil plena para estar em juízo (capacidade processual) aos 18 anos, salvo nos casos de emancipação (art. 5.º do CC).

Por último, quanto à **capacidade postulatória**, no âmbito do processo civil, é a mesma privativa de advogado regularmente inscrito na OAB, não sendo permitido à própria parte (em regra) elaborar e subscrever a petição inicial, exigindo-se que esta manifestação processual seja praticada por profissional devidamente habilitado.

Todavia, no âmbito do Processo do Trabalho, a capacidade postulatória, nas demandas envolvendo relação de emprego, é conferida também às próprias partes, conforme analisaremos no item a seguir, que versa sobre o denominado *jus postulandi* da parte na seara trabalhista.

4.1.1.4. Jus postulandi

Conforme já abordado no capítulo primeiro desta obra, o princípio do *jus postulandi* da parte está consubstanciado no art. 791 da CLT, o qual estabelece que os empregados e os empregadores poderão reclamar pessoalmente perante a Justiça do Trabalho e acompanhar as suas reclamações.

Nessa esteira, o art. 839, *a*, da CLT também salienta que a reclamação trabalhista poderá ser apresentada pelos empregados e empregadores, pessoalmente, ou por seus representantes, e pelos sindicatos de classe.

Logo, em função do *jus postulandi*, reclamante e reclamado poderão atuar sem a presença de advogados, perante os juízos de primeiro grau e Tribunais Regionais. A atuação perante o TST, como se verá abaixo, não segue esta regra.

Uma corrente minoritária defendia que, após a Constituição Federal de 1988, em função de o art. 133 estabelecer que o advogado é indispensável à administração da justiça, o art. 791 da CLT não mais estaria em vigor, em face da incompatibilidade com o texto constitucional mencionado.

Essa corrente ganhou mais força com a edição da Lei 8.906/1994 (Estatuto da OAB) que, em seu art. 1.º, I, considerava atividade privativa da advocacia "a postulação a *qualquer* órgão do Poder Judiciário e aos juizados especiais" (grifo nosso).

Os tribunais trabalhistas, contudo, em sua maioria, firmaram jurisprudência no sentido de que o art. 791 da CLT está em vigor, permanecendo o *jus postulandi* da parte na Justiça do Trabalho, mesmo após a promulgação da Constituição Federal de 1988.

Tal jurisprudência restou confirmada com o julgamento da ADI 1.127, proposta pela Associação dos Magistrados do Brasil – AMB, na qual o Supremo Tribunal Federal declarou inconstitucional a expressão "qualquer", constante do art. 1.º, I, da Lei 8.906/1994 (Estatuto da OAB), prevalecendo o entendimento de que é possível a parte postular sem a presença do advogado, em algumas hipóteses.

O Pleno do TST já havia decidido, "por maioria [17 votos a 7], não admitir o *jus postulandi* das partes em recursos interpostos no TST ou dirigidos a essa Corte Superior, exceto *habeas corpus*" (E-AIRR e RR 85581/2003-900.02.00-5, rel. p/ o acórdão João Oreste Dalazen, j. 13.10.2009). Finalmente, foi publicada a Súmula 425 do TST, que dispõe: "O *jus postulandi* das partes, estabelecido no art. 791 da CLT, limita-se às Varas do Trabalho e aos Tribunais Regionais do Trabalho, não alcançando a ação rescisória, a ação cautelar, o mandado de segurança e os recursos de competência do Tribunal Superior do Trabalho".

Portanto, o *jus postulandi* não prevalece no TST. Logo, em caso de recurso de revista interposto, o mesmo deverá ser subscrito por advogado, assim, como qualquer outro recurso que venha a tramitar no TST. Em outras palavras, o *jus postulandi* doravante somente prevalecerá nas instâncias ordinárias.

Em caso de eventual recurso extraordinário para o Supremo Tribunal Federal, ou mesmo recurso encaminhado ao Superior Tribunal de Justiça (para examinar, por exemplo, conflito de competência), também deve o mesmo ser subscrito por advogado, sob pena de o apelo não ser conhecido.

Por último, frise-se que, após a EC 45/2004, que ampliou a competência material da Justiça do Trabalho para processar e julgar qualquer lide envolvendo relação de trabalho (art. 114 da CF/1988), entendemos que o *jus postulandi* da parte é restrito às ações que envolvam relação de emprego, não se aplicando às demandas referentes à relação de trabalho distintas da relação empregatícia.

Logo, em caso de ação trabalhista ligada à relação de trabalho não subordinado, as partes deverão estar representadas por advogados, a elas não se aplicando o art. 791 da CLT, restrito a empregados e empregadores.

4.1.1.5. Representação e assistência

A representação não se confunde com a assistência.

Na representação, o representante age no processo em nome do titular da pretensão defendendo o direito do próprio representado. Em outras palavras, o representante figura no processo em nome e na defesa de interesse de outrem.

No tocante às pessoas físicas, a incapacidade civil absoluta ou relativa é resolvida com a intervenção de um representante ou assistente, respectivamente. As hipóteses de incapacidade absoluta estão previstas no art. 3.º do Código Civil:

> "Art. 3.º São absolutamente incapazes de exercer pessoalmente os atos da vida civil os menores de 16 (dezesseis) anos."

Por sua vez, as hipóteses de incapacidade relativa estão previstas no art. 4.º do CC:

> "Art. 4. São incapazes, relativamente a certos atos ou à maneira de os exercer:
>
> I – os maiores de dezesseis e menores de dezoito anos;
>
> II – os ébrios habituais e os viciados em tóxico;
>
> III – aqueles que, por causa transitória ou permanente, não puderem exprimir sua vontade;
>
> IV – os pródigos.
>
> Parágrafo único. A capacidade dos indígenas será regulada por legislação especial."

À luz do art. 71 do CPC, "O incapaz será representado ou assistido por seus pais, por tutor ou por curador, na forma da lei".

Segundo o art. 72, I, do CPC, o Juiz nomeará curador especial ao incapaz que não tiver "representante legal".

Entretanto, o art. 793 da CLT dispõe que as reclamações trabalhistas de menores de 18 anos serão feitas por seus representantes legais e, na falta destes, pela Procuradoria Regional do Trabalho (Ministério Público do Trabalho), pelo sindicato profissional, pelo Ministério Público Estadual ou curador nomeado em juízo, sendo esta a única hipótese em que ocorrerá a nomeação de curador na Justiça do Trabalho.

Com relação à assistência, esta pode ter inúmeros significados, consistindo numa assistência interventiva, litisconsorcial, assistência judiciária e assistência judicial dos relativamente incapazes (art. 4.º do CC).

No que atine à assistência judicial dos relativamente incapazes, a grande diferença para a representação consiste no fato de que na assistência (ao contrário da representação) o assistente apenas supre a deficiência da declaração de vontade do assistido, sem substituí-la. Em outras palavras, não cabe ao assistente, por exemplo, fazer acordo em nome do assistido, mas simplesmente ratificar ou não a declaração de vontade deste.

Em outras palavras, na assistência faz-se necessária a declaração de vontade de ambos (assistente e assistido), enquanto na representação basta a declaração de vontade do representante em substituição a do representado.

Ainda sobre a representação em juízo, estabelece o art. 75 do CPC que:

> "Art. 75. Serão representados em juízo, ativa e passivamente:
>
> I – a União, pela Advocacia-Geral da União, diretamente ou mediante órgão vinculado;
>
> II – o Estado e o Distrito Federal, por seus procuradores;
>
> III – o Município, por seu prefeito, procurador ou Associação de Representação de Municípios, quando expressamente autorizada;
>
> IV – a autarquia e a fundação de direito público, por quem a lei do ente federado designar;
>
> V – a massa falida, pelo administrador judicial;
>
> VI – a herança jacente ou vacante, por seu curador;
>
> VII – o espólio, pelo inventariante;
>
> VIII – a pessoa jurídica, por quem respectivos atos constitutivos designarem ou, não havendo essa designação, por seus diretores;
>
> IX – a sociedade e a associação irregulares e outros entes organizados sem personalidade jurídica, pela pessoa a quem couber a administração de seus bens;
>
> X – a pessoa jurídica estrangeira, pelo gerente, representante ou administrador de sua filial, agência ou sucursal aberta ou instalada no Brasil;
>
> XI – o condomínio, pelo administrador ou síndico."

O atual Código esclarece, principalmente, que a União será representada pela Advocacia-Geral da União, diretamente ou mediante órgão vinculado; os Estados e o Distrito Federal, por seus procuradores, e os Município, por seu prefeito, procurador ou Associação de Representação de Municípios, quando expressamente autorizada. Outrossim, estabelece que a massa falida será representada pelo administrador judicial, tal como já instituía o art. 76, parágrafo único, da Lei 11.101/2005.

Conforme já dito anteriormente, realizada a notificação por edital e correndo o processo à revelia, entendemos que não haverá nomeação de curador especial para o revel, sendo inaplicável o art. 72, II, do CPC, uma vez que a Consolidação das Leis do Trabalho preceitua que somente na hipótese do art. 793 (reclamação trabalhista promovida por menor de 18 anos sem representante legal) é que será nomeado curador especial.

Em relação ao grupo econômico, admite-se um único preposto. Se há possibilidade de o empregado prestar serviços para as empresas de um mesmo grupo econômico sem configurar a coexistência de mais de um contrato de trabalho (Súmula 129 do TST), é evidente que esse grupo possa ser representado judicialmente pelo mesmo preposto, sem atrair a revelia e a confissão, desde que, naturalmente, o preposto tenha conhecimento dos fatos.

Dispõe o art. 791, § 1.º, da CLT:

> "Art. 791. Os empregados e os empregadores poderão reclamar pessoalmente perante a Justiça do Trabalho e acompanhar as suas reclamações até o final.
>
> § 1.º Nos dissídios individuais os empregados e empregadores poderão fazer-se representar por intermédio do sindicato, advogado, solicitador, ou provisionado, inscrito na Ordem dos Advogados do Brasil."

A representação a que se refere o art. 791 da CLT não se confunde com a representação legal, como bem explica o professor Mauro Schiavi:[1]

> "O referido dispositivo não trata de representação legal para suprir incapacidade, mas sim de representação voluntária ou convencional, cumprindo as pessoas mencionadas no § 1.º do art. 791 da CLT atuar em nome do empregado ou empregador em juízo, desde que autorizado por ele. Nesse sentido, ensinam Pablo Stolze Gagliano e Rodolfo Pamplona Filho: não se pode confundir representação legal com a representação voluntária ou convencional, a exemplo do que ocorre no mandato. Nesse caso, uma parte (mandante) cuida de outorgar, por ato de vontade, mediante procuração (instrumento de mandato), poderes gerais ou específicos para que a outra (mandatário) pratique atos jurídicos em seu nome e no seu interesse."

4.2. PROCURADORES

Já vimos que no âmbito laboral as partes (empregado e empregador) são dotadas de capacidade postulatória, possuindo o chamado *jus postulandi*, salvo no TST.

Por outro lado, nada impede que as partes sejam representadas por advogado regularmente constituído nos autos mediante instrumento de mandato (procuração).

---

1. Op. cit., p. 329.

Nesse caso, o advogado não será admitido a postular em juízo sem procuração, salvo para evitar preclusão, decadência ou prescrição, ou para praticar ato considerado urgente. Desse modo, deverá exibir a procuração no prazo de 15 dias, prorrogável por igual período por despacho do juiz. O ato não ratificado será considerado ineficaz relativamente àquele em cujo nome foi praticado, respondendo o advogado pelas despesas e por perdas e danos (art. 104, §§ 1º e 2º, do CPC). Uma vez que é possível pedir prazo para posterior juntada de procuração para evitar a preclusão, consoante parecer do TST, admite-se que o advogado, independentemente de intimação, exiba a procuração no prazo de 5 (cinco) dias após a interposição do recurso, prorrogável por igual período mediante despacho do juiz. Caso não a exiba, considera-se ineficaz o ato praticado e não se conhece do recurso (Súmula 383, I, do TST).

O TST também entende que, verificada a irregularidade de representação da parte em fase recursal, em procuração ou substabelecimento já constante dos autos, o relator ou o órgão competente para julgamento do recurso designará prazo de 5 (cinco) dias para que seja sanado o vício. Descumprida a determinação, o relator não conhecerá do recurso, se a providência couber ao recorrente, ou determinará o desentranhamento das contrarrazões, se a providência couber ao recorrido - art. 76, § 2º, do CPC (Súmula 383, II, do TST).

Nessa esteira, o art. 791, § 3.º, da CLT (incluído pela Lei 12.437/2011) dispõe que a constituição de procurador com poderes para o foro em geral poderá ser efetivada, mediante simples registro em ata de audiência, a requerimento verbal do advogado interessado, com anuência da parte representada.

Nesses casos, os poderes concedidos são para o foro em geral, chamados *ad iudicia*, não englobando os poderes previstos no art. 105 do CPC (receber citação inicial, confessar, reconhecer a procedência do pedido, transigir, desistir, renunciar ao direito sobre o qual se funda a ação, receber, dar quitação, firmar compromisso e assinar declaração de hipossuficiência econômica, que devem constar de cláusula específica). Ressalte-se que o advogado com poderes para o foro em geral não poderá assinar declaração de hipossuficiência econômica, sendo esta uma inovação do atual Código de Processo Civil. Uma vez que o art. 15 do CPC determina que este será aplicável subsidiária e supletivamente no Processo do Trabalho, acreditamos que o procurador somente poderá declarar a situação econômica do reclamante quando tiver poderes expressos para tanto.

O TST, por meio da OJ 200 da SDI-I, firmou entendimento no sentido de considerar inválido o substabelecimento de advogado investido de mandato tácito (OJ 200, SDI-1, do TST).

A procuração pode ser assinada digitalmente na forma da lei (art. 105, § 1.º, CPC).

A procuração deverá conter o nome do advogado, seu número de inscrição na Ordem dos Advogados do Brasil e endereço completo (art. 105, § 2.º, CPC). O atual Código determinou que se o outorgado integrar sociedade de advogados, a procuração também deverá conter o nome dessa, seu número de registro na Ordem dos Advogados do Brasil e endereço completo (art. 105, § 3.º, CPC). Salvo disposição expressa em sentido contrário constante do próprio instrumento, a procuração outorgada na fase de conhecimento é eficaz para todas as fases do processo, inclusive para o cumprimento de sentença (art. 105, § 4º, CPC).

Com base no art. 75, I e II, do CPC, a União será representada pela Advocacia-Geral da União; os Estados e o Distrito Federal, por seus procuradores; e os Municípios, por prefeitos ou procuradores, o que torna dispensável a juntada da procuração, visto que os atos de nomeação são publicados pelo *Diário Oficial*. É essencial que tal signatário ao menos declare-se exercente do cargo de procurador, não bastando a indicação do número de inscrição na Ordem dos Advogados do Brasil.

Nesse sentido, atente-se para a Súmula 436 do TST:

> "SÚMULA 436 DO TST. REPRESENTAÇÃO PROCESSUAL. PROCURADOR DA UNIÃO, ESTADOS, MUNICÍPIOS E DISTRITO FEDERAL, SUAS AUTARQUIAS E FUNDAÇÕES PÚBLICAS. JUNTADA DE INSTRUMENTO DE MANDATO (conversão da Orientação Jurisprudencial nº 52 da SBDI-I e inserção do item II à redação) – Res. 185/2012, *DEJT* divulgado em 25, 26 e 27.09.2012
>
> I – A União, Estados, Municípios e Distrito Federal, suas autarquias e fundações públicas, quando representadas em juízo, ativa e passivamente, por seus procuradores, estão dispensadas da juntada de instrumento de mandato e de comprovação do ato de nomeação.
>
> II – Para os efeitos do item anterior, é essencial que o signatário ao menos declare-se exercente do cargo de procurador, não bastando a indicação do número de inscrição na Ordem dos Advogados do Brasil".

À luz do art. 272, § 5.º, do CPC, os advogados poderão requerer que, na intimação a eles dirigida, figure apenas o nome da sociedade a que pertençam, desde que devidamente registrada na Ordem dos Advogados do Brasil. Sob pena de nulidade, é indispensável que da publicação constem os nomes das partes e de seus advogados, com o respectivo número de inscrição na Ordem dos Advogados do Brasil, ou, se assim requerido, da sociedade de advogados.

No mesmo contexto, confira a Súmula 427 do TST:

> "SÚMULA 427 DO TST. INTIMAÇÃO. PLURALIDADE DE ADVOGADOS. PUBLICAÇÃO EM NOME DE ADVOGADO DIVERSO DAQUELE EXPRESSAMENTE INDICADO. NULIDADE. Havendo pedido expresso de que as intimações e publicações sejam realizadas exclusivamente em nome de determinado advogado, a comunicação em nome de outro profissional constituído nos autos é nula, salvo se constatada a inexistência de prejuízo."

Ressalte-se, entretanto, que o TST, no art. 16 da IN 39/2016, deixa claro que para efeito de aplicação do § 5º do art. 272 do CPC, não é causa de nulidade processual a intimação realizada na pessoa de advogado regularmente habilitado nos autos, ainda que conste pedido expresso para que as comunicações dos atos processuais sejam feitas em nome de outro advogado, se o profissional indicado não se encontra previamente cadastrado no Sistema de Processo Judicial Eletrônico, impedindo a serventia judicial de atender ao requerimento de envio da intimação direcionada. A decretação de nulidade não pode ser acolhida em favor da parte que lhe deu causa (CPC, art. 276).

O art. 107 do CPC relaciona os direitos do advogado. Observe:

> "Art. 107. O advogado tem direito a:
>
> I – examinar, em cartório de fórum e secretaria de tribunal, mesmo sem procuração, autos de qualquer processo, independentemente da fase de tramitação, assegurados a obtenção de cópias e o registro de anotações, salvo na hipótese de segredo de justiça, nas quais apenas o advogado constituído terá acesso aos autos;
>
> II – requerer, como procurador, vista dos autos de qualquer processo, pelo prazo de 5 (cinco) dias;
>
> III – retirar os autos do cartório ou da secretaria, pelo prazo legal, sempre que neles lhe couber falar por determinação do juiz, nos casos previstos em lei.
>
> § 1.º Ao receber os autos, o advogado assinará carga em livro ou documento próprio.
>
> § 2.º Sendo o prazo comum às partes, os procuradores poderão retirar os autos somente em conjunto ou mediante prévio ajuste, por petição nos autos.

> § 3.º Na hipótese do § 2.º, é lícito ao procurador retirar os autos para obtenção de cópias, pelo prazo de 2 (duas) a 6 (seis) horas, independentemente de ajuste e sem prejuízo da continuidade do prazo.
>
> § 4.º O procurador perderá no mesmo processo o direito a que se refere o § 3.º se não devolver os autos tempestivamente, salvo se o prazo for prorrogado pelo juiz
>
> § 5º O disposto no inciso I do **caput** deste artigo aplica-se integralmente a processos eletrônicos. (Incluído pela Lei nº 13.793, de 2019)".

Por último, podemos ainda destacar as seguintes Súmulas e Orientações Jurisprudenciais envolvendo o tema MANDATO, *in verbis*:

> "SÚMULA 395 DO TST. MANDATO E SUBSTABELECIMENTO. CONDIÇÕES DE VALIDADE (nova redação dos itens I e II e acrescido o item V em decorrência do CPC de 2015) – Res. 211/2016, *DEJT* divulgado em 24, 25 e 26.08.2016.
>
> I – Válido é o instrumento de mandato com prazo determinado que contém cláusula estabelecendo a prevalência dos poderes para atuar até o final da demanda (§ 4.º do art. 105 do CPC de 2015) (ex-OJ 312 da SBDI-1 – *DJ* 11.08.2003).
>
> II – Se há previsão, no instrumento de mandato, de prazo para sua juntada, o mandato só tem validade se anexado ao processo o respectivo instrumento no aludido prazo (ex-OJ 313 da SBDI-1 – *DJ* 11.08.2003).
>
> III – São válidos os atos praticados pelo substabelecido, ainda que não haja, no mandato, poderes expressos para substabelecer (art. 667, e parágrafos, do Código Civil de 2002) (ex-OJ 108 da SBDI-1 – inserida em 01.10.1997).
>
> IV – Configura-se a irregularidade de representação se o substabelecimento é anterior à outorga passada ao substabelecente (ex-OJ 330 da SBDI-1 – *DJ* 09.12.2003).
>
> V – Verificada a irregularidade de representação nas hipóteses dos itens II e IV, deve o juiz suspender o processo e designar prazo razoável para que seja sanado o vício, ainda que em instância recursal (art. 76 do CPC de 2015).
>
> "OJ 75, SDI-I/TST. SUBSTABELECIMENTO SEM O RECONHECIMENTO DE FIRMA DO SUBSTABELECENTE. INVÁLIDO (ANTERIOR À LEI 8.952/1994) – Não produz efeitos jurídicos recurso subscrito por advogado com poderes conferidos em substabelecimento em que não consta o reconhecimento de firma do outorgante. Entendimento aplicável antes do advento da Lei 8.952/1994".

"OJ 374, SDI-1. Agravo de instrumento. Representação processual. Regularidade. Procuração ou substabelecimento com cláusula limitativa de poderes ao âmbito do Tribunal Regional do Trabalho. É regular a representação processual do subscritor do agravo de instrumento ou do recurso de revista que detém mandato com poderes de representação limitados ao âmbito do Tribunal Regional do Trabalho, pois, embora a apreciação desse recurso seja realizada pelo Tribunal Superior do Trabalho, a sua interposição é ato praticado perante o Tribunal Regional do Trabalho, circunstância que legitima a atuação do advogado no feito".

"SÚMULA 456 DO TST. REPRESENTAÇÃO. PESSOA JURÍDICA. PROCURAÇÃO. INVALIDADE. IDENTIFICAÇÃO DO OUTORGANTE E DE SEU REPRESENTANTE (inseridos os itens II e III em decorrência do CPC de 2015) – Res. 211/2016, *DEJT* divulgado em 24, 25 e 26.08.2016.

I – É inválido o instrumento de mandato firmado em nome de pessoa jurídica que não contenha, pelo menos, o nome do outorgante e do signatário da procuração, pois estes dados constituem elementos que os individualizam.

II – Verificada a irregularidade de representação da parte na instância originária, o juiz designará prazo de 5 (cinco) dias para que seja sanado o vício. Descumprida a determinação, extinguirá o processo, sem resolução de mérito, se a providência couber ao reclamante, ou considerará revel o reclamado, se a providência lhe couber (art. 76, § 1.º, do CPC de 2015)".

4.3. JUSTIÇA GRATUITA

4.3.1. Beneficiários da justiça gratuita

O benefício da justiça gratuita está previsto no art. 790, §§ 3º e 4º, da CLT. Observe:

"Art. 790, CLT. Nas Varas do Trabalho, nos Juízos de Direito, nos Tribunais e no Tribunal Superior do Trabalho, a forma de pagamento das custas e emolumentos obedecerá às instruções que serão expedidas pelo Tribunal Superior do Trabalho. (Redação dada pela Lei no 10.537, de 27.8.2002)

(...)

§ 3º É facultado aos juízes, órgãos julgadores e presidentes dos tribunais do trabalho de qualquer instância conceder, a requerimento ou de ofício, o benefício da justiça gratuita, inclusive quanto a traslados e instrumentos, àqueles que perceberem salário igual ou inferior a 40% (quarenta por cento) do limite máximo dos benefícios do Regime Geral de Previdência Social.

§ 4º O benefício da justiça gratuita será concedido à parte que comprovar insuficiência de recursos para o pagamento das custas do processo."

Em primeiro lugar, esclarece-se que o benefício da justiça gratuita é devido às pessoas físicas e jurídicas, uma vez que o art. 790, § 3º, da CLT vale-se da palavra "aqueles" para se referir aos que farão jus à gratuidade da justiça. A CLT está em consonância com o disposto no art. 5º, LXXIV, da CF, segundo o qual "o Estado prestará assistência jurídica integral e gratuita aos que comprovarem insuficiência de recursos".

A justiça gratuita, portanto, será concedida em duas hipóteses; a) aqueles que receberem salário igual ou inferior a 40% do limite máximo dos benefícios do Regime Geral de Previdência Social e b) aqueles que receberem mais, porém não tiverem recursos para arcar com as despesas do processo.

Discute-se se as pessoas físicas e jurídicas devem comprovar sua situação econômica para valerem-se do benefício da justiça gratuita. O debate deve-se à redação do § 4º, do art. 790, da CLT, que determina que "o benefício da justiça gratuita será concedido à parte que comprovar insuficiência de recursos para o pagamento das custas do processo".

Entendemos que para a pessoa física basta a mera declaração de ausência de recursos, sendo tal comprovação exigida apenas para a pessoa jurídica.

A nosso ver, esta é a interpretação correta pelo seguinte motivo. Antes mesmo do disposto no art. 790, § 4º, da CLT, a Constituição, em seu art. 5º, LXXIV, já se referia à comprovação da insuficiência de recursos e os Tribunais entendiam que para a pessoa física bastava a simples declaração de tal insuficiência, sendo inexigível qualquer demonstração de pobreza.

Depois, a CLT determina a comprovação da insuficiência de recursos, mas não esclarece em quais situações ou como a prova deve ser realizada, hipóteses em que o art. 769 da CLT e 15 do CPC autorizam a aplicação supletiva do CPC, neste caso do art. 99, § 3º, do CPC.

Por seu turno, o art. 99, § 3º, do CPC, prevê a presunção de veracidade da alegação de que não há recursos financeiros para arcar com as despesas processuais apenas para a pessoa natural, sendo que a pessoa jurídica deverá comprovar tal impossibilidade financeira.

A declaração de hipossuficiência econômica de pessoa física pode ser firmada pela parte ou por seu advogado, desde que munido de procuração com poderes específicos para esse fim, consoante exige o art. 105 do CPC.

As pessoas jurídicas devem fazer prova cabal da impossibilidade de arcar com as despesas do processo, uma vez que não milita a seu favor a presunção de pobreza.

Nesse sentido é o posicionamento do TST, consubstanciado na Súmula 463 do TST:

> **"SÚMULA 463 DO TST. ASSISTÊNCIA JUDICIÁRIA GRATUITA. COMPROVAÇÃO (conversão da Orientação Jurisprudencial nº 304 da SBDI-1, com alterações decorrentes do CPC de 2015) – Res. 219/2017, *DEJT* divulgado em 28, 29 e 30.06.2017 – republicada – *DEJT* divulgado em 12, 13 e 14.07.2017**
>
> I – A partir de 26.06.2017, para a concessão da assistência judiciária gratuita à pessoa natural, basta a declaração de hipossuficiência econômica firmada pela parte ou por seu advogado, desde que munido de procuração com poderes específicos para esse fim (art. 105 do CPC de 2015);
>
> II – No caso de pessoa jurídica, não basta a mera declaração: é necessária a demonstração cabal de impossibilidade de a parte arcar com as despesas do processo."

4.3.2. Abrangência do benefício da justiça gratuita

Com o advento da Reforma Trabalhista, previa a redação do art. 790-B, *caput* e §4º, da CLT, que a responsabilidade pelo pagamento dos honorários periciais é da parte sucumbente na pretensão objeto da perícia, ainda que beneficiária de justiça gratuita. Somente no caso em que o beneficiário da justiça gratuita não tenha obtido em juízo créditos capazes de suportar a despesa referida no *caput*, ainda que em outro processo, a União responderá pelo encargo.

Atenção! O STF, por maioria, julgou parcialmente procedente o pedido formulado na ADI para declarar inconstitucionais os arts. 790-B, *caput* e §4º, da CLT. Desta forma não teremos mais aplicabilidade citada acima pelo legislador reformista.

Nos termos do art. 791-A da CLT, ao advogado, ainda que atue em causa própria, serão devidos honorários de sucumbência, fixados entre o mínimo de 5% e o máximo de 15% sobre o valor que resultar da liquidação da sentença, do proveito econômico obtido ou, não sendo possível mensurá-lo, sobre o valor atualizado da causa.

Na hipótese de procedência parcial, o juízo arbitrará honorários de sucumbência, sendo vedada a compensação (art. 791-A, § 3º, CLT).

Nos termos do art. 844, *caput*, da CLT, o não comparecimento do reclamante à audiência importa o arquivamento da reclamação.

Determinam os §§ 2º e 3º do art. 844 da CLT que a ausência do reclamante importará na sua condenação ao pagamento de custas processuais, ainda que beneficiário da justiça gratuita, salvo se comprovar, no prazo de quinze dias, que a ausência ocorreu por motivo legalmente justificável. O pagamento de tais custas é condição para a propositura de nova demanda.

Quanto ao artigo 844, parágrafo 2º, da CLT, o pedido de inconstitucionalidade foi julgado improcedente pelo STF, uma vez que foi declarado constitucional pela maioria, a partir do voto do ministro Alexandre de Moraes. Neste aspecto, foram vencidos os ministros Edson Fachin, Ricardo Lewandowski e Rosa Weber. Desta forma, continua vigente apenas a cobrança do pagamento das custas processuais em caso de arquivamento injustificado por ausência em audiência.

As custas por ausência injustificada do reclamante em audiência são devidas pelo beneficiário da justiça gratuita apenas nas ações propostas após 11.11.2017, data em que entrou em vigor a Lei 13.467/2017 (Reforma Trabalhista) (arts. 5º, 6º e 12 da IN 41/2018, TST).

Também está abrangida pela gratuidade da justiça a memória de cálculos quando exigida para a instauração da execução (art. 98, VII, do CPC). Esta foi uma importante definição do legislador aplicável ao processo do trabalho, pois o art. 879, § 6º, da CLT preceitua que "tratando-se de cálculos de liquidação complexos, o juiz poderá nomear perito para a elaboração e fixará, depois da conclusão do trabalho, o valor dos respectivos honorários com observância, entre outros, dos critérios de razoabilidade e proporcionalidade", mas não define quem fará o pagamento, mormente nos casos de gratuidade da justiça. Nesta hipótese, aplica-se o CPC, de modo que o beneficiário de tal gratuidade estará isento de antecipar os honorários do perito.

Institui o art. 98, VIII, do CPC que ainda estão incluídos pela gratuidade da justiça os depósitos previstos em lei para interposição de recurso, para propositura de ação e para a prática de outros atos processuais inerentes ao exercício da ampla defesa e do contraditório. Frise-se, inclusive, que tal benefício abrange o depósito recursal, nos termos do art. 899, § 10, da CLT.

Uma grande mudança introduzida pelo atual CPC foi a estabelecida pelo seu art. 98, IX, que estende a gratuidade da justiça para atos cartorários, notariais ou de registro, decorrentes de processo em que houve a concessão da gratuidade da justiça. Refere-se aos atos necessários à efetivação da decisão judicial ou à continuidade do processo. O notário ou registrador poderá suscitar a dúvida quanto à insuficiência de recursos, após praticar o ato, requerendo, ao juízo competente para decidir questões notariais ou registrais, a revogação total ou parcial do benefício ou a sua substituição pelo parcelamento, caso em que o beneficiário será citado para, em 15 (quinze) dias, manifestar-se sobre esse requerimento (art. 98, § 8.º, do CPC). Uma vez que o notário ou registrador sejam vencedores na dúvida, poderão expedir uma certidão incluindo o valor das custas que valerá como título executivo extrajudicial.

4.3.3. Não extensão do benefício da justiça gratuita

As multas processuais que lhe sejam impostas não se incluem nos benefícios da gratuidade da justiça (art. 98, § 4.º, do CPC).

A concessão do benefício confere ao beneficiário o direito de não ter de adiantar as despesas, mas se no final o beneficiário for vencido será responsável por elas. Reza o art. 98, § 2.º, do CPC que "a concessão da gratuidade não afasta a responsabilidade do beneficiário pelas despesas processuais e pelos honorários advocatícios decorrentes de sua sucumbência". O responsável será condenado nas verbas de sucumbência adiantadas ou não. Uma vez vencido o beneficiário da gratuidade da justiça, as obrigações decorrentes de sua sucumbência ficarão sob condição suspensiva de exigibilidade, podendo ser executadas, se nos cinco anos subsequentes o credor demonstrar que deixou de existir a situação de insuficiência de recursos (art. 98, § 3.º, do CPC). Caso em cinco anos não seja demonstrada a mudança de sua situação financeira, as despesas não poderão mais ser exigidas.

4.3.4. Modulação da concessão dos benefícios da justiça gratuita

O atual Código previu a modulação dos benefícios da gratuidade da justiça, estabelecendo que poderá ser concedida: a) em relação a um ou a alguns atos; b) referente a todos os atos; c) com redução percentual das despesas processuais; e d) com parcelamento das despesas processuais.

Tal determinação está prevista nos §§ 4.º e 5.º do art. 98 do CPC, *in verbis*:

> "Art. 98. A pessoa natural ou jurídica, brasileira ou estrangeira, com insuficiência de recursos para pagar as custas, as despesas processuais e os honorários advocatícios tem direito à gratuidade da justiça, na forma da lei.
>
> (...)
>
> § 4.º A concessão de gratuidade não afasta o dever de o beneficiário pagar, ao final, as multas processuais que lhe sejam impostas.
>
> § 5.º A gratuidade poderá ser concedida em relação a algum ou a todos os atos processuais, ou consistir na redução percentual de despesas processuais que o beneficiário tiver de adiantar no curso do procedimento".

4.3.5. Requerimento da gratuidade da justiça

O pedido de gratuidade da justiça será feito na petição inicial, na contestação, na petição de ingresso do terceiro no processo ou em recurso (art. 99 do CPC). O pedido superveniente poderá ser formulado por meio de simples petição nos próprios autos, não sendo o processo suspenso (art. 99, § 1.º, do CPC).

Do mesmo modo, no Processo do Trabalho, o benefício da gratuidade da justiça poderá ser requerido em qualquer fase do processo, e, na seara trabalhista, inclusive de ofício. Observe o disposto no art. 790, § 3.º, da CLT:

> "Art. 790, § 3.º, da CLT. É facultado aos juízes, órgãos julgadores e presidentes dos tribunais do trabalho de qualquer instância conceder, a requerimento ou de ofício, o benefício da justiça gratuita, inclusive quanto a traslados e instrumentos, àqueles que perceberem salário igual ou inferior a 40% (quarenta por cento) do limite máximo dos benefícios do Regime Geral de Previdência Social".

No mesmo sentido, veja o entendimento do TST, de acordo com o disposto na OJ 269 da SDI-1 do TST:

> OJ 269 da SDI-1 do TST. **JUSTIÇA GRATUITA. REQUERIMENTO DE ISENÇÃO DE DESPESAS PROCESSUAIS. MOMENTO OPORTUNO (inserido item II em decorrência do CPC de 2015) - Res. 219/2017, DEJT divulgado em 28, 29 e 30.06.2017 – republicada - DEJT divulgado em 12, 13 e 14.07.2017**
>
> I – O benefício da justiça gratuita pode ser requerido em qualquer tempo ou grau de jurisdição, desde que, na fase recursal, seja o requerimento formulado no prazo alusivo ao recurso;
>
> II – Indeferido o requerimento de justiça gratuita formulado na fase recursal, cumpre ao relator fixar prazo para que o recorrente efetue o preparo (art. 99, § 7º, do CPC de 2015).

Ressalte-se o disposto no item II da OJ 269 da SDI-1 do TST, acima transcrita, o qual está em conformidade com o art. 99, § 7º, do CPC, e estabelece que quando a concessão da gratuidade for feita em grau de recurso, o requerente estará dispensado de realizar o preparo. O relator examinará a gratuidade, e se indeferir fixará prazo para a realização do recolhimento.

O atual diploma processual preceitua que a declaração de hipossuficiência de recursos por parte do advogado requer poderes especiais para tanto, nos termos prescritos em seu art. 105.

O juiz somente poderá indeferir o pedido de gratuidade da justiça se houver nos autos elementos que evidenciem a falta dos pressupostos legais para a sua concessão. Porém, em atenção aos princípios da cooperação e do contraditório, antes de indeferir o pedido, o juiz deverá determinar à parte a comprovação do preenchimento dos referidos pressupostos (art. 99, § 2.º, do CPC).

Consoante já exposto, presume-se verdadeira a alegação de insuficiência de recursos deduzida exclusivamente por pessoa natural (art. 99, § 3.º, do CPC), isto é, a pessoa jurídica terá de comprovar tal situação.

A assistência do requerente por advogado particular não impede a concessão da gratuidade da justiça (art. 99, § 4.º, do CPC). O atual diploma processual deixa claro que o fato de a parte ter advogado particular não significa que ela tem condições financeiras de arcar com as demais despesas processuais, afinal o advogado pode não estar cobrando para defendê-la em juízo.

Caso o advogado seja particular e o recurso interposto verse apenas sobre honorários, como trata de matéria que interessa apenas ao advogado, este deverá arcar com as despesas processuais, não podendo aproveitar o benefício da gratuidade concedido à parte. Estará dispensado do preparo, quando for o caso, apenas se comprovar que ele, advogado, tem também direito à gratuidade (art. 99, § 5.º, do CPC).

O direito à gratuidade da justiça é pessoal, não se estendendo a litisconsorte ou a sucessor do beneficiário, salvo requerimento e deferimento expresso (art. 99, § 6.º, do CPC). A gratuidade é divisível e leva em conta a especificidades de cada um.

4.3.6. Impugnação ao pedido de gratuidade da justiça

Segundo o *caput* do art. 100 do atual CPC, deferido o pedido de gratuidade, a parte ex-adversa poderá oferecer impugnação na contestação (se requerida na petição inicial); na réplica (se requerida na contestação); nas contrarrazões (se requerida no recurso); e no prazo de 15 dias (se requerida em petição avulsa). A impugnação será feita nos próprios autos, sem suspensão do processo.

Caso o benefício seja revogado, a parte arcará com as despesas processuais que deixou de adiantar, e, pagará, somente em caso de má-fé, até o décuplo de seu valor a título de multa, que será revertida em favor da Fazenda Pública estadual ou federal, e poderá ser inscrita em dívida ativa.

4.3.7. Recurso

São quatro as decisões que se aplicam à gratuidade da justiça: a que concede a gratuidade, a que a indefere, a que a revoga e a que não a revoga. Todas elas são decisões interlocutórias. Acerca da decisão que concede o pedido de gratuidade da justiça cabe o pedido de sua revogação. Já quanto às decisões que a deferem ou indeferem e, também, em relação àquelas que não concedem de plano o pedido de gratuidade são impugnáveis no Processo do Trabalho por meio do recurso da decisão definitiva (art. 893, § 1.º, da CLT).

Caso sobrevenha o trânsito em julgado de decisão que revoga a gratuidade, a parte deverá efetuar o recolhimento de todas as despesas de cujo adiantamento foi dispensada, inclusive as relativas ao recurso interposto, se houver, no prazo fixado pelo juiz, sem prejuízo de aplicação das sanções previstas em lei. Se o autor não efetuar o recolhimento, o processo será extinto sem resolução de mérito, e, nos demais casos, não poderá ser deferida a realização de nenhum ato ou diligência requerida pela parte enquanto não for efetuado o depósito (art. 102 do CPC).

Requerida a concessão de gratuidade da justiça em recurso, o recorrente estará dispensado de comprovar o recolhimento do preparo, incumbindo ao relator, neste caso, apreciar o requerimento e, se indeferi-lo, fixar prazo para realização do recolhimento (art. 99, § 7º, CPC e OJ 269, II, SDI-1, TST).

4.4. ASSISTÊNCIA JUDICIÁRIA

A assistência judiciária gratuita consiste no patrocínio gratuito da causa; e, nos termos do art. 5º, LXXIV, da CF, "cabe ao Estado prestar assistência judiciária gratuita e integral aos que comprovarem insuficiência de recursos". Observe:

> "Art. 5.º Todos são iguais perante a lei, sem distinção de qualquer natureza, garantindo-se aos brasileiros e aos estrangeiros residentes no País a inviolabilidade do direito à vida, à liberdade, à igualdade, à segurança e à propriedade, nos termos seguintes:

> (...)
>
> LXXIV – O Estado prestará assistência jurídica integral e gratuita aos que comprovarem insuficiência de recursos;"

Na Justiça do Trabalho, por força do art. 14 da Lei 5.584/1970, a assistência judiciária gratuita será prestada pelo sindicato da categoria profissional, inclusive para aquele que não esteja associado ao sindicato, como determina expressamente o art. 18 da mesma lei.

O art. 14, § 1º, da Lei 5.584/1970 trazia os requisitos para que a assistência fosse prestada pelo sindicato, assegurando-a ao trabalhador que recebesse salário igual ou inferior a 2 salários-mínimos ou que, recebendo salário maior, declarasse que não tinha condições de demandar sem prejuízo de seu próprio sustento ou de sua família. Observe:

> "Art. 14, Lei 5.584/1970. Na Justiça do Trabalho, a assistência judiciária a que se refere a Lei nº 1.060, de 5 de fevereiro de 1950, será prestada pelo Sindicato da categoria profissional a que pertencer o trabalhador.
>
> § 1.º A assistência é devida a todo aquele que perceber salário igual ou inferior ao dobro do mínimo legal, ficando assegurado igual benefício ao trabalhador de maior salário, uma vez provado que sua situação econômica não lhe permite demandar, sem prejuízo do sustento próprio ou da família."

A Lei 13.467/2017 alterou o § 3º do art. 790 da CLT e incluiu o § 4º ao mesmo artigo, caracterizando como necessitado aqueles que perceberem salário igual ou inferior a 40% do limite máximo dos benefícios do Regime Geral de Previdência Social ou que, recebendo mais, não tenham condições de arcar com as despesas do processo, passando a ser esses os requisitos para a assistência judiciária gratuita pelo sindicato.

Bezerra Leite[2] adverte que "é importante notar que a Lei Complementar 80, de 12 de janeiro de 1994, que dispõe sobre a organização da Defensoria Pública, não revogou a Lei 5.584/1970, pois aquela é lei geral aplicável a todas as pessoas e em qualquer processo no âmbito da Justiça Comum, federal ou estadual; esta é lei especial aplicável, exclusivamente, no âmbito dos processos que tramitam na Justiça (especial) do Trabalho nos quais figurem como partes empregado e empregador".

Reforce-se que a assistência judiciária será prestada ao trabalhador pelo seu sindicato profissional, mesmo que o obreiro não seja associado ao respectivo

2. BEZERRA LEITE, Carlos Henrique. *Curso de direito processual do trabalho*. 14. ed. São Paulo: Saraiva, 2016. p. 541.

ente sindical, de acordo com o previsto no art. 18 da Lei 5.584/1970, não sendo lícito, portanto, ao sindicato profissional negar assistência jurídica ao trabalhador (ou mesmo condicioná-la à sua associação) pelo simples fato de ele não ser sindicalizado.

Uma vez concedidos os benefícios da assistência judiciária gratuita ao reclamante, na hipótese de sucumbência do reclamado, este será condenado a pagar honorários advocatícios, entre o mínimo de 5% e o máximo de 15%, sobre o valor que resultar da liquidação da sentença, do proveito econômico obtido ou, não sendo possível mensurá-lo, sobre o valor atualizado da causa reversíveis ao advogado (art. 791-A, CLT).

O art. 791-A, § 1º, da CLT, determina que os honorários sucumbenciais são devidos ainda que a parte esteja assistida pelo sindicato. Por serem honorários sucumbenciais e não assistenciais, são de titularidade do advogado, que pode revertê-los ao sindicato contratualmente.

Em síntese, no Processo do Trabalho, a assistência judiciária é prestada pelo sindicato ao trabalhador com insuficiência de recursos para pagar as custas, as despesas processuais e os honorários advocatícios (ou seja, que receber salário igual ou inferior a 40% do limite máximo dos benefícios do Regime Geral de Previdência Social ou que, recebendo mais, não tenham condições de arcar com as despesas do processo), caso em que serão devidos honorários advocatícios sucumbenciais ao advogado, entre o mínimo de 5% e o máximo de 15%, sobre o valor que resultar da liquidação, do proveito econômico obtido ou, não sendo possível mensurá-lo, sobre o valor atualizado da causa.

4.5. SUBSTITUIÇÃO PROCESSUAL

Ocorre a substituição processual quando a parte, em nome próprio, pleiteia direito alheio, desde que autorizado por lei. Nesse sentido, estabelece o art. 18 do CPC: "Ninguém poderá pleitear, em nome próprio, direito alheio, salvo quando autorizado pelo ordenamento jurídico". Acrescenta, todavia, a nova norma legal, no parágrafo único do artigo referido, que "havendo substituição processual, o substituído poderá intervir como assistente litisconsorcial", regra que entendemos aplicável no Processo do Trabalho.

A substituição processual, portanto, confere à parte legitimidade extraordinária, podendo o substituto praticar todos os atos processuais, como a apresentação da petição inicial, da defesa, produção de provas, interposição de recursos etc., não lhe sendo dado, contudo, o direito de transigir, renunciar ou de reconhecer o pedido, uma vez que o direito material não lhe pertence, e sim ao sujeito da lide, ao substituído.

A Lei 5.764/1971 determinou que o estatuto da cooperativa pode investi-la de poder para agir como substituta processual de seus associados (art. 21, XI, inserido pela Lei 13.806/2019).

O estatuto pode dotar a cooperativa de legitimidade extraordinária autônoma concorrente para agir como substituta processual em defesa dos direitos coletivos de seus associados quando a causa de pedir versar sobre atos de interesse direto dos associados que tenham relação com as operações de mercado da cooperativa. Para tanto, além de tal previsão em seu estatuto, ainda deve haver expressa autorização manifestada individualmente pelo associado ou por meio de assembleia geral que delibere sobre a propositura da medida judicial (art. 88-A da Lei 5.764/71, inserido pela Lei 13.806/2019).

A Carta Maior de 1988, no art. 8.º, III, previu que cabe ao sindicato a defesa dos direitos e interesses coletivos ou individuais da categoria, inclusive em questões judiciais ou administrativas.

O referido dispositivo constitucional (art. 8.º, III) gerou grande cizânia doutrinária e jurisprudencial, entendendo alguns que a Constituição havia autorizado a substituição processual ampla e irrestrita aos sindicatos e outros concedendo uma interpretação restritiva à possibilidade de substituição processual pelos entes sindicais.

O Tribunal Superior do Trabalho adotou uma posição restritiva, consubstanciada no antigo Enunciado 310, já revogado, de que o art. 8.º, III, da CF/1988 não havia assegurado a substituição processual ampla e irrestrita aos sindicatos, apenas podendo agir nesta qualidade nos casos previstos na lei.

Portanto, para o Tribunal Superior do Trabalho, os sindicatos somente poderiam atuar na qualidade de substituto processual, quando houvesse autorização legal para tanto, como ocorria nas ações de cumprimento de sentenças normativas e/ou convenção coletiva ou acordo coletivo (art. 872, parágrafo único, da CLT, c/c a Súmula 286 do TST), nas lides que envolviam delimitação de insalubridade ou periculosidade (art. 195, § 2.º, da CLT e OJ 121, SDI-I/TST), no caso de mandado de segurança coletivo (art. 5.º, LXX, CF/1988) ou mesmo em ações abrangendo aumentos e reajustes em face de aplicação de lei salarial (art. 3.º da Lei 8.073/1990).

O Supremo Tribunal Federal, no entanto, sempre concedeu uma interpretação ampliativa ao art. 8.º, III, da Carta Maior, no sentido de que aos sindicatos restou assegurada a substituição processual geral e irrestrita, possuindo a mesma legitimação extraordinária para agir em nome próprio na tutela dos interesses dos integrantes da categoria que representam.

No julgamento do Recurso Extraordinário 202.063-0, de 27.06.1997, em acórdão da 1.ª Turma do STF, tendo como relator o Min. Octavio Gallotti, a Suprema Corte adotou igual posicionamento, no sentido de que o art. 8.º, III, da CF/1988, combinado com o art. 3.º da Lei 8.073/1990, autorizou a substituição processual ao sindicato, para atuar na defesa dos direitos e interesses coletivos ou individuais dos seus associados.

Curvando-se ao entendimento do Supremo Tribunal Federal, o Tribunal Superior do Trabalho, por meio da Res. 119/2003 (*DJ* 01.10.2003), cancelou o antigo Enunciado 310, que impedia a substituição processual ampla e irrestrita pelos entes sindicais, não mais havendo, portanto, a necessidade de arrolar na petição inicial os substituídos, conforme era exigido pelo cancelado Enunciado 310 do TST.

Impende destacar que o TST, por meio da OJ 121, da SDI-I, com redação dada pela Res. 129/2005, *DJ* 20.04.2005, reconheceu que o sindicato tem legitimidade para atuar na qualidade de substituto processual para pleitear diferença de adicional de insalubridade.

O Tribunal Superior do Trabalho vem admitindo a substituição processual passiva quando o sindicato figura como réu na ação rescisória proposta em face de decisão proferida em processo no qual tenha atuado, nessa qualidade, no polo ativo da demanda originária, conforme se depreende pela transcrição da Súmula 406 do TST, *DJ* 22.08.2005, *in verbis*:

> "SÚMULA 406 DO TST. AÇÃO RESCISÓRIA. LITISCONSÓRCIO. NECESSÁRIO NO POLO PASSIVO E FACULTATIVO NO ATIVO. INEXISTENTE QUANTO AOS SUBSTITUÍDOS PELO SINDICATO (conversão das Orientações Jurisprudenciais 82 e 110 da SDI-II, Res. 137/05 – *DJ* 22.08.2005).
>
> I – O litisconsórcio, na ação rescisória, é necessário em relação ao polo passivo da demanda, porque supõe uma comunidade de direitos ou de obrigações que não admite solução díspar para os litisconsortes, em face da indivisibilidade do objeto. Já em relação ao polo ativo, o litisconsórcio é facultativo, uma vez que a aglutinação de autores se faz por conveniência e não pela necessidade decorrente da natureza do litígio, pois não se pode condicionar o exercício do direito individual de um dos litigantes no processo originário à anuência dos demais para retomar a lide (ex-OJ 82 – inserida em 13.03.2002).

> II – O Sindicato, substituto processual e autor da reclamação trabalhista, em cujos autos fora proferida a decisão rescindenda, possui legitimidade para figurar como réu na ação rescisória, sendo descabida a exigência de citação de todos os empregados substituídos, porquanto inexistente litisconsórcio passivo necessário".

Por último, no âmbito da jurisdição civil coletiva, quanto aos direitos individuais homogêneos, este de natureza individual e divisível, em que cada titular pode buscar a reparação individual do dano, a legitimação para propositura de eventual ação civil pública é extraordinária, ocorrendo também a denominada substituição processual por parte dos entes legitimados, dentre eles, o Ministério Público e os sindicatos. Sobre o tema remetemos o leitor ao capítulo 10 da presente obra, na parte concernente à legitimação para propositura de ação civil pública.

4.6. SUCESSÃO PROCESSUAL DAS PARTES E DOS PROCURADORES

A sucessão processual consiste na substituição das partes no curso do processo, podendo decorrer de ato *inter vivos* ou *causa mortis*.

A sucessão processual não se confunde com a substituição processual, uma vez que na sucessão uma pessoa sucede a outra na relação processual, assumindo a titularidade da ação, seja no polo ativo ou passivo, enquanto na substituição processual, o substituto pleiteia, em nome próprio, direito alheio.

A sucessão processual pode ocorrer tanto em relação ao empregado quanto ao empregador.

A sucessão processual da parte pessoa física se dá com a sua morte. Logo, falecendo o empregado ou o empregador no curso da ação, serão os mesmos substituídos pelo espólio, representado pelo inventariante.

Vale destacar que, na maioria das vezes, em face da insuficiência econômica do obreiro e consequente inexistência de bens, não há inventário do empregado falecido. Nessa hipótese, haverá a habilitação incidente no processo diretamente pelos dependentes habilitados perante a Previdência Social (Lei 6.858/1980, art. 1.º). Caso não haja dependentes inscritos perante a Previdência Social, os sucessores é que serão habilitados.

Sobre o tema, destacamos os ensinamentos de Sergio Pinto Martins, *Direito processual do trabalho*, p. 198, *in verbis*:

> "Normalmente, se o empregado não deixa bens ou tem filhos maiores não há por que se falar em inventário. Nesses casos, tem-se entendido

> que a viúva e os filhos ingressarão no polo ativo da ação em curso, mediante apresentação da certidão de casamento e nascimento dos filhos ou por meio de certidão do INSS que comprove dependência das pessoas anteriormente mencionadas. Não havendo qualquer impugnação da reclamada, o fato é tolerado".

Todavia, havendo a necessidade de inventário, em face da existência de bens do falecido ou de filhos menores, não haverá habilitação incidente imediata, devendo o processo laboral ser suspenso até a nomeação do inventariante. Após a nomeação do inventariante e sua habilitação incidente nos autos, o processo volta ao seu curso normal (art. 313, I, c/c os arts. 687 a 692, todos do CPC).

Caso o empregado venha a falecer antes do ajuizamento da ação, não haverá sucessão processual, mas propositura da ação diretamente pelos sucessores.

Frise-se que, à luz do art. 483, § 2.º, da CLT, a morte do empregador pessoa física não importa, necessariamente, em extinção do pacto laboral, tendo em vista que a atividade econômica pode continuar a ser desenvolvida pelos herdeiros, facultando-se ao obreiro, neste caso, a permanência no emprego ou mesmo a resilição do contrato.

Todavia, se no curso do processo falecer o empregador pessoa física, deverá o juiz intimar o espólio, como sucessor da parte, que passará a ser representado pelo inventariante.

Em caso de morte de reclamado empregador pessoa física é comum seus herdeiros não terem interesse na habilitação incidente, podendo a habilitação, nesta hipótese, ser requerida pelo próprio reclamante, conforme disposto no art. 688, I, do CPC.

Vale destacar que, se o empregador for pessoa jurídica, haverá sucessão processual nas hipóteses dos arts. 10 e 448 da CLT. Com efeito, sucessão de empregadores é a alteração subjetiva do contrato de trabalho (polo do empregador), com a transferência da titularidade do negócio de um titular (sucedido) para outro (sucessor), assumindo o novo titular do empreendimento todos os direitos e deveres existentes.

O contrato de trabalho em relação ao empregado é *intuitu personae*, ou seja, o obreiro deve prestar os serviços pessoalmente, não podendo fazer-se substituir por outro empregado (caráter infungível).

No entanto, em relação ao empregador, a regra é que o contrato de trabalho não seja *intuitu personae*, operando-se a vinculação do pacto de emprego com o empreendimento empresarial, independentemente de seu titular, prevalecendo o princípio da despersonalização do empregador, que permite a alteração contratual subjetiva da figura do empregador.

Em outras palavras, enquanto a atividade do empregado é personalíssima, o empregador poderá ser substituído ao longo da relação empregatícia, sem que isso provoque a ruptura ou mesmo a descaracterização do liame laboral.

Nessa esteira, conforme já explicitado, a sucessão de empregadores é regulada exatamente pelos arts. 10 e 448 consolidados, consistindo na alteração subjetiva do contrato de trabalho, em que a titularidade do negócio é transferida de um titular para outro, operando-se a transmissão de todos os créditos e dívidas trabalhistas do sucedido para o sucessor.

Observe os arts. 10 e 448 da CLT:

> "Art. 10. Qualquer alteração na estrutura jurídica da empresa não afetará os direitos adquiridos por seus empregados".
>
> "Art. 448. A mudança na propriedade ou na estrutura jurídica da empresa não afetará os contratos de trabalho dos respectivos empregados".

Por consequência, qualquer alteração na estrutura jurídica da empresa, como fusão, incorporação, transformação, cisão, transferência de cotas etc., nos termos dos arts. 10 e 448 da CLT, não afetará os contratos de trabalho dos empregados, permanecendo o liame empregatício intangível quanto ao novo empregador.

Logo, caso a sucessão de empresas ocorra antes do ajuizamento da ação trabalhista pelo obreiro, a empresa sucessora será a legitimada passiva para a lide. No entanto, se a sucessão acontecer no curso do processo, teremos mera alteração da titularidade da ação, passando a sucessora a responder, integralmente, pelos débitos trabalhistas, anteriormente de responsabilidade da empresa sucedida.

Destacamos, ainda, a OJ 411 da SDI-I do TST, *in verbis*:

> "OJ 411 DA SDI-I DO TST. SUCESSÃO TRABALHISTA. AQUISIÇÃO DE EMPRESA PERTENCENTE A GRUPO ECONÔMICO. RESPONSABILIDADE SOLIDÁRIA DO SUCESSOR POR DÉBITOS TRABALHISTAS DE EMPRESA NÃO ADQUIRIDA. INEXISTÊNCIA. O sucessor não responde solidariamente por débitos trabalhistas de empresa não adquirida, integrante do mesmo grupo econômico da empresa sucedida, quando, à época, a empresa devedora direta era solvente ou idônea economicamente, ressalvada a hipótese de má-fé ou fraude na sucessão".

A parte que revogar o mandato outorgado a seu advogado constituirá, no mesmo ato, outro que assuma o patrocínio da causa. Não sendo constituído novo procurador no prazo de 15 (quinze) dias, o juiz suspenderá o processo e designará prazo razoável para que seja sanado o vício (art. 111, CPC).

O advogado poderá renunciar ao mandato a qualquer tempo, provando que comunicou a renúncia ao mandante, a fim de que este nomeie sucessor. Durante os 10 dias seguintes, o advogado continuará a representar o mandante, desde que necessário para lhe evitar prejuízo. Dispensa-se a referida comunicação quando a procuração tiver sido outorgada a vários advogados e a parte continuar representada por outro, apesar da renúncia (art. 112, CPC).

4.7. LITIGÂNCIA DE MÁ-FÉ

As partes devem proceder em juízo com lealdade e boa-fé, respondendo por perdas e danos aquele que pleitear de má-fé como reclamante, reclamado ou interveniente, nos termos do art. 793-A da CLT.

Logo, o comportamento desleal e revestido de má-fé e malícia pode acarretar prejuízos à parte contrária e à administração da justiça, ensejando um retardamento na prestação da tutela jurisdicional pelo Estado, respondendo a parte desleal pelo dano processual causado.

O art. 793-B da CLT relaciona as condutas que caracteriza a litigância de má-fé. Observe:

> Art. 793-B. Considera-se litigante de má-fé aquele que:
>
> I – deduzir pretensão ou defesa contra texto expresso de lei ou fato incontroverso;
>
> II – alterar a verdade dos fatos;
>
> III – usar do processo para conseguir objetivo ilegal;
>
> IV – opuser resistência injustificada ao andamento do processo;
>
> V – proceder de modo temerário em qualquer incidente ou ato do processo;
>
> VI – provocar incidente manifestamente infundado;
>
> VII – interpuser recurso com intuito manifestamente protelatório.

O litigante de má-fé será condenado, de ofício ou a requerimento, a: a) pagar multa, que deverá ser superior a 1% e inferior a 10% do valor corrigido da causa; b) indenizar a parte contrária pelos prejuízos que esta sofreu; c) arcar com os honorários advocatícios e d) pagar todas as despesas que a parte contrária efetuou (art. 793-C, CLT).

Ressalte-se quanto aos honorários que serão fixados entre o mínimo de 5% e o máximo de 15%, como prevê o art. 791-A, da CLT, calculados sobre o valor da multa.

Quando forem dois ou mais os litigantes de má-fé, o juízo condenará cada um na proporção de seu respectivo interesse na causa ou solidariamente aqueles que se coligaram para lesar a parte contrária (art. 793-C, § 1º, CLT).

Em sendo o valor da causa irrisório ou inestimável, a multa poderá ser fixada em até duas vezes o limite máximo dos benefícios do Regime Geral de Previdência Social (art. 793-C, § 2º, CLT).

O valor da indenização será fixado pelo juízo ou, caso não seja possível mensurá-lo, liquidado por arbitramento ou pelo procedimento comum, nos próprios autos (art. 793, § 3º, CLT).

Todas as disposições acerca da litigância de má-fé previstas na CLT equiparam-se às do CPC, com exceção do disposto no art. 793-D, que determina que a multa por litigância de má-fé será aplicada a testemunha que alterar a verdade dos fatos ou omitir fatos essenciais ao julgamento da causa, sendo a execução desta nos próprios autos. É imensa a importância deste dispositivo para promover a verdade no processo, uma vez anteriormente a testemunha respondia apenas pelo crime de falso testemunho e raríssimos são os casos em que a testemunha foi condenada por tal crime no Processo do Trabalho.

Os arts. 793-A, 793-B e 793-C, § 1º, da CLT, que, em regra, caracterizam as condutas do litigante de má-fé, têm incidência imediata (art. 7º, IN 41/2018, TST). Por sua vez, as penalidades e a multa aplicável à testemunha, previstas respectivamente nos arts. 793-C, e §§ 2º e 3º, da CLT são cabíveis nas ações ajuizadas depois de 11.11.2017 (arts. 8º, 9º e 10, IN 41/2018).

4.8. HONORÁRIOS DE ADVOGADO

Há 3 tipos de honorários: contratuais, assistenciais (nos casos em que o reclamante é assistido pelo sindicato de sua categoria) e sucumbenciais.

Quanto aos honorários contratuais, cumpre destacar a incompetência da Justiça do Trabalho para ação de cobrança relativa a eles (Súmula 363 do STJ).

Em relação aos honorários assistenciais, remetemos o leitor ao item 4.4 deste capítulo que se refere à assistência judiciária gratuita.

Ateremo-nos a partir de então aos honorários advocatícios sucumbenciais.

Os honorários passaram a ser devidos em razão da mera sucumbência, com a Lei 13.467/2017 (Reforma Trabalhista), para as ações propostas após 11.11.2017, data em que esta lei entrou em vigor (art. 6º, IN 41/2018, TST).

O *caput* do art. 791-A da CLT assegura ao advogado honorário sem razão da sucumbência, entre o mínimo de 5% e o máximo de 15%, sobre: 1) o valor que resultar da liquidação da sentença; 2) do proveito econômico obtido ou, 3) não sendo possível mensurá-lo, sobre o valor atualizado da causa.

Na hipótese de procedência parcial, o juízo arbitrará honorários de sucumbência recíproca, vedada a compensação entre os honorários (art. 791, § 3º, CLT). Dessa forma, se o reclamante formular pedidos no importe de R$ 20.000,00, sucumbindo em R$ 10.000,00 e o juiz fixar honorários em 10% para ambas as partes, o reclamante pagará ao advogado do reclamado R$ 1.000,00 e o reclamado ao advogado do reclamante, R$ 1.000,00, sendo vedada a compensação.

A sucumbência deve ser avaliada a partir do deferimento ou pedido e não do seu valor. Assim, se o reclamante pediu 3 horas extras por dia e foram deferidas somente 2, o pedido foi julgado procedente; logo, os honorários devem ser suportados pelo reclamado, sobre o valor que resultar da liquidação. Ressalte-se que, nos termos do art. 12, § 2º, da IN 41/2018, o valor dos pedidos será meramente estimado.

Se todos os pedidos forem julgados improcedentes, os honorários serão calculados sobre o valor atualizado da causa.

Tendo em vista que cada pedido é uma reclamação em si e que é obrigatória a indicação do valor de cada um deles por estimativa, na hipótese de improcedência de alguns pedidos, os honorários sucumbenciais devem ser calculados com base no valor atribuído aos respectivos pedidos.

O TST entende que honorários advocatícios devem incidir sobre o valor líquido da condenação, sendo permitida a dedução apenas das despesas processuais, ou seja, sem a dedução de imposto de renda e contribuições previdenciárias, as quais são obrigação da própria parte que recebeu o montante da condenação, conforme se extrai da OJ 348 da SDI-1 do TST.

Ao fixar os honorários, o juízo observará: a) o grau de zelo do profissional; b) o lugar de prestação do serviço; c) a natureza e a importância da causa; e d) o trabalho realizado pelo advogado e o tempo exigido para o seu serviço (art. 791, § 2º, CLT). Em razão de tais critérios, os honorários poderão ser fixados em porcentagens diferentes inclusive para o reclamante e para o reclamado.

Os honorários se tratam de crédito de caráter alimentar, devidos ao advogado, razão pela qual é vedada a compensação e ele pode recorrer em nome próprio, bem como, quando devidos pela Fazenda Pública, requerer que o valor seja pago por requisição de pequeno valor, ainda que para o reclamante seja cabível apenas o pagamento por precatório em função do valor.

Sendo o advogado titular dos honorários, na hipótese de acordo, as partes devem pactuá-los junto com o advogado e, caso nada fique definido a esse respeito, cada parte pagará os honorários de seu advogado.

Uma vez que vigora no processo do trabalho o "jus postulandi", segundo o qual o empregado e o empregador podem demandar sem advogado (art. 791, da CLT), se o acordo for realizado em audiência sem que o advogado que atuou na causa esteja presente, os honorários deverão ser fixados pelo juiz, considerando o trabalho realizado na causa e o seu grau de zelo.

Determina o art. 791-A, § 1º, da CLT, que os honorários são devidos também nas ações contra a Fazenda Pública e nas ações em que a parte estiver assistida ou substituída pelo sindicato de sua categoria.

Nas hipóteses em que o sindicato assistir à parte, os honorários serão devidos ao advogado.

Nas condenações contra a Fazenda Pública aplica-se supletivamente no Processo do Trabalho os §§ 3º e 4º, do art. 85, do CPC[3], que prevê limites aos

3. Art. 85. A sentença condenará o vencido a pagar honorários ao advogado do vencedor.
(...)
§ 3º Nas causas em que a Fazenda Pública for parte, a fixação dos honorários observará os critérios estabelecidos nos incisos I a IV do § 2º e os seguintes percentuais:
I – mínimo de dez e máximo de vinte por cento sobre o valor da condenação ou do proveito econômico obtido até 200 (duzentos) salários-mínimos;
II – mínimo de oito e máximo de dez por cento sobre o valor da condenação ou do proveito econômico obtido acima de 200 (duzentos) salários-mínimos até 2.000 (dois mil) salários-mínimos;
III – mínimo de cinco e máximo de oito por cento sobre o valor da condenação ou do proveito econômico obtido acima de 2.000 (dois mil) salários-mínimos até 20.000 (vinte mil) salários-mínimos;
IV – mínimo de três e máximo de cinco por cento sobre o valor da condenação ou do proveito econômico obtido acima de 20.000 (vinte mil) salários-mínimos até 100.000 (cem mil) salários-mínimos;
V - mínimo de um e máximo de três por cento sobre o valor da condenação ou do proveito econômico obtido acima de 100.000 (cem mil) salários-mínimos.
§ 4º Em qualquer das hipóteses do § 3º:
I – os percentuais previstos nos incisos I a V devem ser aplicados desde logo, quando for líquida a sentença;
II – não sendo líquida a sentença, a definição do percentual, nos termos previstos nos incisos I a V, somente ocorrerá quando liquidado o julgado;
III – não havendo condenação principal ou não sendo possível mensurar o proveito econômico obtido, a condenação em honorários dar-se-á sobre o valor atualizado da causa;

honorários devidos pela Fazenda de modo a preservar o erário público nos casos de grandes condenações contra a Fazenda Pública. Os percentuais previstos no CPC devem ser adaptados pelo judiciário para o Processo do Trabalho, na medida em que naquele os honorários são devidos entre o mínimo de 10% e o máximo de 20% e a CLT determina o mínimo de 5% e o máximo de 15%.

Nos termos do art. 791-A, § 5°, da CLT, são devidos honorários de sucumbência na reconvenção. Não poderia ser diferente, uma vez que a reconvenção é uma outra ação dentro da mesma relação processual.

Uma vez que a CLT tratou exclusivamente da reconvenção, é inaplicável no Processo do Trabalho o art. 85, § 1°, do CPC, que prevê que são devidos honorários advocatícios não só na reconvenção, mas também especificamente em razão do trabalho realizado pelo advogado no cumprimento de sentença, provisório ou definitivo, na execução resistida e nos recursos interpostos.

Os honorários tratam-se de pedidos implícitos, uma vez que o art. 322, § 1°, do CPC determina que "compreendem-se no principal os juros legais, a correção monetária e as verbas de sucumbência, inclusive os honorários advocatícios". Logo, o juiz pode deferir os honorários ainda que não haja pedido, não podendo, entretanto, incluí-los nos cálculos sem que tenham sido objeto da decisão.

Caso a decisão seja omissa quanto ao direito aos honorários ou ao seu valor, desafia embargos de declaração para que seja sanada a omissão. Contudo, se a decisão transitar em julgado, é cabível ação autônoma para sua definição e cobrança, nos termos do art. 85, § 18, do CPC, que se aplica no Processo do Trabalho.

Na ação rescisória, o TST antes da Lei n° 13.467/2017, autorizava a condenação dos honorários advocatícios em razão da mera sucumbência, aplicando as regras dos arts. 85, 86, 87 e 90 do CPC, especialmente quanto à porcentagem dos honorários (Súmula 219, IV, TST). Entretanto, a referira lei inseriu o art. 791-A na CLT, determinando que, no Processo do Trabalho, os honorários sucumbenciais devem ser fixados entre 5% e 15% sobre o valor que resultar da liquidação de sentença, do proveito econômico obtido ou, não sendo possível mensurá-lo, sobre o valor atualizado da causa.

Desse modo, entendemos que, após o advento da referida lei esses percentuais devem ser aplicados em todas as ações submetidas à Justiça do Trabalho, inclusive nas ações rescisórias (IN n° 27/2005, TST).

IV – será considerado o salário-mínimo vigente quando prolatada sentença líquida ou o que estiver em vigor na data da decisão de liquidação.

Na hipótese de homologação de acordo extrajudicial (art. 852-B da CLT) é obrigatória a representação das partes por advogados distintos, sendo os honorários pagos pelas respectivas partes contratantes. Em caso de jurisdição voluntária, aplica-se o art. 88 do CPC, que determina que "as despesas serão adiantadas pelo requerente e rateadas entre os interessados".

No litisconsórcio os vencidos respondem proporcionalmente pelos honorários em proporção definida em sentença e, em caso de não pagamento, os demais respondem de forma solidária (art. 87, *caput* e § 2º, CPC).

Nos termos do art. 90, *caput* e § 1º, do CPC, nas hipóteses de desistência, renúncia ou reconhecimento do pedido, os honorários serão pagos pela parte que desistiu, renunciou ou reconheceu, sendo parcial a desistência, a renúncia ou o reconhecimento, a responsabilidade pelos honorários será proporcional à parcela reconhecida, à qual se renunciou ou da qual se desistiu.

O não comparecimento do reclamante em audiência leva ao arquivamento do processo (art. 844, CLT), o que equivale à desistência, sendo devidos honorários proporcionais ao trabalho do advogado do reclamado na causa, ainda que a contestação não tenha sido apresentada, pois deve-se levar em conta o trabalho que envolve o estudo do caso e a preparação da contestação, que, ainda que concluída, deve ser apresentada apenas antes da audiência no PJ-e nos termos do art. 847, parágrafo único, do CPC.

Por fim, entendemos aplicável no Processo do Trabalho o disposto no art. 90, § 4º, do CPC, segundo o qual "se o réu reconhecer a procedência do pedido e, simultaneamente, cumprir integralmente a prestação reconhecida, os honorários serão reduzidos pela metade".

Prevê o art. 467 da CLT que as verbas rescisórias incontroversas devem ser pagas em primeira audiência, sob pena de multa de 50%, o que torna relativamente comum no Processo do Trabalho o pagamento dessas verbas em audiência. Logo, nesses casos, os honorários relativos às verbas rescisórias pagas serão reduzidos pela metade, incentivando ainda mais o empregador a efetuar tal pagamento em primeira audiência.

4.9. Resumo da matéria

1. Tradicionalmente, conceitua-se como parte aquele que demanda em nome próprio a prestação jurisdicional do Estado, ou mesmo a pessoa em cujo nome é demandada. Em outras palavras, partes são o autor, que demanda a tutela jurisdicional, e o réu, contra quem a atuação é postulada.

2. Entendemos, todavia, que o conceito clássico de partes revela-se insuficiente, uma vez que o processo não envolve tão somente o autor, réu e juiz, englobando, por vezes, outras pessoas (terceiros) que podem ingressar no processo em momento posterior à sua formação, seja para apoiar uma das partes principais, seja para defender interesse próprio.

3. No Processo do Trabalho o autor é denominado de reclamante e o réu, reclamado.

4. A capacidade de ser parte (ou capacidade de direito) diz respeito à possibilidade de a pessoa (física ou jurídica) apresentar-se em juízo como autor ou réu, ocupando um dos polos do processo.

5. A capacidade para ser parte exige a "personalidade civil", que, em relação à pessoa natural ou física, inicia-se com o seu nascimento com vida (art. 2.º do CC), embora a lei ponha a salvo, desde a concepção, os direitos do nascituro.

6. Quanto à pessoa jurídica, a sua "personalidade civil" inicia-se com a inscrição dos atos constitutivos no respectivo registro.

7. Confere-se ainda a capacidade para ser parte aos denominados "entes despersonalizados", como a massa falida, o condomínio, o espólio, as sociedades e os órgãos desprovidos de personalidade jurídica etc.

8. Quanto à capacidade processual, também conhecida como capacidade de estar em juízo (ou capacidade de fato ou de exercício), é a mesma outorgada pelo art. 70 do CPC, o qual estabelece que: "Toda pessoa que se encontre no exercício de seus direitos tem capacidade para estar em juízo".

9. Portanto, adquirida a capacidade de ser parte, impõe-se verificar se os sujeitos do processo podem praticar os atos processuais pessoalmente, sem o auxílio ou acompanhamento de outras pessoas, ou seja, se possuem capacidade processual plena para se manterem na relação processual sem amparo de qualquer espécie.

10. No direito do trabalho, a capacidade civil plena dos empregados, ou seja, a plena capacidade de, na qualidade de parte, estar em juízo sem a assistência ou representação (maioridade trabalhista), ocorre aos 18 anos (art. 792 da CLT).

11. Ressalte-se que a CF/1988, art. 7.º, XXXIII, proíbe o trabalho noturno, perigoso e insalubre aos menores de 18 anos e de qualquer trabalho aos menores de 16 anos, salvo na condição de aprendiz, a partir dos 14 anos.

12. Portanto, o menor de 16 anos não poderá trabalhar, salvo na condição de aprendiz (a partir dos 14 anos). No entanto, o art. 439 da CLT estabelece que: "É lícito ao menor firmar recibo pelo pagamento dos salários. Tratando-se, porém, de rescisão do contrato de trabalho, é vedado ao menor de 18 anos dar, sem assistência dos seus responsáveis legais, quitação ao empregador pelo recebimento de indenização que lhe for devida."

13. Frise-se também que o art. 793 da CLT dispõe que as reclamações trabalhistas dos menores de 18 anos serão feitas por seus representantes legais, e, na falta destes, pela Procuradoria Regional do Trabalho, pelo sindicato profissional, pelo Ministério Público Estadual ou curador nomeado em juízo.

14. Impende destacar que o Código Civil, no art. 5.º, parágrafo único, possibilita a emancipação do obreiro com menos de 18 anos nos seguintes casos: pela concessão dos pais, pelo casamento, pelo exercício de emprego público efetivo, pela colação de grau em curso de ensino superior ou pela existência de relação de emprego, desde que, neste último caso, o menor com 16 anos completos tenha economia própria.

15. No âmbito do Processo do Trabalho, a capacidade postulatória, nas demandas envolvendo relação de emprego, é conferida também às próprias partes.

16. O princípio do *jus postulandi* da parte está consubstanciado no art. 791 da CLT, o qual estabelece que os empregados e os empregadores poderão reclamar pessoalmente perante a Justiça do Trabalho e acompanhar as suas reclamações até o final. Entretanto, o *jus postulandi* não prevalece no TST (Súmula 425 do TST). Logo, em caso de recurso de revista interposto, o mesmo deverá ser subscrito por advogado, assim, como qualquer outro recurso que venha a tramitar no TST. Em outras palavras, o *jus postulandi* doravante somente prevalecerá nas instâncias ordinárias.

17. Nessa esteira, o art. 839, *a*, da CLT também salienta que a reclamação trabalhista poderá ser apresentada pelos empregados e empregadores, pessoalmente ou por seus representantes, e pelos sindicatos de classe. Logo, em função do *jus postulandi*, reclamante e reclamado poderão atuar sem a presença de advogados no juízo de primeiro grau e nos Tribunais Regionais, exceto no TST.

18. Em caso de eventual recurso extraordinário para o Supremo Tribunal Federal, ou mesmo recurso encaminhado ao Superior Tribunal de Justiça (para examinar, por exemplo, conflito de competência), deve o mesmo ser subscrito por advogado, sob pena de o apelo não ser conhecido.

19. Frise-se que, após a EC 45/2004, que ampliou a competência material da Justiça do Trabalho para processar e julgar qualquer lide envolvendo relação de trabalho (art. 114 da CF/1988), entendemos que o *jus postulandi* da parte é restrito às ações que abrangem relação de emprego, não se aplicando às demandas que envolvem relação de trabalho distintas da relação empregatícia. Logo, em caso de ação trabalhista que se refira à relação de trabalho não subordinado, as partes deverão estar representadas por advogados, a elas não se aplicando o art. 791 da CLT, restrito a empregados e empregadores.

20. Na representação, o representante age no processo em nome do titular da pretensão defendendo o direito do próprio representado. Em outras palavras, o representante figura no processo em nome e na defesa de interesse de outrem.

21. A representação pode ser legal, como na hipótese de representação de pessoas jurídicas de direito público (art. 75, I a IV, do CPC), ou convencional, como ocorre em relação aos representantes indicados pelas pessoas jurídicas de direito privado (art. 75, VIII, do CPC).

22. No que atine à assistência judicial dos relativamente incapazes, a grande diferença para a representação consiste no fato de que na assistência (ao contrário da representação) o assistente apenas supre a deficiência da declaração de vontade do assistido, sem substituí-la.

23. O art. 843 da CLT estabelece que na audiência de julgamento deverão estar presentes o reclamante e o reclamado, independentemente do comparecimento de seus representantes legais, salvo nos casos de reclamatórias plúrimas ou ações de cumprimento, quando os empregados poderão fazer-se representar pelo sindicato de sua categoria.

24. Em caso de reclamatórias plúrimas (litisconsórcio ativo) ou ações de cumprimento (substituição processual), os empregados poderão se fazer presentes por meio do sindicato profissional. Isso ocorre porque, em regra, não haveria espaço na sala de audiências que possibilitasse a presença no recinto de todos os empregados interessados, normalmente apenas participando da audiência uma "comissão de representantes" dos litisconsortes ou substituídos.

25. O empregador, por sua vez, consoante o art. 843, § 1.º, consolidado, poderá fazer-se substituir pelo gerente ou qualquer outro preposto que tenha conhecimento do fato, cujas declarações obrigarão o preponente.

26. Nos termos do art. 843, § 3º, da CLT, o preposto não precisa ser empregado da empresa.

27. Por outro lado, proíbe-se que o advogado funcione no mesmo processo, simultaneamente, como patrono e preposto do empregador ou cliente.

28. Caso o empregado esteja doente ou mesmo, em função de qualquer outro motivo relevante, não possa comparecer à audiência, poderá outro empregado da mesma profissão ou sindicato profissional comparecer à audiência, objetivando demonstrar a impossibilidade de comparecimento do obreiro e, com isso, evitar a extinção do processo sem julgamento do mérito (arquivamento da reclamação trabalhista – art. 843, § 2.º, da CLT).

29. Cabe destacar a redação da Súmula 456 do TST que estabelece que "é inválido o instrumento de mandato firmado em nome de pessoa jurídica que não contenha, pelo menos, o nome do outorgante e do signatário da procuração, pois estes dados constituem elementos que os individualizam.".

30. A justiça gratuita será concedida em duas hipóteses; a) aqueles que receberem salário igual ou inferior a 40% do limite máximo dos benefícios do Regime Geral de Previdência Social e b) aqueles que receberem mais, porém não tiverem recursos para arcar com as despesas do processo.

31. Discute-se se as pessoas físicas e jurídicas devem comprovar sua situação econômica para valerem-se do benefício da justiça gratuita. O debate deve-se à redação do § 4º, do art. 790, da CLT, que determina que "o benefício da justiça gratuita será concedido à parte que comprovar insuficiência de recursos para o pagamento das custas do processo".

32. Entendemos que para a pessoa física basta a mera declaração de ausência de recursos, sendo tal comprovação exigida apenas para a pessoa jurídica.

33. A nosso ver, essa é a interpretação correta pelo seguinte motivo. Antes mesmo do disposto no art. 790, § 4º, da CLT, a Constituição, em seu art. 5º, LXXIV, já se referia à comprovação da insuficiência de recursos e os Tribunais entendiam que para a pessoa física bastava a simples declaração de tal insuficiência, sendo inexigível qualquer demonstração de pobreza.

34. Depois, a CLT determina a comprovação da insuficiência de recursos, mas não esclarece em quais situações ou como a prova deve ser realizada, hipóteses em que o art. 769 da CLT e 15 do CPC autorizam a aplicação supletiva do CPC, neste caso do art. 99, § 3º, do CPC.

35. Por seu turno, o art. 99, § 3º, do CPC, prevê a presunção de veracidade da alegação de que não há recursos financeiros para arcar com as despesas processuais apenas para a pessoa natural, sendo que a pessoa jurídica deverá comprovar tal impossibilidade financeira.

36. Segundo o art. 790-B, *caput* e § 4º, da CLT, a responsabilidade pelo pagamento dos honorários periciais é da parte sucumbente na pretensão objeto da perícia. Contudo, o STF, por maioria, julgou parcialmente procedente o pedido formulado na ADI para declarar inconstitucionais os arts. 790-B, *caput* e §4º, da CLT.

37. Nos termos do art. 791-A da CLT, ao advogado, ainda que atue em causa própria, serão devidos honorários de sucumbência, fixados entre o mínimo de 5% e o máximo de 15% sobre o valor que resultar da liquidação da sentença, do proveito econômico obtido ou, não sendo possível mensurá-lo, sobre o valor atualizado da causa. Na hipótese de procedência parcial, o juízo arbitrará honorários de sucumbência, sendo vedada a compensação (art. 791, § 3º, CLT)

38. Nos termos do art. 844, *caput*, da CLT, o não comparecimento do reclamante à audiência importa o arquivamento da reclamação.

39. Determinam os §§ 2º e 3º do art. 844 da CLT que ausência do reclamante importará na sua condenação ao pagamento de custas processuais, ainda que beneficiário da justiça gratuita, salvo se comprovar, no prazo de quinze dias, que a ausência ocorreu por motivo legalmente justificável. O pagamento de tais custas é condição para a propositura de nova demanda.

40. Também está abrangida pela gratuidade da justiça a memória de cálculos quando exigida para a instauração da execução (art. 98, VII, do CPC). Esta foi uma importante definição do legislador aplicável ao processo do trabalho, pois o art. 879, § 6º, da CLT preceitua que "tratando-se de cálculos de liquidação complexos, o juiz poderá nomear perito para a elaboração e fixará, depois da conclusão do trabalho, o valor dos respectivos honorários com observância, entre outros, dos critérios de razoabilidade e proporcionalidade", mas não define quem fará o pagamento, mormente nos casos de gratuidade da justiça. Nesta hipótese, aplica-se o CPC, de modo que o beneficiário de tal gratuidade estará isento de antecipar os honorários do perito.

41. Ocorre a substituição processual quando a parte, em nome próprio, pleiteia direito alheio, desde que autorizado por lei. Nesse sentido, estabelece o art. 18 do CPC: "Ninguém poderá pleitear direito alheio, em nome próprio, salvo quando autorizado pelo ordenamento jurídico".

42. A substituição processual, portanto, confere à parte legitimidade extraordinária, podendo o substituto praticar todos os atos processuais, como a apresentação da petição inicial, da defesa, produção de provas, interposição de recursos etc., não lhe sendo dado, contudo, o direito de transigir, renunciar ou de reconhecer o pedido, uma vez que o direito material não lhe pertence, e sim ao sujeito da lide, ao substituído.

43. A Lei 5.764/1971 determinou que o estatuto da cooperativa pode investi-la de poder para agir como substituta processual de seus associados (art. 21, XI, inserido pela Lei 13.806/2019).

44. O estatuto pode dotar a cooperativa de legitimidade extraordinária autônoma concorrente para agir como substituta processual em defesa dos direitos coletivos de seus associados quando a causa de pedir versar sobre atos de interesse direto dos associados que tenham relação com as operações de mercado da cooperativa. Para tanto, além de tal previsão em seu estatuto, ainda deve haver expressa autorização manifestada individualmente pelo associado ou por meio de assembleia geral que delibere sobre a propositura da medida judicial (art. 88-A da Lei 5.764/1971, inserido pela Lei 13.806/2019).

45. O Supremo Tribunal Federal sempre concedeu uma interpretação ampliativa ao art. 8.º, III, da Carta Maior, no sentido de que aos sindicatos restou assegurada a substituição processual geral e irrestrita, possuindo o mesmo, legitimação extraordinária para agir em nome próprio na tutela dos interesses dos integrantes da categoria que representam.

46. Curvando-se ao entendimento do Supremo Tribunal Federal, o Tribunal Superior do Trabalho, por meio da Res. 119/2003 (*DJ* 01.10.2003), cancelou o antigo Enunciado 310, que impedia a substituição processual ampla e irrestrita pelos entes sindicais, não mais havendo, portanto, a necessidade de arrolar na petição inicial os substituídos, conforme era exigido pelo cancelado Enunciado 310 do TST.

47. O Tribunal Superior do Trabalho vem admitindo a substituição processual passiva quando o sindicato figura como réu na ação rescisória proposta em face de decisão proferida em processo no qual tenha atuado, nessa qualidade, no polo ativo da demanda originária.

48. A sucessão processual consiste na substituição das partes no curso do processo, podendo decorrer de ato *inter vivos* ou *causa mortis*.

49. A sucessão processual não se confunde com a substituição processual, uma vez que na sucessão uma pessoa sucede a outra na relação processual, assumindo a titularidade da ação, seja no polo ativo ou passivo, enquanto na substituição processual o substituto pleiteia, em nome próprio, direito alheio.

50. A sucessão processual da parte pessoa física ocorre com a sua morte. Logo, falecendo o empregado ou o empregador no curso da ação, serão os mesmos substituídos pelo espólio, representado pelo inventariante.

51. Vale destacar que, na maioria das vezes, em face da insuficiência econômica do obreiro e consequente inexistência de bens, não há inventário do empregado falecido. Nessa hipótese, haverá a habilitação incidente no processo diretamente pelos dependentes habilitados perante a Previdência Social (Lei 6.858/1980, art. 1.º). Caso não haja dependentes inscritos perante a Previdência Social, os sucessores é que serão habilitados.

52. Havendo a necessidade de inventário, em face da existência de bens do falecido ou de filhos menores, não haverá habilitação incidente imediata, devendo o processo laboral ser suspenso até a nomeação do inventariante. Após a nomeação do inventariante e sua habilitação incidente nos autos, o processo volta ao seu curso normal (art. 313, I, c/c os arts. 687 a 692, todos do CPC).

53. Frise-se que, nos termos do art. 483, § 2.º, da CLT, a morte do empregador pessoa física não importa, necessariamente, em extinção do pacto laboral, tendo em vista que a atividade econômica pode continuar a ser desenvolvida pelos herdeiros, facultando-se ao obreiro, neste caso, a permanência no emprego ou mesmo a resilição do contrato.

54. Vale destacar que, se o empregador for pessoa jurídica, haverá sucessão processual nas hipóteses dos arts. 10 e 448 da CLT. Com efeito, sucessão de empregadores é a alteração subjetiva do contrato de trabalho (polo do empregador), com a transferência da titularidade do negócio de um titular (sucedido) para outro (sucessor), assumindo o novo titular do empreendimento todos os direitos e deveres existentes. Destaque-se a OJ 411 da SDI-I do TST, segundo a qual "o sucessor não responde solidariamente por débitos trabalhistas de empresa não adquirida, integrante do mesmo grupo econômico da empresa sucedida, quando, à época, a empresa devedora direta era solvente ou idônea economicamente, ressalvada a hipótese de má-fé ou fraude na sucessão".

55. Logo, caso a sucessão de empresas ocorra antes do ajuizamento da ação trabalhista pelo obreiro, a empresa sucessora será a legitimada passiva para a lide. No entanto, se a sucessão se der no curso do processo, teremos mera alteração da titularidade da ação, passando a sucessora a responder, integralmente, pelos débitos trabalhistas, anteriormente de responsabilidade da empresa sucedida.

56. As partes devem proceder em juízo com lealdade e boa-fé, respondendo por perdas e danos aquele que pleitear de má-fé como reclamante, reclamado ou interveniente, nos termos do art. 793-A, da CLT. Logo, o comportamento desleal e revestido de má-fé e malícia pode acarretar prejuízos à parte contrária e à administração da justiça, ensejando um retardamento na prestação da tutela jurisdicional pelo Estado, respondendo a parte desleal pelo dano processual causado.

57. O litigante de má-fé será condenado, de ofício ou a requerimento, a: a) pagar multa, que deverá ser superior a 1% e inferior a 10% do valor corrigido da causa; b) indenizar a parte contrária pelos prejuízos que esta sofreu; c) arcar com os honorários advocatícios e d) pagar todas as despesas que a parte contrária efetuou (art. 793-C, CLT).

58. Ressalte-se quanto aos honorários que serão fixados entre o mínimo de 5% e o máximo de 15%, como prevê o art. 791-A, da CLT, calculados sobre o valor da multa.

59. Quando forem dois ou mais os litigantes de má-fé, o juízo condenará cada um na proporção de seu respectivo interesse na causa ou solidariamente aqueles que se coligaram para lesar a parte contrária (art. 793-C, § 1º, CLT).

60. Em sendo o valor da causa irrisório ou inestimável, a multa poderá ser fixada em até duas vezes o limite máximo dos benefícios do Regime Geral de Previdência Social (art. 793-C, § 2º, CLT).

61. O valor da indenização será fixado pelo juízo ou, caso não seja possível mensurá-lo, liquidado por arbitramento ou pelo procedimento comum, nos próprios autos (art. 793, § 3º, CLT).

62. Todas as disposições acerca da litigância de má-fé previstas na CLT equiparam-se às do CPC, com exceção do disposto no art. 793-D, que determina que a multa por litigância de má-fé será aplicada à testemunha que alterar a verdade dos fatos ou omitir fatos essenciais ao julgamento da causa, sendo a execução da mesma nos próprios autos. É imensa a importância deste dispositivo para promover a verdade no processo, uma vez que anteriormente a testemunha respondia apenas pelo crime de falso testemunho e raríssimos são os casos em que a testemunha foi condenada por tal crime no Processo do Trabalho.

63. Há 3 tipos de honorários: contratuais, assistenciais (nos casos em que o reclamante é assistido pelo sindicato de sua categoria) e sucumbenciais. Ateremo-nos a partir de então aos honorários advocatícios sucumbenciais.

64. O *caput* do art. 791-A da CLT assegura ao advogado honorário sem razão da sucumbência entre o mínimo de 5% e o máximo de 15% sobre o valor que resultar da liquidação da sentença, do proveito econômico obtido ou, não sendo possível mensurá-lo, sobre o valor atualizado da causa.

65. O TST entende que honorários advocatícios devem incidir sobre o valor líquido da condenação, sendo permitida a dedução apenas das despesas processuais, ou seja, sem a dedução de imposto de renda e contribuições previdenciárias, as quais são obrigação da própria parte que recebeu o montante da condenação, conforme se extrai da OJ 348 da SDI-1 do TST.

66. Ao fixar os honorários, o juízo observará: a) o grau de zelo do profissional; b) o lugar de prestação do serviço; c) a natureza e a importância da causa; e d) o trabalho realizado pelo advogado e o tempo exigido para o seu serviço (art. 791, § 2°, CLT). Em razão de tais critérios, os honorários poderão ser fixados em porcentagens diferentes, inclusive para o reclamante e para o reclamado.

67. Na hipótese de procedência parcial, o juízo arbitrará honorários de sucumbência recíproca, vedada a compensação entre os honorários (art. 791-A, § 3°, CLT). Dessa forma, se o reclamante formular pedidos no importe de R$ 20.000,00, sucumbindo em R$ 10.000,00 e o juiz fixar honorários em 10% para ambas as partes, o reclamante pagará ao advogado do reclamado R$ 1.000,00 e o reclamado ao advogado do reclamante, R$ 1.000,00, sendo vedada a compensação.

68. Os honorários se tratam de crédito de caráter alimentar, devidos ao advogado, razão pela qual é vedada a compensação e ele pode recorrer em nome próprio, bem como, quando devidos pela Fazenda Pública, requerer que o valor seja pago por requisição de pequeno valor, ainda que para o reclamante seja cabível apenas o pagamento por precatório em função do valor.

69. Sendo o advogado titular dos honorários, na hipótese de acordo, as partes devem pactuá-los junto com o advogado e, caso nada fique definido a esse respeito, cada parte pagará os honorários de seu advogado.

70. Uma vez que vigora no processo do trabalho o jus postulandi segundo o qual empregado e empregador podem demandar sem advogado (art. 791, da CLT), se o acordo for realizado em audiência sem que o advogado que atuou na causa esteja presente, os honorários deverão ser fixados pelo juiz, considerando o trabalho realizado na causa e o seu grau de zelo.

71. Neste caso, em 2 anos, o credor pode, por exemplo, demonstrar que o devedor conseguiu um outro emprego e recebe mais do que 40% do teto dos benefícios da Previdência Social ou que recebeu uma herança ou pensão capaz de retirar-lhe a condição de beneficiário da justiça gratuita. Trata-se de condição suspensiva, sendo a obrigação extinta após 2 anos.

72. Determina o art. 791-A, § 1°, da CLT, que os honorários são devidos também nas ações contra a Fazenda Pública e nas ações em que a parte estiver assistida ou substituída pelo sindicato de sua categoria.

73. Nas hipóteses em que o sindicato assistir à parte, os honorários serão devidos ao advogado.

74. Nas condenações contra a Fazenda Pública aplica-se supletivamente no Processo do Trabalho os §§ 3° e 4°, do art. 85, do CPC[4], que prevê limites aos honorários devidos pela Fazenda, de modo a preservar o erário público nos casos de grandes condenações contra a Fazenda Pública. Os percentuais previstos no CPC devem ser adaptados pelo judiciário para o Processo do Trabalho, na medida em que naquele os honorários são devidos entre o mínimo de 10% e o máximo de 20% e a CLT determina o mínimo de 5% e o máximo de 15%.

---

4. Art. 85. A sentença condenará o vencido a pagar honorários ao advogado do vencedor.
(...)
§ 3° Nas causas em que a Fazenda Pública for parte, a fixação dos honorários observará os critérios estabelecidos nos incisos I a IV do § 2° e os seguintes percentuais:
I - mínimo de dez e máximo de vinte por cento sobre o valor da condenação ou do proveito econômico obtido até 200 (duzentos) salários-mínimos;
II - mínimo de oito e máximo de dez por cento sobre o valor da condenação ou do proveito econômico obtido acima de 200 (duzentos) salários-mínimos até 2.000 (dois mil) salários-mínimos;
III - mínimo de cinco e máximo de oito por cento sobre o valor da condenação ou do proveito econômico obtido acima de 2.000 (dois mil) salários-mínimos até 20.000 (vinte mil) salários-mínimos;
IV - mínimo de três e máximo de cinco por cento sobre o valor da condenação ou do proveito econômico obtido acima de 20.000 (vinte mil) salários-mínimos até 100.000 (cem mil) salários-mínimos;
V - mínimo de um e máximo de três por cento sobre o valor da condenação ou do proveito econômico obtido acima de 100.000 (cem mil) salários-mínimos.
§ 4° Em qualquer das hipóteses do § 3°:
I - os percentuais previstos nos incisos I a V devem ser aplicados desde logo, quando for líquida a sentença;
II - não sendo líquida a sentença, a definição do percentual, nos termos previstos nos incisos I a V, somente ocorrerá quando liquidado o julgado;
III - não havendo condenação principal ou não sendo possível mensurar o proveito econômico obtido, a condenação em honorários dar-se-á sobre o valor atualizado da causa;
IV - será considerado o salário-mínimo vigente quando prolatada sentença líquida ou o que estiver em vigor na data da decisão de liquidação.

75. Nos termos do art. 791-A, § 5º, da CLT, são devidos honorários de sucumbência na reconvenção. Não poderia ser diferente, uma vez que a reconvenção é uma outra ação dentro da mesma relação processual.

76. Uma vez que a CLT tratou exclusivamente da reconvenção, é inaplicável no Processo do Trabalho o art. 85, § 1º, do CPC, que prevê que são devidos honorários advocatícios não só na reconvenção, mas também especificamente em razão do trabalho realizado pelo advogado no cumprimento de sentença, provisório ou definitivo, na execução, resistida e nos recursos interpostos.

77. Os honorários tratam-se de pedidos implícitos, uma vez que o art. 322, § 1º, do CPC determina que "compreendem-se no principal os juros legais, a correção monetária e as verbas de sucumbência, inclusive os honorários advocatícios". Logo, o juiz pode deferir os honorários ainda que não haja pedido, não podendo, entretanto, incluí-los nos cálculos de sem que tenham sido objeto da decisão.

78. Caso a decisão seja omissa quanto ao direito aos honorários ou ao seu valor, desafia embargos de declaração para que seja sanada a omissão. Contudo, se a decisão transitar em julgado, é cabível ação autônoma para sua definição e cobrança, nos termos do art. 85, § 18, do CPC, que se aplica no Processo do Trabalho.

79. Na ação rescisória são devidos honorários advocatícios nos moldes da CLT.

80. Na hipótese de homologação de acordo extrajudicial (art. 852-B da CLT) é obrigatória a representação das partes por advogados distintos, sendo os honorários pagos pelas respectivas partes contratantes. Em caso de jurisdição voluntária aplica-se o art. 88 do CPC, que determina que "as despesas serão adiantadas pelo requerente e rateadas entre os interessados".

81. No litisconsórcio os vencidos respondem proporcionalmente pelos honorários em proporção definida em sentença e, em caso de não pagamento, os demais respondem de forma solidária (art. 87, *caput* e § 2º, CPC).

82. Nos termos do art. 90, *caput* e § 1º, do CPC nas hipóteses de desistência, renúncia ou reconhecimento do pedido, os honorários serão pagos pela parte que desistiu, renunciou ou reconheceu, sendo parcial a desistência, a renúncia ou o reconhecimento, a responsabilidade pelos honorários será proporcional à parcela reconhecida, à qual se renunciou ou da qual se desistiu.

83. O não comparecimento do reclamante em audiência leva ao arquivamento do processo (art. 844, CLT), o que equivale à desistência, sendo devidos honorários proporcionais ao trabalho do advogado do reclamado na causa, ainda que a contestação não tenha sido apresentada, pois deve-se levar em conta o trabalho que envolve o estudo do caso e a preparação da contestação, que, ainda que concluída, deve ser apresentada apenas antes da audiência no PJ-e nos termos do art. 847, parágrafo único, do CPC.

84. Por fim, entendemos aplicável no Processo do Trabalho o disposto no art. 90, § 4º, do CPC, segundo o qual "se o réu reconhecer a procedência do pedido e, simultaneamente, cumprir integralmente a prestação reconhecida, os honorários serão reduzidos pela metade".

85. Prevê o art. 467 da CLT que as verbas rescisórias incontroversas devem ser pagas em primeira audiência, sob pena de multa de 50%, o que torna relativamente comum no Processo do Trabalho o pagamento dessas verbas em audiência. Logo, nesses casos, os honorários relativos às verbas rescisórias pagas serão reduzidos pela metade, incentivando ainda mais o empregador a efetuar tal pagamento em primeira audiência.

4.10. QUESTÕES CORRELATAS

01. **(TRT-1/Analista Judiciário – Área Judiciária/2013) Hermes manteve contrato de trabalho com a empresa Gama Transportadora de Cargas por três anos, sendo dispensado por justa causa, sem receber nenhuma verba rescisória. Procurou a Vara do Trabalho do município para ajuizar reclamação trabalhista. Conforme previsão contida na Consolidação das Leis do Trabalho e jurisprudência atual e sumulada pelo TST, Hermes**

(A) deve necessariamente constituir advogado para a propositura da reclamação trabalhista.

(B) pode postular sem a necessidade de advogado em todas as instâncias da Justiça do Trabalho.

(C) pode propor a reclamação trabalhista sem constituir advogado, apenas na primeira instância.

(D) não precisa constituir advogado para atuar em todas instâncias da Justiça do Trabalho, desde que esteja assistido pelo Sindicato da Categoria Profissional.

(E) pode reclamar pessoalmente perante a Justiça do Trabalho, limitando-se às Varas do Trabalho e aos Tribunais Regionais do Trabalho.

02. **(TRT-4/Magistratura do Trabalho/2012) Em relação à litigância de má-fé é INCORRETO afirmar que**

(A) o juiz ou tribunal, de ofício ou a requerimento, condenará o litigante de má-fé a pagar multa não excedente a 1% sobre o valor da causa e a indenizar a parte contrária dos prejuízos que esta sofreu, mais os honorários advocatícios, quando estes forem cabíveis no processo do trabalho.

(B) reputa-se litigante de má-fé aquele que usar do processo para conseguir objetivo ilegal.

(C) reputa-se litigante de má-fé aquele que proceder de modo temerário em qualquer incidente ou ato do processo.

(D) provocar incidentes manifestamente infundados caracteriza conduta de litigância de má-fé.

(E) se forem dois ou mais os litigantes de má-fé no processo, a condenação dos mesmos se dará de forma solidária.

03. (TRT-15/Analista Judiciário – Área Judiciária/2013) Ricardo, ex-empregado das empresas "AAA Ltda." e "BBB Ltda.", é estudante de direito, cursando o quinto ano da Faculdade "X". Ricardo ajuizou sozinho, sem constituir advogado, reclamação trabalhista em causa própria em face das duas empresas, reclamações estas que foram distribuídas para a X e Y Vara Trabalhista de Campinas. A reclamação trabalhista em face da empresa "AAA Ltda." foi julgada improcedente e já transitou em julgado pretendendo, Ricardo, ajuizar Ação Rescisória. A reclamação trabalhista em face da empresa "BBB Ltda." também foi julgada improcedente e Ricardo encontra-se no prazo para interposição de Recurso Ordinário. Nestes casos, no tocante ao *jus postulandi*, Ricardo, sem a contratação de advogado,

(A) poderá interpor Recurso Ordinário e ajuizar ação Rescisória, independentemente de autorização expressa da Ordem dos Advogados do Brasil.

(B) poderá interpor Recurso Ordinário, mas não poderá ajuizar Ação Rescisória.

(C) não poderá interpor Recurso Ordinário e nem ajuizar Ação Rescisória.

(D) poderá ajuizar Ação Rescisória, mas não poderá interpor Recurso Ordinário.

(E) poderá interpor Recurso Ordinário e ajuizar Ação Rescisória, mediante autorização expressa da Ordem dos Advogados do Brasil.

04. (TRT-5/Técnico Judiciário – Área Administrativa/2013) O processo do trabalho admite a presença de reclamante e reclamado, atuando na primeira instância

(A) pessoalmente, sendo facultada a constituição de advogados.

(B) somente através de advogados, porque foi revogado pela Constituição Federal de 1988 o direito de reclamação diretamente pela parte.

(C) pessoalmente, sendo vedada a constituição de advogados, por ofender o princípio de acesso à Justiça.

(D) somente através de advogados ou de sindicatos, nos termos da norma constitucional aplicável.

(E) pessoalmente, apenas para o reclamado, sendo obrigatória ao reclamante a constituição de advogado.

05. (TRT9 – TJAA – 2015) No tocante as partes e os procuradores, considere:

I. A reclamação trabalhista do menor de 18 anos será feita por seus representantes legais e, na falta destes, pela Procuradoria da Justiça do Trabalho, pelo sindicato, pelo Ministério Público estadual ou curador nomeado em juízo.

II. Nos dissídios coletivos é facultada aos interessados a assistência por advogado.

III. A constituição de procurador com poderes para o foro em geral não poderá ser efetivada, mediante simples registro em ata de audiência, havendo expressa vedação legal neste sentido.

De acordo com as normas previstas na Consolidação das Leis do Trabalho, está correto o que se afirma APENAS em

(A) I.

(B) I e III.

(C) II e III.

(D) I e II.

(E) II.

06. (TRT6 – Juiz do Trabalho – 2015) Sobre partes, procuradores e representação considere:

I. A União, Estados, Municípios e Distrito Federal, suas autarquias e fundações públicas, quando representadas em juízo, ativa e passivamente, por seus procuradores, estão dispensadas da juntada de instrumento de mandato e de comprovação do ato de nomeação, sendo essencial que o signatário, ao menos, declare-se exercente do cargo de procurador, não bastando a indicação do número de inscrição na Ordem dos Advogados do Brasil.

II. O instrumento de mandato com prazo determinado que contém cláusula estabelecendo a prevalência dos poderes para atuar até o final da demanda é válido. Diante da existência de previsão, no mandato, fixando termo para sua juntada, o instrumento de mandato só tem validade se anexado ao processo dentro do aludido prazo.

III. São inválidos os atos praticados pelo substabelecido quando não há no mandato, poderes expressos para substabelecer.

Está correto o que consta APENAS em

(A) I.

(B) I e II.

(C) I e III.

(D) II e III.

(E) II.

07. (TRT9 – OJAF – 2015) Thales, bacharel em Direito não inscrito nos quadros da OAB, ajuizou reclamação trabalhista em face de sua empregadora postulando o pagamento de adicional de periculosidade. A ação foi julgada improcedente. Inconformado, Thales resolveu interpor recurso ordinário no prazo legal, recolhendo as custas devidas. Para evitar despesas, e por entender que tinha conhecimentos jurídicos adequado, decidiu atuar sem advogado. Nessa hipótese, o recurso ordinário

(A) não será conhecido porque é indispensável a assistência de advogado.

(B) somente será conhecido se, no prazo legal de 10 dias, for subscrito por um advogado.

(C) não será conhecido porque o *jus postulandi* somente pode ser exercido com assistência sindical.

(D) será conhecido somente em caso de a ação tramitar pelo rito sumaríssimo.

(E) será conhecido em razão do ***jus postulandi***.

08. (TRT3 – OJAF – 2015) Os empregados e empregadores poderão reclamar pessoalmente perante a Justiça do Trabalho e acompanhar as suas reclamações até o final, sendo que o entendimento sumulado do TST é no sentido de que o *jus postulandi*

(A) limita-se às Varas do Trabalho, não alcançando a ação rescisória, a ação cautelar, o mandado de segurança e os recursos de competência dos Tribunais Regionais do Trabalho e do Tribunal Superior do Trabalho.

(B) limita-se às Varas do Trabalho e aos Tribunais Regionais do Trabalho, não alcançando a ação rescisória, a ação cautelar, o mandado de segurança e os recursos de competência do Tribunal Superior do Trabalho.

(C) limita-se às Varas do Trabalho, não alcançando apenas o mandado de segurança e os recursos de competência dos Tribunais Regionais do Trabalho e do Tribunal Superior do Trabalho.

(D) limita-se às Varas do Trabalho e aos Tribunais Regionais do Trabalho, alcançando inclusive a ação rescisória, a ação cautelar e o mandado de segurança.

(E) não tem qualquer limitação em razão do princípio da proteção do empregado.

09. (TRT4 – OJAF – 2015) Conforme previsão legal e jurisprudência sumulada pelo Tribunal Superior do Trabalho sobre o *jus postulandi* na Justiça do Trabalho:

(A) somente pode ser exercido pelos empregados que podem atuar em todas as fases e instâncias dos dissídios individuais do rito sumaríssimo.

(B) pode ser exercido por empregados e empregadores em todas as instâncias da Justiça do Trabalho apenas nos dissídios coletivos.

(C) pode ser aplicado pelas partes e limita-se às Varas do Trabalho e aos Tribunais Regionais do Trabalho, não alcançando a ação rescisória, a ação cautelar, o mandado de segurança e os recursos de competência do Tribunal Superior do Trabalho.

(D) somente é possível nos dissídios individuais e não nos coletivos e alcança apenas as Varas do Trabalho.

(E) foi tacitamente revogado pela Constituição Federal de 1988 ao dispor que o advogado é indispensável à administração da Justiça.

10. (TRT3 – TJAA – 2015) Considere:

I. Interposição de Recurso Ordinário para Tribunal Regional do Trabalho.

II. Interposição de Recurso de Revista para o Tribunal Superior do Trabalho.

III. Agravo de Petição contra decisão em Embargos à Execução proferida por juiz de Vara do Trabalho.

IV. Agravo de Instrumento proposto em face de decisão reconhecendo a deserção de Recurso Ordinário proferida por juiz de Vara do Trabalho.

O *jus postulandi* das partes, estabelecido no artigo 791 da Consolidação das Leis do Trabalho abrange as hipóteses indicadas APENAS em

(A) I e III.

(B) I, III e IV.

(C) II, III e IV.

(D) I, II e IV.

(E) I, II e III.

11. (TRT14 – OJAF – 2016) Sobre as partes e procuradores, o *jus postulandi* e a representação processual, conforme norma legal e entendimento sumulado do Tribunal Superior do Trabalho,

(A) o *jus postulandi* somente pode ser exercido pelo empregador, visto que o trabalhador é parte hipossuficiente e necessita de assistência profissional de advogado particular ou do sindicato.

(B) se o trabalhador utilizar o *jus postulandi* para a propositura da ação, sendo sucumbente na decisão de primeiro grau, deverá contratar advogado para interpor recurso ao Tribunal.

(C) a Constituição Federal aboliu o instituto do *jus postulandi* revogando expressamente dispositivo previsto na Consolidação das Leis do Trabalho sobre o tema.

(D) nos dissídios coletivos é obrigatória aos interessados a assistência por advogado, não podendo ser utilizado o *jus postulandi*, que é restrito aos dissídios individuais até a prolação de sentença.

(E) a reclamação trabalhista do menor de 18 anos será feita por seus representantes legais e, na falta destes, pelo Ministério Público do Trabalho, pelo sindicato, pelo Ministério Público Estadual ou curador nomeado pelo Juízo.

12. (TRT20 – TJAA – 2016) Em relação às capacidades de postular e de estar em juízo, conforme normas contidas na Consolidação das Leis do Trabalho,

(A) nos dissídios individuais os empregados e empregadores somente poderão estar em juízo se estiverem representados por advogado particular ou de entidade sindical.

(B) nos dissídios coletivos trabalhistas, as partes representadas pelos entes sindicais, deverão ter a necessária assistência por advogado.

(C) a constituição de procurador com poderes para o foro em geral poderá ser efetivada, mediante simples registro em ata de audiência, a requerimento verbal do advogado interessado, com anuência da parte representada.

(D) a reclamação trabalhista do menor de 18 anos somente será acolhida se feita por órgão do Ministério Público do Trabalho.

(E) os maiores de 18 e menores de 21 anos poderão pleitear perante a Justiça do Trabalho sem a assistência de seus pais ou tutores, desde que assistidos por advogado.

13. (TRT20 – AJAJ – 2016) Vênus atuou durante 6 anos como preposta da Cia de Bebidas Fonte de Amor. Por força da crise econômica foi dispensada sem receber alguns direitos trabalhistas. Em razão de sua experiência, ingressou com reclamação trabalhista de forma verbal, sem constituir advogado. Conforme súmula do Tribunal Superior do Trabalho e dispositivo processual trabalhista, a capacidade postulatória de Vênus em relação a essa reclamatória

(A) está restrita a fase de conhecimento na Vara do Trabalho.

(B) limita-se às Varas do Trabalho e aos Tribunais Regionais do Trabalho, não alcançando a fase executória.

(C) limita-se às Varas do Trabalho e aos Tribunais Regionais do Trabalho, não alcançando os recursos de competência do Tribunal Superior do Trabalho.

(D) é ilimitada quanto a fase processual, bem como em relação à instância, alcançando inclusive o Tribunal Superior do Trabalho, porque a lei permite o acompanhamento das reclamações até o final.

(E) está restrita à fase de conhecimento, incluindo recursos em todas as instâncias trabalhistas, Varas do Trabalho, Tribunais Regionais do Trabalho e Tribunal Superior do Trabalho, mas não envolve a fase de execução.

14. (TRT14 – TJAA – 2016) Kronos ajuizou ação trabalhista em face da empresa Beta & Gama Empreendimentos, utilizando o *jus postulandi*. Ocorre que foi vencido em primeira instância visto que a ação foi julgada improcedente. Inconformado com o resultado da sentença resolveu recorrer. Nessa situação Kronos

(A) deve constituir advogado e ingressar com recurso de apelação em 15 dias.

(B) pode utilizar o *jus postulandi* e interpor recurso ordinário em 8 dias.

(C) deve constituir advogado e interpor agravo de instrumento em 5 dias.

(D) pode utilizar o *jus postulandi* e ingressar com recurso de revista em 8 dias.

(E) dependendo do valor da causa deverá constituir advogado e interpor recurso ordinário em 5 dias.

15. (TRT23 – OJAF – 2016) Agatha, empregada doméstica, ingressou com reclamação trabalhista em face da sua empregadora Isis, de forma verbal sem a assistência de advogado, postulando o pagamento de férias com 1/3. O pedido foi julgado procedente e a reclamada sucumbente interpôs recurso ordinário. A autora foi intimada para apresentar contrarrazões. No caso, conforme previsão legal e entendimento sumulado do TST,

(A) a autora não pode exercer o *jus postulandi* para contrarrazoar perante o Tribunal Regional.

(B) nenhuma das partes pode utilizar o *jus postulandi* em fase recursal.

(C) ambas podem exercer o *jus postulandi* para recorrer e contrarrazoar o recurso ordinário perante o Tribunal Regional.

(D) apenas por se tratar de reclamação de empregado doméstico as partes podem exercer o *jus postulandi* em todas as fases e instâncias do processo.

(E) por se tratar de condenação de pessoa física, a reclamada pode exercer o *jus postulandi* para o recurso ordinário, o mesmo não ocorrendo à autora que foi vencedora.

16. (ANALISTA JUDICIÁRIO/ ÁREA JUDICIÁRIA – TRT 21 – 2017) A respeito dos honorários de sucumbência no Processo do Trabalho, introduzidos pela Lei 13.467/2017, considere:

I. Serão devidos honorários de sucumbência ao advogado, ainda que atue em causa própria, no limite mínimo de 5%, e máximo de 15%, sempre calculados sobre o proveito econômico obtido.

II. Os honorários são devidos também nas ações contra a Fazenda Pública e nas ações em que a parte estiver assistida ou substituída pelo sindicato de sua categoria, bem como na reconvenção.

III. Na hipótese de procedência parcial, o juízo arbitrará honorários de sucumbência recíproca, vedada a compensação entre os honorários, salvo se o reclamante for beneficiário da Justiça Gratuita, hipótese que veda a sua condenação neste título.

IV. Na fixação dos honorários de sucumbência o juiz analisará, dentre outros critérios para seu arbitramento, o zelo do profissional e o trabalho realizado pelo mesmo no processo.

Está correto o que consta APENAS em:

(A) I e II.

(B) III e IV.

(C) I e III.

(D) I e IV.

(E) II e IV.

17. (FCC – Analista Judiciário – Área Judiciária – TRT 15/2018) Evandro ajuizou reclamação trabalhista em face da sua empregadora, empresa Hora Certa Entregas Ltda., e da tomadora dos serviços, empresa Crepom Distribuidora de Produtos de Papelaria Ltda. Na audiência una designada comparecem o reclamante e a empresa Crepom, segunda reclamada, que, representada por preposto que não é seu empregado, apresenta defesa. Nesse caso,

(A) a audiência será redesignada para outra data, tendo em vista a ausência da primeira reclamada, que foi a empregadora do reclamante e é quem pode trazer as provas aos autos.

(B) será decretada a revelia da primeira reclamada, que será considerada confessa quanto à matéria de fato.

(C) será decretada a revelia de ambas as reclamadas, que serão consideradas confessas quanto à matéria de fato, a primeira em razão do não comparecimento e a segunda por estar representada por preposto não empregado.

(D) a primeira reclamada será considerada revel, e a segunda, embora não seja revel, será considerada confessa quanto à matéria de fato em razão de estar representada por preposto não empregado.

(E) a primeira reclamada, embora revel, não será considerada confessa quanto à matéria de fato tendo em vista que a segunda reclamada contestou a ação e, em relação à segunda reclamada, o fato de o preposto não ser empregado não gerará revelia nem confissão.

18. (FCC – Técnico Judiciário – Área Administrativa – TRT 2/2018) Com relação à audiência de julgamento, considere:

I. É facultado ao empregador fazer-se substituir pelo gerente, ou qualquer outro preposto que tenha conhecimento do fato, e cujas declarações obrigarão o proponente, sendo que o preposto não precisa ser empregado da parte reclamada.

II. Se por doença ou qualquer outro motivo poderoso, devidamente comprovado, não for possível ao empregado comparecer pessoalmente, poderá fazer-se representar por outro empregado que pertença à mesma profissão, ou pelo seu sindicato.

III. Ainda que ausente o reclamado, presente o advogado na audiência, serão aceitos a contestação e os documentos eventualmente apresentados.

IV. O não comparecimento do reclamante à audiência importa o arquivamento da reclamação além da condenação em multa variável entre 1% e 3% sobre o valor da causa, e o não comparecimento do reclamado importa revelia, além de confissão quanto à matéria de fato.

De acordo com a Consolidação das Leis do Trabalho, está correto o que se afirma APENAS em

(A) I, II e III.

(B) I, II e IV.

(C) III e IV.

(D) I e II.

(E) I, III e IV.

19. (Cespe – Analista – EMAP/2018) Se, na audiência, a reclamada se apresentar substituída por ex-empregado seu, e a reclamante não comparecer, abstendo-se de se manifestar nos autos, a reclamação deverá ser arquivada e a reclamante será condenada ao pagamento das custas, ainda que seja beneficiária da justiça gratuita.

- Certo
- Errado

20. (AOCP – Analista Judiciário – Área Judiciária – TRT 1/2018) No que diz respeito à gratuidade da justiça e às recentes alterações impostas pela denominada "Reforma Trabalhista", assinale a alternativa INCORRETA.

(A) As empresas em recuperação judicial são isentas do pagamento de depósito recursal, entretanto, estão sujeitas ao pagamento das custas processuais.

(B) Para a concessão da justiça gratuita, a parte deverá comprovar insuficiência de recursos para o pagamento das custas processuais.

(C) As entidades filantrópicas, assim como as empresas em recuperação judicial, têm o valor do depósito recursal reduzido pela metade.

(D) A concessão de gratuidade judiciária poderá ser concedia àqueles que perceberem salário igual ou inferior a 40% (quarenta por cento) do limite máximo dos benefícios do Regime Geral de Previdência Social.

(E) O valor do depósito recursal será reduzido pela metade para entidades sem fins lucrativos, empregadores domésticos, microempreendedores individuais, microempresas e empresas de pequeno porte.

21. (Vunesp – Procurador – Fapesp/2018) Na hipótese de ausência do reclamante à audiência, a reclamação será arquivada, sendo devidas as custas,

(A) ainda que o reclamante seja beneficiário da justiça gratuita.

(B) salvo se o reclamante for beneficiário da justiça gratuita.

(C) salvo se o reclamante comprovar, no prazo de vinte e quatro horas, que a ausência ocorreu por motivo legalmente justificável.

(D) salvo se o reclamante justificar a ausência, no prazo de dez dias.

(E) ainda que o reclamante seja beneficiário da justiça gratuita, hipótese em que a lei faculta ao juiz conceder a isenção.

22. (Vunesp – Procurador – Fapesp/2018) Em audiência trabalhista, o preposto do empregador

(A) deve ser empregado ou gerente que tenha conhecimento dos fatos.

(B) deve ser empregado quando se tratar de microempresa ou empresa de pequeno porte.

(C) não precisa ser empregado, salvo o disposto em convenção ou acordo coletivo de trabalho.

(D) não precisa ser empregado.

(E) não precisa ser empregado, desde que se trate de empregador doméstico.

23. (FCC – Analista Judiciário – Oficial de Justiça Avaliador – TRT 6/2018) De acordo com nova disciplina na Consolidação das Leis do Trabalho, responde por perdas e danos aquele que litigar de má-fé como reclamante, reclamado ou interveniente. Verificada a sua ocorrência

(A) desde que requerida pela parte lesada, o juízo condenará o litigante de má-fé a pagar multa, que deverá ser superior a 1% e inferior a 10% do valor corrigido da causa, a indenizar a parte contrária pelos prejuízos que esta sofreu e a arcar com os honorários advocatícios e com todas as despesas que efetuou, podendo ainda ser extensiva à testemunha que provocou incidente manifestamente infundado.

(B) de ofício ou por requerimento pela parte lesada, o juízo condenará o litigante de má-fé a pagar multa, que deverá ser superior a 1% e inferior a 10% do valor corrigido da causa, a indenizar a parte contrária pelos prejuízos que esta sofreu e a arcar com os honorários advocatícios e com todas as despesas que efetuou, podendo ainda ser extensiva à testemunha que intencionalmente alterar a verdade dos fatos ou omitir fatos essenciais ao julgamento da causa.

(C) desde que requerida pela parte lesada, o juízo condenará o litigante de má-fé a pagar multa, que deverá ser superior a 1% e inferior a 15% do valor corrigido da causa, a indenizar a parte contrária pelos prejuízos que esta sofreu e a arcar com os honorários advocatícios e com todas as despesas que efetuou, podendo ainda ser extensiva à testemunha que intencionalmente alterar a verdade dos fatos ou omitir fatos essenciais ao julgamento da causa.

(D) de ofício ou por requerimento pela parte lesada, o juízo condenará o litigante de má-fé a pagar multa, que deverá ser superior a 1% e inferior a 10% do valor corrigido da causa, a indenizar a parte contrária pelos prejuízos que esta sofreu e a arcar com os honorários advocatícios e com todas as despesas que efetuou, não podendo ser extensiva à testemunha que provocou incidente manifestamente infundado.

(E) de ofício ou por requerimento pela parte lesada, o juízo condenará o litigante de má-fé a pagar multa, que deverá ser superior a 1% e inferior a 15% do valor corrigido da causa, a indenizar a parte contrária pelos prejuízos que esta sofreu e a arcar com os honorários advocatícios e com todas as despesas que efetuou, podendo ainda ser extensiva à testemunha que intencionalmente alterar a verdade dos fatos ou omitir fatos essenciais ao julgamento da causa.

24. (FCC – Técnico Judiciário – Área Administrativa – TRT 6/2018) A padaria Doces Sonhos foi acionada em uma reclamação trabalhista por seu ex-empregado Zeus, que postulou por pagamento de indenização por danos morais no valor de R$ 2.000,00 (dois mil reais). Na audiência UNA realizada,

(A) as partes deverão comparecer, acompanhadas dos respectivos advogados, sob pena de adiamento para outra sessão.

(B) ausente a parte reclamada, ainda que presente o seu advogado na audiência, não serão aceitos a contestação e os documentos eventualmente apresentados, sendo aplicada a revelia.

(C) é permitido ao empregador fazer-se substituir pelo gerente, ou qualquer outro preposto que, não precisa ser empregado da parte reclamada, tenha conhecimento do fato e cujas declarações obrigarão o proponente.

(D) caso o juiz não tenha comparecido até trinta minutos após a hora marcada, os presentes poderão retirar-se, aguardando a designação de nova audiência.

(E) o juiz manterá a ordem nas audiências, mas não pode mandar retirar do recinto os assistentes que a perturbarem em razão da publicidade das audiências dos órgãos da Justiça do Trabalho.

25. (Vunesp – Procurador – IPSM/2018) Nos termos da Consolidação das Leis do Trabalho, o preposto

(A) não precisa ser empregado da parte reclamada.

(B) precisa ser empregado da parte reclamada.

(C) não precisa ser empregado da parte reclamada, desde que se trate de empregador doméstico.

(D) é dispensável quando a parte reclamada está assistida por advogado.

(E) pode subscrever recursos trabalhistas quando a parte reclamada não estiver representada por advogado.

26. (Cespe/ Cebraspe – Procurador do Estado – PGE-AL/2021) A respeito da representação processual no processo do trabalho, assinale a opção correta.

(A) Procuradores de estado estão dispensados de juntar aos autos procuração, mas devem comprovar o ato de nomeação.

(B) Aos procuradores de estado cabe não somente indicar o número de inscrição na Ordem dos Advogados do Brasil, mas também declarar-se exercente do cargo de procurador.

(C) No caso de procurador que esteja atuando em processo trabalhista de fundações públicas, é necessário haver juntada de procuração específica.

(D) Havendo pluralidade de advogados atuando em nome de uma parte, o pedido expresso de que as publicações sejam realizadas em nome de um advogado específico deve ser observado, e, caso a publicação seja realizada em nome de outro advogado, ela será considerada nula, independentemente de ter ocorrido ou não prejuízo processual para a parte.

(E) O *jus postulandi* concede à parte no processo do trabalho litigar em qualquer instância da justiça do trabalho, exceto em casos de recurso extraordinário para o Supremo Tribunal Federal.

27. (Vunesp – Advogado – CODEN – SP/2021) Responderá por perdas e danos aquele que litigar de má-fé. Nesse sentido, assinale a alternativa correta.

(A) A má-fé é aplicável somente ao reclamante e reclamado, não podendo ser aplicada ao interveniente.

(B) A condenação não poderá ser de ofício, mas tão somente por requerimento das partes.

(C) A execução da multa por litigar de má-fé dar-se-á em autos apartados.

(D) Quando o valor da causa for irrisório, a multa poderá ser fixada em até duas vezes o limite máximo dos benefícios do Regime Geral de Previdência Social.

(E) Deduzir pretensão ou defesa contra fato incontroverso não é causa de litigância de má-fé.

28. (FCC – 2024 – TRT – 7ª Região (CE) – Analista Judiciário – Área Judiciária) No processo trabalhista, segundo entendimento sumulado do TST, o jus postulandi

(A) não se aplica à ação rescisória, à ação cautelar, ao mandado de segurança e aos recursos de competência do TST.

(B) não se aplica ao mandado de segurança e aos recursos de competência do TST, apenas.

(C) aplica-se irrestritamente na seara trabalhista, em todas as instâncias e ações, sendo uma de suas características marcantes.

(D) não se aplica à ação rescisória e ao mandado de segurança, apenas.

(E) não se aplica à ação rescisória e aos recursos de competência do TST, apenas.

GABARITO

01 – E	**02** – E	**03** – B
04 – A	**05** – D	**06** – B
07 – E	**08** – B	**09** – C
10 – B	**11** – E	**12** – C
13 – C	**14** – B	**15** – C
16 – E	**17** – E	**18** – A
19 – CERTO	**20** – C	**21** – A
22 – D	**23** – B	**24** – C
25 – A	**26** – B	**27** – D
28 – A		

CAPÍTULO 5

DISSÍDIO INDIVIDUAL

5.1. PROCEDIMENTO COMUM

5.1.1. Postulação do autor

5.1.1.1. Reclamação verbal ou escrita

Em função do princípio da inércia da jurisdição, o juiz somente prestará a tutela jurisdicional uma vez provocado, impondo-se, por conseguinte, a apresentação da reclamação trabalhista pelo interessado.

O texto consolidado (art. 840) permite que a reclamação trabalhista seja apresentada de maneira verbal (oral) ou escrita.

No inquérito para apuração de falta grave, dissídio coletivo e na homologação de acordo extrajudicial não é possível que a reclamação seja verbal.

Por sua vez, o art. 786 da CLT determina que a reclamação verbal será distribuída antes de sua redução a termo (ato realizado por um servidor da Vara do Trabalho consistente em dar forma escrita à reclamação apresentada oralmente).

Uma vez distribuída a reclamação verbal, o reclamante deverá, salvo motivo de força maior, apresentar-se no prazo de cinco dias, ao cartório ou à secretaria, para reduzi-la a termo, sob pena de perda, pelo prazo de seis meses, do direito de reclamar perante a Justiça do Trabalho (art. 786, parágrafo único, c/c o art. 731 da CLT).

Oferecida a contestação, ainda que eletronicamente, o reclamante não poderá, sem o consentimento do reclamado, desistir da ação (art. 841, § 3º, CLT).

5.1.1.2. Requisitos da petição inicial trabalhista

O § 1.º do art. 840 da CLT estabelece os requisitos da petição inicial trabalhista, ao dispor que:

> Art. 840 - A reclamação poderá ser escrita ou verbal.
>
> § 1º Sendo escrita, a reclamação deverá conter a designação do juízo, a qualificação das partes, a breve exposição dos fatos de que resulte o dissídio, o pedido, que deverá ser certo, determinado e com indicação de seu valor, a data e a assinatura do reclamante ou de seu representante.

Além de certo e determinado, o pedido deverá ser líquido, ou seja, o reclamante deve indicar o valor correspondente a cada pedido no Processo do Trabalho nos procedimentos sumário, sumaríssimo e ordinário, com base no art. 840, § 1º, da CLT.

O Tribunal Superior do Trabalho entende que o valor de cada pedido é exigido apenas para as ações propostas após 11.11.2017 (data em que entrou em vigor a Lei 13.467/2017) e deverá ser indicado por estimativa (art. 12, *caput*, e § 2º, IN 41/2018, TST).

Isso significa que o valor do pedido não precisa ser exato e assim não poderá limitar a condenação ou a sucumbência. Assim, se postuladas as horas extras laboradas além da 8ª hora diária e/ou 44ª horas semanais, sendo estimado como valor R$ 20.000,00, uma vez deferidas as horas extras, os valores exatos devidos serão apurados em liquidação de sentença, não estando limitados ao valor de R$ 20.000,00. Da mesma forma, se a liquidação apurar valor menor, não incidirão honorários sucumbenciais sobre a diferença.

Doutrina e jurisprudência divergem sobre a necessidade ou não da inicial trabalhista indicar os fundamentos jurídicos do pedido.

Nessa esteira, parte da doutrina entende que a fundamentação jurídica não foi exigida como requisito da petição inicial trabalhista em função da possibilidade do *jus postulandi* na Justiça do Trabalho, em que empregados e empregadores poderão reclamar pessoalmente, sem a presença de advogados, ou seja, possuem capacidade postulatória (art. 791 da CLT).

Outra corrente, à qual nos filiamos, embora reconheça que não devam ser exigidos os rigorismos do Código de Processo Civil, entende fundamental a indicação da causa de pedir, principalmente para assegurar os princípios do devido processo legal e da ampla defesa. Essa é a corrente que prevalece.

A causa de pedir é o porquê do pedido do autor, ou seja, é formada pelos fatos essenciais da causa, mais os fundamentos jurídicos do pedido.

No processo do trabalho, menos formalista e em que a parte poderá postular sem a presença de advogado, abdica-se do formalismo ocioso, mas não daquele necessário à segurança das partes. Assim, são irrecusáveis, a exemplo do processo comum (art. 319, II, do CPC), a narração do fato e o fundamento em que se respalda o pedido.

5.1.1.3. Outros requisitos da petição inicial

Comparando-se os requisitos exigidos para a petição inicial no processo civil (art. 319 do CPC) com os requisitos da petição inicial trabalhista (art. 840, § 1.º, da CLT), verificamos que no processo do trabalho não é requisito da petição inicial a indicação das provas com que o reclamante pretende demonstrar a verdade dos fatos alegados e a menção da opção ou não do reclamante pela realização da audiência de conciliação e de mediação.

O art. 840, § 1.º, da CLT não elenca a especificação das provas como requisito essencial da petição inicial trabalhista, principalmente pelo fato de que as provas são produzidas em audiência no Processo do Trabalho.

Já quanto às audiências de conciliação e mediação (art. 334 do CPC), o art. 2º, IV, da Instrução Normativa 39/2016 do TST, determina que são incabíveis no Processo do Trabalho:

> "Art. 2° Sem prejuízo de outros, não se aplicam ao Processo do Trabalho, em razão de inexistência de omissão ou por incompatibilidade, os seguintes preceitos do Código de Processo Civil:
>
> (...)
>
> IV – art. 334 (audiência de conciliação ou de mediação)";

5.1.2. Atos intermediários de órgãos auxiliares da Justiça

Nas localidades onde houver mais de uma Vara do Trabalho ou mais de um Juízo, a reclamação trabalhista será, preliminarmente, submetida à distribuição, conforme determina o art. 838 da CLT.

Por outro lado, nas localidades em que houver apenas uma Vara do Trabalho ou Juízo, a reclamação será apresentada diretamente à secretaria da Vara ou cartório do Juízo (art. 837 da CLT).

A distribuição deverá obedecer a ordem rigorosa de sua apresentação ao distribuidor, quando houver (art. 783 da CLT).

Estabelece o art. 841 da CLT que, recebida e protocolada a reclamação, o escrivão ou chefe de secretaria, dentro de 48 horas, remeterá a segunda via da petição ou do termo, ao reclamado, notificando-o ao mesmo tempo, para comparecer à audiência de julgamento, que será a primeira desimpedida, depois de 5 dias.

Logo, recebida a reclamação trabalhista pela Vara do Trabalho, o escrivão ou chefe de secretaria, no prazo de 48 horas, notificará, via postal, o reclamado, para comparecer à audiência, presumindo-se o recebimento da atinente notificação pelo réu também no prazo de 48 horas (contados da postagem nos correios).

Na Justiça do Trabalho, ao contrário do que ocorre na Justiça Comum e na Justiça Federal, o reclamado não é citado para apresentar de imediato a resposta, mas, sim, para comparecer à audiência, onde apresentará sua defesa.

Nos termos do art. 847, parágrafo único, da CLT, o reclamado poderá apresentar defesa escrita pelo sistema de processo judicial eletrônico até a audiência.

Entre o recebimento da notificação postal e a realização da audiência, o art. 841 consolidado exige um decurso mínimo de cinco dias, tempo necessário para o reclamado preparar sua defesa e documentos que serão apresentados.

Não respeitado o quinquídio legal previsto no art. 841 consolidado, o reclamado, comparecendo a juízo, poderá requerer a designação de nova data para realização da audiência.

Em relação às pessoas jurídicas de direito público, a notificação para comparecimento à audiência será postal, além de o Decreto-lei 779/1969 (art. 1.º, II) assegurar aos entes públicos o quádruplo do prazo fixado no art. 841 consolidado (20 dias entre o recebimento da notificação pessoal e a realização da audiência).

O § 1.º do art. 841 da CLT informa que, se o reclamado criar embaraços ao seu recebimento, ou não for encontrado, far-se-á a notificação por edital.

No entanto, tendo em vista o alto custo da notificação por edital, na prática, quando o reclamado cria embaraços ao seu recebimento ou não é encontrado, o juiz do trabalho determina a notificação do reclamado por intermédio de oficial de justiça.

O reclamante será notificado da audiência no ato da distribuição da reclamação ou poderá ser notificado, via postal, da data designada para a realização da audiência (art. 841, § 2.º, da CLT).

Sobre o tema, remetemos o leitor ao capítulo terceiro, em que o assunto foi tratado especificamente no item "comunicação dos atos processuais".

5.1.3. Resposta do réu

5.1.3.1. Espécies

Inicialmente, cabe destacar que, nos domínios do Processo do Trabalho, a defesa do reclamado será apresentada em audiência. Com efeito, na Justiça do Trabalho, proposta a inicial trabalhista, o reclamado será notificado, via postal, para comparecer à audiência, onde, querendo, apresentará sua defesa.

Aberta a audiência e não havendo acordo, estabelece o art. 847 consolidado que o reclamado terá vinte minutos para aduzir sua defesa, após a leitura da reclamação, quando esta não for dispensada por ambas as partes.

A defesa do reclamado pode tanto ser apresentada verbalmente como por escrito, sendo mais comum que a peça de resistência seja exposta na forma escrita. Nos termos do art. 847, parágrafo único, da CLT, o reclamado poderá apresentar defesa escrita pelo sistema de processo judicial eletrônico até a audiência.

São respostas do réu no processo do trabalho a contestação (a reconvenção é apresentada na contestação) e as exceções de incompetência e de suspeição e impedimento.

Passemos a analisar as espécies de defesa do réu, isoladamente.

5.1.3.2. Contestação

A contestação, sem dúvida, é a espécie principal de defesa do réu, especialmente pelo fato de ser a única dentre as modalidades de resposta que tem o condão de evitar a figura da revelia processual (ausência de contestação).

Podemos conceituar a contestação, também chamada de "peça de resistência" ou "peça de bloqueio", como uma das modalidades de resposta do réu, pela qual o réu exerce o seu direito constitucionalmente assegurado de defesa, insurgindo-se contra a pretensão deduzida pelo autor na petição inicial.

A Consolidação das Leis do Trabalho utilizou o termo "defesa", não se referindo, especificamente, à contestação (arts. 847 e 848).

A redação da contestação não exige requisitos específicos, como ocorre na petição inicial, sendo conferida ao reclamado liberdade na elaboração da "peça de bloqueio", quanto à sua forma.

O art. 336 do CPC, de aplicação subsidiária ao processo do trabalho, contempla o princípio da eventualidade, dispondo que compete ao réu alegar, na contestação, toda a matéria de defesa, expondo as razões de fato e de direito com que impugna o pedido do autor.

No que atine ao princípio da eventualidade, deverá o réu incluir no bojo da "peça de resistência" todas as matérias de irresignação, vedando-se a denominada "contestação por etapas".

Em outras palavras, o princípio da eventualidade determina que todos os meios de defesa sejam apresentados em uma única oportunidade processual, possibilitando ao magistrado, caso não aceite um deles, conhecer dos posteriores. Logo, toda a matéria de defesa deve ser arguida na contestação, sob pena de preclusão.

Por sua vez, o art. 341 do CPC prevê o princípio da impugnação específica, determinando que incumbe também ao réu manifestar-se precisamente sobre as alegações de fato constantes da petição inicial, presumindo-se verdadeiras as não impugnadas, salvo se: a) não for admissível, a seu respeito, a confissão; b) a petição inicial não estiver acompanhada de instrumento que a lei considerar da substância do ato; c) estiverem em contradição com a defesa, considerada em seu conjunto. O ônus da impugnação especificada dos fatos não se aplica ao defensor público, ao advogado dativo e ao curador especial.

Em relação ao princípio da impugnação especificada, o art. 341 do CPC dispõe que:

> "Art. 341. Incumbe também ao réu manifestar-se precisamente sobre as alegações de fato constantes da petição inicial, presumindo-se verdadeiras as não impugnadas, salvo se:
>
> I – não for admissível, a seu respeito, a confissão;
>
> II – a petição inicial não estiver acompanhada de instrumento que a lei considerar da substância do ato;
>
> III – estiverem em contradição com a defesa, considerada em seu conjunto.
>
> Parágrafo único. O ônus da impugnação especificada dos fatos não se aplica ao defensor público, ao advogado dativo e ao curador especial".

O princípio da impugnação específica, portanto, impede que o réu apresente contestação genérica, em que o demandado se limita a indicar que os argumentos do autor não merecem guarida, requerendo, simplesmente, a improcedência dos pedidos contidos na peça vestibular, sem especificar as razões que subsidiam essa conclusão.

Em outras palavras, o réu deverá impugnar, individual e especificamente, todos os pedidos postulados pelo autor, sendo considerada a contestação por negação geral ineficaz, presumindo-se verdadeiros os fatos articulados na petição inicial.

Nessa perspectiva, após a apresentação da contestação, não se admite que o réu complemente a sua defesa, salvo se versarem sobre direito superveniente (matéria surgida após a apresentação da contestação), se tratar de questões de ordem pública (as quais o juiz pode conhecer de ofício, como as hipóteses previstas no art. 337 do CPC, exceto compromisso arbitral) ou em caso de matérias que a lei permita serem conhecidas a qualquer tempo e grau de jurisdição, hipóteses em que não se opera a preclusão consumativa, conforme previsto no art. 342 do CPC.

Caso o réu não conteste a ação, reputar-se-ão verdadeiros os fatos afirmados pelo autor (art. 344 do CPC), ou seja, presumem-se verdadeiros os fatos alegados pelo demandante.

Nos termos do art. 844, § 5º, da CLT, ainda que ausente o reclamado, presente o advogado na audiência, serão aceitos a contestação e os documentos eventualmente apresentado, nas ações propostas depois de 11.11.2017, data em que entrou em vigor a Lei 13.467/2017 (Reforma Trabalhista) (art. 12, IN 41/2018, TST).

Outrossim, a revelia não gerará a presunção de veracidade dos fatos alegados na petição inicial (art. 844, § 4º, CLT):

- Se, havendo pluralidade de réus, algum deles contestar a ação;
- Se o litígio versar sobre direitos indisponíveis;
- Se a petição inicial não estiver acompanhada do instrumento público, que a lei considere indispensável à prova do ato;
- Se as alegações de fato formuladas pelo autor forem inverossímeis ou estiverem em contradição com prova constante dos autos.

Ressalte-se que não há tolerância para o atraso das partes em audiência, conforme preconiza a OJ 245 da SDI-1 do TST. *In verbis*:

> "OJ 245 - SDI-1/TST. REVELIA. ATRASO. AUDIÊNCIA (inserida em 20.06.2001)
>
> Inexiste previsão legal tolerando atraso no horário de comparecimento da parte na audiência".

Dessa forma, o atraso injustificado do reclamante implicará o arquivamento da demanda, e para o reclamado, revelia e confissão quanto à matéria de fato.

Note-se, contudo, que "a vedação à produção de prova posterior pela parte confessa somente a ela se aplica, não afetando o exercício, pelo magistrado, do poder-dever de conduzir o processo" (Súmula 74, III, do TST).

Impende destacar que, nos domínios do processo do trabalho, mesmo que ocorra a revelia, o revel será notificado, via postal, da sentença proferida, conforme previsto no art. 852 da CLT.

A compensação, a teor do art. 767 consolidado, somente pode ser alegada como matéria de defesa. Em outras palavras, a compensação deve ser alegada na contestação, sob pena de preclusão.

Estabelece a Súmula 18 do TST que a compensação na Justiça do Trabalho está restrita a dívidas de natureza trabalhista.

5.1.3.2.1. Prescrição

Os prazos prescricionais estão previstos em lei, não podendo ser estipulados pelas partes.

À luz dos arts. 7.º, XXIX, da CF e 11, I, da CLT, o prazo de prescrição das verbas trabalhistas é de cinco anos, observados dois anos para a propositura da ação, após a extinção do contrato de trabalho. Perceba:

> "Art. 7.º São direitos dos trabalhadores urbanos e rurais, além de outros que visem à melhoria de sua condição social:
>
> (...)
>
> XXIX – ação, quanto aos créditos resultantes das relações de trabalho, com prazo prescricional de cinco anos para os trabalhadores urbanos e rurais, até o limite de dois anos após a extinção do contrato de trabalho;"

> "Art. 11 da CLT. A pretensão quanto a créditos resultantes das relações de trabalho prescreve em cinco anos para os trabalhadores urbanos e rurais, até o limite de dois anos após a extinção do contrato de trabalho.
>
> I – (revogado);
>
> II – (revogado).
>
> § 1º O disposto neste artigo não se aplica às ações que tenham por objeto anotações para fins de prova junto à Previdência Social. (Incluído pela Lei nº 9.658, de 5.6.1998)
>
> § 2º Tratando-se de pretensão que envolva pedido de prestações sucessivas decorrente de alteração ou descumprimento do pactuado, a prescrição é total, exceto quando o direito à parcela esteja também assegurado por preceito de lei.
>
> § 3º A interrupção da prescrição somente ocorrerá pelo ajuizamento de reclamação trabalhista, mesmo que em juízo incompetente, ainda que venha a ser extinta sem resolução do mérito".

A prescrição quinquenal conta-se retroativamente da data do ajuizamento da ação e não do término do contrato de trabalho, como determina a Súmula 308, I, do TST:

> "Súmula 308 do TST. PRESCRIÇÃO QUINQUENAL (incorporada a Orientação Jurisprudencial 204 da SBDI-1) – Res. 129/2005, *DJ* 20, 22 e 25.04.2005
>
> I. Respeitado o biênio subsequente à cessação contratual, a prescrição da ação trabalhista concerne às pretensões imediatamente anteriores a cinco anos, contados da data do ajuizamento da reclamação e, não, às anteriores ao quinquênio da data da extinção do contrato. (ex-OJ 204 da SBDI-1 – inserida em 08.11.2000)
>
> II. A norma constitucional que ampliou o prazo de prescrição da ação trabalhista para 5 (cinco) anos é de aplicação imediata e não atinge pretensões já alcançadas pela prescrição bienal quando da promulgação da CF/1988. (ex-Súmula 308 – Res. 6/1992, *DJ* 05.11.1992)".

Segundo o art. 11, § 2º, da CLT, tratando-se de pretensão que envolva pedido de prestações sucessivas decorrente de alteração ou descumprimento do pactuado, a prescrição é total, exceto quando o direito à parcela esteja também assegurado por preceito de lei. Observe:

> "Art. 11 da CLT. A pretensão quanto a créditos resultantes das relações de trabalho prescreve em cinco anos para os trabalhadores urbanos e rurais, até o limite de dois anos após a extinção do contrato de trabalho.
>
> (...)
>
> § 2º Tratando-se de pretensão que envolva pedido de prestações sucessivas decorrente de alteração ou descumprimento do pactuado, a prescrição é total, exceto quando o direito à parcela esteja também assegurado por preceito de lei".

No mesmo sentido é a Súmula 294 do TST:

> "Súmula 294 do TST. PRESCRIÇÃO. ALTERAÇÃO CONTRATUAL. TRABALHADOR URBANO (mantida) – Res. 121/2003, *DJ* 19, 20 e 21.11.2003
>
> Tratando-se de ação que envolva pedido de prestações sucessivas decorrente de alteração do pactuado, a prescrição é total, exceto quando o direito à parcela esteja também assegurado por preceito de lei".

A distinção entre prescrição total e parcial produz-se em função do título jurídico a conferir fundamento e validade à parcela pretendida. Se o título jurídico da parcela está assegurado por norma legal, a *actio nata* incide em cada parcela especificamente lesionada, sendo parcial a prescrição, que é contada do vencimento de cada prestação periódica resultante do direito legalmente protegido. Se a verba foi concedida por instrumento infralegal, seja o regulamento empresarial, seja o contrato, a prescrição é total (Súmula 294 do TST).

O prazo de prescrição para todas as parcelas trabalhistas (previstas em lei ou não) é de 5 anos. Ocorre que quando a parcela está prevista em lei o direito renova-se a cada ano, mês, dia ou semana, dependendo da verba, e nas parcelas não decorrentes de lei isso não ocorre, contando-se o prazo de prescrição do ato único de supressão ou da alteração da parcela.

Dessa forma, se a parcela está prevista em lei, basta contar os 5 anos da data do ajuizamento da ação. Estarão prescritas as verbas postuladas anteriores aos últimos cinco anos. Isso porque mesmo que a supressão da verba devida tenha ocorrido há mais de 5 anos, o direito foi sendo renovado pela lei. Logo, a prescrição é parcial, ou seja, apenas uma parte das verbas estará prescrita, aquela das anteriores aos últimos cinco anos contados da data do ajuizamento da ação. Esta é também conhecida como prescrição quinquenal.

Por sua vez, quanto à prescrição parcial, cumpre destacar que o art. 468 da CLT determina que é ilícita a alteração contratual que traga prejuízo ao empregado. Logo, a alteração ou supressão de parcela não prevista em lei que assegura direito ao empregado é ilegal. A inércia do exequente em postulá-la leva à prescrição. O prazo de prescrição neste caso é de 5 anos, contados da data da supressão ou da alteração da parcela. Uma vez transcorrido esse prazo, se a parcela não for postulada, ocorre a prescrição total, ou seja, toda a parcela estará fulminada pela prescrição. Diversamente das parcelas previstas em lei, esta não se renova ano a ano, mês a mês etc.

Em síntese, para identificar a prescrição parcial (quinquenal), basta contar 5 anos da data do ajuizamento da ação para trás. As verbas anteriores aos últimos 5 anos estarão prescritas. Para encontrar a prescrição total deve-se contar os 5 anos da data da supressão ou da alteração da parcela não prevista em lei e observar se a ação foi ajuizada após esse prazo. Em caso afirmativo terá ocorrido a prescrição de toda a parcela.

O Plenário do Supremo Tribunal Federal (recurso extraordinário com agravo (ARE) 709212, com repercussão geral reconhecida) declarou a inconstitucionalidade das normas que previam prazo prescricional de 30 anos para ações relativas a valores não depositados no Fundo de Garantia do Tempo de Serviço (FGTS). O entendimento é o de que o FGTS está expressamente definido na Constituição da República (art. 7.º, XXIX) como direito dos trabalhadores urbanos e rurais e, portanto, deve se sujeitar à prescrição trabalhista de cinco anos. Assim, se a Constituição regula a matéria, a lei ordinária não poderia tratar o tema de outra forma. Consoante o ministro relator Gilmar Mendes, o prazo prescricional de 30 anos do art. 23 da Lei 8.036/1990 e do art. 55 do Decreto 99.684/1990, que regulamentam o FGTS, está "em descompasso com a literalidade do texto constitucional e atenta contra a necessidade de certeza e estabilidade nas relações jurídicas". O STF modulou os efeitos da decisão para determinar que nos casos cujo termo inicial da prescrição – isto é, a ausência de depósito no FGTS – ocorra após a data do julgamento do referido recurso extraordinário, aplica-se, desde logo, o prazo de cinco anos. Para aqueles cujo prazo prescricional já esteja em curso, aplica-se o que ocorrer primeiro: 30 anos, contados do termo inicial, ou cinco anos, a partir do julgamento.

Dessa forma, a Súmula 362 do TST, previa a prescrição trintenária foi modificada, passando a contar com a seguinte redação:

> "SÚMULA 362 DO TST. FGTS. PRESCRIÇÃO (redação alterada) – Res. 198/2015, republicada em razão de erro material – *DEJT* divulgado em 12, 15 e 16.06.2015.
>
> I – Para os casos em que a ciência da lesão ocorreu a partir de 13.11.2014, é quinquenal a prescrição do direito de reclamar contra o não recolhimento de contribuição para o FGTS, observado o prazo de dois anos após o término do contrato;
>
> II – Para os casos em que o prazo prescricional já estava em curso em 13.11.2014, aplica-se o prazo prescricional que se consumar primeiro: trinta anos, contados do termo inicial, ou cinco anos, a partir de 13.11.2014 (STF-ARE-709212/DF)."

Visto que as verbas trabalhistas prescrevem em cinco anos contados da data do ajuizamento da ação, as horas extras postuladas, por exemplo, anteriores aos últimos cinco anos contados da data do ajuizamento da ação, encontram-se prescritas e, como o acessório segue a sorte do principal, o FGTS incidente sobre essas horas extras, que não foram pagas durante a relação contratual e encontram-se prescritas, também está prescrito.

Nesse sentido atente-se para a Súmula 206 do TST:

> "SÚMULA 206 DO TST. FGTS. INCIDÊNCIA SOBRE PARCELAS PRESCRITAS (nova redação) – Res. 121/2003, *DJ* 19, 20 e 21.11.2003. A prescrição da pretensão relativa às parcelas remuneratórias alcança o respectivo recolhimento da contribuição para o FGTS".

O art. 11, § 1.º, da CLT prevê a imprescritibilidade das ações declaratórias quando determina que não se aplicam os prazos prescricionais às ações que objetivem apenas o reconhecimento do vínculo de emprego para fins de anotação da CTPS para fazer prova junto à Previdência. Observe:

> "Art. 11 da CLT. A pretensão quanto a créditos resultantes das relações de trabalho prescreve em cinco anos para os trabalhadores urbanos e rurais, até o limite de dois anos após a extinção do contrato de trabalho.
>
> I – (revogado);
>
> II – (revogado).
>
> § 1º O disposto neste artigo não se aplica às ações que tenham por objeto anotações para fins de prova junto à Previdência Social. (Incluído pela Lei no 9.658, de 5.6.1998)".

São exemplos de ações declaratórias aquelas em que se pretenda o reconhecimento do vínculo de emprego ou da estabilidade provisória no emprego.

Entende o TST que, em caso de terceirização, a ação declaratória na qual o empregado postula vínculo de emprego com a tomadora dos serviços, se proposta antes do término do contrato de trabalho, tem o condão de interromper a prescrição para futura ação condenatória, em que o reclamante requeira, por exemplo, a sua reintegração. O direito do reclamante de buscar sua reintegração no emprego surge com o trânsito em julgado da decisão proferida na ação declaratória de vínculo de emprego, e não com o término do contrato de trabalho. Vislumbra-se que a tomadora violou o direito do empregado à reintegração apenas depois de reconhecido o vínculo de emprego. Violado o direito, nasce a pretensão e inicia-se a contagem do prazo de prescrição.

Verifique a OJ 401 da SDI-1 do TST:

> "OJ 401 DA SDI-1. PRESCRIÇÃO. MARCO INICIAL. AÇÃO CONDENATÓRIA. TRÂNSITO EM JULGADO DA AÇÃO DECLARATÓRIA COM MESMA CAUSA DE PEDIR REMOTA AJUIZADA ANTES DA EXTINÇÃO DO CONTRATO DE TRABALHO (*DEJT* divulgado em 02, 03 e 04.08.2010).
>
> O marco inicial da contagem do prazo prescricional para o ajuizamento de ação condenatória, quando advém a dispensa do empregado no curso de ação declaratória que possua a mesma causa de pedir remota, é o trânsito em julgado da decisão proferida na ação declaratória e não a data da extinção do contrato de trabalho".

Elisson Miessa Santos e Henrique Correia[1] enumeram os requisitos para o enquadramento da orientação jurisprudencial:

> "De plano, percebe-se que o fato a ensejar a aplicação dessa orientação é específico, exigindo pelo menos quatro requisitos: 1) terceirização ilícita; 2) ação declaratória ajuizada durante a relação de trabalho, postulando o vínculo direto com a tomadora do serviço; 3) decisão reconhecendo o vínculo com a tomadora; 4) ação condenatória em face da tomadora do serviço".

Na visão do TST, a mudança de regime jurídico de celetista para estatutário implica extinção do contrato de trabalho, iniciando-se a partir de então o prazo de prescrição bienal. Repare a Súmula 382 do TST:

> "SÚMULA 382 DO TST. MUDANÇA DE REGIME CELETISTA PARA ESTATUTÁRIO. EXTINÇÃO DO CONTRATO. PRESCRIÇÃO BIENAL (conversão da Orientação Jurisprudencial 128 da SBDI-1) – Res. 129/2005, *DJ* 20, 22 e 25.04.2005. A transferência do regime jurídico de celetista para estatutário implica extinção do contrato de trabalho, fluindo o prazo da prescrição bienal a partir da mudança de regime" (ex-OJ 128 da SBDI-1 – inserida em 20.04.1998).

A petição com pedido de homologação de acordo extrajudicial formulada nos termos do art. 855-B a 855-E da CLT suspende o prazo prescricional da ação exclusivamente quanto aos direitos nela especificados, o qual voltará a fluir no dia útil seguinte ao do trânsito em julgado da decisão que negar a homologação do acordo (art. 852-E, CLT).

No tocante à interrupção do prazo prescricional, o art. 11, § 3º, da CLT determina que a interrupção da prescrição ocorrerá pelo ajuizamento de reclamação trabalhista, mesmo que em juízo incompetente, ainda que venha a ser extinta sem resolução do mérito.

O TST, na Súmula 268 do TST, que deixa claro que no Processo do Trabalho é o ajuizamento da ação que interrompe a prescrição quanto aos pedidos idênticos:

> "SÚMULA 268. PRESCRIÇÃO. INTERRUPÇÃO. AÇÃO TRABALHISTA ARQUIVADA (nova redação) – Res. 121/2003, *DJ* 19, 20 e 21.11.2003. A ação

1. SANTOS, Elisson Miessa; CORREIA, Henrique. *Súmulas e Orientações Jurisprudenciais do TST organizadas e comentadas*. 2. ed. Salvador: JusPodivm, 2012. p. 558.

trabalhista, ainda que arquivada, interrompe a prescrição somente em relação aos pedidos idênticos".

O ajuizamento da ação interrompe a prescrição bienal e quinquenal. A interrupção da prescrição é útil quando a ação ajuizada é extinta sem resolução do mérito, caso em que é possível a propositura de uma nova reclamação trabalhista.

Assim, uma vez que a prescrição pressupõe inércia do reclamante, apenas do trânsito em julgado da decisão proferida na ação anteriormente ajuizada é que este torna-se inerte, e assim reinicia o prazo de 2 anos da prescrição bienal para o ajuizamento de uma nova reclamação.

Já a prescrição quinquenal conta-se da data do ajuizamento da primeira reclamação trabalhista. Isso porque o art. 202, parágrafo único, do CC preceitua que "a prescrição interrompida recomeça a correr da data do ato que a interrompeu, ou do último ato do processo para a interromper", ou seja, do ajuizamento da primeira ação.

O art. 11-A, *caput* e §§ 1º e 2º, da CLT torna aplicável a prescrição intercorrente mediante requerimento ou de ofício no processo do trabalho, de modo que a Súmula 114 do TST, que determina o contrário, deve ser cancelada.

Observe o disposto no art. 11-A, § 1º, da CLT:

> Art. 11-A. Ocorre a prescrição intercorrente no processo do trabalho no prazo de dois anos.
>
> § 1º A fluência do prazo prescricional intercorrente inicia-se quando o exequente deixa de cumprir determinação judicial no curso da execução.
>
> § 2º A declaração da prescrição intercorrente pode ser requerida ou declarada de ofício em qualquer grau de jurisdição.
>
> Prevalece, portanto, o disposto na Súmula 327 do STF que defende a aplicabilidade da prescrição intercorrente no processo do trabalho.

A prescrição intercorrente conta-se a partir do descumprimento da ordem da determinação judicial feita ao exequente no curso da execução, desde que realizada após 11.11.2017 (art. 2º, IN 41/2018, TST).

Prescrição intercorrente é a perda de um direito pelo decurso do tempo, em razão da inércia da parte, que não toma iniciativa no sentido de praticar atos processuais necessários para a execução da dívida, paralisando o processo, por mais de 2 anos.

Ressalte-se que só há prescrição intercorrente quando o exequente deixar de praticar ato que dependa exclusivamente dele para a continuação da execução. É comum na liquidação por procedimento comum em que a continuação do processo depende do exequente alegar e provar fatos novos (art. 509, II, do CPC).

A execução no Processo do Trabalho não se inicia de ofício, nos termos do art. 878 da CLT e, em razão disso, medidas como a o bloqueio de dinheiro via Bacen Jud (atualmente SISBAJUD) para posterior conversão em penhora (art. 854 do CPC) e a desconsideração da personalidade jurídica da empresa (art. 855-A da CLT c/c o art. 133 do CPC), dentre outros, dependem do requerimento do exequente. Ou seja, cabe ao exequente buscar meios para localizar o executado e bens penhoráveis, ainda que restem infrutíferos. Sua inércia poderá conduzir a prescrição intercorrente.

Ressalte-se, entretanto, que a contagem da prescrição não se inicia de mediato. Primeiro ocorre a suspensão pelo prazo de 1 ano e apenas após esse prazo terá início a contagem da prescrição intercorrente. É o que determina a Lei de Executivo Fiscais (Lei 6.830/80) e o CPC, que estão em consonância.

O art. 40, *caput* e §§ 2º e 3º, da Lei 6.830/80 e o art. 921, III e §§ 1º ao 5º, do CPC determinam que o juiz suspenderá a execução se não localizado o devedor ou encontrados bens sobre os quais possa recair a penhora e nesse período não corre a prescrição.

A suspensão perdurará pelo prazo máximo de 1 ano. Não localizado devedor ou bens penhoráveis o processo será arquivado e iniciará o prazo de prescrição intercorrente de 2 anos.

Encontrados que sejam, a qualquer tempo, o devedor ou os bens, serão desarquivados os autos para prosseguimento da execução.

Ressalte-se que se da decisão que ordenar o arquivamento tiver decorrido o prazo prescricional, o juiz, depois de ouvido o exequente, poderá, de ofício, reconhecer a prescrição intercorrente e decretá-la de imediato (art. 40, § 4º, Lei 6.830/80).

Observe o disposto nos art. 40, *caput* e §§ 2º e 3º, da Lei 6.830/80 e no art. 921, III e §§ 1º ao 5º, do CPC:

> Art. 40, Lei 6.830/80. O Juiz suspenderá o curso da execução, enquanto não for localizado o devedor ou encontrados bens sobre os quais possa recair a penhora, e, nesses casos, não correrá o prazo de prescrição.
>
> § 1º Suspenso o curso da execução, será aberta vista dos autos ao representante judicial da Fazenda Pública.

§ 2º Decorrido o prazo máximo de 1 (um) ano, sem que seja localizado o devedor ou encontrados bens penhoráveis, o Juiz ordenará o arquivamento dos autos.

§ 3º Encontrados que sejam, a qualquer tempo, o devedor ou os bens, serão desarquivados os autos para prosseguimento da execução.

§ 4º Se da decisão que ordenar o arquivamento tiver decorrido o prazo prescricional, o juiz, depois de ouvida a Fazenda Pública, poderá, de ofício, reconhecer a prescrição intercorrente e decretá-la de imediato.

§ 5º A manifestação prévia da Fazenda Pública prevista no § 4º deste artigo será dispensada no caso de cobranças judiciais cujo valor seja inferior ao mínimo fixado por ato do Ministro de Estado da Fazenda.

Art. 921. Suspende-se a execução:

(...)

III – quando não for localizado o executado ou bens penhoráveis;

(...)

§ 1º Na hipótese do inciso III, o juiz suspenderá a execução pelo prazo de 1 (um) ano, durante o qual se suspenderá a prescrição.

§ 2º Decorrido o prazo máximo de 1 (um) ano sem que seja localizado o executado ou que sejam encontrados bens penhoráveis, o juiz ordenará o arquivamento dos autos.

§ 3º Os autos serão desarquivados para prosseguimento da execução se a qualquer tempo forem encontrados bens penhoráveis.

§ 4º O termo inicial da prescrição no curso do processo será a ciência da primeira tentativa infrutífera de localização do devedor ou de bens penhoráveis, e será suspensa, por uma única vez, pelo prazo máximo previsto no § 1º deste artigo.

§ 4º-A A efetiva citação, intimação do devedor ou constrição de bens penhoráveis interrompe o prazo de prescrição, que não corre pelo tempo necessário à citação e à intimação do devedor, bem como para as formalidades da constrição patrimonial, se necessária, desde que o credor cumpra os prazos previstos na lei processual ou fixados pelo juiz.

§ 5º O juiz, depois de ouvidas as partes, no prazo de 15 (quinze) dias, poderá, de ofício, reconhecer a prescrição no curso do processo e extingui-lo, sem ônus para as partes.

§ 6º A alegação de nulidade quanto ao procedimento previsto neste artigo somente será conhecida caso demonstrada a ocorrência de efetivo prejuízo, que será presumido apenas em caso de inexistência da intimação de que trata o § 4º deste artigo.

> § 7º Aplica-se o disposto neste artigo ao cumprimento de sentença de que trata o art. 523 deste Código.

Por fim, é importante destacar que o juiz, depois de ouvidas as partes, no prazo de 15 (quinze) dias, poderá, de ofício, reconhecer a prescrição no curso do processo e extingui-lo, sem ônus para as partes (art. 921, § 5º, CPC).

5.1.3.3. Exceção

5.1.3.3.1. Generalidades

As exceções processuais constituem-se em espécie de defesa do reclamado que objetivam resolver determinada questão pendente, sem operar a extinção do processo com ou sem o julgamento do mérito. Com efeito, as exceções processuais pretendem atacar a imparcialidade do magistrado ou a competência do juízo a ele vinculado para processar e julgar a demanda.

Nessa direção, conforme previsto nos arts. 799 a 802 da CLT, é lícito a qualquer das partes arguir, por meio de exceção, a incompetência relativa, o impedimento e a suspeição do magistrado.

O atual Código de Processo Civil elimina a figura exceção, admitindo apenas uma resposta do réu, a contestação, de modo que determinou que a incompetência relativa deverá ser tratada em preliminar de contestação (art. 337, II, CPC) e o impedimento e a suspeição, por simples petição, no prazo de 15 dias, a contar do conhecimento do fato (art. 146, CPC).

A CLT, por sua vez, mantém a terminologia exceção (art. 799 da CLT), de modo que permanecerá usual no processo do trabalho petição com essa denominação para arguição de incompetência territorial, suspeição e impedimento.

A incompetência territorial deve ser arguida em peça processual denominada exceção de incompetência e tramitará segundo as regras previstas no art. 800 da CLT.

Por sua vez, a suspeição e o impedimento serão arguidos em petições denominadas exceções de suspeição e impedimento, porém o trâmite é o do art. 146 do CPC.

Nada impede que seja arguida mais de uma exceção ao mesmo tempo, devendo a exceção de impedimento e suspeição do juiz ser apreciadas antes da exceção de incompetência (primeiro julga-se o impedimento do juiz, depois a suspeição e, por último, a incompetência), uma vez que o magistrado impedido ou suspeito não poderá sequer declarar a incompetência ou competência do juízo.

O oferecimento de qualquer das espécies de exceção acarreta a suspensão do processo até que a questão seja decidida (art. 799 da CLT).

Analisemos as hipóteses de exceção.

5.1.3.3.2. Incompetência relativa

Contudo, não sendo a incompetência absoluta deduzida no prazo da contestação, ou na primeira oportunidade em que couber à parte falar nos autos, responderá a esta integralmente pelo pagamento das custas.

O atual Código de Processo Civil elimina a figura exceção, admitindo apenas uma resposta do réu, a contestação, de modo que determinou que a incompetência relativa deverá ser tratada em preliminar de contestação (art. 337, II, do CPC), e o impedimento e a suspeição, por simples petição, no prazo de 15 dias, a contar do conhecimento do fato (art. 146 do CPC).

A CLT determina que a incompetência territorial será arguida por exceção de incompetência, logo não é omissa a respeito do tema, razão pela qual é inaplicável o CPC no Processo do Trabalho nesse particular.

A fixação da competência territorial das Varas do Trabalho dá-se nos moldes do art. 651 da CLT, o qual dispõe que:

> "Art. 651. A competência das Varas do Trabalho é determinada pela localidade onde o empregado, reclamante ou reclamado, prestar serviços ao empregador, ainda que tenha sido contratado noutro local ou no estrangeiro.
>
> § 1.º Quando for parte no dissídio agente ou viajante comercial, a competência será da Vara da localidade em que a empresa tenha agência ou filial e a esta o empregado esteja subordinado e, na falta, será competente a Vara da localização em que o empregado tenha domicílio ou a localidade mais próxima.
>
> § 2.º A competência das Varas do Trabalho, estabelecida neste artigo, estende-se aos dissídios ocorridos em agência ou filial no estrangeiro, desde que o empregado seja brasileiro e não haja convenção internacional dispondo em contrário.
>
> § 3.º Em se tratando de empregador que promova realização de atividades fora do lugar do contrato de trabalho, é assegurado ao empregado apresentar reclamação no foro da celebração do contrato ou no da prestação dos respectivos serviços".

Cumpre salientar que a incompetência relativa não pode ser declarada de ofício (Súmula 33 do STJ), significando dizer que, se o reclamado não invocar a incompetência em razão do lugar (territorial) no prazo da defesa, que na Justiça do Trabalho é apresentada em audiência, será materializado o fenômeno da prorrogação da competência, tornando-se o juízo competente em face da inércia do promovido, operando-se a preclusão temporal.

Logo, proposta a ação trabalhista pelo reclamante perante a Vara do Trabalho incompetente e, não oposta, pelo reclamado, a exceção declinatória do foro, prorroga-se a competência da atinente Vara do Trabalho.

O art. 800 da CLT estabelece que a exceção de incompetência territorial deverá ser apresentada no prazo de cinco dias a contar da notificação, antes da audiência e em peça que sinalize a existência desta exceção.

Uma vez protocolada a exceção, o processo será suspenso e não se realizará a audiência até que se decida a exceção (art. 800, § 1º, CLT).

Os autos serão imediatamente conclusos ao juiz, que intimará o reclamante e, se existentes, os litisconsortes, para manifestação no prazo comum de cinco dias (art. 800, § 2º, CLT).

Se entender necessária a produção de prova oral, o juízo designará audiência, garantindo o direito de o excipiente e de suas testemunhas serem ouvidos, por carta precatória, no juízo que este houver indicado como competente (art. 800, § 3º, CLT).

Decidida a exceção de incompetência territorial, o processo retomará seu curso, com a designação de audiência, a apresentação de defesa e a instrução processual perante o juízo competente (art. 800, § 4º, CLT).

O art. 799, § 2.º, da CLT dispõe que "das decisões sobre exceções de suspeição e incompetência, salvo, quanto a estas, se terminativas do feito, não caberá recurso, podendo, no entanto, as partes alegá-las novamente no recurso que couber da decisão final".

Interpretando o art. 799, § 2.º, da CLT, admite o Tribunal Superior do Trabalho a interposição de recurso ordinário da decisão interlocutória que, acolhendo exceção de incompetência em razão do lugar (relativa), remete os autos para Tribunal Regional distinto daquele a que se vincula o juízo excepcionado (que proferiu a decisão interlocutória), conforme se vislumbra pela análise da Súmula 214 do TST, com redação dada pela Resolução 127/2005, publicada no *DJU* em 16.03.2005, *in verbis*:

> "Súmula 214 do TST – Decisão interlocutória – Irrecorribilidade. Na Justiça do Trabalho, nos termos do art. 893, § 1.º, da CLT, as decisões interlocutórias não ensejam recurso de imediato, salvo nas hipóteses de decisão:
>
> a) de Tribunal Regional do Trabalho contrária à Súmula ou Orientação Jurisprudencial do Tribunal Superior do Trabalho;
>
> b) suscetível de impugnação mediante recurso para o mesmo Tribunal;
>
> c) que acolhe exceção de incompetência territorial, com a remessa dos autos para Tribunal Regional distinto daquele a que se vincula o juízo excepcionado, consoante o disposto no art. 799, § 2.º, da CLT".

Por fim, cabe salientar que o art. 795, § 1.º, da CLT, de forma inadvertida, estabeleceu que deverá ser declarada *ex officio* a nulidade fundada em incompetência de foro.

A doutrina combate tal dispositivo legal, pois, em verdade, somente pode ser declarada de ofício pelo magistrado trabalhista a incompetência absoluta, ou seja, em razão da matéria ou da hierarquia (art. 64, § 1.º, do CPC). Logo, a incompetência do foro prevista no art. 795, § 1.º, consolidado, refere-se à competência em razão da matéria ou da pessoa (incompetência do foro trabalhista) e não em razão do território.

5.1.3.3.3. Suspeição e impedimento

A imparcialidade do juiz, um dos sustentáculos do princípio do juiz natural, consistente na inexistência de impedimento ou suspeição para julgamento da demanda pelo magistrado, apresenta-se como pressuposto de desenvolvimento válido e regular do processo.

Misael Montenegro Filho, em seu *Curso de direito processual civil*, p. 387-388, leciona que:

> "Estas espécies de exceção são marcadas não pela incompetência do magistrado, mas pelo traço da sua imparcialidade, porque ligado à causa em decorrência de uma pessoa que lhe é próxima, por ter ali funcionado numa outra condição processual etc. Não se está nesses casos duvidando da competência processual e/ou intelectual do magistrado. A necessidade do seu afastamento do feito decorre, repita-se, da sua maior ou menor imparcialidade, não tendo como conduzir e sentenciar a lide com a esperada isenção de opinião".

O art. 799 da CLT determina que, nas causas da jurisdição da Justiça do Trabalho, somente podem ser opostas, com suspensão do feito, as exceções de suspeição ou incompetência, não se referindo o texto consolidado à figura do **impedimento**.

A omissão da Consolidação das Leis do Trabalho a respeito da exceção de impedimento ocorreu porque o texto consolidado foi promulgado em 1943, ainda sob a égide do Código de Processo Civil de 1939, o qual não se referia à figura do impedimento, espécie de exceção introduzida a partir do digesto processual civil de 1973.

Neste contexto, e sob a influência do Código de Processo Civil de 1939, o art. 801 da CLT, ao estabelecer as hipóteses de suspeição arguíveis no âmbito laboral, em verdade, acabou incluindo em seu rol situações que não ensejam a suspeição do magistrado, mas sim o próprio impedimento do juiz para processar e julgar o feito.

Vejamos:

> "Art. 801 da CLT – O juiz, presidente ou vogal, é obrigado a dar-se por suspeito, e pode ser recusado por algum dos seguintes motivos, em relação à pessoa do litigante:
>
> *a)* inimizade pessoal;
>
> *b)* amizade íntima;
>
> *c)* parentesco por consanguinidade ou afinidade até o terceiro grau civil;
>
> *d)* interesse particular na causa;
>
> Parágrafo único. Se o recusante houver praticado algum ato pelo qual haja consentido na pessoa do juiz, não mais poderá alegar exceção de suspeição, salvo sobrevindo novo motivo. A suspeição não será também admitida, se do processo constar que o recusante deixou de alegá-la anteriormente, quando já a conhecia, ou que, depois de conhecida, aceitou o juiz recusado ou, finalmente, se procurou de propósito o motivo de que ela se originou".

José Augusto Rodrigues Pinto, em *Processo trabalhista de conhecimento*, p. 317-318, ao comentar sobre a exceção de suspeição, assim destaca:

> "A Consolidação das Leis do Trabalho subordinou ao título genérico de suspeição hipóteses em que esta se caracteriza e outras em que se configura, realmente, o impedimento do Juiz. Nisso o legislador trabalhista se deixou influenciar pela estruturação unitária do CPC/39 (art. 185), sem dúvida.

> Existe, porém, sensível diferença entre suspeição e impedimento, marcada pela diferença de natureza de suas causas.
>
> Com efeito, as causas capazes de gerar o impedimento têm natureza objetiva, isto é, revelam-se por sinais exteriores suficientes em si mesmos para imprimir a certeza do comprometimento da imparcialidade. Enquanto isso, as causas geradoras da suspeição têm natureza subjetiva, isto é, seus sinais exteriores carecem de força própria para convencer da quebra da imparcialidade, dependendo do exame do ânimo ou do sentimento do juiz.
>
> Captando essa distinção com propriedade, o legislador processual civil de 1973 separou as figuras do impedimento e da suspeição, determinando para o primeiro 'uma proibição dirigida ao Juiz, de funcionar nas causas em que acontecem as circunstâncias enumeradas no art. 134 (art. 144 do NCPC), ao passo que limitou a suspeição a apenas um dever do Juiz de se afastar do processo, em função do seu sentimento de perda de imparcialidade'".

Nessa esteira, as hipóteses previstas no art. 801 da CLT são meramente exemplificativas, aplicando-se, de forma subsidiária, os arts. 144 e 145 do CPC, que elencam possibilidades de impedimento e suspeição, *in verbis*:

> "Art. 144. Há impedimento do juiz, sendo-lhe vedado exercer suas funções no processo:
>
> I – em que interveio como mandatário da parte, oficiou como perito, funcionou como membro do Ministério Público ou prestou depoimento como testemunha;
>
> II – de que conheceu em outro grau de jurisdição, tendo proferido decisão;
>
> III – quando nele estiver postulando, como defensor público, advogado ou membro do Ministério Público, seu cônjuge ou companheiro, ou qualquer parente, consanguíneo ou afim, em linha reta ou colateral, até o terceiro grau, inclusive;
>
> IV – quando for parte no processo ele próprio, seu cônjuge ou companheiro, ou parente, consanguíneo ou afim, em linha reta ou colateral, até o terceiro grau, inclusive;
>
> V – quando for sócio ou membro de direção ou de administração de pessoa jurídica parte no processo;
>
> VI – quando for herdeiro presuntivo, donatário ou empregador de qualquer das partes;

> VII – em que figure como parte instituição de ensino com a qual tenha relação de emprego ou decorrente de contrato de prestação de serviços;
>
> VIII – em que figure como parte cliente do escritório de advocacia de seu cônjuge, companheiro ou parente, consanguíneo ou afim, em linha reta ou colateral, até o terceiro grau, inclusive, mesmo que patrocinado por advogado de outro escritório;[2]
>
> IX – quando promover ação contra a parte ou seu advogado.
>
> § 1.º Na hipótese do inciso III, o impedimento só se verifica quando o defensor público, o advogado ou o membro do Ministério Público já integrava o processo antes do início da atividade judicante do juiz.
>
> § 2.º É vedada a criação de fato superveniente a fim de caracterizar impedimento do juiz.
>
> § 3.º O impedimento previsto no inciso III também se verifica no caso de mandato conferido a membro de escritório de advocacia que tenha em seus quadros advogado que individualmente ostente a condição nele prevista, mesmo que não intervenha diretamente no processo".

> "Art. 145. Há suspeição do juiz:
>
> I – amigo íntimo ou inimigo de qualquer das partes ou de seus advogados;
>
> II – que receber presentes de pessoas que tiverem interesse na causa antes ou depois de iniciado o processo, que aconselhar alguma das partes acerca do objeto da causa ou que subministrar meios para atender às despesas do litígio;
>
> III – quando qualquer das partes for sua credora ou devedora, de seu cônjuge ou companheiro ou de parentes destes, em linha reta até o terceiro grau, inclusive;
>
> IV – interessado no julgamento do processo em favor de qualquer das partes.
>
> § 1.º Poderá o juiz declarar-se suspeito por motivo de foro íntimo, sem necessidade de declarar suas razões.
>
> § 2.º Será ilegítima a alegação de suspeição quando:
>
> I – houver sido provocada por quem a alega;
>
> II – a parte que a alega houver praticado ato que signifique manifesta aceitação do arguido".

Portanto, não há dúvidas de que as hipóteses de suspeição e impedimento extraem-se dos arts. 144 e 145 do CPC. Também não há dúvidas de

2. ADI 5.953: O STF, por maioria, julgou procedente a presente ação direta, declarando-se a inconstitucionalidade do inciso VIII do art. 144, do CPC, nos termos do voto do Ministro Gilmar Mendes, Redator para o acórdão. DJE 18/10/2023.

que devem ser arguidas por exceção de suspeição e impedimento, uma vez que a CLT não é omissa quanto ao tema e adota essa nomenclatura em seu art. 799. Entretanto, quanto ao seu processamento aplica-se o CPC.

A CLT tornou-se inaplicável quanto ao processamento das exceções de suspeição e impedimento, pois segundo o art. 802, 1º, da CLT, se o juiz não se reconhecer suspeito ou impedido, designará uma audiência e julgará a exceção. O mesmo foi estabelecido para um órgão colegiado: a Junta de Conciliação e Julgamento. A partir da EC 24/99, com extinção das juntas de conciliação e julgamento, a jurisdição na 1ª instância passou a ser exercida pelo juiz titular ou substituto de forma singular (art. 116 da CF).

As alterações instituídas pela EC 24/99 são incompatíveis com o disposto no § 1º do art. 802 da CLT, porque não faz sentido o próprio juiz peitado (suspeito ou impedido) instruir e julgar a exceção de suspeição ou impedimento contra si oposta. O julgamento deveria ser feito por um órgão colegiado, dele não participando o juiz "interessado". À medida que a Vara do Trabalho passa a funcionar apenas com juiz singular, a CLT tornou-se omissa quanto ao tema. Assim, o processamento das exceções de suspeição e impedimento deve reger-se pelo CPC.

O atual Código de Processo Civil preceitua em seu art. 146, *caput* e parágrafos, que a parte alegará o impedimento ou a suspeição em 15 dias, a contar do conhecimento do fato, em petição específica dirigida ao juiz do processo, na qual indicará o fundamento da recusa, podendo instruí-la com documentos em que se fundar a alegação e com rol de testemunhas.

Se reconhecer o impedimento ou a suspeição ao receber a petição, o juiz ordenará imediatamente a remessa dos autos a seu substituto legal, caso contrário, instituirá a autuação em apartado da petição e, no prazo de 15 (quinze) dias, apresentará suas razões, acompanhadas de documentos e de rol de testemunhas, se houver, ordenando a remessa do incidente ao tribunal.

Caso seja acolhida a alegação, tratando-se de impedimento ou de manifesta suspeição, o tribunal condenará o juiz nas custas e remeterá os autos ao seu substituto legal, podendo o juiz recorrer da decisão. Neste caso, o tribunal fixará o momento a partir do qual o juiz não poderia ter atuado e decretará a nulidade dos seus atos, se praticados quando já presente o motivo de impedimento ou de suspeição.

Segue o disposto no art. 146 do CPC:

> "Art. 146. No prazo de 15 (quinze) dias, a contar do conhecimento do fato, a parte alegará o impedimento ou a suspeição, em petição específica dirigida ao juiz do processo, na qual indicará o fundamento da recusa, podendo instruí-la com documentos em que se fundar a alegação e com rol de testemunhas.
>
> § 1º Se reconhecer o impedimento ou a suspeição ao receber a petição, o juiz ordenará imediatamente a remessa dos autos a seu substituto legal, caso contrário, determinará a autuação em apartado da petição e, no prazo de 15 (quinze) dias, apresentará suas razões, acompanhadas de documentos e de rol de testemunhas, se houver, ordenando a remessa do incidente ao tribunal.
>
> § 2º Distribuído o incidente, o relator deverá declarar os seus efeitos, sendo que, se o incidente for recebido:
>
> I – sem efeito suspensivo, o processo voltará a correr;
>
> II – com efeito suspensivo, o processo permanecerá suspenso até o julgamento do incidente.
>
> (...)".

Ressalte-se, por fim, que, nos termos do art. 801, parágrafo único, da CLT, aplicável ao Processo do Trabalho, se o recusante houver praticado algum ato pelo qual haja consentido na pessoa do juiz, não mais poderá alegar exceção de suspeição, salvo sobrevindo novo motivo. A suspeição não será também admitida se do processo constar que o recusante deixou de alegá-la anteriormente, quando já a conhecia, ou que, depois de conhecida, aceitou o juiz recusado ou, finalmente, se procurou de propósito o motivo de que ela se originou.

5.1.3.4. Reconvenção

A reconvenção é uma modalidade de resposta do réu, concernente não a uma defesa (como ocorre na contestação e na exceção), mas sim a uma manifestação de ataque contra o autor.

Em outras palavras, a reconvenção constitui-se num contra-ataque do réu em face do autor dentro do mesmo processo, na contestação. Com efeito, estabelece o art. 343 do CPC que:

> "Art. 343. Na contestação, é lícito ao réu propor reconvenção para manifestar pretensão própria, conexa com a ação principal ou com o fundamento da defesa".

Não obstante, a reconvenção não é obrigatória, mas sim facultativa, significando dizer que a sua não apresentação não retira do réu a possibilidade de ver reconhecido o seu direito em ação autônoma.

Na reconvenção, que deve ser apresentada na contestação, o reclamado passa a se chamar reclamado-reconvinte e o autor, reclamante-reconvindo.

A doutrina majoritária admite a reconvenção nos domínios do Processo do Trabalho, principalmente em função de sua compatibilidade com os dispositivos consolidados, bem como em função dos princípios da celeridade e economia processual, tão defendidos na seara laboral, sendo aplicável o Código de Processo Civil.

Se o autor for substituto processual, o reconvinte deverá afirmar ser titular de direito em face do substituído, e a reconvenção deverá ser proposta em face do autor, também na qualidade de substituto processual (art. 343, § 5.º, do CPC).

A reconvenção pode ser proposta contra o autor e terceiro, bem como pelo réu em litisconsórcio com terceiro (art. 343, §§ 3.º e 4.º, do CPC).

Nos termos do art. 791-A, § 5º, da CLT, são devidos honorários de sucumbência na reconvenção. Não poderia ser diferente, uma vez que a reconvenção é uma outra ação dentro da mesma relação processual.

A lei impõe requisitos para a admissibilidade da reconvenção, quais sejam:

- que o juízo da causa principal seja competente para apreciar a demanda reconvencional. A reconvenção deve cingir-se à matéria afeta à competência material da Justiça do Trabalho, nos moldes do art. 114 da CF/1988, com redação dada pela EC 45/2004;
- haver compatibilidade entre os procedimentos aplicáveis à causa principal e à reconvenção – ressalte-se que entendemos que a reconvenção é possível, mesmo que a demanda principal envolva uma ação submetida ao procedimento sumaríssimo ou sumário, uma vez que não há dispositivo legal específico na seara trabalhista que proíba tal situação.
- haver conexão entre a reconvenção e a ação principal (art. 343 do CPC) – a reconvenção deve ser conexa com a demanda principal ou com os fundamentos da defesa. Há conexão entre duas ou mais ações quando lhes for comum o objeto ou a causa de pedir, nos moldes do art. 55 do CPC.

Caso não sejam preenchidos todos os requisitos, mas sendo a controvérsia oriunda da relação do trabalho, o reclamado (reconvinte) poderá propor reclamação autônoma na Justiça do Trabalho.

Considerando que não pode o réu, em seu próprio nome, reconvir ao autor, quando este demandar em nome de outrem (art. 343, § 5.º, do CPC), não se admite a reconvenção da empresa em caso de ação de cumprimento proposta pelo sindicato profissional, na qualidade de substituto processual, pois nessa hipótese estará atuando o sindicato em nome dos associados e não em nome próprio.

Considerando as peculiaridades do Processo do Trabalho, caso seja apresentada reconvenção pelo reclamado, deverá o juiz determinar a suspensão da audiência, designando nova data para o seu prosseguimento, respeitado o quinquídio legal previsto no art. 841 da CLT para que o reclamante-reconvindo apresente sua defesa, salvo se o mesmo abrir mão desse prazo na própria audiência em que foi apresentada a reconvenção.

Estabelece o art. 847 da CLT que, não havendo acordo, o reclamado terá vinte minutos para aduzir sua defesa, o que inclui a apresentação de contestação e da reconvenção.

O reclamado poderá apresentar defesa escrita pelo sistema de processo judicial eletrônico até a audiência (art. 847, § 1º, CLT).

5.1.3.5. Impugnação ao valor da causa

A impugnação ao valor da causa se qualifica como modalidade de defesa, pelo fato de impugnar requisito da petição inicial (o valor da causa), adequando o valor da causa à pretensão econômica postulada, gerando, por consequência, a modificação da base de cálculo das custas judiciais atinentes e honorários advocatícios sucumbenciais.

O reclamado tem interesse na elevação do valor da causa para adequá-lo à pretensão econômica deduzida em juízo, afastando os valores a menor indicados pelo reclamante, uma vez que na hipótese de improcedência o reclamante deverá pagar honorários advocatícios entre o mínimo de 5% e o máximo de 15% do valor da causa, nos termos do art. 791-A da CLT.

O Estado, por sua vez, tem interesse na majoração do valor da causa, pois na hipótese de improcedência, as custas serão maiores.

O art. 840, § 1º, da CLT determina que é requisito da petição inicial a indicação do valor correspondente a cada pedido. Sendo o valor da causa a somatória de todos os pedidos, este é um requisito da petição inicial.

Se o reclamante não indicar o valor da causa, estará inobservando um dos requisitos da petição inicial previsto nos art. 840, § 1º, da CLT e 319 do CPC, caso em que o juiz deverá conceder o prazo de 15 (quinze) dias para que o reclamante emende a petição inicial, sob pena de indeferimento da mesma (art. 321 do CPC).

Por outro lado, indicado o valor da causa na inicial, o juiz poderá corrigi-lo, de ofício, quando verificar que não corresponde ao conteúdo patrimonial em discussão ou ao proveito econômico perseguido pelo autor, e o réu poderá impugnar o valor da causa em preliminar de contestação, consoante determinam os arts. 292, § 3º e 293 do CPC, *in verbis*:

> "Art. 292. O valor da causa constará da petição inicial ou da reconvenção e será:
>
> (...)
>
> § 3º O juiz corrigirá, de ofício e por arbitramento, o valor da causa quando verificar que não corresponde ao conteúdo patrimonial em discussão ou ao proveito econômico perseguido pelo autor, caso em que se procederá ao recolhimento das custas correspondentes.".
>
> "Art. 293. O réu poderá impugnar, em preliminar da contestação, o valor atribuído à causa pelo autor, sob pena de preclusão, e o juiz decidirá a respeito, impondo, se for o caso, a complementação das custas".

Assim, resta superada a Súmula 71 do TST que determina que não sendo impugnado o valor da causa no momento oportuno, este se torna inalterável:

> "Súmula 71 do TST. A alçada é fixada pelo valor dado à causa na data de seu ajuizamento, desde que não impugnado, sendo inalterável no curso do processo".

Em síntese, determina o atual Código de Processo Civil que o juiz corrigirá, de ofício e por arbitramento, o valor da causa quando verificar que não corresponde ao conteúdo patrimonial em discussão ou ao proveito econômico perseguido pelo autor, caso em que se procederá ao recolhimento das custas correspondentes (art. 292, § 3.º, do CPC). Destarte, assegura ao réu impugnar, em preliminar de contestação, o valor atribuído à causa pelo autor, sob pena de preclusão, e o juiz decidirá a respeito, impondo, se for o caso, a complementação das custas.

É nesse sentido o posicionamento do TST, que na IN 39/2016, que dispõe sobre as normas do CPC aplicáveis ao Processo do Trabalho, determina em seu art. 3º, V, que o art. 292, § 3º, será aplicável ao Processo do Trabalho.

5.1.4. Provas

5.1.4.1. Generalidades

Prova, no âmbito do direito processual, é o meio utilizado para a demonstração no processo, da veracidade dos fatos controvertidos.

O objeto da prova são os fatos relevantes, pertinentes e controvertidos narrados no processo pelo autor e réu.

Impende destacar que apenas os fatos devem ser provados pelas partes, uma vez que, em regra, o direito não depende de prova (*ius allegatur, non probatur*). Em outras palavras, o juiz conhece o direito (*iura novit curia*), cabendo aos litigantes narrar e provar os fatos, e ao juiz aplicar a norma legal cabível à espécie.

O direito federal é de conhecimento obrigatório do juiz. Contudo, em relação ao direito estrangeiro, municipal, estadual, distrital ou consuetudinário, poderá o magistrado, a teor do art. 376 do CPC (aplicável subsidiariamente ao Processo do Trabalho – art. 769 da CLT), determinar que a parte interessada faça prova do teor e da vigência da legislação mencionada.

Nos domínios do Processo do Trabalho, poderá também o magistrado determinar, caso a parte invoque direito previsto em norma coletiva (convenção coletiva, acordo coletivo), em sentença normativa ou mesmo calcado em regulamento empresarial, que faça prova do teor e da vigência de tais instrumentos.

A regra geral, portanto, dispõe que os fatos devem ser provados. Entretanto, o art. 374 do CPC aponta algumas exceções a esta regra, *in verbis*:

> "Art. 374. Não dependem de prova os fatos:
>
> I – notórios;
>
> II – afirmados por uma parte e confessados pela parte contrária;
>
> III – admitidos no processo como incontroversos;
>
> IV – em cujo favor milita presunção legal de existência ou de veracidade".

O art. 818 da CLT prevê a distribuição do ônus da prova nos mesmos moldes do art. 373 do CPC, determinando que cabe ao autor o ônus da prova dos fatos constitutivos de seu direito, e ao réu, o ônus da prova dos fatos modificativos, impeditivos ou extintivos do direito do autor. *In verbis*:

Art. 818. O ônus da prova incumbe:

I – ao reclamante, quanto ao fato constitutivo de seu direito;

II – ao reclamado, quanto à existência de fato impeditivo, modificativo ou extintivo do direito do reclamante.

I – ao reclamante, quanto ao fato constitutivo de seu direito;

II – ao reclamado, quanto à existência de fato impeditivo, modificativo ou extintivo do direito do reclamante.

O art. 818, § 1º, da CLT, conferiu ao juiz a distribuição do ônus da prova, consideradas as particularidades do caso concreto, sendo denominada distribuição dinâmica do ônus da prova.

> "Art. 818. (...)
>
> § 1º Nos casos previstos em lei ou diante de peculiaridades da causa relacionadas à impossibilidade ou à excessiva dificuldade de cumprir o encargo nos termos deste artigo ou à maior facilidade de obtenção da prova do fato contrário, poderá o juízo atribuir o ônus da prova de modo diverso, desde que o faça por decisão fundamentada, caso em que deverá dar à parte a oportunidade de se desincumbir do ônus que lhe foi atribuído".

O juiz, de ofício ou a requerimento, poderá distribuir diversamente o ônus da prova nas seguintes hipóteses:

a) na hipótese de impossibilidade ou de excessiva dificuldade de cumprir o encargo nos moldes fixados estaticamente pelo legislador;

b) quando houver maior facilidade de obtenção de prova de modo diverso.

Saliente-se que a distribuição do ônus pode ser realizada a favor do reclamante ou do reclamado, devendo a decisão ser fundamentada, como expressamente determina o § 1º referido.

A distribuição do ônus da prova pelo juiz já vinha sendo adotada em nosso ordenamento jurídico, e durante muito tempo se discutiu qual o momento para a sua realização. A CLT definiu tal momento.

O art. 818, § 2º, da CLT determina que a decisão que determinar a distribuição do ônus da prova deverá ser proferida antes da abertura da instrução e, a requerimento da parte, implicará o adiamento da audiência e possibilitará provar os fatos por qualquer meio em direito admitido:

> "Art. 818. (...)
>
> § 2º A decisão referida no § 1º deste artigo deverá ser proferida antes da abertura da instrução e, a requerimento da parte, implicará o

adiamento da audiência e possibilitará provar os fatos por qualquer meio em direito admitido".

Frise-se que é nula a decisão que inverte o ônus probatório sem permitir à parte a quem ele foi atribuído desincumbir-se do mesmo, como determina o art. 818, § 3º, da CLT:

> "Art. 818. (...)
>
> § 3º A decisão referida no § 1º deste artigo não pode gerar situação em que a desincumbência do encargo pela parte seja impossível ou excessivamente difícil".

A distribuição do ônus da prova pelo juiz não pode gerar situação em que a desincumbência do encargo pela parte seja impossível ou excessivamente difícil, ou seja, o juiz não pode distribuir o encargo probatório de modo a tornar a prova diabólica para a parte ex-adversa.

Sob a ótica de Fredie Didier:[3] "Nas hipóteses em que identificada a hipótese de prova diabólica para ambas as partes, não deve haver a utilização da dinamização probatória. Em tal situação deve ser utilizada a regra da inesclarecibilidade, de forma a analisar qual das partes assumiu o risco da situação de dúvida insolúvel, devendo esta ser submetida à decisão desfavorável".

Ressalte-se, os Tribunais já vêm adotando a distribuição diversa do ônus da prova pelo juiz, a exemplo da Súmula 338, I, do TST:

> "Súmula 338 do TST. JORNADA DE TRABALHO. REGISTRO. ÔNUS DA PROVA (incorporadas as Orientações Jurisprudenciais nºs 234 e 306 da SBDI-1) - Res. 129/2005, *DJ* 20, 22 e 25.04.2005.
>
> I – É ônus do empregador que conta com mais de 10 (dez) empregados o registro da jornada de trabalho na forma do art. 74, § 2º, da CLT. A não apresentação injustificada dos controles de frequência gera presunção relativa de veracidade da jornada de trabalho, a qual pode ser elidida por prova em contrário" (ex-Súmula 338 – alterada pela Res. 121/2003, *DJ* 21.11.2003).

Embora o ônus da prova das horas extras seja do reclamante, o Tribunal impõe ao empregador o encargo probatório da jornada de trabalho, quando tiver mais de 20 empregados, pois nos termos do art. 74, § 2º, da CLT,

3. Op. cit., p. 126.

neste caso, cabe a ele o registro da jornada, sendo muito maior a aptidão do reclamado de produzir a prova.

Como exemplo também podemos citar a Súmula 443, que também atribui ao empregador ônus que seria do empregado. Veja:

> "Súmula 443 do TST. DISPENSA DISCRIMINATÓRIA. PRESUNÇÃO. EMPREGADO PORTADOR DE DOENÇA GRAVE. ESTIGMA OU PRECONCEITO. DIREITO À REINTEGRAÇÃO – Res. 185/2012, *DEJT* divulgado em 25, 26 e 27.09.2012.
>
> Presume-se discriminatória a despedida de empregado portador do vírus HIV ou de outra doença grave que suscite estigma ou preconceito. Inválido o ato, o empregado tem direito à reintegração no emprego".

Nos termos do art. 775, § 2º, da CLT, ao juízo compete alterar a ordem de produção dos meios de prova, adequando-os às necessidades do conflito de modo a conferir maior efetividade à tutela do direito. O juiz deverá levar em conta a distribuição do ônus da prova no processo para determinar a ordem da produção das provas.

Prevê art. 373, § 3º, do CPC também a distribuição convencional do ônus da prova realizada pelas partes, salvo quando recair sobre direito indisponível da parte ou quando tornar excessivamente difícil a uma parte o exercício do direito, caso em que se denomina a prova de diabólica. Sempre que a produção da prova for muito difícil ou impossível chama-se a prova de diabólica, de modo que tal encargo probatório não poderá ser atribuído à outra parte. O atual Código manteve o conteúdo normativo do Código anterior, entretanto, alterou a sua redação, tornando-a mais clara, com o intuito de estimular a sua utilização. Observe o parágrafo único do art. 333 do CPC de 1973 e o § 3º do art. 373 do atual CPC:

CPC/1973	Atual CPC
Art. 333. O ônus da prova incumbe: Parágrafo único. É nula a convenção que distribui de maneira diversa o ônus da prova quando: I – recair sobre direito indisponível da parte; II – tornar excessivamente difícil a uma parte o exercício do direito.	Art. 373. O ônus da prova incumbe: § 3º A distribuição diversa do ônus da prova também pode ocorrer por convenção das partes, salvo quando: I – recair sobre direito indisponível da parte; II – tornar excessivamente difícil a uma parte o exercício do direito.

A distribuição convencional não tem aplicação no processo do trabalho, em razão das peculiaridades deste e da dificuldade probatória que apresenta o reclamante.

No mesmo sentido é o entendimento do TST, consubstanciado no art. 2º, VII, da IN 39/2016 do TST, que determina que o art. 373, §§ 3º e 4º do Código de Processo Civil, que prevê a distribuição diversa do ônus da prova por convenção das partes não se aplica ao Processo do Trabalho.

5.1.4.2. Súmulas e OJs do TST sobre a Distribuição do Ônus da Prova

O TST tem diversas súmulas e OJs a respeito da distribuição do ônus da prova.

À luz da Súmula 212 do TST, o ônus de provar o término do contrato de trabalho, quando negados a prestação de serviço e o despedimento, é do empregador, pois o princípio da continuidade da relação de emprego constitui presunção favorável ao empregado.

As anotações apostas da CTPS do empregado pelo empregador geram presunção relativa de veracidade – *juris tantum* –, admitindo prova em contrário (Súmula 12 do TST).

Presume-se recebida a notificação 48 horas depois de sua postagem. O seu não recebimento ou a entrega após o decurso desse prazo constitui ônus de prova do destinatário (Súmula 16 do TST).

O ônus da prova da jornada de trabalho delimitada na inicial, em regra, é do empregado, pois esta representa fato constitutivo do direito às horas extras.

Os cartões uniformes são inválidos como meio de prova, invertendo-se o ônus da prova que passa a ser do empregador (Súmula 338, III, do TST).

A presunção de veracidade da jornada de trabalho, ainda que prevista em instrumento normativo, pode ser elidida por prova em contrário. Veja quadro abaixo:

Recte	Rcdo	Número de empregados	Obrigação de juntar cartões	Juntou?	Ônus
Requer HE	Nega	Até 20	Não	Não	Recte
Requer HE	Nega	Mais de 20	Sim	Sim	Recte
Requer HE	Nega	Mais de 20	Sim	Não	Recdo
Requer HE	Nega	Mais de 20	Sim	Sim, porém são britânicos (horários de entrada e saída uniformes) – cartões inválidos.	Recdo

Ressalte-se que o art. 12 da LC 150/2015 estabelece que "é obrigatório o registro do horário de trabalho do empregado doméstico por qualquer meio manual, mecânico ou eletrônico, desde que idôneo". Dessa forma, ainda que o empregador tenha apenas um empregado doméstico, é obrigatório o registro dos seus horários de entrada, saída e intervalos. A consequência da ausência do registro ou da anotação de horários uniformes, sempre de acordo com a jornada contratual, é a presunção de veracidade da jornada descrita pelo empregado em sua petição inicial, ficando com o empregador o ônus de provar que não é verdadeira.

A decisão que defere horas extras com base em prova oral ou documental não ficará limitada ao tempo por ela abrangido, desde que o julgador fique convencido de que o procedimento questionado superou aquele período (OJ 233, SDI-1, TST). Dessa forma, ainda que a testemunha tenha trabalhado com o autor por apenas um ano, o juiz, convencendo-se de que essa era uma prática comum por parte do empregado, pode deferir horas extras por período superior.

Segundo estabelece a Súmula 6, VIII, do TST, é ônus do empregador comprovar os fatos impeditivos, modificativos os extintivos da equiparação salarial.

O termo inicial do direito ao salário-família coincide com a prova da filiação. Caso seja realizada em juízo, corresponde à data de ajuizamento do pedido, salvo se comprovado que anteriormente o empregador se recusara a receber a respectiva certidão (Súmula 254 do TST).

É do empregador o ônus de comprovar que o empregado não satisfaz os requisitos indispensáveis para a concessão do vale-transporte ou não pretenda fazer uso do benefício (Súmula 460 do TST).

Por fim, nos termos da Súmula 461 do TST, é do empregador o ônus da prova em relação à regularidade dos depósitos do FGTS, pois o pagamento é fato extintivo do direito do autor.

No que atine à prova da existência ou não da relação de emprego, para a distribuição do ônus da prova, devemos considerar as seguintes situações:

- Se o reclamante requerer em juízo o reconhecimento do vínculo de emprego e a reclamada negar a prestação de tais serviços, é do empregado o ônus de provar o fato constitutivo do seu direito;
- Se o reclamante requerer em juízo o reconhecimento do vínculo de emprego e a reclamada, na defesa, admitir a prestação de serviços do obreiro, não como empregado, mas como trabalhador autônomo, será do empregador o ônus de comprovar que a relação havida não era de emprego (fato obstativo do direito do autor).

5.1.4.3. Meios de prova

O atual Código inovou ao tipificar dois meios de provas: a prova emprestada e a ata notarial.

Na prova emprestada, prevista no art. 372 do CPC, o legislador ressaltou a necessidade de observância do contraditório e determinou que o juiz atribuirá a ela o valor que considerar adequado:

> "Art. 372. O juiz poderá admitir a utilização de prova produzida em outro processo, atribuindo-lhe o valor que considerar adequado, observado o contraditório".

Já a ata notarial, prevista no art. 384 do CPC, tem por objetivo documentar ou atestar a existência ou o modo de existir de algum fato mediante ata lavrada por tabelião. Os dados representados por imagem ou som gravados em arquivos eletrônicos poderão constar da ata notarial. Observe o teor do art. 384 do CPC:

> "Art. 384. A existência e o modo de existir de algum fato podem ser atestados ou documentados, a requerimento do interessado, mediante ata lavrada por tabelião.
>
> Parágrafo único. Dados representados por imagem ou som gravados em arquivos eletrônicos poderão constar da ata notarial".

Embora ainda não estivesse tipificada no Código de Processo Civil atual, a ata já vem sendo utilizada para documentar dados publicados na internet.

5.1.4.3.1. Depoimento pessoal e interrogatório

5.1.4.3.1.1. Diferenciação

O CPC diferencia o depoimento pessoal e o interrogatório.

O depoimento pessoal trata-se de meio de prova que visa o interrogatório da parte, a fim de obter a confissão. Assim, se a parte, pessoalmente intimada para prestar depoimento pessoal e advertida da pena de confesso, não comparecer ou, comparecendo, se recusar a depor, o juiz aplicar-lhe-á a pena de confissão. O depoimento pessoal pode ser requerido pela parte ex-adversa ou determinado pelo juiz (art. 385, *caput* e § 1º, CPC).

Observe o disposto no art. 385, *caput* e § 1º do CPC:

> Art. 385. Cabe à parte requerer o depoimento pessoal da outra parte, a fim de que esta seja interrogada na audiência de instrução e julgamento, sem prejuízo do poder do juiz de ordená-lo de ofício.
>
> § 1º Se a parte, pessoalmente intimada para prestar depoimento pessoal e advertida da pena de confesso, não comparecer ou, comparecendo, se recusar a depor, o juiz aplicar-lhe-á a pena.

O interrogatório é determinado pelo juiz, que pode determina-lo a qualquer momento. Tem por objetivo o esclarecimento dos fatos, não produzindo a pena de confissão, nos termos do art. 139, VII, do CPC.

> Art. 139. O juiz dirigirá o processo conforme as disposições deste Código, incumbindo-lhe:
>
> (...)
>
> VIII – determinar, a qualquer tempo, o comparecimento pessoal das partes, para inquiri-las sobre os fatos da causa, hipótese em que não incidirá a pena de confesso.

Nos domínios do processo do trabalho a Consolidação das Leis do Trabalho a CLT refere-se apenas ao interrogatório, não diferenciando os institutos. Vejamos:

> "Art. 848. Terminada a defesa, seguir-se-á a instrução do processo, podendo o presidente, *ex officio* ou a requerimento de qualquer juiz temporário, ***interrogar*** as partes."

Por essa razão, alguns sustentam que não há depoimento pessoal no processo do trabalho, entretanto esse não é o nosso posicionamento e tão pouco do TST, como se observa na Súmula 74, I, do TST:

> Súmula 74, I, do TST. CONFISSÃO. (atualizada em decorrência do CPC de 2015) – Res. 208/2016, *DEJT* divulgado em 22, 25 e 26.04.2016.
>
> I – Aplica-se a confissão à parte que, expressamente intimada com aquela cominação, não comparecer à audiência em prosseguimento, na qual deveria depor. (ex-Súmula 74 – RA 69/1978, *DJ* 26.09.1978)

O requerimento de uma das partes para oitiva da parte contrária poderá ser indeferido (de forma fundamentada) pelo juiz, sem que isso, necessariamente, configure cerceio de defesa, o que ocorre quando a sentença pauta-se em outras provas constantes dos autos.

O atual diploma processual possibilita que o depoimento pessoal da parte, que residir em comarca, seção ou subseção judiciária diversa daquela onde tramita o processo, seja colhido por meio de videoconferência ou outro recurso tecnológico de transmissão de sons e imagens em tempo real, o que poderá ocorrer, inclusive, durante a realização da audiência de instrução e julgamento (art. 385, § 3.º, do CPC).

Nos termos do art. 775, 2º, da CLT, ao juízo compete alterar a ordem de produção dos meios de prova, adequando-os às necessidades do conflito de modo a conferir maior efetividade à tutela do direito. O juiz deverá levar em conta a distribuição do ônus da prova no processo para determinar a ordem da produção das provas. Desse modo, se for do reclamante o ônus da prova quanto ao único pedido formulado, o juiz deve determinar que o depoimento pessoal do reclamado preceda ao do reclamante, uma vez que este visa a confissão real.

5.1.4.3.1.2. Confissão

Estabelece o art. 389 do CPC que há confissão quando a parte admite a verdade de um fato, contrário ao seu interesse e favorável ao adversário.

A confissão pode ser judicial, realizada no curso do processo, ou extrajudicial, fora do processo.

A confissão judicial pode ser espontânea ou provocada (art. 390 do CPC). A confissão espontânea é feita, em regra, por petição. Já a confissão provocada é proveniente do depoimento pessoal da parte.

Por meio da oitiva das partes, poderá o magistrado extrair a denominada confissão real, conhecida popularmente como a rainha das provas. Na confissão real (realizada expressamente pela parte), o juiz consegue extrair a verdade dos fatos alegados pelos litigantes, mediante o próprio depoimento das partes.

A confissão espontânea e a provocada, que são reais, geram a presunção absoluta de veracidade dos fatos narrados pela parte adversa.

A confissão ficta ocorre pelo não comparecimento da parte à audiência em que deveria prestar seu depoimento pessoal, desde que devidamente intimada para esse ato, ou, comparecendo, o litigante se recuse a responder às perguntas formuladas pelo magistrado ou afirme ignorar os fatos relevantes e pertinentes para a solução da lide (art. 385, § 1.º, do CPC).

Outrossim, se o reclamado não comparecer à audiência inaugural, além da revelia, também incidirá sobre o mesmo a confissão ficta, a teor do art. 844 da CLT.

O Tribunal Superior do Trabalho, por meio da Súmula 74, dispõe sobre a aplicação da confissão ficta à parte que não comparece à audiência em prosseguimento, na qual deveria depor, *in verbis*:

> "SÚMULA 74 DO TST (atualizada em decorrência do CPC de 2015) - Res. 208/2016, *DEJT* divulgado em 22, 25 e 26.04.2016.
>
> I - Aplica-se a confissão à parte que, expressamente intimada com aquela cominação, não comparecer à audiência em prosseguimento, na qual deveria depor (ex-Súmula 74 - RA 69/1978, *DJ* 26.09.1978).
>
> II - A prova pré-constituída nos autos pode ser levada em conta para confronto com a confissão ficta (arts. 442 e 443, do CPC de 2015 - art. 400, I, do CPC de 1973), não implicando cerceamento de defesa o indeferimento de provas posteriores (ex-OJ 184 da SBDI-I - inserida em 08.11.2000).
>
> III - A vedação à produção de prova posterior pela parte confessa somente a ela se aplica, não afetando o exercício, pelo magistrado, do poder/dever de conduzir o processo.

A confissão ficta goza de presunção relativa, prevalecendo, se não houver outros meios de prova nos autos capazes de elidi-la.

Com efeito, a jurisprudência do Colendo Tribunal Superior do Trabalho vem se firmando no sentido de que, aplicada a confissão ficta, a parte que sofreu os seus efeitos não poderá ouvir testemunhas ou produzir outras provas sobre esses fatos admitidos como verdadeiros, os quais somente poderão ser elididos por prova contrária já existente nos autos.

Quanto à confissão extrajudicial, prevista no art. 394 do CPC, não deve ser aceita nos domínios do Processo do Trabalho, caso o confitente seja o empregado, principalmente, considerando a indisponibilidade e irrenunciabilidade dos direitos trabalhistas, como também pela presunção de coação sofrida pelo obreiro na confissão.

Podem confessar as partes, desde que possuam capacidade processual e legitimidade, o preposto, cujas declarações obrigam o proponente (art. 843, § 1.º, da CLT) e os advogados com poderes específicos para esse fim (art. 390, § 1.º, do CPC).

O empregado da mesma profissão ou o representante do sindicato que, nos termos do art. 843, § 2.º, da CLT, comparecer à audiência não poderá confessar, pois apenas estará substituindo o reclamante quando este estiver doente ou impossibilitado de comparecer, evitando-se o arquivamento da ação, designando o magistrado nova data de audiência.

Estabelece o art. 395 do CPC que a confissão é indivisível, não podendo a parte, que a quiser invocar como prova, aceitá-la no tópico que a beneficiar e rejeitá-la no que lhe for desfavorável.

A confissão é irrevogável, salvo quando emanar de erro de fato ou de coação (art. 393 do CPC), podendo ser revogada por ação anulatória no curso do processo ou por ação rescisória, depois de transitada em julgado a sentença da qual constituir o único fundamento.

Saliente-se que o Código Civil (art. 214) já estabelecia que a confissão é irrevogável, somente podendo ser anulada se decorreu de erro de fato ou de coação. Nesse contexto, a doutrina majoritária vinha entendendo que não mais cabe anular a confissão por dolo, mas apenas por erro de fato ou coação. O atual Código de Processo Civil não previu a possibilidade de anulação da confissão por dolo, resolvendo a celeuma. Prevaleceu a corrente dominante, segundo a qual o importante é que o fato foi confessado, provado.

Decreta o art. 385, § 2.º, do CPC que é vedado a quem ainda não depôs assistir ao interrogatório da outra parte, quer dizer, primeiro o reclamante e depois o reclamado.

As partes que não souberem falar a língua nacional prestarão depoimento por meio de intérprete nomeado pelo juiz (art. 819 da CLT), o mesmo ocorrendo em relação ao surdo-mudo ou mudo que não saiba escrever. As despesas correrão por conta da parte sucumbente, salvo se beneficiária de justiça gratuita (art. 819, § 2.º, da CLT).

Terminado o interrogatório, as partes poderão retirar-se, prosseguindo a instrução com os seus representantes (art. 848, § 1.º, da CLT).

Estabelece a Súmula 155 do TST que as horas que o empregado falta ao serviço para comparecimento necessário, como parte, à Justiça do Trabalho não serão descontadas de seus salários.

Por fim, vale lembrar que os entes públicos também se sujeitam aos efeitos da revelia prevista no art. 844 da CLT (OJ 152 da SDI-I/TST) e confissão ficta.

5.1.4.3.2. Testemunhas

5.1.4.3.2.1. Conceito

No âmbito laboral, a prova testemunhal ainda é o meio de prova mais utilizado, constituindo-se, muitas vezes, no único meio de prova da parte.

Podemos conceituar testemunha como a pessoa chamada a juízo para depor sobre fatos constantes do litígio, atestando ou não a veracidade dos mesmos ou ainda prestando esclarecimentos sobre fatos indagados pelo magistrado.

5.1.4.3.2.2. Obrigação de testemunhar

O art. 463 do CPC dispõe que o depoimento prestado em juízo é considerado serviço público. Logo, testemunhar não é uma faculdade, mas sim um dever público de colaboração com o Estado no exercício do poder-dever de prestar a tutela jurisdicional.

Com efeito, o art. 378 do CPC determina que ninguém se exime do dever de colaborar com o Poder Judiciário para o descobrimento da verdade. Por outro lado, o próprio art. 380, I, do CPC preceitua que compete ao terceiro, em relação a qualquer pleito, informar ao juiz os fatos e as circunstâncias de que tenha conhecimento.

Nesse contexto, salvo se forem incapazes, impedidas ou suspeitas (art. 447 do CPC), todas as pessoas são obrigadas a testemunhar a respeito de fatos que são do seu conhecimento e que interessam à causa.

Ressalte-se que o art. 448 do CPC traz algumas exceções, em que a testemunha não seria obrigada a depor sobre determinados fatos. Constate:

> "Art. 448. A testemunha não é obrigada a depor sobre fatos:
>
> I – que lhe acarretem grave dano, bem como ao seu cônjuge ou companheiro e aos seus parentes consanguíneos ou afins, em linha reta ou colateral, até o terceiro grau;
>
> II – a cujo respeito, por estado ou profissão, deva guardar sigilo".

Nos domínios do Processo do Trabalho, as testemunhas comparecerão, independentemente de intimação (arts. 825 e 852-H, § 2.º, ambos da CLT). As que não comparecerem serão intimadas pelo juízo, ficando sujeitas à condução coercitiva (arts. 825, parágrafo único, e 852-H, § 3.º, ambos da CLT) e multa (art. 730 da CLT), caso, sem motivo justificado, não atendam à intimação.

5.1.4.3.2.3. Incapacidade, suspeição e impedimento de testemunha

Podem depor como testemunha todas as pessoas físicas que estejam no pleno exercício de suas capacidades e que tenham conhecimento de fatos da lide.

Nessa concepção, dispõe o art. 447 do CPC que podem depor como testemunhas todas as pessoas, exceto as incapazes, impedidas ou suspeitas.

No entanto, embora os incapazes, suspeitos e impedidos não possam prestar depoimento como testemunhas, poderá o magistrado ouvi-los como simples informantes, consoante previsão nos §§ 4.º e 5.º do art. 447 do CPC e art. 829 da CLT.

Vale mencionar que o Tribunal Superior do Trabalho editou a Súmula 357 firmando entendimento no sentido de que não torna suspeita a testemunha o simples fato de estar litigando ou de ter litigado contra o mesmo empregador.

Não obstante, deverá o juiz, antes do início do depoimento, inquirir se a testemunha tem interesse jurídico no resultado do litígio, o que pode ocorrer quando o depoente já utilizou o reclamante como sua própria testemunha em outro processo, em geral postulando por meio do mesmo advogado, constituindo-se numa verdadeira troca de favores, retirando da testemunha a necessária isenção de ânimo para prestar o depoimento, devendo, nessa hipótese, ser o depoente ouvido como mero informante.

É lícito à parte contraditar a testemunha, arguindo-lhe a incapacidade, o impedimento ou a suspeição. Caso a testemunha negue os fatos que lhe são imputados, a parte poderá provar a contradita com documentos ou testemunhas, até o número de três, apresentadas no ato e inquiridas em separado. Sendo provados ou confessados os fatos, o juiz dispensará a testemunha, ou lhe tomará o depoimento sem o compromisso, na qualidade de informante (art. 457, §§ 1.º e 2.º, do CPC).

Contradita, portanto, é a denúncia pela parte interessada dos motivos que impedem ou tornam suspeito o depoimento da testemunha. O momento processual oportuno de a parte oferecer a contradita da testemunha ocorre antes de o depoente ser compromissado, logo após a qualificação da testemunha (arts. 457 do CPC e 828 da CLT).

5.1.4.3.2.4. Limite legal do número de testemunhas

Em relação ao número de testemunhas que cada parte poderá indicar, temos que:

- **Procedimento ordinário** – **três** testemunhas, a teor do art. 821 da CLT;
- **Inquérito para apuração de falta grave** – **seis** testemunhas, a teor do art. 821 da CLT;
- **Procedimento sumaríssimo** – **duas** testemunhas, a teor do art. 852-H, § 2.º, da CLT.

Não obstante o limite de testemunhas acima especificado, poderá o juiz, na condução do processo, determinar a intimação de outras testemunhas referidas nos depoimentos das partes ou de outras testemunhas do juízo (art. 461, I, do CPC), desde que entenda ser o depoimento essencial para o esclarecimento dos fatos e seu convencimento.

Quanto ao depósito do rol de testemunhas, no âmbito do processo civil, estabelece o art. 357, §§ 4.º e 5.º, que incumbe às partes, no prazo que o juiz fixar ao designar a data da audiência, depositar em cartório o rol de testemunhas, precisando-lhes o nome, profissão, residência e o local de trabalho. Na omissão do juiz, o rol será apresentado em quinze dias antes da audiência.

Contudo, no âmbito do Processo do Trabalho não há depósito de rol de testemunhas, as quais comparecerão à audiência, independentemente de notificação, conforme previsão nos arts. 825, 845 e 852-H, § 2.º, todos do diploma consolidado.

As testemunhas que não comparecerem serão intimadas de ofício pelo juiz, ou a requerimento da parte interessada, conforme previsto no art. 825, parágrafo único, da CLT.

Em verdade, a não obrigatoriedade de indicação do rol de testemunhas no Processo do Trabalho acaba funcionando como um instrumento de proteção à própria prova testemunhal a ser apresentada pelo empregado reclamante. Ora, a indicação prévia das testemunhas do obreiro, principalmente em locais afastados dos grandes centros e nas áreas rurais, poderia ensejar, por parte do reclamado, ameaças e coações às testemunhas, para que estas não comparecessem para depor ou mesmo para que mudassem ou omitissem dados nos depoimentos.

Nessa direção, mesmo que a parte tenha se comprometido a levar a testemunha à audiência, independentemente de intimação, e ela não comparecer, deverá o juiz determinar a sua intimação, não se aplicando, por conseguinte, o art. 455, § 2.º, do CPC.

Não obstante, em relação ao procedimento sumaríssimo, o art. 852-H, § 3.º, da CLT estabelece que somente será deferida intimação de testemunha que, comprovadamente convidada, deixar de comparecer. Portanto, exclusivamente na hipótese do procedimento sumaríssimo, deverá a parte interessada demonstrar que a testemunha foi comprovadamente convidada (por meio de telegrama, carta com aviso de recebimento, notificação extrajudicial ou mesmo mediante outras testemunhas).

5.1.4.3.2.5. Procedimentos na inquirição de testemunhas

Antes do início da inquirição da testemunha, será esta qualificada, indicando o nome, nacionalidade, profissão, idade, residência e, quando empregada, o tempo de serviço prestado ao empregador (art. 828 da CLT).

Ao início da inquirição, a testemunha prestará o compromisso de dizer a verdade do que souber e lhe for perguntado (art. 458 do CPC), sendo ela advertida pelo juiz que incorrerá em sanção penal caso faça afirmação falsa, se cale ou oculte a verdade (crime de falso testemunho – CP, art. 342).

Nesse diapasão, tendo em vista a inimputabilidade penal do menor de 18 anos de idade (não podendo este responder pelo crime de falso testemunho), não será tomado o compromisso legal do mesmo, ou seja, o menor de 18 anos não poderá ser ouvido como testemunha compromissada, mas apenas como mero informante.

O art. 793-D da CLT determina que a multa por litigância de má-fé será aplicada a testemunha que alterar a verdade dos fatos ou omitir fatos essenciais ao julgamento da causa, sendo a execução desta nos próprios autos. É imensa a importância deste dispositivo para promover a verdade no processo, uma vez que são raríssimos os casos em que a testemunha foi condenada por faltar com a verdade no processo do trabalho.

Entende o TST que após a colheita da prova oral, a aplicação de multa à testemunha dar-se-á na sentença e será precedida de instauração de incidente mediante o qual o juiz indicará o ponto ou os pontos controvertidos no depoimento, assegurados o contraditório, a defesa, com os meios a ela inerentes, além de possibilitar a retratação (art. 10, parágrafo único, IN 41/2018, TST).

Embora o legislador não tenha previsto a instauração do incidente, o entendimento do TST está em consonância com o princípio do contraditório substancial, que tem 3 vertentes: o direito à informação, o direito de reação e o direito de reação em tempo de influenciar a decisão do juiz.

Quanto ao direito de retratação, não previsto em lei, e assegurado pelo TST, entendemos que está em consonância com o art. 342, § 2º, do CP, que versa sobre o crime de falso testemunho e estabelece que "O fato deixa de ser punível se, antes da sentença no processo em que ocorreu o ilícito, o agente se retrata ou declara a verdade". O dispositivo aplica-se analogicamente.

As testemunhas serão inquiridas pelo juiz, podendo ser reinquiridas, por seu intermédio, a requerimento das partes, seus representantes ou advogados (art. 820 da CLT). Não se aplica ao Processo do Trabalho a norma do art. 459 do CPC, no que permite a inquirição direta das testemunhas pela parte (art. 820, CLT) (art. 11 da IN 39/2016 do TST).

Quando reinquiridas, a requerimento dos litigantes, caberá primeiro à parte que a arrolou, e depois à parte contrária, formular perguntas tendentes a esclarecer ou completar o depoimento (art. 459 do CPC). As partes deverão tratar as testemunhas com urbanidade, não lhes fazendo perguntas ou considerações impertinentes, capciosas ou vexatórias.

Nos termos do art. 775, 2°, da CLT, ao juízo compete alterar a ordem de produção dos meios de prova, adequando-os às necessidades do conflito de modo a conferir maior efetividade à tutela do direito. O juiz deverá levar em conta a distribuição do ônus da prova no processo para determinar a ordem da produção das provas.

O juiz providenciará para que o depoimento de uma testemunha não seja ouvido pelas demais que ainda tenham de depor no processo, conforme previsto no art. 824 consolidado. Assim procedendo, caso existam divergências entre as declarações das testemunhas, relativamente a fatos relevantes para o deslinde da demanda, poderá o magistrado proceder à acareação (art. 461, II, do CPC), colocando frente a frente as testemunhas, e tentando extrair delas a verdade dos fatos ante a divergência de depoimentos.

Os depoimentos prestados oralmente pelas testemunhas serão resumidos (transcritos de forma sucinta) na ata de audiência, devendo assiná-la o juiz e os depoentes (arts. 828, parágrafo único, e 852-F, ambos da CLT). Já em relação aos dissídios de alçada (procedimento sumário – demandas que não ultrapassam dois salários-mínimos), estabelece o art. 2.°, § 3.°, da Lei 5.584/1970 que será dispensável o resumo dos depoimentos, devendo constar da ata a conclusão da Vara quanto à matéria de fato.

O juiz poderá indeferir as perguntas impertinentes e irrelevantes para o esclarecimento ou complementação dos fatos, ou mesmo as que sejam vexatórias ou capciosas à testemunha, devendo as perguntas indeferidas ser obrigatoriamente transcritas no termo se a parte o requerer (art. 459, § 3.°, do CPC).

As testemunhas não poderão sofrer qualquer desconto pelas faltas ao serviço, ocasionadas pelo seu comparecimento para depor, quando devidamente arroladas ou convocadas (art. 822 da CLT). No mesmo sentido, o art. 473, VIII, da CLT determina que o empregado poderá deixar de comparecer ao serviço sem prejuízo do salário pelo tempo que se fizer necessário, quando tiver que comparecer a juízo.

Caso a testemunha seja funcionário público ou militar, e tiver de depor em hora de serviço, será requisitado ao chefe da repartição para comparecer à audiência marcada (art. 823 da CLT).

O art. 454 do CPC elenca uma série de autoridades que deverão ser inquiridas em sua residência ou onde exercerem a sua função.

Os membros do Ministério Público da União também gozam da prerrogativa processual de serem ouvidos como testemunha em dia, hora e local previamente ajustados com o magistrado ou a autoridade competente, conforme previsão no art. 18, II, *g*, da LC 75/1993.

As testemunhas que não souberem falar a língua nacional prestarão depoimento por meio de intérprete nomeado pelo juiz (art. 819 da CLT), o mesmo ocorrendo em relação ao surdo-mudo ou mudo que não saiba escrever. As despesas correrão por conta da parte sucumbente, salvo se beneficiária de justiça gratuita (art. 819, § 2.º, da CLT).

O texto consolidado é omisso quanto à ordem dos depoimentos das testemunhas, aplicando-se, de forma subsidiária, o art. 456 do CPC, isto é, primeiramente será inquirida a testemunha do reclamante (autor) e depois as do reclamado (réu). Entretanto, alguns doutrinadores entendem que, em função da omissão da CLT, o juiz poderá determinar a oitiva da testemunha da parte que tiver o ônus de provar o correspondente fato.

5.1.4.3.3. Documentos

5.1.4.3.3.1. Conceito

Documento é o meio idôneo utilizado como prova material da existência de um fato, abrangendo não só os escritos, mas também os gráficos, as fotografias, os desenhos, reproduções cinematográficas etc.

O diploma consolidado pouco versou sobre a prova documental, apenas mencionado-a nos arts. 777, 787, 780 e 830, permitindo, pois, a aplicação subsidiária do Código de Processo Civil, tendo em vista o art. 769 da CLT.

Vale destacar que o Presidente da República sancionou a Lei 11.925, de 17 de abril de 2009, que dá nova redação ao art. 830 da CLT, *in verbis*:

> "Art. 830. O documento em cópia oferecido para prova poderá ser declarado autêntico pelo próprio advogado, sob sua responsabilidade pessoal.
>
> Parágrafo único. Impugnada a autenticidade da cópia, a parte que a produziu será intimada para apresentar cópias devidamente autenticadas ou o original, cabendo ao serventuário competente proceder à conferência e certificar a conformidade entre esses documentos".

Caso a parte junte documento de conhecimento comum às partes sem a devida autenticação (muito comum no âmbito laboral, por meio da juntada aos autos de convenção coletiva, acordo coletivo de trabalho ou sentença normativa), este terá validade se não for impugnado pela parte contrária, uma vez que o silêncio enseja o reconhecimento da veracidade do seu conteúdo.

Nesse sentido, o Tribunal Superior do Trabalho firmou entendimento consubstanciado na OJ 36 da SDI-I, com redação dada pela Res. 129/2005, *DJ* 20.04.2005, de que o instrumento normativo em cópia não autenticada possui valor probante, desde que não haja impugnação ao seu conteúdo, eis que se trata de documento comum às partes.

Vale mencionar que o art. 425, IV, do CPC estabelece que fazem a mesma prova que os originais as cópias reprográficas de peças do mesmo processo judicial declaradas autênticas pelo próprio advogado sob sua responsabilidade pessoal, se não lhes for impugnada a autenticidade.

Por outro lado, o art. 425, V, VI e §§ 1.º e 2.º, do CPC permite que os documentos digitalizados façam a mesma prova que os originais. Vejamos as modificações implementadas ao art. 425 do CPC:

> "Art. 425 (...)
>
> V – os extratos digitais de bancos de dados públicos e privados, desde que atestado pelo seu emitente, sob as penas da lei, que as informações conferem com o que consta na origem;
>
> VI – as reproduções digitalizadas de qualquer documento público ou particular, quando juntadas aos autos pelos órgãos da justiça e seus auxiliares, pelo Ministério Público e seus auxiliares, pela Defensoria Pública e seus auxiliares, pelas procuradorias, pelas repartições públicas em geral e por advogados, ressalvada a alegação motivada e fundamentada de adulteração.
>
> § 1.º Os originais dos documentos digitalizados mencionados no inciso VI deverão ser preservados pelo seu detentor até o final do prazo para propositura de ação rescisória.
>
> § 2.º Tratando-se de cópia digital de título executivo extrajudicial ou de documento relevante à instrução do processo, o juiz poderá determinar seu depósito em cartório ou secretaria".

5.1.4.3.3.2. Momento da apresentação dos documentos

Discute-se muito na doutrina o momento processual oportuno para a apresentação da prova documental.

Com efeito, estabelece o art. 787 da CLT que a reclamação escrita deverá ser formulada em duas vias e desde logo acompanhada dos documentos em que se fundar.

O art. 434 do CPC, por sua vez, dispõe que compete à parte instruir a petição inicial ou a resposta com os documentos destinados a provar-lhe as alegações.

Nessa esteira, o art. 845 consolidado dispõe que o reclamante e o reclamado comparecerão à audiência acompanhados das suas testemunhas, apresentando, nessa ocasião, as demais provas.

Em função dos diplomas legais acima mencionados, podemos concluir que a prova documental deve ser apresentada pelo reclamante juntamente da peça vestibular e pelo reclamado, em audiência, quando da apresentação da sua defesa.

Porém, não se pode esquecer que o art. 435 do CPC permite que as partes, a qualquer tempo (significando dizer, em princípio, até o encerramento da instrução e antes da sentença), juntem aos autos documentos novos, quando destinados a fazer prova de fatos ocorridos depois dos articulados, ou para contrapô-los aos que foram produzidos nos autos.

O Tribunal Superior do Trabalho firmou entendimento por meio da Súmula 8, de que a juntada de documentos na fase recursal só se justifica quando provado o justo impedimento para sua oportuna apresentação ou se referir a fato posterior à sentença.

No procedimento sumaríssimo, consoante o disposto no art. 852-H da CLT, todas as provas serão produzidas em audiência, inclusive a documental, e sobre os documentos apresentados por uma das partes manifestar-se-á imediatamente a parte contrária, sem interrupção da audiência, salvo absoluta impossibilidade, a critério do juiz (§ 1.º do art. 852-H da CLT).

5.1.4.3.4. Perícia

Perícia é a espécie de prova que objetiva fornecer esclarecimentos ao juiz a respeito de questões técnicas, que extrapolam o conhecimento científico do julgador.

O art. 156 do CPC dispõe que, quando a prova do fato depender de conhecimento técnico ou científico, o juiz será assistido por perito, considerado auxiliar da justiça.

Os peritos serão nomeados entre os profissionais legalmente habilitados e os órgãos técnicos ou científicos devidamente inscritos em cadastro mantido pelo tribunal ao qual o juiz está vinculado.

O atual diploma processual determina que as partes podem, em comum acordo, escolher o perito, indicando-o mediante requerimento, desde que sejam plenamente capazes e a causa possa ser resolvida por autocomposição (art. 471 do CPC).

O perito deverá cumprir o ofício no prazo que lhe assina a lei, empregando toda a sua diligência. Todavia, poderá escusar-se do encargo, desde que alegue motivo legítimo. A escusa será apresentada dentro de quinze dias, contados da intimação ou do impedimento superveniente, sob pena de se reputar renunciado o direito de alegá-la, conforme previsto nos arts. 157, § 1.º e 467 do CPC.

Reza o art. 158 do CPC que o perito que, por dolo ou culpa, prestar informações inverídicas responderá pelos prejuízos que causar à parte, ficando inabilitado, por dois a cinco anos, a funcionar em outras perícias e incorrerá na sanção que a lei penal estabelecer.

A prova pericial consiste em exame, vistoria ou avaliação.

O juiz indeferirá a perícia quando:

- a prova do fato não depender de conhecimento especial ou técnico;
- for desnecessária em vista de outras provas produzidas;
- a verificação for impraticável.

A Lei 5.584/1970, em seu art. 3.º (que revogou tacitamente o art. 826 da CLT), dispõe que os exames periciais serão realizados por perito único, designado pelo juiz, que fixará o prazo para entrega do laudo. Cada parte poderá indicar um assistente técnico, cujo laudo deverá ser apresentado no mesmo prazo assinado para o perito, sob pena de desentranhamento dos autos.

Em relaçao ao procedimento sumaríssimo, o art. 852-H, § 4.º, da CLT estabelece que, somente quando a prova do fato o exigir ou for legalmente imposta, será deferida prova técnica, incumbindo ao juiz, desde logo, fixar o prazo, o objeto da perícia e nomear o perito, sendo as partes intimadas para se manifestarem sobre o laudo, no prazo comum de cinco dias (§ 5.º do mesmo artigo).

A produção de prova pericial nos domínios do Processo do Trabalho poderá ser determinada de ofício pelo magistrado trabalhista ou requerido pelo litigante interessado.

Conforme já tratado neste capítulo, ainda que consumadas a revelia e confissão ficta, caso exista na petição inicial trabalhista pedido envolvendo adicional de insalubridade ou periculosidade, o juiz deverá determinar a realização de perícia, em função do disposto no art. 195, § 2.º, da CLT, nada obstando que o reclamado revel indique assistente técnico e produza provas em face de tal pleito.

Segundo o art. 790-B, *caput* e § 4º, da CLT, a responsabilidade pelo pagamento dos honorários periciais é da parte sucumbente na pretensão objeto da perícia. No caso do beneficiário da justiça gratuita ser a parte sucumbente, a União responderá pelo encargo. Por isso, ao fixar o valor dos honorários periciais, o juízo deverá respeitar o limite máximo estabelecido pelo Conselho Superior da Justiça do Trabalho (art. 790-B, § 1º, CLT).

Determina expressamente o art. 790-B, § 3º, da CLT, que "o juízo não poderá exigir adiantamento de valores para realização de perícias".

O mesmo se depreende da OJ 98 da SDI-II/TST, *in verbis*:

> "OJ 98 da SDI-II/TST – MANDADO DE SEGURANÇA. CABÍVEL PARA ATACAR EXIGÊNCIA DE DEPÓSITO PRÉVIO DE HONORÁRIOS PERICIAIS. Inserida em 27.09.2002 (nova redação – *DJ* 22.08.2005) É ilegal a exigência de depósito prévio para custeio dos honorários periciais, dada a incompatibilidade com o processo do trabalho, sendo cabível o mandado de segurança visando à realização da perícia, independentemente do depósito".

O juízo poderá deferir parcelamento dos honorários periciais (art. 790-B, § 2º, CLT).

Relativamente aos honorários periciais dos assistentes técnicos das partes, o Tribunal Superior do Trabalho, por meio da Súmula 341, firmou entendimento no sentido de que a indicação do perito assistente é faculdade da parte, a qual deve responder pelos respectivos honorários, ainda que vencedora no objeto da perícia.

Apresentado o laudo, o juiz determinará a intimação das partes para sobre aquele se manifestarem. Poderá ainda o magistrado ouvir o perito em audiência, objetivando que o profissional preste esclarecimentos sobre o objeto da perícia (art. 827 da CLT) (art. 477, § 3.º, do CPC).

Poderá também o juiz determinar, de ofício ou a requerimento da parte, a realização de nova perícia, quando a matéria não lhe parecer suficientemente esclarecida, caso em que a segunda perícia terá por objeto os mesmos fatos sobre que recaiu a primeira, destinando-se a corrigir eventual omissão ou inexatidão dos resultados a que esta conduziu.

Impende destacar que a segunda perícia, que se rege pelas disposições estabelecidas para a primeira, não a substitui, cabendo ao juiz apreciar livremente o valor de uma e outra.

5.1.5. Audiência

5.1.5.1. Generalidades

Estabelece o art. 813 da CLT que as audiências dos órgãos da Justiça do Trabalho serão públicas e realizar-se-ão na sede do Juízo ou Tribunal em dias úteis previamente fixados entre 8 e 18 horas, não podendo ultrapassar cinco horas seguidas, salvo quando houver matéria urgente.

Em casos especiais, poderá ser designado outro local para a realização das audiências, mediante edital afixado na sede do Juízo ou Tribunal, com a antecedência mínima de 24 horas.

Conforme determina a Constituição Federal de 1988, em seu art. 93, IX (com redação dada pela EC 45/2004), todos os julgamentos dos órgãos do Poder Judiciário serão públicos, e fundamentadas todas as decisões, sob pena de nulidade, podendo a lei limitar a presença, em determinados atos, às próprias partes e a seus advogados, ou somente a estes, em casos nos quais a preservação do direito à intimidade do interessado no sigilo não prejudique o interesse público à informação.

Às audiências deverão estar presentes, comparecendo com a necessária antecedência, os escrivães ou chefes de Secretaria (art. 814 da CLT). À hora marcada, o juiz declarará aberta a audiência, cabendo a um funcionário da Vara realizar o pregão, convocando as partes para comparecerem à sala de audiências.

Frise-se que, se o juiz não comparecer ao local da audiência até 15 minutos após a hora marcada, os presentes poderão retirar-se, devendo o ocorrido constar do livro de registro de audiências (art. 815, § 1º, da CLT).

Se, até 30 (trinta) minutos após a hora marcada, a audiência, injustificadamente, não houver sido iniciada, as partes e os advogados poderão retirar-se, consignando seus nomes, devendo o ocorrido constar do livro de registro das audiências. Nesta hipótese, a audiência deverá ser remarcada pelo juiz para a data mais próxima possível, vedada a aplicação de qualquer penalidade às partes.

O art. 817 da CLT determina que o registro das audiências será feito em livro próprio, constando de cada registro os processos apreciados e a respectiva solução, bem como as ocorrências eventuais. É facultado a qualquer interessado requerer certidão dos atos realizados na audiência, e, em geral, as Varas do Trabalho fornecem cópias das atas de audiência na própria sessão.

As audiências e sessões judiciárias devem ser realizadas em clima de ordem e tranquilidade, cabendo aos juízes ordenar medidas para manutenção do respeito e ordem, requisitando, se necessário, auxílio da força policial.

Nessa perspectiva, o art. 816 da CLT dispõe que o juiz ou o presidente manterá a ordem nas audiências, podendo mandar retirar do recinto os assistentes que a perturbarem. Logo, deve o juiz exercer o denominado "poder de polícia processual", objetivando manter a ordem, o decoro e a segurança nos recintos destinados às audiências e sessões dos tribunais.

O poder de polícia do juiz também está previsto no art. 360 do CPC.

5.1.5.2. Audiência de conciliação e mediação

Institui o art. 334 do CPC que se a petição inicial preencher os requisitos essenciais e não for o caso de improcedência liminar do pedido, o juiz designará audiência de conciliação ou de mediação com antecedência mínima de 30 (trinta) dias, devendo ser citado o réu com pelo menos 20 (vinte) dias de antecedência.

O objetivo é a realização da solução consensual dos conflitos fora do ambiente da Justiça do Trabalho.

O conciliador, atuará, preferencialmente, nos casos em que não houver vínculo anterior entre as partes e o mediador, quando houver vínculo anterior entre elas (art. 165, §§ 2º e 3º, do CPC).

O não comparecimento injustificado do autor ou do réu à audiência de conciliação é considerado ato atentatório à dignidade da justiça e será sancionado com multa de até dois por cento da vantagem econômica pretendida ou do valor da causa, revertida em favor da União ou do Estado (art. 334, § 8º, do CPC).

A audiência não será marcada apenas se o autor indicar, na petição inicial, seu desinteresse na autocomposição, e o réu fizer o mesmo, por petição, apresentada com dias de antecedência, contados da data da audiência (art. 334, § 5º, do CPC).

A experiência infrutífera com as comissões de conciliação prévia levam a doutrina a sustentar a sua inaplicabilidade no Processo do Trabalho, o que se justifica juridicamente à medida que não há omissão da Consolidação das Leis do Trabalho quanto às audiências, razão pela qual não pode ser aplicável o Código de Processo Civil de forma subsidiária ou supletiva.

O TST também posiciona-se pela inaplicabilidade das audiências de conciliação e mediação no Processo do Trabalho, consoante pode ser observado no art. 2º, IV, da IN 39/2016 do TST:

> "Art. 2.° Sem prejuízo de outros, não se aplicam ao Processo do Trabalho, em razão de inexistência de omissão ou por incompatibilidade, os seguintes preceitos do Código de Processo Civil:
>
> (...)
>
> IV – art. 334 (audiência de conciliação ou de mediação)";

Seguindo a mesma linha de raciocínio, o Tribunal Superior do Trabalho entende que é inaplicável no Processo do Trabalho o art. 165 do CPC, salvo nos conflitos coletivos de natureza econômica (art. 14 da IN 39/2016 do TST). Dessa forma, os tribunais não criarão centros judiciários de solução consensual de conflitos, responsáveis pela realização de sessões e audiências de conciliação e mediação e pelo desenvolvimento de programas destinados a auxiliar, orientar e estimular a autocomposição.

A Recomendação nº 1/2019 da Corregedoria-Geral da Justiça do Trabalho (CGJT) orienta que, nos processos em que figuram como partes os entes da Administração Pública Direta, bem como autarquias e fundações públicas, não seja designada audiência inicial. A exceção ocorre quando uma das partes solicita expressamente a realização da audiência com o objetivo de buscar a celebração do acordo. Essa diretriz também se aplica às ações civis públicas e coletivas ajudadas pelo Ministério Público do Trabalho, seguindo o mesmo procedimento.

5.1.5.3. Fracionamento da audiência

O art. 849 da CLT determina que a audiência de julgamento será contínua, única, em observância ao princípio da celeridade processual.

Contudo, se não for possível, por motivo de força maior, concluí-la no mesmo dia, o juiz marcará sua continuação para a primeira desimpedida, independentemente de nova notificação.

Em verdade, alguns juízes do trabalho, com base nos arts. 765 (ampla liberdade na direção do processo) e 849, ambos da CLT, costumam dividir a audiência no procedimento ordinário em audiência inicial, de instrução e nesta as partes saem intimadas da data em que será publicada a sentença.

Não obstante, muitos juízes, mesmo no procedimento comum, realizam sessão única, concentrando todos os atos processuais em um só momento.

5.1.5.4. Abertura

Na audiência deverão estar presentes o reclamante e o reclamado, independentemente do comparecimento de seus representantes, salvo nos casos de reclamatórias plúrimas (ação trabalhista com vários autores) ou ações de cumprimento, quando os empregados poderão fazer-se representar pelo Sindicato de sua categoria (art. 843 da CLT).

Em verdade, a presença do advogado na audiência trabalhista (quando a demanda envolva relação de emprego) é dispensável, uma vez que na Justiça do Trabalho permanece o chamado *jus postulandi* da parte, em que o trabalhador e o empregador poderão propor e acompanhar seus processos até o final, sem a presença de advogado, salvo os recursos dirigidos ao TST.

Salvo as exceções legais previstas no art. 843 da CLT, o empregado deverá comparecer pessoalmente à audiência.

Outrossim, se por doença ou qualquer outro motivo poderoso, devidamente comprovado, não for possível ao empregado comparecer pessoalmente, poderá fazer-se representar por outro empregado que pertença à mesma profissão ou pelo sindicato profissional, os quais apenas justificarão sua ausência, evitando-se, assim, o arquivamento da reclamação trabalhista, sendo designada nova data de audiência (art. 843, § 2.º, da CLT). Nessa hipótese, o representante presente não poderá confessar, transigir, renunciar ao direito que se funda a ação, recorrer etc.

Já ao empregador é facultado fazer-se substituir pelo gerente, ou qualquer outro preposto que tenha conhecimento do fato, e cujas declarações obrigarão o preponente.

O art. 843, § 3º, da CLT preceitua expressamente que o preposto não precisa ser empregado da empresa. Ressalte-se que não se admite que o advogado acumule também a função de preposto (art. 23 do Código de Ética e Disciplina da OAB[4] e art. 12, § 3º, IN 41/2018, TST).

Tal regra é aplicável às ações propostas após 11.11.2017, data em que entrou em vigor a Lei 13.467/2017 (Reforma Trabalhista).

4. Art. 23, Código de Ética e Disciplina da OAB. "É defeso ao advogado funcionar no mesmo processo, simultaneamente, como patrono e preposto do empregador ou cliente."

Vale destacar que a Lei Complementar 123, de 14.12.2006, que instituiu o Estatuto Nacional da Microempresa e da Empresa de Pequeno Porte, estabeleceu no art. 54 que é facultado ao empregador de microempresa ou de empresa de pequeno porte fazer-se substituir ou representar perante a Justiça do Trabalho por terceiros que conheçam dos fatos, ainda que não possuam vínculo trabalhista ou societário.

Será decretada a revelia da empresa se o preposto não comparecer em audiência (art. 844, CLT). Apesar disso, se o advogado da reclamada estiver presente na audiência, serão aceitos a contestação e os documentos eventualmente apresentados por ele (art. 844, § 5º, CLT), nas ações propostas depois de 11.11.2017, data em que entrou em vigor a Lei 13.467/2017 (Reforma Trabalhista) (art. 12, IN 41/2018, TST).

Cumpre destacar que a revelia não gera a confissão quanto à matéria de fato se as alegações de fato formuladas pelo reclamante estiverem em contradição com prova constante dos autos (art. 844, § 4º, IV, CLT).

O art. 3.º da Lei 8.906/1994 (Estatuto da OAB) proíbe que o advogado funcione no mesmo processo, simultaneamente como patrono e preposto do empregador ou cliente.

O não comparecimento do reclamante à audiência de conciliação importa o arquivamento da reclamação trabalhista (extinção do processo sem julgamento do mérito).

Na hipótese de ausência do reclamante, este será condenado ao pagamento das custas (2% sobre o valor da causa), ainda que beneficiário da justiça gratuita, salvo se comprovar, no prazo de quinze dias, que a ausência ocorreu por motivo legalmente justificável, sendo pagamento das custas condição para a propositura de nova demanda (art. 844, §§ 2º e 3º, CLT).

Se o reclamante der causa a dois arquivamentos seguidos, por não ter comparecido à audiência, à luz dos arts. 731 e 732 da CLT, ficará impossibilitado, pelo prazo de seis meses, de propor nova reclamação trabalhista em face do mesmo empregador, envolvendo o mesmo objeto.

O não comparecimento do reclamado à audiência de conciliação importa revelia, além de confissão, quanto à matéria de fato.

Vale destacar que, caso o reclamante não compareça à audiência de instrução (audiência de prosseguimento), realizada posteriormente à audiência de conciliação, o processo não será arquivado (Súmula 9 do TST), podendo haver, no entanto, confissão quanto à matéria fática, se o autor, expressamente intimado para prestar depoimento pessoal, não comparecer à audiência de instrução (Súmula 74 do TST).

Da mesma forma, caso o reclamado não compareça à audiência de instrução, realizada posteriormente à audiência de conciliação, não será decretada a revelia do réu, podendo haver, no entanto, confissão quanto à matéria de fato, se o reclamado, expressamente intimado para prestar depoimento pessoal não comparecer à audiência de instrução (Súmula 74 do TST).

Perceba que o Pleno do TST incluiu, em 24.05.2011, na Súmula 74, o inciso III, que dispõe: "A vedação à produção de prova posterior pela parte confessa somente a ela se aplica, não afetando o exercício, pelo magistrado, do poder/dever de conduzir o processo".

Não é necessário que o preposto tenha presenciado os fatos, mas apenas que tenha conhecimento deles, sob pena de, em eventual depoimento pessoal do preposto, seu silêncio ou incerteza sobre os mesmos ensejar a confissão da reclamada.

Para facilitar o estudo do leitor, preparamos tabela abaixo, indicando a consequência processual da ausência do reclamante e/ou reclamado à audiência de conciliação (inaugural) ou à audiência de instrução:

Parte	Audiência de conciliação	Audiência de instrução
Ausência do Reclamante	Processo arquivado – art. 844 da CLT	Confissão, se na audiência anterior ficou designado que o mesmo prestaria depoimento pessoal – Súmulas 9 e 74 do TST.
Ausência do Reclamado	Revelia e confissão quanto à matéria fática – art. 844 da CLT	Confissão, se na audiência anterior ficou designado que o mesmo prestaria depoimento pessoal – Súmulas 9 e 74 do TST.
Ausência de ambos (Reclamante e Reclamado)	Processo arquivado	O juiz julgará conforme as provas produzidas nos autos.

5.1.5.5. Primeira tentativa de conciliação

Determina o art. 846 consolidado que, aberta a audiência, o juiz proporá, obrigatoriamente, a conciliação, constituindo-se na primeira tentativa de conciliação.

Havendo acordo será lavrado o respectivo termo de conciliação, sendo normalmente fixada uma multa pelo seu descumprimento (indenização convencionada – art. 846, § 2.º, da CLT).

Impende destacar que é lícito às partes celebrar acordo que ponha termo ao processo, mesmo que encerrado o juízo conciliatório (art. 764 da CLT).

Outrossim, firmada a conciliação, o termo que for lavrado valerá como decisão irrecorrível, salvo para a Previdência Social quanto às contribuições que lhe forem devidas (art. 831, parágrafo único, da CLT).

Vale frisar que a SDI-I do TST, em dezembro de 2008, editou a OJ 368, *in verbis*:

> "OJ 368 DA SDI-I/TST. DESCONTOS PREVIDENCIÁRIOS. ACORDO HOMOLOGADO EM JUÍZO. INEXISTÊNCIA DE VÍNCULO EMPREGATÍCIO. PARCELAS INDENIZATÓRIAS. AUSÊNCIA DE DISCRIMINAÇÃO. INCIDÊNCIA SOBRE O VALOR TOTAL. É devida a incidência das contribuições para a Previdência Social sobre o valor total do acordo homologado em juízo, independentemente do reconhecimento de vínculo de emprego, desde que não haja discriminação das parcelas sujeitas à incidência da contribuição previdenciária, conforme parágrafo único do art. 43 da Lei 8.212, de 24.07.1991, e do art. 195, I, 'a', da CF/1988".

5.1.5.6. Postulação do réu

O art. 847, § 1º, da CLT assegura expressamente o direito do reclamado de apresentar defesa escrita pelo sistema de processo judicial eletrônico até a audiência.

A contestação, a exceção e documentos deverão ser protocolados no PJe até a realização da proposta conciliatória infrutífera, com a utilização de equipamento próprio, sendo automaticamente juntados, facultada a apresentação de defesa oral, na forma do art. 847, parágrafo único, da CLT (art. 22, da Resolução 185/2017, CSJT).

As partes poderão atribuir segredo de justiça à petição inicial e sigilo à contestação, reconvenção, exceção, petições incidentais e documentos, desde que, justificadamente, fundamentem uma das hipóteses do art. 770, *caput*, da CLT e dos arts. 189 ou 773 do CPC. O magistrado poderá determinar a exclusão de petições e documentos indevidamente protocolados sob sigilo (art. 22, §§ 2º e 3º, da Resolução 185/2017, CSJT).

Diferentemente da opção de sigilo que a parte só pode atribuir nas hipóteses previstas em lei, o reclamado pode manter a contestação, reconvenção, exceção e os documentos os acompanham ocultos até a realização da proposta conciliatória infrutífera (art. 22, § 4º, da Resolução 185/2017, CSJT).

Evidentemente, a contestação apresentada não poderá ser genérica, devendo todos os pedidos da petição inicial ser contestados individualmente (princípio da impugnação específica dos pedidos), sob pena de se presumirem verdadeiros os fatos alegados pelo reclamante.

Conforme já explicitado, a maioria dos juízes costuma dividir audiência, que é única, em três sessões.

Portanto, encerrada a "audiência de conciliação", o juiz designa nova data quando será realizada a "audiência de instrução" (também chamada de audiência de prosseguimento), ocasião em que serão produzidas as provas.

5.1.5.7. Instrução probatória

Após a apresentação da defesa pelo réu, inicia-se a instrução do processo, com a apresentação das provas, começando pelo interrogatório das partes (art. 848 da CLT).

A finalidade da prova é formar a convicção do juiz a respeito dos fatos da causa, sendo o magistrado o destinatário da prova.

O art. 371 do CPC determina que o juiz apreciará a prova constante dos autos, independentemente do sujeito que a tiver promovido, e indicará na decisão as razões da formação de seu convencimento. O atual texto legal não repetiu a expressão "livre" ou "livremente" do CPC de 1973.

Por seu turno, o art. 374 do CPC esclarece que não dependem de prova os fatos notórios, os afirmados por uma parte e confessados pela parte contrária, os admitidos no processo como incontroversos e os fatos em cujo favor milita presunção legal de existência ou de veracidade.

Em relação ao ônus da prova, o art. 818 da CLT preceitua que o ônus da prova incumbe ao autor, quanto ao fato constitutivo do seu direito, e ao réu, quanto ao fato modificativo, impeditivo ou extintivo do direito do autor.

Os meios de prova mais utilizados na Justiça do Trabalho são: depoimento pessoal, documentos, testemunhas e perícias.

5.1.5.8. Razões finais

O art. 850 da CLT esclarece que, terminada a instrução, poderão as partes aduzir razões finais, em prazo não excedente de dez minutos para cada uma.

As razões finais consistem numa faculdade que têm as partes de se manifestarem oralmente nos autos antes da prolação da sentença, assumindo papel importante tanto na arguição de nulidades como também para fortalecimento do convencimento do magistrado.

Entretanto, muitos juízes têm permitido que o reclamante e o reclamado apresentem razões finais por escrito, em forma de memoriais.

Frise-se que no procedimento sumaríssimo as partes não apresentam razões finais.

5.1.5.9. Segunda tentativa de conciliação

Vimos que, aberta a audiência, o juiz proporá a conciliação (art. 846 da CLT – primeira proposta de conciliação).

Pois bem, após aduzir razões finais, determina o art. 850 consolidado que o juiz renovará a proposta de conciliação, sendo esta considerada a segunda tentativa de conciliação, também obrigatória.

No mesmo sentido, o art. 831 da CLT determina que a decisão somente será proferida depois de rejeitada pelas partes a proposta de conciliação.

A doutrina considera que ambas as propostas de conciliação são obrigatórias, mas somente gerando nulidade absoluta da decisão a ausência da segunda proposta de conciliação, visto que a ausência da primeira proposta conciliatória seria suprida pela segunda tentativa de conciliação.

Após razões finais, o juiz proferirá a sentença.

Os trâmites de instrução e julgamento da reclamação serão resumidos em ata, na qual constará, na íntegra, a decisão.

As partes serão intimadas da sentença na própria audiência em que for proferida (art. 852 da CLT), salvo no caso de revelia, pois o revel será intimado nos moldes previstos no art. 841, § 1.º, consolidado (notificação postal, exceto se o revel não for encontrado ou opuser resistência ao recebimento do mandado, quando a notificação será feita por edital).

A ata de julgamento, devidamente assinada pelo juiz, será juntada ao processo no prazo improrrogável de 48 horas, contado da audiência de julgamento, conforme previsto no art. 851, § 2.º, da CLT.

Frise-se que o prazo para interposição do recurso pela parte que, intimada, não comparecer à audiência em prosseguimento para a prolação da sentença, conta-se da sua publicação, a teor da Súmula 197 do TST.

Porém, quando não juntada a ata ao processo em 48 horas, contados da audiência de julgamento (art. 851, § 2.º, da CLT), o prazo para interposição do recurso será contado a partir do momento em que a parte for intimada da sentença, conforme entendimento consubstanciado na Súmula 30 do TST.

No processo eletrônico as audiências serão sempre reduzidas a termo, ainda que gravadas em áudio e vídeo, e o arquivo eletrônico que utilize linguagem padronizada de marcação genérica daí decorrente será, ao final da audiência: a) imediatamente assinado pelo magistrado, impossibilitando a alteração de sua forma e conteúdo; ou b) facultativamente enviado ao PJe, imediatamente após o término da audiência, também impossibilitando a alteração de sua forma e conteúdo (art. 23, da Resolução 185/2017, CSJT).

Na hipótese de celebração de acordo e ausência de assinatura imediata do arquivo eletrônico que utilize linguagem padronizada de marcação genérica e, havendo requerimento da parte, a ata deverá ser impressa, assinada manualmente pelas partes e magistrado e, então, digitalizada e inserida no PJe (art. 23, § 3º, Resolução 185/2017, CSJT).

5.1.5.10. Audiência Telepresencial e por Videoconferência

O CPC dispõe de vários dispositivos que autorizam a realização de audiência por meio eletrônico, ou seja, por meio de videoconferência. Tais dispositivos são aplicáveis ao Processo do Trabalho. Veja:

> Art. 236, §3º. Admite-se a prática de atos processuais por meio de videoconferência ou outro recurso tecnológico de transmissão de sons e imagens em tempo real.
>
> Art. 334, §7º. A audiência de conciliação ou de mediação pode realizar-se por meio eletrônico, nos termos da lei.
>
> Art. 385, §3º. O depoimento pessoal da parte que residir em comarca, seção ou subseção judiciária diversa daquela onde tramita o processo poderá ser colhido por meio de videoconferência ou outro recurso tecnológico de transmissão de sons e imagens em tempo real, o que poderá ocorrer, inclusive, durante a realização da audiência de instrução e julgamento.
>
> Art. 453, §1º. A oitiva de testemunha que residir em comarca, seção ou subseção judiciária diversa daquela onde tramita o processo poderá ser realizada por meio de videoconferência ou outro recurso tecnológico de transmissão e recepção de sons e imagens em tempo real, o que poderá ocorrer, inclusive, durante a audiência de instrução e julgamento.
>
> §2º. Os juízos deverão manter equipamento para a transmissão e recepção de sons e imagens a que se refere o § 1º.

Dá análise dos dispositivos supra, podemos concluir que eles permitem a realização tanto das audiências de conciliação como de instrução, inclusive do depoimento pessoal. Contudo, eles foram desenvolvidos para que as partes ou testemunhas, se apresentem em outro juízo para prestar depoimento.

Ocorre que a pandemia ocorrida pela COVID-19 aumentou a utilização destes dispositivos em larga escala, ante a impossibilidade física da realização de audiências decorrentes das medidas de isolamento social, viabilizando sua utilização para as audiências telepresenciais em que as partes, testemunhas, juízes, procuradores e advogados não estão em local público sob a vigilância estatal, mas em qualquer local, inclusive na sua residência.

Por esta razão, o CNJ editou a Resolução nº 354/2020 diferenciando as audiências por videoconferência das telepresenciais:

> Art. 2º. Para fins desta Resolução, entende-se por:
>
> I – videoconferência: comunicação a distância realizada em ambientes de unidades judiciárias; e
>
> II – telepresenciais: as audiências e sessões realizadas a partir de ambiente físico externo às unidades judiciárias.
>
> Elas podem ser realizadas a requerimento das partes ou de ofício.
>
> Art. 3º. As audiências telepresenciais serão determinadas pelo juízo, a requerimento das partes, se conveniente e viável, ou, de ofício, nos casos de:
>
> I – urgência;
>
> II – substituição ou designação de magistrado com sede funcional diversa;
>
> III – mutirão ou projeto específico;
>
> IV – conciliação ou mediação; e
>
> V – indisponibilidade temporária do foro, calamidade pública ou força maior.

A participação em audiência telepresencial ou por videoconferência exige que as partes e demais participantes sigam a mesma liturgia dos atos processuais presenciais, inclusive quanto às vestimentas.

5.1.6. Sentença

O conceito de sentença está previsto no art. 203, § 1.º, do digesto processual civil, o qual estabelece que "sentença é o pronunciamento por meio do qual o juiz, com fundamento nos arts. 485 e 487, põe fim à fase cognitiva do procedimento comum, bem como extingue a execução".

Consoante previsto no art. 489 do CPC, o relatório, a fundamentação (também chamada de motivação) e a parte dispositiva são os requisitos essenciais, obrigatórios da sentença, de modo que a ausência de quaisquer deles, em regra, impõe o reconhecimento da nulidade da sentença ou até mesmo da inexistência do ato judicial.

A nosso ver, o art. 489, § 1.º, do CPC, que elenca os casos em que as decisões judiciais não estarão fundamentadas, aplica-se ao Processo do Trabalho, consoante previsto no art. 3º, VIII, da IN 39/2016 do TST.

Segundo o atual Código, decisão interlocutória é o pronunciamento judicial, de natureza decisória, que não seja sentença (art. 203, § 2.º, do CPC); e despachos são todos os pronunciamentos que não se enquadrem no conceito de sentença ou decisões interlocutórias (art. 203, § 3.º, do CPC).

O art. 832 da CLT, por sua vez, também traz os requisitos essenciais da sentença, ao dispor que da decisão deverão constar:

- **o nome das partes e o resumo do pedido e da defesa** – equivalendo ao relatório;
- **a apreciação das provas e os fundamentos da decisão** – equivalendo à fundamentação;
- **a respectiva conclusão** – equivalendo à parte dispositiva.

No procedimento sumaríssimo, que será objeto de estudo específico ainda neste capítulo, o art. 852-I da CLT determina que a sentença mencionará os elementos de convicção do juízo, com resumo dos fatos relevantes ocorridos em audiência, dispensado o relatório.

Nessa concepção, qualquer sentença, salvo se proferida num processo submetido ao procedimento sumaríssimo, sem o devido relatório, será nula de pleno direito, considerando a norma impositiva prevista no art. 832 da CLT c/c o art. 489, I, do CPC.

Na motivação o magistrado deverá expor os fundamentos fáticos e jurídicos que motivaram a sua convicção na prolação da decisão, mediante análise circunstanciada dos argumentos dos litigantes. Em outras palavras, deverá o juiz indicar suas razões de decidir, ou seja, apresentando os fatores que contribuíram para a formação do seu convencimento mediante a análise das questões processuais, as alegações das partes e as provas produzidas.

O terceiro elemento essencial da sentença é o dispositivo, que se constitui na parte da sentença que tem conteúdo decisório. É na parte dispositiva que o magistrado apresentará sua conclusão, extinguindo o processo com ou sem julgamento do mérito.

O dispositivo é o elemento mais importante do *decisum*, pois é nele que encontraremos o "comando" contido na sentença, o qual será, posteriormente, coberto pelo manto da coisa julgada.

A ausência de parte dispositiva importa na inexistência da sentença.

Os §§ 1.º, 2.º e 3.º do art. 832 consolidado estabelecem alguns requisitos complementares da sentença, os quais serão inseridos na parte dispositiva da sentença.

Com efeito, a sentença deverá ser dotada, também, dos seguintes requisitos:

- Quando a decisão concluir pela procedência do pedido, determinará o prazo e as condições para o seu cumprimento (art. 832, § 1.º, da CLT);
- A decisão mencionará sempre as custas que devam ser pagas pela parte vencida (art. 832, § 2.º, da CLT);
- As decisões cognitivas ou homologatórias deverão sempre indicar a natureza jurídica das parcelas constantes da condenação ou do acordo homologado, inclusive o limite de responsabilidade de cada parte pelo recolhimento da contribuição previdenciária, se for o caso (art. 832, § 3.º, da CLT).

A sentença judicial se encontra subordinada ao princípio da congruência, também conhecido como princípio da correlação, da adstrição, da correspondência, da simetria etc., em que o magistrado, ao proferir a sentença, deve se ater aos limites em que foi proposta a lide (arts. 141 e 492 do CPC).

Nesse contexto, o distanciamento do provimento judicial do pedido formulado na peça vestibular, ao arrepio dos arts. 141 e 492 do CPC, caracteriza-se como julgamento:

- ***Ultra petita*** – consiste na sentença conferir à parte mais do que foi pleiteado;
- ***Extra petita*** – consiste na sentença conferir à parte pedido ou parcela do pedido diferente do que foi pleiteado;
- ***Citra petita*** – consiste na sentença conferir à parte menos do que foi por ela pleiteado, com omissão na análise das matérias invocadas.

As sentenças que contenham julgamento *ultra*, *extra* ou *citra petita*, além de poderem ser impugnadas por recurso, podem ser passíveis de ataque por meio do corte rescisório (art. 966, V, do CPC), por violação dos arts. 141 e 492, ambos do CPC.

Entretanto, a par do princípio da congruência, não podemos esquecer que o magistrado, nos casos expressamente previstos em lei, poderá condenar o réu em pedidos não contidos na petição inicial. Em situações excepcionais, o próprio ordenamento jurídico vigente autoriza o julgador a conceder mais do que o pleiteado, ou mesmo vantagem diversa da que foi requerida (princípio da extrapetição).

O art. 322 do CPC, por exemplo, permite que o juiz determine que sobre a condenação da parcela principal incidam juros e correção monetária, mesmo que no rol de pedidos não conste tal requerimento.

Os honorários também se tratam de pedidos implícitos, uma vez que o art. 322, § 1º, do CPC determina que "compreendem-se no principal os juros legais, a correção monetária e as verbas de sucumbência, inclusive os honorários advocatícios" Logo, o juiz pode deferir os honorários ainda que não haja pedido, não podendo, entretanto, incluí-los nos cálculos de liquidação sem que tenham sido objeto da decisão.

Caso a decisão seja omissa quanto ao direito aos honorários ou ao seu valor, desafia embargos de declaração para que seja sanada a omissão. Contudo, se a decisão transitar em julgado, é cabível ação autônoma para sua definição e cobrança, nos termos do art. 85, § 18, do CPC, que se aplica no Processo do Trabalho.

Em relação à sentença *citra petita*, temos que ela poderá ser corrigida por meio do manejo dos embargos de declaração, o mesmo não ocorrendo em relação à sentença *extra* ou *ultra petita*, em que se fará necessária a interposição do recurso ordinário.

O Tribunal Superior do Trabalho, por meio da OJ 41 da SDI-II, firmou entendimento no sentido de que a sentença *citra petita* enseja o manejo da ação rescisória. Verifique:

> "OJ 41 DA SDI-II/TST – AÇÃO RESCISÓRIA. SENTENÇA *CITRA PETITA*. CABIMENTO (atualizada em decorrência do CPC de 2015) – Res. 208/2016, *DEJT* divulgado em 22, 25 e 26.04.2016. Revelando-se a sentença *citra petita*, o vício processual vulnera os arts. 141 e 492 do CPC de 2015 (arts. 128 e 460 do CPC de 1973), tornando-a passível de desconstituição, ainda que não interpostos embargos de declaração".

Em relação à inexistência de sentença *extra petita* em face da decisão que defere o pagamento de salários quando o pedido for de reintegração, cabe destacar a Súmula 396 do TST, com redação dada pela Res. 129/2005, *DJ* 20.04.2005, *in verbis*:

> "ESTABILIDADE PROVISÓRIA. PEDIDO DE REINTEGRAÇÃO. CONCESSÃO DO SALÁRIO RELATIVO AO PERÍODO DE ESTABILIDADE JÁ EXAURIDO. INEXISTÊNCIA DE JULGAMENTO *EXTRA PETITA*. I – Exaurido o período de estabilidade, são devidos ao empregado apenas os salários do período compreendido entre a data da despedida e o final do período de estabilidade, não lhe sendo assegurada a reintegração no emprego. II – Não há nulidade por julgamento *extra petita* da decisão que deferir salário quando o pedido for de reintegração, dados os termos do art. 496 da CLT".

Nos termos do art. 12 do CPC, aplicável ao Processo do Trabalho, os juízes e os tribunais atenderão, preferencialmente, à ordem cronológica de conclusão para proferir sentença ou acórdão, admitidas algumas exceções previstas no parágrafo segundo do mesmo artigo:

> "Art. 12. Os juízes e os tribunais atenderão, preferencialmente, à ordem cronológica de conclusão para proferir sentença ou acórdão
>
> § 1.º A lista de processos aptos a julgamento deverá estar permanentemente à disposição para consulta pública em cartório e na rede mundial de computadores.
>
> § 2.º Estão excluídos da regra do *caput*:
>
> I – as sentenças proferidas em audiência, homologatórias de acordo ou de improcedência liminar do pedido;
>
> II – o julgamento de processos em bloco para aplicação de tese jurídica firmada em julgamento de casos repetitivos;
>
> III – o julgamento de recursos repetitivos ou de incidente de resolução de demandas repetitivas;
>
> IV – as decisões proferidas com base nos arts. 485 e 932;
>
> V – o julgamento de embargos de declaração;
>
> VI – o julgamento de agravo interno;
>
> VII – as preferências legais e as metas estabelecidas pelo Conselho Nacional de Justiça;
>
> VIII – os processos criminais, nos órgãos jurisdicionais que tenham competência penal;
>
> IX – a causa que exija urgência no julgamento, assim reconhecida por decisão fundamentada.
>
> § 3.º Após elaboração de lista própria, respeitar-se-á a ordem cronológica das conclusões entre as preferências legais.

> § 4.º Após a inclusão do processo na lista de que trata o § 1.º, o requerimento formulado pela parte não altera a ordem cronológica para a decisão, exceto quando implicar a reabertura da instrução ou a conversão do julgamento em diligência.
>
> § 5.º Decidido o requerimento previsto no § 4.º, o processo retornará à mesma posição em que anteriormente se encontrava na lista.
>
> § 6.º Ocupará o primeiro lugar na lista prevista no § 1.º ou, conforme o caso, no § 3.º, o processo que:
>
> I – tiver sua sentença ou acórdão anulado, salvo quando houver necessidade de realização de diligência ou de complementação da instrução;
>
> II – se enquadrar na hipótese do art. 1.040, inciso II."

Por sua vez, o art. 153 do CPC, também aplicável ao Processo do Trabalho, determina que o escrivão ou chefe de secretaria deverá obedecer preferencialmente, à ordem cronológica de recebimento para publicação e efetivação dos pronunciamentos judiciais, admitidas a exceções previstas no parágrafo segundo:

> "Art. 153. O escrivão ou o chefe de secretaria atenderá, preferencialmente, à ordem cronológica de recebimento pa-ra publicação e efetivação dos pronunciamentos judiciais.
>
> § 1.º A lista de processos recebidos deverá ser disponibilizada, de forma permanente, para consulta pública.
>
> § 2.º Estão excluídos da regra do *caput*:
>
> I – os atos urgentes, assim reconhecidos pelo juiz no pronunciamento judicial a ser efetivado;
>
> II – as preferências legais.
>
> § 3.º Após elaboração de lista própria, respeitar-se-ão a ordem cronológica de recebimento entre os atos urgentes e as preferências legais.
>
> § 4.º A parte que se considerar preterida na ordem cronológica poderá reclamar, nos próprios autos, ao juiz do processo, que requisitará informações ao servidor, a serem prestadas no prazo de 2 (dois) dias.
>
> § 5.º Constatada a preterição, o juiz determinará o imediato cumprimento do ato e a instauração de processo administrativo disciplinar contra o servidor".

5.1.6.1. Improcedência Liminar do Pedido

O art. 332 do Código de Processo Civil prevê as hipóteses de improcedência liminar do pedido e aplica-se ao Processo do Trabalho, como determina o TST na IN 39/2016:

> "Art. 332. Nas causas que dispensem a fase instrutória, o juiz, independentemente da citação do réu, julgará liminarmente improcedente o pedido que contrariar:
>
> I – enunciado de súmula do Supremo Tribunal Federal ou do Superior Tribunal de Justiça;
>
> II – acórdão proferido pelo Supremo Tribunal Federal ou pelo Superior Tribunal de Justiça em julgamento de recursos repetitivos;
>
> III – entendimento firmado em incidente de resolução de demandas repetitivas ou de assunção de competência;
>
> IV – enunciado de súmula de tribunal de justiça sobre direito local.
>
> § 1.º O juiz também poderá julgar liminarmente improcedente o pedido se verificar, desde logo, a ocorrência de decadência ou de prescrição.
>
> § 2.º Não interposta a apelação, o réu será intimado do trânsito em julgado da sentença, nos termos do art. 241".

No âmbito do processo do trabalho, encontramos espaço para a aplicação subsidiária da regra agora prevista no art. 332 do CPC. Em verdade, tal dispositivo prestigia o princípio da celeridade e economia processual, evitando-se a utilização desnecessária e onerosa da já sobrecarregada máquina judiciária laboral para processamento de ações cujo posicionamento quanto ao mérito pelo juízo já tenha sido expressivamente manifestado em julgados anteriores.

O TST, entretanto, na IN 39/2016 esclarece que o art. 332 do CPC deverá ser aplicado ao Processo do Trabalho com as seguintes adaptações:

> "Art. 7° Aplicam-se ao Processo do Trabalho as normas do art. 332 do CPC, com as necessárias adaptações à legislação processual trabalhista, cumprindo ao juiz do trabalho julgar liminarmente improcedente o pedido que contrariar:
>
> I – enunciado de súmula do Supremo Tribunal Federal ou do Tribunal Superior do Trabalho (CPC, art. 927, inciso V);

> II – acórdão proferido pelo Supremo Tribunal Federal ou pelo Tribunal Superior do Trabalho em julgamento de recursos repetitivos (CLT, art. 896-B; CPC, art. 1046, § 4º);
>
> III – entendimento firmado em incidente de resolução de demandas repetitivas ou de assunção de competência;
>
> IV – enunciado de súmula de Tribunal Regional do Trabalho sobre direito local, convenção coletiva de trabalho, acordo coletivo de trabalho, sentença normativa ou regulamento empresarial de observância obrigatória em área territorial que não exceda à jurisdição do respectivo Tribunal (CLT, art. 896, "b", a contrario sensu).
>
> Parágrafo único. O juiz também poderá julgar liminarmente improcedente o pedido se verificar, desde logo, a ocorrência de decadência."

5.1.6.2. Julgamento Antecipado Parcial do Mérito

O julgamento antecipado parcial do mérito está previsto no art. 356 do CPC, o qual se aplica ao Processo do Trabalho, com exceção do quinto parágrafo, como determina o TST, na IN 39/2016, que versa sobre as normas do Código de Processo Civil de 2015 aplicáveis e inaplicáveis na seara processual trabalhista.

O juiz decidirá parcialmente o mérito quando um ou mais dos pedidos formulados ou parcela deles:

> I – mostrar-se incontroverso;
>
> II – estiver em condições de imediato julgamento, nos termos do art. 355 do CPC, ou seja: a) não houver necessidade de produção de outras provas; ou b) se o réu for revel e sofrer o efeito de se considerarem verdadeiros os fatos alegados pela parte reclamante e não houver requerimento de prova (art. 356, *caput*, do CPC).

A decisão que julgar parcialmente o mérito poderá reconhecer a existência de obrigação líquida ou ilíquida (art. 356, § 1º, do CPC).

A parte poderá liquidar ou executar, desde logo, a obrigação reconhecida na decisão que julgar parcialmente o mérito, independentemente de caução, ainda que haja recurso contra esta interposto. Nesse caso, se houver trânsito em julgado da decisão, a execução será definitiva (art. 356, §§ 2º e 3º, do CPC).

A liquidação e o cumprimento da decisão que julgar parcialmente o mérito poderão ser processados em autos suplementares, a requerimento da parte ou a critério do juiz (art. 356, § 4º, do CPC).

O parágrafo quinto é inaplicável ao Processo do Trabalho porque determina que "a decisão proferida com base neste artigo é impugnável por agravo de instrumento". Trata-se de decisão interlocutória e, portanto, irrecorrível de imediato no Processo do Trabalho.

5.2. COISA JULGADA

Prolatada a sentença, com ou sem resolução do mérito, poderá ela ainda ser objeto de recurso (em regra). Contudo, embora o ordenamento jurídico ainda preveja muitos recursos, o que acaba por postergar a marcha processual, o fato é que, esgotadas todas as possibilidades de recurso, a decisão torna-se irrecorrível, imutável. O mesmo ocorre quando a parte não apresenta o recurso no prazo legal (intempestividade).

No momento em que se torna irrecorrível a decisão judicial, ocorre o seu trânsito em julgado, surgindo a denominada coisa julgada, consistente no *status* assumido pelo pronunciamento judicial quando a decisão nele emanada não tenha sido objeto de apelo, ou mesmo se já foram esgotados todos os recursos possíveis.

A coisa julgada é definida como qualidade especial da sentença, a qual, por força de lei, torna imutáveis e indiscutíveis as questões já decididas no bojo do processo. Em outras palavras, a sentença judicial, quando acobertada pela coisa julgada, é havida como verdadeira, impedindo que seja renovada a discussão da sua parte dispositiva, atingindo não apenas autor e réu, mas também terceiros.

Por outro lado, frise-se que a coisa julgada é uma característica da jurisdição, uma vez que somente o ato jurisdicional está sujeito à coisa julgada, a qual confere imutabilidade e definitividade às decisões. Transitada em julgado a decisão, portanto, nenhuma outra pessoa, nem mesmo as próprias partes, outro juiz, enfim, ninguém mais poderá apreciar a matéria ali contida.

Nessa esteira, repetida uma ação judicial que já foi decidida por sentença transitada em julgado, será o processo extinto sem resolução do mérito, a teor do art. 485, V, do CPC, c/c o art. 337, VII e respectivo § 3.º, ambos do CPC.

5.3. PROCEDIMENTO SUMARÍSSIMO

O procedimento sumaríssimo foi instituído pela Lei 9.957/2000 (que acrescentou os arts. 852-A a 852-I à CLT), objetivando tornar o Processo do

Trabalho mais célere, sendo aplicado aos dissídios individuais, cujo valor não exceda a quarenta vezes o salário-mínimo vigente na data do ajuizamento da reclamação (art. 852-A da CLT).

Em relação ao procedimento sumaríssimo, é importante destacar:

- Somente é aplicado aos dissídios individuais cujo valor da causa não exceda a 40 salários-mínimos na data do ajuizamento da reclamação trabalhista;
- Não se aplica aos dissídios coletivos;
- Aplica-se às ações plúrimas, desde que o valor total dos pedidos para todos os reclamantes não exceda a 40 salários-mínimos;
- A administração pública direta, autárquica e fundacional não será submetida ao procedimento sumaríssimo;
- O pedido deverá ser certo e determinado, indicando cada parcela o valor correspondente;
- Não se fará a citação por edital, incumbindo ao autor a correta indicação do nome e endereço do reclamado;
- A apreciação do dissídio deverá ocorrer no prazo máximo de 15 dias do seu ajuizamento;
- Se o pedido não for liquidado ou não forem indicados o nome e o endereço corretos do reclamado, a reclamação será arquivada e o reclamante será condenado ao pagamento de custas, calculadas sobre o valor da causa, não sendo possível a emenda à inicial;
- As demandas sujeitas a rito sumaríssimo serão instruídas e julgadas em audiência única, não sendo possível o magistrado, em regra, partilhar a audiência, como ocorre frequentemente no procedimento ordinário;
- Não haverá duas propostas de conciliação obrigatórias como ocorre no procedimento comum, cabendo apenas ao juiz, na abertura da sessão, esclarecer as partes presentes sobre as vantagens da conciliação (art. 852-E da CLT);
- Serão decididos de plano todos os incidentes e exceções que possam interferir no prosseguimento da audiência e do processo (como a incompetência relativa, a conexão, a litispendência, a coisa julgada etc.). As demais questões (relativas ao mérito) serão decididas na sentença;
- Todas as provas serão produzidas na audiência de instrução e julgamento, ainda que não requeridas previamente;

- Sobre os documentos apresentados por uma das partes manifestar-se-á imediatamente a parte contrária, sem interrupção da audiência, salvo absoluta impossibilidade, a critério do juiz (como ocorre nas hipóteses em que a reclamada apresenta um número excessivo de documentos);
- As testemunhas, até o máximo de duas para cada parte, comparecerão à audiência de instrução e julgamento independentemente de intimação;
- Somente será deferida intimação da testemunha que, comprovadamente convidada, deixar de comparecer (por meio de carta com aviso de recebimento, telegrama, notificação extrajudicial etc.). Não comparecendo a testemunha intimada, o juiz poderá determinar sua imediata condução coercitiva;
- Somente quando a prova do fato o exigir, ou for legalmente imposta (princípio da celeridade processual), será deferida prova técnica, incumbindo ao juiz, desde logo, fixar o prazo, o objeto da perícia e nomear perito, devendo as partes ser intimadas a manifestar-se sobre o laudo, no prazo comum de cinco dias;
- Interrompida a audiência, o seu prosseguimento e a solução do processo dar-se-ão no prazo máximo de trinta dias, salvo motivo relevante justificado nos autos pelo juiz da causa;
- A sentença mencionará os elementos de convicção do juízo, com resumo dos fatos relevantes ocorridos em audiência, dispensado o relatório (art. 852-I da CLT);
- Nas reclamações trabalhistas sujeitas ao procedimento sumaríssimo, o recurso ordinário: a) será imediatamente distribuído, uma vez recebido no tribunal, devendo o relator liberá-lo no prazo máximo de dez dias, e a Secretaria do Tribunal ou Turma colocá-lo imediatamente em pauta para julgamento, sem revisor; b) terá parecer oral do representante do Ministério Público presente à sessão de julgamento, se este entender necessário o parecer, com registro na certidão; c) terá acórdão consistente unicamente na certidão de julgamento, com a indicação suficiente do processo e parte dispositiva, e das razões de decidir do voto prevalente. Se a sentença for confirmada pelos próprios fundamentos, a certidão de julgamento, registrando tal circunstância, servirá de acórdão; d) os Tribunais Regionais, divididos em Turmas, poderão designar Turma para o julgamento dos recursos ordinários interpostos das sentenças prolatadas nas demandas sujeitas ao procedimento sumaríssimo (art. 895, § 1.º, II, III, e IV e § 2.º, da CLT);

- Nas causas sujeitas ao procedimento sumaríssimo, somente será admitido recurso de revista por contrariedade à súmula de jurisprudência uniforme do Tribunal Superior do Trabalho, súmula vinculante e violação direta à Constituição da República (art. 896, § 9.º, da CLT);
- Nas causas sujeitas ao procedimento sumaríssimo, não se admite recurso de revista por contrariedade à orientação jurisprudencial do TST, por ausência de previsão no art. 896, § 9.º, da CLT (Súmula 442 do TST).

5.4. PROCEDIMENTO SUMÁRIO

A Lei 5.584/1970, no art. 2.º, §§ 3.º e 4.º, instituiu o dissídio de alçada, também conhecido como procedimento sumário, para as causas cujo valor não exceda a dois salários-mínimos.

Perceba:

> "Lei 5.584/1970, art. 2.º Nos dissídios individuais, proposta a conciliação, e não havendo acordo, o Presidente da Junta (atual Vara do Trabalho) ou o Juiz, antes de passar à instrução da causa, fixar-lhe-á o valor para a determinação da alçada, se este for indeterminado no pedido.
>
> (...)
>
> § 3.º Quando o valor fixado para a causa, na forma deste artigo, não exceder de 2 (duas) vezes o salário-mínimo vigente na sede do juízo, será dispensável o resumo dos depoimentos, devendo constar da Ata a conclusão da Junta quanto à matéria de fato.
>
> § 4.º Salvo se versarem sobre matéria constitucional, nenhum recurso caberá das sentenças proferidas nos dissídios de alçada a que se refere o parágrafo anterior, considerado, para esse fim, o valor do salário-mínimo à data do ajuizamento da ação".

Portanto, estabeleceu a Lei 5.584/1970 (art. 2.º, § 4.º) que, salvo se versarem sobre matéria constitucional, nenhum recurso seria cabível das sentenças proferidas nos dissídios de alçada (demandas que não ultrapassem dois salários-mínimos – procedimento sumário), considerando a lei, o valor do salário-mínimo à data do ajuizamento da ação.

5.5. COMISSÕES DE CONCILIAÇÃO PRÉVIA

As Comissões de Conciliação Prévia surgiram por meio da Lei 9.958/2000 (que introduziu à Consolidação das Leis do Trabalho os arts. 625-A a 625-H), com o claro objetivo de tentar diminuir o número de ações submetidas à Justiça do Trabalho.

Para tanto, o art. 625-A da CLT estabelece que as empresas e os sindicatos podem instituir Comissões de Conciliação Prévia, de composição paritária, composta de representantes dos trabalhadores e empregadores, com a atribuição de tentar conciliar os conflitos individuais do trabalho.

Em relação às Comissões de Conciliação Prévia, impende destacar que:

- Podem ser instituídas no âmbito da empresa (em geral grandes empresas, onde haja rotatividade de mão de obra) ou serem formadas por sindicatos;
- Terão sempre composição paritária, com representantes em igual número dos trabalhadores e empregadores;
- A comissão instituída no âmbito da empresa será composta de, no mínimo, dois e, no máximo, dez membros, devendo obedecer as seguintes normas: a) a metade de seus membros será indicada pelo empregador e a outra metade eleita pelos empregados, em escrutínio secreto, fiscalizado pelo sindicato da categoria profissional; b) haverá na comissão tantos suplentes quantos forem os representantes titulares; c) o mandato dos seus membros, titulares e suplentes é de um ano, permitida uma recondução;
- É vedada a dispensa dos representantes dos empregados membros da Comissão, titulares e suplentes, até um ano após o final do mandato, salvo se cometerem falta grave, nos preceitos da lei;
- O representante dos empregados desenvolverá seu trabalho normal na empresa, afastando-se de suas atividades apenas quando convocado para atuar como conciliador, sendo computado como tempo de trabalho efetivo o despendido nessa atividade;
- A comissão instituída no âmbito do sindicato terá sua constituição e normas de funcionamento definidas em convenção ou acordo coletivo;
- O art. 625-D da CLT determina que qualquer demanda de natureza trabalhista será submetida à Comissão de Conciliação Prévia se, na localidade da prestação de serviços, houver sido instituída a Comissão no âmbito da empresa ou do sindicato da categoria. O STF concedeu liminar no julgamento das ADIns 2.139, 2.160 e 2.237, conferindo interpretação conforme a Constituição ao art. 625-D da CLT, para afastar qualquer interpretação no sentido de ser condição para propositura da reclamação trabalhista a prévia submissão da demanda à Comissão de Conciliação Prévia;

- Aceita a conciliação, será lavrado termo assinado pelo empregado, pelo empregador ou seu preposto e pelos membros da Comissão, fornecendo-se cópia às partes, sendo o termo de conciliação considerado um título executivo extrajudicial, com eficácia liberatória geral, exceto quanto às parcelas expressamente ressalvadas;
- As Comissões de Conciliação Prévia têm prazo de dez dias para a realização da sessão de tentativa de conciliação, a partir da provocação do interessado, cabendo destacar que, esgotado o prazo sem a realização da sessão, será fornecida, no último dia do prazo, a declaração da tentativa conciliatória frustrada;
- O prazo prescricional será suspenso a partir da provocação da Comissão de Conciliação Prévia, recomeçando a fluir, pelo que lhe resta, a partir da tentativa frustrada de conciliação ou do esgotamento do prazo de dez dias para realização da sessão de conciliação pela Comissão.

Vale destacar que o Supremo Tribunal Federal determinou (13.05.09) que as demandas trabalhistas podem ser submetidas ao Poder Judiciário antes que tenham sido analisadas por uma comissão de conciliação prévia, preservando-se, assim, o direito universal dos cidadãos de acesso à Justiça.

A decisão foi proferida liminarmente e vale até o julgamento final da matéria, contestada em duas Ações Diretas de Inconstitucionalidade (ADIs 2.139 e 2.160) ajuizadas por quatro partidos políticos e pela Confederação Nacional dos Trabalhadores do Comércio (CNTC). Tanto a confederação quanto o PC do B, o PSB, o PT e o PDT argumentaram que a regra da CLT representava um limite à liberdade de escolha da via mais conveniente para submeter eventuais demandas trabalhistas.

Portanto, após a decisão do STF, que conferiu interpretação conforme a Constituição ao art. 625-D da CLT, não é obrigatória a submissão da demanda previamente à eventual Comissão de Conciliação Prévia existente.

5.6. Resumo da matéria

1. Em função do princípio da inércia da jurisdição, o juiz somente prestará a tutela jurisdicional uma vez provocado, impondo-se, por conseguinte, a apresentação da reclamação trabalhista pelo interessado.

2. O texto consolidado (art. 840) permite que a reclamação trabalhista seja apresentada de maneira verbal (oral) ou escrita.

3. Por sua vez, o art. 786 da CLT determina que, nas localidades onde existirem mais de uma Vara do Trabalho, a reclamação verbal será distribuída antes de sua redução a termo (ato realizado por um servidor da Vara do Trabalho consistente em dar forma escrita à reclamação apresentada oralmente).

4. Uma vez distribuída a reclamação verbal, o reclamante deverá, salvo motivo de força maior, apresentar-se no prazo de cinco dias, ao cartório ou à secretaria, para reduzi-la a termo, sob pena de perda, pelo prazo de seis meses, do direito de reclamar perante a Justiça do Trabalho (art. 786, parágrafo único, c/c o art. 731 da CLT).

5. O reclamante que der causa a dois arquivamentos seguidos da reclamação trabalhista pelo seu não comparecimento à audiência também fica impossibilitado, pelo prazo de seis meses, de exercer o direito de reclamar perante a Justiça do Trabalho (art. 732 da CLT).

6. A impossibilidade de propor nova reclamação trabalhista no prazo de seis meses conforme explicitado nas hipóteses acima é chamado pela doutrina de perempção. Tal limitação somente ocorrerá se for distribuída neste interregno nova ação envolvendo o mesmo reclamante e reclamado e objeto (pedidos).

7. Determinam os §§ 2º e 3º do art. 844 da CLT que ausência do reclamante importará na sua condenação ao pagamento de custas processuais, ainda que beneficiário da justiça gratuita, salvo se comprovar, no prazo de quinze dias, que a ausência ocorreu por motivo legalmente justificável. O pagamento de tais custas é condição para a propositura de nova demanda.

8. A inicial trabalhista deverá conter: designação do juízo a quem a petição é dirigida, qualificação das partes, breve exposição dos fatos de que resultem o dissídio, o pedido certo, determinado e com indicação de seu valor, data e assinatura do reclamante ou de seu representante.

9. Comparando-se os requisitos exigidos para a petição inicial no processo civil (art. 319 do CPC) com os requisitos da petição inicial trabalhista (art. 840, § 1.º, da CLT), verificamos que no processo do trabalho não é requisito da petição inicial a indicação das provas com que o reclamante pretende demonstrar a verdade dos fatos alegados e a menção da opção ou não do reclamante pela realização da audiência de conciliação e de mediação.

10. Nas localidades onde houver mais de uma Vara do Trabalho ou mais de um Juízo, a reclamação trabalhista será, preliminarmente, submetida à distribuição, conforme determina o art. 838 da CLT. Por outro lado, nas localidades em que houver apenas uma Vara do Trabalho ou Juízo, a reclamação será apresentada diretamente à secretaria da Vara ou cartório do Juízo (art. 837 da CLT).

11. Estabelece o art. 841 da CLT que, recebida e protocolada a reclamação, o escrivão ou chefe de secretaria, dentro de 48 horas, remeterá a segunda via da petição ou do termo, ao reclamado, notificando-o ao mesmo tempo para comparecer à audiência de julgamento, que será a primeira desimpedida, depois de 5 dias. Logo, recebida a reclamação trabalhista pela Vara do Trabalho, o escrivão ou chefe de secretaria, no prazo de 48 horas, notificará, via postal, o reclamado, para comparecer à audiência, presumindo-se o recebimento da atinente notificação pelo réu também no prazo de 48 horas (contados da postagem nos correios).

12. Na Justiça do Trabalho, ao contrário do que ocorre na Justiça Comum e na Justiça Federal, o reclamado não é citado para apresentar de imediato a resposta, mas, sim, para comparecer à audiência, onde apresentará sua defesa. Entre o recebimento da notificação postal e a realização da audiência, o art. 841 consolidado exige um decurso mínimo de cinco dias, tempo necessário para o reclamado preparar sua defesa e documentos que serão apresentados.

13. Não respeitado o quinquídio legal previsto no art. 841 consolidado, o reclamado, comparecendo a juízo, poderá requerer a designação de nova data para realização da audiência.

14. O § 1.º do art. 841 da CLT informa que, se o reclamado criar embaraços ao seu recebimento, ou não for encontrado, far-se-á a notificação por edital. No entanto, tendo em vista o alto custo da notificação por edital, na prática, quando o reclamado cria embaraços ao seu recebimento ou não é encontrado, o Juiz do Trabalho determina a notificação do reclamado por intermédio de oficial de justiça.

15. O reclamante será notificado da audiência no ato da distribuição da reclamação ou poderá ser notificado, via postal, da data designada para a realização da audiência (art. 841, § 2.º, da CLT).

16. São respostas do réu no processo do trabalho a contestação (a reconvenção é apresentada na contestação) e as exceções de incompetência e de suspeição e impedimento.

17. Estabelece a parte final do art. 844 da CLT que se o reclamado não comparecer à audiência, importará em revelia, além de confissão, quanto à matéria de fato, ou seja, presume-se verdadeiros os fatos alegados pelo demandante.

18. Nos termos do art. 844, § 5º, do CPC, ainda que ausente o reclamado, presente o advogado na audiência, serão aceitos a contestação e os documentos eventualmente apresentados, nas ações propostas depois de 11.11.2017, data em que entrou em vigor a Lei 13.467/2017 (Reforma Trabalhista) (art. 12, IN 41/2018, TST).

19. Impende destacar que, nos domínios do processo do trabalho, mesmo que ocorra a revelia, o revel será notificado, via postal, da sentença proferida, conforme previsto no art. 852 da CLT.

20. Podemos conceituar a contestação, também chamada de "peça de resistência" ou "peça de bloqueio" como modalidade de resposta do réu, pela qual o réu exerce o seu direito constitucionalmente assegurado de defesa, insurgindo-se contra a pretensão deduzida pelo autor na petição inicial.

21. Dispõe o art. 344 do CPC que, se o réu não contestar a ação, reputar-se-ão verdadeiros os fatos afirmados pelo autor. Por outro lado, estabelece a parte final do art. 844 da CLT que, se o reclamado não comparecer à audiência, importará em revelia, além de confissão, quanto à matéria de fato. Portanto, no Processo do Trabalho, é a ausência do reclamado em audiência que importa na revelia, presumindo-se verdadeiros os fatos alegados pelo demandante (efeito material da revelia), fatos estes que não mais precisarão ser provados, impondo-se o julgamento imediato do mérito da demanda (efeito processual da revelia).

22. A compensação, a teor do art. 767 consolidado, somente pode ser alegada como matéria de defesa. Em outras palavras, a compensação deve ser alegada na contestação, sob pena de preclusão. Estabelece a Súmula 18 do TST que a compensação na Justiça do Trabalho está restrita a dívidas de natureza trabalhista. Por sua vez, o art. 477, § 5.º, da CLT dispõe que, na rescisão, qualquer compensação no pagamento a que fizer jus o empregado não poderá exceder o equivalente a um mês de remuneração.

23. A prescrição consiste na perda da pretensão de reparação do direito violado, em virtude da inércia de seu titular no decurso de certo período. Em outras palavras, prescrição é a perda da exigibilidade judicial de um direito em consequência de não ter sido exigido pelo credor do devedor durante certo lapso temporal. A alegação de prescrição pelo réu surge como uma "prejudicial de mérito", sendo alegada como defesa indireta de mérito. Com efeito, estabelece o art. 487, II, do CPC que o processo será extinto com resolução do mérito quando o juiz pronunciar a decadência ou a **prescrição.**

24. O TST, em sua Súmula 153, institui que não se conhece de prescrição não arguida na instância ordinária. Esse Tribunal entende que a prescrição não pode ser acolhida de ofício no Processo do Trabalho, uma vez que o art. 332, § 1.º, do CPC não é compatível com o princípio da proteção, também aplicável na seara processual trabalhista.

25. A prescrição dos créditos trabalhistas, tanto dos trabalhadores urbanos quanto rurais, está prevista no art. 7.º, XXIX, da CF/1988 e 11 da CLT, os quais determinam que a ação, quanto aos créditos resultantes das relações de trabalho, tem prazo prescricional de cinco anos, até o limite de dois anos após a extinção do contrato de trabalho.

26. A prescrição quinquenal conta-se retroativamente da data do ajuizamento da ação e não do término do contrato de trabalho (Súmula 308, I, do TST).

27. Segundo o art. 11, § 2º, da CLT, tratando-se de pretensão que envolva pedido de prestações sucessivas decorrente de alteração ou descumprimento do pactuado, a prescrição é total, exceto quando o direito à parcela esteja também assegurado por preceito de lei.

28. A distinção entre prescrição total e parcial produz-se em função do título jurídico a conferir fundamento e validade à parcela pretendida. Se o título jurídico da parcela está assegurado por norma legal, a "actio nata" incide em cada parcela especificamente lesionada, sendo parcial a prescrição, que é contada do vencimento de cada prestação periódica resultante do direito legalmente protegido. Se a verba foi concedida por instrumento infralegal, seja o regulamento empresarial, seja o contrato, a prescrição é total (Súmula 294 do TST).

29. O prazo de prescrição para todas as parcelas trabalhistas (previstas em lei ou não) é de 5 anos. Ocorre que quando a parcela está prevista em lei, o direito renova-se a cada ano, mês, dia ou semana, dependendo da verba e nas parcelas não decorrentes de lei isso não ocorre, contando-se o prazo de prescrição do ato único de supressão ou da alteração da parcela.

30. Em síntese, para identificar a prescrição parcial (quinquenal), basta contar os 5 anos da data do ajuizamento da ação para trás. As verbas anteriores aos últimos 5 anos estarão prescritas. Para encontrar a prescrição total deve-se contar os 5 anos da data da supressão ou da alteração da parcela não prevista em lei e observar se a ação foi ajuizada após esse prazo. Em caso afirmativo, terá ocorrido a prescrição de toda a parcela.

31. O art. 11, § 1.º, da CLT prevê a imprescritibilidade das ações declaratórias quando determina que não se aplicam os prazos prescricionais às ações que objetivem apenas o reconhecimento do vínculo de emprego para fins de anotação da CTPS para fazer prova junto à Previdência.

32. A petição com pedido de homologação de acordo extrajudicial formulada nos termos do art. 855-B a 855-E da CLT suspende o prazo prescricional da ação exclusivamente quanto aos direitos nela especificados, o qual voltará a fluir no dia útil seguinte ao do trânsito em julgado da decisão que negar a homologação do acordo (art. 852-E, CLT).

33. No tocante à interrupção do prazo prescricional, o art. 11, § 3º, da CLT determina que a interrupção da prescrição ocorrerá pelo ajuizamento de reclamação trabalhista, mesmo que em juízo incompetente, ainda que venha a ser extinta sem resolução do mérito.

34. O TST, na Súmula 268 do TST, que deixa claro que no Processo do Trabalho é o ajuizamento da ação que interrompe a prescrição quanto aos pedidos idênticos.

35. O art. 11-A, *caput* e §§ 1º e 2º, da CLT torna aplicável a prescrição intercorrente mediante requerimento ou de ofício no processo do trabalho, de modo que a Súmula 114 do TST, que determina o contrário, deve ser cancelada.

36. Prescrição intercorrente é a perda de um direito pelo decurso do tempo, em razão da inércia da parte, que não toma iniciativa no sentido de praticar atos processuais necessários para a execução da dívida, paralisando o processo, por mais de 2 anos.

37. As exceções processuais constituem-se em espécie de defesa do reclamado que objetiva resolver determinada questão pendente, sem operar a extinção do processo com ou sem a resolução do mérito. Com efeito, objetivam as exceções processuais atacar a imparcialidade do magistrado ou a competência do juízo a ele vinculado para processar e julgar a demanda.

38. Nessa esteira, nos termos dos arts. 799 a 802 da CLT, é lícito a qualquer das partes arguir, por meio de exceção, a incompetência relativa, o impedimento e a suspeição do magistrado.

39. O atual Código de Processo Civil eliminou a figura exceção, admitindo apenas uma resposta do réu, a contestação, de modo que determinou que a incompetência relativa deverá ser tratada em preliminar de contestação (art. 337, II, do CPC) e o impedimento e a suspeição, por simples petição, no prazo de 15 dias, a contar do conhecimento do fato (art. 146 do CPC).

40. A CLT, por sua vez, mantém a terminologia exceção (art. 799 da CLT), de modo que permanecerá usual no processo do trabalho petição com essa denominação para arguição de incompetência territorial, suspeição e impedimento.

41. A incompetência territorial deve ser arguida em peça processual denominada exceção de incompetência e tramitará segundo as regras previstas no art. 800 da CLT.

42. Por sua vez, a suspeição e o impedimento serão arguidos em petições denominadas exceções de suspeição e impedimento, porém o trâmite é o do art. 146 do CPC.

43. O art. 800 da CLT estabelece que a exceção de incompetência territorial deverá ser apresentada no prazo de cinco dias a contar da notificação, antes da audiência e em peça que sinalize a existência desta exceção.

44. Uma vez protocolada a exceção, o processo será suspenso e não se realizará a audiência até que se decida a exceção (art. 800, § 1º, CLT).

45. Os autos serão imediatamente conclusos ao juiz, que intimará o reclamante e, se existentes, os litisconsortes, para manifestação no prazo comum de cinco dias (art. 800, § 2º, CLT).

46. Se entender necessária a produção de prova oral, o juízo designará audiência, garantindo o direito de o excipiente e de suas testemunhas serem ouvidos, por carta precatória, no juízo que este houver indicado como competente (art. 800, § 3º, CLT).

47. Decidida a exceção de incompetência territorial, o processo retomará seu curso, com a designação de audiência, a apresentação de defesa e a instrução processual perante o juízo competente (art. 800, § 4º, CLT).

48. Uma vez que a CLT prevê expressamente a exceção como a medida processual cabível para arguição da suspeição e impedimento, elas permanecem existentes no Processo do Trabalho, observando entretanto o processamento previsto no CPC.

49. O atual Código de Processo Civil preceitua que em seu art. 146, *caput* e parágrafos, a parte alegará o impedimento ou a suspeição em 15 dias, a contar do conhecimento do fato, em petição específica dirigida ao juiz do processo, na qual indicará o fundamento da recusa, podendo instruí-la com documentos em que se fundar a alegação e com rol de testemunhas. Se reconhecer o impedimento ou a suspeição ao receber a petição, o juiz ordenará, imediatamente, a remessa dos autos a seu substituto legal, caso contrário, instituirá a autuação em apartado da petição e, no prazo de 15 (quinze) dias, apresentará suas razões, acompanhadas de documentos e de rol de testemunhas, se houver, ordenando a remessa do incidente ao tribunal. Caso seja acolhida a alegação, tratando-se de impedimento ou de manifesta suspeição, o tribunal condenará o juiz nas custas e remeterá os autos ao seu substituto legal, podendo o juiz recorrer da decisão. Neste caso, o tribunal fixará o momento a partir do qual o juiz não poderia ter atuado e decretará a nulidade dos seus atos, se praticados quando já presente o motivo de impedimento ou de suspeição.

50. Na contestação, é lícito ao réu propor reconvenção para manifestar pretensão própria, conexa com a ação principal ou com o fundamento da defesa (art. 343 do CPC). Há conexão entre duas ou mais ações quando lhes for comum o objeto ou a causa de pedir, nos moldes do art. 55 do CPC.

51. Na contestação, é lícito ao réu propor reconvenção para manifestar pretensão própria, conexa com a ação principal ou com o fundamento da defesa (art. 343 do CPC).

52. A reconvenção, apresentada na contestação, pode ser utilizada como medida de economia processual, pois por meio de um único processo, duas relações jurídicas serão solucionadas, envolvendo a pretensão principal e a reconvencional.

53. A doutrina majoritária admite a reconvenção nos domínios do Processo do Trabalho, principalmente em função de sua compatibilidade com os dispositivos consolidados, bem como em função dos princípios da celeridade e economia processual, tão defendidos na seara laboral.

54. Nos termos do art. 791-A, § 5º, da CLT, são devidos honorários de sucumbência na reconvenção. Não poderia ser diferente, uma vez que a reconvenção é uma outra ação dentro da mesma relação processual.

55. Reza o art. 847 da CLT que, não havendo acordo, o reclamado terá vinte minutos para aduzir à sua defesa, o que inclui a apresentação de contestação e da exceção. Caso o autor reconvindo não apresente defesa, será ele considerado revel e confesso quanto à matéria fática.

56. No processo de cognição, para que o magistrado possa formar o seu convencimento sobre os fatos controvertidos e proferir a sentença, é fundamental que seja realizada a colheita das provas necessárias ao livre convencimento do julgador acerca dos fatos ocorridos na causa. Prova, no âmbito do direito processual, é o meio utilizado para a demonstração no processo, da veracidade dos fatos controvertidos.

57. O objeto da prova são os fatos relevantes, pertinentes e controvertidos narrados no processo pelo autor e réu. Impende frisar que apenas os fatos devem ser provados pelas partes, uma vez que, em regra, o direito não depende de prova (*ius allegatur, non probatur*). Em outras palavras, o juiz conhece o direito (*iura novit curia*), cabendo aos litigantes narrar e provar os fatos, e ao juiz aplicar a norma legal cabível à espécie.

58. O direito federal é de conhecimento obrigatório do juiz. Todavia, em relação ao direito estrangeiro, municipal, estadual, distrital ou consuetudinário, poderá o magistrado, a teor do art. 376 do CPC (aplicável subsidiariamente ao processo do trabalho – art. 769 da CLT), determinar que a parte interessada faça prova do teor e da vigência da legislação mencionada.

59. Nos domínios do processo do trabalho, poderá também o magistrado determinar, caso a parte invoque direito previsto em norma coletiva (convenção coletiva, acordo coletivo), em sentença normativa ou mesmo calcado em regulamento empresarial, que faça prova do teor e da vigência de tais instrumentos.

60. O art. 818 da CLT prevê a distribuição do ônus da prova nos mesmos moldes do art. 373 do CPC, determinando que cabe ao autor o ônus da prova dos fatos constitutivos de seu direito, e ao réu, o ônus da prova dos fatos modificativos, impeditivos ou extintivos do direito do autor.

61. O art. 818, § 1°, da CLT conferiu ao juiz a distribuição do ônus da prova, consideradas as particularidades do caso concreto, sendo denominada distribuição dinâmica do ônus da prova.

62. Os pressupostos para a distribuição dinâmica do ônus da prova pelo juiz estão previstos no § 1° do art. 818 da CLT, que compreendem: a) impossibilidade ou excessiva dificuldade de cumprir o encargo por aquele que tem o ônus previsto em lei; e b) maior facilidade de obtenção da prova do fato contrário.

63. Saliente-se que a distribuição do ônus pode ser realizada a favor do reclamante ou do reclamado, devendo a decisão ser fundamentada, como expressamente determina o § 1° referido.

64. O art. 818, § 2°, da CLT determina que a decisão que determinar a distribuição do ônus da prova deverá ser proferida antes da abertura da instrução e, a requerimento da parte, implicará o adiamento da audiência e possibilitará provar os fatos por qualquer meio em direito admitido.

65. A distribuição do ônus da prova pelo juiz não pode gerar situação em que a desincumbência do encargo pela parte seja impossível ou excessivamente difícil, ou seja, o juiz não pode distribuir o encargo probatório de modo a tornar a prova diabólica para a parte *ex-adversa*.

66. O CPC diferencia o depoimento pessoal e o interrogatório.

67. O depoimento pessoal trata-se de meio de prova que visa o interrogatório da parte, a fim de obter a confissão. Assim, se a parte, pessoalmente intimada para prestar depoimento pessoal e advertida da pena de confissão, não comparecer ou, comparecendo, se recusar a depor, o juiz aplicar-lhe-á a pena de confissão. O depoimento pessoal pode ser requerido pela parte *ex-adversa* ou determinado pelo juiz (art. 385, *caput* e § 1º, CPC).

68. O interrogatório é determinado pelo juiz, que pode determiná-lo a qualquer momento. Tem por objetivo o esclarecimento dos fatos, não produzindo a pena de confissão, nos termos do art. 139, VII, do CPC.

69. Nos domínios do processo do trabalho a Consolidação das Leis do Trabalho refere-se apenas ao interrogatório, não diferenciando os institutos. Por essa razão, alguns sustentam que não há depoimento pessoal no processo do trabalho, entretanto, esse não é o nosso posicionamento e tampouco do TST, como se observa na Súmula 74, I, do TST.

70. Estabelece o art. 389 do CPC que há confissão quando a parte admite a verdade de um fato, contrário ao seu interesse e favorável ao adversário. A confissão pode ser judicial, realizada no curso do processo, ou extrajudicial, fora do processo.

71. A confissão judicial pode ser espontânea ou provocada (art. 390 do CPC). A confissão espontânea é feita, em regra, por petição. Já a confissão provocada é proveniente do depoimento pessoal da parte.

72. Mediante a oitiva das partes, poderá o magistrado extrair a denominada confissão real, conhecida popularmente como a rainha das provas. Na confissão real (realizada expressamente pela parte), o juiz consegue extrair a verdade dos fatos alegados pelos litigantes, por meio do próprio depoimento das partes.

73. A confissão espontânea e a provocada, que são reais, geram a presunção absoluta de veracidade dos fatos narrados pela parte adversa.

74. A confissão ficta ocorre pelo não comparecimento da parte à audiência em que deveria prestar seu depoimento pessoal, desde que devidamente intimada para esse ato, ou, comparecendo, o litigante se recuse a responder às perguntas formuladas pelo magistrado ou afirme ignorar os fatos relevantes e pertinentes para a solução da lide (art. 385, § 1.º, do CPC).

75. Outrossim, se o reclamado não comparecer à audiência inaugural, além da revelia, também incidirá sobre ele a confissão ficta, a teor do art. 844 da CLT. O Tribunal Superior do Trabalho, por meio da Súmula 74, dispõe sobre a aplicação da confissão ficta à parte que não comparece à audiência em prosseguimento, na qual deveria depor.

76. A confissão ficta goza de presunção relativa, prevalecendo, se não houver outros meios de prova nos autos capazes de elidi-la. Com efeito, a jurisprudência do Colendo Tribunal Superior do Trabalho vem se firmando no sentido de que, aplicada a confissão ficta, a parte que sofreu os seus efeitos não poderá ouvir testemunhas ou produzir outras provas sobre esses fatos admitidos como verdadeiros, os quais somente poderão ser elididos por prova contrária já existente nos autos. Observe, porém, que "a vedação à produção de prova posterior pela parte confessa somente a ela se aplica, não afetando o exercício, pelo magistrado, do poder/dever de conduzir o processo" (Súmula 74, III).

77. Quanto à confissão extrajudicial, prevista no art. 394 do CPC, não deve ser aceita nos domínios do Processo do Trabalho, caso o confitente seja o empregado, principalmente considerando a indisponibilidade e a irrenunciabilidade dos direitos trabalhistas, como também pela presunção de coação sofrida pelo obreiro na confissão.

78. Podem confessar as partes, desde que possuam capacidade processual e legitimidade, o preposto, cujas declarações obrigam o proponente (art. 843, § 1.º, da CLT) e os advogados com poderes específicos para esse fim (art. 390, § 1.º, do CPC). O empregado da mesma profissão ou o representante do sindicato que, à luz do art. 843, § 2.º, da CLT, comparecer à audiência, não poderá confessar, pois apenas estará substituindo o reclamante quando este estiver doente ou impossibilitado de comparecer, evitando-se o arquivamento da ação, designando o magistrado nova data de audiência.

79. Estabelece o art. 395 do CPC que a confissão é indivisível, não podendo a parte, que a quiser invocar como prova, aceitá-la no tópico que a beneficiar e rejeitá-la no que lhe for desfavorável.

80. A confissão é irrevogável, salvo quando emanar de erro de fato ou coação (art. 393 do CPC), neste caso, podendo ser revogada por ação anulatória no curso do processo ou por ação rescisória, depois de transitada em julgado a sentença da qual constituir o único fundamento.

81. As partes serão interrogadas na forma prescrita para a inquirição de testemunhas (art. 456 do CPC), ou seja, primeiro o reclamante e depois o reclamado. A parte que ainda não depôs está proibida de ouvir o depoimento da outra (art. 385, § 2.º, do CPC).

82. Terminado o interrogatório, as partes poderão retirar-se, prosseguindo a instrução com os seus representantes (art. 848, § 1.º, da CLT).

83. Podemos conceituar testemunha como a pessoa chamada a juízo para depor sobre fatos constantes do litígio, atestando ou não a veracidade destes ou ainda prestando esclarecimentos sobre fatos indagados pelo magistrado.

84. O art. 463 do CPC dispõe que o depoimento prestado em juízo é considerado serviço público. Logo, testemunhar não é uma faculdade, mas sim um dever público de colaboração com o Estado no exercício do poder-dever de prestar a tutela jurisdicional. Nesse contexto, salvo se forem incapazes, impedidas ou suspeitas (art. 447 do CPC), todas as pessoas são obrigadas a testemunhar a respeito de fatos que são do seu conhecimento e que interessam à causa.

85. Nos domínios do Processo do Trabalho, as testemunhas comparecerão, independentemente de intimação (arts. 825 e 852-H, § 2.º, ambos da CLT). As que não comparecerem serão intimadas pelo juízo, ficando sujeitas à condução coercitiva (art. 825, parágrafo único, e art. 852-H, § 3.º, ambos da CLT) e multa (art. 730 da CLT), caso, sem motivo justificado, não atendam à intimação.

86. Podem depor como testemunha todas as pessoas físicas que estejam no pleno exercício de suas capacidades e que tenham conhecimento de fatos da lide. Nessa direção, dispõe o art. 447 do CPC que podem depor como testemunhas todas as pessoas, exceto as incapazes, impedidas ou suspeitas.

87. Entretanto, embora os incapazes, suspeitos e impedidos não possam prestar depoimento como testemunhas, poderá o magistrado ouvi-los como simples informantes, conforme previsão nos §§ 4.º e 5.º do art. 447 do CPC e art. 829 da CLT.

88. Vale mencionar que o Tribunal Superior do Trabalho editou a Súmula 357 firmando entendimento no sentido de que não torna suspeita a testemunha o simples fato de estar litigando ou de ter litigado contra o mesmo empregador.

89. É lícito à parte contraditar a testemunha, arguindo-lhe a incapacidade, o impedimento ou a suspeição. Caso a testemunha negue os fatos que lhe são imputados, a parte poderá provar a contradita com documentos ou testemunhas, até o número de três, apresentadas no ato e inquiridas em separado. Sendo provados ou confessados os fatos, o juiz dispensará a testemunha, ou lhe tomará o depoimento sem compromisso, na qualidade de informante (art. 457, §§ 1.º e 2.º, do CPC).

90. Contradita, portanto, é a denúncia pela parte interessada dos motivos que impedem ou tornam suspeito o depoimento da testemunha. O momento processual oportuno de a parte oferecer a contradita da testemunha ocorre antes de o depoente ser compromissado, logo após a qualificação da testemunha (art. 457 do CPC e art. 828 da CLT).

91. Em relação ao número de testemunhas que cada parte poderá indicar, temos que: procedimento ordinário – três testemunhas, a teor do art. 821 da CLT; inquérito para apuração de falta grave – 6 (seis) testemunhas, a teor do art. 821 da CLT; procedimento sumaríssimo – duas testemunhas, a teor do art. 852-H, § 2.º, da CLT.

92. Não obstante o limite de testemunhas acima especificado, poderá o juiz na condução do processo determinar a intimação de outras testemunhas referidas nos depoimentos das partes ou de outras testemunhas do juízo (art. 461, I, do CPC), desde que entenda ser o depoimento essencial para o esclarecimento dos fatos e seu convencimento.

93. Antes do início da inquirição da testemunha, será esta qualificada, indicando o nome, nacionalidade, profissão, idade, residência e, quando empregada, o tempo de serviço prestado ao empregador (art. 828 da CLT).

94. Ao início da inquirição, a testemunha prestará o compromisso de dizer a verdade do que souber e lhe for perguntado (art. 458 do CPC), sendo ela advertida pelo juiz que incorrerá em sanção penal caso faça afirmação falsa, se cale ou oculte a verdade (crime de falso testemunho – CP, art. 342).

95. Considerando a inimputabilidade penal do menor de 18 anos de idade (não podendo este responder pelo crime de falso testemunho), não será tomado o compromisso legal do mesmo, isto é, o menor de 18 anos não poderá ser ouvido como testemunha compromissada, mas apenas como mero informante.

96. As testemunhas serão inquiridas pelo juiz, podendo ser reinquiridas, por seu intermédio, a requerimento das partes, seus representantes ou advogados (art. 820 da CLT). Quando reinquiridas, a requerimento dos litigantes, caberá primeiro à parte que a arrolou, e depois à parte contrária, formular perguntas tendentes a esclarecer ou completar o depoimento (art. 459 do CPC). As partes deverão tratar as testemunhas com urbanidade, não lhes fazendo perguntas ou considerações impertinentes, capciosas ou vexatórias.

97. O juiz providenciará para que o depoimento de uma testemunha não seja ouvido pelas demais que ainda tenham de depor no processo, conforme previsto no art. 824 consolidado. Assim procedendo, caso existam divergências entre as declarações das testemunhas, relativamente a fatos relevantes para o deslinde da demanda, poderá o magistrado proceder à acareação (art. 461, II, do CPC), colocando frente a frente as testemunhas, e tentando extrair delas a verdade dos fatos ante a divergência de depoimentos.

98. Os depoimentos prestados oralmente pelas testemunhas serão resumidos (transcritos de forma sucinta) na ata de audiência, devendo assiná-la o juiz e os depoentes (art. 828, parágrafo único, e art. 852-F, ambos da CLT). Já em relação aos dissídios de alçada (procedimento sumário – demandas que não ultrapassam dois salários-mínimos), estabelece o art. 2.º, § 3.º, da Lei 5.584/1970 que será dispensável o resumo dos depoimentos, devendo constar da ata a conclusão da Vara quanto à matéria de fato.

99. O juiz poderá indeferir as perguntas impertinentes e irrelevantes para o esclarecimento ou complementação dos fatos, ou mesmo as que sejam vexatórias ou capciosas à testemunha, devendo as perguntas indeferidas serem obrigatoriamente transcritas no termo se a parte o requerer (art. 459, § 3.º, do CPC).

100. O texto consolidado é omisso quanto à ordem dos depoimentos das testemunhas, aplicando-se, de forma subsidiária, o art. 456 do CPC, ou seja, primeiramente será inquirida a testemunha do reclamante (autor) e depois as do reclamado (réu). O juiz poderá alterar a ordem referida se as partes concordarem (art. 456, parágrafo único, do CPC).

101. Documento é o meio idôneo utilizado como prova material da existência de um fato, abrangendo não só os escritos, mas também os gráficos, as fotografias, os desenhos, reproduções cinematográficas etc.

102. O documento oferecido como prova poderá ser declarado autêntico pelo próprio advogado, sob sua responsabilidade pessoal (art. 830 da CLT, com redação alterada pela Lei 11.925/2009). Caso a parte junte documento de conhecimento comum às partes sem a devida autenticação (muito comum no âmbito laboral, por meio da juntada aos autos de convenção coletiva, acordo coletivo de trabalho ou sentença normativa), este terá validade se não for impugnado pela parte contrária, uma vez que o silêncio enseja o reconhecimento da veracidade do seu conteúdo. Uma vez impugnada a autenticidade da cópia, a parte que a produziu será intimada para apresentar cópias devidamente autenticadas ou o original, cabendo ao serventuário competente proceder à conferência e certificar a conformidade entre esses documentos (novo parágrafo único do art. 830 da CLT).

103. O Tribunal Superior do Trabalho firmou entendimento, consubstanciado na OJ 36 da SDI-I, de que, sendo o documento comum às partes, como é o caso das normas coletivas, o fato de não se encontrar autenticado não o invalida, cabendo à parte que o impugnar comprovar eventual falsidade.

104. Discute-se muito na doutrina o momento processual oportuno para a apresentação da prova documental. Com efeito, estabelece o art. 787 da CLT que a reclamação escrita deverá ser formulada em duas vias e desde logo acompanhada dos documentos em que se fundar. O art. 434 do CPC, por sua vez, dispõe que compete à parte instruir a petição inicial ou a resposta com os documentos destinados a provar-lhe as alegações. Nessa esteira, o art. 845 consolidado dispõe que o reclamante e o reclamado comparecerão à audiência acompanhados das suas testemunhas, apresentando, nessa ocasião, as demais provas.

105. Em função dos diplomas legais acima mencionados, podemos concluir que a prova documental deve ser apresentada pelo reclamante juntamente da peça vestibular e pelo reclamado, em audiência, quando da apresentação da sua defesa.

106. Contudo, não se pode esquecer que o art. 435 do CPC permite que as partes, a qualquer tempo (significando dizer, em princípio, até o encerramento da instrução e antes da sentença), juntem aos autos documentos novos, quando destinados a fazer prova de fatos ocorridos depois dos articulados, ou para contrapô-los aos que foram produzidos nos autos.

107. O Tribunal Superior do Trabalho firmou entendimento por meio da Súmula 8 de que a juntada de documentos na fase recursal só se justifica quando provado o justo impedimento para sua oportuna apresentação ou se referir a fato posterior à sentença.

108. Perícia é a espécie de prova que objetiva fornecer esclarecimentos ao juiz a respeito de questões técnicas, que extrapolam o conhecimento científico do julgador. O art.. 156 do CPC dispõe que, quando a prova do fato depender de conhecimento técnico ou científico, o juiz será assistido por perito, considerado auxiliar da justiça.

109. A nomeação do perito é realizada pelo juiz, devendo haver correlação entre a especialidade do profissional e a natureza do exame, da vistoria ou inspeção que se pretende efetivar, cabendo às partes, no prazo de quinze dias após a nomeação do perito, arguir o seu impedimento ou suspeição, indicar assistentes técnicos e quesitos, se desejarem (art. 465, § 3.º, do CPC).

110. A prova pericial consiste em exame, vistoria ou avaliação.

111. A Lei 5.584/1970, em seu art. 3.º (que revogou tacitamente o art. 826 da CLT), dispõe que os exames periciais serão realizados por perito único, designado pelo juiz, que fixará o prazo para entrega do laudo. Cada parte poderá indicar um assistente técnico, cujo laudo deverá ser apresentado no mesmo prazo assinado para o perito, sob pena de desentranhamento dos autos.

112. Em relação ao procedimento sumaríssimo, o art. 852-H, § 4.º, da CLT estabelece que, somente quando a prova do fato o exigir ou for legalmente imposta, será deferida prova técnica, incumbindo ao juiz, desde logo, fixar o prazo, o objeto da perícia e nomear o perito, sendo as partes intimadas para se manifestarem sobre o laudo, no prazo comum de cinco dias (§ 5.º do mesmo artigo).

113. A produção de prova pericial nos domínios do Processo do Trabalho poderá ser determinada de ofício pelo magistrado trabalhista ou requerido pelo litigante interessado.

114. Segundo o art. 790-B, *caput* e § 4º, da CLT, a responsabilidade pelo pagamento dos honorários periciais é da parte sucumbente na pretensão objeto da perícia, ainda que beneficiária da justiça gratuita. Somente no caso em que o beneficiário da justiça gratuita não tenha obtido em juízo créditos capazes de suportar a despesa referida, ainda que em outro processo, a União responderá pelo encargo. Por isso, ao fixar o valor dos honorários periciais, o juízo deverá respeitar o limite máximo estabelecido pelo Conselho Superior da Justiça do Trabalho (art. 790-B, § 1º, CLT).

115. O art. 790-B, § 4º, da CLT aponta inconstitucionalidade material por impor restrições inconstitucionais à garantia da gratuidade da justiça àqueles que apresentam insuficiência de recursos, violando as garantias constitucionais de amplo acesso à jurisdição e a assistência judiciária integral aos necessitados, especificamente o art. 5º, XXXV, da CF, que determina que "a lei não excluirá da apreciação do Poder Judiciário lesão ou ameaça a direito" e o art. 5º, LXXIV, da CF, que garante que "o Estado prestará assistência jurídica integral e gratuita aos que comprovarem insuficiência de recurso".

A Procuradoria-Geral da República ajuizou a ADIn 5.766 pedindo a declaração de inconstitucionalidade da expressão "ainda que beneficiária da justiça gratuita", inserida no *caput* e no § 4º do art. 790-B da CLT.

116. Determina expressamente o art. 790-B, § 3º, da CLT que "o juízo não poderá exigir adiantamento de valores para realização de perícias".

117. O juízo poderá deferir parcelamento dos honorários periciais (art. 790-B, § 2º, CLT).

118. Com relação aos honorários periciais dos assistentes técnicos das partes, o Tribunal Superior do Trabalho, por meio da Súmula 341, firmou entendimento no sentido de que a indicação do perito assistente é faculdade da parte, a qual deve responder pelos respectivos honorários, ainda que vencedora no objeto da perícia.

119. Apresentado o laudo, o juiz determinará a intimação das partes para sobre aquele se manifestarem. Poderá ainda o magistrado ouvir o perito em audiência, objetivando que o profissional preste esclarecimentos sobre o objeto da perícia (art. 827 da CLT). Poderá também o juiz determinar, de ofício ou a requerimento da parte, a realização de nova perícia, quando a matéria não lhe parecer suficientemente esclarecida, caso em que a segunda perícia terá por objeto os mesmos fatos sobre que recaiu a primeira, destinando-se a corrigir eventual omissão ou inexatidão dos resultados a que esta conduziu.

120. Impende destacar que a segunda perícia, que se rege pelas disposições estabelecidas para a primeira, não a substitui, cabendo ao juiz apreciar livremente o valor de uma e outra.

121. Consiste a prova emprestada na transferência de provas realizadas no bojo de um processo para outro, mediante certidão. É o que ocorre quando se transfere de um processo para outro, determinado documento, depoimento pessoal, prova testemunhal, pericial etc. A prova emprestada encontra-se prevista no art. 372, e o legislador ressaltou a necessidade de observância do contraditório e determinou que o juiz atribuirá a ela o valor que considerar adequado.

122. A prova emprestada será inserida no processo como mera prova documental, somente devendo ser utilizada excepcionalmente, uma vez que, em regra, as provas devem ser produzidas no mesmo juízo onde corre a demanda.

123. Estabelece o art. 813 da CLT que as audiências dos órgãos da Justiça do Trabalho serão públicas e realizar-se-ão na sede do Juízo ou Tribunal em dias úteis previamente fixados entre 8 e 18 horas, não podendo ultrapassar cinco horas seguidas, salvo quando houver matéria urgente.

124. Em casos especiais, poderá ser designado outro local para a realização das audiências, mediante edital afixado na sede do Juízo ou Tribunal, com a antecedência mínima de 24 horas.

125. Às audiências deverão estar presentes, comparecendo com a necessária antecedência, os escrivães ou chefes de Secretaria (art. 814 da CLT). À hora marcada, o juiz declarará aberta a audiência, cabendo a um funcionário da Vara realizar o pregão, convocando as partes para comparecerem à sala de audiências.

126. Frise-se que, se o juiz não comparecer ao local da audiência até 15 minutos após a hora marcada, os presentes poderão retirar-se, devendo o ocorrido constar do livro de registro de audiências (art. 815, §1°, da CLT).

127. O art. 849 da CLT determina que a audiência de julgamento será contínua, única, em observância ao princípio da celeridade processual. Entretanto, se não for possível, por motivo de força maior, concluí-la no mesmo dia, o juiz marcará sua continuação para a primeira desimpedida, independentemente de nova notificação.

128. Em verdade, os juízes do trabalho, com base no art. 765 (ampla liberdade na direção do processo) e no art. 849, ambos da CLT, vêm adotando a praxe de dividir a audiência em três sessões, quais sejam: audiência de conciliação, audiência de instrução e audiência de julgamento.

129. Na audiência deverão estar presentes o reclamante e o reclamado, independentemente do comparecimento de seus representantes, salvo nos casos de reclamatórias plúrimas (ação trabalhista com vários autores) ou ações de cumprimento, quando os empregados poderão fazer-se representar pelo sindicato de sua categoria (art. 843 da CLT).

130. Em verdade, a presença do advogado na audiência trabalhista (quando a demanda envolva relação de emprego) é dispensável, uma vez que na Justiça do Trabalho permanece o chamado *jus postulandi* da parte, em que o trabalhador e o empregador poderão propor e acompanhar seus processos até o final, sem a presença de advogado, salvo os recursos dirigidos ao TST.

131. Salvo as exceções legais previstas no art. 843 da CLT, o empregado deverá comparecer pessoalmente à audiência. Outrossim, se por doença ou qualquer outro motivo poderoso, devidamente comprovado, não for possível ao empregado comparecer pessoalmente, poderá fazer-se representar por outro empregado que pertença à mesma profissão ou pelo sindicato profissional, os quais apenas justificarão sua ausência, evitando-se, assim, o arquivamento da reclamação trabalhista, sendo designada nova data de audiência (art. 843, § 2.°, da CLT). Nessa hipótese, o representante presente não poderá confessar, transigir, renunciar ao direito que se funda a ação, recorrer etc.

132. Já ao empregador é facultado fazer-se substituir pelo gerente, ou qualquer outro preposto que tenha conhecimento do fato, e cujas declarações obrigarão o preponente. O art. 843, § 3°, da CLT institui expressamente que o preposto não precisa ser empregado da empresa. Ressalte-se que não se admite que o advogado acumule também a função de preposto (art. 23 do Código de Ética e Disciplina da OAB[5] e art. 13, § 3º, IN 41/2018, TST). Tal regra é aplicável às ações propostas após 11.11.2017, data em que entrou em vigor a Lei 13.467/2017 (Reforma Trabalhista).

133. Será decretada a revelia da empresa se o preposto não comparecer em audiência (art. 844, CLT). Apesar disso, se o advogado da reclamada estiver presente na audiência, serão aceitos a contestação e os documentos eventualmente apresentados por ele (art. 844, § 5º, CLT), nas ações propostas depois de 11.11.2017, data em que entrou em vigor a Lei 13.467/2017 (Reforma Trabalhista) (art. 12, IN 41/2018, TST).

134. Cumpre destacar que a revelia não gera a confissão quanto à matéria de fato se as alegações de fato formuladas pelo reclamante estiverem em contradição com a prova constante dos autos (art. 844, § 4º, IV, CLT).

135. O não comparecimento do reclamante à audiência de conciliação importa o arquivamento da reclamação trabalhista (extinção do processo sem resolução do mérito).

136. Na hipótese de ausência do reclamante, este será condenado ao pagamento das custas (2% sobre o valor da causa), ainda que beneficiário da justiça gratuita, salvo se comprovar, no prazo de quinze dias, que a ausência ocorreu por motivo legalmente justificável, sendo pagamento das custas condição para a propositura de nova demanda (art. 844, §§ 2º e 3º, CLT).

137. O art. 844, § 2º, da CLT aponta inconstitucionalidade material por impor restrições inconstitucionais à garantia da gratuidade da justiça àqueles que apresentam insuficiência de recursos, violando as garantias constitucionais de amplo acesso à jurisdição e a assistência judiciária integral aos necessitados, especificamente o art. 5º, XXXV, da CF, que determina que "a lei não excluirá da apreciação do Poder Judiciário lesão ou ameaça a direito" e o art. 5º, LXXIV, da CF, que garante que "o Estado prestará assistência jurídica integral e gratuita aos que comprovarem insuficiência de recurso". A Procuradoria-Geral da República ajuizou a ADIn 5.766 com tais fundamentos.

138. Se o reclamante der causa a dois arquivamentos seguidos, por não ter comparecido à audiência, nos termos dos arts. 731 e 732 da CLT, ficará impossibilitado, pelo prazo de seis meses, de propor nova reclamação trabalhista em face do mesmo empregador, envolvendo o mesmo objeto.

139. Vale destacar que, caso o reclamante não compareça à audiência de instrução (audiência de prosseguimento), realizada posteriormente à audiência de conciliação, o processo não será arquivado (Súmula 9 do TST), podendo haver, no entanto, confissão quanto à matéria fática, se o autor, expressamente intimado para prestar depoimento pessoal, não comparecer à audiência de instrução (Súmula 74 do TST).

5. Art. 23, Código de Ética e Disciplina da OAB. "É defeso ao advogado funcionar no mesmo processo, simultaneamente, como patrono e preposto do empregador ou cliente."

140. Determina o art. 846 consolidado que, aberta a audiência, o juiz proporá, obrigatoriamente, a conciliação, constituindo-se na primeira tentativa de conciliação.

141. Havendo acordo, será lavrado o respectivo termo de conciliação, sendo normalmente fixada uma multa pelo seu descumprimento (indenização convencionada – art. 846, § 2.º, da CLT). Impende apontar que é lícito às partes celebrar acordo que ponha termo ao processo, mesmo que encerrado o juízo conciliatório (art. 764 da CLT).

142. Outrossim, firmada a conciliação, o termo que for lavrado valerá como decisão irrecorrível, salvo para a Previdência Social quanto às contribuições que lhe forem devidas (art. 831, parágrafo único, da CLT).

143. Não havendo acordo, estipula o art. 847 da CLT que o reclamado terá vinte minutos para aduzir sua defesa, após a leitura da reclamação, quando esta não for dispensada por ambas as partes.

144. O art. 847, § 1º, da CLT assegura expressamente o direito do reclamado de apresentar defesa escrita pelo sistema de processo judicial eletrônico até a audiência.

145. A contestação, a exceção e documentos deverão ser protocolados no PJe até a realização da proposta conciliatória infrutífera, com a utilização de equipamento próprio, sendo automaticamente juntados, facultada a apresentação de defesa oral, na forma do art. 847, parágrafo único, da CLT (art. 22, da Resolução 185/2017, CSJT).

146. As partes poderão atribuir segredo de justiça à petição inicial e sigilo à contestação, reconvenção, exceção, petições incidentais e documentos, desde que, justificadamente, fundamentem uma das hipóteses do art. 770, *caput*, da CLT e dos arts. 189 ou 773, do CPC. O magistrado poderá determinar a exclusão de petições e documentos indevidamente protocolados sob sigilo (art. 22, §§ 2º e 3º, da Resolução 185/2017, CSJT).

147. Diferentemente da opção de sigilo que a parte só pode atribuir nas hipóteses previstas em lei, o reclamado pode manter a contestação, a exceção e os documentos que os acompanham ocultos até a realização da proposta conciliatória infrutífera (art. 22, § 4º, da Resolução 185/2017, CSJT).

148. Após a apresentação da defesa pelo réu, inicia-se a instrução do processo, com a apresentação das provas, começando pelo interrogatório das partes (art. 848 da CLT).

149. Por sua vez, o art. 374 do CPC esclarece que não dependem de prova os fatos notórios, os afirmados por uma parte e confessados pela parte contrária, os admitidos no processo como incontroversos e os fatos em cujo favor milita presunção legal de existência ou de veracidade.

150. O art. 850 da CLT esclarece que, terminada a instrução, poderão as partes aduzir razões finais, em prazo não excedente de dez minutos para cada uma. As razões finais consistem numa faculdade que têm as partes de se manifestarem oralmente nos autos antes da prolação da sentença, assumindo papel importante tanto na arguição de nulidades como também para fortalecimento do convencimento do magistrado.

151. Após aduzir razões finais, determina o art. 850 consolidado que o juiz renovará a proposta de conciliação, sendo esta considerada a segunda tentativa de conciliação, também obrigatória. No mesmo sentido, o art. 831 da CLT determina que a decisão somente será proferida depois de rejeitada pelas partes a proposta de conciliação.

152. A doutrina considera que ambas as propostas de conciliação são obrigatórias, mas somente gerando nulidade absoluta da decisão a ausência da segunda proposta de conciliação, visto que a ausência da primeira proposta conciliatória seria suprida pela segunda tentativa de conciliação.

153. Após razões finais, o juiz proferirá a sentença, sendo, na prática, determinada nova audiência, designada "audiência de julgamento", em que o magistrado fará a publicação da decisão.

154. As partes serão intimadas da sentença na própria audiência em que for proferida (art. 852 da CLT), salvo no caso de revelia, pois o revel será intimado nos moldes previstos no art. 841, § 1.º, consolidado (notificação postal, salvo se o revel não for encontrado ou opuser resistência ao recebimento do mandado, quando a notificação será feita por edital).

155. A ata de julgamento, devidamente assinada pelo juiz, será juntada ao processo no prazo improrrogável de 48 horas, contado da audiência de julgamento, conforme previsto no art. 851, § 2.º, da CLT. Frise-se que o prazo para interposição de recurso pela parte que, intimada, não comparecer à audiência em prosseguimento para a prolação da sentença conta-se da sua publicação, a teor da Súmula 197 do TST. Todavia, não sendo juntada a ata aos autos no prazo de 48 horas, o prazo para interposição do recurso será contado a partir do momento em que a parte for intimada da sentença, conforme entendimento consubstanciado na Súmula 30 do TST.

156. No processo eletrônico as audiências serão sempre reduzidas a termo, ainda que gravadas em áudio e vídeo, e o arquivo eletrônico que utilize linguagem padronizada de marcação genérica daí decorrente será, ao final da audiência: a) imediatamente assinado pelo magistrado, impossibilitando a alteração de sua forma e conteúdo; ou b) facultativamente enviado ao PJe, imediatamente após o término da audiência, também impossibilitando a alteração de sua forma e conteúdo (art. 23, da Resolução 185/2017, CSJT).

157. Na hipótese de celebração de acordo e ausência de assinatura imediata do arquivo eletrônico que utilize linguagem padronizada de marcação genérica e, havendo requerimento da parte, a ata deverá ser impressa, assinada manualmente pelas partes e magistrado e, então, digitalizada e inserida no PJe (art. 23, § 3º, Resolução 185/2017, CSJT).

158. O art. 203, § 1.º, do CPC estabelece que "sentença é o pronunciamento por meio do qual o juiz, com fundamento nos arts. 485 e 487, põe fim à fase cognitiva do procedimento comum, bem como extingue a execução".

159. Sentenças terminativas são as que extinguem o processo sem resolução do mérito. Portanto, nas sentenças terminativas, o desfecho do processo na instância não aprecia o mérito, não sendo enfrentado o pedido formulado pelo autor na peça vestibular em função da existência de algum vício formal que macula a relação jurídica.

160. As sentenças que resolvem o mérito da demanda são denominadas definitivas. Portanto, nas sentenças definitivas, o desfecho do processo na instância aprecia o mérito, sendo enfrentado o pedido formulado pelo autor na peça vestibular.

161. O relatório, a fundamentação (também chamada de motivação) e a parte dispositiva são os requisitos essenciais, obrigatórios da sentença, de modo que a ausência de quaisquer deles, em regra, impõe o reconhecimento da nulidade da sentença ou até mesmo da inexistência do ato judicial.

162. No relatório, será realizada pelo julgador a descrição resumida das principais ocorrências verificadas no curso do processo, com indicação do pleito formulado pelo demandante e seus fundamentos, bem como as defesas opostas pelo demandado.

163. No procedimento sumaríssimo, o art. 852-I da CLT determina que a sentença mencionará os elementos de convicção do juízo, com resumo dos fatos relevantes ocorridos em audiência, dispensado o relatório.

164. Nessa esteira, qualquer sentença, salvo se proferida num processo submetido ao procedimento sumaríssimo, sem o devido relatório, será nula de pleno direito, considerando a norma impositiva prevista no art. 832 da CLT c/c o art. 489, I, do CPC.

165. Na motivação o magistrado deverá expor os fundamentos fáticos e jurídicos que motivaram a sua convicção na prolação da decisão, mediante análise circunstanciada dos argumentos dos litigantes. Em outras palavras, deverá o juiz indicar suas razões de decidir, ou seja, apresentando os fatores que contribuíram para a formação do seu convencimento por meio da análise das questões processuais, das alegações das partes e das provas produzidas.

166. O terceiro elemento essencial da sentença é o dispositivo, que se constitui na parte da sentença que tem conteúdo decisório. É na parte dispositiva que o magistrado apresentará sua conclusão, extinguindo o processo com ou sem resolução do mérito. O dispositivo é o elemento mais importante do *decisium*, pois é nele que encontraremos o "comando" contido na sentença, o qual será, posteriormente, coberto pelo manto da coisa julgada.

167. A ausência de parte dispositiva importa na inexistência da sentença.

168. Julgamento *ultra petita* consiste na sentença conferir à parte mais do que foi pleiteado.

169. Julgamento *extra petita* consiste na sentença conferir à parte pedido ou parcela do pedido diferente do que foi pleiteado.

170. Julgamento *citra petita* consiste na sentença conferir à parte menos do que foi por ela pleiteado, com omissão na análise das matérias invocadas.

171. As sentenças que contenham julgamento *ultra*, *extra* ou *citra petita*, além de poderem ser impugnadas por recurso, podem ser passíveis de ataque mediante o corte rescisório (art. 966, V, do CPC), por violação dos arts. 141 e 492, ambos do CPC.

172. Em relação à sentença *citra petita*, temos que ela poderá ser corrigida por meio do manejo dos embargos de declaração, o mesmo não ocorrendo em relação à sentença *extra* ou *ultra petita*, em que se fará necessária a interposição do recurso ordinário.

173. A coisa julgada é definida como qualidade especial da sentença, a qual, por força de lei, torna imutáveis e indiscutíveis as questões já decididas no bojo do processo. Em outras palavras, a sentença judicial, quando acobertada pela coisa julgada, é havida como verdadeira, impedindo que seja renovada a discussão da sua parte dispositiva, atingindo não apenas autor e réu, mas também terceiros.

174. Por outro lado, frise-se que a coisa julgada é uma característica da jurisdição, uma vez que somente o ato jurisdicional está sujeito à coisa julgada, a qual confere imutabilidade e definitividade às decisões. Transitada em julgada a decisão, portanto, nenhuma outra pessoa, nem mesmo as próprias partes, outro juiz, enfim, ninguém mais poderá apreciar a matéria ali contida.

175. A coisa julgada formal é comum a todas as sentenças que se tornem irrecorríveis, ou seja, qualquer sentença, seja definitiva ou terminativa, que transite em julgado, tornando impossível sua alteração, estará acobertada pelo manto da coisa julgada formal. Em outras palavras, proferida a sentença, seja terminativa ou definitiva, a ausência de recurso no prazo legal ou o esgotamento dos apelos possíveis – tornando a decisão imutável – enseja a formação da coisa julgada formal.

176. Quanto à coisa julgada material, o art. 502 do CPC estabelece que: "Denomina-se coisa julgada material a eficácia, que torna imutável e indiscutível a sentença, não mais sujeita a recurso". A coisa julgada material é típica das sentenças definitivas, em que ocorre a resolução do mérito. Neste contexto, transitada em julgado a decisão definitiva, ocorre a coisa julgada material, tornando-se imutável a decisão, não sendo permitida a rediscussão da sua parte dispositiva dentro do mesmo processo nem em outra relação jurídico-processual.

177. A diferença crucial entre ambas reside no fato de que, quando o processo é extinto sem resolução do mérito, se permite a renovação da demanda, salvo exceções legais, porque não há coisa julgada material, em razão de a decisão não ser definitiva, mas apenas coisa julgada formal. Ao revés, quando ocorre a resolução do mérito não se permite a renovação da ação, justamente porque a decisão se tornou definitiva e imutável, atingindo toda e qualquer demanda seguinte, a qual seja idêntica à anterior, formando-se a coisa julgada material.

178. No limite objetivo, o que torna definitivo e imutável é a parte dispositiva da sentença, ou seja, a decisão que apreciou o pedido formulado pela parte (a decisão que, ao final, acolhe ou rejeita o pedido). Logo, o relatório e a fundamentação da sentença não são alcançados pela coisa julgada. Logo, a coisa julgada faz lei entre as partes nos limites da demanda, ou seja, do pedido e da causa de pedir, bem como das questões decididas no processo, desde que constem da parte dispositiva do julgado.

179. No entanto, o art. 503, § 1º, do digesto processual civil determina que faz coisa julgada a resolução de questão prejudicial, se dessa resolução depender o julgamento do mérito, a seu respeito tiver havido contraditório prévio e efetivo (não se aplicando no caso de revelia) e se o juízo tiver competência em razão da matéria e da pessoa para resolvê-la como questão principal.

180. Tratando-se de relação jurídica continuativa, caso ocorra modificação no estado de fato ou de direito, a parte poderá requerer a revisão do que foi estatuído na sentença (art. 505, I, do CPC).

181. Além do limite objetivo, a coisa julgada também sofre o limite subjetivo, significando dizer que esta somente atinge as partes envolvidas no processo. Em outras palavras, diz-se que a coisa julgada é *inter omnes*, somente alcançando os litigantes do processo (autor, réu, litisconsorte, assistente litisconsorcial e todos aqueles que adquiriram a condição de parte). Por consequência, os terceiros, que não fizeram parte da relação processual, não serão atingidos pela coisa julgada (art. 506 do CPC).

182. O procedimento sumaríssimo foi instituído pela Lei 9.957/2000 (que acrescentou os arts. 852-A a 852-I à CLT), objetivando tornar o processo do trabalho mais célere, sendo aplicado aos dissídios individuais, cujo valor não exceda a quarenta vezes o salário-mínimo vigente na data do ajuizamento da reclamação (art. 852-A da CLT).

183. A administração pública direta, autárquica e fundacional não será submetida ao procedimento sumaríssimo.

184. No procedimento sumaríssimo o pedido deverá ser certo e determinado, indicando cada parcela o valor correspondente. Não se fará a citação por edital, incumbindo ao autor a correta indicação do nome e endereço do reclamado. A apreciação do dissídio deverá ocorrer no prazo máximo de 15 dias do seu ajuizamento.

185. No procedimento sumaríssimo, se o pedido não for liquidado ou não forem indicados o nome e o endereço corretos do reclamado, a reclamação será arquivada e o reclamante será condenado ao pagamento de custas, calculadas sobre o valor da causa, não sendo possível a emenda à inicial.

186. As demandas sujeitas a rito sumaríssimo serão instruídas e julgadas em audiência única, não sendo possível o magistrado, em regra, dividir a audiência, como ocorre frequentemente no procedimento ordinário. Serão decididos de plano todos os incidentes e exceções que possam interferir no prosseguimento da audiência e do processo (como a incompetência relativa, a conexão, a litispendência, a coisa julgada etc.). As demais questões (relativas ao mérito) serão decididas na sentença.

187. No procedimento sumaríssimo, todas as provas serão produzidas na audiência de instrução e julgamento, ainda que não requeridas previamente. Sobre os documentos apresentados por uma das partes manifestar-se-á imediatamente a parte contrária, sem interrupção da audiência, salvo absoluta impossibilidade, a critério do juiz. Nesse caso, a audiência será dividida, prosseguindo em nova data, determinada pelo juiz após a manifestação por escrito. As testemunhas, até o máximo de duas para cada parte, comparecerão à audiência de instrução e julgamento independentemente de intimação. Somente será deferida intimação da testemunha que, comprovadamente convidada, deixar de comparecer (por meio de carta com aviso de recebimento, telegrama, notificação extrajudicial etc.). Não comparecendo a testemunha intimada, o juiz poderá determinar sua imediata condução coercitiva.

188. Interrompida a audiência, o seu prosseguimento e a solução do processo dar-se-ão no prazo máximo de 30 dias, salvo motivo relevante justificado nos autos pelo juiz da causa. A sentença mencionará os elementos de convicção do juízo, com resumo dos fatos relevantes ocorridos em audiência, dispensado o relatório (art. 852-I da CLT).

189. A Lei 5.584/1970, no art. 2.º, § 4.º, dispõe que, salvo se versarem sobre matéria constitucional, nenhum recurso será cabível das sentenças proferidas nos dissídios de alçada (demandas que não ultrapassam a dois salários-mínimos – procedimento sumário), considerando a lei o valor do salário-mínimo à data do ajuizamento da ação.

190. As Comissões de Conciliação Prévia surgiram por meio da Lei 9.958/2000 (que introduziu na Consolidação das Leis do Trabalho os arts. 625-A a 625-H), com o claro objetivo de tentar diminuir o número de ações submetidas à Justiça do Trabalho.

191. Para tanto, o art. 625-A da CLT estabelece que as empresas e os sindicatos podem instituir Comissões de Conciliação Prévia, de composição paritária, composta de representantes dos trabalhadores e empregadores, com a atribuição de tentar conciliar os conflitos individuais do trabalho.

192. A comissão instituída no âmbito da empresa será composta de, no mínimo, dois e, no máximo, dez membros, devendo obedecer as seguintes normas: a) a metade de seus membros será indicada pelo empregador e a outra metade eleita pelos empregados, em escrutínio secreto, fiscalizado pelo sindicato da categoria profissional; b) haverá na comissão tantos suplentes quantos forem os representantes titulares; c) o mandato dos seus membros, titulares e suplentes é de um ano, permitida uma recondução.

193. É vedada a dispensa dos representantes dos empregados membros da Comissão, titulares e suplentes, até um ano após o final do mandato, salvo se cometerem falta grave, nos termos da lei.

194. O art. 625-D da CLT determina que qualquer demanda de natureza trabalhista será submetida à Comissão de Conciliação Prévia se, na localidade da prestação de serviços, houver sido instituída a Comissão no âmbito da empresa ou do sindicato da categoria. Esse dispositivo é muito criticado, inclusive tendo sido propostas ações diretas de inconstitucionalidade – ADIN – perante o Supremo Tribunal Federal, com base na ofensa ao princípio da inafastabilidade de jurisdição. O STF concedeu liminar no julgamento das ADIns 2.139, 2.160 e 2.237, conferindo interpretação conforme a Constituição ao art. 625-D da CLT, para afastar qualquer interpretação no sentido de ser condição para propositura da reclamação trabalhista a prévia submissão da demanda à Comissão de Conciliação Prévia.

195. Não prosperando a conciliação, será fornecida aos interessados declaração da tentativa conciliatória frustrada (carta de malogro), que deverá ser juntada em eventual reclamação trabalhista. Aceita a conciliação, será lavrado termo assinado pelo empregado, pelo empregador ou seu preposto e pelos membros da Comissão, fornecendo-se cópia às partes, sendo o termo de conciliação considerado um título executivo extrajudicial, com eficácia liberatória geral, exceto quanto às parcelas expressamente ressalvadas.

196. As Comissões de Conciliação Prévia têm prazo de 10 dias para a realização da sessão de tentativa de conciliação, a partir da provocação do interessado, cabendo destacar que, esgotado o prazo sem a realização da sessão, será fornecida, no último dia do prazo, a declaração da tentativa conciliatória frustrada. O prazo prescricional será suspenso a partir da provocação da Comissão de Conciliação Prévia, recomeçando a fluir, pelo que lhe resta, a partir da tentativa frustrada de conciliação ou do esgotamento do prazo de 10 dias para realização da sessão de conciliação pela Comissão.

5.7. QUESTÕES CORRELATAS

01. (TRT-1/Analista Judiciário – Área Judiciária/2013) Zeus, funcionário de uma empresa pública com contrato regido pelas normas da CLT – Consolidação das Leis do Trabalho – ajuizou reclamação trabalhista em face da empresa para reclamar o pagamento de gratificação denominada "sexta-parte" e as suas integrações. A ação foi distribuída na 1.ª Vara do Trabalho da cidade do Rio de Janeiro. O advogado de Zeus informou-lhe

que o Juiz Titular daquela Vara, em outros processos análogos, rejeitou o referido pedido. Para que o processo não fosse julgado por aquele Juiz, Zeus deliberadamente ofendeu o magistrado em audiência, inclusive ameaçando-o de morte. Conforme norma expressa da CLT, na presente situação está configurada a suspeição do Juiz?

(A) Sim, por configurar o interesse na causa por parte do Juiz.

(B) Não, porque não é caso de parentesco por consanguinidade até o terceiro grau civil.

(C) Sim, pelo risco da manutenção de sua integridade física.

(D) Não, porque o litigante procurou de propósito o motivo de que se originaria a suspeição.

(E) Não, por não haver previsão na CLT de que a inimizade pessoal possa gerar suspeição do Juiz.

02. (TRT-9/Técnico Judiciário – Área Administrativa/2013) Sobre as audiências trabalhistas, com base nas normas aplicáveis, é correto afirmar:

(A) As partes e testemunhas serão inquiridas pelo juiz, não podendo ser reinquiridas a requerimento das partes ou advogados.

(B) O juiz, à hora marcada, declarará aberta a audiência, sendo feita pelo chefe de secretaria ou escrivão a chamada das partes, havendo uma tolerância de até 15 minutos após a hora marcada.

(C) Estas serão públicas e realizar-se-ão em dias úteis, entre 8 e 18 horas, não podendo ultrapassar 5 horas seguidas, salvo quando houver matéria urgente.

(D) A ausência injustificada do reclamante ou de seu advogado à audiência importa em revelia, além de confissão quanto à matéria de fato.

(E) O reclamante e o reclamado deverão estar presentes pessoalmente, independentemente do comparecimento de seus advogados, não podendo ser substituídos ou representados neste ato processual.

03. (TRT-9/Analista Judiciário – Área Judiciária/2013) Dentre os princípios norteadores do Processo do Trabalho estão a oralidade e a concentração dos atos em audiência. Nessa seara, conforme previsão legal,

(A) o depoimento das partes e testemunhas que não souberem falar a língua nacional será feito por meio de intérprete nomeado pelo juiz e as despesas correrão por conta da parte vencida no processo.

(B) se, até 30 minutos após a hora marcada, o Juiz não houver comparecido, os presentes poderão retirar-se, devendo o ocorrido constar do livro de registro das audiências.

(C) o Juiz manterá a ordem nas audiências, mas não poderá mandar retirar do recinto os assistentes que a perturbarem em razão da publicidade das audiências na Justiça do Trabalho, sendo que nesse caso deverá adiar a sessão.

(D) as audiências dos órgãos da Justiça do Trabalho serão públicas e realizar-se-ão em dias úteis previamente fixados, entre 8 e 18 horas, não podendo ultrapassar 5 horas seguidas, salvo quando houver matéria urgente.

(E) as audiências dos órgãos da Justiça do Trabalho serão públicas e realizar-se-ão na sede do Juízo ou Tribunal não podendo ser designado outro local para a realização das audiências.

04. (TRT-9/Analista Judiciário – Área Judiciária/2013) Em se tratando de dissídio individual, a norma processual trabalhista prevê, como regra, a realização de audiência UNA, ou seja, em um determinado ato processual será realizada a tentativa de conciliação, a instrução processual e o julgamento. Nesse sentido,

(A) terminada a defesa, seguir-se-á a instrução do processo, sendo ouvidas as testemunhas, os peritos e os técnicos, se houver, e após será efetuado o interrogatório dos litigantes.

(B) caso o reclamante não compareça na audiência inaugural, mesmo presente seu advogado, deverá necessariamente ser adiada a sessão.

(C) é facultado ao empregador fazer-se substituir pelo gerente, ou qualquer outro preposto que tenha conhecimento do fato, mas cujas declarações não obrigarão o proponente.

(D) aberta a audiência, o Juiz proporá a conciliação, sendo que se não houver acordo, o reclamado poderá apresentar defesa oral no tempo máximo de 10 (dez) minutos.

(E) deverão estar presentes o reclamante e o reclamado na audiência de julgamento, independentemente do comparecimento de seus representantes.

05. (TRT-1/Analista Judiciário – Execução de Mandados/2013) Hércules após quatro anos de contrato de trabalho com a empresa Alfa Beta Engenharia foi dispensado sem receber saldo salarial e verbas da rescisão. Ajuizou reclamação trabalhista, sendo designada audiência UNA (conciliação, instrução e julgamento) após dois meses da distribuição da ação. Ocorre que Hércules sofreu acidente na véspera da audiência, ficando hospitalizado e, portanto, impossibilitado de se locomover até a Vara do Trabalho. Com base nas normas previstas em lei trabalhista, nessa situação,

(A) o advogado de Hércules fará toda a sua assistência em audiência, inclusive com poderes para depor pelo reclamante e realizar demais atos processuais.

(B) o reclamante Hércules poderá fazer-se representar na audiência por outro empregado que pertença a mesma profissão ou pelo Sindicato Profissional.

(C) o processo será arquivado ante a ausência do reclamante, que poderá ajuizar novamente a demanda quando estiver em condições plenas de saúde.

(D) a lei processual trabalhista não prevê a hipótese de substituição de empregado reclamante ausente, razão pela qual fica a critério do Juiz adiar a audiência ou arquivar o processo.

(E) a esposa, companheira ou algum parente até o terceiro grau poderão representar o trabalhador ausente com amplos poderes para inclusive prestar depoimento pelo reclamante.

06. (TRT-5/Técnico Judiciário – Área Administrativa/2013) Luzinete ajuizou reclamação trabalhista em face de seu ex-empregador Panificadora Pão Bom Ltda., tendo sido designada audiência UNA para o dia 20 de agosto. Na data da audiência comparecem Luzinete e seu advogado e o advogado da reclamada, mas não comparece qualquer representante da Panificadora, sem que haja um motivo relevante para tanto. O efeito da ausência do representante legal da reclamada à audiência é

(A) nenhum, pois o advogado da mesma estava presente, podendo a audiência prosseguir normalmente.

(B) nenhum, pois o advogado da mesma estava presente, mas o juiz terá que designar nova data para a realização da audiência.

(C) arquivamento do processo.

(D) a suspensão da audiência, até a chegada de um outro representante.

(E) a revelia, além de confissão quanto à matéria de fato.

07. (TRT-9/Técnico Judiciário – Área Administrativa/2013) O Processo Judiciário do Trabalho elenca o depoimento de testemunhas como uma das modalidades de prova. Assim, conforme previsão da Consolidação das Leis do Trabalho, nos dissídios individuais de Procedimento Ordinário, de Procedimento Sumaríssimo e no Inquérito para Apuração de Falta Grave, a quantidade máxima de testemunhas que cada parte poderá indicar é de, respectivamente,

(A) três, duas e seis.

(B) três, três e cinco.

(C) duas, três e seis.

(D) cinco, duas e cinco.

(E) três, duas e quatro.

08. (TRT-9/Analista Judiciário – Área Judiciária/2013) Em todo processo judicial, o conjunto probatório é fundamental para a solução do litígio. A Consolidação das Leis do Trabalho possui regras específicas sobre as provas judiciais, sendo assim,

(A) as testemunhas não poderão sofrer qualquer desconto pelas faltas ao serviço, ocasionadas pelo seu comparecimento para depor, quando devidamente arroladas ou convocadas.

(B) as testemunhas comparecerão à audiência independentemente de notificação ou intimação, sendo que as que não comparecerem não serão ouvidas, ainda que seja requerido pela parte a intimação das ausentes.

(C) o juiz nomeará perito em caso de haver matéria técnica, não sendo facultado às partes indicação de assistentes técnicos em razão da celeridade processual que deve ser aplicada ao Processo do Trabalho.

(D) apenas a testemunha que for parente até o segundo grau civil ou amigo íntimo de qualquer das partes, não prestará compromisso, e seu depoimento valerá como simples informação.

(E) o documento oferecido para prova só será aceito se estiver no original ou em certidão autêntica, não podendo ser declarado autêntico pelo próprio advogado, diante da sua parcialidade.

09. (TRT-5/Analista Judiciário – Área Judiciária/2013) Agostinho ajuizou reclamação trabalhista em face da empresa Grande Família Loja de Móveis Ltda., pleiteando diversos direitos e atribuindo à causa o valor de R$ 120.000,00 (cento e vinte mil reais). Para provar suas alegações em audiência Agostinho poderá ouvir testemunhas, limitadas ao número de:

(A) três para cada fato.

(B) duas para cada fato.

(C) três.

(D) seis.

(E) duas.

10. (TRT-5/Técnico Judiciário – Área Administrativa/2013) Quanto à prova testemunhal no Processo do Trabalho, é correto afirmar que se diferenciam o rito ordinário e o rito sumaríssimo em razão de

(A) no rito ordinário limita-se a três testemunhas para cada parte e no rito sumaríssimo limita-se a duas testemunhas para cada parte.

(B) no rito ordinário limita-se a três testemunhas para cada fato e no rito sumaríssimo limita-se a três para cada parte.

(C) no rito ordinário limita-se a duas testemunhas para cada fato e no rito sumaríssimo limita-se a duas para cada parte.

(D) em ambos os ritos a limitação do número de testemunhas dá-se em função do conteúdo da petição inicial e da contestação, até o limite máximo de seis para cada parte.

(E) em ambos os ritos a limitação do número de testemunhas dá-se em função da matéria debatida, até o limite máximo de três para cada parte.

11. (TRT-9/Analista Judiciário – Área Judiciária/2013) A legislação processual do trabalho regulamenta o trâmite de dissídios individuais, criando regras sobre a forma de reclamação e a notificação do reclamado. Segundo tais normas, a reclamação

(A) recebida e protocolada será remetida a segunda via da petição ao reclamado, notificando-o ao mesmo tempo, para comparecer à audiência de julgamento, que será a primeira desimpedida, depois de 48 horas.

(B) será, preliminarmente, sujeita a distribuição nas localidades em que houver apenas uma Vara do Trabalho.

(C) poderá ser apresentada pelos empregados e empregadores, pessoalmente, ou por seus representantes e pelos sindicatos de classe.

(D) será feita por notificação via oficial de justiça, não sendo admitida a notificação por edital nos processos que tramitam pelo rito ordinário.

(E) poderá ser acumulada num só processo com outros, quando houver identidade de matéria, desde que sejam empregados da mesma profissão e região metropolitana.

12. (TRT-9/Técnico Judiciário – Área Administrativa/2013) Os dissídios individuais trabalhistas podem seguir o procedimento ordinário e sumaríssimo. Sobre esse último (sumaríssimo) é INCORRETO:

(A) Estão excluídas desse procedimento as demandas em que é parte a Administração pública direta, autárquica e fundacional.

(B) Esse procedimento é determinado pelo valor dos dissídios individuais, que não exceda a 20 (vinte) vezes o salário-mínimo vigente na data do ajuizamento da reclamação.

(C) Nas reclamações enquadradas nesse procedimento, o pedido deverá ser certo ou determinado e indicará o valor correspondente, sob pena de arquivamento da reclamação.

(D) As testemunhas, até o máximo de duas para cada parte, comparecerão à audiência de instrução e julgamento independentemente de intimação.

(E) Todas as provas serão produzidas em audiência única, sendo que sobre os documentos apresentados por uma das partes manifestar-se-á imediatamente a parte contrária, sem interrupção da audiência, salvo absoluta impossibilidade, a critério do juiz.

13. (TRT-1/Analista Judiciário – Área Judiciária/2013) Atenas, em dezembro de 2012, ajuizou reclamação trabalhista em face da sua empregadora Celestial Cosméticos e Perfumes S/A postulando apenas uma indenização por ofensas e danos morais, no valor que foi atribuído à causa de R$ 6.220,00 (seis mil, duzentos e vinte reais), equivalentes a 10 salários-mínimos na época da propositura da ação. Para comprovar suas alegações, conforme previsão legal, a quantidade máxima de testemunhas que Atenas poderá indicar é de

(A) três.

(B) cinco.

(C) duas.

(D) quatro.

(E) seis.

14. (TRT-9/Analista Judiciário – Área Judiciária/2013) Hidra pretende ajuizar uma reclamatória trabalhista em face da sua empregadora Matrix S/A, postulando o pagamento de horas extraordinárias, totalizando o valor equivalente a 10 (dez) salários-mínimos à época do ajuizamento da ação. Nesse caso, o procedimento processual que deve tramitar a reclamatória trabalhista e a quantidade máxima de testemunhas que cada parte pode indicar, respectivamente, é

(A) ordinário e três testemunhas.

(B) sumaríssimo e duas testemunhas.

(C) inquérito judicial e seis testemunhas.

(D) ordinário e cinco testemunhas.

(E) sumaríssimo e três testemunhas.

15. (TRT-9/Técnico Judiciário – Área Administrativa/2013) Considere:

I. Prefeitura do Município de Campinas.

II. Autarquia Municipal "ABC".

III. Fundação Pública "DEF".

IV. Confederação Sindical "GHI".

V. Sindicato "JKL".

De acordo com a Consolidação das Leis do Trabalho, em reclamação sujeita ao procedimento sumaríssimo

(A) podem ser parte apenas as entidades II, III e V.

(B) todas as entidades podem ser parte.

(C) nenhuma das entidades podem ser parte.

(D) podem ser parte apenas as indicadas em IV e V.

(E) podem ser parte apenas as entidades II, III, IV e V.

16. (TRT-19/Analista Judiciário – Área Judiciária/2014) O ônus de provar o término do contrato de trabalho quando negados a prestação de serviço e o despedimento e o ônus de provar fato impeditivo, modificativo ou extintivo da equiparação salarial é do

(A) empregador.

(B) empregado.

(C) empregador e empregado, respectivamente.

(D) empregado e empregador, respectivamente.

(E) de ambas as partes, tratando-se de ônus comum objetivo.

17. (TRT-19/Analista Judiciário – Área Judiciária/2014) Brunete ajuizou reclamação trabalhista em face da empresa "LH Ltda.", alegando ter exercido seu labor em ambiente insalubre, dando à causa o valor de R$ 21.500,00. Foi deferida a prova pericial requerida por Brunete, tendo o perito nomeado pelo Juízo apresentado o referido laudo pericial. Neste caso, de acordo com a Consolidação das Leis do Trabalho, as partes

(A) obrigatoriamente se manifestarão oralmente na audiência em razão da oralidade existente neste tipo de procedimento processual.

(B) serão intimadas a manifestar-se sobre o laudo, no prazo sucessivo de dez dias, iniciando-se por Brunete.

(C) serão intimadas a manifestar-se sobre o laudo, no prazo comum de cinco dias.

(D) serão intimadas a manifestar-se sobre o laudo, no prazo sucessivo de cinco dias, iniciando-se por Brunete.

(E) serão intimadas a manifestar-se sobre o laudo, no prazo comum de dez dias.

18. (TRT-19/Analista Judiciário – Área Judiciária/2014) Fabrício, empregado do Condomínio X foi dispensado sem justa causa. A rescisão de seu contrato de trabalho foi devidamente formalizada, tendo sido homologada pelo Sindicato da Categoria. Fabrício, inconformado com a dispensa sem o devido pagamento das horas extras trabalhadas, ajuizou reclamação trabalhista em face de Clóvis, síndico do referido Condomínio, dando à causa o valor de R$ 50.000,00. A referida reclamação foi extinta sem resolução de mérito, tendo sido reconhecida a ilegitimidade de parte passiva. Neste caso, de acordo com a Consolidação das Leis do Trabalho, em regra, às custas processuais, serão devidas por Fabrício no

(A) valor mínimo previsto em instrução normativa do Tribunal Superior do Trabalho.

(B) montante de R$ 500,00.

(C) montante de R$ 1.000,00.

(D) montante de R$ 750,00.

(E) valor mínimo previsto em portaria específica emitida pelo Tribunal Superior do Trabalho.

19. (TRT-19/Técnico Judiciário – Área Administrativa/2014) Marta ajuizou reclamação trabalhista em face de sua empregadora doméstica Tatiana. A referida reclamação foi distribuída para a primeira Vara Trabalhista de Maceió.

Marta descobriu que, Mônica, esposa do Magistrado da referida Vara, é credora de Tatiana, já que esta deve valores locatícios de imóvel de propriedade de Mônica.

Neste caso,

(A) não há suspeição e nem impedimento do Magistrado.

(B) há impedimento do Magistrado, podendo ser arguida mediante exceção.

(C) há suspeição e impedimento do Magistrado, podendo ser arguida mediante exceção.

(D) há suspeição do Magistrado, podendo ser arguida mediante exceção.

(E) há incompetência funcional absoluta, que deve ser arguida em preliminar de contestação.

20. (TRT-19/Técnico Judiciário – Área Administrativa/2014) Viviane compareceu ao distribuidor da Justiça Trabalhista objetivando a propositura de uma reclamação trabalhista verbal. Após a sua distribuição, Viviane foi advertida de que deveria comparecer na secretaria da Vara competente no prazo de cinco dias para que a reclamação trabalhista fosse reduzida a termo. De acordo com a Consolidação das Leis do Trabalho, se Viviane não comparecer na referida secretaria, sem justo motivo, dentro do respectivo prazo,

(A) incorrerá na pena de perda, pelo prazo de 6 (seis) meses, do direito de reclamar perante a Justiça do Trabalho.

(B) incorrerá na pena de perda, pelo prazo de 12 (doze) meses, do direito de reclamar perante a Justiça do Trabalho.

(C) não ocorrerá a redução a termo da reclamação verbal e Viviane somente poderá ajuizar ação escrita através de advogado ou do sindicato da categoria.

(D) não ocorrerá a redução a termo da reclamação verbal e Viviane poderá ajuizar novamente reclamação verbal após dez dias do arquivamento da distribuição anterior.

(E) não ocorrerá a redução a termo da reclamação verbal e Viviane poderá ajuizar novamente reclamação verbal após trinta dias do arquivamento da distribuição anterior.

21. (TRT-2/Analista Judiciário – Área Judiciária/2014) Na audiência UNA, o reclamante não comparece, sob motivo de internação hospitalar devidamente comprovado, fazendo-se substituir por colega de trabalho que conhece os fatos alegados na reclamação e seu advogado.

Ainda, deixa de comparecer o representante legal da empresa, sob alegação que ficou preso no trânsito, estando presente apenas seu advogado munido de procuração e defesa. Diante do exposto, o juiz

(A) decretará a revelia da reclamada, com aplicação da pena de confissão quanto à matéria de fato, redesignando nova data de audiência para o depoimento pessoal das partes.

(B) determinará o arquivamento do feito, uma vez que o representante do autor não possui poderes para prestar depoimento pessoal, nem celebrar acordos em seu nome.

(C) redesignará nova data, ilidindo o arquivamento, tendo em vista a representação do reclamante por seu colega, e não implicará revelia e pena de confissão à reclamada quanto à matéria de fato, em razão do trânsito caótico, que é considerado fato notório.

(D) receberá a defesa apresentada pelo advogado da empresa e ouvirá o depoimento pessoal do representante do reclamante e suas testemunhas.

(E) determinará de plano o arquivamento do feito, ante o não comparecimento de ambas as partes.

22. (TRT-2/Analista Judiciário – Execução de Mandados/2014) Maria ingressou com reclamação trabalhista em face da Empresa Pode Tudo Ltda. Com a distribuição da ação, foi determinada a realização de audiência UNA, ou seja, quando na mesma oportunidade são realizadas a tentativa de conciliação, a instrução processual e o julgamento do feito. Nesse sentido,

(A) se o Juiz não comparecer até 10 minutos após a hora marcada, os presentes poderão retirar-se, devendo o ocorrido constar do livro de registro de audiências.

(B) caso Maria não compareça à audiência inaugural, estando presente seu advogado, com a procuração *ad judicia* nos autos conferindo poderes para transigir, deverá o juiz adiar a sessão, redesignando nova data para a realização da audiência.

(C) é facultado à Empresa Pode Tudo Ltda. fazer-se substituir pelo gerente, ou qualquer outro preposto que não tenha conhecimento dos fatos, mas cujas declarações não obrigarão o proponente.

(D) aberta a audiência, o juiz proporá a conciliação, sendo que em caso de insucesso, a Empresa Pode Tudo Ltda. terá dez minutos para aduzir sua defesa oralmente e apresentar seus documentos.

(E) deverão estar presentes Maria e a Empresa Pode Tudo Ltda., independentemente do comparecimento de seus advogados, tendo em vista o princípio do *jus postulandi*.

23. (TRT-16/Analista Judiciário – Execução de Mandados/2014) Tendo em vista designação de audiência trabalhista, se até quinze minutos após a hora marcada o juiz não houver comparecido, para sua realização, poderão as partes presentes

(A) retirar-se, informando o ocorrido ao Diretor de Secretaria.

(B) aguardar a chegada do juiz, requerendo o adiamento e a designação de nova data para realização da audiência, uma vez que as partes não são obrigadas a suportar o atraso ocorrido.

(C) retirar-se, informando o ocorrido e consignando seus "protestos" na Ata de Audiência.

(D) aguardar a chegada do juiz, requerendo seja realizada a audiência, mas com dilação dos prazos processuais subsequentes, tendo em vista que o juiz deixou de observar norma de ordem pública.

(E) retirar-se, lavrando-se o ocorrido no livro de registro das audiências.

24. (TRT-16/Analista Judiciário – Área Judiciária/2014) Sérgio ajuizou reclamação trabalhista em face de sua ex-empregadora a empresa "Z", dando à causa o valor de R$ 24.780,00. Na data designada para a audiência Una, suas três testemunhas

deixaram de comparecer. Sérgio não comprovou que as convidou para a referida audiência. Neste caso, o M.M. juiz

(A) deverá obrigatoriamente intimar duas das três testemunhas de Sérgio, devendo o mesmo escolher quais testemunhas pretende ouvir e determinar a expedição das respectivas intimações.

(B) não está obrigado a deferir intimação de nenhuma das testemunhas ante a ausência de prova de que as mesmas teriam sido convidadas para prestarem depoimento testemunhal.

(C) deverá obrigatoriamente intimar as três testemunhas de Sérgio, devendo determinar a expedição da respectiva intimação.

(D) deverá fornecer o prazo de quarenta e oito horas para que Sérgio informe os dados pessoais das testemunhas, determinado, após, a expedição das respectivas intimações.

(E) deverá marcar nova data para a referida audiência, oportunidade em que Sérgio poderá comparecer com suas testemunhas independentemente de intimação.

25. (TRT-19/Analista Judiciário – Execução de Mandados/2014) Considere a seguinte situação hipotética: Jaques ajuizou reclamação trabalhista em face da empresa "MNX Ltda.", empresa de pequeno porte que possui oito empregados.

Dentre os pedidos formulados por Jaques está o reconhecimento do vínculo de emprego e o trabalho em jornada extraordinária. Considerando que, a empresa admitiu a prestação de serviços por Jaques, mas não como empregado e sim como trabalhador autônomo, bem como não anexou aos autos os cartões de pontos de Jaques, o ônus da prova no tocante ao vínculo de emprego e no tocante às horas extras laboradas é

(A) da empresa e de Jaques, respectivamente.

(B) da empresa.

(C) de Jaques.

(D) de Jaques e da empresa, respectivamente.

(E) da empresa, desde que a reclamação se processe pelo rito ordinário.

26. (TRT-16/Analista Judiciário – Área Judiciária/2014) As testemunhas que prestam depoimento segundo os fatos que tiveram notícias são testemunhas

(A) originárias.

(B) oculares.

(C) auriculares.

(D) referidas.

(E) instrumentárias.

27. (TRT-2/Analista Judiciário – Execução de Mandados/2014) Ana está sendo executada judicialmente em razão de reclamação trabalhista julgada procedente que foi proposta pelo rito sumaríssimo por uma ex-empregada. Ana foi procurada duas vezes no espaço de quarenta e oito horas para pagar ou indicar bens à penhora,

mas não foi encontrada. De acordo com a Consolidação das Leis do Trabalho, far--se-á citação por

(A) edital, publicado no jornal oficial ou, na falta deste, afixado na sede do Juízo, durante cinco dias.

(B) hora certa, aplicando-se subsidiariamente ao Processo do Trabalho os arts. 227 e seguintes do CPC (arts. 252 e seguintes do NCPC), conforme lhe faculta o art. 769 da CLT, e se o citando não estiver presente, o oficial de justiça procurará informar-se das razões da ausência, dando por feita a citação.

(C) hora certa, aplicando-se subsidiariamente ao Processo do Trabalho os arts. 227 e seguintes do CPC (arts. 252 e seguintes do NCPC), conforme lhe faculta o art. 769 da CLT, e o oficial de justiça deixará contrafé com pessoa da família ou com qualquer outro, conforme o caso, declarando-lhe o nome.

(D) hora certa, aplicando-se subsidiariamente ao Processo do Trabalho os arts. 227 e seguintes do CPC (arts. 252 e seguintes do NCPC), conforme lhe faculta o art. 769 da CLT, e o oficial de justiça no dia e hora designados, independentemente de novo despacho, comparecerá ao domicílio ou residência da citanda, a fim de realizar a diligência.

(E) edital, publicado no jornal oficial, ou na falta deste, afixado na sede do Juízo, durante quinze dias.

28. (TRT-19/Técnico Judiciário – Área Administrativa/2014) Considere hipoteticamente as seguintes reclamações trabalhistas:

I. Reclamação trabalhista A: partes: Maria das Graças e Empresa Casa Ltda.; valor da causa: R$ 26.000,00.

II. Reclamação trabalhista B: partes: Simone Silva e Empresa Flores Ltda.; valor da causa: R$ 13.560,00.

III. Reclamação trabalhista C: partes: Gabriela Sousa e Fundação Pública S; valor da causa: R$ 11.000,00.

IV. Reclamação trabalhista D: partes: Felícia Campos e Autarquia Estadual Z; valor da causa: R$ 19.000,00.

De acordo com a Consolidação das Leis do Trabalho, obedecerão ao procedimento sumaríssimo as demandas que constam em

(A) I e II, apenas.

(B) I, II, III e IV.

(C) III e IV, apenas.

(D) II e IV, apenas.

(E) I e III, apenas.

29. (TRT-2/Analista Judiciário – Área Judiciária/2014) Relativamente ao rito sumaríssimo é correto afirmar:

(A) É aplicável aos dissídios individuais e coletivos, desde que o valor da causa seja igual ou inferior a 40 (quarenta) salários-mínimos.

(B) É incabível para ações contra a Administração pública direta, autárquica e fundacional, bem como contra as empresas públicas e sociedades de economia mista.

(C) Formulando o autor pedido ilíquido ou genérico, não será admitida a emenda da inicial, competindo ao magistrado extinguir liminarmente o processo sem exame do mérito.

(D) O recurso será imediatamente distribuído, uma vez recebido no Tribunal, devendo o relator liberá-lo no prazo máximo de quinze dias, e a Secretaria do Tribunal ou Turma colocá-lo, imediatamente, em pauta para julgamento, sem revisor.

(E) Será facultado às partes a oitiva de até três testemunhas, que comparecerão à audiência de instrução e julgamento independentemente de intimação.

30. (TRT-16/Analista Judiciário – Execução de Mandados/2014) João, empregado público, cujo contrato é regido pelas regras da CLT, move reclamação trabalhista contra a Prefeitura Municipal da cidade X, pleiteando o pagamento de verbas rescisórias no importe de R$ 15.000,00. Em sua petição inicial, os pedidos são certos e foram todos liquidados, razão pela qual, o procedimento escolhido deverá ser o rito

(A) sumaríssimo, desde que não seja necessária a citação por edital.

(B) sumaríssimo, tendo em vista o valor dado à causa e a liquidação dos pedidos.

(C) sumário, tendo em vista o valor dado à causa e a liquidação dos pedidos.

(D) especial, tendo em vista que a reclamação trabalhista é proposta contra a Prefeitura.

(E) ordinário, independentemente do valor dado à causa e da liquidação dos pedidos.

31. (TRT-16/Analista Judiciário – Área Judiciária/2014) Carolina ajuizou reclamação trabalhista em face de sua ex-empregadora a empresa "V" Ltda. dando à causa o valor de R$ 15.000,00. A referida reclamação foi julgada procedente e a empresa "V" Ltda. interpôs recurso ordinário. Neste caso, no referido recurso, o parecer do Ministério Público será

(A) escrito, tendo este o prazo de sessenta dias após a distribuição do recurso para enviar o referido parecer diretamente ao relator.

(B) escrito, tendo este o prazo de trinta dias após a distribuição do recurso para enviar o referido parecer diretamente ao relator.

(C) oral na sessão de julgamento, se este entender necessário, sendo registrado na certidão de julgamento.

(D) oral na sessão de julgamento, sendo obrigatório o comparecimento de seu representante em todos os julgamentos, em razão do múnus público que desempenha.

(E) escrito, tendo este o prazo de vinte dias após a distribuição do recurso para enviar o referido parecer diretamente ao relator.

32. (TRT3 – OJAF – 2015) Quanto à audiência trabalhista,

(A) o atraso no horário de comparecimento da parte é tolerável em até 5 minutos.

(B) o não comparecimento do reclamante à audiência una importa em confissão quanto à matéria de fato.

(C) após a oitiva das testemunhas, as partes terão vinte minutos sucessivos para a apresentação de razões finais.

(D) se por doença ou qualquer outro motivo poderoso, devidamente comprovado, não for possível ao empregado comparecer pessoalmente, poderá fazer-se representar por outro empregado que pertença à mesma profissão, ou pelo seu sindicato, que poderá ser ouvido em nome da parte se tiver conhecimento dos fatos.

(E) se, até 15 (quinze) minutos após a hora marcada, o juiz do trabalho não houver comparecido para a realização da audiência, os presentes poderão retirar-se, devendo o ocorrido constar do livro de registro das audiências.

33. (TRT3 – AJAJ – 2015) Em relação à audiência trabalhista e à presença das partes na audiência:

(A) A CLT exige o comparecimento pessoal das partes em audiência, não podendo o empregador fazer-se substituir por outra pessoa que não o representante legal da empresa.

(B) Ao empregador é facultado fazer-se substituir pelo gerente, ou qualquer outro preposto que tenha conhecimento do fato, e cujas declarações obrigarão o preponente.

(C) O reclamante poderá fazer-se substituir, em audiência, por qualquer pessoa, desde que outorgue poderes para tanto, através de procuração por instrumento público.

(D) O não comparecimento do reclamante à audiência importa em improcedência da ação.

(E) O não comparecimento da reclamada à audiência importa em arquivamento da reclamação.

34. (TRT4 – OJAF – 2015) O princípio da oralidade possui grande influência na sistemática processual trabalhista, razão pela qual a audiência é um dos atos processuais de maior relevância. Observadas as normas legais sobre as audiências que ocorrem nos dissídios individuais,

(A) o não comparecimento injustificado do reclamante na audiência UNA acarreta o adiamento da sessão em razão do princípio tutelar.

(B) a ausência da reclamada em audiência UNA ocasiona o pagamento de indenização a parte contrária por litigância de má-fé.

(C) em razão do princípio da celeridade processual não se permite a apresentação de defesa oral em audiência.

(D) o ato processual que deve ocorrer imediatamente após o pregão das partes é a juntada de defesa da parte reclamada.

(E) em audiência é facultado ao empregador fazer-se substituir pelo gerente ou qualquer outro preposto que tenha conhecimento dos fatos e cujas declarações obrigarão o proponente.

35. (TRT9 – AJAJ – 2015) A empresa Beta Comunicações Ltda. foi notificada para comparecer em audiência trabalhista UNA e apresentar sua defesa na qualidade de reclamada. Na audiência compareceram o autor com seu advogado e o gerente empregado da ré desacompanhado de advogado, juntando cópia de contrato societário e carta de preposição lhe atribuindo poderes para representar a ré naquela sessão, mas sem apresentar nenhum tipo de defesa. Nessa situação,

(A) a reclamada será considerada revel e confessa pelo fato de não estar assistida por advogado, que é indispensável à administração da justiça.

(B) o juiz deve adiar a audiência para que a ré possa constituir advogado em razão do princípio da igualdade processual e ampla defesa.

(C) a reclamada não será revel em razão da presença do representante em audiência, mas será declarada a confissão pela falta de apresentação de defesa.

(D) não é possível a postulação em juízo trabalhista sem a constituição de advogado que será responsável pela apresentação de defesa, razão pela qual deve ser nomeado advogado *ad hoc* e apresentar defesa verbal na mesma audiência.

(E) a parte reclamada pode exercer o ***jus postulandi*** nessa fase processual na Vara do Trabalho, mas por não apresentar nenhuma defesa será considerada revel e confessa quanto à matéria fática.

36. (TRT9 – OJAF – 2015) Conforme determinações contidas na Consolidação das Leis do Trabalho, as propostas de conciliação no Processo Judiciário do Trabalho devem ser realizadas

(A) após a apresentação da defesa e renovadas após as razões finais.

(B) antes da apresentação da defesa e renovadas após as razões finais.

(C) somente nos processos que tramitam pelo rito sumaríssimo em razão do valor atribuído à causa.

(D) após o depoimento das partes e antes do término da instrução processual.

(E) após a oitiva das partes e quando do encerramento da instrução processual.

37. (TRT23 – Juiz do Trabalho – 2015) O advogado da reclamada (empresa-ré) compareceu à audiência una munido de contestação, procuração e contrato social. Diante da ausência injustificada do preposto, segundo o entendimento sumulado do Tribunal Superior do Trabalho,

(A) a reclamação trabalhista será arquivada.

(B) deverá ser aplicada a pena de confissão, não havendo revelia diante da presença do advogado que demonstrou a intenção de defender-se.

(C) deverá ser aplicada a revelia e pena de confissão.

(D) a reclamação trabalhista será julgada procedente.

(E) a audiência una deverá ser adiada.

38. (TRT3 – TJAA – 2015) Joana ajuizou reclamação trabalhista em face de sua ex-empregadora a empresa "Z". O processo foi devidamente contestado pela reclamada, tendo sido realizada perícia para apuração de insalubridade no local de trabalho. Após entrega do laudo pericial e manifestação das partes, foi designada audiência de instrução e julgamento. Na data da referida audiência não compareceram a reclamante e nem o seu advogado, mas compareceram a reclamada e seu patrono. Neste caso, considerando que as partes estavam devidamente intimadas da referida audiência, inclusive, para prestarem depoimento pessoal, sob pena de confissão,

(A) a audiência se realizará sem a presença de Joana e para ela será aplicada a pena de confissão no tocante às questões de fatos nas quais lhe cabia o ônus da prova.

(B) o processo será arquivado, e Joana será condenada às custas e despesas processuais, havendo expresso dispositivo legal neste sentido.

(C) será marcada nova audiência, com a intimação pessoal de Joana, em razão da ausência também de seu advogado.

(D) será marcada nova audiência, com intimação de Joana através de seu advogado, uma vez que regularmente constituído nos autos.

(E) a audiência se realizará sem a presença de Joana sendo que para ela não será aplicada a pena de confissão, uma vez que esta é aplicada exclusivamente à parte reclamada.

39. (TRT1 – Juiz do Trabalho – 2015) Maria ajuizou ação trabalhista em face de Supermercado Cidade Maravilhosa Ltda. Durante a audiência inaugural, as partes conversaram e se aproximaram da conciliação, mas alguns detalhes impediram a homologação definitiva. Sendo assim, o patrono do réu aduziu sua defesa e documentos e ambas as partes requereram o adiamento, ante a real possibilidade de transação. O juiz deferiu o requerimento, mas intimou desde logo as testemunhas presentes, consignando em ata a intimação dos litigantes para prestarem depoimento pessoal na próxima assentada designada, advertindo-os de que a ausência acarretaria a confissão. Duas semanas antes da audiência de prosseguimento, o advogado da autora protocolizou petição na qual requereu novo adiamento por conta da dificuldade de transacionar. O juiz despachou "aguarde-se a audiência", em virtude de sua proximidade. Entretanto, no dia designado, compareceram apenas as testemunhas intimadas, o réu e seu advogado, o qual requereu a caracterização da confissão ficta do autor. Nesse caso, o requerimento de confissão deve ser

(A) indeferido, haja vista o pedido de adiamento da audiência, contida na petição da autora, anterior à data designada para a instrução.

(B) indeferido, uma vez que a hipótese é de arquivamento dos autos.

(C) deferido, uma vez que a autora foi intimada pessoalmente sob a possibilidade de aplicação desta cominação legal na audiência de instrução na qual deveria depor.

(D) deferido, uma vez que as testemunhas estavam presentes e poderiam ter sido inquiridas.

(E) indeferido, uma vez que estava precluso o requerimento do réu, haja vista a sua intenção de conciliar manifestada na audiência inaugural.

40. (TRT3 – AJAJ – 2015) Em relação à prova documental no Processo do Trabalho,

(A) o pagamento de salário deverá ser efetuado contra recibo, assinado pelo empregado; em se tratando de analfabeto, deve ser assinado por seu representante legal.

(B) terá força de recibo o comprovante de depósito em conta bancária, aberta para esse fim em nome do empregado, com o consentimento deste, em estabelecimento de crédito próximo ao local de trabalho.

(C) terá força de recibo o comprovante de depósito em conta bancária, aberta para esse fim em nome do empregado, independentemente do consentimento deste, em estabelecimento de crédito definido pelo empregador.

(D) no recibo de pagamento é possível adotar o denominado "salário complessivo", que engloba o pagamento de todas as parcelas em uma única, indiscriminadamente.

(E) na esfera trabalhista, em razão do princípio da primazia da realidade, prevalece o entendimento de que o recibo de pagamento pode ser escrito, verbal ou tácito, podendo a empresa comprovar o pagamento dos salários por todos os meios de prova em direitos admitidos.

41. (TRT6 – Juiz do Trabalho – 2015) Quanto à prova testemunhal,

(A) as testemunhas não poderão sofrer qualquer desconto pelas faltas ao serviço, ocasionadas pelo seu comparecimento para depor, quando devidamente arroladas ou convocadas, salvo se a prova testemunhal disser respeito a contrato de trabalho já extinto.

(B) se a testemunha for funcionário civil ou militar, e tiver de depor em hora de serviço, será ouvida perante o chefe da repartição competente, no local da prestação de serviços.

(C) toda testemunha, antes de prestar o compromisso legal, será qualificada, indicando o nome, nacionalidade, profissão, idade, residência, e, quando empregada, o tempo de serviço prestado ao empregador, ficando sujeita, em caso de falsidade, às sanções administrativas.

(D) a testemunha que for parente até o quarto grau civil, amigo íntimo ou inimigo de qualquer das partes, não prestará compromisso, e seu depoimento valerá como simples informação.

(E) o depoimento das testemunhas que não souberem falar a língua nacional será feita por meio de intérprete nomeado pelo juiz ou presidente, sendo que tais despesas correrão por conta da parte a quem interessar o depoimento.

42. (TRT4 – OJAF – 2015) No tocante às provas no Processo Judiciário do Trabalho,

(A) as testemunhas serão intimadas para comparecimento em audiência quando as partes apresentarem rol em 05 dias após o despacho saneador.

(B) no procedimento sumaríssimo quando apresentado documento por uma das partes o Juiz deverá suspender a audiência e possibilitar a parte adversa o prazo legal de 05 dias para manifestação.

(C) o inquérito para apuração de falta grave cada parte poderá indicar até seis testemunhas para serem ouvidas em audiência.

(D) o depoimento das testemunhas que não souberem falar a língua nacional será feito por meio de intérprete nomeado pelo Juiz, cujas despesas correrão por conta da parte vencida no processo.

(E) após a qualificação as testemunhas prestarão compromisso legal, exceto no procedimento sumaríssimo em que não há compromisso e seu depoimento valerá como simples informação.

43. (TRT4 – AJAJ – 2015) Em razão do princípio da primazia da realidade a prova testemunhal é de grande relevância ao Processo do Trabalho. Conforme sistemática adotada pela Consolidação das Leis Trabalhistas, nos procedimentos sumaríssimo, ordinário e inquérito para apuração de falta grave, a quantidade máxima de testemunhas por parte é, respectivamente, de

(A) duas, três e seis.

(B) três, três e seis.

(C) duas, cinco e cinco.

(D) uma, três e três.

(E) três, cinco e seis.

44. (TRT3 – OJAF – 2015) Quanto à prova testemunhal,

(A) cada uma das partes não poderá indicar mais de 3 (três) testemunhas para a comprovação de cada fato ou pedido, salvo quando se tratar de inquérito para apuração de falta grave, caso em que esse número poderá ser elevado a 6.

(B) as testemunhas não poderão sofrer qualquer desconto pelas faltas ao serviço, ocasionadas pelo seu comparecimento para depor, quando devidamente arroladas ou convocadas.

(C) se a testemunha for funcionário civil ou militar e tiver que depor em hora de serviço, terá o direito de ser ouvida em sua própria repartição.

(D) as testemunhas serão inquiridas diretamente por intermédio da parte ou seu advogado, diante do princípio da oralidade.

(E) a testemunha devidamente intimada que não comparecer por duas vezes consecutivas para prestar depoimento e não justificar sua ausência estará sujeita à condução coercitiva, se não atender à terceira intimação.

45. (MANAUSPREV – Procurador – 2015) Analise as proposituras sobre as provas no Processo do Trabalho.

I. O sistema de valoração da prova utilizado no Processo do Trabalho é o da persuasão racional, que dá liberdade ao Juiz para apreciar livremente a prova, obrigando-o a declinar os motivos do seu convencimento.

II. O documento oferecido como prova só será aceito se estiver no original ou em certidão autêntica, ou se conferida a respectiva pública forma ou cópia perante o Juiz ou Tribunal.

III. Os documentos devem ser juntados aos autos em dois momentos: acompanhando a petição inicial por ocasião do ajuizamento da ação e por ocasião da apresentação da defesa, admitindo-se exceções relativas a documentos novos ou que se contrapõem aos que foram produzidos nos autos ou quando se tratar de fatos supervenientes.

IV. É obrigatória a apresentação do rol de testemunhas que cada parte pretende levar em audiência, as quais serão intimadas para depor, ficando sujeitas à condução coercitiva, sendo no máximo cinco para cada parte no rito ordinário.

V. A testemunha que for funcionário público civil ou militar, e tiver que depor em hora de serviço, será requisitada ao chefe da repartição para comparecer à audiência e não pode sofrer qualquer desconto pela falta ao serviço, ocasionada pelo seu comparecimento para depor.

Está correto o que se afirma APENAS em

(A) I, II e IV.

(B) II, III e IV.

(C) I, III e V.

(D) I, IV e V.

(E) II, III e V.

46. (TRT9 – AJAJ – 2015) Conforme legislação aplicável em relação à matéria relativa às provas no Processo Judiciário de Trabalho, é correto afirmar:

(A) O depoimento das partes e testemunhas que não souberem falar a língua nacional será feito por meio de intérprete nomeado pelo juiz cujas despesas serão pagas pela União.

(B) As partes e testemunhas serão inquiridas pelo juiz, podendo ser reinquiridas, por seu intermédio, somente por requerimento dos advogados.

(C) As testemunhas não poderão sofrer qualquer desconto pelas faltas ao serviço, ocasionadas pelo seu comparecimento para depor, apenas quando devidamente convocadas pelo juiz.

(D) A testemunha que for parente até o terceiro grau civil de qualquer das partes, prestará compromisso, mas seu depoimento não valerá nem como simples informação.

(E) O juiz poderá arguir os peritos compromissados ou os técnicos, e rubricará, para ser junto ao processo, o laudo que os primeiros tiverem apresentado.

47. (TRT15 – Juiz do Trabalho – 2015) Quanto à prova pericial, de acordo com a lei e a jurisprudência pacífica do TST, considere:

I. Sendo a parte sucumbente no objeto da perícia beneficiária da justiça gratuita, são indevidos honorários periciais.

II. À atualização monetária dos honorários periciais aplica-se o mesmo critério da atualização dos débitos trabalhistas.

III. A parte sucumbente na pretensão objeto da perícia é responsável pelo pagamento dos honorários periciais, salvo se beneficiária da justiça gratuita.

IV. No procedimento sumaríssimo, a prova pericial somente será deferida quando a prova do fato o exigir ou for legalmente imposta, incumbindo ao juiz, desde logo, fixar o prazo, o objeto da perícia e nomear perito.

V. Ainda que vencedora no objeto da perícia, a parte que indicou assistente técnico deve arcar com os honorários do mesmo, tendo em vista que tal indicação é faculdade da parte.

Está INCORRETO o que consta APENAS em

(A) I e II.

(B) III e V.

(C) II e IV.

(D) I, II e IV.

(E) III, IV e V.

48. (TRT4 – TJAA – 2015) A reclamação trabalhista escrita que obedecerá o procedimento ordinário proposta por Vera Diva encontra-se desacompanhada de documento indispensável à propositura da ação. Neste caso, conforme súmula do TST, em regra, o indeferimento da petição inicial

(A) é incabível, uma vez que a parte poderá aditar a inicial a qualquer momento, sendo ônus da parte a juntada dos documentos que julgar pertinentes ao processo.

(B) somente é cabível se, após intimada para suprir a irregularidade em cinco dias, a parte não o fizer.

(C) deverá ocorrer de imediato uma vez que na justiça do trabalho não há intimação para supressão da irregularidade, devendo a parte ajuizar nova reclamação trabalhista.

(D) somente é cabível se, após intimada para suprir a irregularidade em quinze dias, a parte não o fizer.

(E) somente é cabível se, após intimada para suprir a irregularidade em dez dias, a parte não o fizer.

49. (TRT23 – Juiz do Trabalho – 2015) João das Neves promoveu reclamação trabalhista na qual pleiteou o reconhecimento de estabilidade prevista na Convenção Coletiva de Trabalho, por ter sido dispensado às vésperas de sua aposentadoria e também a reintegração ao trabalho. Em defesa, a Empresa ré requereu a extinção do processo sem exame de mérito por não ter o autor juntado a Convenção Coletiva de Trabalho, na qual se funda o direito pretendido. Diante dos fatos apresentados, o Juiz do Trabalho

(A) deverá julgar improcedente a pretensão porque o autor não se desincumbiu do ônus de comprovar o direito pretendido.

(B) deverá indeferir de plano a petição inicial, julgando extinto o processo sem exame de mérito, por encontrar-se desacompanhada de documento indispensável à propositura da ação.

(C) poderá conceder prazo de quinze dias para a parte suprir a irregularidade apontada, sob pena de indeferimento da petição inicial.

(D) deverá indeferir a petição inicial, julgando extinto o processo sem exame de mérito, pois a ausência de documento indispensável à propositura da ação é causa de inépcia da inicial.

(E) deverá intimar a parte para suprir a irregularidade apontada no prazo de dez dias, sob pena de indeferimento da petição inicial.

50. (TRT15 – Juiz do Trabalho – 2015) Sobre a petição inicial no Processo do Trabalho, considere:

I. Petição inicial desacompanhada de documento indispensável à propositura da ação ou que não preenche outro requisito legal, deve se indeferida de plano pelo juiz.

II. Verificando o juiz que a petição inicial não contém pedido expresso de incidência de juros e de correção monetária, deve conceder à parte o prazo de dez dias para que o autor a emende, sob pena de impossibilidade de aplicação da atualização na liquidação.

III. A verificação mediante perícia de prestação de serviços em condições nocivas, considerado agente insalubre diverso do apontado na inicial, não prejudica o pedido de adicional de insalubridade.

IV. A petição inicial de ação rescisória deve vir acompanhada de prova do trânsito em julgado da decisão rescindenda, sob pena de indeferimento de plano.

V. A petição inicial de ação rescisória deve vir acompanhada de prova do trânsito em julgado da decisão rescindenda. Verificando o relator a ausência de tal comprovação, abrirá prazo de dez dias para que o autor o faça, sob pena de indeferimento.

De acordo com a jurisprudência pacífica do TST, está correto o que consta APENAS em

(A) II e III.
(B) I e V.
(C) I e IV.
(D) III e V.
(E) II e IV.

51. (TRT14 – AJAJ – 2016) O Princípio da oralidade é de suma importância no processo do trabalho, daí por que as audiências são o ponto forte do procedimento de uma reclamatória trabalhista em primeiro grau de jurisdição. Sobre audiências é correto afirmar:

(A) O não comparecimento do reclamante em Audiência Inicial ou Una importa em revelia, além da confissão quanto à matéria fática.

(B) Serão públicas como regra e realizadas em dias úteis previamente fixados, entre oito e dezoito horas, não podendo ultrapassar cinco horas seguidas, salvo quando houver matéria urgente.

(C) Caso o juiz não houver comparecido em até dez minutos após a hora marcada para a audiência, os presentes poderão retirar-se, devendo o ocorrido constar do livro de registro das audiências.

(D) O não comparecimento do reclamado em Audiência Inicial ou Una importará em remarcação da mesma por uma única vez, para garantir a ampla defesa e o contraditório, arcando a parte ausente com multa fixada pelo juiz.

(E) Terminada a apresentação da defesa do reclamado em audiência o juiz deverá suspender a sessão e marcar nova audiência para que o reclamante possa apresentar sua réplica e indicar as provas que pretende produzir, sob pena de nulidade processual.

52. (TRT23 – AJAJ – 2016) Conforme legislação própria quanto às audiências no Processo Judiciário Trabalhista,

(A) serão públicas e realizadas nos dias úteis das seis às vinte horas.

(B) se, até quinze minutos após a hora marcada, o juiz não houver comparecido, os presentes poderão retirar-se, devendo o ocorrido constar de registro próprio.

(C) não poderão ultrapassar três horas seguidas, ainda que houver matéria urgente.

(D) o juiz manterá a ordem nas audiências, mas não poderá mandar retirar do recinto os assistentes que a perturbarem em razão do caráter de publicidade que reveste esse ato processual, devendo no caso, adiar a sessão.

(E) é facultado ao empregador fazer-se substituir pelo gerente, ou qualquer outro preposto que tenha conhecimento do fato, mas cujas declarações, nesse caso, não obrigarão o proponente.

53. (TRT1 – Juiz do Trabalho – 2016) Tendo ocorrido uma ríspida discussão entre o reclamante e o reclamado durante a audiência, o juiz resolveu suspendê-la, por 30 minutos, e mandou que todos se retirassem da sala de audiências. O reclamado, no entanto, manteve-se sentado mesmo depois de insistentes apelos. O juiz determinou, então, que os guardas da segurança do foro retirassem o recalcitrante do local à força, oportunidade em que o reclamado começou a dirigir vários xingamentos

ao juiz, sacou arma de fogo que portava e apontando-a para o juiz, disse que não poderia ser removido dali, porque era militar e não estaria obrigado a acatar ordens de um juiz do trabalho. Na sequência, o juiz, em ato de coragem, dada a gravidade da ameaça, deu voz de prisão ao reclamado, mandou que a segurança o desarmasse e o levasse com ele, juiz, à delegacia de polícia, para lavratura do auto de prisão em flagrante.

Tudo considerado, nesse caso, a atuação do juiz

(A) foi incorreta, porque ele não teria competência para promover a prisão de um militar e determinar que fosse desarmado.

(B) foi correta, mas a lavratura do flagrante deveria ter ocorrido na própria sala de audiências.

(C) não foi correta, porque ele deveria ter solicitado desde logo força policial para acompanhar o ocorrido.

(D) foi correta, porém somente até o momento em que o militar se identificou.

(E) foi correta, porque a prisão foi em flagrante.

54. **(TRT20 – TJAA – 2016) O reclamante Perseu e seu advogado compareceram na audiência designada em reclamação trabalhista para às 13h00min. Naquele dia, o juiz iniciou a pauta de audiências pontualmente, mas, em razão da complexidade das audiências anteriores, a audiência de Perseu somente foi apregoada às 13h20min. Adentraram à sala de audiência a reclamada e o advogado do reclamante, informando ao Juiz que seu cliente Perseu já tinha ido embora, em razão do atraso no pregão. Nessa situação,**

(A) será decretada a revelia na própria audiência, porque o atraso não foi superior a 30 minutos e o reclamante deveria ter esperado.

(B) independente do tempo do atraso não haverá consequência processual ao reclamante porque o seu advogado estava presente e o representará, sendo realizada normalmente a audiência.

(C) a audiência não deve ser adiada e o processo será arquivado diante da ausência do reclamante.

(D) o juiz deverá designar outra audiência porque seu atraso foi superior a 15 minutos, saindo intimados sobre a data da nova audiência a reclamada e o reclamante, este por seu advogado presente.

(E) se o atraso fosse superior a 30 minutos a audiência deveria ser adiada, mas como foi de apenas 20 minutos o processo deverá ser arquivado.

55. **(PGM – São Luís MA Procurador – 2016) Camilo, metalúrgico, ajuizou reclamação trabalhista em face da empresa Q. Na audiência de instrução e julgamento, Camilo, hospitalizado, enviou, para o representar, Carlos, metalúrgico, que também trabalha na empresa Q, sem comunicar com antecedência à Justiça do Trabalho. Neste caso, de acordo com a Consolidação das Leis do Trabalho,**

(A) o processo será arquivado uma vez que não foi comunicada a referida representação com a antecedência mínima de 48 horas.

(B) o processo será arquivado pela ausência de Camilo, podendo ele ajuizar imediatamente outra reclamação trabalhista.

(C) o processo será arquivado, uma vez que não foi comunicada a referida representação com a antecedência mínima de 24 horas.

(D) Camilo fez correto e não terá nenhum prejuízo.

(E) o processo será arquivado pela ausência de Camilo, podendo ele ajuizar outra reclamação trabalhista após 6 meses do arquivamento.

56. (TRT23 – AJAJ – 2016) O trabalhador Hércules convidou uma testemunha para depor em audiência UNA designada na reclamação trabalhista movida em face da empresa Vênus de Millus S/A. No saguão do fórum, após o pregão das partes, o reclamante resolveu não ingressar na sala de audiências da Vara do Trabalho porque a sua testemunha não compareceu e a reclamada tinha trazido três testemunhas. O representante da reclamada, ao verificar que Hércules se evadiu do local, também não ingressou na sala de audiências. Nesse caso, o Juiz

(A) deverá marcar nova audiência para que o trabalhador possa trazer suas testemunhas em razão do devido processo legal.

(B) deverá aplicar a revelia e consequente pena de confissão à reclamada ausente.

(C) deverá arquivar a ação diante da ausência injustificada do reclamante.

(D) não deverá arquivar nem aplicar a revelia visto que ausentes ambas as partes, julgando o processo no estado em que se encontra.

(E) deverá redesignar a audiência intimando ambas as partes para comparecimento, sob pena de condução coercitiva e pagamento de multa.

57. (TRT14 – AJAJ – 2016) A Consolidação das Leis do Trabalho prevê algumas regras que diferenciam os tipos procedimentais das ações que tramitam na Justiça do Trabalho, notadamente quanto ao número de testemunhas que cada parte pode indicar para oitiva em audiência. Assim, para os ritos sumaríssimo, ordinário e inquérito judicial para apuração de falta grave, o número d e testemunhas será, respectivamente,

(A) três – quatro – cinco.

(B) duas – três – três.

(C) três – cinco – seis.

(D) duas – cinco – cinco.

(E) duas – três – seis.

58. (TRT23 – AJAJ – 2016) Conforme normas contidas na Consolidação das Leis do Trabalho, sobre as testemunhas, nas ações que tramitam pelos procedimentos sumaríssimo e ordinário, a quantidade máxima por parte e a forma comum de comparecimento na audiência, são, respectivamente:

(A) duas e cinco; independentemente de intimação e intimadas.

(B) três e quatro; ambas independentemente de intimação.

(C) três e seis; intimadas e independentemente de intimação.

(D) duas e três; ambas independentemente de intimação.

(E) duas e três; independentemente de intimação e intimadas.

59. (TRT1 – Juiz do Trabalho – 2016) Correndo o boato de que certa testemunha estaria na iminência de mudar-se para outro país, o patrono do reclamante requereu a oitiva da mesma testemunha, em caráter de urgência, antes mesmo da designação de data para a audiência inaugural. Requereu ainda que a testemunha fosse conduzida com o auxílio de força policial, uma vez que seria provável que não quisesse prestar depoimento. O juiz do trabalho, antes mesmo da notificação-citatória, deferiu o requerimento do reclamante, determinando a condução coercitiva da testemunha para ser ouvida na data designada.

A decisão judicial

(A) estava correta, uma vez que era medida de urgência, que visava evitar a possível e iminente perda da prova.

(B) estava correta, mas deveria ter promovido antes a notificação do reclamado.

(C) poderia ser deferida, com a notificação do reclamado para a audiência, mas sem a condução imediata da testemunha.

(D) poderia ser deferida, inaudita altera parte, sem assegurar, considerando-se a natureza da medida, a participação do reclamado na produção da prova.

(E) foi ilegal, porque a testemunha poderia, no futuro, ser ouvida por carta rogatória.

60. (TRT1 – Juiz do Trabalho – 2016) Considerado o art. 829, da CLT, NÃO prestará compromisso como testemunha no processo do trabalho:

(A) parentesco até o quarto grau civil.

(B) o juiz que funcionou no mesmo processo em primeiro grau de jurisdição.

(C) o juiz devedor de uma das partes.

(D) o amigo íntimo de uma das partes.

(E) aquele que atuou como juiz, ou perito em processo anterior da mesma matéria.

61. (TRT14 – TJAA – 2016) É de amplo domínio popular o consagrado ditado "não basta alegar é preciso provar". Nesse contexto, em relação ao instituto das provas no Processo Judiciário Trabalhista, conforme norma legal aplicável,

(A) caso a testemunha não saiba falar a língua nacional o seu depoimento será feito por meio de intérprete indicado pela parte e as despesas com tal ato serão arcadas pela União.

(B) nas ações trabalhistas que tramitam pelo rito sumaríssimo cada parte poderá ouvir até 5 testemunhas.

(C) o documento em cópia oferecido para prova poderá ser declarado autêntico pelo próprio advogado, sob sua responsabilidade pessoal.

(D) as testemunhas das partes somente serão ouvidas se for apresentado rol de testemunhas em até 15 dias antes da audiência, seja qual foi o rito processual.

(E) nas ações que tramitam pelo rito sumaríssimo não cabe produção de prova pericial visto que a apreciação da reclamação deverá ocorrer no prazo máximo de 15 dias do seu ajuizamento.

62. (SEGEP MA – Procurador – 2016) A respeito das provas no procedimento sumaríssimo,

(A) a necessidade de produção de prova pericial na reclamatória trabalhista impede o seu processamento por este rito.

(B) sobre documentos apresentados por uma das partes, a parte contrária manifestar-se-á no prazo de 24 horas.

(C) as testemunhas devem comparecer à audiência independentemente de intimação, sob pena de perda da prova.

(D) cada parte poderá ouvir, no máximo, três testemunhas.

(E) ainda que não requeridas previamente, todas provas serão produzidas na audiência de instrução e julgamento.

63. (TRT20 – TJAA – 2016) Hercules ajuizou reclamação trabalhista em face da empresa Deuses da Paixão S/A, pretendendo o pagamento de indenização por dano moral e adicional de insalubridade. O valor da somatória dos dois pedidos não ultrapassa 40 vezes o salário mínimo na data do ajuizamento. Para tentar provar suas alegações, o reclamante pretende ouvir cinco testemunhas, bem como requerer a prova pericial. Nessa situação, em relação à matéria de provas,

(A) poderá ouvir somente duas testemunhas e deve ser realizada a prova pericial.

(B) poderá ouvir três testemunhas e a prova pericial não pode ser realizada em razão do rito processual.

(C) todas as cinco testemunhas podem ser ouvidas e deve ser realizada a prova pericial.

(D) somente poderá ouvir duas testemunhas e a prova pericial não pode ser realizada em razão do rito processual.

(E) poderá ouvir três testemunhas desde que a reclamada também traga três testemunhas e deve ser realizada a prova pericial.

64. (TRT20 – OJAF – 2016) Quanto aos procedimentos ordinário e sumaríssimo previstos na Consolidação das Leis do Trabalho

(A) no sumaríssimo cada parte poderá ouvir até duas testemunhas.

(B) no ordinário as testemunhas devem ser arroladas em 5 dias, sob pena de preclusão.

(C) apenas no ordinário é possível a prova pericial, com adiamento da audiência para a sua realização.

(D) no ordinário cada parte poderá ouvir até cinco testemunhas.

(E) no sumaríssimo as testemunhas devem ser arroladas em 48 horas, sob pena de preclusão.

65. (TRT14 – OJAF – 2016) Os dissídios individuais na Justiça do Trabalho podem seguir o rito procedimental sumaríssimo conforme normas previstas em lei. Sobre esse procedimento é INCORRETO afirmar:

(A) Estão excluídas do procedimento sumaríssimo as demandas em que é parte a Administração pública direta, autárquica e fundacional.

(B) Cada parte poderá indicar até, no máximo, três testemunhas mediante rol apresentado 5 dias antes da audiência.

(C) Serão decididos, de plano, todos os incidentes e exceções que possam interferir no prosseguimento da audiência e do processo; as demais questões serão decididas na sentença.

(D) O pedido deve ser certo ou determinado e indicará o valor correspondente, sob pena de arquivamento da reclamação e condenação ao pagamento de custas sobre o valor da causa.

(E) O recurso ordinário terá parecer oral do representante do Ministério Público presente à sessão de julgamento, se este entender necessário o seu parecer, com registro na certidão.

66. (TRT23 – OJAF – 2016) Segundo as normas processuais trabalhistas sobre o procedimento sumaríssimo,

(A) todas as provas serão produzidas na audiência de instrução e julgamento, desde que requeridas previamente, no prazo de 48 horas que antecede a sessão.

(B) tanto a citação por hora certa como a por edital deverão conter a correta indicação do nome e endereço do reclamado.

(C) os dissídios individuais e coletivos que não excedam sessenta vezes o salário mínimo vigente na data do fato gerador do pedido ficam submetidos ao procedimento sumaríssimo.

(D) as testemunhas, até o máximo de duas para cada parte, comparecerão à audiência de instrução e julgamento independentemente de intimação.

(E) se uma das partes apresentar documentos em audiência a parte contrária terá o prazo sumário de 24 horas para se manifestar, devendo, necessariamente, ser adiada a audiência para o prazo máximo de 5 dias.

67. (TRT23 – TJAA – 2016) Ernesto ajuizou reclamação trabalhista em face da Empresa "T", dando à causa o valor de R$ 20.000,00. Na audiência designada, o advogado de Ernesto informou que sua testemunha Joana, convidada oralmente, não compareceu, razão pela qual requereu a designação de nova data para realização da audiência. Neste caso, o Juiz deverá

(A) indeferir a designação de nova data para a audiência, pois Ernesto deveria ter arrolado sua testemunha cinco dias antes da data de sua realização.

(B) indeferir a designação de nova data para audiência, pois Ernesto deveria comprovar documentalmente o convite para sua testemunha.

(C) indeferir a designação de nova data para a audiência, pois Ernesto deveria ter arrolado suas testemunhas com a petição inicial, o que não fez.

(D) deferir a designação de nova audiência, pois no processo trabalhista as testemunhas comparecerão à audiência independentemente de notificação ou intimação, podendo ser intimadas as que não comparecerem, a requerimento da parte.

(E) deferir a designação de nova audiência, pois no processo trabalhista o reclamante e o reclamado comparecerão à audiência acompanhados de suas testemunhas, apresentando, nesta ocasião, as demais provas, sendo facultada a redesignação de nova data, se solicitado pelas partes, ante o não comparecimento de suas testemunhas.

68. (TRT20 – AJAJ – 2016) Zeus ajuizou reclamação trabalhista em face de seu empregador que tramita pelo rito sumaríssimo, convidando verbalmente as suas testemunhas. Ocorre que, na audiência designada, as testemunhas não compareceram e não houve nenhuma comprovação sobre o convite feito às mesmas. No caso,

(A) as testemunhas deverão ser intimadas em razão do princípio da busca da verdade real, impondo-se o adiamento da audiência.

(B) a audiência prosseguirá porque somente será deferida intimação de testemunha que, comprovadamente convidada, deixar de comparecer.

(C) a audiência será adiada para outra data e as testemunhas deverão comparecer espontaneamente, sob pena de pagamento de multa, além da preclusão da prova.

(D) no rito sumaríssimo não cabe condução coercitiva de testemunhas ou adiamento de audiência por tal motivo, mas para garantir a paridade de tratamento, deverá o juiz encerrar a instrução processual sem ouvir testemunhas da reclamada.

(E) as testemunhas deverão ser conduzidas coercitivamente uma vez que não se pode tolerar o descumprimento do dever cívico de colaboração com a Justiça.

69. (TRT 21/TÉCNICO JUDICIÁRIO – ÁREA ADMINISTRATIVA/2017) O Banco Fortuna S/A preferiu que o preposto Carlos, empregado em Belo Horizonte, fosse representá-lo em audiência da reclamação trabalhista movida na cidade de Natal. Carlos se encantou com as praias do local e chegou atrasado para a audiência UNA designada, tendo comparecido o advogado da empresa, munido de procuração e juntado contestação oportunamente. Tendo em vista a legislação vigente, alterada pela Lei n. 13.467/2017,

(A) somente será decretada a revelia ao reclamado, sendo vedado o recebimento da contestação e documentos eventualmente apresentados, que serão desentranhados.

(B) não será decretada a revelia, nem a confissão quanto à matéria de fato ao reclamado, mas, ainda que ausente o preposto, presente o advogado na audiência, serão aceitos a contestação e os documentos eventualmente apresentados.

(C) somente será aplicada a confissão quanto à matéria de fato ao reclamado, mas, ainda que ausente o preposto, presente o advogado na audiência, serão aceitos a contestação e os documentos eventualmente apresentados.

(D) será decretada a revelia e a confissão quanto à matéria de fato ao reclamado, sendo vedado o recebimento da contestação e documentos eventualmente apresentados, que serão desentranhados.

(E) será decretada a revelia, além da confissão quanto à matéria de fato ao reclamado, mas, ainda que ausente o preposto, presente o advogado na audiência, deverão ser aceitos a contestação e os documentos eventualmente apresentados.

70. (TRT 21/TÉCNICO JUDICIÁRIO – ÁREA ADMINISTRATIVA/2017) Maria Helena, nascida em Florianópolis/SC, prestou serviços em Porto Alegre/RS para a empresa Vencedora Produtos de Beleza Ltda., tendo sido dispensada sem justa causa. Tendo Maria Helena retornado à sua cidade natal, ingressou, nesta cidade, com ação trabalhista em face da sua ex-empregadora, pleiteando diferenças de horas extras e indenização por danos morais. Antes da realização da audiência UNA designada, no prazo de cinco dias a contar do recebimento da notificação, a reclamada, por meio de Processo Judicial Eletrônico, apresentou exceção de incompetência territorial. Neste caso, e tendo em vista o disposto pela Lei 13.147/2017,

(A) será suspenso o processo e, após cumpridas as formalidades legais, será decidida a exceção de incompetência territorial, quando o processo retomará seu curso, com a designação de audiência, a apresentação de defesa e a instrução processual perante o juízo competente.

(B) a exceção de incompetência territorial só pode ser apresentada na audiência UNA designada, sendo uma das modalidades de resposta do réu, juntamente com a contestação e a reconvenção, razão pela qual não será apreciada de imediato.

(C) somente a exceção de suspeição poderá ser suscitada antes da data da audiência, quando então haverá a suspensão do processo para sua decisão, após cumpridas as formalidades legais.

(D) o juiz não receberá a exceção de incompetência territorial, uma vez que a mesma deve ser apresentada em até cinco dias antes da data da realização da audiência designada, sob pena de preclusão.

(E) somente será suspenso o processo e decidida a exceção de incompetência territorial se Maria Helena, intimada para tanto, concordar com tal procedimento, senão, aguardar-se-á a audiência designada.

71. (TRT 21/ANALISTA JUDICIÁRIO – ÁREA JUDICIÁRIA/2017) De acordo com a legislação trabalhista, a ausência do reclamante à audiência importa o arquivamento da ação. Considerando o disposto na Lei 13.467/2017, nesse caso, este será condenado ao pagamento das custas,

(A) ainda que beneficiário da justiça gratuita, salvo se comprovar, no prazo de quinze dias, que a ausência ocorreu por motivo justificável a critério do juiz da causa, e o pagamento das custas será condição para a propositura de nova demanda.

(B) salvo se beneficiário da justiça gratuita, mas deverá comprovar, no prazo de dez dias, que a ausência ocorreu por motivo legalmente justificável, caso contrário não poderá demandar dentro do prazo de 1 ano.

(C) ainda que beneficiário da justiça gratuita, salvo se comprovar, no prazo de quinze dias, que a ausência ocorreu por motivo legalmente justificável, e o pagamento das custas será condição para a propositura de nova demanda.

(D) salvo se beneficiário da justiça gratuita, mas deverá comprovar, no prazo de quinze dias, que a ausência ocorreu por motivo legalmente justificável, caso contrário não poderá demandar dentro do prazo de 2 anos.

(E) ainda que beneficiário da justiça gratuita, salvo se comprovar, no prazo de dez dias, que a ausência ocorreu por motivo justificável, a critério do juiz da causa, e o pagamento das custas será condição para a propositura de nova demanda.

72. (TRT 21/TÉCNICO JUDICIÁRIO – ÁREA ADMINISTRATIVA/2017) Olívia ajuizou reclamação trabalhista em face da sua ex-empregadora, mas não compareceu à audiência UNA designada, acarretando o arquivamento da ação. O juiz deferiu-lhe os benefícios da justiça gratuita, mas condenou-a ao pagamento de custas processuais calculadas na forma da lei. Se Olívia tiver a intenção de ajuizar nova reclamação,

(A) deverá comprovar o pagamento das custas processuais da ação arquivada, uma vez que poderia ter justificado sua ausência na própria audiência, por meio de seu advogado ou representante legal.

(B) não precisará comprovar o pagamento das custas processuais da ação arquivada, uma vez que é beneficiária da justiça gratuita, sendo sua única finalidade a perda, pelo prazo de 9 meses, do direito de reclamar perante a Justiça do Trabalho.

(C) deverá comprovar o pagamento das custas processuais da ação arquivada ou comprovar em quinze dias do arquivamento que a ausência ocorreu por motivo legalmente justificável, requerendo sua isenção do pagamento.

(D) não precisará comprovar o pagamento das custas processuais da ação arquivada, uma vez que é beneficiária da justiça gratuita, sendo sua única penalidade a perda, pelo prazo de 6 meses, do direito de reclamar perante a Justiça do Trabalho.

(E) poderá ingressar novamente com reclamação, requerendo, preliminarmente, que o juiz isente-a do pagamento das custas processuais da ação arquivada, comprovando que a ausência ocorreu por motivo legalmente justificável.

73. (FCC – Analista Judiciário – Oficial de Justiça Avaliador – TRT 15/2018) Denis, dispensado sem justa causa, tem muitas horas a receber e resolve tentar negociá-las com o empregador, pois não tem pretensão de ajuizar reclamação trabalhista em face do mesmo. Após algumas semanas de negociação Denis e o empregador chegam a um consenso, fazendo um acordo para pagamento das horas extras em cinco parcelas. Visando a segurança para ambos, resolvem utilizar-se do processo de jurisdição voluntária para homologação do acordo extrajudicial entabulado, sendo que

(A) a representação por advogado nesse caso é desnecessária, tendo em vista que a negociação do acordo foi feita diretamente pelas partes.

(B) a representação das partes por advogado, que poderá ser o mesmo para ambas, é obrigatória, ainda que a negociação do acordo tenha sido feita diretamente por elas.

(C) o acordo será apresentado em petição conjunta, que será analisada pelo juiz no prazo de cinco dias a contar de sua distribuição.

(D) o juiz analisará o acordo no prazo de quinze dias a contar da distribuição da petição, designará audiência se entender necessário e proferirá sentença.

(E) a petição de homologação do acordo interrompe o prazo prescricional em relação às horas extras nela especificadas.

74. (FCC – Analista Judiciário – Área Judiciária – TRT 15/2018) A arguição de incompetência territorial no processo do trabalho se dará por meio da apresentação de exceção de incompetência, que tem regras definidas em lei, entre as quais,

(A) apresentada a exceção, os autos serão imediatamente conclusos ao juiz, que intimará o reclamante e, se existentes, os litisconsortes, para manifestação no prazo comum de 5 dias.

(B) entendendo necessária produção de prova oral, o juízo ouvirá as testemunhas do excipiente na própria audiência, julgando a exceção em seguida.

(C) sua apresentação será feita no prazo de 10 dias a contar da notificação, antes da audiência e em peça que sinalize a existência desta exceção.

(D) sua apresentação deve ocorrer juntamente com a contestação, em peça apartada, devendo ser analisada e decidida pelo juiz de plano, em audiência.

(E) protocolada a petição, o processo será interrompido e não se realizará a audiência até que se decida a exceção.

75. (FCC – Técnico Judiciário – Área Administrativa – TRT 2/2018) Na reclamação trabalhista "X", Ronaldo alega que prestou serviços na qualidade de empregado para a empresa "L" requerendo, dentre diversos pedidos, o reconhecimento do vínculo de emprego. Já na reclamação "Y", Frederica alega que teve o seu contrato de trabalho celebrado com a empresa "B" rescindido sem justa causa, não tendo recebido as verbas rescisórias a que tinha direito. Em sede de contestação, a empresa "L" negou a prestação de serviços e a empresa "B" negou o despedimento. Nesses casos, o ônus de provar o término do contrato de trabalho nas reclamações trabalhistas "X" e "Y", de acordo com o entendimento Sumulado do Tribunal Superior do Trabalho

(A) é, respectivamente, de Ronaldo e da empresa "B".

(B) é, respectivamente, da empresa "L" e de Frederica.

(C) é, respectivamente, da empresa "L" e da empresa "B".

(D) é, respectivamente, de Ronaldo e de Frederica.

(E) dependerá do rito processual a ser seguido.

76. (Cespe – Analista – EMAP/2018) Carla Lopes ajuizou reclamação trabalhista contra sua ex-empregadora, Supermercados Onofre, que, há seis meses, demitiu três de seus dezoito empregados, entre eles, Carla. Em sua petição inicial, ela requereu valores devidos em razão de verbas rescisórias pagas a menor, adicional de insalubridade nunca pago ao longo do contrato de trabalho e danos morais decorrentes de assédio moral. Nessa reclamatória, foi atribuído como valor da causa o importe de cinquenta mil reais.

Acerca dessa situação hipotética, julgue o item que segue.

Carla poderá indicar como testemunhas ex-empregados da empresa. No entanto, a testemunha que tiver ajuizado ação contra a mesma reclamada poderá ser contraditada pela parte contrária e seu depoimento poderá ser tomado apenas na condição de informante do juízo.

- Certo
- Errado

77. (Cespe – Analista – EMAP/2018) Basta que, na reclamação trabalhista, os pedidos de Carla tenham sido formulados de modo certo, determinado e com valor correspondente para que o dissídio tramite pelo procedimento sumaríssimo.

Certo

Errado

78. (AOCP – Analista Judiciário – Área Judiciária – TRT 1/2018) No que tange à exceção de incompetência territorial, no âmbito do processo trabalhista, assinale a alternativa correta.

(A) A Exceção de Incompetência territorial deverá ser apresentada como preliminar de contestação. Ao exceto será concedido prazo de 24 horas para manifestação respectiva, devendo a decisão ser proferida na primeira audiência ou sessão que se seguir.

(B) A exceção de incompetência territorial deverá ser apresentada em peça apartada que sinalize explicitamente a existência da exceção, antes da audiência no prazo de 5 dias, contados do recebimento da notificação pela reclamada. Protocolada a petição de exceção, ao exceto será concedido prazo de 24 horas para manifestação respectiva, devendo a decisão ser proferida na primeira audiência ou sessão que se seguir.

(C) A Exceção de Incompetência territorial deverá ser apresentada como preliminar de contestação. Ao exceto será concedido prazo de 24 horas para manifestação respectiva, devendo a decisão ser proferida no prazo de 5 dias.

(D) A exceção de incompetência territorial deverá ser apresentada em peça apartada que sinalize explicitamente a existência da exceção, antes da audiência, no prazo de 5 dias, contados do recebimento da notificação pela reclamada. Protocolada a petição de exceção, o processo será suspenso. O juiz intimará o exceto para manifestação no prazo de 5 dias. Da decisão que decidir a exceção de incompetência, caberá recurso ordinário no prazo de 8 dias.

(E) A exceção de incompetência territorial deverá ser apresentada em peça apartada que sinalize explicitamente a existência da exceção, antes da audiência, no prazo de 5 dias, contados do recebimento da notificação pela reclamada. Protocolada a petição de exceção, o processo será suspenso até que se decida o incidente.

79. (AOCP – Técnico Judiciário – Área Administrativa – TRT 1/2018) Carolina ingressou com ação em face da empresa Supermercados Boas Compras Ltda., na qual pleiteou direitos trabalhistas que entendera terem sido violados no decorrer do contrato de trabalho findo há quatro meses, quando houve a dispensa sem justa causa da reclamante. O advogado de Carolina, no dia 22 de fev. de 2018, ingressou com a reclamação trabalhista, anexando o cálculo atualizado do débito pleiteado, que totalizou R$ 28.000,00 (vinte e oito mil reais). Foi agendada a audiência para o dia 20 de abr. de 2018. Nessa audiência, Carolina intenciona levar suas testemunhas. Com base nos dados ora apresentados, assinale a alternativa correta, que contenha o procedimento a ser seguido, a característica da audiência e as peculiaridades sobre as testemunhas, respectivamente.

(A) Ordinário; a audiência agendada será única e as partes poderão comparecer com até o máximo de três testemunhas cada, independente de intimação.

(B) Sumaríssimo; a audiência agendada será única e as partes poderão comparecer com até o máximo de três testemunhas cada, independente de intimação.

(C) Ordinário; a audiência agendada será única e as partes poderão comparecer com até o máximo de duas testemunhas cada, dependendo de intimação.

(D) Sumaríssimo; a audiência agendada será única e as partes poderão comparecer com até o máximo de duas testemunhas cada, independente de intimação.

(E) Ordinário; a audiência agendada não será obrigatoriamente única e as partes poderão comparecer com até o máximo de três testemunhas cada, independente de intimação.

80. (AOCP – Analista Judiciário – Área Administrativa – TRT 1/2018) Relativamente à distribuição do ônus da prova, assinale a alternativa correta.

(A) Vige, na sistemática de distribuição do ônus da probante no processo do trabalho, a distribuição dinâmica ônus da prova, prevista originariamente no CPC de 2015 (art. 373, § 1°). Assim, nos casos previstos em lei ou diante de peculiaridades da causa relacionadas à impossibilidade ou à excessiva dificuldade de cumprir o encargo probatório ou, ainda, à maior facilidade de obtenção da prova do fato contrário, poderá o juízo atribuir o ônus da prova de modo diverso.

(B) O juízo poderá atribuir o ônus da prova de modo diverso, desde que o faça por decisão fundamentada, o que deverá ser feito na audiência de conciliação, tendo a parte reclamada apresentado contestação escrita.

(C) A decisão que atribuir o ônus da prova de modo diverso será proferida na abertura da audiência de instrução, não sendo permitido, por tal motivo, o adiamento da audiência respectiva.

(D) O juízo poderá atribuir o ônus da prova de modo diverso, desde que o faça por decisão fundamentada, o que deverá ser feito na abertura da audiência de instrução, não sendo possível à parte à qual o encargo probatório foi transferido desincumbir-se de tal ônus.

(E) No direito do trabalho, a prova das alegações incumbe à parte que às fizer, sendo irrelevante se uma das partes apresenta impossibilidade ou excessiva dificuldade de cumprir seu encargo probatório.

81. (Vunesp – Procurador – Fapesp/2018) No processo do trabalho, podem ser opostas com suspensão do feito

(A) as exceções de incompetência e suspeição.

(B) as exceções de litispendência e coisa julgada.

(C) as exceções de convenção de arbitragem e perempção.

(D) a reconvenção e as alegações preliminares em contestação.

(E) as preliminares de carência de ação e ausência dos pressupostos processuais.

82. (Vunesp – Procurador – Fapesp/2018) Em reclamação trabalhista, a responsabilidade pelo pagamento dos honorários periciais é

(A) da reclamada, desde que sucumbente em qualquer objeto da demanda.

(B) da parte sucumbente na pretensão objeto da perícia, salvo se beneficiária da justiça gratuita.

(C) da União, tendo em vista o princípio da gratuidade na Justiça do Trabalho.

(D) da parte sucumbente na pretensão objeto da perícia, ainda que beneficiária da justiça gratuita.

(E) das partes litigantes, devendo o juiz exigir adiantamento de valores para realização da perícia.

83. (FCC – Técnico Judiciário – Área Administrativa – TRT 6/2018) Conforme previsões contidas na Consolidação das Leis do Trabalho, em relação aos dissídios individuais trabalhistas que tramitam pelo rito sumaríssimo,

(A) o valor da causa não pode exceder a vinte vezes o salário mínimo nacional vigente na data da primeira audiência.

(B) incumbe ao autor a correta indicação do nome e endereço do reclamado, devendo ser feita a citação por edital, se não houver essa indicação.

(C) serão decididos, em cinco dias, todos os incidentes e exceções que possam interferir no prosseguimento da audiência e do processo, sendo que as demais questões serão resolvidas na sentença.

(D) estão excluídas do procedimento sumaríssimo as demandas em que é parte a Administração pública direta, autárquica e fundacional.

(E) as testemunhas, até o máximo de três para cada parte, como regra, serão intimadas para comparecer em audiência.

84. (FCC – Técnico Judiciário – Área Administrativa – TRT 6/2018) Conforme normas aplicáveis à produção das provas nas reclamatórias trabalhistas que tramitam pelo rito ordinário, NÃO é correto afirmar que

(A) cada uma das partes não poderá indicar mais de cinco testemunhas, salvo quando se tratar de inquérito para apuração de falta grave, caso em que esse número poderá ser elevado a seis.

(B) como regra, o ônus da prova incumbe ao reclamado, quanto à existência de fato impeditivo, modificativo ou extintivo do direito do reclamante.

(C) o depoimento das partes e testemunhas que não souberem falar a língua nacional será feito por meio de intérprete nomeado pelo juiz.

(D) se a testemunha for funcionário civil ou militar, e tiver de depor em hora de serviço, será requisitado ao chefe da repartição seu comparecimento à audiência marcada.

(E) o documento em cópia oferecido para prova poderá ser declarado autêntico pelo próprio advogado, sob sua responsabilidade pessoal.

85. (FCC – Analista Judiciário – Oficial de Justiça Avaliador – TRT 6/2018) Considere as afirmações abaixo a respeito do Processo de Jurisdição Voluntária para Homologação de Acordo Extrajudicial.

I. O processo terá início por uma petição conjunta, facultado às partes a representação por advogado.

II. A petição de homologação de acordo extrajudicial suspende o prazo prescricional da ação quanto aos direitos decorrentes do contrato de trabalho em discussão.

III. Se as partes optarem pela representação de advogado, poderão fazê-lo outorgando procuração para advogado comum.

IV. No prazo de 15 dias a contar da distribuição da petição, o juiz analisará o acordo, designará audiência se entender necessário e proferirá sentença.

Está correto o que se afirma APENAS em

(A) IV.

(B) II e III.

(C) I e III.

(D) II.

(E) I e IV.

86. (FCC – Analista Judiciário – Área Judiciária – TRT 6/2018) Sobre o procedimento sumaríssimo adotado no processo do trabalho,

(A) todas as provas serão produzidas em audiência, desde que requeridas previamente.

(B) as mudanças de endereço ocorridas no curso do processo deverão ser comunicadas ao juiz pelas partes e advogados no prazo máximo de 15 dias após ocorrerem, sob pena de serem reputadas eficazes as intimações enviadas ao local anteriormente indicado, na ausência de comunicação.

(C) pode ser adotado nas demandas em que são partes autarquia e fundação pública.

(D) em razão da celeridade imprimida pelo legislador, sobre os documentos apresentados por uma parte, a outra se manifestará no prazo improrrogável de 24 horas, podendo tal prazo ser dilatado se o juiz entender necessário.

(E) a admissibilidade de recurso de revista está limitada à demonstração de violação direta a dispositivo da Constituição Federal ou contrariedade a Súmula do TST, não se admitindo o recurso por contrariedade a Orientação Jurisprudencial do TST, ante a ausência de previsão legal.

87. (FCC – Analista Legislativo – Alese/2018) Álvaro é auxiliar administrativo da empresa EXZ Seguros Ltda. e, após dez anos de serviços prestados, foi injustamente dispensado. A empresa, além das verbas rescisórias devidas, tem a intenção de pagar a Álvaro uma gratificação extra pelos anos de serviços prestados, pretendendo que tal quantia seja paga de forma segura e dentro dos termos da legislação trabalhista vigente. Nesse caso,

(A) as partes poderão se valer do processo de homologação de acordo extrajudicial, por meio de petição conjunta perante a Justiça do Trabalho, sendo obrigatória a representação das partes por advogados diferentes.

(B) a empresa deverá pagar as verbas trabalhistas juntamente com a gratificação, no termo de rescisão do contrato de trabalho, obrigatoriamente homologado perante o sindicato da categoria econômica do empregado ou perante autoridade do Ministério do Trabalho, tendo em vista que possui mais de um ano de casa.

(C) não é possível a homologação de acordo extrajudicial perante a Justiça do Trabalho, tendo em vista que as verbas trabalhistas são direitos indisponíveis.

(D) as partes poderão se valer do processo de homologação de acordo extrajudicial, por meio de petição conjunta perante a Justiça do Trabalho, podendo inclusive, ser representadas por advogado comum.

(E) as partes poderão se valer do processo de homologação de acordo extrajudicial, por meio de petição conjunta perante a Justiça do Trabalho, não sendo obrigatória a representação das partes por advogado, tendo em vista o princípio do *jus postulandi*.

88. (Cespe – Procurador do Estado – PE/2018) Julgue os seguintes itens, acerca dos procedimentos nos dissídios individuais.

I. De acordo com o entendimento do TST, o *jus postulandi* abrange a atuação nas varas do trabalho e nos TRTs, inclusive no que se refere aos mandados de segurança.

II. Ao advogado, ainda que atuando em causa própria, serão devidos honorários sucumbenciais, inclusive nas ações contra a fazenda pública.

III. A exceção de incompetência territorial deverá ser suscitada, por petição, antes da realização da audiência, no prazo de cinco dias a contar da notificação.

IV. Ainda que o advogado esteja presente na audiência, a ausência do reclamado impossibilitará a entrega da contestação e de documentos a ela acostados.

Estão certos apenas os itens

(A) I e II.

(B) I e III.

(C) I e IV.

(D) II e III.

(E) III e IV.

89. (Cespe – Procurador do Estado – PE/2018) No processo do trabalho, a prescrição intercorrente ocorrerá no prazo de

(A) um ano.

(B) dois anos.

(C) três anos.

(D) quatro anos.

(E) cinco anos.

90. (FCC – Procurador do Estado – TO/2018) O Processo Judiciário do Trabalho estipula alguns ritos ou procedimentos próprios com regras diferenciadas para a sua condução. Conforme previsões contidas na Consolidação das Leis do Trabalho, o limite legal do número de testemunhas para cada parte para os dissídios individuais que tramitam pelo rito sumaríssimo, rito ordinário e inquérito para apuração de falta grave, é respectivamente,

(A) duas, três e cinco.

(B) duas, três e seis.

(C) duas, cinco e seis.

(D) três, cinco e cinco.

(E) três, seis e duas.

91. (Fepese – Advogado – Celesc/2018) Assinale a alternativa correta acerca do dissídio individual.

(A) A reclamação verbal será reduzida a termo, em duas vias datadas e assinadas pelo autor da ação.

(B) No dissídio individual, somente será possível a reclamação verbal quando o pedido for inferior a dez salários mínimos.

(C) Protocolada e distribuída a reclamação, escrita ou verbal, ainda que eletronicamente, a qualquer tempo poderá o autor dela desistir sem o consentimento do reclamado.

(D) Sendo várias as reclamações e havendo identidade de matéria, poderão ser acumuladas num só processo, se se tratar de empregados da mesma empresa ou estabelecimento.

(E) A reclamação, quando escrita, deverá conter a designação do juízo, a qualificação das partes, o dissídio, o pedido, dispensada a indicação de valor, a data e a assinatura do reclamante ou de seu representante.

92. (Vunesp – Procurador – IPSM/2018) Quando cabível, a inversão do ônus da prova pode ser determinada pelo magistrado do trabalho

(A) antes da abertura da instrução processual, salvo se preferir fazê-lo no momento da prolação da sentença.

(B) antes da abertura da instrução processual, implicando o adiamento da audiência mediante requerimento da parte.

(C) mediante fundamentação na sentença, desde que verificada a excessiva e injustificável dificuldade da parte em se desincumbir do encargo probatório.

(D) após a regular instrução processual, nas situações específicas de impossibilidade da prova testemunhal pelo trabalhador.

(E) em qualquer fase processual, desde que o seja por decisão fundamentada.

93. (Vunesp – Procurador – IPSM/2018) Nos termos da Consolidação das Leis do Trabalho, os honorários de sucumbência são devidos

(A) ao empregado, tão somente quando assistido pelo sindicato da categoria profissional.

(B) ao advogado do empregado ou empregador, desde que assistidos pelos sindicatos representativos da categoria profissional ou econômica.

(C) no percentual máximo de 15% (quinze por cento) sobre o valor que resultar da liquidação de sentença, do proveito econômico obtido ou, não sendo possível mensurá-lo, sobre o valor atualizado da causa.

(D) no percentual entre 10% (dez por cento) e 20% (vinte por cento) sobre o valor da liquidação de sentença, do proveito econômico obtido ou, não sendo possível mensurá-lo, sobre o valor atualizado da causa.

(E) ao empregado ou empregador, desde que assistidos por advogado particular.

94. (Cespe/Cebraspe – Procurador do Estado – PGE-AL/2021) Em uma reclamação trabalhista, o reclamante formulou pedido de pagamento de horas extras. Na contestação, a empresa negou que o empregado tivesse trabalhado em jornada extraordinária, e juntou cartões de ponto assinados pelo empregado em que tinham sido registrados horários uniformes da jornada de trabalho desse empregado. Na audiência de instrução, não foram ouvidas testemunhas, nem da empresa, nem do empregado.

Nessa situação hipotética, os cartões de ponto

(A) são considerados como prova, podendo ser usados pelo empregado para comprovar a jornada trabalhada.

(B) comprovam a jornada de trabalho efetivamente cumprida, pois a assinatura expressa a concordância do empregado com os registros.

(C) não servem como prova da jornada de trabalho, pois contêm registros uniformes, cabendo à empresa comprovar a jornada por outros meios de prova.

(D) somente não servirão como prova se o reclamante contestar a autenticidade de sua assinatura.

(E) não servem como prova da jornada de trabalho, porque, em qualquer tipo de demanda que pleiteie horas extras, cabe à empresa apresentar outros tipos de provas para negar a existência de jornada extraordinária.

95. (Instituto AOCP – Assessor Jurídico Legislativo – Câmara de Teresina - PI/2021) José ingressou com uma ação trabalhista que tramitou perante a Vara do Trabalho de Teresina pelo procedimento sumaríssimo. Quanto ao mencionado rito, assinale a alternativa correta.

(A) Os dissídios individuais cujo valor não exceda a sessenta vezes o salário mínimo vigente na data do ajuizamento da reclamação ficam submetidos ao procedimento sumaríssimo.

(B) Ficam excluídas do procedimento sumaríssimo as demandas em que é parte a Administração Pública direta, autárquica e fundacional.

(C) As testemunhas, até o máximo de duas para cada parte, comparecerão à audiência de instrução e julgamento dependentemente de intimação.

(D) As partes serão intimadas da sentença posteriormente à audiência em que prolatada

(E) As partes serão intimadas a manifestar-se sobre o laudo, no prazo comum de dez dias.

96. (CESPE/CEBRASPE – 2024 – PGE-PR – Procurador) Com base na CLT, assinale a opção que apresenta, respectivamente, o número máximo de testemunhas que cada parte pode indicar na instrução do processo trabalhista pelo rito ordinário e o tempo máximo disponível, após o término dessa instrução, para cada parte aduzir razões finais, se o quiser.

(A) três testemunhas; dez minutos

(B) cinco testemunhas; quinze minutos

(C) duas testemunhas; cinco minutos

(D) duas testemunhas; dez minutos

(E) três testemunhas; cinco minutos

97. (CESPE/CEBRASPE – 2024 – PGE-PR – Procurador) Em procedimento sumaríssimo na justiça do trabalho, pode ser parte

(A) uma fundação pública.

(B) uma autarquia estadual.

(C) um município.

(D) um sindicato.

(E) o Distrito Federal.

98. (FCC – 2024 – TRT – 7ª Região (CE) – Técnico Judiciário – Área Administrativa) Silas que presta serviços a uma companhia aérea na China, ajuizou reclamação trabalhista em face de sua ex-empregadora a Companhia Aérea Ouro S/A Na data da audiência, Silas estará comprovadamente, trabalhando na China. Considerando que Silas tem intenção de que seu processo seja célere, de acordo com a CLT, deverá

(A) outorgar procuração com poderes específicos ao seu advogado para que este o represente, evitando o arquivamento e requerendo à adiamento da audiência.

(B) requerer o adiamento da audiência, comprovando sua ausência em território nacional.

(C) fazer-se representar por outro empregado da mesma profissão ou pelo seu sindicato.

(D) outorgar procuração com poderes específicos ao seu advogado para que este o represente.

(E) deixar arquivar a demanda e ajuizar uma nova reclamação.

99. (FCC – 2024 – TRT – 7ª Região (CE) – Técnico Judiciário – Área Administrativa) Sandra ajuizou ação trabalhista em face de sua ex-empregadora, a Floricultura Girassol Ltda. Paula também ajuizou reclamação em face da empresa de Vigilância ABC Ltda. e em face do Município do Rio de Janeiro, para quem prestou serviços, requerendo sua responsabilização subsidiária. Foram atribuídos os valores das

causas em 20 salários mínimos na ação de Sandra e 15 salários mínimos na ação de Paula. Diante disso e nos termos da CLT.

(A) o processo de Sandra correrá sob o procedimento sumaríssimo e o de Paula sob o rito ordinário.

(B) o juiz decidira, na audiência, o rito a ser seguido em cada reclamação.

(C) o processo de Sandra correrá sob o rito ordinário e o de Paula sob o procedimento sumaríssimo.

(D) ambas as ações seguirão sob o rito sumaríssimo.

(E) ambas as ações seguirão sob o rito ordinário.

100. (FCC – 2024 – TRT – 7ª Região (CE) – Técnico Judiciário – Área Administrativa) Em 22/04/2024, a empresa Lustres Cristal Lida. recebeu notificação citatória de reclamação trabalhista ajuizada por Neusa, com audiência designada para 26/04/2024. Nesta data, compareceu apenas à preposto da ré, munido da respectiva carta de preposição e carteira de trabalho, não tendo apresentado defesa no prazo legal, requerendo, oralmente o adiamento da audiência.

A partir do caso narrado e de acordo com a CLT, o juiz deverá

(A) adiar a audiência, mas em razão da presença da ré, fica evidente o ânimo de defesa, não sendo aplicada a revelia.

(B) manter a audiência, podendo o preposto apresentar defesa oral no prazo legal de 20 minutos, tendo em vista o jus postulandi.

(C) manter a audiência e aplicar a revelia por ausência de defesa.

(D) adiar a audiência pela exiguidade de tempo entre a citação e a realização da audiência.

(E) manter a audiência, face aos princípios da celeridade é economia processual, mas, em razão da presença da ré, fica evidente o ânimo de defesa, não sendo aplicada a revelia.

101. (FCC – 2024 – TRT – 7ª Região (CE) – Analista Judiciário – Área Judiciária (Especialidade Oficial de Justiça Avaliador Federal) Antônio trabalhou na Metalúrgica Aço Nobre Ltda., cuja sede está situada em Belo Horizonte/MG. Após ser dispensado, mudou-se para Fortaleza/CE e nesta cidade ajuizou reclamação trabalhista em face de seu ex-empregador. Este, após ser notificado em Goiânia, logo no segundo dia apresentou exceção de incompetência territorial. O juiz suspendeu o processo e conferiu vista ao excepto. Em seguida proferiu decisão acolhendo a exceção e determinando a remessa dos autos ao juízo distribuidor de Goiânia, local onde os serviços foram prestados por Antônio e que, no entendimento do magistrado, seria O juízo competente para processar a reclamação trabalhista. Diante da situação narrada e, de acordo com a CLT & entendimento sumulado do TST, Antônio

(A) deverá interpor agravo de instrumento.

(B) deve se precaver e consignar seus "protestos" para posteriormente insurgir-se contra a decisão em preliminar de recurso ordinário.

(C) nada poderá fazer de imediato, por se tratar de decisão interlocutória.

(D) deverá impetrar Mandado de Segurança com pedido de liminar para que a reclamação fique em Fortaleza, até a sentença definitiva.

(E) poderá ingressar com recurso ordinário no prazo de oito dias.

GABARITO

01 – D	**02** – C	**03** – D
04 – E	**05** – B	**06** – E
07 – A	**08** – A	**09** – C
10 – A	**11** – C	**12** – B
13 – C	**14** – B	**15** – D
16 – A	**17** – C	**18** – C
19 – D	**20** – A	**21** – A
22 – E	**23** – E	**24** – B
25 – A	**26** – C	**27** – A
28 – A	**29** – C	**30** – E
31 – C	**32** – E	**33**– B
34 – E	**35** – E	**36** – B
37 – C	**38** – A	**39** – C
40 – B	**41** – E	**42** – C
43 – A	**44** – B	**45** – C
46 – E	**47** – A	**48** – E
49 – E	**50** – D	**51** – B
52 – B	**53** – E	**54** – C
55 – D	**56** – C	**57** – E
58 – D	**59** – C	**60** – D
61 – C	**62** – E	**63** – A
64 – A	**65** – B	**66** – D
67 – B	**68** – B	**69** – E
70 – A	**72** – C	**73** – D
74 – A	**75** – C	**76** – ERRADO
77 – ERRADO	**78** – E	**79** – D
80 – A	**81** – A	**82** – D
83 – D	**84** – A	**85** – A
86 – E	**87** – A	**88** – D
89 – B	**90** – B	**91** – D
92 – B	**93** – C	**94** – C
95 – B	**96** – A	**97** – D
98 – C	**99** – A	**100** – D
101 – E		

CAPÍTULO 6

RECURSOS TRABALHISTAS

6.1. CONCEITO E NATUREZA JURÍDICA

Recurso é a provocação do reexame de determinada decisão pela autoridade hierarquicamente superior, em regra, ou pela própria autoridade prolatora da decisão, objetivando a reforma ou modificação do julgado.

Em outras palavras, recurso é o remédio processual concedido às partes, ao terceiro prejudicado ou ao Ministério Público, objetivando que a decisão judicial impugnada seja submetida a novo julgamento, ordinariamente, pela autoridade hierarquicamente superior àquela que proferiu a decisão.

Em relação à natureza jurídica do recurso existem duas correntes.

A primeira corrente, minoritária, sustenta que o recurso é uma ação autônoma em relação àquela em que as partes se encontram envolvidas, ou seja, o recurso consistiria em nova ação (de natureza constitutiva negativa) diversa da que originou a peça vestibular.

Podemos citar alguns meios impugnativos autônomos, como a ação rescisória, o mandado de segurança e os embargos à execução, os quais, todavia, não são considerados recursos, mas, sim, ação.

A segunda corrente, majoritária, afirma que a natureza jurídica do recurso seria a de prolongamento do exercício do direito de ação, dentro do mesmo processo.

Recurso, portanto, seria um direito subjetivo processual, atuando como espécie de extensão do próprio direito de ação já exercido.

6.2. PRINCÍPIOS RECURSAIS

Podemos elencar os seguintes princípios recursais:

6.2.1. Duplo grau de jurisdição

A Constituição Federal de 1988 não assegura o duplo grau de jurisdição obrigatório, mas apenas garante aos litigantes em processo judicial ou administrativo e aos acusados em geral o contraditório e a ampla defesa, com os meios e recursos a ela inerentes (art. 5.º, LV).

Todavia, havendo recurso previsto na legislação, aos litigantes será preservada a sua utilização.

Frise-se também que das decisões prolatadas nos dissídios de alçada (que não ultrapassam dois salários-mínimos) não caberá recurso, salvo se versarem sobre matéria constitucional (Lei 5.584/1970, art. 2.º, § 4.º).

6.2.2. Princípio da unirrecorribilidade

Também conhecido como princípio da singularidade ou da unicidade recursal, o princípio em comento não permite a interposição de mais de um recurso contra a mesma decisão.

Portanto, não podem ser utilizados vários recursos simultaneamente, mas, tão somente, sucessivamente.

A doutrina menciona uma exceção ao princípio da unicidade recursal.

Imaginemos a hipótese de sucumbência recíproca, isto é, sentença com pedidos julgados procedentes em parte.

Suponhamos que o reclamante, no 3.º dia após a prolação da sentença, interponha recurso ordinário e o reclamado, no 5.º dia, oponha embargos de declaração com pedido de efeito modificativo.

Caso os embargos de declaração sejam providos, modificando-se o julgado, ao reclamante será facultado interpor novo recurso ordinário, ou mesmo aditar o recurso anteriormente interposto, constituindo-se numa exceção ao princípio em destaque.

Outrossim, o art. 7.º, § 2.º, da Lei 7.701/1988 menciona outra hipótese de exceção ao princípio da unirrecorribilidade.

Dispõe a lei acima descrita que nos dissídios coletivos, quando não publicado o acórdão nos 20 dias subsequentes ao julgamento, poderá qualquer dos litigantes ou o Ministério Público do Trabalho interpor recurso ordinário, fundado, apenas, na certidão de julgamento, inclusive com pedido de efeito suspensivo, reabrindo-se o prazo para aditamento do recurso interposto, tão logo seja publicado o acórdão.

6.2.3. Princípio da fungibilidade ou conversibilidade

O princípio da fungibilidade permite que o juiz conheça de um recurso que foi erroneamente interposto como se fosse o recurso cabível.

Por este princípio, permite-se o aproveitamento do recurso erroneamente nominado, como se fosse o que deveria ser interposto, atendendo-se ao princípio da finalidade e da simplicidade do Processo do Trabalho.

Para aplicação do princípio da fungibilidade, torna-se necessária a conjugação de três fatores:

- inexistir erro grosseiro;
- tem que haver dúvida plausível quanto ao recurso cabível;
- o recurso erroneamente interposto deve obedecer ao prazo do recurso cabível.

6.2.4. Princípio da voluntariedade

O recurso, em regra, é voluntário, encerrando manifestação do princípio dispositivo.

Neste contexto, o órgão julgador não poderá conhecer de matéria não suscitada no recurso, salvo as de ordem pública, sobre as quais enquanto não houver o trânsito em julgado não se opera a preclusão (ex.: arts. 485, § 3.º e 337, § 5.º, ambos do CPC).

No entanto, o reexame necessário, também chamado de remessa de ofício, constitui exceção à regra dispositiva do recurso.

O art. 496 do CPC estabelece o duplo grau de jurisdição obrigatório (chamado de reexame necessário) nos casos de sentença proferida em face de pessoas jurídicas de direito público (União, Estado, Distrito Federal, Municípios, Autarquias e Fundações Públicas), bem como a sentença que julgar procedentes, no todo ou em parte, os embargos à execução de dívida ativa da Fazenda Pública.

No entanto, no Processo do Trabalho não haverá reexame necessário quando a condenação não ultrapassar o valor correspondente a: a) 1.000 (mil) salários-mínimos para a União e as respectivas autarquias e fundações de direito público; b) 500 (quinhentos) salários-mínimos para os Estados, o Distrito Federal, as respectivas autarquias e fundações de direito público e os Municípios que constituam capitais dos Estados; c) 100 (cem) salários-mínimos para todos os demais Municípios e respectivas autarquias e fundações de direito público (Súmula 303 do TST).

6.2.5. Princípio da proibição da *reformatio in pejus*

Pelo princípio da *non reformatio in pejus*, é vedado ao tribunal, no julgamento de um recurso, proferir decisão mais desfavorável ao recorrente, do que aquela recorrida.

A sentença pode ser impugnada total ou parcialmente (art. 1.002 do CPC), sendo que o recurso devolve ao tribunal o conhecimento da matéria impugnada (art. 1.013 do CPC – *tantum devolutum quantum appellatum*).

Portanto, se a sentença for objeto de recurso por uma das partes, o julgamento pelo tribunal não pode agravar a condenação que não foi objeto de recurso, sob pena de violação ao princípio em comento.

Por outro lado, o art. 1.008 do CPC, aplicado subsidiariamente ao Processo do Trabalho, esclarece que o julgamento proferido pelo tribunal substituirá a sentença ou decisão recorrida no que tiver sido objeto de recurso.

Logo, a parte da sentença que não foi objeto de recurso transitou em julgado, sendo irreformável pelo tribunal, não podendo ser atingida pelo julgamento da outra parte, que foi devolvida, no recurso, à instância superior, sob pena de ofensa ao princípio da *non reformatio in peius*.

Evidencia-se, por conseguinte, que tal princípio protege tanto o recorrente como o recorrido.

Saliente-se, outrossim, que o Superior Tribunal de Justiça, por meio da Súmula 45, firmou entendimento de que, no caso de reexame necessário, é defeso ao tribunal agravar a condenação imposta à Fazenda Pública.

6.3. PECULIARIDADES RECURSAIS

Podemos mencionar algumas características peculiares dos recursos trabalhistas, dentre elas:

- irrecorribilidade imediata das decisões interlocutórias;
- inexigibilidade de fundamentação;
- efeito devolutivo dos recursos;
- uniformidade de prazo para recurso;
- instância única nos dissídios de alçada.

6.3.1. Irrecorribilidade imediata das decisões interlocutórias

O Processo do Trabalho traz em seu bojo uma peculiaridade ao informar, no art. 893, § 1.º, da CLT, que as decisões interlocutórias não são recorríveis de imediato, somente permitindo-se a apreciação do seu merecimento em recurso da decisão definitiva.

O Tribunal Superior do Trabalho, em relação à possibilidade de recurso de imediato em face de decisão interlocutória, editou a Súmula 214 do TST, a qual conta com a seguinte redação:

> "SÚMULA 214 DO TST. Decisão interlocutória. Irrecorribilidade. Na Justiça do Trabalho, nos termos do art. 893, § 1.º, da CLT, as decisões interlocutórias não ensejam recurso de imediato, salvo nas hipóteses de decisão:
>
> a) de Tribunal Regional do Trabalho contrária à Súmula ou Orientação Jurisprudencial do Tribunal Superior do Trabalho;
>
> b) suscetível de impugnação mediante recurso para o mesmo Tribunal;
>
> c) que acolhe exceção de incompetência territorial, com a remessa dos autos para Tribunal Regional distinto daquele a que se vincula o juízo excepcionado, consoante o disposto no art. 799, § 2.º, da CLT".

6.3.2. Inexigibilidade de fundamentação

O art. 899 da CLT dispõe que os recursos serão interpostos por simples petição.

Neste contexto, permite o texto consolidado que os recursos sejam interpostos sem qualquer fundamentação ou razões de apelo.

Todavia, a fundamentação do recurso é fundamental para assegurar o princípio da ampla defesa e do contraditório, bem como para possibilitar que o tribunal analise as razões do inconformismo.

Dentre os recursos trabalhistas, a maioria exige fundamentação, sob pena de não conhecimento, como é o caso do recurso de revista, recurso extraordinário, agravo de petição, embargos etc.

A Súmula 422 do TST também caminha no sentido da obrigatoriedade de fundamentação no recurso, consagrando a aplicação do princípio da dialeticidade no Processo do Trabalho.

6.3.3. Efeito devolutivo dos recursos

O mesmo art. 899 consolidado determina que os recursos serão dotados, em regra, de efeito meramente devolutivo, permitindo-se a execução provisória até a penhora.

Portanto, no Processo do Trabalho, os recursos, ordinariamente, são dotados apenas de efeito devolutivo, ou melhor, não possuem efeito suspensivo, quer dizer, não impedem o início da execução provisória.

A Lei 7.701/1988, art. 9.º, e a Lei 10.192/2001, art. 14, permitem que o presidente do Tribunal Superior do Trabalho conceda efeito suspensivo ao recurso ordinário interposto em face de sentença normativa prolatada pelo Tribunal Regional do Trabalho, pelo prazo improrrogável de 120 dias, contados da publicação, salvo se o recurso for julgado antes do término do prazo.

6.3.4. Uniformidade de prazo para recurso

O art. 6.º da Lei 5.584/1970 estabelece que será de oito dias o prazo para interpor e contra-arrazoar qualquer recurso trabalhista.

No entanto, alguns recursos possuem prazos diferenciados.

Os embargos de declaração serão interpostos no prazo de cinco dias (art. 897-A da CLT), sendo de 10 dias para a Fazenda Pública (OJ 192 da SDI-1 do TST).

O prazo para interposição e contrarrazões do recurso extraordinário é de quinze dias (Lei 8.038/1990).

Estabelece a CLT, nos arts. 894, § 4.º, e 896, § 12, que da decisão denegatória de embargos ao TST e recurso de revista pelo relator, no Tribunal, caberá agravo (agravo regimental), no prazo de 8 dias.

As pessoas jurídicas de direito público têm prazo em dobro para todas as suas manifestações processuais, cuja contagem terá início a partir da intimação pessoal, logo inclusive para as contrarrazões (art. 183, CPC).

O Ministério Público do Trabalho também possui prazo em dobro para recorrer, em função do art. 180 do CPC, de aplicação subsidiária ao Processo do Trabalho (art. 769 da CLT).

Nos termos do art. 218, § 4º, do CPC, é considerado tempestivo o recurso interposto ao de seu termo inicial, isto é, antes de publicado o acórdão impugnado. O atual posicionamento do TST é também nesse sentido, como se extrai do cancelamento da Súmula 434 do TST, que determinava o contrário.

Objetivando facilitar o estudo do leitor, preparamos um quadro com a indicação do recurso e o respectivo prazo. Veja:

Recurso	Prazo de interposição e contrarrazões
Ordinário – art. 895 da CLT	8 dias
De Revista – art. 896 da CLT	8 dias
Embargos de Declaração – art. 897-A da CLT	5 dias **Obs.:** Somente haverá contrarrazões se houver pedido de efeito modificativo do julgado.
Agravo de Petição – art. 897, "a", da CLT	8 dias
Agravo de Instrumento – art. 897, "b", da CLT	8 dias
Agravo Regimental – arts. 894, § 4.º, e 896, § 12, ambos CLT	Agravo contra a decisao do relator que denega seguimento a recurso de revista e embargos ao TST tem prazo de 8 dias.
Recurso	**Prazo de interposição e contrarrazões**
Recurso Extraordinário – art. 102, III, da CF/1988 e art. 26 da Lei 8.038/1990	15 dias
Recurso Adesivo	8 dias – Súmula 283 do TST
Embargos do TST (infringentes, de nulidade e de divergência) – art. 894 da CLT	8 dias

6.3.5. Instância única nos dissídios de alçada

O STF e o TST entendem que é cabível o recurso ordinário e o recurso de revista para o TST, limitados a arguição de violação à Constituição, para somente então ser cabível recurso extraordinário para o STF, uma vez que a CLT prevê como hipótese de cabimento desses recursos a violação à Constituição. Esse também é o nosso entendimento.

Outros, entretanto, sustentam que nos dissídios de alçada, em caso de decisão que viole diretamente a Constituição Federal, o recurso cabível seria o próprio recurso extraordinário endereçado ao Supremo Tribunal Federal, uma vez que o recurso ordinário não tem fundamentação vinculada.

Essa é a opinião do mestre Carlos Henrique Bezerra Leite que, em sua obra *Curso de direito processual do trabalho*, 14ª ed., p. 1176, ensina:

> "Defendemos o cabimento do recurso extraordinário da sentença proferida por Juiz de Vara do Trabalho em procedimento sumário (§ 4.º do art. 2.º da Lei n. 5.584/70) que violar direta e literalmente norma da Constituição Federal".

No mesmo sentido, podemos colher os ensinamentos de Manoel Antônio Teixeira Filho na obra *Sistema dos recursos trabalhistas*, 10ª ed., p. 532, *in verbis*:

> "Logo, parece-nos sustentável o entendimento de que as sentenças proferidas nas ações de alçada exclusiva dos órgãos de primeiro grau, da Justiça do Trabalho, instituídas pela Lei n. 5.584/70, comportam recurso extraordinário ao Supremo Tribunal Federal, sempre que implicarem violação à Suprema Carta Política do País".

De igual maneira, seguem alguns jugados.

> "VALOR DA CAUSA DE ATÉ 2 SALÁRIOS-MÍNIMOS. RITO SUMÁRIO. DISSÍDIO DE ALÇADA. MATÉRIA CONSTITUCIONAL. RECURSO EXTRAORDINÁRIO. Os dissídios cujo valor da causa não supere o montante de 2 salários-mínimos sujeitam-se ao rito sumário, apenas sendo admissível insurgência recursal acerca de matéria de índole constitucional, por meio da interposição de recurso extraordinário. Recurso ordinário não conhecido" (TRT-7 – RO 1338008320095070004 – Rel. Francisco Tarcisio Guedes Lima Verde Junior – j. 21.03.2012 – 1.ª T. – *DEJT* 27.03.2012)

> "AGRAVO DE INSTRUMENTO EM RECURSO DE REVISTA. DISSÍDIO DE ALÇADA. MATÉRIA CONSTITUCIONAL. RECURSO ORDINÁRIO INCABÍVEL. Não merece ser provido agravo de instrumento que visa a liberar recurso de revista que não preenche os pressupostos de cabimento do art. 896 da CLT. Agravo de instrumento a que se nega provimento" (TST – AIRR 42040-93.2006.5.24.0001 – Rel. Delaíde Miranda Arantes – j. 25.05.2011 – 7.ª T. – *DEJT* 03.06.2011).

De qualquer forma, dificilmente um dissídio de alçada será julgado atualmente pelo STF, em função do estabelecido nos arts. 102, § 3.º, da CF/1988 e 1.035 do CPC, que estabelecem que a Suprema Corte, em decisão irrecorrível, não conhecerá do recurso extraordinário quando a questão constitucional nele versada não oferecer repercussão geral do ponto de vista econômico, político, social ou jurídico, que ultrapasse os interesses subjetivos da causa.

6.4. EFEITOS DOS RECURSOS

Podemos destacar os seguintes efeitos dos recursos:

6.4.1. Devolutivo

No Processo do Trabalho, os recursos, ordinariamente, são dotados apenas de efeito devolutivo, ou seja, não possuem efeito suspensivo, logo, não impedem o início da execução provisória (art. 899 da CLT).

6.4.2. Suspensivo

No processo laboral, em regra, os recursos não são dotados de efeito suspensivo.

O efeito suspensivo impede a produção dos efeitos da decisão, enquanto não for julgado o recurso. No caso, de uma decisão condenatória, impede, por exemplo, a execução provisória da decisão recorrida.

6.4.3. Translativo

Em relação às questões de ordem pública, as quais devem ser conhecidas de ofício, não se opera a preclusão, podendo o juiz ou tribunal decidir tais questões ainda que não constem das razões recursais ou das contrarrazões, gerando o denominado efeito translativo do recurso.

De outra forma, podemos dizer que o ordenamento jurídico vigente permite a autoridade julgadora do apelo conhecer de questões não ventiladas no recurso ou contrarrazões, sem que isto consista num julgamento *ultra* ou *extra petita*, como, por exemplo, nas hipóteses dos arts. 485, § 3.º e 337, § 5.º, ambos do CPC (que elencam matérias conhecidas de ofício pelo magistrado).

6.4.4. Substitutivo

Preceitua o art. 1.008 do CPC que o julgamento proferido pelo tribunal substituirá a sentença ou a decisão recorrida no que tiver sido objeto de recurso.

O efeito substitutivo nasce quando o tribunal aprecia e julga o mérito da causa, operando-se a substituição da sentença *a quo*, pelo acórdão do tribunal, na parte objeto do apelo.

Todavia, caso o tribunal não julgue o mérito do recurso, não se operará o chamado efeito substitutivo.

6.4.5. Extensivo

O efeito extensivo do recurso é aplicado em caso de litisconsórcio unitário, em que a decisão tenha de ser uniforme para todos os litisconsortes.

Nesse sentido, estabelece o art. 1.005 do CPC que o recurso interposto por um dos litisconsortes a todos aproveita, salvo se distintos ou opostos os seus interesses.

Em contrapartida, sempre que os interesses dos litisconsortes forem distintos, o recurso interposto por um não aproveitará aos demais, não se operando o efeito extensivo do recurso.

6.4.6. Regressivo

O efeito regressivo do recurso consiste na possibilidade de retratação ou reconsideração pela mesma autoridade prolatora da decisão.

Esse efeito, no âmbito laboral, ocorre nos recursos de agravo de instrumento e agravo regimental, sendo lícito à autoridade julgadora, em função dos princípios da economia processual e celeridade, reconsiderar a decisão objeto do agravo.

Exemplificativamente, se um recurso não foi conhecido por ausência de um pressuposto recursal (ex.: recurso intempestivo, falta de preparo etc.), e a parte, em eventual agravo de instrumento, demonstrar a presença de todos os requisitos de admissibilidade recursal, pode o juiz *a quo* reconsiderar a decisão e conhecer do recurso principal, perdendo o objeto o agravo de instrumento interposto.

6.5. JUÍZOS DE ADMISSIBILIDADE

Em regra, interposto um recurso, o apelo é submetido à análise de dois juízos de admissibilidade, quais sejam:

- juízo *a quo* – prolator da decisão impugnada;
- juízo *ad quem* – competente para julgar o recurso.

O objetivo principal dos juízos de admissibilidade é verificar a presença dos pressupostos recursais, também chamados de requisitos de admissibilidade recursal, os quais serão objetos de análise adiante.

Estando presentes todos os pressupostos recursais, o recurso será conhecido.

No entanto, a ausência de apenas um requisito de admissibilidade recursal leva ao não conhecimento do apelo.

O despacho exarado pelo juízo de admissibilidade *a quo* não vincula o juízo *ad quem*, não havendo que falar em coisa julgada ou mesmo preclusão.

Em outras palavras, o juízo *ad quem* pode conhecer de um recurso que não foi conhecido pelo juízo *a quo* e vice-versa.

Em outras palavras, o juízo *ad quem* pode conhecer de um recurso que não foi conhecido pelo juízo *a quo* e vice-versa.

Determina o art. 1º, IN 40/2016, do TST, que "admitido apenas parcialmente o recurso de revista, constitui ônus da parte impugnar, mediante agravo de instrumento, o capítulo denegatório da decisão, sob pena de preclusão". Em razão deste posicionamento, o TST cancelou a Súmula 285 do TST, segundo a qual era incabível o agravo de instrumento neste caso. Observe o teor da Súmula 285 do TST:

> "SÚMULA 285 DO TST. RECURSO DE REVISTA. ADMISSIBILIDADE PARCIAL PELO JUIZ PRESIDENTE DO TRIBUNAL REGIONAL DO TRABALHO. EFEITO. O fato de o juízo primeiro de admissibilidade do recurso de revista entendê-lo cabível apenas quanto a parte das matérias veiculadas não impede a apreciação integral pela Turma do Tribunal Superior do Trabalho, sendo imprópria a interposição de agravo de instrumento".

O TST também esclareceu que "se houver omissão no juízo de admissibilidade do recurso de revista quanto a um ou mais temas, é ônus da parte interpor embargos de declaração para o órgão prolator da decisão embargada supri-la" (CPC, art. 1.024, § 2º), sob pena de preclusão (art. 1º, § 1º, IN 40/2016).

Incorre em nulidade a decisão regional que se abstiver de exercer controle de admissibilidade sobre qualquer tema objeto de recurso de revista, não obstante interpostos embargos de declaração (CF/88, art. 93, inciso IX e § 1º do art. 489 do CPC).

Sem prejuízo da nulidade, a recusa do Presidente do Tribunal Regional do Trabalho a emitir juízo de admissibilidade sobre qualquer tema equivale à decisão denegatória. É ônus da parte, assim, após a intimação da decisão dos embargos de declaração, impugná-la mediante agravo de instrumento (CLT, art. 896, § 12), sob pena de preclusão (art. 3º, IN 40/2016, TST).

Impende destacar que o recurso denominado embargos de declaração (art. 897-A da CLT) somente possui um juízo de admissibilidade, tendo em vista que esse recurso é julgado pela própria autoridade que proferiu a decisão recorrida.

Conforme já mencionado, os juízos de admissibilidade sempre tiveram a função primordial de verificar a presença ou não dos pressupostos recursais.

O legislador atribuiu aos relatores poderes para julgar monocraticamente os recursos, como previstos no art. 894, § 3.º, da CLT e no art. 932, III e V, do CPC, aplicável subsidiariamente ao Processo do Trabalho, à luz da Súmula 435 do TST e IN 17/2000, III, do TST.

6.6. PRESSUPOSTOS RECURSAIS OBJETIVOS E SUBJETIVOS

Os pressupostos recursais, também chamados de requisitos de admissibilidade recursal, classificam-se em objetivos (extrínsecos) e subjetivos (intrínsecos).

Passemos à análise individualizada dos pressupostos recursais objetivos e subjetivos.

6.6.1. Objetivos

- **Recorribilidade do ato** – o ato deve ser recorrível. Caso a decisão judicial não seja passível de impugnação via recurso (como ocorre em relação aos despachos de mero expediente ou relativamente às decisões interlocutórias), o recurso não será conhecido em face da ausência deste pressuposto.

- **Adequação** – a parte deve utilizar o recurso adequado. Logo, não basta simplesmente recorrer, mas sim impugnar a decisão, utilizando-se o recurso cabível à espécie. É bem verdade que, conforme já mencionado neste capítulo, aplica-se ao Processo do Trabalho o princípio da "fungibilidade", o qual autoriza o conhecimento de um recurso que foi erroneamente interposto, como se fosse o recurso cabível (desde que não consista num erro grosseiro, haja dúvida sobre qual o recurso cabível e o mesmo tenha sido interposto no prazo do recurso cabível). Todavia, em caso de erro grosseiro na interposição do recurso, o mesmo não será conhecido em face de sua inadequação, não se aplicando o princípio da fungibilidade (também chamado de conversibilidade).

Cabe destacar, ainda, a OJ 412 da SDI-I/TST:

> "OJ 412. AGRAVO INOMINADO OU AGRAVO REGIMENTAL. INTERPOSIÇÃO EM FACE DE DECISÃO COLEGIADA. NÃO CABIMENTO. ERRO GROSSEIRO. INAPLICABILIDADE DO PRINCÍPIO DA FUNGIBILIDADE RECURSAL. É incabível agravo inominado (art. 557, § 1.º, do CPC) (sem correspondente no NCPC) ou agravo regimental (art. 235 do RITST) contra decisão proferida por Órgão colegiado. Tais recursos destinam-se, exclusivamente, a impugnar decisão monocrática nas hipóteses expressamente previstas. Inaplicável, no caso, o princípio da fungibilidade ante a configuração de erro grosseiro".

- **Tempestividade** – o recurso deve ser interposto no prazo legal, sob pena de não conhecimento do apelo.

O atual diploma processual também determina que é considerado tempestivo o recurso interposto antes do termo inicial do prazo, ou seja, antes de publicado o acórdão impugnado (art. 218, § 4.º, do CPC). No mesmo contexto, encontra-se o posicionamento atual do TST, que cancelou a Súmula 434, que determinava o contrário.

Outrossim, as pessoas jurídicas de direito público (União, Estados, Municípios, Distrito Federal, e suas respectivas autarquias e fundações de direito público) têm prazo em dobro para todas as suas manifestações processuais, cuja contagem terá início a partir da intimação pessoal (art. 183, CPC).

Da mesma forma, nos termos do art. 180 do CPC, o Ministério Público tem prazo em dobro para todas as manifestações, cuja contagem terá início a partir de sua intimação pessoal, a qual far-se-á por carga, remessa ou meio eletrônico. Não se aplica o benefício da contagem em dobro quando a lei estabelecer, de forma expressa, prazo próprio para o Ministério Público (art. 180, § 2.º, CPC), como é caso do art. 12, da Lei 12.016/2009 – Lei do Mandado de Segurança, que prevê que o representante do Ministério Público tem o prazo improrrogável de 10 dias para opinar.

A Lei 5.010, de 30.05.1966, em seu art. 62, estabeleceu como feriado, entre outros, o recesso forense anual, no período compreendido entre 20 de dezembro e 6 de janeiro, *in verbis*:

> "Art. 62. Além dos fixados em lei, serão feriados na Justiça Federal, inclusive nos Tribunais Superiores:
>
> I – os dias compreendidos entre 20 de dezembro e 6 de janeiro, inclusive;
>
> II – os dias da Semana Santa, compreendidos entre a quarta-feira e o domingo de páscoa;
>
> III – os dias de segunda e terça-feira de Carnaval;
>
> IV – os dias 11 de agosto, 1.º e 2.º de novembro e 8 de dezembro".

Portanto, durante o recesso forense, a Justiça do Trabalho suspende o expediente forense e assim o atendimento ao público, garantindo atendimento aos casos urgentes, por meio dos plantões judiciários, tal como ocorre no período noturno, nos finais de semana e feriados.

Convém destacar que o art. 93, XII, com a redação dada pela EC 45/2004, aboliu as férias coletivas nos juízos e tribunais de segundo grau, funcionando, nos dias em que não houver expediente forense normal, juízes em plantão permanente. No entanto, o recesso forense não foi abolido pela Carta Maior, permanecendo em vigor a Lei 5.010/1966.

Institui o atual Código de Processo Civil que se suspende o curso do prazo processual nos dias compreendidos entre 20 de dezembro e 20 de janeiro, inclusive (art. 220 do CPC). Durante a suspensão do prazo, não se realizarão audiências nem sessões de julgamento (art. 220, § 2.º, do CPC). Já os juízes, os membros do Ministério Público, da Defensoria Pública e da Advocacia Pública e os auxiliares da Justiça exercerão suas atribuições normalmente durante o período referido, ressalvadas as férias individuais e os feriados instituídos por lei (art. 220, § 1.º, do CPC). Evidencia-se nessa mudança o fortíssimo *lobby* da advocacia na construção do atual Código. *Lobby* este que, neste caso, é justificável pela necessidade de descanso dos advogados, sobretudo daqueles que trabalham individualmente. O Código em questão foi acertado na medida em que restringiu o período de descanso aos advogados. Não era plausível que os magistrados, além de suas férias de dois meses, ainda tivessem direito a mais duas semanas de descanso remunerado, sendo aplicável igual raciocínio para os demais servidores.

O recesso forense e o art. 220 do CPC, que prevê a suspensão dos prazos dos dias 20/12 a 20/01, coexistem, como esclarece o Conselho Nacional de Justiça, na Resolução 244/2016. Desse modo, em síntese: a) no recesso forense (20/12 a 06/01) não há expediente forense; há apenas o plantão judiciário para medidas urgentes, e b) no período de suspensão dos prazos processuais, entre os dias 20/12 a 20/01 (art. 220 do CPC) ficam suspensos apenas os prazos processuais, as audiências e sessões de julgamento. Excetuado o período de recesso forense e ressalvadas as férias individuais e os feriados instituídos por lei, os juízes, os membros do Ministério Público, da Defensoria Pública e da Advocacia Pública e os auxiliares da Justiça exercerão suas atribuições normalmente durante esse período.

À luz do art. 775 da CLT, os prazos são contados em dias úteis, nos mesmos moldes do art. 219 do CPC que determina que "na contagem de prazo em dias, estabelecido por lei ou pelo juiz, computar-se-ão somente os úteis".

Incumbe à parte comprovar, apenas quando da interposição do recurso, a existência de feriado local que leve à prorrogação do prazo recursal, nos termos do art. 1.003, § 6º, do CPC. Caso não o faça, o relator deverá conceder o prazo de 5 dias para que seja sanado o vício, sob pena de não conhecer o recurso por intempestividade, como determina o art. 932, parágrafo único, do CPC, que consagra o princípio da primazia da decisão de mérito (Súmula 385, I, do TST).

No mesmo sentido dispõe a Súmula 385, I, do TST. Observe-se:

> "SÚMULA 385. FERIADO LOCAL OU FORENSE. AUSÊNCIA DE EXPEDIENTE. PRAZO RECURSAL. PRORROGAÇÃO. COMPROVAÇÃO. NECESSIDADE (alterada em decorrência do CPC de 2015) – Res. 220/2017 – *DEJT* divulgado em 21, 22 e 25.09.2017)
>
> I – Incumbe à parte o ônus de provar, quando da interposição do recurso, a existência de feriado local que autorize a prorrogação do prazo recursal (art. 1.003, § 6º, do CPC de 2015). No caso de o recorrente alegar a existência de feriado local e não o comprovar no momento da interposição do recurso, cumpre ao relator conceder o prazo de 5 (cinco) dias para que seja sanado o vício (art. 932, parágrafo único, do CPC de 2015), sob pena de não conhecimento se da comprovação depender a tempestividade recursal;".

Naturalmente, os Tribunais Regionais e o TST, enquanto juízos "ad quem", não são obrigados a ter ciência da ocorrência de feriado forense, ou seja, dos dias úteis em que não houve expediente forense ou este foi encerrado antes do horário normal, por isso cabe à autoridade que proferir a decisão de admissibilidade certificar o expediente nos autos (Súmula 385, II, do TST). Caso não o faça, o TST, na Súmula 385, reconhece o direito da parte de produzir prova documental superveniente, em agravo de instrumento, agravo interno, agravo regimental, ou embargos de declaração, visando à reconsideração da tempestividade, desde que, em momento anterior, não tenha havido a concessão de prazo para a comprovação da ausência de expediente forense (Súmula 385, III, do TST).

Observe o disposto nos itens II e III da Súmula 385 do TST:

> "SÚMULA 385. FERIADO LOCAL OU FORENSE. AUSÊNCIA DE EXPEDIENTE. PRAZO RECURSAL. PRORROGAÇÃO. COMPROVAÇÃO. NECESSIDADE (alterada em decorrência do CPC de 2015) – Res. 220/2017 – *DEJT* divulgado em 21, 22 e 25.09.2017)
>
> (...)
>
> II – Na hipótese de feriado forense, incumbirá à autoridade que proferir a decisão de admissibilidade certificar o expediente nos autos;
>
> III – Admite-se a reconsideração da análise da tempestividade do recurso, mediante prova documental superveniente, em agravo de instrumento, agravo interno, agravo regimental, ou embargos de declaração, desde que, em momento anterior, não tenha havido a concessão de prazo para a comprovação da ausência de expediente forense".

- **Preparo** – no Processo do Trabalho, para fins recursais, exige-se que o recorrente recolha as custas e realize o depósito recursal. Portanto, não efetuado o pagamento das custas processuais e do depósito recursal, o recurso será considerado deserto.

As custas sempre serão pagas pelo vencido, após o trânsito em julgado da decisão.

Outrossim, em caso de recurso, as custas deverão ser pagas, e comprovado o seu recolhimento dentro do prazo recursal (art. 789, § 1.º, da CLT), sob pena de não conhecimento do recurso por deserção.

Na hipótese de recolhimento insuficiente das custas o recorrente deverá ser intimado para promover a complementação no prazo de 5 dias e somente se não o fizer ocorrerá a deserção (art. 1007, § 2º, do CPC). Trata-se de exemplo do princípio da primazia da decisão de mérito.

Nesse sentido é a OJ 140 da SDI-1 do TST:

> "OJ 140, SDI-1, TST. DEPÓSITO RECURSAL E CUSTAS PROCESSUAIS. RECOLHIMENTO INSUFICIENTE. DESERÇÃO. (nova redação em decorrência do CPC de 2015) - Res. 217/2017 - DEJT divulgado em 20, 24 e 25.04.2017. Em caso de recolhimento insuficiente das custas processuais ou do depósito recursal, somente haverá deserção do recurso se, concedido o prazo de 5 (cinco) dias previsto no § 2º do art. 1.007 do CPC de 2015, o recorrente não complementar e comprovar o valor devido".

Segundo o art. 1.007, § 7º, do CPC, também aplicável ao Processo do Trabalho, "o equívoco no preenchimento da guia de custas não implicará a aplicação da pena de deserção, cabendo ao relator, na hipótese de dúvida quanto ao recolhimento, intimar o recorrente para sanar o vício no prazo de 5 (cinco) dias".

O empregado que ajuizar a reclamação trabalhista somente será responsável pelo pagamento das custas judiciais se o processo for extinto sem resolução do mérito ou se os pedidos forem julgados totalmente improcedentes, caso não seja o obreiro beneficiário da justiça gratuita.

Em caso de acordo judicial, se de outra forma não for convencionado, o pagamento das custas caberá em partes iguais aos litigantes (art. 789, § 3º, CLT).

O valor das custas incidirá à base de 2%, com valor mínimo de R$ 10,64 e o máximo de quatro vezes o limite máximo dos benefícios do Regime Geral de Previdência Social, e serão calculadas (art. 789, CLT):[1]

- quando houver acordo ou condenação, sobre o respectivo valor;
- quando houver extinção do processo, sem resolução do mérito, ou julgado totalmente improcedente o pedido, sobre o valor da causa;
- no caso de procedência do pedido formulado em ação declaratória e em ação constitutiva, sobre o valor da causa;
- quando o valor for indeterminado, sobre o que o juiz fixar.

1. O limite máximo para as custas é de 4 vezes o teto dos benefícios do Regime Geral da Previdência Social nas decisões que fixarem custas proferidas a partir de 11.11.2017, data em que entrou em vigor a Lei 13.467/2017 (Reforma Trabalhista) (art. 4º, IN 41/2018, TST).

Quanto aos dissídios coletivos, as partes vencidas responderão solidariamente pelo pagamento das custas, calculadas sobre o valor arbitrado na decisão, ou pelo Presidente do Tribunal.

Por sua vez, o art. 790-A da CLT determina que são isentos de custas a União, os Estados, o Distrito Federal, os Municípios e respectivas autarquias e fundações públicas federais, estaduais ou municipais que não explorem atividade econômica, bem como o Ministério Público do Trabalho.

A atinente isenção não alcança as entidades fiscalizadoras do exercício profissional (OAB, Crea etc.) nem exime as pessoas jurídicas referidas acima da obrigação de reembolsar as despesas judiciais realizadas pela parte vencedora (art. 790-A, parágrafo único, da CLT).

As empresas públicas e sociedades de economia mista também não estão isentas de custas, por estarem sujeitas ao regime jurídico próprio das empresas privadas (art. 173, § 1.º, da CF/1988).

Vale frisar que, após a EC 45/2004, a Justiça do Trabalho passou a ter competência para processar e julgar todas as ações oriundas da relação de trabalho. Neste aspecto, objetivando disciplinar normas procedimentais aplicáveis ao Processo do Trabalho em decorrência da ampliação de competência mencionada, o Tribunal Superior do Trabalho editou a IN 27/2005, determinando que as ações ajuizadas perante a Justiça do Trabalho, sejam as derivadas da relação de emprego ou da relação de trabalho *lato sensu*, obedecerão, quanto às custas, aos dispositivos legais previstos na norma consolidada.

Vale evidenciar a Súmula 25 do TST:

> "SÚMULA 25 DO TST. CUSTAS PROCESSUAIS. INVERSÃO DO ÔNUS DA SUCUMBÊNCIA. (alterada a Súmula e incorporadas as Orientações Jurisprudenciais n°s 104 e 186 da SBDI-1) – Res. 197/2015 – *DEJT* divulgado em 14, 15 e 18.05.2015
>
> I – A parte vencedora na primeira instância, se vencida na segunda, está obrigada, independentemente de intimação, a pagar as custas fixadas na sentença originária, das quais ficara isenta a parte então vencida;
>
> II – No caso de inversão do ônus da sucumbência em segundo grau, sem acréscimo ou atualização do valor das custas e se estas já foram devidamente recolhidas, descabe um novo pagamento pela parte vencida, ao recorrer. Deverá ao final, se sucumbente, reembolsar a quantia; (ex-OJ 186 da SBDI-I)
>
> III – Não caracteriza deserção a hipótese em que, acrescido o valor da condenação, não houve fixação ou cálculo do valor devido a título

> de custas e tampouco intimação da parte para o preparo do recurso, devendo ser as custas pagas ao final; (ex-OJ 104 da SBDI-I)
>
> IV – O reembolso das custas à parte vencedora faz-se necessário mesmo na hipótese em que a parte vencida for pessoa isenta do seu pagamento, nos termos do art. 790-A, parágrafo único, da CLT".

Por outro lado, o art. 789-A da CLT institui que no processo de execução são devidas custas quando da interposição de recursos, sempre de responsabilidade do executado e pagas ao final (ainda que o recurso seja interposto pela outra parte), consoante quadro abaixo:

Em relação ao depósito recursal, ele objetiva garantir o juízo para o pagamento de futura execução a ser movida pelo empregado, portanto, **só é realizado pelo reclamado quando empregador** ou **tomador** dos serviços.

Por consequência, vencida a empresa, mesmo que parcialmente, é necessário que ela efetue o depósito recursal, garantindo-se o juízo, não se exigindo o depósito recursal por parte do empregado, em caso de eventual recurso.

Assim sendo, exigem depósito recursal: recurso ordinário, recurso de revista, embargos ao TST, recurso extraordinário, recurso ordinário em ação rescisória e o agravo de instrumento.

Impende ressaltar que, conforme já mencionado anteriormente, o Tribunal Superior do Trabalho editou a IN 27/2005, dispondo sobre normas procedimentais aplicáveis ao Processo do Trabalho em decorrência da ampliação da competência da Justiça do Trabalho pela EC 45/2004. Nesta esteira, o parágrafo único do art. 2.º da instrução normativa em comento estabeleceu que o depósito recursal a que se refere o art. 899 da CLT é sempre exigível como requisito extrínseco do recurso, quando houver condenação em pecúnia.

Logo, mesmo nas ações que envolvam relação de trabalho distintas da relação de emprego, em caso de eventual condenação em pecúnia, será necessário que o recorrente realize o depósito recursal, sob pena de não conhecimento do recurso.

Neste contexto, para interposição de recurso ordinário, recurso de revista, embargos ao TST, recurso extraordinário e recurso ordinário em ação rescisória, o reclamado depositará o valor da condenação ainda não depositado até o limite do teto estabelecido pelo TST.

Outrossim, o Presidente do Tribunal Superior do Trabalho fixou novos valores referentes ao depósito recursal, os quais passaram a vigorar a partir de 1.º de agosto de 2024, quais sejam:

a) R$ 13.133,46, no caso de interposição de Recurso Ordinário;

b) R$ 26.266,92 no caso de interposição de Recurso de Revista, Embargos e Recurso Extraordinário e Recurso Ordinário em Ação Rescisória.

O agravo de instrumento terá depósito recursal no montante de 50% do seu valor, efetuado quando da interposição do recurso que não foi conhecido (art. 899, § 7.º, da CLT, com a redação dada pela Lei 12.275/2010). Posteriormente, a Lei 13.015/2014 trouxe uma exceção ao depósito recursal ao acrescentar o § 8.º ao art. 899 da CLT. Não haverá obrigatoriedade de se efetuar o depósito para interposição do agravo de instrumento para destrancar recurso de revista interposto em face de decisão do TRT, em recurso ordinário, com fundamento em contrariedade à súmula ou à orientação jurisprudencial do TST.

> "Art. 899 (...)
>
> § 8.º Quando o agravo de instrumento tem a finalidade de destrancar recurso de revista que se insurge contra decisão que contraria a jurisprudência uniforme do Tribunal Superior do Trabalho, consubstanciada nas suas súmulas ou em orientação jurisprudencial, não haverá obrigatoriedade de se efetuar o depósito referido no § 7.º deste artigo".

Caso a arguição de contrariedade à súmula ou à orientação jurisprudencial seja infundada, temerária ou artificiosa, o agravo de instrumento será considerado deserto (art. 23, Ato 491/SEGJUD.GP/2014 – Presidência do TST).

Contudo, a dispensa do § 8.º do art. 899 da CLT não será aplicável aos casos em que o agravo de instrumento se refira a uma parcela da condenação, pelo menos, que não seja objeto de arguição de contrariedade à súmula ou à orientação jurisprudencial do TST (art. 23, Ato 491/SEGJUD. GP/2014 – Presidência do TST).

Somente haverá depósito recursal quando houver decisão condenatória, em que a empresa tenha sido condenada a pagar certa quantia (Súmula 161 do TST), sendo devido também em caso de interposição de recurso adesivo.

O depósito recursal poderá ser substituído por fiança bancária ou seguro garantia judicial (art. 899, § 11, CLT[2]).

A fiança bancária consiste em um contrato em que o banco garante o cumprimento da obrigação de seu cliente, que é o reclamado.

2. O dispositivo será aplicável aos recursos interpostos contra as decisões proferidas a partir de 11.11.2017, data em que entrou em vigor a Lei 13.467/2017 (Reforma Trabalhista) (art. 20, IN 41/2018, TST).

Por sua vez, o seguro garantia judicial trata-se de um contrato de seguro firmado pelo reclamado com uma seguradora, que garante o pagamento de depósitos judiciais em dinheiro e/ou a penhora de bens que possam ser devidos pelo segurado/executado na pendência de execução judicial.

O valor do depósito recursal será reduzido pela metade para entidades sem fins lucrativos, empregadores domésticos, microempreendedores individuais, microempresas e empresas de pequeno porte (art. 899, § 9º, CLT[3]).

São isentos do depósito recursal os beneficiários da justiça gratuita, as entidades filantrópicas e as empresas em recuperação judicial (art. 899, § 10º, CLT[4]).

Também são isentas as pessoas jurídicas de direito público (art. 1.º, IV, do Decreto-lei 779/1969 e item X da IN 3/1993 do TST) e o Ministério Público do Trabalho.

Todavia, em relação às empresas públicas e às sociedades de economia mista, em caso de recurso, deverá ser recolhido o respectivo depósito recursal (Súmula 170 do TST).

A massa falida também não está sujeita ao pagamento de custas nem ao depósito recursal (Súmula 86/TST).

No entanto, em relação às empresas em liquidação extrajudicial, a Súmula 86 do TST estabelece a obrigatoriedade do recolhimento das custas e depósito recursal.

Uma vez depositado integralmente o valor da condenação, o juízo estará garantido, de modo que nenhum outro depósito precisará ser realizado pelo recorrente, salvo se majorada a condenação (Súmula 128, I, TST).

Transitada em julgado a decisão recorrida, o juiz ordenará o levantamento imediato do depósito recursal em favor da parte vencedora (art. 899, § 1.º, da CLT).

O depósito recursal será feito em conta vinculada ao juízo e corrigido com os mesmos índices da poupança (art. 899, § 4º, CLT).

Tramita no STF a Ação Direta de Inconstitucionalidade (ADIn) 5.867, proposta pela Anamatra, em face da norma contida no § 4º do art. 899 da CLT, inserido pela Lei 13.467/2017 (Reforma Trabalhista), pois o dispositivo

3. O dispositivo será aplicável aos recursos interpostos contra as decisões proferidas a partir de 11.11.2017, data em que entrou em vigor a Lei 13.467/2017 (Reforma Trabalhista) (art. 20, IN 41/2018, TST).
4. O dispositivo será aplicável aos recursos interpostos contra as decisões proferidas a partir de 11.11.2017, data em que entrou em vigor a Lei 13.467/2017 (Reforma Trabalhista) (art. 20, IN 41/2018, TST).

prevê que o depósito recursal será corrigido com os mesmos índices da caderneta de poupança.

Para a Anamatra, o depósito recursal não pode ser atualizado e remunerado por juros próprios do pior investimento atualmente existente, a poupança, que é incapaz de manter o seu valor de compra. E isso em benefício exclusivo da instituição financeira (Caixa Econômica), única recebedora dos depósitos recursais, violando assim o direito de propriedade das partes litigantes.

O Supremo Tribunal Federal, em Sessão Plenária, sob a presidência do Senhor Ministro Luiz Fux, por maioria de votos, julgou parcialmente procedente a ação, para conferir interpretação conforme à Constituição ao art. 879, § 7º, e ao art. 899, § 4º, da CLT, na redação dada pela Lei 13.467 de 2017, no sentido de considerar que à atualização dos créditos decorrentes de condenação judicial e à correção dos depósitos recursais em contas judiciais na Justiça do Trabalho deverão ser aplicados, até que sobrevenha solução legislativa, os mesmos índices de correção monetária e de juros que vigentes para as condenações cíveis em geral, quais sejam a incidência do IPCA-E na fase pré-judicial e, a partir da citação, a incidência da taxa SELIC (art. 406 do Código Civil)[5].

Nos termos da Súmula 245 do TST, o depósito recursal deve ser feito e comprovado no prazo alusivo ao recurso, e a interposição antecipada do recurso não prejudica a dilação legal. A Súmula aplica-se ao recurso ordinário, recurso de revista, embargos ao TST e recurso extraordinário. No caso do agravo de instrumento, o depósito deve ser realizado e comprovado no ato da interposição do recurso (art. 899, § 7.º, da CLT).

Assim como ocorre com as custas, na hipótese de recolhimento insuficiente do depósito recursal, o recorrente deverá ser intimado para promover a complementação no prazo de 5 dias e somente se não o fizer ocorrerá a deserção (art. 1007, § 2º, do CPC e OJ 140, SDI-1, TST). Trata-se de exemplo do princípio da primazia da decisão de mérito.

Havendo condenação solidária de duas ou mais empresas, o depósito recursal efetuado por uma delas aproveita as demais, desde que a empresa que realizou o depósito não pleiteie sua exclusão da lide (Súmula 128 do TST).

No dissídio coletivo não é exigido o depósito recursal, pois a natureza jurídica da sentença no dissídio coletivo é constitutiva ou declaratória, e nunca condenatória.

5. Caro leitor os efeitos da decisão foram fixados em julgamento conjunto da ADI 5867, ADI 6021, ADC 58 e ADC 59.

Quanto à ação rescisória, estabelece a Súmula 99 do TST a obrigatoriedade de o empregador vencido, em caso de recurso, efetuar o depósito recursal, sob pena de o apelo não ser conhecido por falta de preparo (deserção).

O recolhimento do valor da multa imposta como sanção por litigância de má-fé (art. 793-C, CLT) não é pressuposto objetivo para interposição dos recursos de natureza trabalhista, pois entende o TST que tal multa não se qualifica como custas processuais (OJ 409, SDI-1, do TST).

Com o intuito de facilitar o estudo do leitor, preparamos um quadro sintético indicando os recursos em que será obrigatório o depósito recursal por parte do empregador recorrente e outros em que não haverá dito recolhimento. Verifique:

Recursos sem depósito recursal	Recursos com depósito recursal obrigatório por parte do empregador recorrente
Agravo de petição (se hover garantia do juízo)	Recurso ordinário
Agravo regimental	Recurso de revista
Embargos de declaração	Embargos no TST
Embargos Infringentes no TST	Recurso extraordinário
Recurso extraordinário (Tema 679 do STF)	Agravo de instrumento

- **Regularidade de representação** – o recurso deve ser subscrito pela própria parte (*jus postulandi*), salvo se for dirigido ao TST (exceto *habeas corpus*), ou mesmo por advogado com procuração nos autos ou portador de mandato tácito (advogado que, embora não possua instrumento procuratório nos autos, compareceu à audiência e requereu verbalmente que fosse consignada em ata sua constituição como procurador da parte (art. 791, § 3º, da CLT).

Com relação à representação processual das pessoas jurídicas de direito público em geral, confira a Súmula 436 do TST:

> "SÚMULA 436 DO TST. REPRESENTAÇÃO PROCESSUAL. PROCURADOR DA UNIÃO, ESTADOS, MUNICÍPIOS E DISTRITO FEDERAL, SUAS AUTARQUIAS E FUNDAÇÕES PÚBLICAS. JUNTADA DE INSTRUMENTO DE MANDATO (conversão da Orientação Jurisprudencial nº 52 da SBDI-I e inserção do item II à redação) – Res. 185/2012, *DEJT* divulgado em 25, 26 e **27.09.2012.**
>
> I – A União, Estados, Municípios e Distrito Federal, suas autarquias e fundações públicas, quando representadas em juízo, ativa e passivamente,

> por seus procuradores, estão dispensadas da juntada de instrumento de mandato e de comprovação do ato de nomeação.
>
> II – Para os efeitos do item anterior, é essencial que o signatário ao menos declare-se exercente do cargo de procurador, não bastando a indicação do número de inscrição na Ordem dos Advogados do Brasil".

O advogado não será admitido a postular em juízo sem procuração, salvo para evitar preclusão, decadência ou prescrição, ou para praticar ato considerado urgente. Assim, deverá exibir a procuração no prazo de 15 dias, prorrogável por igual período por despacho do juiz. O ato não ratificado será considerado **ineficaz** relativamente àquele em cujo nome foi praticado, respondendo o advogado pelas despesas e por perdas e danos, nos termos do art. 104, §§ 1º e 2º, do CPC:

> "Art. 104, CPC. O advogado não será admitido a postular em juízo sem procuração, salvo para evitar preclusão, decadência ou prescrição, ou para praticar ato considerado urgente.
>
> § 1º Nas hipóteses previstas no *caput*, o advogado deverá, independentemente de caução, exibir a procuração no prazo de 15 (quinze) dias, prorrogável por igual período por despacho do juiz.
>
> § 2º O ato não ratificado será considerado ineficaz relativamente àquele em cujo nome foi praticado, respondendo o advogado pelas despesas e por perdas e danos.

Ressalte-se que ao estabelecer que é admitido postular em juízo sem procuração para evitar a preclusão, o atual Código de Processo Civil consagrou a possibilidade de juntada *a posteriori* da procuração na fase recursal.

Por sua vez, o art. 76, § 2º, do atual CPC prevê também expressamente a possibilidade de regularização processual na fase recursal em prazo razoável previsto pelo juiz:

> **Art. 76,** CPC. Verificada a incapacidade processual ou a irregularidade da representação da parte, o juiz suspenderá o processo e designará prazo razoável para que seja sanado o vício.
>
> § 1º Descumprida a determinação, caso o processo esteja na instância originária:
>
> I – o processo será extinto, se a providência couber ao autor;
>
> II – o réu será considerado revel, se a providência lhe couber;
>
> III – o terceiro será considerado revel ou excluído do processo, dependendo do polo em que se encontre.

> § 2º Descumprida a determinação em fase recursal perante tribunal de justiça, tribunal regional federal ou tribunal superior, o relator:
>
> I – não conhecerá do recurso, se a providência couber ao recorrente;
>
> II – determinará o desentranhamento das contrarrazões, se a providência couber ao recorrido.

Cumpre destacar que o TST, no art. 3º, I, da IN 39/2016, deixou claro que entende que o art. 76 do CPC é aplicável ao Processo do Trabalho.

Dessa forma, o CPC prevê duas situações distintas: a) ausência de procuração, caso em que se aplica o art. 104 do CPC; e b) a procuração foi juntada aos autos, porém houve irregularidade de representação, hipótese em que se aplica o art. 76 do CPC.

Em ambos os casos, o TST entende que o prazo para a juntada de procuração e regularização da representação é de 5 dias, ainda que o art. 104 do CPC contemple o prazo de 15 dias, como se extrai da Súmula 383 do TST, o que nos parece que o fez por equívoco:

> SÚMULA 383. RECURSO. MANDATO. IRREGULARIDADE DE REPRESENTAÇÃO. CPC DE 2015, ARTS. 104 E 76, § 2º (nova redação em decorrência do CPC de 2015) – Res. 210/2016, *DEJT* divulgado em 30.06, 1º e 04.07.2016
>
> I – É inadmissível recurso firmado por advogado sem procuração juntada aos autos até o momento da sua interposição, salvo mandato tácito. Em caráter excepcional (art. 104 do CPC de 2015), admite-se que o advogado, independentemente de intimação, exiba a procuração no prazo de 5 (cinco) dias após a interposição do recurso, prorrogável por igual período mediante despacho do juiz. Caso não a exiba, considera-se ineficaz o ato praticado e não se conhece do recurso.
>
> II – Verificada a irregularidade de representação da parte em fase recursal, em procuração ou substabelecimento já constante dos autos, o relator ou o órgão competente para julgamento do recurso designará prazo de 5 (cinco) dias para que seja sanado o vício. Descumprida a determinação, o relator não conhecerá do recurso, se a providência couber ao recorrente, ou determinará o desentranhamento das contrarrazões, se a providência couber ao recorrido (art. 76, § 2º, do CPC de 2015).

Nos termos da OJ 120 da SDI-1, do TST, é válido o recurso assinado, ao menos, na petição de apresentação ou nas razões recursais. Entretanto, verificada a total ausência de assinatura no recurso, o juiz ou o relator concederá prazo de 5 (cinco) dias para que seja sanado o vício. Descumprida a determinação, o recurso será reputado inadmissível (art. 932, parágrafo único, do CPC de 2015).

6.6.2. Subjetivos

- **Legitimidade** – o art. 996 do CPC institui que o recurso pode ser interposto pela parte vencida, pelo terceiro prejudicado e pelo Ministério Público como parte ou como fiscal da ordem jurídica.

Logo, se o recurso for interposto por parte ilegítima, ele não será conhecido, por ausência de pressuposto recursal subjetivo.

Cabe ressaltar que o Ministério Público do Trabalho possui legitimidade recursal nos processos em que figura como parte, bem como naqueles em que atua como fiscal da lei (*custos legis*), conforme previsão no art. 83, VI, da LC 75/1993.

- **Capacidade** – além da legitimação, a parte deverá demonstrar no momento da interposição do recurso que está plenamente capaz de praticar o ato processual.

Portanto, se o recorrente não se encontrar no exercício pleno de suas faculdades mentais, não terá ele capacidade para recorrer, devendo, na hipótese, ser representado com base na Lei Civil.

- **Interesse** – o recurso tem que ser útil e necessário à parte, sob pena de não conhecimento.

Suponhamos a hipótese de o reclamante recorrer de um pedido que lhe foi favorável.

Nesse caso, o recurso interposto não será útil nem necessário ao recorrente, não sendo, portanto, admitido, por ausência de um pressuposto recursal subjetivo, qual seja ausência de interesse.

Todavia, o interesse pelo recurso não necessariamente está relacionado com a sucumbência, pois há casos em que, mesmo sendo vencedor na lide, tem a parte interesse no apelo.

Podemos destacar o exemplo do processo que é extinto sem julgamento do mérito, o que, sem dúvidas, beneficia o reclamado, mas não o impede de recorrer do julgado.

Na hipótese presente, pode haver interesse do demandado beneficiado em recorrer, objetivando uma sentença definitiva de mérito, visto que a extinção do processo sem julgamento do mérito não impede o ajuizamento de nova ação.

6.7. RECURSOS EM ESPÉCIES

6.7.1. Recurso ordinário

O recurso ordinário está previsto no art. 895 consolidado, cabendo, no prazo de 8 dias, das seguintes decisões:

- Das sentenças terminativas ou definitivas prolatadas pela Vara do Trabalho ou pelo juiz de direito no exercício da jurisdição trabalhista;
- Das decisões definitivas ou terminativas prolatadas pelos Tribunais Regionais do Trabalho em processos de sua competência originária (mandado de segurança, ação rescisória, ação anulatória, dissídio coletivo, *habeas corpus* etc.), seja nos dissídios individuais ou coletivos.

Portanto, tanto as sentenças definitivas (com resolução do mérito) como as terminativas (sem exame do mérito) serão passíveis de recurso ordinário.

Nesta esteira, indeferida a petição inicial, extinto o processo sem resolução do mérito por ausência das condições da ação ou dos pressupostos de constituição e desenvolvimento válido e regular do processo ou mesmo arquivada a reclamação trabalhista em função da ausência do reclamante à audiência, restará ao prejudicado a opção de interpor recurso ordinário, em função da sentença terminativa proferida.

A Súmula 158 do TST esclarece que, da decisão de Tribunal Regional do Trabalho em ação rescisória, é cabível recurso ordinário para o Tribunal Superior do Trabalho, a ser julgado pela SDI-II.

No mesmo sentido, a Súmula 201 do TST dispõe que da decisão de Tribunal Regional do Trabalho em mandado de segurança cabe recurso ordinário, no prazo de 8 dias, para o Tribunal Superior do Trabalho, a ser julgado pela SDI-II, e igual dilação para o recorrido e interessados apresentarem razões de contrariedade (contrarrazões).

A OJ do Tribunal Pleno do TST, de número 5, estabelece que não cabe recurso ordinário contra decisão em agravo regimental interposto em reclamação correicional ou em pedido de providência.

O recurso ordinário interposto de decisão do TRT em dissídio coletivo será julgado pelo TST (SDC).

Há três hipóteses em que o juiz poderá retratar-se em 5 dias: a) indeferimento da petição inicial; b) improcedência liminar do pedido; e c) extinção do processo sem resolução do mérito.

Impende destacar que, em caso de **indeferimento da petição inicial**, uma vez interposto o recurso ordinário pelo reclamante, é facultado ao juiz, no prazo de 5 dias, reconsiderar sua decisão, por aplicação subsidiária do art. 331 do CPC.

Se não houver retratação, o juiz mandará citar o réu para responder somente ao recurso. Sendo a sentença reformada pelo tribunal, será designada audiência para a apresentação da defesa no processo do trabalho (art. 331, §§ 1º e 2º, CPC).

Não interposto o recurso ordinário, o réu será intimado do trânsito em julgado da sentença. (art. 331, § 3º, CPC).

Também é cabível retratação pelo juiz no caso de recurso ordinário interposto em face da **sentença que julgar liminarmente improcedente o pedido.**

Nos termos do art. 7º, IN 39/2016, do TST aplicam-se ao Processo do Trabalho as normas do art. 332 do CPC, com as necessárias adaptações à legislação processual trabalhista:

> "Art. 7º, IN 39/2016, DO TST. Aplicam-se ao Processo do Trabalho as normas do art. 332 do CPC, com as necessárias adaptações à legislação processual trabalhista, cumprindo ao juiz do trabalho julgar liminarmente improcedente o pedido que contrariar:
>
> I – enunciado de súmula do Supremo Tribunal Federal ou do Tribunal Superior do Trabalho (CPC, art. 927, inciso V);
>
> II – acórdão proferido pelo Supremo Tribunal Federal ou pelo Tribunal Superior do Trabalho em julgamento de recursos repetitivos (CLT, art. 896-B; CPC, art. 1046, § 4º);
>
> III – entendimento firmado em incidente de resolução de demandas repetitivas ou de assunção de competência;
>
> IV – enunciado de súmula de Tribunal Regional do Trabalho sobre direito local, convenção coletiva de trabalho, acordo coletivo de trabalho, sentença normativa ou regulamento empresarial de observância obrigatória em área territorial que não exceda à jurisdição do respectivo Tribunal (CLT, art. 896, 'b', a contrario sensu).
>
> Parágrafo único. O juiz também poderá julgar liminarmente improcedente o pedido se verificar, desde logo, a ocorrência de decadência.

Não interposto o recurso ordinário, o réu será intimado do trânsito em julgado da sentença (art. 332, § 2º, CPC).

Interposto o recurso ordinário, o juiz poderá retratar-se em 5 dias, nos termos do art. 332, § 3º, do CPC. Se houver retratação, o juiz determinará o prosseguimento do processo, com a citação do réu; e, se não houver retratação, determinará a citação do réu para apresentar as contrarrazões, no prazo de 8 dias (art. 332, § 4º, do CPC).

Por último, interposto o recurso ordinário em face da decisão do juiz que extingue o processo sem resolução do mérito, o juiz, no prazo de 5 dias, poderá retratar-se (art. 485, § 7º, do CPC).

No processo do trabalho é comum a cumulação de pedidos, sendo aplicável o art. 356 do CPC que autoriza o julgamento antecipado de parte dos pedidos que estiverem em condições de imediato julgamento ou forem incontroversos:

> "**Art. 356**. O juiz decidirá parcialmente o mérito quando um ou mais dos pedidos formulados ou parcela deles:
>
> I – mostrar-se incontroverso;
>
> II – estiver em condições de imediato julgamento, nos termos do art. 355.
>
> § 1º A decisão que julgar parcialmente o mérito poderá reconhecer a existência de obrigação líquida ou ilíquida.
>
> § 2º A parte poderá liquidar ou executar, desde logo, a obrigação reconhecida na decisão que julgar parcialmente o mérito, independentemente de caução, ainda que haja recurso contra essa interposto.
>
> § 3º Na hipótese do § 2º, se houver trânsito em julgado da decisão, a execução será definitiva.
>
> § 4º A liquidação e o cumprimento da decisão que julgar parcialmente o mérito poderão ser processados em autos suplementares, a requerimento da parte ou a critério do juiz".

Segundo o art. 5º, IN 39/2016, do TST, a decisão que julga antecipadamente o mérito quanto a alguns pedidos tem natureza jurídica de sentença, desafiando recurso ordinário:

> "Art. 5º, IN 39/2016, DO TST. Aplicam-se ao Processo do Trabalho as normas do art. 356, §§ 1º a 4º, do CPC que regem o julgamento antecipado parcial do mérito, cabendo recurso ordinário de imediato da sentença".

Outrossim, algumas decisões interlocutórias de natureza terminativa do feito podem ser impugnadas mediante recurso ordinário, conforme previsto no art. 799, § 2.º, da CLT.

É o que ocorre quando o juiz declara a incompetência absoluta (em razão da matéria) da Justiça do Trabalho e determina a remessa dos autos à Justiça Comum. Trata-se de decisão interlocutória que termina o feito na Justiça do Trabalho.

Outra hipótese de utilização de recurso ordinário em face de decisão interlocutória de natureza terminativa do feito ocorre quando o magistrado acolhe exceção de incompetência em razão do lugar e determina a remessa dos autos à Vara do Trabalho submetida à jurisdição de outro Tribunal Regional do Trabalho, conforme bem esclarece a Súmula 214, "c", do TST.

No que atine às decisões prolatadas nos dissídios de alçada (que não ultrapassam dois salários-mínimos) não caberá qualquer recurso, salvo se versarem sobre matéria constitucional (Lei 5.584/1970, art. 2.º, § 4.º).

Em relação ao recurso ordinário interposto em face de sentenças proferidas em reclamações trabalhistas sujeitas ao **procedimento sumaríssimo**, o art. 895, §§ 1.º e 2.º, da CLT estabelece que:

> "Art. 895 (*omissis*)
>
> § 1.º Nas reclamações sujeitas ao procedimento sumaríssimo, o recurso ordinário:
>
> I – (*Vetado*);
>
> II – será imediatamente distribuído, uma vez recebido no Tribunal, devendo o relator liberá-lo no prazo máximo de dez dias, e a Secretaria do Tribunal ou Turma colocá-lo imediatamente em pauta para julgamento, sem revisor;
>
> III – terá parecer oral do representante do Ministério Público presente à sessão de julgamento, se este entender necessário o parecer, com registro na certidão;
>
> IV – terá acórdão consistente unicamente na certidão de julgamento, com a indicação suficiente do processo e parte dispositiva, e das razões de decidir do voto prevalente. Se a sentença for confirmada pelos próprios fundamentos, a certidão de julgamento, registrando tal circunstância, servirá de acórdão.
>
> § 2.º Os Tribunais Regionais, divididos em Turmas, poderão designar Turma para o julgamento dos recursos ordinários interpostos das sentenças prolatadas nas demandas sujeitas ao procedimento sumaríssimo".

O recurso ordinário visa à reforma da decisão ou a sua anulação. A reforma ocorre quando há *error in judicando* e a anulação quando há *error in procedendo*. Neste caso, a decisão será anulada e os autos retornarão ao juízo *a quo*, que proferirá uma nova decisão.

O art. 1.013, § 3º, do CPC, entretanto, permite que o tribunal analise diretamente o mérito da causa quando o processo estiver em condições de imediato julgamento e diante de uma das hipóteses descritas no referido artigo:

> **Art. 1.013.** A apelação devolverá ao tribunal o conhecimento da matéria impugnada.
>
> (...)
>
> § 3º Se o processo estiver em condições de imediato julgamento, o tribunal deve decidir desde logo o mérito quando:
>
> I – reformar sentença fundada no art. 485;
>
> II – decretar a nulidade da sentença por não ser ela congruente com os limites do pedido ou da causa de pedir;
>
> III – constatar a omissão no exame de um dos pedidos, hipótese em que poderá julgá-lo;
>
> IV – decretar a nulidade de sentença por falta de fundamentação.

Considerando que o recurso ordinário não possui efeito suspensivo, sendo apenas dotado de efeito devolutivo, o recorrente poderá nas razões requerer tal efeito mediante requerimento dirigido ao tribunal, ao relator ou ao presidente ou ao vice-presidente do tribunal recorrido, por aplicação subsidiária ao processo do trabalho do artigo 1.029, § 5º, do CPC de 2015 (Súmula 414, I, do TST).

Nesse sentido é o posicionamento do TST. Observe o disposto na Súmula 414, I, do TST:

> SÚMULA 414 DO TST. MANDADO DE SEGURANÇA. TUTELA PROVISÓRIA CONCEDIDA ANTES OU NA SENTENÇA (nova redação em decorrência do CPC de 2015) – Res. 217/2017 – *DEJT* divulgado em 20, 24 e 25.04.2017
>
> I – A tutela provisória concedida na sentença não comporta impugnação pela via do mandado de segurança, por ser impugnável mediante recurso ordinário. É admissível a obtenção de efeito suspensivo ao recurso ordinário mediante requerimento dirigido ao tribunal, ao relator ou ao presidente ou ao vice-presidente do tribunal recorrido, por aplicação subsidiária ao processo do trabalho do artigo 1.029, § 5º, do CPC de 2015.
>
> II – No caso de a tutela provisória haver sido concedida ou indeferida antes da sentença, cabe mandado de segurança, em face da inexistência de recurso próprio.

III – A superveniência da sentença, nos autos originários, faz perder o objeto do mandado de segurança que impugnava a concessão ou o indeferimento da tutela provisória.

O **processamento do recurso ordinário** segue a seguinte cronologia:

- Interposto o recurso ordinário, o magistrado verificará a presença ou não dos pressupostos recursais (cabimento, adequação, tempestividade, preparo etc.). Ressalte-se que o art. 1.010, § 3º, do atual Código de Processo Civil, que determina que o juízo *a quo* não fará o primeiro juízo de admissibilidade na apelação, não se aplica ao Processo do Trabalho para o recurso ordinário, como previsto no 2º, XI, da IN 39/2016, editada para estabelecer as normas do Código de Processo Civil de 2015 aplicáveis e inaplicáveis ao Processo do Trabalho;
- Conhecido o recurso, o juiz concederá prazo de 8 dias para o recorrido apresentar contrarrazões, caso deseje;
- Após as contrarrazões, ou findo o prazo para tanto sem manifestação do recorrido, o juiz poderá reconsiderar ou não a decisão que admitiu o recurso (uma vez que as razões de contrariedade podem trazer elementos que convençam o magistrado pelo não conhecimento do apelo). Após a apresentação da resposta pelo recorrido, é dado ao juízo *a quo* reexaminar os pressupostos de admissibilidade recursal do recurso ordinário;
- Mantida a decisão que admitiu o recurso, o magistrado remeterá os autos ao tribunal para julgamento do apelo;
- No Tribunal, o trâmite do recurso ordinário observará o disposto nos arts. 929 e 946 do CPC, bem como o disposto no regimento interno de cada tribunal. Em síntese:
- Será sorteado o relator, salvo se prevento (art. 930, parágrafo único, CPC). O relator será prevento para eventual recurso subsequente àquele já protocolado, interposto no mesmo processo ou em processo conexo.

O relator:

a) fará o segundo juízo de admissibilidade, podendo não conhecer do recurso ordinário interposto, caso conclua pela inexistência de algum requisito de admissibilidade recursal;

b) julgar monocraticamente o recurso nas hipóteses previstas no art. 932, III a V, do CPC. (art. 1.011, I, CPC);

c) conceder o prazo de 5 dias para que o recorrente possa sanar o vício ou complementar a documentação exigível (art. 1.021 do CPC).

- O relator elaborará seu voto e devolverá os autos à secretaria, caso não tenha julgado monocraticamente o recurso.
- A secretaria encaminhará para o presidente, que designará a sessão julgamento.
- Na sessão de julgamento, o relator fará a exposição da causa e, na sequência, terão a palavra, nessa ordem: o recorrente, o recorrido, o membro do Ministério Público, nos casos em que seja obrigatória a sua intervenção, pelo prazo de 15 minutos (art. 937, CPC).
- Proferidos os votos, o presidente anunciará o resultado, determinando que o relator redija o acórdão, ou, se vencido, o autor do primeiro voto vencedor (art. 941, CPC).
- A ementa do acórdão será publicada no órgão oficial no prazo de 10 dias (art. 943. § 2º, CPC).

Ressalte-se que o art. 940 do CPC, que versa sobre a vista regimental, é aplicável ao Processo do Trabalho, conforme determina a IN 39/2016 do TST, de modo que o relator, ou outro juiz, que não se considerar habilitado a proferir imediatamente seu voto, poderá solicitar vista pelo prazo máximo de 10 dias, após o qual o recurso será reincluído em pauta para julgamento na sessão seguinte à data da devolução.

Se os autos não forem devolvidos tempestivamente ou se não for solicitada pelo juiz prorrogação de prazo, o presidente do órgão fracionário os requisitará para julgamento do recurso na sessão ordinária subsequente, com publicação da pauta em que for incluído.

Quando da requisição dos autos, se aquele que fez o pedido de vista ainda não se sentir habilitado a votar, o presidente convocará substituto para proferir voto, na forma estabelecida no regimento interno do tribunal.

Estabelece o art. 932, parágrafo único, do CPC, aplicável ao Processo do Trabalho, como determina o art. 10, IN 39/2016 do TST, que antes de considerar inadmissível o recurso, o relator concederá o prazo de 5 dias ao recorrente para que seja sanado vício ou complementada a documentação exigível (art. 932, parágrafo único, do CPC).

A mesma instrução normativa prevê que é aplicável ao Processo do Trabalho o art. 938 do CPC:

"**Art. 938.** A questão preliminar suscitada no julgamento será decidida antes do mérito, deste não se conhecendo caso seja incompatível com a decisão.

§ 1º Constatada a ocorrência de vício sanável, inclusive aquele que possa ser conhecido de ofício, o relator determinará a realização ou a renovação do ato processual, no próprio tribunal ou em primeiro grau de jurisdição, intimadas as partes.

§ 2º Cumprida a diligência de que trata o § 1º, o relator, sempre que possível, prosseguirá no julgamento do recurso.

§ 3º Reconhecida a necessidade de produção de prova, o relator converterá o julgamento em diligência, que se realizará no tribunal ou em primeiro grau de jurisdição, decidindo-se o recurso após a conclusão da instrução.

§ 4º Quando não determinadas pelo relator, as providências indicadas nos §§ 1º e 3º poderão ser determinadas pelo órgão competente para julgamento do recurso."

6.7.2. Embargos de declaração

Os embargos de declaração estão previstos no art. 897-A da CLT, aplicando-se também os arts. 1.022 a 1.026 do CPC, à luz do art. 9º da IN 39/2016 do TST.

No Processo do Trabalho, cabem embargos de declaração em face de qualquer decisão no prazo de cinco dias. Para a Fazenda, este prazo é contado em dobro (OJ 192, SDI-I, do TST).

São **hipóteses** de cabimento dos embargos de declaração: omissão, obscuridade, contradição, manifesto equívoco na análise dos pressupostos extrínsecos do recurso e para apontamento de erro material.

Os embargos declaratórios também podem ser opostos com o intuito de **prequestionamento** da matéria (Súmula 297 do TST). A matéria estará prequestionada quando no acórdão recorrido houver tese explícita acerca do assunto que se deseja impugnar. Caso contrário, devem ser opostos embargos de declaração, sob pena de preclusão (Súmula 184 do TST).

Os embargos de declaração são dirigidos ao juiz que proferiu a sentença ou, no Tribunal, ao relator.

Em regra, **não há manifestação** da outra parte nos embargos de declaração. Entretanto, se o juiz vislumbrar efeito modificativo no julgado, deverá permitir a manifestação da outra parte em cinco dias, sob pena de

nulidade da decisão, nos ditames do art. 897-A, § 2.º, da CLT, incluído pela Lei 13.015/2014.

No mesmo sentido é a OJ 142 da SDI-1 do TST: "É passível de nulidade decisão que acolhe embargos de declaração com efeito modificativo sem que seja concedida oportunidade de manifestação prévia à parte contrária".

A interposição dos embargos de declaração **interrompe** (zera) o prazo para interposição de outros recursos até que seja proferida a decisão, para as **duas partes, salvo quando** intempestivos, irregular a representação da parte ou ausente a sua assinatura (art. 897-A, § 3.º, da CLT).

Os erros materiais poderão ser corrigidos de ofício ou a requerimento de qualquer das partes (art. 897-A, § 1.º, da CLT).

Quando manifestamente protelatórios os embargos de declaração, o juiz ou o tribunal, em decisão fundamentada, condenará o embargante a pagar ao embargado multa não excedente a dois por cento sobre o valor atualizado da causa (art. 1.026, § 2º, do CPC). Na reiteração de embargos de declaração manifestamente protelatórios, a multa será elevada a até dez por cento sobre o valor atualizado da causa, e a interposição de qualquer recurso ficará condicionada ao depósito prévio do valor da multa, à exceção da Fazenda Pública e do beneficiário de gratuidade da justiça, que a recolherão ao final (art. 1.026, § 3º, do CPC).

Caso o acolhimento dos embargos de declaração implique modificação da decisão embargada, o embargado que já tiver interposto outro recurso contra a decisão originária tem o direito de complementar ou alterar suas razões, nos exatos limites da modificação, no prazo de 8 (oito) dias, contado da intimação da decisão dos embargos de declaração (art. 1.024, § 4º, do CPC).

O art. 932, III e V, do CPC e o art. 894, § 3.º, da CLT apresentam algumas situações em que o relator, por meio de uma decisão monocrática, poderá negar seguimento ou dar provimento a um recurso. Consoante a Súmula 421, I, do TST, nestas situações, em que a decisão possui conteúdo decisório definitivo e conclusivo da lide, mesmo sendo uma decisão monocrática do relator, poderá ser esclarecida pela via dos embargos de declaração.

Caso, entretanto, qualquer das partes deseje a reforma da decisão proferida monocraticamente, o meio adequado para submetê-la à reapreciação do colegiado é o agravo.

Apesar disso, entende o TST, como se observa pelo item II da Súmula 421, que os embargos de declaração opostos com o propósito de reforma da decisão poderão ser recebidos como agravo, submetendo-os ao pronunciamento do Colegiado, após a intimação do recorrente para, no prazo de 5 dias, complementar as razões recursais, em homenagem aos princípios da fungibilidade e celeridade processual:

> "**SÚMULA 421 DO TST.** EMBARGOS DE DECLARAÇÃO. CABIMENTO. DECISÃO MONOCRÁTICA DO RELATOR CALCADA NO ART. 932 DO CPC DE 2015. ART. 557 DO CPC DE 1973. (atualizada em decorrência do CPC de 2015) – Res. 208/2016 – *DEJT* divulgado em 22, 25 e 26.04.2016. I – Cabem embargos de declaração da decisão monocrática do relator prevista no art. 932 do CPC de 2015 (art. 557 do CPC de 1973), se a parte pretende tão somente juízo integrativo retificador da decisão e, não, modificação do julgado. II – Se a parte postular a revisão no mérito da decisão monocrática, cumpre ao relator converter os embargos de declaração em agravo, em face dos princípios da fungibilidade e celeridade processual, submetendo-o ao pronunciamento do Colegiado, após a intimação do recorrente para, no prazo de 5 (cinco) dias, complementar as razões recursais, de modo a ajustá-las às exigências do art. 1.021, § 1º, do CPC de 2015."

6.7.3. Agravo de petição

O agravo de petição está previsto no art. 897, *"a"*, da CLT, sendo utilizado para impugnar as decisões judiciais proferidas no curso do processo de execução.

Em regra, o agravo de petição será interposto em face das decisões definitivas ou terminativas proferidas em processo de execução trabalhista, como na decisão que julga eventuais embargos à execução ou embargos de terceiros, ou ainda extingue, total ou parcialmente, a execução.

O prazo para interposição e contraminuta ao agravo de petição é de oito dias, sendo o recurso julgado pelo próprio tribunal presidido pela autoridade recorrida, salvo se tratar de decisão de juiz do trabalho de 1.ª instância ou de juiz de direito no exercício da jurisdição trabalhista, quando o julgamento competirá a uma das turmas do Tribunal Regional a que estiver subordinado o prolator da decisão (art. 897, § 3.º, da CLT).

O art. 897, § 1.º, da CLT estabelece um pressuposto específico de admissibilidade do agravo de petição, qual seja a delimitação, justificada, das matérias e valores impugnados. Constate:

> "Art. 897. (...)

> § 1.º O Agravo de Petição só será recebido quando o agravante delimitar, justificadamente, as matérias e valores impugnados, permitida a execução imediata da parte remanescente até o final, nos próprios autos ou por carta de sentença".

Portanto, não será admitido agravo de petição genérico, devendo ser indicado pelo agravante, sob pena de não conhecimento do apelo, as matérias e valores impugnados, bem como a fundamentação da irresignação.

As parcelas que não foram impugnadas mediante agravo de petição poderão, de imediato, ser executadas definitivamente, não havendo qualquer efeito suspensivo. Dessa forma, não fere direito líquido e certo do executado o prosseguimento da execução quanto aos tópicos e valores não especificados no agravo (Súmula 416 do TST).

Logo, não havendo efeito suspensivo, torna-se possível a extração de carta de sentença pelo exequente para a execução definitiva da parte não objeto de impugnação, remetendo o juiz ao Tribunal Regional do Trabalho os autos originais contendo o agravo de petição.

Admite-se também o inverso, ou melhor, que seja determinado o traslado das peças necessárias ao exame da matéria controvertida, remetendo-as, em autos apartados, ao tribunal, permanecendo os autos principais no juízo da execução, o qual prosseguirá com os atos executórios (art. 897, § 3.º, da CLT). Uma vez implantado o processo judicial eletrônico, não haverá a formação de autos suplementares.

A doutrina majoritária entende que não é necessário o depósito judicial para se interpor agravo de petição, bastando que o juízo esteja previamente garantido com a penhora ou nomeação de bens, conforme se verifica na Súmula 128 do TST.

O art. 789-A da CLT prevê o pagamento de custas em caso de interposição de agravo de petição, pagas ao final pelo executado, no valor de R$ 44,26.

6.7.4. Agravo de instrumento

O agravo de instrumento está previsto no art. 897, *b*, da CLT, sendo o recurso adequado para impugnar os despachos que denegarem seguimento a recurso.

O prazo para interposição e contraminuta ao agravo de instrumento é de oito dias.

O agravo de instrumento será julgado pelo tribunal que seria competente para conhecer o recurso cuja interposição foi denegada, conforme previsão no art. 897, § 4.º, consolidado.

Vale destacar que o agravo de instrumento na Justiça do Trabalho somente é utilizado para destrancar recurso ao qual foi negado seguimento pelo 1.º juízo de admissibilidade e não para recorrer de decisões interlocutórias, como acontece na justiça comum.

Neste diapasão, sempre que o 1.º juízo de admissibilidade negar seguimento a recurso ordinário, recurso de revista, agravo de petição e extraordinário, ainda que interposto de forma adesiva, caberá a interposição de agravo de instrumento objetivando destrancar o apelo e fazer com que o mesmo suba à instância superior.

O agravo de instrumento é interposto perante o juízo que não conheceu o recurso, admitindo o chamado juízo de retratação ou reconsideração.

Portanto, interposto o agravo de instrumento, o juiz poderá reconsiderar a decisão agravada, conhecendo do recurso e ordenando sua remessa a instância superior para julgamento do apelo.

Caso a decisão objeto do agravo de instrumento seja mantida, o agravado será intimado para que, no prazo de 8 dias, ofereça razões de contrariedade ao agravo e ao recurso principal, instruindo o agravo com as peças que entender necessárias ao seu julgamento.

O art. 897, § 2.º, da CLT esclarece que o agravo de instrumento interposto contra despacho que não receber agravo de petição não suspende a execução da sentença, não sendo dotado o agravo, portanto, de efeito suspensivo.

Vale frisar que das decisões que denegarem seguimento a recurso de embargos no Tribunal Superior do Trabalho o recurso cabível não é o agravo de instrumento, mas sim o agravo regimental, o qual será estudado adiante.

As partes devem promover, sob pena de não conhecimento do apelo, a formação do instrumento do agravo, instruindo o recurso com peças necessárias e facultativas, de modo a permitir o imediato julgamento do recurso denegado, em caso de provimento do agravo, à luz do art. 897, § 5º, da CLT:

> "Art. 897. (...)
>
> § 5.º Sob pena de não conhecimento, as partes promoverão a formação do instrumento do agravo de modo a possibilitar, caso provido, o imediato julgamento do recurso denegado, instruindo a petição de interposição:

> I – obrigatoriamente, com cópias da decisão agravada, da certidão da respectiva intimação, das procurações outorgadas aos advogados do agravante e do agravado, da petição inicial, da contestação, da decisão originária, do depósito recursal referente ao recurso que se pretende destrancar, da comprovação do recolhimento das custas e do depósito recursal a que se refere o § 7.º do art. 899 desta Consolidação; (alterado pela Lei 12.275/2010)
>
> II – facultativamente, com outras peças que o agravante reputar úteis ao deslinde da matéria de mérito controvertida.
>
> § 6.º O agravado será intimado para oferecer resposta ao agravo e ao recurso principal, instruindo-a com as peças que considerar necessárias ao julgamento de ambos os recursos.
>
> § 7.º Provido o agravo, a Turma deliberará sobre o julgamento do recurso principal, observando-se, se for o caso, daí em diante, o procedimento relativo a esse recurso".

Entretanto, o Ato Conjunto TST – CSJT 10/2010 determina a digitalização de processos, pelos Tribunais Regionais, para a remessa ao Tribunal Superior do Trabalho. Em razão disso, o TST estabeleceu, por meio da Resolução Administrativa 1.418, que o agravo de instrumento interposto de despacho que negar seguimento a recurso para o Tribunal Superior do Trabalho deve ser processado nos autos do recurso denegado (art. 1.º). Nesses casos, portanto, é desnecessária a formação do instrumento.

Frise-se que, uma vez implantado o PJe na segunda instância das Regiões da Justiça do Trabalho, será dispensada a formação de autos suplementares em casos como de agravos de instrumento, precatórios, agravos regimentais e execução provisória.

O mestre Carlos Henrique Bezerra Leite, em sua obra *Curso de direito processual do trabalho*, 14ª ed., p. 1142, com relação ao imediato julgamento do recurso principal em caso de provimento do agravo de instrumento, leciona que:

> "Provido o agravo, a Turma deliberará sobre a conveniência do julgamento do recurso principal, observando-se, se for o caso, daí em diante, o procedimento relativo a esse recurso. A deliberação sobre o julgamento deve atender a critérios objetivos, de modo que harmonize o princípio da celeridade com o princípio da ampla defesa e do contraditório. Deve-se, por exemplo, julgar o recurso trancado não na mesma, mas na próxima sessão, permitindo, ao menos, a possibilidade de sustentação oral dos causídicos de ambas as partes. É salutar que

os regimentos internos dos tribunais cuidem do *inter procedimentalis* acerca do julgamento do recurso que teve seu curso obstaculizado".

Determina o art. 1º, IN 40/2016 do TST, que "admitido apenas parcialmente o recurso de revista, constitui ônus da parte impugnar, mediante agravo de instrumento, o capítulo denegatório da decisão, sob pena de preclusão". Em razão deste posicionamento, o TST cancelou a Súmula 285 do TST, segundo a qual era incabível o agravo de instrumento neste caso. Observe o teor da Súmula 285 do TST:

> "SÚMULA 285 DO TST. RECURSO DE REVISTA – ADMISSIBILIDADE PARCIAL PELO JUIZ PRESIDENTE DO TRIBUNAL REGIONAL DO TRABALHO – EFEITO. O fato de o juízo primeiro de admissibilidade do recurso de revista entendê-lo cabível apenas quanto a parte das matérias veiculadas não impede a apreciação integral pela Turma do Tribunal Superior do Trabalho, sendo imprópria a interposição de agravo de instrumento".

O TST também esclareceu que "se houver omissão no juízo de admissibilidade do recurso de revista quanto a um ou mais temas, é ônus da parte interpor embargos de declaração para o órgão prolator da decisão embargada supri-la (CPC, art. 1.024, § 2º), sob pena de preclusão (art. 1º, § 1º, IN 40/2016)".

Incorre em nulidade a decisão regional que se abstiver de exercer controle de admissibilidade sobre qualquer tema objeto de recurso de revista, não obstante interpostos embargos de declaração (CF/88, art. 93, inciso IX e § 1º do art. 489 do CPC).

Sem prejuízo da nulidade, a recusa do Presidente do Tribunal Regional do Trabalho a emitir juízo de admissibilidade sobre qualquer tema equivale à decisão denegatória. É ônus da parte, assim, após a intimação da decisão dos embargos de declaração, impugná-la mediante agravo de instrumento (CLT, art. 896, § 12), sob pena de preclusão (art. 3º, IN 40/2016, TST).

O agravo de instrumento terá depósito recursal no montante de 50% do seu valor quando da interposição do recurso que não foi conhecido (art. 899, § 7.º, da CLT, com a redação dada pela Lei 12.275/2010). Não haverá, entretanto, obrigatoriedade de se efetuar o depósito para interposição do agravo de instrumento para destrancar recurso de revista interposto em face de decisão do TRT, em recurso ordinário, com fundamento em contrariedade à súmula ou à orientação jurisprudencial do TST. Veja o art. 899, § 8º, da CLT, *in verbis*:

"Art. 899, § 8.º, da CLT. Quando o agravo de instrumento tem a finalidade de destrancar recurso de revista que se insurge contra decisão que contraria a jurisprudência uniforme do Tribunal Superior do Trabalho, consubstanciada nas suas súmulas ou em orientação jurisprudencial, não haverá obrigatoriedade de se efetuar o depósito referido no § 7.º deste artigo."

Caso a arguição de contrariedade à súmula ou à orientação jurisprudencial seja infundada, temerária ou artificiosa, o agravo de instrumento será considerado deserto (art. 23, Ato 491/SEGJUD.GP/2014 - Presidência do TST).

Contudo, a dispensa do § 8.º do art. 899 da CLT não será aplicável aos casos em que o agravo de instrumento se refira a uma parcela da condenação, pelo menos, que não seja objeto de arguição de contrariedade à súmula ou à orientação jurisprudencial do TST (art. 23, Ato 491/SEGJUD. GP/2014 - Presidência do TST).

6.7.5. Recurso de revista

6.7.5.1. Natureza do recurso de revista

Recursos de natureza ordinária	Recursos de natureza Extraordinária
Recurso ordinário e agravo de petição	RR, embargos ao TST e recurso extraordinário.
Objetivo: revisão da decisão.	Objetivo: uniformização de jurisprudência.
Matérias: fatos, provas e direito.	Matérias: só matérias de direito (Súmulas 126 do TST e 279 do STF).

Os recursos classificam-se em recurso de natureza ordinária ou extraordinária, consoante tabela a seguir:

"**Súmula 126 do TST.** Incabível o recurso de revista ou de embargos (arts. 896 e 894, "b", da CLT) para reexame de fatos e provas."

"Súmula 279 do STF. Para simples reexame de prova não cabe recurso extraordinário."

Importante saber que o recurso de revista é cabível apenas **em dissídios individuais, o que significa dizer que não é apropriado em dissídios coletivos, sendo possível nas ações coletivas, como é o caso da ação civil pública.**

6.7.5.2. Hipóteses de cabimento

Cabe recurso de revista em **duas** hipóteses:

1) de decisão do TRT em recurso ordinário; e
2) de decisão do TRT em agravo de petição.

Não cabe recurso de revista em face de decisão do TRT em agravo de instrumento (Súmula 218 do TST).

O recurso de revista somente será cabível quando: *a)* a questão for exclusivamente de direito; *b)* o recorrente estiver diante de uma das hipóteses específicas de cabimento de recurso de revista; *c)* a matéria estiver prequestionada; d) quando a causa oferecer transcendência com relação aos reflexos gerais de natureza econômica, política, social e jurídica (art. 896-A, § 1º, CLT).

6.7.5.2.1. Hipóteses específicas de cabimento do recurso de revista

As hipóteses específicas de cabimento do recurso de revista variam de acordo com o procedimento.

Esclarece-se, desde logo, que os dissídios de alçada, sujeitos ao **procedimento sumário**, são de única instância. Da sentença proferida neste procedimento é cabível recurso apenas se houver violação à Constituição Federal (art. 2.º, § 4.º, da Lei 5.584/1970).

O STF e o TST entendem que nos dissídios de alçada é cabível o recurso ordinário e o recurso de revista para o TST, limitados a arguição de violação à Constituição, para somente então ser cabível recurso extraordinário para o STF, uma vez que a CLT prevê como hipótese de cabimento desses recursos a violação à Constituição. Esse também é o nosso entendimento.

No **procedimento sumaríssimo**, o recurso de revista é oportuno quando o acórdão do TRT contrariar a Constituição Federal, súmula do TST, ou súmula vinculante do STF (art. 896, § 9.º, da CLT). Não é hipótese de cabimento de recurso de revista neste procedimento a contrariedade à orientação jurisprudencial (Súmula 442 do TST).

Recurso de revista na **execução** é admissível apenas se houver ofensa literal e direta à Constituição da República (art. 896, § 2.º, da CLT e Súmula 266 do TST). Entretanto, cabe recurso de revista por violação à lei federal, divergência jurisprudencial e ofensa à Constituição Federal (art. 896, § 10, da CLT) nas execuções fiscais e nas controvérsias da fase de execução que envolvam a Certidão Negativa de Débitos Trabalhistas (CNDT).

No **procedimento ordinário**, nos termos do art. 896, "a" e "c" da CLT, o recurso de revista é oportuno nos seguintes casos:

a) violação literal e direta à Constituição Federal;

b) violação literal à lei federal;

c) contrariedade à súmula do TST;

d) contrariedade à orientação jurisprudencial do TST (OJ 219, SDI-1, do TST);

e) contrariedade à súmula vinculante do STF;

f) quando, na interpretação de lei federal, a decisão recorrida contrariar outro TRT (Pleno ou Turma); e

g) quando o acórdão recorrido divergir, na interpretação de lei federal, de decisão da Seção de Dissídios Individuais I ou II do TST.

A **divergência jurisprudencial** acontece, **por exemplo**, quando o TRT da 9.ª Região julga um caso hipotético, estabelecendo que: não basta as verbas rescisórias serem depositadas no prazo previsto no art. 477, § 6.º, da CLT para afastar a incidência da multa do art. 477, § 8.º, da CLT, devendo a homologação da rescisão ocorrer também no prazo. Por outro lado, o TRT 4.ª Região determina que: basta o depósito das verbas rescisórias ser realizado no prazo para que a multa do art. 477, § 8.º, da CLT não tenha cabimento. Há, neste caso, uma divergência, visto que os tribunais interpretam o art. 477, § 8.º, da CLT de forma diversa.

Não é servível ao conhecimento de recurso de revista aresto oriundo de mesmo Tribunal Regional do Trabalho, salvo se o recurso houver sido interposto anteriormente à vigência da Lei nº 9.756/98.

Dada a relevância da matéria, por iniciativa de um dos membros da Seção Especializada em Dissídios Individuais do Tribunal Superior do Trabalho, aprovada pela maioria dos integrantes da Seção, o julgamento do incidente de uniformização de jurisprudência poderá ser afeto ao Tribunal Pleno do TST (art. 896, § 13, da CLT).

No **procedimento ordinário** cabe, ainda, recurso de revista por **divergência jurisprudencial** na hipótese do **art. 896, "b", da CLT**, isto é, quando o acórdão recorrido der a este dispositivo de lei estadual, convenção coletiva de trabalho, acordo coletivo, sentença normativa ou regulamento empresarial de observância obrigatória em área territorial que exceda a jurisdição do

Tribunal Regional prolator da decisão recorrida, interpretação divergente, na forma da alínea "a" do art. 896 da CLT.

Como exemplo, podemos mencionar um caso hipotético em que o TRT da 9.ª Região, ao julgar o recurso ordinário, interprete cláusula de acordo coletivo de trabalho de aplicação na área de jurisdição de mais de um TRT (TRT da 9.ª e 12.ª Região, por exemplo) de forma diversa da adotada pelo TRT da 12ª região. Da mesma forma, o regulamento de uma empresa de âmbito nacional pode ser interpretado de modo distinto por mais de um TRT.

É importante frisar que o recurso de revista somente será admissível nesses casos quando a norma inobservada (lei estadual, acordo coletivo de trabalho, convenção coletiva de trabalho ou regulamento de empresa) for de aplicação na área de jurisdição de mais de um TRT. Nesse aspecto temos o Item I da OJ 147 da SDI-1 do TST:

> "OJ 147, SDI-1, TST. Lei estadual, normal coletiva ou norma regulamentar. Conhecimento indevido do recurso de revista ou divergência jurisprudencial.
>
> I – É inadmissível o recurso de revista fundado tão somente em divergência jurisprudencial, a parte não comprovar que a lei estadual, a norma coletiva ou o regulamento empresarial extrapolam o âmbito do TRT prolator de decisão recorrida."
>
> Em casos como este, caberá recurso de revista se esta decisão recorrida contrariar súmula do TST, orientação jurisprudencial do TST (OJ 219, SDI-1, TST), súmula vinculante do STF, acórdão da Seção de Dissídios Individuais, ou ainda:
>
> a) quando o acórdão do TRT recorrido se opuser a súmula de outro TRT ou tese jurídica prevalecente no âmbito deste tribunal, que não contrarie súmula, orientação jurisprudencial do TST ou súmula do STF.
>
> b) se não houver súmula de outro TRT ou tese jurídica prevalecente no âmbito deste tribunal, caberá recurso de revista quando o acórdão recorrido contrariar acórdão de outro TRT, que não divirja de súmula, orientação jurisprudencial do TST ou súmula do STF.

Cumpre destacar quanto à divergência na interpretação de lei estadual, que somente poderá ocorrer no estado de São Paulo, único no qual existem dois TRTs (TRT da 2.ª e 5.ª Região), uma vez que eles podem interpretar a mesma lei de forma diferente.

Ressalte-se quanto à **divergência jurisprudencial** os seguintes dispositivos:

a) Sob pena de não conhecimento, é ônus da parte (art. 896, § 1.º-A, da CLT):

I – indicar o trecho da decisão recorrida que consubstancia o **prequestionamento da controvérsia** objeto do recurso de revista;

II – indicar, de forma explícita e fundamentada, **contrariedade a dispositivo de lei, súmula ou orientação jurisprudencial** do Tribunal Superior do Trabalho que conflite com a decisão regional;

III – expor as **razões do pedido de reforma**, impugnando todos os fundamentos jurídicos da decisão recorrida, inclusive mediante **demonstração analítica de cada dispositivo de lei, da Constituição Federal, de súmula ou orientação jurisprudencial cuja contrariedade aponte**.

b) A divergência apta a ensejar o recurso de revista **deve ser atual,** não se considerando como tal a ultrapassada por súmula do Tribunal Superior do Trabalho ou do Supremo Tribunal Federal, ou superada por iterativa e notória jurisprudência do Tribunal Superior do Trabalho (art. 896, § 7.º, da CLT).

c) Súmulas e orientações jurisprudenciais aplicadas por analogia não autorizam o conhecimento ou provimento do recurso de revista.

d) Quando o recurso fundar-se em **dissenso de julgados**, incumbe ao recorrente o ônus de produzir **prova da divergência jurisprudencial**, mediante certidão, cópia ou citação do repositório de jurisprudência, oficial (TRT ou TST) ou credenciado (no site do TST há a relação de repositórios credenciados), inclusive em mídia eletrônica, em que houver sido publicada a decisão divergente, ou ainda pela reprodução de julgado disponível na internet, com indicação da respectiva fonte, mencionando, em qualquer caso, as circunstâncias que identifiquem ou assemelhem os casos confrontados (art. 896, § 8.º, da CLT).

Saliente-se que os Tribunais Regionais deverão manter e dar publicidade as suas súmulas e teses jurídicas prevalecentes mediante banco de dados, organizando-as por questão jurídica decidida e divulgando-as, preferencialmente, na rede mundial de computadores (art. 6.º, Ato 491, da Presidência do TST, referendado pelo Pleno do TST). O intuito é o de facilitar aos jurisdicionados a pesquisa sobre o entendimento predominante no Tribunal.

e) Detalhes sobre a demonstração da divergência constam na Súmula 337 do TST. Veja:

"SÚMULA 337 DO TST. COMPROVAÇÃO DE DIVERGÊNCIA JURISPRUDENCIAL. RECURSOS DE REVISTA E DE EMBARGOS (incluído o item V) – Res. 220/2017, DEJT divulgado em 21, 22 e 25.09.201

> I – Para comprovação da divergência justificadora do recurso, é necessário que o recorrente. a) **Junte certidão ou cópia autenticada** do acórdão paradigma ou **cite a fonte** oficial ou o repositório autorizado em que foi publicado; e
>
> b) **Transcreva**, nas razões recursais, as **ementas e/ou trechos dos acórdãos** trazidos à configuração do dissídio, **demonstrando o conflito** de teses que justifique o conhecimento do recurso, ainda que os acórdãos já se encontrem nos autos ou venham a ser juntados com o recurso.
>
> II – A concessão de registro de publicação como repositório autorizado de jurisprudência do TST torna válidas todas as suas edições anteriores.
>
> III – A mera indicação da data de publicação, em fonte oficial, de aresto paradigma é inválida para comprovação de divergência jurisprudencial, nos termos do item I, 'a', desta súmula, quando a parte pretende demonstrar o conflito de teses mediante a transcrição de trechos que integram a fundamentação do acórdão divergente, uma vez que só se publicam o dispositivo e a ementa dos acórdãos.
>
> IV – É válida **para a comprovação da divergência jurisprudencial** justificadora do recurso a indicação de aresto extraído de repositório oficial na internet, desde que o recorrente: a) transcreva o trecho divergente;
>
> b) aponte o sítio de onde foi extraído; e
>
> c) decline o número do processo, o órgão prolator do acórdão e a data da respectiva publicação no Diário Eletrônico da Justiça do Trabalho.
>
> V – A existência do código de autenticidade na cópia, em formato pdf, do inteiro teor do aresto paradigma, juntada aos autos, torna-a equivalente ao documento original e também supre a ausência de indicação da fonte oficial de publicação."

Os tribunais devem uniformizar a sua jurisprudência, nos termos dos arts. 926 a 928 do CPC, aplicável ao Processo do Trabalho, consoante determina a IN 39/2016:

> "Art. 926. Os tribunais devem uniformizar sua jurisprudência e mantê-la estável, íntegra e coerente.
>
> § 1.º Na forma estabelecida e segundo os pressupostos fixados no regimento interno, os tribunais editarão enunciados de súmula correspondentes a sua jurisprudência dominante.
>
> § 2.º Ao editar enunciados de súmula, os tribunais devem ater-se às circunstâncias fáticas dos precedentes que motivaram sua criação".

"Art. 927. Os juízes e os tribunais observarão:

I – as decisões do Supremo Tribunal Federal em controle concentrado de constitucionalidade;

II – os enunciados de súmula vinculante;

III – os acórdãos em incidente de assunção de competência ou de resolução de demandas repetitivas e em julgamento de recursos extraordinário e especial repetitivos;

IV – os enunciados das súmulas do Supremo Tribunal Federal em matéria constitucional e do Superior Tribunal de Justiça em matéria infraconstitucional;

V – a orientação do plenário ou do órgão especial aos quais estiverem vinculados.

§ 1.º Os juízes e os tribunais observarão o disposto no art. 10 e no art. 489, § 1.ºo, quando decidirem com fundamento neste artigo.

§ 2.º A alteração de tese jurídica adotada em enunciado de súmula ou em julgamento de casos repetitivos poderá ser precedida de audiências públicas e da participação de pessoas, órgãos ou entidades que possam contribuir para a rediscussão da tese.

§ 3.º Na hipótese de alteração de jurisprudência dominante do Supremo Tribunal Federal e dos tribunais superiores ou daquela oriunda de julgamento de casos repetitivos, pode haver modulação dos efeitos da alteração no interesse social e no da segurança jurídica.

§ 4.º A modificação de enunciado de súmula, de jurisprudência pacificada ou de tese adotada em julgamento de casos repetitivos observará a necessidade de fundamentação adequada e específica, considerando os princípios da segurança jurídica, da proteção da confiança e da isonomia.

§ 5º Os tribunais darão publicidade a seus precedentes, organizando-os por questão jurídica decidida e divulgando-os, preferencialmente, na rede mundial de computadores".

"Art. 928. Para os fins deste Código, considera-se julgamento de casos repetitivos a decisão proferida em:

I – incidente de resolução de demandas repetitivas;

II – recursos especial e extraordinário repetitivos.

Parágrafo único. O julgamento de casos repetitivos tem por objeto questão de direito material ou processual".

No mesmo sentido é o posicionamento do TST, consubstanciado no art. 18 da IN 41/2018 do TST:

> "Art. 18. O dever de os Tribunais Regionais do Trabalho uniformizarem a sua jurisprudência faz incidir, subsidiariamente ao processo do trabalho, o art. 926 do CPC, por meio do qual os Tribunais deverão manter sua jurisprudência íntegra, estável e coerente."

O TST entende também que "as teses jurídicas prevalecentes e os enunciados de Súmulas decorrentes do julgamento dos incidentes de uniformização de jurisprudência suscitados ou iniciados anteriormente à edição da Lei 13.467/2017, no âmbito dos Tribunais Regionais do Trabalho, conservam sua natureza vinculante, à luz dos arts. 926, §§ 1º e 2º , e 927, III e V, do CPC" (art. 18, § 3º, IN 41/2018, TST).

Observe-se, contudo, que o art. 927 do CPC deve ser interpretado de acordo com as peculiaridades do Processo do Trabalho, ou seja, ao editar suas súmulas os tribunais regionais deverão observar: a) as decisões do Supremo Tribunal Federal em controle concentrado de constitucionalidade; b) os enunciados de súmula vinculante; c) os acórdãos em incidente de assunção de competência ou de resolução de demandas repetitivas e em julgamento de recursos extraordinário e recurso de revista repetitivos (e não em recursos especiais repetitivos, como prevê o inciso III do referido artigo); d) os enunciados das súmulas do Supremo Tribunal Federal em matéria constitucional e Tribunal Superior do Trabalho em matéria infraconstitucional; e) a orientação do plenário ou do órgão especial aos quais estiverem vinculados.

O mesmo acontece com o art. 928 do CPC, o qual deve ser interpretado da seguinte maneira: considera-se julgamento de casos repetitivos a decisão proferida em: a) incidente de resolução de demandas repetitivas; e b) recursos de revista (e não especial) e extraordinário repetitivos.

Da decisão denegatória do recurso de revista caberá agravo, no prazo de 8 (oito) dias (art. 896, § 12, da CLT).

6.7.5.3. *Prequestionamento*

O prequestionamento é pressuposto do recurso de revista, assim como dos demais recursos de natureza extraordinária. A matéria estará prequestionada quando houver sido tratada no acórdão impugnado (Súmula 297, I, do TST), ou melhor, o TST só conhecerá o recurso se houver manifestação explícita do

TRT no acórdão sobre a discussão abordada no recurso de revista, inclusive quanto à matéria de ordem pública (OJ 62, SDI-I, TST).

Contanto que o TRT não se pronuncie quanto à matéria impugnada, deverão ser opostos embargos de declaração com o objetivo de que se manifeste a respeito de tal matéria, sob pena de preclusão (Súmulas 297, II, e 184 do TST).

Entretanto, se apesar de opostos embargos de declaração, o Tribunal não se manifestar em relação à matéria impugnada, será considerada prequestionada (Súmula 297 do TST).

Registre-se que a palavra "explicitamente", presente no inciso I da Súmula 297 do TST, não faz alusão ao dispositivo legal, exigindo-se apenas que seja evidenciada a tese sustentada na decisão, sendo indiferente a referência expressa da norma legal (OJ 118, SDI-1, TST).

Segundo o art. 896, §1º-A, I, CLT o recorrente deve indicar o trecho da decisão recorrida que consubstancia o prequestionamento da controvérsia objeto do recurso de revista.

Com base no art. 12 da IN 39/2016 do TST, "aplica-se ao Processo do Trabalho o parágrafo único do art. 1.034 do CPC. Assim, admitido o recurso de revista por um fundamento, devolve-se ao Tribunal Superior do Trabalho o conhecimento dos demais fundamentos para a solução apenas do capítulo impugnado".

6.7.5.4. Transcendência

O art. 896-A da CLT impõe como pressuposto de admissibilidade do recurso de revista a transcendência, regulamentando a matéria.

O Tribunal Superior do Trabalho, no recurso de revista, examinará previamente se a causa oferece transcendência com relação aos reflexos gerais de natureza econômica, política, social ou jurídica.

São indicadores de transcendência, entre outros (art. 896-A, § 1º, CLT):

> a) econômica, o elevado valor da causa;
>
> b) política, o desrespeito da instância recorrida à jurisprudência sumulada do Tribunal Superior do Trabalho ou do Supremo Tribunal Federal;
>
> c) social, a postulação, por reclamante-recorrente, de direito social constitucionalmente assegurado;
>
> d) jurídica, a existência de questão nova em torno da interpretação da legislação trabalhista.

As normas relativas ao exame da transcendência dos recursos de revista, previstas no art. 896-A da CLT, somente incidirão naqueles interpostos contra decisões proferidas pelos Tribunais Regionais do Trabalho publicadas a partir de 11.11.2017, data da vigência da Lei 13.467/2017 (art. 246, Regimento Interno do Tribunal Superior do Trabalho e art. 19, IN 41/2018, TST).

O juízo de admissibilidade do recurso de revista exercido pela Presidência dos Tribunais Regionais do Trabalho limita-se à análise dos pressupostos intrínsecos e extrínsecos do apelo, não abrangendo o critério da transcendência das questões nele veiculadas (art. 896-A,§ 6º, CLT). Apenas o relator poderá realizar tal análise.

Em face da decisão monocrática do relator que denegar seguimento ao recurso de revista por não demonstrar transcendência, cabe agravo para o colegiado (art. 896-A, § 2º, CLT).

Interposto o agravo, o recorrente poderá realizar sustentação oral sobre a questão da transcendência, durante cinco minutos em sessão (art. 896-A, § 3º, CLT).

Mantido o voto do relator quanto à não transcendência do recurso, será lavrado acórdão com fundamentação sucinta, que constituirá decisão irrecorrível no âmbito do tribunal (art. 896-A, § 4º, CLT).

6.7.5.5. Recursos repetitivos

A Lei nº 13.015/2014 determinou a aplicação das regras do CPC ao processo trabalhista em relação aos recursos repetitivos, também denominado de julgamento por amostragem, já que o TST, diante de diversos recursos de revista repetidos, escolhe alguns e forma uma tese jurídica a ser aplicada aos demais processos idênticos ou semelhantes em trâmite ou que serão ajuizados.

Havendo multiplicidade de recursos de revista para a Subseção de Dissídios Individuais I (SBDI-1) fundados em idêntica questão de direito, a questão poderá ser afetada a essa Subseção ou ao Tribunal Pleno, por decisão da maioria simples de seus membros, mediante requerimento de um dos Ministros que a compõem, considerando a relevância da matéria ou a existência de entendimentos divergentes entre os Ministros dessa Subseção ou das Turmas do Tribunal.

Portanto, para que as causas sejam consideradas repetitivas e legitimarem o julgamento como recurso de revista repetitivo, é necessário o preenchimento de dois requisitos:

1. multiplicidade de recursos;
2. fundamento em idêntica questão de direito.

O processamento do recurso de revista repetitivo vem disciplinado no art. 896-C da CLT, nos arts. 280 a 297 do Regimento Interno do TST e na Instrução Normativa nº 38 do TST.

O requerimento fundamentado de um dos Ministros da Subseção de Dissídios Individuais I de afetação da questão a ser julgada em incidente de recursos repetitivos deverá indicar um ou mais recursos de revista representativos da controvérsia e ser formulado por escrito diretamente ao Presidente da SBDI-1 ou, oralmente, em questão preliminar suscitada quando do julgamento de processo incluído na pauta de julgamentos da Subseção.

De forma concorrente, quando a Turma do TST entender necessária a adoção do procedimento de julgamento de recursos de revista repetitivos, seu Presidente deverá submeter ao Presidente da Subseção de Dissídios Individuais I a proposta de afetação do recurso de revista, para os efeitos dos artigos 896-B e 896-C da CLT.

O Presidente da Subseção submeterá a proposta de afetação ao colegiado, se formulada por escrito, no prazo máximo de 30 dias de seu recebimento, ou de imediato, se suscitada em questão preliminar, quando do julgamento de determinado processo pela SBDI-1, após o que:

- acolhida a proposta, por maioria simples, o colegiado também decidirá se a questão será analisada pela própria SBDI-1 ou pelo Tribunal Pleno. O processo será distribuído a um relator e a um revisor do órgão jurisdicional correspondente, para sua tramitação nos termos do artigo 896-C da CLT;
- acolhida a proposta, a desistência da ação ou do recurso não impede a análise da questão objeto de julgamento de recursos repetitivos;
- rejeitada a proposta, se for o caso, os autos serão devolvidos ao órgão julgador respectivo, para que o julgamento do recurso prossiga regularmente.

Atenção! Não será admitida sustentação oral versando, de forma específica, sobre a proposta de afetação.

A critério do Presidente da Subseção, as propostas de afetação formuladas por escrito por um dos Ministros da Subseção de Dissídios Individuais I ou pelo Presidente de Turma do Tribunal Superior do Trabalho poderão ser apreciadas pela SBDI-1 por meio eletrônico, do que serão as partes cientificadas pelo Diário da Justiça.

Caso surja alguma divergência entre os integrantes do colegiado durante o julgamento eletrônico, este ficará imediatamente suspenso, devendo a proposta de afetação ser apreciada em sessão presencial.

O Presidente da Subseção de Dissídios Individuais I que afetar processo para julgamento sob o rito dos recursos repetitivos deverá expedir comunicação aos demais Presidentes de Turma, que poderão afetar outros processos sobre a questão para julgamento conjunto, a fim de conferir ao órgão julgador visão global da questão.

Atenção! Somente poderão ser afetados recursos representativos da controvérsia que sejam admissíveis e que, a critério do relator do incidente de julgamento dos recursos repetitivos, contenham abrangente argumentação e discussão a respeito da questão a ser decidida. O relator desse incidente não fica vinculado às propostas de afetação, podendo recusá-las por desatenderem aos requisitos previstos no procedimento e, ainda, selecionar outros recursos representativos da controvérsia.

Selecionados os recursos, o relator, na Subseção Especializada em Dissídios Individuais ou no Tribunal Pleno, constatada a presença do pressuposto do *caput* do art. 896-C da CLT, proferirá decisão de afetação, sempre fundamentada, na qual:

- identificará com precisão a questão a ser submetida a julgamento;
- poderá determinar a suspensão dos recursos de revista de que trata o §5º do artigo 896-C da CLT;
- poderá solicitar aos Tribunais Regionais do Trabalho informações a respeito da controvérsia, a serem prestadas no prazo de 15 (quinze) dias, e requisitar aos Presidentes ou Vice-Presidentes dos Tribunais Regionais do Trabalho a remessa de até dois recursos de revista representativos da controvérsia;
- concederá o prazo de 15 (quinze) dias para a manifestação escrita das pessoas, órgãos ou entidades interessadas na controvérsia, que poderão ser admitidos como *amicus curiae;*
- informará aos demais Ministros sobre a decisão de afetação;
- poderá conceder vista ao Ministério Público e às partes, nos termos e para os efeitos do §9º do artigo 896-C da CLT.

O Presidente do TST oficiará os Presidentes dos Tribunais Regionais do Trabalho, com cópia da decisão de afetação, para que suspendam os recursos de revista interpostos em casos idênticos aos afetados como recursos repetitivos e ainda não encaminhados a este Tribunal, bem como os recursos ordinários interpostos contra as sentenças proferidas em casos idênticos aos afetados como recursos repetitivos, até o pronunciamento definitivo do TST.

Atenção! Os recursos afetados deverão ser julgados no prazo de um ano e terão preferência sobre os demais feitos. Na hipótese de não ocorrer o julgamento no prazo de um ano a contar da publicação da decisão, cessam automaticamente, em todo o território nacional, a afetação e a suspensão dos processos, que retomarão seu curso normal. Nesta hipótese, será permitido a formulação de outra proposta de afetação de processos representativos da controvérsia para instauração e julgamento de recursos repetitivos para ser apreciada e decidida pela SBDI-1 deste Tribunal.

Decidido o recurso representativo da controvérsia, os órgãos jurisdicionais respectivos declararão prejudicados os demais recursos versando sobre idêntica controvérsia ou os decidirão, aplicando a tese firmada.

Quando os recursos requisitados do Tribunal Regional do Trabalho contiverem outras questões além daquela que é objeto da afetação, caberá ao órgão jurisdicional competente, em acórdão específico para cada processo, decidir está em primeiro lugar e depois as demais.

Publicado o acórdão paradigma:

1. o Presidente ou Vice-Presidente do Tribunal de origem negará seguimento aos recursos de revista sobrestados na origem, se o acórdão recorrido coincidir com a orientação do Tribunal Superior do Trabalho;
2. o órgão que proferiu o acórdão recorrido, na origem, reexaminará o processo de competência originária ou o recurso anteriormente julgado, na hipótese de o acórdão recorrido contrariar a orientação do Tribunal Superior do Trabalho;
3. os processos porventura suspensos em primeiro e segundo graus de jurisdição retomarão o curso para julgamento e aplicação da tese firmada pelo Tribunal Superior do Trabalho.

Caberá revisão da decisão firmada em julgamento de recursos repetitivos quando se alterar a situação econômica, social ou jurídica, caso em que será respeitada a segurança jurídica das relações firmadas sob a égide da decisão anterior, podendo o Tribunal Superior do Trabalho modular os efeitos da decisão que a tenha alterado.

O Tribunal Superior do Trabalho deverá manter e dar publicidade às questões de direito objeto dos recursos repetitivos já julgados, pendentes de julgamento ou já reputadas sem relevância, bem como daquelas objeto das decisões proferidas por sua composição plenária.

6.7.5.5.1. Proposta de afetação

A **Turma do TST** poderá afetar o recurso para a **SDI** e apenas esta poderá afetar a questão para julgamento pelo Pleno do TST sob o rito dos recursos repetitivos (art. 9.º, Ato 491/SEGJUD.GP, de 23 de setembro de 2014, Presidência do TST). Verifique o procedimento:

a) Quando a Turma do TST entender necessária a adoção do procedimento de julgamento de recursos de revista repetitivos, seu presidente deverá submeter ao presidente da SDI-1 a proposta de afetação do recurso de revista.

O Presidente da Turma ou da Seção Especializada, por indicação dos relatores, **afetará um ou mais recursos** representativos da controvérsia para julgamento pela Seção Especializada em Dissídios Individuais ou pelo Tribunal Pleno, sob o rito dos recursos repetitivos (art. 896-C, § 1.º, da CLT) e, assim, confirmar a presença dos requisitos.

O Presidente da Turma ou da Seção Especializada que afetar processo para julgamento sob o rito dos recursos repetitivos **deverá expedir comunicação aos demais Presidentes de Turma ou de Seção Especializada**, que poderão afetar outros processos sobre a questão para julgamento conjunto, a fim de conferir ao órgão julgador visão global da questão (art. 896-C, § 2.º, da CLT).

b) O presidente da SDI-1 submeterá a proposta ao colegiado no prazo máximo de 30 dias de seu recebimento.

c) Acolhida a proposta, por maioria simples, a SDI também decidirá se ela própria julgará a questão ou se será analisada pelo Pleno.

d) Acolhida a proposta, o recurso repetitivo será **distribuído** a um dos Ministros membros da Seção Especializada ou do Tribunal Pleno e a um Ministro revisor (art. 896-C, § 6.º, da CLT).

e) Rejeitada a proposta, os autos serão remetidos para a turma para que o julgamento do recurso de revista prossiga normalmente.

6.7.5.5.2. Processamento

Uma vez acolhida a proposta de afetação, o relator na SDI ou no Pleno proferirá a **decisão de afetação na qual identificará com precisão a questão** a ser submetida a julgamento;

O relator no Tribunal Superior do Trabalho poderá determinar a **suspensão dos recursos de revista ou de embargos** que tenham como objeto controvérsia idêntica à do recurso afetado como repetitivo (art. 896-C, § 5.º, da CLT).

O **Presidente do Tribunal Superior do Trabalho oficiará os Presidentes dos Tribunais Regionais do Trabalho** para que **suspendam** os recursos interpostos em casos idênticos aos afetados como recursos repetitivos, até o pronunciamento definitivo do Tribunal Superior do Trabalho (art. 896-C, § 3.º, da CLT).

O relator requisitará ao **Presidente ou Vice-Presidente do Tribunal de origem que admitam até dois recursos representativos da controvérsia**, os quais serão encaminhados ao Tribunal Superior do Trabalho, ficando **suspensos os demais** recursos de revista até o pronunciamento definitivo do Tribunal Superior do Trabalho (art. 896-C, § 4.º, da CLT e art. 11, III, do Ato 491/SEGJUD.GP/2014 - Presidência do TST). Se após receber os recursos de revistas encaminhados não se proceder a sua afetação, o relator no Tribunal Superior do Trabalho comunicará o fato ao presidente ou vice-presidente que os houver enviado para que seja revogada a decisão de suspensão (art. 12 do Ato 491/SEGJUD.GP/2014 - Presidência do TST).

Os recursos afetados serão julgados em no máximo um ano e terão preferência sobre os demais, caso contrário cessa automaticamente a afetação e a suspensão dos processos. Neste caso, é permitido a outro relator afetar dois ou mais recursos, à luz do art. 896-C da CLT, representativos da controvérsia (art. 14, Ato 491/SEGJUD.GP/2014 - Presidência do TST).

Quando os recursos requisitados do TRT contiverem outras questões além daquela que é objeto de afetação, caberá ao órgão jurisdicional competente decidir esta em primeiro lugar e depois as demais, em acórdão específico para cada processo (art. 15, Ato 491/SEGJUD.GP/2014 - Presidência do TST).

As partes deverão ser intimadas da decisão de suspensão de seus processos, a ser proferida pelo respectivo relator (art. 18, Ato 491/SEGJUD.GP/2014 - Presidência do TST). As partes, entretanto, poderão requerer o prosseguimento de seu processo demonstrando a distinção entre a questão a ser decidida no processo e aquela a ser julgada no recurso afetado. A outra parte deverá ser ouvida sobre o requerimento no prazo de cinco dias. Da decisão caberá agravo, com base no regimento interno dos respectivos tribunais (art. 19, Ato 491/SEGJUD.GP/2014 - Presidência do TST).

O relator poderá **solicitar aos Tribunais Regionais do Trabalho** informações a respeito da controvérsia, a serem prestadas no prazo de 15 (quinze) dias (art. 896-C, § 7.º, da CLT).

O relator poderá admitir **manifestação de pessoa, órgão ou entidade com interesse na controvérsia**, inclusive como assistente simples (art. 896, § 8.º, da CLT e art. 1.038, § 1.º, do CPC). Permite-se, portanto, a intervenção do *amicus curiae* neste julgamento.

O relator poderá fixar data para, em audiência pública, ouvir depoimento de pessoas com experiência e conhecimento da matéria (art. 16, Ato 491/SEGJUD.GP/2014 – Presidência do TST).

Após o recebimento das manifestações de pessoa, órgão ou entidade com interesse na controvérsia e, se for o caso, também dos TRTs (art. 896, § 7.º, da CLT), **terá vista o Ministério Público** pelo prazo de 15 (quinze) dias.

Transcorrido o prazo para o Ministério Público e remetida **cópia do relatório aos demais Ministros**, o processo será incluído em **pauta** na Seção Especializada ou no Tribunal Pleno, devendo ser julgado com preferência sobre os demais feitos (art. 896-C, § 10, da CLT).

6.7.5.5.3. Julgamento

O **acórdão paradigma abrangerá** análise de todos os fundamentos suscitados à tese jurídica discutida, favoráveis ou contrários.

Publicado o acórdão paradigma, os recursos de revista sobrestados na origem (art. 896-C, § 11, da CLT):

I – terão seguimento denegado na hipótese se o **acórdão recorrido coincidir com a orientação a respeito da matéria no Tribunal Superior do Trabalho**; ou

II – na hipótese de o **acórdão recorrido divergir da orientação do Tribunal Superior do Trabalho** a respeito da matéria, os autos retornarão ao órgão prolator do acórdão recorrido para novo reexame e aplicação da tese firmada pelo Tribunal Superior, segundo o art. 21, III, Ato 491/SEGJUD.GP/2014 – Presidência do TST:

> "Art. 21, III, Ato 491. Os Processos suspensos em primeiro e segundo graus de jurisdição retomarão o curso para julgamento e **aplicação da tese firmada pelo Tribunal Superior**."

O **TRT poderá manter decisão divergente da firmada pelo TST apenas** se demonstrar fundamentadamente a existência de distinção, por se tratar de caso particularizado por hipótese fática distinta ou questão jurídica não examinada a impor solução jurídica diversa, segundo o parágrafo primeiro do art. 21 do Ato 491/SEGJUD.GP/2014 – Presidência do TST:

"Art. 21, § 1.º, Ato 491. Para fundamentar a decisão de manutenção do entendimento, o órgão que proferiu o acórdão recorrido demonstrará, fundamentadamente, a existência de distinção, por se tratar de caso particularizado de hipótese fática distinta ou questão jurídica não examinada a impor solução jurídica diversa."

Neste caso, **se mantida a decisão divergente pelo Tribunal de origem**, far-se-á o exame de admissibilidade do recurso de revista (art. 896-C, § 12, da CLT, art. 21, § 2.º, Ato 491/SEGJUD.GP/2014).

Realizado o juízo de retratação, com alteração do acórdão divergente, o tribunal de origem, se for o caso, **decidirá as demais questões** ainda não decididas, cujo enfrentamento se tornou necessário em decorrência da alteração.

Frise-se, entretanto, que a Lei 13.015/2014 não impôs ao TRT que ajuste seu julgamento à decisão do TST, como fez o art. 3º do Ato 491/SEGJUD.GP/2014 da Presidência do TST. O art. 896-C, § 11, II, da CLT apenas determina que "os recursos ordinários sobrestados serão novamente examinados pelo Tribunal de origem na hipótese de o acórdão recorrido divergir da orientação do Tribunal Superior do Trabalho a respeito da matéria". Desse modo, o tribunal de origem poderia manter a sua decisão, considerando que o posicionamento adotado pelo Tribunal não é vinculante. Alguns doutrinadores entendem que basta que o acórdão mantenha a prévia decisão pelos seus próprios fundamentos. Outros, entretanto, entendem que o tribunal deverá fundamentar a sua decisão rechaçando todos os fundamentos utilizados pelo TST no julgamento dos recursos repetitivos, sob pena de violação ao princípio da fundamentação (art. 93, IX, da CF).[6] Mantida a decisão, se analisará a admissibilidade recursal e, sendo positiva, remeterá o recurso de revista será remetido ao TST.

Caberá r**evisão da decisão firmada em julgamento de recursos repetitivos** quando se alterar a situação econômica, social ou jurídica, caso em que será respeitada a segurança jurídica das relações firmadas sob a égide da decisão anterior, podendo o Tribunal Superior do Trabalho modular os efeitos da decisão que a tenha alterado (art. 896-C, § 17, da CLT).

6.7.5.5.4. Questão constitucional

A decisão proferida pelo Tribunal Pleno quanto à questão afetada e julgada sob o rito dos recursos repetitivos que também **contenha questão constitucional**, não obstará o conhecimento de eventuais **recursos extraordinários** sobre a questão constitucional (art. 896-C, § 13, da CLT).

Aos recursos extraordinários interpostos perante o Tribunal Superior do Trabalho será aplicado o procedimento previsto nos arts. 1.036, § 1.º e 1.039, do CPC, cabendo ao Presidente do Tribunal Superior do Trabalho selecionar

6. NEVES. Daniel Amorim Assumpção. *Manual de direito processual civil.* 5. ed. Rio de Janeiro: Forense; São Paulo: MÉTODO, 2013. p. 774.

um ou mais recursos representativos da controvérsia e encaminhá-los ao Supremo Tribunal Federal, sobrestando os demais até o pronunciamento definitivo da Corte (art. 896-C, § 14, da CLT).

O Presidente do Tribunal Superior do Trabalho **poderá oficiar os Tribunais Regionais do Trabalho e os Presidentes das Turmas e da Seção Especializada do Tribunal** para que suspendam os processos idênticos aos selecionados como recursos representativos da controvérsia e encaminhados ao Supremo Tribunal Federal, até o seu pronunciamento definitivo (art. 896-C, § 15, da CLT).

Os recursos repetitivos representam um avanço em termos de celeridade e também de oportunizar a real discussão sobre os temas objeto de recursos de revista recorrentes na sociedade, entretanto, esbarram em um problema na seara trabalhista, quais sejam: as reclamações com diversos pedidos, os quais extrapolam a matéria repetitiva. Ao suspender um determinado recurso em razão de uma matéria ser repetitiva é possível causar prejuízo aos demais pedidos contidos no mesmo recurso.

Para evitar o referido prejuízo, o recurso repetitivo deve conter apenas uma matéria ou os demais pedidos devem estar intimamente ligados ao principal.

Do contrário, ao sobrestar um processo por ser repetitivo com matérias não relacionadas à questão de direito discutida, o Tribunal poderá causar um atraso maior à prestação jurisdicional.

6.7.6. Embargos

No Processo do Trabalho cabem embargos infringentes ao TST infringentes, a serem julgados pela Seção de dissídios coletivos (art. 894, I, "a", da CLT), e embargos por divergência (art. 894, II, da CLT).

Os primeiros, embargos infringentes, são cabíveis nas hipóteses indicadas no art. 894, I, "a", da CLT. Observe:

> "Art. 894. No Tribunal Superior do Trabalho cabem embargos, no prazo de 8 dias:
>
> I – *de decisão* não unânime de julgamento que:
>
> a) conciliar, julgar ou homologar conciliação em dissídios coletivos que excedam a competência territorial dos Tribunais Regionais do Trabalho e estender ou rever as sentenças normativas do Tribunal Superior do Trabalho, nos casos previstos em lei; (...)"

Os embargos ao TST por divergência ao TST serão julgados pela SDI, sendo cabíveis na hipótese de decisões de Turma do TST que contrariar:

> a) acórdão de outra Turma do TST;
>
> b) acórdão da SDI;
>
> c) súmula do TST;
>
> d) orientação jurisprudencial do TST; ou
>
> d) súmula vinculante do STF.

A **divergência apta a ensejar os embargos** deve ser atual, não se considerando tal a ultrapassada por súmula do Tribunal Superior do Trabalho ou do Supremo Tribunal Federal, ou superada por iterativa e notória jurisprudência do Tribunal Superior do Trabalho (art. 894, § 2.º, da CLT).

O Ministro Relator denegará seguimento aos embargos:

> I – se a decisão recorrida estiver em consonância com súmula da jurisprudência do Tribunal Superior do Trabalho ou do Supremo Tribunal Federal, ou com iterativa, notória e atual jurisprudência do Tribunal Superior do Trabalho, cumprindo-lhe indicá-la;
>
> II – nas hipóteses de intempestividade, deserção, irregularidade de representação ou de ausência de qualquer outro pressuposto extrínseco de admissibilidade.

Da decisão denegatória dos embargos caberá agravo, no prazo de 8 (oito) dias.

Tendo em vista que o recurso de revista na execução é admissível somente quando houver ofensa à Constituição Federal (art. 896, § 2.º, da CLT), da decisão da Turma do TST, proferida em recurso de revista na execução, serão admissíveis embargos ao TST, quando a decisão recorrida contrariar acórdão de outra Turma do TST ou da SDI, desde que diga respeito à interpretação da Constituição Federal, ou seja, a divergência hábil a ensejar o recurso de revista nesta fase processual condiciona-se à interpretação de dispositivo constitucional.

Neste posicionamento:

> "SÚMULA 433 DO TST. EMBARGOS. ADMISSIBILIDADE. PROCESSO EM FASE DE EXECUÇÃO. ACÓRDÃO DE TURMA PUBLICADO NA VIGÊNCIA DA LEI 11.496, DE 26.06.2007. DIVERGÊNCIA DE INTERPRETAÇÃO DE DISPOSITIVO CONSTITUCIONAL – Res. 177/2012, *DEJT* divulgado em 13, 14 e 15.02.2012. A admissibilidade do recurso de embargos contra acórdão de Turma em Recurso de Revista em fase de execução, publicado na

> vigência da Lei 11.496, de 26.06.2007, condiciona-se à demonstração de divergência jurisprudencial entre Turmas ou destas e a Seção Especializada em Dissídios Individuais do Tribunal Superior do Trabalho em relação à interpretação de dispositivo constitucional".

Contudo, a Lei 13.015/2014 acrescentou o § 10 ao art. 896 da CLT, determinando que nas execuções fiscais e nas controvérsias da fase de execução, que envolvam a Certidão Negativa de Débitos Trabalhistas (CNDT), caberá recurso de revista por violação à lei federal, por divergência jurisprudencial e por ofensa à Constituição Federal, o que significa que nesses casos também serão oportunos os embargos ao TST para SDI-1.

Uma vez que a legislação determinava que cabia recurso de revista no **procedimento sumaríssimo** apenas na hipótese de violação à Constituição e contrariedade à súmula do TST, este Tribunal, na Súmula 458 do TST, estabeleceu que neste procedimento também só admitiriam embargos ao TST quando demonstrada a divergência jurisprudencial entre Turmas do TST, fundada em interpretações diversas acerca da aplicação de igual dispositivo constitucional ou de matéria sumulada.

Porém, a Lei 13.015/2014 incluiu mais uma hipótese de cabimento de recurso de revista no procedimento sumaríssimo, qual seja: confronto com súmula vinculante do STF. Observando o mesmo raciocínio, também serão admissíveis embargos ao TST quando demonstrada a divergência jurisprudencial entre Turmas do TST, fundada em interpretações diversas acerca de súmula vinculante.

Note que os embargos ao TST por divergência tratam-se de recurso de natureza extraordinária e, como tal, exigem o prequestionamento, isto é, que a matéria recorrida tenha sido tratada no acórdão impugnado. No procedimento sumaríssimo, o necessário prequestionamento somente poderá ser alcançado quanto às matérias objeto do recurso de revista, quais sejam:

a) violação à Constituição;

b) contrariedade à súmula do TST;

c) contrariedade à súmula vinculante do STF.

Dessa forma, apenas nessas hipóteses caberão embargos ao TST no procedimento sumaríssimo.

Acentue-se que os embargos são cabíveis em face de decisão do órgão colegiado do Tribunal Superior do Trabalho, sendo inadmissíveis contra decisão monocrática exarada nos moldes dos arts. 932, III e V, do CPC e 894, § 3.º, da CLT, pois o comando legal restringe seu cabimento à pretensão de reforma de decisão colegiada proferida por Turma do Tribunal Superior do Trabalho.

Nessa lógica, atente-se para a OJ 378 da SDI-1 do TST:

> "OJ 378 DA SDI-1 DO TST. EMBARGOS. INTERPOSIÇÃO CONTRA DECISÃO MONOCRÁTICA. NÃO CABIMENTO (atualizada em decorrência do CPC DE 2015) - Res. 208/2016, *DEJT* divulgado em 22, 25 e 26.04.2016.
>
> Não encontra amparo no art. 894 da CLT, quer na redação anterior quer na redação posterior à Lei n.º 11.496, de 22.06.2007, recurso de embargos interposto à decisão monocrática exarada nos moldes do art. 932 do CPC de 2015 (art. 557 do CPC de 1973) e 896, § 5.º, da CLT, pois o comando legal restringe seu cabimento à pretensão de reforma de decisão colegiada proferida por Turma do Tribunal Superior do Trabalho".

Em face da decisão de Turma do TST em agravo de instrumento, agravo e agravo regimental, em regra, é inadmissível o recurso de embargos ao TST, salvo nas hipóteses descritas na Súmula 353 do TST:

> "SÚMULA 353 DO TST. EMBARGOS. AGRAVO. CABIMENTO (atualizada em decorrência do CPC de 2015) - Res. 208/2016, *DEJT* divulgado em 22, 25 e 26.04.2016. Não cabem embargos para a Seção de Dissídios Individuais de decisão de Turma proferida em agravo, salvo:
>
> a) da decisão que não conhece de agravo de instrumento ou de agravo pela ausência de pressupostos extrínsecos;
>
> b) da decisão que nega provimento a agravo contra decisão monocrática do Relator, em que se proclamou a ausência de pressupostos extrínsecos de agravo de instrumento;
>
> c) para revisão dos pressupostos extrínsecos de admissibilidade do recurso de revista, cuja ausência haja sido declarada originariamente pela Turma no julgamento do agravo;
>
> d) para impugnar o conhecimento de agravo de instrumento;
>
> e) para impugnar a imposição de multas previstas nos arts. 1.021, § 4.º, do CPC de 2015 ou 1.026, § 2.º, do CPC de 2015 (art. 538, parágrafo único, do CPC de 1973, ou art. 557, § 2.º, do CPC de 1973);
>
> f) contra decisão de Turma proferida em agravo em recurso de revista, nos termos do art. 894, II, da CLT.

6.7.7. Agravo regimental e interno

A doutrina não é unânime quanto à distinção de agravo interno e agravo regimental.

Alguns sustentam que o atual CPC deixou claro que não há qualquer distinção, uma vez que o art. 1.021 refere-se apenas ao agravo interno:

> Art. 1.021. Contra decisão proferida pelo relator caberá agravo interno para o respectivo órgão colegiado, observadas, quanto ao processamento, as regras do regimento interno do tribunal.
>
> § 1º Na petição de agravo interno, o recorrente impugnará especificadamente os fundamentos da decisão agravada.
>
> § 2º O agravo será dirigido ao relator, que intimará o agravado para manifestar-se sobre o recurso no prazo de 15 (quinze) dias, ao final do qual, não havendo retratação, o relator levá-lo-á a julgamento pelo órgão colegiado, com inclusão em pauta.
>
> § 3º É vedado ao relator limitar-se à reprodução dos fundamentos da decisão agravada para julgar improcedente o agravo interno.
>
> § 4º Quando o agravo interno for declarado manifestamente inadmissível ou improcedente em votação unânime, o órgão colegiado, em decisão fundamentada, condenará o agravante a pagar ao agravado multa fixada entre um e cinco por cento do valor atualizado da causa.
>
> § 5º A interposição de qualquer outro recurso está condicionada ao depósito prévio do valor da multa prevista no § 4º, à exceção da Fazenda Pública e do beneficiário de gratuidade da justiça, que farão o pagamento ao final.

Para outros, a exemplo de Élisson Miessa[7], com quem concordamos, o agravo interno é o previsto nos arts. 894, § 3º, da CLT e 1.021 do CPC, aplicável ao Processo do Trabalho; e o agravo regimental é o previsto no regimento interno do tribunal. Portanto, estaremos diante do agravo regimental quando o recurso não tiver previsão legal, mas estiver disciplinado no regimento interno do tribunal. Por outro lado, havendo previsão legal, o recurso será o agravo interno.

Em verdade, o agravo interno, é cabível nas hipóteses de agravo previstas em lei, tais como:

- das decisões monocráticas não proferidas com base no art. 894, § 4º, da CLT;
- das decisões monocráticas proferidas nos termos do art. 932 do CPC, ou seja, decisão do relator que monocraticamente apreciar o pedido de

7. MIESSA, Élisson. *Manual dos recursos trabalhistas* – teoria e prática. Salvador: *Juspodivm*, 2016. 2. ed. p. 450.

tutela provisória; não conhecer de recurso inadmissível, prejudicado ou que não tenha impugnado especificamente os fundamentos da decisão; negar provimento ou dar provimento ao recurso, nos casos do art. *932, V* e *V*, do *CPC*; decidir incidente de desconsideração da personalidade jurídica, quando instaurado originariamente no tribunal.

- em face de decisão monocrática do relator no julgamento dos recursos, à luz do art. 1.021 do CPC e art. 9º, parágrafo único, da Lei 5584/1970.
- A Lei 7.701/1988, nos arts. 2.º, II, "d", e 3.º, III, estabelece a possibilidade de interposição de agravo regimental contra a decisão que indeferir recurso em ações coletivas e nos embargos de divergência em ações individuais. Muito embora faça referência a agravo regimental, na verdade, trata-se de agravo interno.

O prazo do agravo regimental e interno é de 8 dias.

O prazo do agravo é contado em dobro, caso o agravante seja pessoa jurídica de direito público ou mesmo o Ministério Público (art. 183 e 180 do CPC).

O agravo interno é interposto perante o órgão judicial que proferiu a decisão impugnada, havendo também a possibilidade do juízo de reconsideração ou retratação; e o agravo regimental, em face do órgão colegiado definido no regimento interno do tribunal.

O processamento do agravo regimental também depende do previsto no regimento interno de cada tribunal.

> "OJ 412 DA SDI-I/TST. AGRAVO INTERNO OU AGRAVO REGIMENTAL. INTERPOSIÇÃO EM FACE DE DECISÃO COLEGIADA. NÃO CABIMENTO. ERRO GROSSEIRO. INAPLICABILIDADE DO PRINCÍPIO DA FUNGIBILIDADE RECURSAL (nova redação em decorrência do CPC de 2015) - Res. 209/2016, *DEJT* divulgado em 01, 02 e 03.06.2016.
>
> É incabível agravo interno (art. 1.021 do CPC de 2015, art. 557, §1º, do CPC de 1973) ou agravo regimental (art. 235 do RITST) contra decisão proferida por Órgão colegiado. Tais recursos destinam-se, exclusivamente, a impugnar decisão monocrática nas hipóteses previstas. Inaplicável, no caso, o princípio da fungibilidade ante a configuração de erro grosseiro".

O agravo regimental tramita nos próprios autos do processo principal, com exceção se o regimento interno do tribunal dispuser de forma diversa, como se pode observar na leitura da OJ 132 do TST:

> "OJ 132 DA SDI-I/TST. AGRAVO REGIMENTAL. PEÇAS ESSENCIAIS NOS AUTOS PRINCIPAIS (inserida em 27.11.1998).
>
> Inexistindo lei que exija a tramitação do agravo regimental em autos apartados, tampouco previsão no Regimento Interno do Regional, não pode o agravante ver-se apenado por não haver colacionado cópia de peças dos autos principais, quando o agravo regimental deveria fazer parte dele".

Estabelece a IN 39/2013 do TST que o art. 1.021 do CPC relativo ao agravo interno aplica-se ao Processo do Trabalho, exceto quanto ao prazo que na seara trabalhista é de 8 dias:

> "**Art. 1.021**, CPC. Contra decisão proferida pelo relator caberá agravo interno para o respectivo órgão colegiado, observadas, quanto ao processamento, as regras do regimento interno do tribunal.
>
> § 1º Na petição de agravo interno, o recorrente impugnará especificadamente os fundamentos da decisão agravada.
>
> § 2º O agravo será dirigido ao relator, que intimará o agravado para manifestar-se sobre o recurso no prazo de 15 (quinze) dias, ao final do qual, não havendo retratação, o relator levá-lo-á a julgamento pelo órgão colegiado, com inclusão em pauta.
>
> § 3º É vedado ao relator limitar-se à reprodução dos fundamentos da decisão agravada para julgar improcedente o agravo interno.
>
> § 4º Quando o agravo interno for declarado manifestamente inadmissível ou improcedente em votação unânime, o órgão colegiado, em decisão fundamentada, condenará o agravante a pagar ao agravado multa fixada entre um e cinco por cento do valor atualizado da causa.
>
> § 5º A interposição de qualquer outro recurso está condicionada ao depósito prévio do valor da multa prevista no § 4º, à exceção da Fazenda Pública e do beneficiário de gratuidade da justiça, que farão o pagamento ao final."

6.7.8. Recurso adesivo

O recurso adesivo não tem previsão explícita na Consolidação das Leis do Trabalho, sendo aplicável, subsidiariamente, o art. 997 do CPC, conforme estabelecido na Súmula 283 do TST:

> "SÚMULA 283 DO TST. RECURSO ADESIVO. PERTINÊNCIA NO PROCESSO DO TRABALHO. CORRELAÇÃO DE MATÉRIAS. REVISÃO DO ENUNCIADO

196. RES. 2/1985, *DJ* 01.04.1985. REPUBLICADA COM CORREÇÃO *DJ* 12.04.1985. O recurso adesivo é compatível com o Processo do Trabalho e cabe, no prazo de 8 (oito) dias, nas hipóteses de interposição de recurso ordinário, de agravo de petição, de revista e de embargos, sendo desnecessário que a matéria nele veiculada esteja relacionada com a do recurso interposto pela parte contrária".

Nesse contexto, assim estabelece o art. 997 do CPC:

"Art. 997. Cada parte interporá o recurso independentemente, no prazo e com observância das exigências legais.

§ 1.º Sendo vencidos autor e réu, ao recurso interposto por qualquer deles poderá aderir o outro.

§ 2.º O recurso adesivo fica subordinado ao recurso independente, sendo-lhe aplicáveis as mesmas regras deste quanto aos requisitos de admissibilidade e julgamento no tribunal, salvo disposição legal diversa, observado, ainda, o seguinte:

I – será dirigido ao órgão perante o qual o recurso independente fora interposto, no prazo de que a parte dispõe para responder;

II – será admissível na apelação, no recurso extraordinário e no recurso especial;

III – não será conhecido, se houver desistência do recurso principal ou se for ele considerado inadmissível".

Podemos destacar as seguintes características do recurso adesivo:

- Conforme previsto na Súmula 283 do TST, o recurso adesivo pode ser interposto em face do recurso ordinário, recurso de revista, embargos e agravo de petição, sempre no prazo de oito dias;
- Embora a Súmula 283 do TST não mencione, também é possível a utilização de recurso adesivo ao recurso extraordinário, nesse caso, interposto no prazo de quinze dias;
- O recurso adesivo é interposto no prazo das contrarrazões do recurso principal, consoante previsto no art. 997, § 2.º, I, do CPC;
- O recurso adesivo é sempre dependente, subordinado ao recurso principal, de forma que, se o recurso principal por qualquer motivo não for conhecido, o julgamento do recurso adesivo restará prejudicado, também não sendo conhecido (art. 997, § 2.º, III, do CPC);
- Para utilização do recurso adesivo é preciso que tenha havido sucumbência recíproca, ou melhor, que reclamante e reclamado tenham sido vencedores e vencidos parcialmente;

- Em outras palavras, nasce a possibilidade de utilização do recurso adesivo quando os pedidos forem julgados parcialmente procedentes, nos exatos termos do art. 997 do CPC, dispondo que, vencidos autor e réu, ao recurso interposto por qualquer deles poderá aderir a outra parte;
- O recurso adesivo também deve preencher os demais pressupostos gerais e específicos de admissibilidade exigidos dos recursos principais (inclusive com pagamento de custas e recolhimento do depósito recursal, quando for o caso), sendo recebido apenas no efeito devolutivo;
- Conforme estabelecido na Súmula 283 do TST, não há necessidade de que a matéria deduzida no recurso adesivo esteja relacionada com a do recurso principal interposto pela parte contrária;
- Não cabe a interposição de recurso adesivo no caso de reexame necessário (remessa *ex officio*) em face de decisão proferida contra ente público, a uma porque o magistrado ao encaminhar o processo à instância superior não o faz na qualidade de parte e a duas porque na remessa obrigatória não há razões de contrariedade, não sendo possível, por consequência, a interposição de recurso adesivo (que deve ser interposto no prazo das contrarrazões do recurso principal);
- Caso o litigante recorra de forma autônoma da parte da decisão que lhe seja desfavorável, não poderá mais se valer do recurso adesivo, em função da denominada preclusão consumativa e de ofensa ao princípio da unirrecorribilidade (pois estaria o litigante utilizando-se, simultaneamente, de dois recursos para impugnar a mesma decisão);
- Por outro lado, caso o recurso principal não seja conhecido, em face da ausência de algum pressuposto de admissibilidade recursal, entendemos que não seria possível o emprego do recurso adesivo, uma vez que também já restaria consumada a preclusão, em função da interposição do recurso principal;
- Em verdade, o recurso adesivo é usado pela parte que já estava conformada com a decisão, mas que em função do recurso da parte contrária optou por aderir ao recurso principal;
- Doutrina e jurisprudência divergem sobre a legitimidade para interposição do recurso adesivo, alguns entendendo que somente as partes (autor e réu) poderiam se valer de tal recurso, e outros defendendo a possibilidade de interposição de recurso adesivo pelo Ministério Público e pelo terceiro juridicamente interessado.

6.7.9. Recurso extraordinário

O recurso extraordinário encontra seu fundamento no art. 102, III, da CF/1988, que estabelece:

> "Art. 102. Compete ao Supremo Tribunal Federal, precipuamente, a guarda da Constituição, cabendo-lhe:
>
> (...)
>
> III – julgar mediante recurso extraordinário, as causas decididas em única ou última instância, quando a decisão recorrida:
>
> *a)* contrariar dispositivo desta Constituição;
>
> *b)* declarar a inconstitucionalidade de tratado ou lei federal;
>
> *c)* julgar válida lei ou ato de governo local contestado em face desta Constituição;
>
> *d)* julgar válida lei local contestada em face de lei federal".

A Consolidação das Leis do Trabalho apenas menciona a possibilidade de utilização do recurso extraordinário no art. 893, § 2.º, quando dispõe que "a interposição de recurso para o Supremo Tribunal Federal não prejudicará a execução do julgado".

No âmbito da Justiça do Trabalho, o recurso extraordinário somente pode ser interposto de decisão do TST. Dessa forma, será interposto de decisão de turma do TST em recurso de revista ou da SDI/SDC, se cabíveis embargos ao TST.

Frise-se que, quando a Constituição menciona "causas decididas em última instância", no Processo do Trabalho, refere-se às decisões proferidas pelo Tribunal Superior do Trabalho, quando já esgotados todos os recursos trabalhistas admissíveis.

Também não se admite a interposição de recurso extraordinário para o simples reexame de prova, conforme previsto na Súmula 279 do STF.

O recurso extraordinário exige que a questão federal seja prequestionada, de maneira explícita (por meio, normalmente, de embargos de declaração), sob pena de não conhecimento do apelo.

Sobre o tema, é importante destacar os seguintes posicionamentos:

> "É inadmissível o recurso extraordinário, quando não ventilada, na decisão recorrida, a questão federal suscitada" (Súmula 282 do STF).
>
> "O ponto omisso da decisão, sobre o qual não foram opostos embargos declaratórios, não pode ser objeto de recurso extraordinário, por faltar o requisito do prequestionamento" (Súmula 356 do STF).

Os arts. 1.035, 1.036 e 1.039, parágrafo único, do CPC regulamentaram o art. 102, § 3.º, da CF/1988, que determina que no recurso extraordinário o recorrente deverá demonstrar a repercussão geral das questões constitucionais discutidas no caso, a fim de que o Tribunal examine a admissão do recurso. Verifique a redação dos referidos artigos:

> "Art. 1.035. O Supremo Tribunal Federal, em decisão irrecorrível, não conhecerá do recurso extraordinário quando a questão constitucional nele versada não tiver repercussão geral, nos termos deste artigo.
>
> § 1.º Para efeito de repercussão geral, será considerada a existência ou não de questões relevantes do ponto de vista econômico, político, social ou jurídico que ultrapassem os interesses subjetivos do processo.
>
> § 2.º O recorrente deverá demonstrar a existência de repercussão geral para apreciação exclusiva pelo Supremo Tribunal Federal.
>
> § 3.º Haverá repercussão geral sempre que o recurso impugnar acórdão que:
>
> I – contrarie súmula ou jurisprudência dominante do Supremo Tribunal Federal;
>
> II – Revogado pela Lei nº 13.256/16;
>
> III – tenha reconhecido a inconstitucionalidade de tratado ou de lei federal, nos termos do art. 97 da Constituição Federal.
>
> § 4.º O relator poderá admitir, na análise da repercussão geral, a manifestação de terceiros, subscrita por procurador habilitado, nos termos do Regimento Interno do Supremo Tribunal Federal.
>
> § 5.º Reconhecida a repercussão geral, o relator no Supremo Tribunal Federal determinará a suspensão do processamento de todos os processos pendentes, individuais ou coletivos, que versem sobre a questão e tramitem no território nacional.
>
> § 6.º O interessado pode requerer, ao presidente ou ao vice-presidente do tribunal de origem, que exclua da decisão de sobrestamento e inadmita o recurso extraordinário que tenha sido interposto intempestivamente, tendo o recorrente o prazo de 5 (cinco) dias para manifestar-se sobre esse requerimento.
>
> § 7.º Da decisão que indeferir o requerimento referido no § 6º ou que aplicar entendimento firmado em regime de repercussão geral ou em julgamento de recursos repetitivos caberá agravo interno. (Alterado pela Lei nº13.256/16)
>
> § 8.º Negada a repercussão geral, o presidente ou o vice-presidente do tribunal de origem negará seguimento aos recursos extraordinários sobrestados na origem que versem sobre matéria idêntica.

> § 9.º O recurso que tiver a repercussão geral reconhecida deverá ser julgado no prazo de 1 (um) ano e terá preferência sobre os demais feitos, ressalvados os que envolvam réu preso e os pedidos de *habeas corpus*.
>
> § 10. Revogado pela Lei nº 13.256/16.
>
> § 11. A súmula da decisão sobre a repercussão geral constará de ata, que será publicada no diário oficial e valerá como acórdão".
>
> "Art. 1.036. Sempre que houver multiplicidade de recursos extraordinários ou especiais com fundamento em idêntica questão de direito, haverá afetação para julgamento de acordo com as disposições desta Subseção, observado o disposto no Regimento Interno do Supremo Tribunal Federal e no do Superior Tribunal de Justiça".
>
> **"Art. 1.039. (...)**
>
> Parágrafo único. Negada a existência de repercussão geral no recurso extraordinário afetado, serão considerados automaticamente inadmitidos os recursos extraordinários cujo processamento tenha sido sobrestado".

Trata-se de pressuposto específico de admissibilidade do recurso extraordinário, apreciado exclusivamente pelo STF. O recorrente demonstrar, em preliminar de recurso, a existência de repercussão geral em relação à questão constitucional ventilada, sob pena de não conhecimento do apelo extraordinário, decisão esta irrecorrível.

Doutrina e jurisprudência discutem se a sentença sujeita a recurso extraordinário ensejaria a execução provisória ou definitiva, havendo vozes defendendo posicionamentos distintos.

O Supremo Tribunal Federal editou a Súmula 228 que dispõe: "Não é provisória a execução na pendência de recurso extraordinário, ou de agravo destinado a fazê-lo admitir".

6.7.10. Pedido de revisão

Entendemos que o pedido de revisão previsto no art. 2º, § 2º, da Lei 5.584/1970 era cabível exclusivamente para impugnar o valor da causa fixado pelo juiz no procedimento sumário foi revogado tacitamente pelo art. 840, § 1º, da CLT.

O art. 840, § 1º, da CLT determina que é requisito da petição inicial a indicação do valor correspondente a cada pedido. Sendo o valor da causa a somatória de todos os pedidos, este é um requisito da petição inicial.

Se o reclamante não indicar o valor da causa, estará inobservando um dos requisitos da petição inicial previsto nos art. 840, § 1º, da CLT e 319 do CPC, caso em que o juiz deverá conceder o prazo de 15 (quinze) dias para que o reclamante emende a petição inicial, sob pena de indeferimento da mesma (art. 321 do CPC).

6.8. INCIDENTE DE ASSUNÇÃO DE COMPETÊNCIA

A assunção de competência, prevista no art. 947 do CPC, aplica-se ao Processo do Trabalho, consoante versa o TST, na IN 39/2016, e trata-se de instituto admissível quando o julgamento de recurso, de remessa necessária ou de processo de competência originária envolver relevante questão de direito, com grande repercussão social, sem repetição em múltiplos processos.

Na hipótese de assunção de competência, o relator proporá, de ofício ou a requerimento da parte, do Ministério Público ou da Defensoria Pública, o julgamento do recurso, da remessa necessária ou do processo de competência originária pelo órgão colegiado que o regimento indicar.

O órgão colegiado julgará o recurso, a remessa necessária ou o processo de competência originária se reconhecer interesse público na assunção de competência.

O acórdão proferido em assunção de competência vinculará todos os juízes e órgãos fracionários, exceto se houver revisão de tese.

O incidente também é cabível quando ocorrer relevante questão de direito a respeito da qual seja conveniente a prevenção ou a composição de divergência entre câmaras ou turmas do tribunal.

6.9. INCIDENTE DE RESOLUÇÃO DE DEMANDAS REPETITIVAS

O incidente de resolução de demandas repetitivas está previsto nos arts. 976 a 986 do CPC, o qual é aplicável ao Processo do Trabalho, consoante institui o TST, na IN 39/2016.

Nos termos do art. 976 do CPC, é cabível a instauração do incidente de resolução de demandas repetitivas quando houver, simultaneamente:

> I – efetiva repetição de processos que contenham controvérsia sobre a mesma questão unicamente de direito;
>
> II – risco de ofensa à isonomia e à segurança jurídica.

A desistência ou o abandono do processo não impede o exame de mérito do incidente (art. 976, § 1.º, do CPC).

Se não for o requerente, o Ministério Público intervirá obrigatoriamente no incidente e deverá assumir sua titularidade em caso de desistência ou de abandono (art. 976, § 2.º, do CPC).

A inadmissão do incidente de resolução de demandas repetitivas por ausência de qualquer de seus pressupostos de admissibilidade não impede que, uma vez satisfeito o requisito, seja o incidente novamente suscitado (art. 976, § 3.º, do CPC).

É incabível o incidente de resolução de demandas repetitivas quando um dos tribunais superiores, no âmbito de sua respectiva competência, já tiver afetado recurso para definição de tese sobre questão de direito material ou processual repetitiva (art. 976, § 4.º, do CPC).

Não serão exigidas custas processuais no incidente de resolução de demandas repetitivas (art. 976, § 5.º, do CPC).

À luz do art. 977 do CPC, o pedido de instauração do incidente será dirigido ao presidente de tribunal:

> I – pelo juiz ou relator, por ofício;
>
> II – pelas partes, por petição;
>
> III – pelo Ministério Público ou pela Defensoria Pública, por petição.

O ofício, ou a petição, será instruído com os documentos necessários à demonstração do preenchimento dos pressupostos para a instauração do incidente.

O julgamento do incidente caberá ao órgão indicado pelo regimento interno dentre aqueles responsáveis pela uniformização de jurisprudência do tribunal. Este julgará igualmente o recurso, a remessa necessária ou o processo de competência originária de onde se originou o incidente (art. 978, CPC).

A instauração e o julgamento do incidente serão sucedidos da mais ampla e específica divulgação e publicidade, por meio de registro eletrônico no Conselho Nacional de Justiça (art. 979, CPC).

Os tribunais manterão banco eletrônico de dados atualizados com informações específicas sobre questões de direito submetidas ao incidente, comunicando imediatamente ao Conselho Nacional de Justiça para inclusão no cadastro.

Para possibilitar a identificação dos processos abrangidos pela decisão do incidente, o registro eletrônico das teses jurídicas constantes do cadastro conterá, no mínimo, os fundamentos determinantes da decisão e os dispositivos normativos a ela relacionados.

O incidente será julgado no prazo de 1 (um) ano e terá preferência sobre os demais feitos, ressalvados os que envolvam réu preso e os pedidos de *habeas corpus*. Superado este prazo, cessa a suspensão dos processos, salvo decisão fundamentada do relator em sentido contrário (art. 980, CPC).

Após a distribuição, o órgão colegiado competente para julgar o incidente procederá ao seu juízo de admissibilidade, considerando a presença dos pressupostos do art. 976 do CPC (art. 981, CPC).

Com base nos arts. 982 do CPC e 8º, § 1º, da IN 39/2016 do TST, admitido o incidente, o relator:

> a) suspenderá o julgamento dos processos pendentes, individuais ou coletivos, que tramitam na Região, no tocante ao tema objeto de IRDR, sem prejuízo da instrução integral das causas e do julgamento dos eventuais pedidos distintos e cumulativos igualmente deduzidos em tais processos (art. 8º, § 1º, da IN 39/2016 do TST).
>
> b) poderá requisitar informações a órgãos em cujo juízo tramita processo no qual se discute o objeto do incidente, que as prestarão no prazo de 15 (quinze) dias;
>
> c) intimará o Ministério Público para, querendo, manifestar-se no prazo de 15 (quinze) dias.

A suspensão será comunicada aos órgãos jurisdicionais competentes.

Durante a suspensão, o pedido de tutela de urgência deverá ser dirigido ao juízo onde tramita o processo suspenso.

O relator ouvirá as partes e os demais interessados, inclusive pessoas, órgãos e entidades com interesse na controvérsia, que, no prazo comum de 15 (quinze) dias, poderão requerer a juntada de documentos, bem como as diligências necessárias para a elucidação da questão de direito controvertida, e, em seguida, manifestar-se-á o Ministério Público, no mesmo prazo (art. 983, CPC).

Para instruir o incidente, o relator poderá designar data para, em audiência pública, ouvir depoimentos de pessoas com experiência e conhecimento na matéria (art. 983, § 1º, do CPC).

Concluídas as diligências, o relator solicitará dia para o julgamento do incidente (art. 983, § 2º, do CPC).

Com fundamento no art. 984 do CPC, no julgamento do incidente, observar-se-á a seguinte ordem:

I – o relator fará a exposição do objeto do incidente;

II – poderão sustentar suas razões, sucessivamente:

a) o autor e o réu do processo originário e o Ministério Público, pelo prazo de 30 (trinta) minutos;

b) os demais interessados, no prazo de 30 (trinta) minutos, divididos entre todos, sendo exigida inscrição com 2 (dois) dias de antecedência.

Considerando o número de inscritos, o prazo poderá ser ampliado (art. 894, § 1º, do CPC).

O conteúdo do acórdão abrangerá a análise de todos os fundamentos suscitados concernentes à tese jurídica discutida, sejam favoráveis ou contrários (art. 894, § 2º, do CPC).

De acordo com o art. 8º, § 2º, da IN 39/2016, do julgamento do mérito do incidente caberá recurso de revista para o "Tribunal Superior do Trabalho, dotado de efeito meramente devolutivo, nos termos dos arts. 896 e 899 da CLT".

Apreciado o mérito do recurso, a tese jurídica adotada pelo Tribunal Superior do Trabalho será aplicada no território nacional a todos os processos, individuais ou coletivos, que versem sobre idêntica questão de direito (art. 8º, § 3º, da IN 39/2016).

Não observada a tese adotada no incidente, caberá reclamação (art. 895, § 1º, do CPC).

Por fim, com base no art. 986 do CPC, a revisão da tese jurídica firmada no incidente far-se-á pelo mesmo tribunal, de ofício ou mediante requerimento dos legitimados mencionados no art. 977, inciso III, ou seja, pelo Ministério Público ou pela Defensoria Pública, por petição.

6.10. SÚMULA VINCULANTE DO SUPREMO TRIBUNAL FEDERAL

O art. 103-A da CF/1988, com redação dada pela EC 45/2004, estabelece que o Supremo Tribunal Federal poderá, de ofício ou por provocação, mediante a decisão de dois terços dos seus membros, após reiteradas decisões sobre matéria constitucional, aprovar súmula que, a partir de sua publicação na imprensa oficial, terá efeito vinculante em relação aos demais órgãos do Poder Judiciário e à administração pública direta e indireta, nas esferas federal, estadual e municipal, bem como proceder à sua revisão ou cancelamento.

O referido dispositivo constitucional foi regulamentado pela Lei 11.417, de 19.12.2006, a qual passou a disciplinar a edição, revisão e cancelamento de enunciado de súmula vinculante pelo Supremo Tribunal Federal.

Conforme estabelecido no § 1.º do art. 1.º da Lei 11.417/2006, o enunciado da súmula terá por objeto a validade, a interpretação e a eficácia de normas determinadas, acerca das quais haja, entre órgãos judiciários ou entre esses e a administração pública, controvérsia atual que acarrete grave insegurança jurídica e relevante multiplicação de processos sobre idêntica questão.

São legitimados a propor a edição, a revisão ou o cancelamento de enunciado de súmula vinculante do STF (art. 3.º da Lei 11.417/2006):

- Presidente da República;
- Mesa do Senado Federal;
- Mesa da Câmara dos Deputados;
- Procurador-Geral da República;
- Conselho Federal da Ordem dos Advogados do Brasil;
- Defensor Público-Geral da União;
- Partido Político com representação no Congresso Nacional;
- Confederação Sindical ou entidade de classe de âmbito nacional;
- Mesa de Assembleia Legislativa ou da Câmara Legislativa do Distrito Federal;
- Governador do Estado ou do Distrito Federal;
- Tribunais Superiores, Tribunais de Justiça de Estados ou do Distrito Federal e Territórios, Tribunais Regionais Federais, Tribunais Regionais do Trabalho, Tribunais Regionais Eleitorais e os Tribunais Militares.

O Município também poderá propor, incidentalmente, ao curso de processo em que seja parte, a edição, a revisão ou o cancelamento de enunciado de súmula vinculante, o que não autoriza a suspensão do processo (art. 3.º, § 1.º, da Lei 11.417/2006).

A súmula vinculante editada pelo STF terá, em regra, eficácia imediata, podendo a Suprema Corte, por decisão de dois terços dos seus membros, restringir os efeitos vinculantes ou decidir que a súmula somente tenha eficácia a partir de outro momento, considerando as razões de segurança jurídica ou excepcional interesse público.

A proposta de edição, revisão ou cancelamento da súmula vinculante do STF não autoriza a suspensão dos processos em que se discuta a mesma questão. Outrossim, da decisão judicial ou do ato administrativo que contrariar súmula vinculante do STF, negar-lhe vigência ou aplicá-lo indevidamente caberá reclamação ao Supremo Tribunal Federal, sem prejuízo dos recursos ou outros meios admissíveis de impugnação. Julgando procedente a reclamação, a Suprema Corte anulará o ato administrativo ou cassará a decisão judicial impugnada, determinando que outra seja proferida com ou sem aplicação da súmula, conforme a hipótese.

Em face de omissão ou ato da administração pública, o uso da reclamação perante o STF somente será admitido após o esgotamento das vias administrativas.

6.11. Resumo da matéria

1. Recurso é a provocação do reexame de determinada decisão pela autoridade hierarquicamente superior, em regra, ou pela própria autoridade prolatora da decisão, objetivando a reforma ou modificação do julgado.

2. Em outras palavras, recurso é o remédio processual concedido às partes, ao terceiro prejudicado ou ao Ministério Público, objetivando que a decisão judicial impugnada seja submetida a novo julgamento, ordinariamente, pela autoridade hierarquicamente superior àquela que proferiu a decisão.

3. A corrente majoritária, afirma que a natureza jurídica do recurso seria a de prolongamento do exercício do direito de ação, dentro do mesmo processo.

4. A Constituição Federal de 1988 não assegura o duplo grau de jurisdição obrigatório, apenas garante aos litigantes em processo judicial ou administrativo e aos acusados em geral o contraditório e a ampla defesa, com os meios e recursos a ela inerentes (art. 5.º, LV).

5. Também conhecido como princípio da singularidade ou da unicidade recursal, o princípio em comento não permite a interposição de mais de um recurso contra a mesma decisão.

6. O princípio da fungibilidade permite que o juiz conheça de um recurso que foi erroneamente interposto como se fosse o recurso cabível.

7. Para aplicação do princípio da fungibilidade, torna-se necessária a conjugação de três fatores: inexistir erro grosseiro, tem que haver dúvida plausível quanto ao recurso cabível e o recurso erroneamente interposto deve obedecer ao prazo do recurso cabível.

8. O recurso, em regra, é voluntário, encerrando manifestação do princípio dispositivo.

9. O órgão julgador não poderá conhecer de matéria não suscitada no recurso, salvo as de ordem pública, sobre as quais, enquanto não houver o trânsito em julgado, não se opera a preclusão (ex.: arts. 485, § 3.º e 337, § 5.º, ambos do CPC).

10. Pelo princípio da *non reformatio in pejus*, é vedado ao tribunal, no julgamento de um recurso, proferir decisão mais desfavorável ao recorrente, do que aquela recorrida.

11. O Processo do Trabalho traz em seu bojo uma peculiaridade ao informar, no art. 893, § 1.º, da CLT, que as decisões interlocutórias não são recorríveis de imediato, somente permitindo-se a apreciação do seu merecimento em recurso da decisão definitiva.

12. O art. 899 consolidado determina que os recursos serão dotados, em regra, de efeito meramente devolutivo, permitindo-se a execução provisória até a penhora.

13. O art. 6.º da Lei 5.584/1970 estabelece que será de oito dias o prazo para interpor e contra-arrazoar qualquer recurso trabalhista.

14. No entanto, alguns recursos possuem prazos diferenciados, como os embargos de declaração (interpostos no prazo de cinco dias – art. 897-A da CLT) e o recurso extraordinário (prazo para interposição e razões de contrariedade de quinze dias).

15. Em relação às decisões prolatadas nos dissídios de alçada (que não ultrapassam dois salários-mínimos) não caberá recurso, salvo se versarem sobre matéria constitucional (Lei 5.584/1970, art. 2.º, § 4.º).

16. No processo laboral, em regra, os recursos não são dotados de efeito suspensivo.

17. Em relação às questões de ordem pública, as quais devem ser conhecidas de ofício, não se opera a preclusão, podendo o juiz ou tribunal decidir tais questões ainda que não constem das razões recursais ou das contrarrazões, gerando o denominado efeito translativo do recurso.

18. De outra forma, podemos dizer que o ordenamento jurídico vigente permite à autoridade julgadora do apelo conhecer de questões não ventiladas no recurso ou contrarrazões, sem que isto consista num julgamento *ultra* ou *extra petita*, como nas hipóteses dos arts. 485, § 3.º e 337, § 5.º, ambos do CPC (que elencam matérias conhecidas de ofício pelo magistrado).

19. O efeito substitutivo nasce quando o tribunal aprecia e julga o mérito da causa, operando-se a substituição da sentença *a quo*, pelo acórdão do Tribunal, na parte objeto do apelo.

20. Caso o tribunal não julgue o mérito do recurso, não se operará o chamado efeito substitutivo.

21. O efeito extensivo do recurso é aplicado em caso de litisconsórcio unitário, em que a decisão tenha de ser uniforme para todos os litisconsortes.

22. Institui o art. 1.005 do CPC que o recurso interposto por um dos litisconsortes a todos aproveita, salvo se distintos ou opostos os seus interesses.

23. O efeito regressivo do recurso consiste na possibilidade de retratação ou reconsideração pela mesma autoridade prolatora da decisão, podendo ocorrer nos recursos de agravo de instrumento e agravo regimental, sendo lícito à autoridade julgadora, em função dos princípios da economia processual e celeridade, reconsiderar a decisão objeto do agravo.

24. Em regra, o recurso passa por dois juízos de admissibilidade, quais sejam: o juízo *a quo* (prolator da decisão impugnada) e juízo *ad quem* (juízo competente para julgar o recurso).

25. O objetivo principal dos juízos de admissibilidade é verificar a presença dos pressupostos recursais, também chamados requisitos de admissibilidade recursal.

26. Estando presentes todos os pressupostos recursais, o recurso será conhecido. No entanto, a ausência de apenas um requisito de admissibilidade recursal leva ao não conhecimento do apelo.

27. O despacho exarado pelo juízo de admissibilidade *a quo* não vincula o juízo *ad quem*, não havendo que falar em coisa julgada ou mesmo preclusão.

28. Impende destacar que o recurso denominado embargos de declaração (art. 897-A da CLT) somente possui um juízo de admissibilidade, tendo em vista que esse recurso é julgado pela própria autoridade que proferiu a decisão recorrida.

29. O art. 932, III e IV, do CPC preceitua que o juiz relator tem poderes para negar seguimento a recurso em várias hipóteses.

30. O Tribunal Superior do Trabalho firmou entendimento no sentido da aplicação do art. 932, III e V, do CPC ao Processo do Trabalho, consoante previsto na Súmula 435 do TST.

31. Os pressupostos recursais, também chamados requisitos de admissibilidade recursal, classificam-se em objetivos (extrínsecos) e subjetivos (intrínsecos).

32. Os pressupostos recursais objetivos são os seguintes: recorribilidade do ato, adequação, tempestividade, preparo (pagamento de custas e recolhimento do depósito recursal) e regularidade de representação. O recolhimento do valor da multa imposta por litigância de má-fé, à luz do art. 81 do CPC, não é pressuposto objetivo para interposição dos recursos de natureza trabalhista, pois entende o TST que tal multa não se qualifica como custas processuais (OJ 409, SDI-1, do TST).

33. Os pressupostos recursais subjetivos são a legitimidade, capacidade e interesse.

34. Quantos aos pressupostos de admissibilidade, destaca-se o depósito recursal exigido para o recurso ordinário, recurso de revista, embargos ao TST, recurso extraordinário, recurso ordinário em ação rescisória e o agravo de instrumento.

35. O agravo de instrumento terá depósito recursal no montante de 50% do seu valor quando da interposição do recurso que não foi conhecido (art. 899, § 7.º, da CLT, com a redação dada pela Lei 12.275/2010). Não haverá, entretanto, obrigatoriedade de se efetuar o depósito para interposição do agravo de instrumento para destrancar recurso de revista interposto em face de decisão do TRT, em recurso ordinário, com fundamento em contrariedade à súmula ou à orientação jurisprudencial do TST.

36. Somente haverá depósito recursal quando houver decisão condenatória, em que a empresa tenha sido condenada a pagar certa quantia (Súmula 161 do TST), sendo devido também em caso de interposição de recurso adesivo.

37. O depósito recursal poderá ser substituído por fiança bancária ou seguro garantia judicial (art. 899, § 11, CLT).

38. O valor do depósito recursal será reduzido pela metade para entidades sem fins lucrativos, empregadores domésticos, microempreendedores individuais, microempresas e empresas de pequeno porte (art. 899, § 9º, CLT).

39. São isentos do depósito recursal os beneficiários da justiça gratuita, as entidades filantrópicas e as empresas em recuperação judicial (art. 899, § 10º, CLT).

40. Também são isentas as pessoas jurídicas de direito público (art. 1.º, IV, do Decreto-lei 779/1969 e item X da IN 3/1993 do TST) e o Ministério Público do Trabalho.

41. Todavia, em relação às empresas públicas e às sociedades de economia mista, em caso de recurso, deverá ser recolhido o respectivo depósito recursal (Súmula 170 do TST).

42. A massa falida também não está sujeita ao pagamento de custas nem ao depósito recursal (Súmula 86 do TST).

43. No entanto, em relação às empresas em liquidação extrajudicial, a Súmula 86 do TST estabelece a obrigatoriedade do recolhimento das custas e depósito recursal.

44. Uma vez depositado integralmente o valor da condenação, o juízo estará garantido, de modo que nenhum outro depósito precisará ser realizado pelo recorrente, salvo se majorada a condenação (Súmula 128, I, do TST).

45. Transitada em julgado a decisão recorrida, o juiz ordenará o levantamento imediato do depósito recursal em favor da parte vencedora (art. 899, § 1.º, da CLT).

46. O depósito recursal será feito em conta vinculada ao juízo e corrigido com os mesmos índices da poupança (art. 899, § 4°, CLT). Vide ADI 5867.

47. Nos termos da Súmula 245 do TST, o depósito recursal deve ser feito e comprovado no prazo alusivo ao recurso, e a interposição antecipada do recurso não prejudica a dilação legal. A Súmula aplica-se ao recurso ordinário, recurso de revista, embargos ao TST e recurso extraordinário. No caso do agravo de instrumento, o depósito deve ser realizado e comprovado no ato da interposição do recurso (art. 899, § 7.°, da CLT).

48. Assim como ocorre com as custas, na hipótese de recolhimento insuficiente do depósito recursal, o recorrente deverá ser intimado para promover a complementação no prazo de 5 dias e somente se não o fizer ocorrerá a deserção (art. 1007, § 2°, do CPC e OJ 140, SDI-1, TST). Trata-se de exemplo do princípio da primazia da decisão de mérito.

49. Havendo condenação solidária de duas ou mais empresas, o depósito recursal efetuado por uma delas aproveita as demais, desde que a empresa que realizou o depósito não pleiteie sua exclusão da lide (Súmula 128 do TST).

50. No dissídio coletivo não é exigido o depósito recursal, pois a natureza jurídica da sentença no dissídio coletivo é constitutiva ou declaratória, e nunca condenatória.

51. Quanto à ação rescisória, estabelece a Súmula 99 do TST a obrigatoriedade de o empregador vencido, em caso de recurso, efetuar o depósito recursal, sob pena de o apelo não ser conhecido por falta de preparo (deserção).

52. O recolhimento do valor da multa imposta como sanção por litigância de má-fé (art. 81 do CPC de 2015 - art. 18 do CPC de 1973) não é pressuposto objetivo para interposição dos recursos de natureza trabalhista, pois entende o TST que tal multa não se qualifica como custas processuais (OJ 409, SDI-1, do TST).

53. O recurso ordinário está previsto no art. 895 da CLT e é admissível nas seguintes hipóteses: a) das sentenças terminativas ou definitivas prolatadas pela Vara do Trabalho ou pelo juiz de direito no exercício da jurisdição trabalhista; b) das decisões definitivas ou terminativas prolatadas pelos Tribunais Regionais do Trabalho em processos de sua competência originária (mandado de segurança, ação rescisória, ação anulatória, dissídio coletivo, *habeas corpus* etc.), seja nos dissídios individuais ou coletivos.

54. Quanto ao *habeas corpus*, atente-se para a OJ 156 da SDI 2, segundo a qual "é cabível ajuizamento de *habeas corpus* originário no Tribunal Superior do Trabalho, em substituição de recurso ordinário em *habeas corpus*, de decisão definitiva proferida por Tribunal Regional do Trabalho, uma vez que o órgão colegiado passa a ser a autoridade coatora no momento em que examina o mérito do *habeas corpus* impetrado no âmbito da Corte local".

55. Portanto, tanto as sentenças definitivas (com julgamento do mérito) como as terminativas (sem exame do mérito) serão passíveis de recurso ordinário.

56. Considerando que o recurso ordinário não possui efeito suspensivo, sendo apenas dotado de efeito devolutivo, o recorrente poderá nas razões requerer tal efeito mediante requerimento dirigido ao tribunal, ao relator ou ao presidente ou ao vice-presidente do tribunal recorrido, por aplicação subsidiária ao processo do trabalho do artigo 1.029, § 5º, do CPC de 2015 (Súmula 414, I, do TST).

57. O recurso embargos de declaração está previsto no art. 897-A da CLT, dispondo que caberão embargos de declaração de qualquer decisão, no prazo de cinco dias, devendo seu julgamento ocorrer na primeira audiência ou sessão subsequente à sua apresentação, registrada na certidão, admitido efeito modificativo da decisão nos casos de omissão e contradição no julgado e manifesto equívoco no exame dos pressupostos extrínsecos do recurso.

58. No Código de Processo Civil, os embargos de declaração estão previstos nos arts. 1.022 e seguintes, de aplicação subsidiária ao Processo do Trabalho.

59. O prazo para oposição de embargos de declaração é de cinco dias, contados da intimação da sentença ou do acórdão, não havendo a oposição de contrarrazões pelo embargado, salvo se houver pedido de efeito modificativo do julgado pelo recorrente, quando se torna obrigatória, sob pena de nulidade, a oitiva da parte contrária, conforme determina o art. 897-A, § 2.º, da CLT.

60. O recurso embargos de declaração, no âmbito laboral, cabe, em regra, das sentenças proferidas pelas Varas do Trabalho ou juiz de direito no exercício da jurisdição trabalhista e dos acórdãos proferidos pelos tribunais, admitindo também o Tribunal Superior do Trabalho a sua oposição em face de decisão monocrática prolatada pelo juiz relator calcada no art. 932, III e V, do CPC.

61. O art. 1.023 do CPC aponta um pressuposto específico dos embargos de declaração, qual seja a obrigatoriedade, sob pena de não conhecimento do apelo, da indicação do ponto obscuro, contraditório, omisso ou erro material.

62. A interposição dos embargos de declaração interrompe o prazo para interposição de outros recursos por qualquer das partes, conforme previsão explícita no art. 1.026 do CPC.

63. Em função disso, algumas partes se utilizam do recurso embargos de declaração apenas como meio meramente protelatório, objetivando ganhar tempo para interposição do recurso cabível em face da sentença ou acórdão proferido.

64. Estabelece o art. 1.026, § 2.º, do digesto processual civil que: "Quando manifestamente protelatórios os embargos de declaração, o juiz ou o tribunal, em decisão fundamentada, condenará o embargante a pagar ao embargado multa não excedente a dois por cento sobre o valor atualizado da causa". Na reiteração de embargos de declaração manifestamente protelatórios, a multa será elevada a até dez por cento sobre o valor atualizado da causa, e a interposição de qualquer recurso ficará condicionada ao depósito prévio do valor da multa, à exceção da Fazenda Pública e do beneficiário de gratuidade da justiça, que a recolherão ao final (art. 1.026, § 3º, do CPC).

65. Também cabe mencionar a Súmula 98 do STJ, a qual dispõe que "embargos de declaração manifestados com notório propósito de prequestionamento não têm caráter protelatório".

66. O agravo de petição está previsto no art. 897, *"a"*, da CLT, sendo utilizado para impugnar as decisões judiciais proferidas no curso do processo de execução.

67. Em regra, o agravo de petição será interposto em face das decisões definitivas ou terminativas proferidas em processo de execução trabalhista, como na decisão que julga eventuais embargos à execução ou embargos de terceiros, ou ainda extingue, total ou parcialmente, a execução.

68. O prazo para interposição e contraminuta ao agravo de petição é de oito dias, sendo o recurso julgado pelo próprio tribunal presidido pela autoridade recorrida, salvo se tratar de decisão de juiz do trabalho de 1.ª instância ou de juiz de direito no exercício da jurisdição trabalhista, quando o julgamento competirá a uma das turmas do Tribunal Regional a que estiver subordinado o prolator da decisão (art. 897, § 3.º, da CLT).

69. O art. 897, § 1.º, da CLT estabelece um pressuposto específico de admissibilidade do agravo de petição, qual seja a delimitação, justificada, das matérias e valores impugnados.

70. As parcelas que não foram impugnadas mediante agravo de petição poderão, de imediato, ser executadas definitivamente, não havendo qualquer efeito suspensivo.

71. A doutrina majoritária entende que não é necessário o depósito judicial para se interpor agravo de petição, bastando que o juízo esteja previamente garantido com a penhora ou nomeação de bens.

72. O agravo de instrumento está previsto no art. 897, *b*, da CLT, sendo o recurso adequado para impugnar os despachos que denegarem seguimento a recurso.

73. O prazo para interposição e contrarrazões do agravo de instrumento é de oito dias, devendo ser realizado o pagamento das custas e depósito de 50% do valor do depósito recursal efetuado quando da interposição do recurso que não foi conhecido, conforme redação dada pela Lei 12.275/2010 ao art. 897, § 5.º, I, da CLT.

74. O agravo de instrumento será julgado pelo tribunal que seria competente para conhecer o recurso cuja interposição foi denegada, conforme previsão no art. 897, § 4.º, consolidado.

75. Vale acentuar que o agravo de instrumento na Justiça do Trabalho somente é utilizado para destrancar recurso ao qual foi negado seguimento pelo 1.º juízo de admissibilidade e não para recorrer de decisões interlocutórias, como acontece na Justiça Comum.

76. Sempre que o 1.º juízo de admissibilidade negar seguimento a recurso ordinário, recurso de revista, agravo de petição, recurso extraordinário, ainda que interposto adesivamente, caberá a interposição de agravo de instrumento objetivando destrancar o apelo e fazer com que o mesmo suba à instância superior.

77. O agravo de instrumento é interposto perante o juízo que não conheceu do recurso, admitindo o chamado juízo de retratação ou reconsideração.

78. Caso a decisão objeto do agravo de instrumento seja mantida, o agravado será intimado para que, no prazo de 8 dias, ofereça razões de contrariedade ao agravo e ao recurso principal, instruindo o agravo com as peças que entender necessárias ao seu julgamento.

79. Com o advento da Lei 9.756/1998, as partes passaram a ser obrigadas a promover, sob pena de não conhecimento do apelo, a formação do instrumento do agravo, instruindo o recurso com peças necessárias e facultativas (nos exatos termos do § 5.º do art. 897 consolidado), de modo a permitir o imediato julgamento do recurso denegado, em caso de provimento do agravo.

80. O Ato Conjunto TST.CSJT 10/2010 determina a digitalização de processos, pelos Tribunais Regionais, para a remessa ao Tribunal Superior do Trabalho. Em razão disso, o TST instituiu, por meio da Resolução Administrativa 1.418, que o agravo de instrumento interposto de despacho que negar seguimento a recurso para o Tribunal Superior do Trabalho deve ser processado nos autos do recurso denegado (art. 1.º). Nesses casos, portanto, é desnecessária a formação do instrumento.

81. Frise-se que, a partir da implantação do PJe na segunda instância das Regiões da Justiça do Trabalho, será dispensada a formação de autos suplementares em casos como de agravos de instrumento, precatórios, agravos regimentais e execução provisória.

82. O recurso de revista, previsto no art. 896 da CLT, é um recurso eminentemente técnico, estando sua admissibilidade subordinada ao atendimento de determinados pressupostos que serão adiante estudados, não objetivando o recurso em destaque a corrigir a má apreciação da prova produzida, ou até mesmo a injustiça da decisão, mas sim a interpretação correta da lei pelos tribunais do trabalho.

83. Cabe destacar que o prazo para interposição e contrarrazões do recurso de revista é de 8 dias, sendo o mesmo julgado por uma das Turmas do Tribunal Superior do Trabalho (art. 5.º, *a*, da Lei 7.701/1988).

84. O recurso de revista será utilizado para impugnar acórdão proferido pelo Tribunal Regional do Trabalho em dissídios individuais, proferido em grau de recurso ordinário e de agravo de petição.

85. A exemplo dos demais recursos trabalhistas, o recurso de revista deve preencher todos os requisitos de admissibilidade recursal (tempestividade, preparo, legitimidade, capacidade etc.), sob pena de não conhecimento.

86. O art. 896-A da CLT impõe como pressuposto de admissibilidade do recurso de revista a transcendência, regulamentando a matéria. ***O Tribunal Superior do Trabalho, no recurso de revista, examinará previamente se a causa oferece transcendência com relação aos reflexos gerais de natureza econômica, política, social ou jurídica.***

87. São indicadores de transcendência, entre outros (art. 896-A, § 1º, CLT): a) econômica, o elevado valor da causa; b) política, o desrespeito da instância recorrida à jurisprudência sumulada do Tribunal Superior do Trabalho ou do Supremo Tribunal Federal; c) social, a postulação, por reclamante-recorrente, de direito social constitucionalmente assegurado; e d) jurídica, a existência de questão nova em torno da interpretação da legislação trabalhista.

88. Cabe recurso de revista em duas hipóteses: a) de decisão do TRT em recurso ordinário; e b) de decisão do TRT em agravo de petição. Não é cabível recurso de revista em face de decisão do TRT em agravo de instrumento (Súmula 218 do TST).

89. No *procedimento sumaríssimo*, a admissibilidade de recurso de revista está limitada à demonstração de violação direta a dispositivo da Constituição Federal ou contrariedade à Súmula do Tribunal Superior do Trabalho ou à súmula vinculante do STF, não se admitindo o recurso por contrariedade à Orientação Jurisprudencial deste Tribunal (Livro II, Título II, Capítulo III, do RITST), ante a ausência de previsão no art. 896, § 6º, da CLT.

90. Recurso de revista na execução é cabível apenas quando houver ofensa literal e direta à Constituição da República (art. 896, § 2.º, da CLT e Súmula 266 do TST). Entretanto, nas execuções fiscais e nas controvérsias da fase de execução que envolvam a Certidão Negativa de Débitos Trabalhistas (CNDT) cabe recurso de revista por violação à lei federal, divergência jurisprudencial e ofensa à Constituição Federal (art. 896, § 10, da CLT).

91. No procedimento ordinário, nos termos do art. 896 "a" e "c", da CLT, o recurso de revista é cabível nos seguintes casos: a) violação literal e direta à Constituição Federal; b) violação literal à lei federal; c) contrariedade à súmula do TST; d) contrariedade à orientação jurisprudencial do TST (OJ 219, SDI-1, do TST); e) contrariedade à súmula vinculante do STF; f) quando, na interpretação de lei federal, a decisão recorrida contrariar outro TRT (Pleno ou Turma); e g) quando o acórdão recorrido divergir, na interpretação de lei federal, de decisão da Seção de Dissídios Individuais I ou II do TST

92. No procedimento ordinário cabe, ainda, recurso de revista por divergência jurisprudencial na hipótese do art. 896, "b", da CLT, ou seja, quando o acórdão recorrido der ao mesmo dispositivo de lei estadual, convenção coletiva de trabalho, acordo coletivo, sentença normativa ou regulamento empresarial de observância obrigatória em área territorial que exceda a jurisdição do Tribunal Regional prolator da decisão recorrida, interpretação divergente, na forma da alínea "a" do art. 896 da CLT.

93. O art. 894 da CLT prevê a existência de dois tipos de embargos, os quais são interpostos no âmbito do Tribunal Superior do Trabalho, que são: embargos infringentes, de divergência.

94. Cabem embargos, no prazo de 8 dias: a) de decisão não unânime de julgamento que conciliar, julgar ou homologar conciliação em dissídios coletivos que excedam a competência territorial dos Tribunais Regionais do Trabalho e estender ou rever as sentenças normativas do Tribunal Superior do Trabalho, nos casos previstos em lei; b) das decisões das Turmas que divergirem entre si ou das decisões proferidas pela Seção de Dissídios Individuais, ou contrárias à súmula ou orientação jurisprudencial do Tribunal Superior do Trabalho ou súmula vinculante do Supremo Tribunal Federal.

95. Conforme previsto na Súmula 283 do TST, o recurso adesivo pode ser interposto em face do recurso ordinário, recurso de revista, embargos e agravo de petição, sempre no prazo de oito dias.

96. Embora a Súmula 283 do TST não mencione, também é possível a utilização de recurso adesivo ao recurso extraordinário, nesse caso, interposto no prazo de quinze dias.

97. O recurso adesivo é interposto no prazo das contrarrazões do recurso principal, consoante previsto no art. 997, § 2.º, I, do CPC.

98. O recurso adesivo é sempre dependente, subordinado ao recurso principal, de forma que, se o recurso principal, por qualquer motivo, não for conhecido, o julgamento do recurso adesivo restará prejudicado, também não sendo conhecido (art. 997, § 2.º, III, do CPC).

99. Para utilização do recurso adesivo é preciso que tenha havido sucumbência recíproca, ou seja, que reclamante e reclamado tenham sido vencedores e vencidos parcialmente.

100. Em outras palavras, nasce a possibilidade de utilização do recurso adesivo quando os pedidos forem julgados parcialmente procedentes, nos exatos termos do art. 997 do CPC, dispondo que, vencidos autor e réu, ao recurso interposto por qualquer deles poderá aderir a outra parte.

101. O recurso adesivo também deve preencher os demais pressupostos gerais e específicos de admissibilidade exigidos dos recursos principais (inclusive com pagamento de custas e recolhimento do depósito recursal, quando for o caso), sendo recebido apenas no efeito devolutivo.

102. Conforme também determina a Súmula 283 do TST, não há necessidade de que a matéria deduzida no recurso adesivo esteja relacionada com a do recurso principal interposto pela parte contrária.

103. Doutrina e jurisprudência divergem sobre a legitimidade para interposição do recurso adesivo, alguns entendendo que somente as partes (autor e réu) poderiam se valer de tal recurso, e outros defendendo a possibilidade de interposição de recurso adesivo pelo Ministério Público e pelo terceiro juridicamente interessado.

104. A Consolidação das Leis do Trabalho apenas menciona a possibilidade de utilização do recurso extraordinário no art. 893, § 2.°, quando dispõe que "a interposição de recurso para o Supremo Tribunal Federal não prejudicará a execução do julgado".

105. No âmbito da Justiça do Trabalho, o recurso extraordinário somente poderá ser interposto da última decisão prolatada no Tribunal Superior do Trabalho, em geral, em sede de embargos, desde que haja violação ou ofensa direta à Constituição Federal.

106. Frise-se que, quando a Constituição menciona "causas decididas em última instância", no Processo do Trabalho, refere-se às decisões proferidas pelo Tribunal Superior do Trabalho, quando já esgotados todos os recursos admissíveis.

107. O prazo para interpor e contra-arrazoar o recurso extraordinário é de 15 dias (art. 26 da Lei 8.038/1990), não se admitindo a sua interposição para o simples reexame de prova, conforme previsto na Súmula 279 do STF.

108. O *jus postulandi* não pode ser exercido em relação ao recurso extraordinário, o qual deve ser subscrito, necessariamente, por advogado, não se aplicando, por consequência, o art. 791 da CLT.

109. Além dos pressupostos gerais, o recurso extraordinário submete-se a pressupostos específicos de admissibilidade, quais sejam: a) existência de uma causa; b) que essa causa tenha sido decidida em última ou única instância; c) que a decisão tenha envolvido, direta ou indiretamente, questão federal.

110. O recurso extraordinário também exige que a questão federal seja prequestionada, de maneira explícita (por meio, normalmente, de embargos de declaração), sob pena de não conhecimento do apelo.

111. Em verdade, a reclamação correicional não é recurso, e sim um mero procedimento administrativo que visa sustar procedimentos do juiz que atentem contra a boa ordem processual vigente.

112. A reclamação correicional deve preencher alguns requisitos, a saber: a) o ato deve ser atentatório à boa ordem processual; b) não deve haver recurso cabível contra este ato; c) deve ser demonstrado o prejuízo processual à parte recorrente do referido ato.

113. A reclamação correicional é dirigida, em regra, ao corregedor do Tribunal, sendo o prazo geralmente fixado pelos regimentos internos dos tribunais em cinco dias, contados da data da publicação do ato ou despacho no órgão oficial ou da ciência inequívoca pela parte dos fatos relativos à impugnação.

114. O art. 103-A da CF/1988, com redação dada pela EC 45/2004, estabelece que o Supremo Tribunal Federal poderá, de ofício ou por provocação, mediante a decisão de dois terços dos seus membros, após reiteradas decisões sobre matéria constitucional, aprovar súmula que, a partir de sua publicação na imprensa oficial, terá efeito vinculante em relação aos demais órgãos do Poder Judiciário e à administração pública direta e indireta, nas esferas federal, estadual e municipal, bem como proceder à sua revisão ou cancelamento. O referido dispositivo constitucional foi regulamentado pela Lei 11.417, de 19.12.2006, a qual passou a disciplinar a edição, revisão e cancelamento de enunciado de súmula vinculante pelo Supremo Tribunal Federal.

115. Conforme estabelecido no § 1.º do art. 1.º da Lei 11.417/2006, o enunciado da súmula terá por objeto a validade, a interpretação e a eficácia de normas determinadas, acerca das quais haja, entre órgãos judiciários ou entre esses e a administração pública, controvérsia atual que acarrete grave insegurança jurídica e relevante multiplicação de processos sobre idêntica questão.

116. A súmula vinculante editada pelo STF terá, em regra, eficácia imediata, podendo a Suprema Corte, por decisão de dois terços dos seus membros, restringir os efeitos vinculantes ou decidir que a súmula somente tenha eficácia a partir de outro momento, considerando as razões de segurança jurídica ou excepcional interesse público.

117. A proposta de edição, revisão ou cancelamento da súmula vinculante do STF não autoriza a suspensão dos processos em que se discuta a mesma questão. Outrossim, da decisão judicial ou do ato administrativo que contrariar súmula vinculante do STF, negar-lhe vigência ou aplicá-lo indevidamente caberá reclamação ao Supremo Tribunal Federal, sem prejuízo dos recursos ou outros meios admissíveis de impugnação. Julgando procedente a reclamação, a Suprema Corte anulará o ato administrativo ou cassará a decisão judicial impugnada, determinando que outra seja proferida com ou sem aplicação da súmula, conforme a hipótese.

118. Em face de omissão ou ato da administração pública, o uso da reclamação perante o STF somente será admitido após o esgotamento das vias administrativas.

119. A assunção de competência, prevista no art. 947 do CPC, aplica-se ao Processo do Trabalho, consoante versa o TST, na IN 39/2016, e trata-se de instituto admissível quando o julgamento de recurso, de remessa necessária ou de processo de competência originária envolver relevante questão de direito, com grande repercussão social, sem repetição em múltiplos processos.

120. Na hipótese de assunção de competência, o relator proporá, de ofício ou a requerimento da parte, do Ministério Público ou da Defensoria Pública, o julgamento do recurso, da remessa necessária ou do processo de competência originária pelo órgão colegiado que o regimento indicar.

121. O órgão colegiado julgará o recurso, a remessa necessária ou o processo de competência originária se reconhecer interesse público na assunção de competência.

122. O acórdão proferido em assunção de competência vinculará todos os juízes e órgãos fracionários, exceto se houver revisão de tese.

123. O incidente também é cabível quando ocorrer relevante questão de direito a respeito da qual seja conveniente a prevenção ou a composição de divergência entre câmaras ou turmas do tribunal.

124. Nos termos do art. 976 do CPC, é cabível a instauração do incidente de resolução de demandas repetitivas quando houver, simultaneamente: I – efetiva repetição de processos que contenham controvérsia sobre a mesma questão unicamente de direito; II – risco de ofensa à isonomia e à segurança jurídica.

125. A desistência ou o abandono do processo não impede o exame de mérito do incidente (art. 976, § 1.º, do CPC).

126. Se não for o requerente, o Ministério Público intervirá obrigatoriamente no incidente e deverá assumir sua titularidade em caso de desistência ou de abandono (art. 976, § 2.º, do CPC).

127. A inadmissão do incidente de resolução de demandas repetitivas por ausência de qualquer de seus pressupostos de admissibilidade não impede que, uma vez satisfeito o requisito, seja o incidente novamente suscitado (art. 976, § 3.º, do CPC).

128. É incabível o incidente de resolução de demandas repetitivas quando um dos tribunais superiores, no âmbito de sua respectiva competência, já tiver afetado recurso para definição de tese sobre questão de direito material ou processual repetitiva (art. 976, § 4.º, do CPC).

129. Não serão exigidas custas processuais no incidente de resolução de demandas repetitivas (art. 976, § 5.º, do CPC).

130. À luz do art. 977 do CPC, o pedido de instauração do incidente será dirigido ao presidente de tribunal:
I – pelo juiz ou relator, por ofício;
II – pelas partes, por petição;
III – pelo Ministério Público ou pela Defensoria Pública, por petição.

131. O julgamento do incidente caberá ao órgão indicado pelo regimento interno dentre aqueles responsáveis pela uniformização de jurisprudência do tribunal. Este julgará igualmente o recurso, a remessa necessária ou o processo de competência originária de onde adveio o incidente (art. 978, CPC).

132. A instauração e o julgamento do incidente serão sucedidos da mais ampla e específica divulgação e publicidade, por meio de registro eletrônico no Conselho Nacional de Justiça (art. 979, CPC).

133. Os tribunais manterão banco eletrônico de dados atualizados com informações específicas sobre questões de direito submetidas ao incidente, comunicando imediatamente ao Conselho Nacional de Justiça para inclusão no cadastro.

134. Para possibilitar a identificação dos processos abrangidos pela decisão do incidente, o registro eletrônico das teses jurídicas constantes do cadastro conterá, no mínimo, os fundamentos determinantes da decisão e os dispositivos normativos a ela relacionados.

135. O incidente será julgado no prazo de 1 (um) ano e terá preferência sobre os demais feitos, ressalvados os que envolvam réu preso e os pedidos de habeas corpus. Superado este prazo, cessa a suspensão dos processos, salvo decisão fundamentada do relator em sentido contrário (art. 980, CPC).

136. Após a distribuição, o órgão colegiado competente para julgar o incidente procederá ao seu juízo de admissibilidade, considerando a presença dos pressupostos do art. 976 do CPC (art. 981, CPC).

137. Com base no art. 982 do CPC e no art. 8º, § 1º, da IN 39/2016 do TST, admitido o incidente, o relator: a) suspenderá o julgamento dos processos pendentes, individuais ou coletivos, que tramitam na Região, no tocante ao tema objeto de IRDR, sem prejuízo da instrução integral das causas e do julgamento dos eventuais pedidos distintos e cumulativos igualmente deduzidos em tais processos (art. 8º, § 1º, IN 39/2016, TST); b) poderá requisitar informações a órgãos em cujo juízo tramita processo no qual se discute o objeto do incidente, que as prestarão no prazo de 15 (quinze) dias; c) intimará o Ministério Público para, querendo, manifestar-se no prazo de 15 (quinze) dias.

138. A suspensão será comunicada aos órgãos jurisdicionais competentes.

129. Durante a suspensão, o pedido de tutela de urgência deverá ser dirigido ao juízo onde tramita o processo suspenso.

140. O relator ouvirá as partes e os demais interessados, inclusive pessoas, órgãos e entidades com interesse na controvérsia, que, no prazo comum de 15 (quinze) dias, poderão requerer a juntada de documentos, bem como as diligências necessárias para a elucidação da questão de direito controvertida, e, em seguida, manifestar-se-á o Ministério Público, no mesmo prazo (art. 983, CPC).

141. Para instruir o incidente, o relator poderá designar data para, em audiência pública, ouvir depoimentos de pessoas com experiência e conhecimento na matéria (art. 983, § 1º, do CPC).

142. Concluídas as diligências, o relator solicitará dia para o julgamento do incidente (art. 983, § 2º, do CPC).

143. À luz do art. 984 do CPC, no julgamento do incidente, observar-se-á a seguinte ordem: I – o relator fará a exposição do objeto do incidente; II – poderão sustentar suas razões, sucessivamente: a) o autor e o réu do processo originário e o Ministério Público, pelo prazo de 30 (trinta) minutos; b) os demais interessados, no prazo de 30 (trinta) minutos, divididos entre todos, sendo exigida inscrição com 2 (dois) dias de antecedência.

144. Considerando o número de inscritos, o prazo poderá ser ampliado (art. 894, § 1º, do CPC).

145. O conteúdo do acórdão abrangerá a análise de todos os fundamentos suscitados concernentes à tese jurídica discutida, sejam favoráveis ou contrários (art. 894, § 2º, do CPC).

146. De acordo com o art. 8º, § 2º, da IN 39/2016, do julgamento do mérito do incidente caberá recurso de revista para o "Tribunal Superior do Trabalho, dotado de efeito meramente devolutivo, nos termos dos arts. 896 e 899 da CLT".

147. Apreciado o mérito do recurso, a tese jurídica adotada pelo Tribunal Superior do Trabalho será aplicada no território nacional a todos os processos, individuais ou coletivos, que versem sobre idêntica questão de direito (art. 8º, § 3º, da IN 39/2016).

148. Não observada a tese adotada no incidente, caberá reclamação (art. 895, § 1º, do CPC).

149. Por fim, com base no art. 986 do CPC, a revisão da tese jurídica firmada no incidente far-se-á pelo mesmo tribunal, de ofício ou mediante requerimento dos legitimados mencionados no art. 977, inciso III, quer dizer, pelo Ministério Público ou pela Defensoria Pública, por petição.

6.12. QUESTÕES CORRELATAS

01. (TRT3 – OJAF – 2015) Quanto aos recursos interpostos na Justiça do Trabalho,

(A) o efeito devolutivo em profundidade do recurso ordinário transfere ao Tribunal a apreciação dos fundamentos da inicial ou da defesa, não examinados pela sentença, desde que renovados em contrarrazões.

(B) é intempestivo o recurso interposto antes de publicado o acórdão impugnado.

(C) a interrupção do prazo recursal em razão da interposição de embargos de declaração pela parte adversa não acarreta qualquer prejuízo àquele que apresentou seu recurso tempestivamente.

(D) o recurso adesivo é compatível com o processo do trabalho e cabe, no prazo de 8 (oito) dias, nas hipóteses de interposição de recurso ordinário, de agravo de petição, de revista e de embargos, sendo necessário que a matéria nele veiculada esteja relacionada com a do recurso interposto pela parte contrária.

(E) a admissibilidade do recurso de revista interposto de acórdão proferido em agravo de petição, na liquidação de sentença ou em processo incidente na execução, inclusive os embargos de terceiro, depende de demonstração de violação literal de disposição de lei federal ou afronta direta e literal à Constituição Federal.

02. (TRT3 – AJAJ – 2015) Em relação à execução provisória os recursos serão interpostos por simples petição e terão efeito meramente

(A) suspensivo, salvo as exceções previstas em lei, permitida a execução provisória até a penhora.

(B) suspensivo, salvo as exceções previstas em lei, permitida a execução definitiva.

(C) devolutivo, salvo as exceções previstas em lei, permitida a execução definitiva.

(D) meramente suspensivo, salvo as exceções previstas em lei, permitida a execução provisória até o leilão e a praça.

(E) devolutivo, salvo as exceções previstas em lei, permitida a execução provisória até a penhora.

03. (TRT23 – OJAF – 2016) A Consolidação das Leis do Trabalho apresenta um rol dos recursos admitidos no Processo Judiciário do Trabalho, dentre os quais estão incluídos

(A) embargos no Tribunal Superior do Trabalho de decisão não unânime de julgamento que homologar conciliação em dissídios coletivos que excedam a competência territorial dos Tribunais Regionais do Trabalho.

(B) agravos de instrumentos retidos para decisões interlocutórias que possam gerar nulidade processual.

(C) embargos infringentes para turma recursal de primeira instância nas ações que tramitam pelo rito sumário.

(D) apelações contra acórdão do Tribunal Regional onde não houve unanimidade na Turma.

(E) recursos especiais para o Superior Tribunal de Justiça em caso de ofensa literal à Constituição Federal.

04. (TRT6 – Juiz do Trabalho – 2015) Em relação aos embargos no TST, considere:

I. A divergência apta a ensejar os embargos deve ser atual, não se considerando tal a ultrapassada por súmula do Tribunal Superior do Trabalho ou do Supremo Tribunal Federal, ou superada por iterativa e notória jurisprudência do Tribunal Superior do Trabalho.

II. O Ministro Relator denegará seguimento aos embargos apenas nas hipóteses de intempestividade, deserção, irregularidade de representação ou de ausência de qualquer outro pressuposto extrínseco de admissibilidade.

III. Da decisão denegatória dos embargos não cabe recurso.

Está correto o que consta em

(A) II, apenas.

(B) I, apenas.

(C) I e III, apenas.

(D) I, II e III.

(E) I e II, apenas.

05. (TRT3 – TJAA – 2015) Considere as seguintes hipóteses:

I. Indeferimento da petição inicial.

II. Indeferimento do requerimento da realização de perícia para apuração de periculosidade.

III. Juiz acolhe alegação de litispendência.

IV. Juiz acolhe alegação de coisa julgada.

Caberá Recurso Ordinário nas hipóteses indicadas APENAS em

(A) I e III.

(B) I e II.

(C) I, III e IV.

(D) II, III e IV.

(E) II e IV.

06. (TRT1 – Juiz do Trabalho – 2016) Tendo o juiz rejeitado liminarmente os embargos à execução opostos pelo executado, este impetrou mandado de segurança com pedido de liminar ao relator, para que determinasse o processamento dos ditos embargos. O relator, porém, julgou manifestamente incabível a ação mandamental e indeferiu a sua petição inicial. O executado, então, interpôs agravo regimental, para que fosse processado o mandado de segurança e concedida a liminar. Negado provimento ao agravo regimental, o executado opôs embargos de declaração, os quais não foram conhecidos, uma vez que havia alegação de insatisfação com o julgamento do mencionado agravo. Opostos novos embargos, o relator então negou-lhe seguimento, por manifestamente incabível e contrário à jurisprudência do tribunal.

Dada essa última decisão, é cabível

(A) recurso ordinário.

(B) agravo regimental ou turmário.

(C) recurso de revista.

(D) agravo de instrumento.

(E) novo mandado de segurança.

07. (TRT23 – AJAJ – 2016) A empresa Olimpo S/A foi condenada em dissídio individual trabalhista em primeira instância, recorreu e seu recurso não foi provido, ficando mantida a sentença. Resolveu recorrer novamente alegando que a decisão do Regional deu ao mesmo dispositivo de lei federal interpretação diversa da que lhe houver dado outro Tribunal Regional em seu Pleno. No caso, caberá recurso

(A) de apelação, no prazo de 15 dias.

(B) de revista, no prazo de 8 dias.

(C) ordinário, no prazo de 8 dias.

(D) de agravo de petição, no prazo de 5 dias.

(E) de embargos ao TST, no prazo de 10 dias.

08. (TRT9 – AJAJ – 2015) O trabalhador Zeus ajuizou reclamação trabalhista em face de sua empregadora. Em primeira instância foi julgado improcedente o pedido do autor. Inconformado Zeus recorreu e o Tribunal Regional rejeitou as razões recursais e manteve a sentença, embora a decisão tenha sido proferida com afronta direta e literal à Constituição Federal. Nessa situação, cabe o recurso

(A) de apelação em 15 dias.

(B) ordinário em 08 dias.

(C) de revista em 08 dias.

(D) extraordinário em 05 dias.

(E) de revista em 15 dias.

09. (TRT6 – Juiz do Trabalho – 2015) Sobre o recurso de revista considere:

I. O recurso de revista, dotado de efeito devolutivo, será interposto perante o Presidente do Tribunal Regional do Trabalho, que, por decisão fundamentada, poderá recebê-lo ou denegá-lo.

II. Cabe recurso de revista para a Seção Especializada em Dissídios Individuais do Tribunal Superior do Trabalho das decisões proferidas em grau de recurso ordinário, em dissídio individual, pelos Tribunais Regionais do Trabalho.

III. Das decisões proferidas pelos Tribunais Regionais do Trabalho ou por suas Turmas, em execução de sentença, inclusive em processo incidente de embargos de terceiro, somente caberá recurso de revista na hipótese de darem ao mesmo dispositivo de lei federal interpretação diversa da que lhe houver dado outro Tribunal Regional do Trabalho, no seu Pleno ou Turma, ou a Seção de Dissídios Individuais do Tribunal Superior do Trabalho, ou contrariarem súmula de jurisprudência uniforme dessa Corte ou súmula vinculante do Supremo Tribunal Federal.

Está correto o que consta em

(A) II, apenas.

(B) I, II e III.

(C) I e III, apenas.

(D) I, apenas.

(E) I e II, apenas.

10. (TRT9 – AJAA – 2015) O Recurso de Revista, dotado de efeito

(A) suspensivo e devolutivo, será interposto perante o Presidente do Tribunal Superior do Trabalho.

(B) apenas devolutivo, será interposto perante o Presidente do Tribunal Superior do Trabalho.

(C) suspensivo e devolutivo, será interposto perante o Presidente do Tribunal Regional do Trabalho competente.

(D) apenas devolutivo, será interposto perante o Presidente do Tribunal Regional do Trabalho competente.

(E) apenas devolutivo, será interposto perante o relator do acórdão recorrido, sendo que este encaminhará ao Presidente após o juízo de admissibilidade.

11. (TRT3 – TJAA – 2015) Na execução de sentença proferida em reclamação trabalhista, contra as decisões dos Tribunais Regionais do Trabalho

(A) não caberá Recurso de Revista, salvo na hipótese de ofensa direta e literal de norma estadual ou federal.

(B) caberá, em qualquer hipótese, Recurso de Revista, no prazo de oito dias.

(C) não caberá Recurso de Revista, salvo na hipótese de ofensa à súmula ou jurisprudência consolidada do Tribunal Superior do Trabalho.

(D) caberá, em qualquer hipótese, Recurso de Revista, no prazo de quinze dias.

(E) não caberá Recurso de Revista, exceto quando ocorrer ofensa direta e literal de norma da Constituição Federal.

12. (PGM/São Luís/MA – Procurador – 2016) No tocante ao Recurso de Revista, considere:

I. Quando o recurso tempestivo contiver defeito formal que não se repute grave, o Tribunal Superior do Trabalho deverá admitir o recurso e determinar, obrigatoriamente, que seja sanado o vício, sendo vedado o julgamento do mérito antes da sua regularização.

II. O recurso de revista, dotado de efeito devolutivo e suspensivo, será interposto perante o Presidente do Tribunal Regional do Trabalho, que, por decisão fundamentada, poderá recebê-lo ou denegá-lo.

III. Das decisões proferidas pelos Tribunais Regionais do Trabalho ou por suas Turmas, em execução de sentença não caberá Recurso de Revista, salvo na hipótese de ofensa direta e literal de norma da Constituição Federal.

IV. Quando o recurso fundar-se em dissenso de julgados, incumbe ao recorrente o ônus de produzir prova da divergência jurisprudencial, mediante certidão, cópia ou citação do repositório de jurisprudência, oficial ou credenciado, inclusive em mídia eletrônica em que houver sido publicada a decisão divergente, ou ainda pela reprodução de julgado disponível na internet, com indicação da respectiva fonte, mencionando, em qualquer caso, as circunstâncias que identifiquem ou assemelhem os casos confrontados.

De acordo com a Consolidação das Leis do Trabalho, está correto o que se afirma APENAS em

(A) I e IV.

(B) I e II.

(C) I, III e IV.

(D) II, III e IV.

(E) III e IV.

13. (TRT3 – TJAA – 2015) Nas causas sujeitas ao procedimento sumaríssimo, somente será admitido Recurso de Revista

(A) quando derem ao mesmo dispositivo de Convenção Coletiva de Trabalho, Acordo Coletivo e sentença normativa interpretação divergente, da que lhe houver dado outro Tribunal Regional do Trabalho, no seu Pleno ou Turma.

(B) na hipótese exclusiva de contrariedade à súmula de jurisprudência uniforme do Tribunal Superior do Trabalho ou à súmula vinculante do Supremo Tribunal Federal.

(C) quando derem ao mesmo dispositivo de Lei Federal interpretação diversa da que lhe houver dado outro Tribunal Regional do Trabalho, no seu Pleno ou Turma.

(D) por contrariedade à súmula de jurisprudência uniforme do Tribunal Superior do Trabalho ou à súmula vinculante do Supremo Tribunal Federal e por violação direta da Constituição Federal.

(E) quando derem ao mesmo dispositivo de Lei Federal interpretação diversa da que lhe houver dado a Seção de Dissídios Individuais do Tribunal Superior do Trabalho.

14. (TRT9 – TJAA – 2015) Margarida ajuizou reclamação trabalhista pelo Rito Sumaríssimo. Após regular instrução processual a reclamação foi julgada improcedente. Margarida interpôs recurso ordinário que não foi conhecido uma vez que foi considerado deserto. Neste caso, Margarida pretende interpor recurso de revista sob a alegação de divergência jurisprudencial sobre dispositivo de lei federal. Neste caso, o referido recurso é

(A) incabível sob esta alegação, uma vez que na demanda ajuizada por Margarida só é cabível Recurso de Revista na hipótese de contrariedade à súmula vinculante do Supremo Tribunal Federal.

(B) cabível, uma vez que respeita as normas sobre Recurso de Revista previstas na Consolidação das Leis do Trabalho.

(C) incabível sob esta alegação, uma vez que na demanda ajuizada por Margarida só é cabível recurso de revista na hipótese de contrariedade à súmula de jurisprudência uniforme do TST.

(D) incabível sob esta alegação, uma vez que na demanda ajuizada por Margarida só é cabível recurso de revista na hipótese de violação direita da Constituição Federal.

(E) incabível sob esta alegação, uma vez que na demanda ajuizada por Margarida só é cabível recurso de revista na hipótese de contrariedade à súmula de jurisprudência uniforme do TST ou súmula vinculante do Supremo Tribunal Federal e violação direta da Constituição Federal.

15. (TRT4 – OJAF – 2015) Quanto à matéria recursal no Processo Judiciário do Trabalho, nos termos da Consolidação das Leis do Trabalho, é correto afirmar:

(A) Cabe recurso de revista por violação à lei federal, por divergência jurisprudencial e por ofensa à Constituição Federal, nas execuções fiscais e nas controvérsias da fase de execução que envolvam a Certidão Negativa de Débitos Trabalhistas – CNDT.

(B) Os embargos no Tribunal Superior do Trabalho devem ser interpostos no prazo de 15 dias e cabem em decisões unânimes em dissídios coletivos que excedam a competência territorial dos Tribunais Regionais.

(C) O recurso ordinário nas reclamações sujeitas ao procedimento sumaríssimo deve ser interposto no prazo de cinco dias e será imediatamente distribuído, uma vez recebido no Tribunal, devendo o relator liberá-lo no prazo máximo de quinze dias.

(D) O recurso de revista não cabe quando as decisões proferidas em grau de recurso ordinário, em dissídio individual, pelos Tribunais Regionais do Trabalho, contrariarem súmula de jurisprudência uniforme do Tribunal Superior do Trabalho ou súmula vinculante do Supremo Tribunal Federal.

(E) No ato de interposição do agravo de instrumento, o depósito recursal corresponderá a 10% do valor do depósito do recurso ao qual se pretende destrancar.

16. (TRT6 – Juiz do Trabalho – 2015) Quando houver multiplicidade de recursos de revista fundados em idêntica questão de direito, a questão poderá ser afetada

(A) à Seção Especializada em Dissídios Individuais ou ao Tribunal Pleno, por decisão da maioria simples de seus membros, mediante requerimento de um dos Ministros que compõem a Seção Especializada, considerando a relevância da matéria ou a existência de entendimentos divergentes entre os Ministros dessa Seção ou das Turmas do Tribunal.

(B) à Turma ou à Seção Especializada em Dissídios Individuais, por decisão da maioria absoluta de seus membros, mediante requerimento do Presidente do TST, considerando a relevância da matéria ou a existência de entendimentos divergentes entre os Ministros dessa Seção ou das Turmas do Tribunal.

(C) diretamente ao Tribunal Pleno, por decisão de um de seus membros, mediante requerimento do Presidente do Tribunal Regional do Trabalho de origem, considerando a relevância da matéria ou a existência de entendimentos divergentes entre os Ministros das Turmas do Tribunal.

(D) diretamente à Seção Especializada em Dissídios Individuais, por decisão da maioria de seus membros, mediante requerimento do Presidente do TST, considerando a relevância da matéria ou a existência de entendimento contrário à súmula vinculante do Supremo Tribunal Federal.

(E) à Seção Especializada em Dissídios Individuais ou Coletivos, por decisão da maioria simples de seus membros, mediante provocação de qualquer das partes ou do Ministério Público do Trabalho, considerando a relevância da matéria ou a existência de entendimento contrário à súmula do Supremo Tribunal Federal.

17. (SEGEP/MA – Procurador – 2016) Em relação ao rito dos recursos repetitivos no âmbito do Tribunal Superior do Trabalho, considere:

I. Sempre que houver multiplicidade de recursos de revista fundados em idêntica questão de direito, a questão será afetada à Seção Especializada em Dissídios Individuais ou ao Tribunal Pleno, por decisão da maioria qualificada de seus membros, mediante requerimento do Ministro Relator, considerando a relevância da matéria ou a existência de entendimentos divergentes entre as diversas Turmas do Tribunal.

II. Nos procedimentos de recursos repetitivos, o Presidente do Tribunal Superior do Trabalho poderá admitir manifestação de pessoa, órgão ou entidade com interesse na controvérsia, que ingressará no processo como assistente litisconsorcial.

III. O julgamento do processo que esteja sob o rito dos recursos repetitivos se dará com preferência sobre os demais, sendo incluído em pauta na Seção Especializada ou no Tribunal Pleno após transcorrido o prazo para o Ministério Público e remetida cópia do relatório aos demais Ministros.

IV. Caso a questão afetada e julgada sob o rito dos recursos repetitivos também contenha questão constitucional, a decisão proferida pelo Tribunal Pleno não obstará o conhecimento de eventuais recursos extraordinários sobre a questão constitucional.

V. Recebido ofício do Presidente do Tribunal Superior do Trabalho, os Presidentes dos Tribunais Regionais do Trabalho suspenderão os recursos interpostos em casos

idênticos aos afetados como recursos repetitivos, até o pronunciamento definitivo do Tribunal Superior do Trabalho.

Está correto o que se afirma APENAS em

(A) I, II e V.

(B) II, III e IV.

(C) I, II e III.

(D) III, IV e V.

(E) II, IV e V.

18. (TRT1 – Juiz do Trabalho – 2015) A Lei nº 13.015/2014, ao instituir o recurso de revista repetitivo no processo do trabalho, preceituou que

I. diante da multiplicidade de recursos de revista fundados em idêntica questão de fato, a questão poderá ser afetada à Seção Especializada em Dissídios Individuais ou ao Tribunal Pleno.

II. o relator no Tribunal Superior do Trabalho poderá determinar a suspensão dos recursos de revista ou de embargos que tenham como objeto controvérsia idêntica à do recurso afetado como repetitivo.

III. o relator poderá admitir manifestação de pessoa, órgão ou entidade com interesse na controvérsia, inclusive como assistente simples.

Está correto o que se afirma APENAS em

(A) II.

(B) I e II.

(C) II e III.

(D) I e III.

(E) I.

19. (TRT4 – TJAA – 2015) No tocante ao Recurso de Revista, conforme normas da Consolidação das Leis do Trabalho e súmula do TST, é certo que

(A) não se conhece de recurso de revista se a decisão recorrida resolver determinado item do pedido por diversos fundamentos e a jurisprudência transcrita não abranger a todos.

(B) o recurso de revista, dotado de efeito devolutivo e suspensivo, será interposto perante Presidente do Tribunal Regional do Trabalho, que, por decisão fundamentada, poderá recebê-lo ou denegá-lo.

(C) sob pena de não conhecimento, é ônus da parte expor as razões do pedido de reforma, impugnando todos os fundamentos jurídicos da decisão recorrida, sendo desnecessária a demonstração analítica de cada dispositivo de lei, da Constituição Federal, de súmula ou orientação jurisprudencial cuja contrariedade aponte.

(D) das decisões proferidas pelos Tribunais Regionais do Trabalho ou por suas Turmas, em execução de sentença caberá Recurso de Revista em todas as hipóteses legais.

(E) o prazo para sua interposição é de quinze dias contados da intimação da decisão recorrida.

20. (TRT23 – Juiz do Trabalho – 2015) Quanto à divergência jurisprudencial justificadora de recurso de revista, é

(A) a divergência jurisprudencial será comprovada se o recorrente juntar certidão ou cópia autenticada do acórdão paradigma ou citar a fonte oficial ou o repositório autorizado em que foi publicado; e transcrever, nas razões recursais, as ementas e/ou trechos dos acórdãos trazidos à configuração do dissídio, demonstrando o conflito de teses que justifique o conhecimento do recurso, salvo se os acórdãos já se encontrarem nos autos ou venham a ser juntados com o recurso.

(B) a concessão de registro de publicação como repositório autorizado de jurisprudência do TST não torna válidas as suas edições anteriores porque a divergência apta a ensejar o recurso de revista deve ser atual.

(C) a indicação da data de publicação, em fonte oficial, de aresto paradigma é válida e suficiente para comprovação de divergência jurisprudencial, quando a parte pretende demonstrar o conflito de teses mediante a transcrição de trechos que integram a fundamentação do acórdão divergente, uma vez que só se publicam o dispositivo e a ementa dos acórdãos.

(D) é válida para a comprovação da divergência jurisprudencial justificadora do recurso a indicação de aresto extraído de repositório oficial na internet, desde que o recorrente transcreva o trecho divergente; aponte o sítio de onde foi extraído; e decline o número do processo, o órgão prolator do acórdão e a data da respectiva publicação no Diário Eletrônico da Justiça do Trabalho.

(E) nas causas sujeitas ao procedimento sumaríssimo, somente será admitido recurso de revista por contrariedade à súmula de jurisprudência uniforme do Tribunal Superior do Trabalho ou à súmula vinculante do Supremo Tribunal Federal e por violação literal de disposição de lei federal ou afronta direta e literal à Constituição Federal.

21. (PGE/MT – Procurador – 2016) Em execução trabalhista foi penhorado um bem imóvel de propriedade da empresa executada Delta & Gama Produções S/A para garantia do juízo. Houve a interposição de embargos à execução, que foram rejeitados pelo Juiz da execução. Nessa situação, caberá à executada interpor

(A) agravo de instrumento no prazo de 15 dias.

(B) recurso de revista no prazo de 8 dias.

(C) recurso ordinário no prazo de 8 dias.

(D) embargos no prazo de 15 dias.

(E) agravo de petição no prazo de 8 dias.

22. (MANAUSPREV – Procurador – 2015) Em relação à matéria recursal no processo do trabalho,

(A) cabem embargos de declaração da sentença ou do acórdão no prazo de oito dias úteis, admitido efeito modificativo da decisão em caso de omissão e contradição no julgado e manifesto equívoco no exame dos pressupostos extrínsecos do recurso.

(B) cabe agravo de instrumento, inclusive retido nos autos, das decisões incidentais e interlocutórias, no prazo de oito dias contados da data em que a parte teve ciência da decisão.

(C) cabe recurso de revista para o Tribunal Superior do Trabalho, com efeitos suspensivo e devolutivo como regra, das decisões proferidas pelos tribunais regionais em grau de recurso ordinário nos dissídios individuais, quando haja violação literal de dispositivo de lei municipal, estadual ou federal.

(D) cabe recurso ordinário para a instância superior apenas das decisões definitivas dos tribunais regionais, em processo de sua competência originária, somente nos casos dos dissídios coletivos, no prazo de quinze dias.

(E) cabe agravo de petição das decisões judicias nas execuções, que só será recebido se o agravante delimitar, justificadamente, as matérias e valores impugnados, permitida a execução imediata da parte remanescente até o final, nos próprios autos ou por carta de sentença.

23. (TRT4 – AJAJ – 2015) A empresa Semideuses foi condenada em reclamação trabalhista por decisão em primeiro grau de jurisdição. Apresentou recurso contra a sentença, cujo processamento foi denegado em razão da falta de preparo. Para reverter essa última decisão deverá interpor

(A) recurso ordinário em 8 dias.

(B) recurso de revista em 8 dias.

(C) agravo de petição em 5 dias.

(D) agravo de instrumento em 8 dias.

(E) reclamação correcional em 5 dias.

24. (TRT9 – OJAF – 2015) A empresa Deuses do Olimpo foi condenada em primeira instância a pagar diferenças de horas extraordinárias a seu empregado Hércules. Inconformada, a reclamada recorreu da sentença. Entretanto, por despacho fundamentado na intempestividade, foi denegada a interposição do seu recurso. Nessa situação, cabe à parte recorrente interpor

(A) recurso ordinário no prazo de quinze dias.

(B) agravo de instrumento no prazo de oito dias.

(C) mandado de segurança com pedido liminar no prazo de 120 dias.

(D) medida cautelar com pedido liminar no prazo de 08 dias.

(E) agravo de instrumento no prazo de cinco dias.

25. (TRT14 – OJAF – 2016) Dentre as modalidades recursais previstas na legislação trabalhista encontramos o agravo de instrumento que é cabível em

(A) 8 dias, das decisões das Turmas do Tribunal Superior do Trabalho que divergirem entre si ou forem contrárias à súmula vinculante do Supremo Tribunal Federal.

(B) 5 dias, das decisões interlocutórias na fase de conhecimento e nos casos de omissão e contradição do julgado, atribuindo-lhe efeitos modificativos.

(C) 8 dias, dos despachos que denegarem interposição de recursos.

(D) 8 dias, das decisões terminativas do Juiz na fase de execução da sentença que tenha transitado em julgado, desde que delimitada as matérias e valores impugnados.

(E) 15 dias, das decisões definitivas ou terminativas das Varas do Trabalho nos dissídios individuais do rito sumaríssimo.

26. (TRT15 – Juiz do Trabalho – 2015) Em relação aos recursos no processo do trabalho, considere:

I. O recurso de revista, dotado de efeito apenas devolutivo, será interposto perante o Vice-Presidente do Tribunal Regional do Trabalho que, por decisão fundamentada prolatada no prazo de cinco dias, poderá recebê-lo ou denegá-lo.

II. O agravo de instrumento interposto contra o despacho que não receber agravo de petição não suspende a execução da sentença.

III. Quando o agravo de instrumento tem a finalidade de destrancar recurso de revista que se insurge contra decisão que contraria a jurisprudência uniforme do TST, consubstanciada nas suas súmulas ou em orientação jurisprudencial, não haverá obrigatoriedade de se efetuar o depósito recursal.

IV. O recurso de revista tempestivo que contenha defeito formal, ainda que não se repute grave, não será conhecido pelo TST.

V. Das decisões dos Tribunais Regionais, em processos de sua competência originária, cabe recurso ordinário, desde que a decisão seja definitiva.

De acordo com os dispositivos legais aplicáveis, está correto o que consta APENAS em

(A) I e II.

(B) I e IV.

(C) IV e V.

(D) II e III.

(E) III e V.

27. (PGM/São Luís/MA – Procurador – 2016) De acordo com a Consolidação das Leis do Trabalho, em face do despacho que não receber o agravo de petição,

(A) deverá ser interposto agravo de instrumento no prazo de 8 dias, que suspenderá a execução da sentença.

(B) deverá ser interposto agravo de instrumento no prazo de 8 dias, que não suspenderá a execução da sentença.

(C) deverá ser interposto agravo de instrumento no prazo de 10 dias, que não suspenderá a execução da sentença.

(D) deverá ser interposto agravo de instrumento no prazo de 10 dias, que suspenderá a execução da sentença.

(E) não caberá recurso, uma vez que, na Justiça do Trabalho, as decisão interlocutórias são irrecorríveis.

28. (SEGEP/MA – Procurador – 2016) Entendendo que a reclamada não recolheu as custas fixadas na sentença proferida pela Vara do Trabalho, a Turma do Tribunal Regional concluiu pela deserção do recurso ordinário, deixando de conhecê-lo. Considerando, porém, que as custas efetivamente foram recolhidas e estão devidamente comprovadas nos autos, restando evidente que a decisão da Turma está fundada em manifesto equívoco, a reclamada poderá apresentar a medida processual:

(A) recurso de revista.

(B) embargos de declaração.

(C) agravo de instrumento.

(D) agravo regimental.

(E) pedido de reconsideração.

29. (TRT9 – TJAA – 2015) Caberão embargos de declaração da sentença ou acórdão, no prazo de cinco dias, devendo seu julgamento ocorrer na primeira audiência ou sessão subsequente à sua apresentação, registrado na certidão, admitido efeito modificativo da decisão nos casos de omissão e contradição no julgado e manifesto equívoco no exame dos pressupostos extrínsecos do recurso. Eventual efeito modificativo dos embargos de declaração poderá ocorrer

(A) somente em virtude da correção de vício na decisão embargada e desde que ouvida a parte contrária, no prazo de 8 dias.

(B) somente em virtude da correção de vício na decisão embargada e desde que ouvida a parte contrária, no prazo de 5 dias.

(C) somente em virtude da correção de vício na decisão embargada, sendo desnecessária a oitiva da parte contrária.

(D) em qualquer hipótese, sendo desnecessária a oitiva da parte contrária.

(E) em qualquer hipótese, mas desde que ouvida a parte contrária, no prazo de 5 dias.

30. (TRT15 – Juiz do Trabalho – 2015) Considerando a jurisprudência pacífica do TST sobre embargos de declaração,

(A) não cabem embargos de declaração para suprir omissão em recurso de revista ou de embargos, sendo o agravo regimental a medida cabível nesse caso.

(B) a natureza da omissão suprida pelo julgamento de embargos declaratórios pode ocasionar efeito modificativo no julgado.

(C) a decisão monocrática de provimento ou denegação de recurso não comporta ser esclarecida pela via dos embargos de declaração.

(D) cabem embargos de declaração interpostos contra decisão de admissibilidade do recurso de revista, com interrupção do prazo recursal.

(E) à interposição de embargos declaratórios por pessoa jurídica de direito público não se aplica o prazo em dobro.

31. (TRT23 – TJAA – 2016) No tocante aos recursos no processo do trabalho e de acordo com a legislação trabalhista, considere:

I. O agravo de instrumento, em regra, se destina a destrancar despachos que denegarem seguimento a interposição de recursos, não se destinando a atacar decisões interlocutórias, uma vez que estas são irrecorríveis de imediato.

II. Os termos de conciliação homologados pela Justiça do Trabalho são irrecorríveis, salvo para a Previdência Social, quanto às contribuições que lhe forem devidas.

III. O recurso extraordinário não é cabível na Justiça do Trabalho, uma vez que não está previsto no rol dos recursos previstos na CLT (embargos, recurso ordinário, recurso de revista e agravo).

IV. Havendo recurso, as custas devidas para a parte que for obrigada ao seu recolhimento, deverão ser pagas e comprovadas dentro do prazo recursal, sob pena de deserção.

Está correto o que consta em

(A) III e IV, apenas.

(B) I, II, III e IV.

(C) I e II, apenas.

(D) I, II e IV, apenas.

(E) II, III e IV, apenas.

32. **(TRT4 – TJAA – 2015) Nos termos do entendimento jurisprudencial sumulado do TST, o recurso adesivo é**

(A) incompatível com o processo do trabalho em razão dos princípios inerentes às relações empregatícias.

(B) compatível com o processo do trabalho e cabe nas hipóteses de interposição de recurso ordinário, de agravo de petição, de revista e de embargos.

(C) compatível com o processo do trabalho e cabe apenas nas hipóteses de interposição de recurso ordinário e de agravo de petição.

(D) compatível com o processo do trabalho e cabe apenas nas hipóteses de interposição de recurso ordinário e de revista.

(E) compatível com o processo do trabalho e cabe apenas nas hipóteses de interposição de recurso ordinário.

33. **(TRT6 – Juiz do Trabalho – 2015) Quanto à deserção,**

(A) havendo recurso ordinário em sede de rescisória, o depósito recursal só é exigível quando for julgado parcialmente procedente o pedido e imposta condenação em pecúnia, devendo este ser efetuado no prazo de quinze dias, sob pena de deserção.

(B) não ocorre deserção de recurso da empresa em liquidação extrajudicial por falta de pagamento de custas ou de depósito do valor da condenação. Esse privilégio, todavia, não se aplica à massa falida.

(C) é ônus da parte recorrente efetuar o depósito legal, integralmente, em relação a cada novo recurso interposto, sob pena de deserção. Atingido o valor da condenação, nenhum depósito mais é exigido para qualquer recurso.

(D) garantido o juízo, na fase executória, a exigência de depósito para recorrer de qualquer decisão viola os incisos II e LV do art. 5º da CF/1988. Havendo, porém, elevação do valor do débito, exige-se a complementação da garantia do juízo, mesmo quando não há condenação a pagamento em pecúnia, quando deverá ser garantido o valor mínimo legal.

(E) havendo condenação solidária de duas ou mais empresas, o depósito recursal efetuado por uma delas não aproveita as demais, mesmo quando a empresa que efetuou o depósito não pleiteia sua exclusão da lide.

34. (TRT15 – Juiz do Trabalho – 2015) Considere:

I. O benefício da justiça gratuita pode ser requerido em qualquer tempo ou grau de jurisdição, inclusive na fase recursal, sendo que a declaração de insuficiência econômica somente pode ser firmada pelo advogado quando a este tenham sido outorgados poderes específicos para tanto.

II. Nas ações plúrimas as custas incidem sobre o respectivo valor global.

III. No caso de inversão do ônus da sucumbência em segundo grau, a interposição de recurso pela parte vencida depende do depósito das custas, em ressarcimento da parte vencedora, sob pena de deserção.

IV. Havendo condenação solidária de duas ou mais empresas, o depósito recursal efetuado por uma delas aproveita as demais, quando a empresa que efetuou o depósito não pleiteia sua exclusão da lide.

V. O recurso interposto antes de vencido o respectivo prazo deve vir acompanhado da comprovação do depósito recursal, sob pena de deserção.

De acordo com a jurisprudência pacífica do TST, está correto o que consta APENAS em

(A) I e IV.

(B) I e V.

(C) II e IV.

(D) II e III.

(E) III e V.

35. (FCC – Analista Judiciário – Oficial de Justiça Avaliador – TRT 15/2018) Associação Promessa de Futuro, entidade sem fins lucrativos, e Bite Informática Ltda. foram condenadas em reclamação trabalhista, a primeira, de forma subsidiária, e a segunda, que foi empregadora do reclamante e está em recuperação judicial, como devedora principal, a pagarem ao reclamante verbas trabalhistas e rescisórias, sendo arbitrado à condenação o valor de R$ 100.000,00. Ambas pretendem recorrer da sentença, sendo que, em relação ao depósito recursal,

(A) nenhuma das reclamadas precisa fazer o recolhimento, tendo em vista tratar-se de entidade sem fins lucrativos e de empresa em recuperação judicial.

(B) deve ser recolhido por ambas as reclamadas, não importando tratar-se de entidade sem fins lucrativos e de empresa em recuperação judicial, tendo em vista que o depósito tem por finalidade a garantia do juízo.

(C) deverá ser recolhido pela metade pela Associação Promessa de Futuro, em razão de ser uma entidade sem fins lucrativos, e não precisará ser recolhido pela Bite Informática, que está isenta de seu recolhimento por estar em recuperação judicial.

(D) deverá ser recolhido pela metade por ambas as reclamadas, tendo em vista o benefício previsto em lei para as entidades sem fins lucrativos e para as empresas em recuperação judicial.

(D) deverá ser recolhido, por meio de depósito na conta vinculada do FGTS, pela Associação Promessa de Futuro, em razão de ser uma entidade sem fins lucrativos, e não precisará ser recolhido pela Bite Informática, que está isenta de seu recolhimento por estar em recuperação judicial.

36. (FCC – Analista Judiciário – Oficial de Justiça Avaliador – TRT 15/2018) Segundo o legislador, o Tribunal Superior do Trabalho (TST) deverá examinar previamente, no recurso de revista, se o mesmo oferece transcendência com relação aos reflexos gerais de natureza econômica, política, social ou jurídica, sendo que

(A) a decisão do relator que, monocraticamente, denegar seguimento ao recurso de revista que não demonstrar transcendência é irrecorrível.

(B) é indicador de transcendência social a existência de interpretação nova de legislação trabalhista que assegure direito social ao reclamante-recorrente.

(C) o recorrente poderá realizar, em relação ao recurso que o relator considerou não ter transcendência, sustentação oral sobre a questão da transcendência, durante dez minutos ou pelo tempo previsto no Regimento Interno do TST.

(D) mantido o voto do relator quanto à não transcendência do recurso, será lavrado acórdão com fundamentação sucinta, do qual caberá embargos para a SDI do TST.

(E) é irrecorrível decisão monocrática do relator que, em agravo de instrumento em recurso de revista, considerar ausente a transcendência da matéria.

37. (FCC – Analista Judiciário – Oficial de Justiça Avaliador – TRT 15/2018) Nos dissídios individuais, nos dissídios coletivos, nas ações e procedimentos de competência da Justiça do Trabalho e nas demandas propostas perante a Justiça Estadual, no exercício da jurisdição trabalhista, as custas

(A) serão calculadas sobre o valor arbitrado pelo juiz , no caso de procedência do pedido formulado em ação declaratória.

(B) serão calculadas sobre o valor arbitrado pelo juiz, no caso de procedência do pedido formulado em ação constitutiva.

(C) serão pagas, de forma solidária, pelas partes vencidas nos dissídios coletivos, e serão calculadas sobre o valor arbitrado na decisão, ou pelo Presidente do Tribunal.

(D) serão pagas pelo vencido, e comprovado o seu recolhimento, quando da interposição do recurso.

(E) serão calculadas sobre o valor da causa quando a condenação não for líquida.

38. (FCC – Analista Judiciário – Área Administrativa – TRT 15/2018) Quanto aos recursos admitidos no TST, considere:

I. Recurso cabível contra decisão denegatória de recurso de competência do Tribunal Superior do Trabalho.

II. Recurso cabível das decisões das Turmas do Tribunal Superior do Trabalho que divergirem entre si ou das decisões proferidas pela Subseção I da Seção Especializada em Dissídios Individuais, ou contrárias à súmula, à orientação jurisprudencial ou a precedente normativo do Tribunal Superior do Trabalho ou súmula vinculante do Supremo Tribunal Federal.

III. Recurso cabível das decisões não unânimes proferidas pela Seção Especializada em Dissídios Coletivos, nos processos de Dissídios Coletivos de competência originária do Tribunal.

IV. Recurso cabível das decisões das Turmas do Tribunal Superior do Trabalho proferidas em agravos internos e agravos de instrumento que contrariarem precedentes

obrigatórios firmados em julgamento de incidentes de assunção de competência ou de incidentes de recursos repetitivos.

V. Recurso cabível contra decisão dos Presidentes do Tribunal e das Turmas, do Vice--Presidente, do Corregedor-Geral da Justiça do Trabalho ou de Relator, ressalvados os casos em que haja recurso próprio ou decisão de caráter irrecorrível.

Os recursos mencionados nos itens I a V são, respectivamente:

(A) Agravo de Instrumento; Embargos Infringentes; Embargos para a Subseção I da Seção Especializada em Dissídios Individuais; Recurso Extraordinário; Agravo Interno.

(B) Agravo Interno; Embargos para a Subseção I da Seção Especializada em Dissídios Individuais; Embargos Infringentes; Embargos para a Subseção I da Seção Especializada em Dissídios Individuais; Recurso de revista.

(C) Agravo de Instrumento; Embargos para a Subseção I da Seção Especializada em Dissídios Individuais; Agravo Interno; Embargos Infringentes; Agravo Interno.

(D) Embargos Infringentes; Agravo de Instrumento; Embargos para a Subseção I da Seção Especializada em Dissídios Individuais; Embargos Infringentes; Recurso de Revista.

(E) Agravo de Instrumento; Embargos para a Subseção I da Seção Especializada em Dissídios Individuais; Embargos Infringentes; Embargos para a Subseção I da Seção Especializada em Dissídios Individuais; Agravo Interno.

39. (FCC – Analista Judiciário – Área Judiciária – TRT 15/2018) Considerando as disposições previstas pela CLT sobre o incidente de julgamento dos recursos de revista repetitivos,

(A) a decisão firmada em julgamento de recursos repetitivos poderá ser revista quando se alterar a situação econômica, social, jurídica ou política, caso em que será respeitada a segurança jurídica das relações firmadas sob a égide da decisão anterior, bem como a coisa julgada.

(B) nos casos em que se demonstrar que a situação de fato ou de direito é distinta daquelas presentes no processo julgado sob o rito dos recursos repetitivos, a decisão firmada em recurso repetitivo não será aplicada.

(C) o Presidente do TST oficiará os Presidentes dos TRTs para que suspendam os recursos interpostos em casos semelhantes aos afetados como recursos repetitivos, até o pronunciamento final e definitivo do STF.

(D) a competência para julgar o incidente de julgamento de recursos de revista repetitivos originado de questão afetada pelo Presidente do TST é do Tribunal Pleno.

(E) após a publicação do acórdão do TST que julgar o incidente de recursos de revista repetitivos, os recursos de revista sobrestados na origem cujos acórdãos recorridos coincidirem com a orientação a respeito no TST serão extintos sem julgamento do mérito.

40. (FCC – Analista Judiciário - Oficial de Justiça Avaliador – TRT 15/2018) Da decisão interlocutória que acolher ou rejeitar o incidente de desconsideração da personalidade jurídica,

(A) na fase de cognição, cabe mandado de segurança.

(B) na fase de cognição, cabe recurso ordinário.

(C) na fase de execução, cabem embargos à execução, desde que garantido o juízo.

(D) se proferida pelo relator em incidente instaurado originariamente no tribunal, cabe agravo interno.

(E) não cabe qualquer recurso, tendo em vista tratar-se de decisão interlocutória, que é irrecorrível de imediato no processo do trabalho.

41. (FCC – Técnico Judiciário – Área Administrativa – TRT 2/2018) Em determinada reclamação trabalhista a empresa reclamada "S" foi condenada em R$ 15.000,00 a título de reparação de dano moral sofrido por Bruna, sendo este o único pedido da referida reclamação. A empresa "S", inconformada, interpôs recurso ordinário, depositando regularmente o depósito recursal de R$ 9.189,00. O recurso ordinário foi recebido mas negado provimento. A empresa "S" pretende interpor recurso de revista. Nesse caso, considerando que o valor do depósito recursal pertinente a este recurso é de R$ 18.378,00, ultrapassando o valor da condenação, de acordo com entendimento Sumulado do Tribunal Superior do Trabalho, para interposição do recurso de revista, a empresa "S"

(A) está obrigada a depositar o valor integral do depósito recursal referente ao recurso de revista dentro dos 8 dias de prazo para a sua interposição.

(B) não está obrigada a depositar o valor integral do depósito recursal referente ao recurso de revista, devendo, no entanto, depositar o valor restante para atingir o valor da condenação.

(C) não está obrigada a depositar mais nenhum valor a título de depósito recursal, ainda que não tenha atingido o valor da condenação, obedecendo-se o princípio da menor onerosidade recursal.

(D) não está obrigada a depositar mais nenhum valor a título de depósito recursal, ainda que não tenha atingido o valor da condenação, obedecendo-se o princípio do duplo grau de jurisdição e da vedação ao enriquecimento ilícito.

(E) está obrigada a depositar o valor integral do depósito recursal referente ao recurso de revista em até 3 dias após a sua interposição.

42. (FCC – Técnico Judiciário – Área Administrativa – TRT 2/2018) Considere as seguintes hipóteses:

I. Recurso de revista com fundamento em violação literal a dispositivo da Constituição Federal.

II. Recurso de revista com fundamento em contrariedade à Súmula do Tribunal Superior do Trabalho.

III. Recurso de revista com fundamento em contrariedade à Orientação Jurisprudencial do Tribunal Superior do Trabalho.

De acordo com o entendimento Sumulado do Tribunal Superior do Trabalho, nas causas sujeitas ao procedimento sumaríssimo será admissível o recurso de revista nas hipóteses indicadas em

(A) I, apenas.

(B) I, II e III.

(C) II e III, apenas.

(D) I e II, apenas.

(E) I e III, apenas.

43. (FCC – Técnico Judiciário – TI – TRT 2/2018) Na reclamação trabalhista "V" o valor da causa é R$ 100.000,00. Durante a tramitação processual, as partes cele-

braram um acordo no valor total de R$ 70.000,00, convencionando que as custas processuais serão pagas pela empresa reclamada. Nesse caso, as custas processuais devidas pela empresa são de

(A) 2% sobre o valor da causa.

(B) 2% sobre o valor do acordo.

(C) 1% sobre o valor do acordo.

(D) 1% sobre o valor da causa.

(E) 3% sobre o valor da causa.

44. **(FCC – Técnico Judiciário – TI – TRT 2/2018) Na hipótese da disponibilização de sentença na sexta-feira, com publicação na segunda-feira e não havendo qualquer feriado ou ausência de expediente durante o prazo recursal, o último dia de prazo para a interposição de Recurso Ordinário será:**

(A) sexta-feira da semana da publicação.

(B) quarta-feira da semana seguinte à da publicação.

(C) terça-feira da semana seguinte à da publicação.

(D) segunda-feira da semana seguinte à da publicação.

(E) quinta-feira da semana seguinte à da publicação

45. **(Inaz – Advogado – CRF - SC/2018) Situação hipotética: Determinada turma do Tribunal Regional do Trabalho - TRT da 12ª Região, em sede de Ação Rescisória, proferiu Acórdão para desconstituir sentença proferida pelo MM 1ª Vara do Trabalho de Florianópolis/SC, em Ação ajuizada por Jonismar contra a empresa Calçados Gaúchos Ltda. Na referida ação, o juiz de primeira instância condenou a reclamada ao pagamento de verbas rescisórias. Entretanto, no Egrégio TRT 12ª Região, a sentença foi desconstituída e o TRT resolveu rejeitar totalmente os pedidos de pagamento de verbas rescisórias.**

Considerando a situação hipotética narrada e a jurisprudência consolidada pelo Tribunal Superior do Trabalho, pode-se afirmar que:

(A) Jonismar, caso queira, poderá apresentar Recurso de Revista para o Egrégio Supremo Tribunal Federal, com o fito de reformar acórdão proferido pelo TRT da 12ª Região.

(B) Jonismar, caso queira, poderá apresentar Recurso de Revista para o Egrégio Tribunal Superior do Trabalho, com o fito de reformar acórdão proferido pelo TRT da 12ª Região.

(C) Jonismar, caso queira, poderá apresentar Agravo de Instrumento para o Egrégio Supremo Tribunal Federal, com o fito de reformar acórdão proferido pelo TRT da 12ª Região.

(D) Jonismar, caso queira, poderá apresentar Recurso Ordinário para o Egrégio Tribunal Superior do Trabalho, com o fito de reformar acórdão proferido pelo TRT da 12ª Região.

(E) Jonismar não poderá apresentar novo recurso, uma vez que o trânsito em julgado ficou caracterizado após a segunda instância, conforme atual entendimento do Supremo Tribunal Federal.

46. **(AOCP – Analista Judiciário – Área Judiciária – TRT 1/2018) A Reclamante Silvana ingressou com Reclamação Trabalhista em face da Reclamada Mévio & Tício Ltda.**

que encontra-se em Recuperação Judicial. As partes foram intimadas da Sentença (em ação de conhecimento) proferida pelo Juízo de primeiro grau na data de 6 de ago. de 2018 (segunda-feira) que julgou parcialmente procedente os pedidos da inicial. Ocorre que, diante do inconformismo com a decisão, ambas as partes pretendem recorrer para instância superior com o fito de reformá-la. Ante ao exposto, assinale a alternativa correta.

(A) Ambas as partes deverão interpor Recurso Ordinário, que deverão ser interpostos até o dia 14 de ago. de 2018 (terça-feira), tendo em vista que o prazo conta-se em dias corridos, excluindo-se o dia da intimação e incluindo-se o dia do termo final. A Reclamada Mévio & Tício Ltda. está isenta do pagamento do depósito recursal, já que encontra-se em Recuperação Judicial.

(B) A Reclamante deverá interpor Recurso Ordinário, que deverá ser interposto até o dia 15 de ago. de 2018 (quarta-feira), tendo em vista que o prazo conta-se somente em dias úteis, incluindo-se os dias da intimação e do termo final. A Reclamada Mévio & Tício Ltda. deverá interpor obrigatoriamente Recurso Adesivo, tendo em vista que encontra-se em Recuperação Judicial e não possui condições de arcar com o depósito recursal.

(C) Ambas as partes deverão interpor Recurso Ordinário, que deverão ser interpostos até o dia 15 de ago. de 2018 (quarta-feira), tendo em vista que o prazo conta-se somente em dias úteis, incluindo-se os dias da intimação e do termo final. A Reclamada Mévio & Tício Ltda. deverá comunicar o Juízo do processo da Recuperação Judicial para habilitação do recolhimento do depósito recursal.

(D) Ambas as partes deverão interpor Recurso Ordinário, que deverão ser interpostos até o dia 16 de ago. de 2018 (quinta-feira), tendo em vista que o prazo conta-se somente em dias úteis, excluindo-se o dia da intimação e incluindo o último dia do prazo. A Reclamada Mévio & Tício Ltda. deverá efetuar o recolhimento do depósito recursal ou comunicar o Juízo do processo da Recuperação Judicial para a habilitação da despesa, sob pena de deserção.

(E) Ambas as partes deverão interpor Recurso Ordinário, que deverão ser interpostos até o dia 16 de ago. de 2018 (quinta-feira), tendo em vista que o prazo conta-se somente em dias úteis, excluindo-se o dia da intimação e incluindo o último dia do prazo. A Reclamada Mévio & Tício Ltda. está isenta do pagamento do depósito recursal, já que encontra-se em recuperação judicial.

47. (AOCP – Técnico Judiciário – Área Administrativa – TRT 1/2018) Arthur ingressou com reclamação trabalhista no dia 10 de out. de 2017, em face da empresa Publicidade e Bons Negócios Ltda., e obteve sentença favorável aos seus pleitos de pagamento de horas extras, adicional noturno e verbas rescisórias. Contudo, a reclamada encontra-se insatisfeita com a sentença prolatada, pois acredita não possuir débito algum com o reclamante, e intenciona, através do recurso cabível, pleitear a efetivação de seus direitos. Dessa forma, assinale a alternativa que demonstra qual o recurso e o prazo adequados às intenções da reclamada.

(A) Embargos de declaração no prazo de 10 (dez) dias.

(B) Recurso ordinário no prazo de 15 (quinze) dias.

(C) Agravo no prazo de 8 (oito) dias.

(D) Embargos de declaração no prazo de 5 (cinco) dias.

(E) Recurso ordinário no prazo de 8 (oito) dias.

48. (AOCP – Analista Judiciário – Área Judiciária – TRT 1/2018) Relativamente aos recursos na esfera trabalhista, assinale a alternativa INCORRETA.

(A) O efeito devolutivo em profundidade do recurso ordinário, que se extrai do § 1º do art. 1.013 do CPC de 2015 (art. 515, §1º, do CPC de 1973), implica em transferir ao Tribunal a apreciação dos fundamentos, da inicial ou da defesa, não examinados pela sentença, ainda que não renovados em contrarrazões, desde que relativos ao capítulo impugnado.

(B) Cabe recurso ordinário para a instância superior, no prazo de 8 dias, nos dissídios individuais e coletivos, das decisões definitivas ou terminativas dos Tribunais Regionais, em processos de sua competência originária.

(C) No que diz respeito ao efeito devolutivo em profundidade do recurso ordinário, se a causa estiver madura, cabe ao tribunal, ao julgar o recurso ordinário, decidir desde logo o mérito da causa, nos termos do § 3º do art. 1.013 do CPC de 2015, inclusive quando constatar a omissão da sentença no exame de um dos pedidos.

(D) Será admitido recurso de revista, nas causas sujeitas ao procedimento sumaríssimo, nas seguintes hipóteses, apenas: contrariedade à súmula de jurisprudência uniforme do Tribunal Superior do Trabalho ou à súmula vinculante do Supremo Tribunal Federal e por violação direta da Constituição Federal.

(E) Cabe recurso ordinário para a instância superior, no prazo de 8 dias, nos dissídios coletivos, das decisões definitivas ou terminativas dos Tribunais Regionais, em processos de sua competência originária.

49. (Vunesp – Procurador – Fapesp/2018) Contra a sentença que julga procedente o pedido em reclamação trabalhista ajuizada em face de uma empresa pública estadual, cabe recurso ordinário no prazo de

(A) oito dias corridos.

(B) oito dias úteis.

(C) dezesseis dias úteis.

(D) dezesseis dias corridos.

(E) trinta dias úteis.

50. (FCC – Técnico Judiciário – Área Administrativa – TRT 6/2018) Diana ajuizou reclamação trabalhista requerendo o pagamento de horas extras sonegadas por sua empregadora Empresa Delta Confecções. A sentença julgou procedente seu pedido. Inconformada com a decisão de primeiro grau, a reclamada resolveu recorrer. Entretanto, não efetuou o depósito recursal e não recolheu as custas processuais devidas, razão pela qual, por falta de preparo, o seu recurso não obteve processamento. Nesta situação, o recurso cabível para a reclamada é

(A) embargos declaratórios, em 5 dias.

(B) agravo de instrumento, em 8 dias.

(C) agravo de petição, em 8 dias.

(D) recurso ordinário, em 15 dias.

(E) agravo de instrumento, em 5 dias.

51. (FCC – Analista Judiciário – Área Judiciária – TRT 6/2018) Em relação ao cabimento de agravo de instrumento em caso de admissibilidade parcial de recurso de revista no Tribunal Regional do Trabalho,

(A) admitido apenas parcialmente o recurso de revista, constitui ônus da parte impugnar, mediante agravo de instrumento, o capítulo denegatório da decisão, sob pena de preclusão.

(B) não cabem embargos de declaração parcial do despacho denegatório do recurso de revista, sendo necessário que a omissão seja total, abrangendo todos os temas objeto do recurso de revista.

(C) não é nula a decisão regional que se abstiver de exercer controle de admissibilidade sobre qualquer tema objeto de recurso de revista, não obstante interpostos embargos de declaração, desde que tenha apreciado pelo menos um dos temas.

(D) a recusa do Presidente do Tribunal Regional do Trabalho em emitir juízo de admissibilidade sobre qualquer tema somente pode ser impugnada quando da interposição do recurso, não cabendo embargos de declaração.

(E) faculta-se ao Ministro Relator, por decisão recorrível mediante agravo interno, determinar a restituição do agravo de instrumento ao Presidente do Tribunal Regional do Trabalho de origem para que complemente o juízo de admissibilidade, desde que interpostos embargos de declaração.

52. (Vunesp – Procurador Jurídico – Pref. de Bauru - SP/2018) Da decisão interlocutória que acolher ou rejeitar o incidente de desconsideração da personalidade jurídica no processo do trabalho, na fase de execução caberá

(A) agravo interno.

(B) embargos à execução.

(C) agravo de petição.

(D) mandado de segurança.

(E) embargos de terceiro.

53. (Vunesp – Procurador Jurídico – Pref. de Bauru - SP/2018) De acordo com o texto expresso na Consolidação das Leis do Trabalho (CLT), são isentos do depósito recursal os beneficiários da justiça gratuita, as

(A) entidades filantrópicas e as empresas em recuperação judicial.

(B) entidades sem fins lucrativos e os empregadores domésticos.

(C) microempresas e as empresas de pequeno porte.

(D) entidades filantrópicas e as entidades sem fins lucrativos.

(E) empresas de pequeno porte, as microempresas e os empregadores domésticos.

54. (IADES – Advogado – CFM/2018) A Justiça do Trabalho tem uma visão diferenciada em relação às nulidades. Com base nessa afirmação e no tema correlato, assinale a alternativa correta.

(A) Os atos inquinados geram nulidade mesmo não havendo prejuízo às partes.

(B) A nulidade deverá ser pronunciada, sob pena de preclusão, quando for possível suprir-se a falta ou repetir-se o ato.

(C) A nulidade declarada por juiz ou tribunal se estende a todos os atos do processo.

(D) Os atos posteriores à nulidade que não dependiam do que fora anulado também são prejudicados pela declaração de nulidade.

(E) A nulidade não será pronunciada quando for possível suprir-se a falta ou repetir-se o ato.

55. (UFG – Advogado – Saneago - GO/2018) Para interposição de recurso de Agravo de Instrumento perante a Justiça do Trabalho por uma empresa que se situa no polo passivo de uma ação, o depósito recursal

(A) é dispensável em razão do depósito já ter sido efetuado no recurso principal que se pretende destrancar.

(B) corresponde a 50% (cinquenta por cento) do valor do depósito do recurso que se pretende destrancar

(C) deve ser efetuado integralmente no valor da condenação atribuído na sentença recorrida.

(D) corresponde ao dobro do valor do depósito recursal efetuado no recurso que se pretende destrancar.

56. (Fepese – Advogado – Celesc/2018) O Tribunal Superior do Trabalho, no recurso de revista, examinará previamente se a causa oferece transcendência com relação aos reflexos gerais de natureza:

1. econômica.

2. política.

3. social.

4. jurídica.

Assinale a alternativa que indica todas as afirmativas corretas.

(A) São corretas apenas as afirmativas 2 e 4.

(B) São corretas apenas as afirmativas 1 e 3.

(C) São corretas apenas as afirmativas 1, 3 e 4.

(D) São corretas apenas as afirmativas 2, 3 e 4.

(E) São corretas as afirmativas 1, 2, 3 e 4.

57. (FCC – Procurador do Estado – TO/2018) Quanto aos recursos no Processo Judiciário do Trabalho, conforme normas previstas na Consolidação das Leis do Trabalho:

(A) O agravo de instrumento interposto contra o despacho que não receber agravo de petição suspende a execução da sentença até o seu julgamento.

(B) A interposição de recurso para o Supremo Tribunal Federal prejudicará a execução do julgado trabalhista.

(C) No Tribunal Superior do Trabalho cabem embargos, no prazo de cinco dias, das decisões das Turmas que divergirem entre si.

(D) O agravo de petição só será recebido quando o agravante delimitar, justificadamente, as matérias e os valores impugnados, permitida a execução imediata da parte remanescente até o final, nos próprios autos ou por carta de sentença.

(E) Das decisões proferidas pelos Tribunais Regionais do Trabalho em execução de sentença, inclusive em processo incidente de embargos de terceiro, não caberá Recurso de Revista, mesmo na hipótese de ofensa direta e literal de norma da Constituição Federal.

58. (Cespe/Cebraspe – Procurador do Estado – PGE-MS/2021) A procuradoria de pessoal de determinado estado da Federação (estado X) recebeu sentença relativa a demanda trabalhista em que o estado X foi condenado ao pagamento de horas extras e seus reflexos, em ação proposta por professor que mantinha contrato de trabalho temporário com a secretaria de educação do daquele estado.

Acerca dessa situação hipotética, assinale a opção correta.

(A) A sentença em questão é passível de recurso ordinário para o TRT, com efeito devolutivo em profundidade, transferindo ao tribunal a apreciação dos fundamentos da defesa não examinados pela sentença, ainda que não renovados em contrarrazões e desde que relativos ao capítulo impugnado.

(B) Interposto o recurso ordinário no processo de conhecimento, e sobrevindo decisão que obstar o seu processamento, a parte interessada poderá interpor agravo de petição no prazo de oito dias para uma das turmas do TRT a que estiver subordinado o prolator da sentença.

(C) Caso ocorra a interposição de recurso ordinário apenas por parte da procuradoria do estado X, tornar-se-á inviável para a parte adversa a interposição de recurso adesivo em virtude de sua incompatibilidade com o processo do trabalho.

(D) A parte sucumbente em recurso ordinário e que se encontre insatisfeita com a análise dos fatos e provas constantes dos autos poderá interpor recurso de revista para decisão do tribunal.

(E) Da decisão de recurso ordinário serão cabíveis embargos de declaração, os quais poderão ocasionar decisão com efeito modificativo do julgado inaudita altera parte.

59. (Vunesp – Procurador Municipal – Prefeitura de Várzea Paulista - SP/2021) Mediante decisão fundamentada, em atendimento ao requerimento formulado pela reclamante, o juiz do trabalho inverteu o ônus da prova, distribuindo o encargo processual de modo diverso daquele estabelecido na Consolidação das Leis do Trabalho e adiou a audiência, sem que houvesse qualquer requerimento, para que a reclamada pudesse se desvencilhar de seu ônus probatório. Nessa situação, é correto afirmar que:

(A) a reclamada poderá interpor agravo de instrumento contra a inversão processual.

(B) a reclamada poderá impetrar mandado de segurança contra a inversão processual não autorizada por lei.

(C) a reclamante poderá interpor agravo de instrumento contra o adiamento da audiência.

(D) a reclamante poderá apresentar correição parcial contra o adiamento da audiência, tendo em vista o *error in judicando.*

(E) não há recurso autônomo para atacar a decisão judicial.

60. (FCC – Procurador do Estado Substituto – PGE-GO/2021) Isis ajuizou uma reclamatória trabalhista em face da empresa Nuvens Esparsas na Vara do Trabalho do município de Catalão-GO. A reclamada apresentou exceção de incompetência em razão do local. Após oitiva da parte excepta a exceção foi acolhida com a decisão

judicial de remessa dos autos para a comarca de Brasília-DF. Para reverter a referida decisão judicial, cabe à reclamante excepta

(A) ajuizar Mandado de Segurança, por se tratar de decisão interlocutória que não comporta recurso imediato no Processo do Trabalho.

(B) interpor recurso ordinário no prazo de 8 dias para ser analisado pelo TRT.

(C) interpor agravo de instrumento no prazo de 5 dias para ser apreciado pelo TRT.

(D) apresentar reclamação correcional por ato tumultuário ao andamento processual, no prazo de 5 dias.

(E) opor embargos de declaração para o Juiz de Catalão requerendo o efeito modificativo, no prazo de 8 dias.

61. (CESPE/CEBRASPE – 2024 – PGE-PR – Procurador) No rito ordinário do processo trabalhista, os recursos devem ser interpostos por simples petição, tendo, em regra geral, efeito

(A) devolutivo e suspensivo, permitida a execução provisória até a sentença de liquidação.

(B) devolutivo apenas, não sendo permitida a execução provisória.

(C) devolutivo e suspensivo, não sendo permitida a execução provisória.

(D) devolutivo apenas, permitida a execução provisória até a penhora.

(E) devolutivo apenas, permitida a execução provisória até a sentença de liquidação.

62. (CESPE/CEBRASPE – 2024 – PGE-PR – Procurador) Contra despacho que denegue a interposição de recurso trabalhista,

(A) cabe agravo de instrumento.

(B) não cabe recurso.

(C) cabe agravo interno.

(D) cabe mandado de segurança.

(E) cabe agravo de petição.

63. (FCC – 2024 – TRT – 7ª Região (CE) – Técnico Judiciário – Área Administrativa) Marcela opôs embargos de declaração em face de sentença proferida em sua reclamação trabalhista. Os mesmos são tempestivos é foi preenchido por Marcela o requisito de regular representação. No locante ao prazo para interposição de recurso ordinário, segundo o que prevê a legislação processual do trabalho, os embargos de declaração

(A) não afetam a contagem do prazo.

(B) não suspendem o prazo.

(C) suspendem o prazo.

(D) não interrompem o prazo.

(E) Interrompem o prazo.

GABARITO

01 – C	02 – E	03 – A
04 – B	05 – C	06 – A
07 – B	08 – C	09 – D
10 – D	11 – E	12 – E
13 – D	14 – E	15 – A
16 – A	17 – D	18 – C
19 – A	20 – D	21 – E
22 – E	23 – D	24 – B
25 – C	26 – D	27 – B
28 – B	29 – B	30 – B
31 – D	32 – B	33 – C
34 – C	35 – c	36 – E
37 – C	38 – E	39 – B
40 – D	41 – B	42 – D
43 – B	44 – E	45 – D
46 – E	47 – E	48 – E
49 – B	50 – B	51 – A
52 – C	53 – A	54 – E
55 – B	56 – E	57 – D
58 – A	59 – E	60 – B
61 – D	62 – A	63 – E

CAPÍTULO 7

EXECUÇÃO TRABALHISTA

7.1. INTRODUÇÃO

A legislação processual vigente especifica três classes de processos, quais sejam: processo de conhecimento, cautelar e de execução. A CLT trata dos processos de conhecimento e execução.

No processo de conhecimento ou cognitivo, a parte provoca o Judiciário, impondo que o Estado-juiz preste a tutela jurisdicional aplicando o direito ao caso concreto, por meio de uma sentença de mérito, a qual poderá ter cunho declaratório, constitutivo ou condenatório.

Na sentença de cunho declaratório, o provimento jurisdicional limita-se a declarar a existência ou inexistência de relação jurídica ou autenticidade ou falsidade do documento (art. 19 do CPC).

Por sua vez, as sentenças constitutivas objetivam criar, modificar ou extinguir determinada relação jurídica.

Por último, as sentenças condenatórias impõem determinada condenação ao réu, afirmando a existência do direito, reconhecendo a sua violação e dirigindo ao demandado um preceito sancionatório sob a forma de obrigação de entregar coisa certa ou incerta, de fazer ou de não fazer ou mesmo de pagar quantia certa.

Neste contexto, só estarão sujeitas ao processo de execução as ações condenatórias.

O processo cautelar, por sua vez, visa apenas resguardar o resultado útil do processo principal, seja ele de conhecimento ou de execução.

Por último, temos o processo de execução, que objetiva assegurar a satisfação do direito do credor imposto no comando sentencial.

Em função da legislação vigente, a execução trabalhista encontra-se disciplinada por quatro normas legais a serem aplicadas na seguinte ordem:

1 – Consolidação das Leis do Trabalho;

2 – Lei 5.584/1970;

3 – Lei 6.830/1980;

4 – Código de Processo Civil.

Portanto, primeiramente aplica-se a Consolidação das Leis do Trabalho, que possui 20 artigos (arts. 876 a 892) dedicados à execução trabalhista.

Na omissão da norma consolidada, utiliza-se a Lei 5.584/1970, que traz apenas um artigo (art. 13) dedicado à execução trabalhista, especificamente disciplinando o instituto da remição da execução pelo devedor.

Persistindo a omissão, determina o art. 889 da CLT a aplicação subsidiária, no que não for incompatível com a norma consolidada, dos preceitos que regem o processo dos executivos fiscais para a cobrança da dívida ativa da Fazenda Pública Federal, disciplinada na Lei 6.830/1980.

Por último, sendo também omissa a Lei 6.830/1980, utilizam-se, de forma subsidiária à execução trabalhista, os preceitos contidos no Código de Processo Civil.

7.2. LEGITIMIDADE

7.2.1. Ativa

O art. 878 da CLT dispõe que a execução será promovida pelas partes, permitida a execução de ofício pelo juiz ou pelo Presidente do Tribunal apenas nos casos em que as partes não estiverem representadas por advogado.

Segundo o TST, a partir da vigência da Lei nº 13.467/2017 (Reforma Trabalhista), o ato do juiz para iniciar a execução ficará limitada aos casos em que as partes não estiverem representadas por advogado (art. 13, IN 41/2018, TST).

Embora o art. 878 da CLT faça referência apenas às partes quando determina quem poderá iniciar a execução, ela poderá ser promovida também pelos legitimados do art. 778, § 1.º, do CPC, quais sejam:

- Ministério Público do Trabalho
- espólio, herdeiros ou sucessores do credor, sempre que, por morte deste, lhes for transmitido o direito resultante do título executivo;
- o cessionário, quando o direito resultante do título executivo lhe foi transferido por ato entre vivos; e
- o sub-rogado, nos casos de sub-rogação legal ou convencional.

Em relação à cessão de crédito trabalhista, o art. 51, da Consolidação dos Provimentos da CGJT (antigo Provimento 6 do TST/CGJT), estabeleceu que:

> "A cessão de crédito prevista em lei (art. 1.065 do Código Civil) é juridicamente possível, não podendo ser operacionalizada no âmbito da Justiça do Trabalho, sendo como é um negócio jurídico entre empregado e terceiro que não se coloca em quaisquer dos polos da relação processual trabalhista".

Logo, entende o Tribunal Superior do Trabalho que a cessão de crédito não pode ser realizada no âmbito laboral, tendo em vista que o ingresso de terceiro (cessionário) na relação jurídica processual geraria a incompetência material da Justiça do Trabalho.

No entanto, a Lei 11.101/2005 (que regulou a recuperação judicial, extrajudicial e a falência), em seu art. 83, § 4.º, permitiu a cessão de créditos trabalhistas a terceiros, apenas ressalvando que, nesse caso, o crédito laboral cedido será enquadrado como crédito quirografário.

O Ministério Público do Trabalho também detém legitimidade para promover a execução, nos seguintes casos:

- existência de títulos executivos judiciais, em função de ações promovidas originariamente pelo *Parquet* laboral, seja na primeira instância (principalmente ação civil pública), ou mesmo em segunda instância;
- execução do título executivo extrajudicial denominado termo de compromisso de ajustamento de conduta (legitimidade exclusiva);
- como substituto processual do menor, nos casos do art. 793 da CLT;
- nos casos de ações civis coletivas patrocinadas por outros legitimados, quando houver abandono da ação pelo autor (Lei 8.078/1990, arts. 82, 92, 97 e 98);

Por sua vez, dispõe o art. 877 consolidado que é competente para execução das decisões o juiz ou o presidente do tribunal que tiver conciliado ou julgado originariamente o dissídio.

Em relação à execução dos títulos executivos extrajudiciais, estabelece o art. 877-A consolidado que será competente para a execução o juiz que teria competência para o processo de conhecimento relativo à matéria.

Sobrevindo a morte do credor, o juiz suspenderá a execução (art. 921, I, do CPC) até que se formalize a habilitação do espólio, dos herdeiros ou dos sucessores.

O art. 878-A da CLT, por sua vez, também faculta ao devedor, na execução das contribuições previdenciárias devidas, o pagamento imediato da parte que entender devida à Previdência Social, sem prejuízo da cobrança de eventuais diferenças encontradas na execução *ex officio*.

7.2.2. Passiva

Normalmente, é o empregador (pessoa física ou jurídica) quem figura no polo passivo da execução trabalhista.

Portanto, será o empregador devedor a pessoa legalmente legitimada a responder pela execução.

Todavia, em alguns casos, o próprio reclamante pode ser o sujeito passivo de uma execução trabalhista, como nas hipóteses em que seja devedor de custas, honorários periciais, honorários advocatícios, indenização ao empregador em função de prejuízos causados, devolução de materiais, ferramentas ou instrumentos de trabalho ao patrão etc.

A Lei 6.830/1980, de aplicação subsidiária ao processo do trabalho (art. 889 da CLT), legitima como sujeitos passivos da execução o devedor, o fiador, o espólio, a massa, o responsável tributário e os sucessores a qualquer título.

7.2.3. Desconsideração da personalidade jurídica do executado

Os estudiosos do direito e processo do trabalho têm manifestado enorme preocupação com a chamada "crise do processo de execução", causada pela dificuldade em dar cumprimento ao julgado.

Diversos artifícios têm sido utilizados pelos executados para impedir a efetivação da execução, seja por meio do desvio de bens da empresa para o patrimônio pessoal dos sócios, de sucessões fraudulentas, de alienação de bens em fraude à execução, de utilização de sócios "laranjas" ou "testas de ferro" etc.

Com isso, é negado ao exequente um direito fundamental da pessoa humana, isto é, a eficácia da jurisdição, comprometendo, sem dúvida, a credibilidade de todo o sistema normativo, uma vez que é decepcionante para o credor não ver garantida a efetivação do seu direito, após longa e cansativa demanda judicial.

É nesse cenário que surge o estudo da denominada teoria da desconsideração da personalidade jurídica do executado, também chamada de *disregard doctrine*, teoria da penetração, *disregard of legal entity* ou *teoria do disregard*.

A desconsideração da personalidade jurídica do executado permite que os atos executórios alcancem os bens particulares dos sócios, segundo duas teorias: a) quando se verifica a insuficiência do patrimônio societário (teoria menor), e b) quando se verifica a insuficiência do patrimônio societário e, concomitantemente, restar comprovado o abuso da personalidade jurídica, caracterizado pelo desvio de finalidade, ou pela confusão patrimonial (teoria maior).

A teoria menor está pautada no art. 28, § 5º, do CDC:

> "Art. 28. O juiz poderá desconsiderar a personalidade jurídica da sociedade quando, em detrimento do consumidor, houver abuso de direito,

> excesso de poder, infração da lei, fato ou ato ilícito ou violação dos estatutos ou contrato social. A desconsideração também será efetivada quando houver falência, estado de insolvência, encerramento ou inatividade da pessoa jurídica provocados por má administração.
>
> (...)
>
> § 5.º Também poderá ser desconsiderada a pessoa jurídica sempre que sua personalidade for, de alguma forma, obstáculo ao ressarcimento de prejuízos causados aos consumidores".

Por sua vez, a teoria maior está prevista no art. 50 do CCB alterado pela Lei nº 13.874/2019, conhecida como a lei da liberdade econômica:

> "Art. 50. Em caso de abuso da personalidade jurídica, caracterizado pelo desvio de finalidade ou pela confusão patrimonial, pode o juiz, a requerimento da parte, ou do Ministério Público quando lhe couber intervir no processo, desconsiderá-la para que os efeitos de certas e determinadas relações de obrigações sejam estendidos aos bens particulares de administradores ou de sócios da pessoa jurídica beneficiados direta ou indiretamente pelo abuso.
>
> § 1º Para os fins do disposto neste artigo, desvio de finalidade é a utilização da pessoa jurídica com o propósito de lesar credores e para a prática de atos ilícitos de qualquer natureza. (Incluído pela Lei nº 13.874, de 2019)
>
> § 2º Entende-se por confusão patrimonial a ausência de separação de fato entre os patrimônios, caracterizada por: (Incluído pela Lei nº 13.874, de 2019)
>
> I - cumprimento repetitivo pela sociedade de obrigações do sócio ou do administrador ou vice-versa; (Incluído pela Lei nº 13.874, de 2019)
>
> II - transferência de ativos ou de passivos sem efetivas contraprestações, exceto os de valor proporcionalmente insignificante; e (Incluído pela Lei nº 13.874, de 2019)
>
> III - outros atos de descumprimento da autonomia patrimonial. (Incluído pela Lei nº 13.874, de 2019)
>
> § 3º O disposto no *caput* e nos §§ 1º e 2º deste artigo também se aplica à extensão das obrigações de sócios ou de administradores à pessoa jurídica. (Incluído pela Lei nº 13.874, de 2019)
>
> § 4º A mera existência de grupo econômico sem a presença dos requisitos de que trata o *caput* deste artigo não autoriza a desconsideração da personalidade da pessoa jurídica. (Incluído pela Lei nº 13.874, de 2019)

> § 5º Não constitui desvio de finalidade a mera expansão ou a alteração da finalidade original da atividade econômica específica da pessoa jurídica. (Incluído pela Lei nº 13.874, de 2019)"

Em caso de abuso da personalidade jurídica, caracterizado pelo desvio de finalidade ou pela confusão patrimonial, pode o juiz, a requerimento da parte, ou do Ministério Público quando lhe couber intervir no processo, desconsiderá-la para que os efeitos de certas e determinadas relações de obrigações sejam estendidos aos bens particulares de administradores ou de sócios da pessoa jurídica beneficiados direta ou indiretamente pelo abuso.

Entendemos que a Lei 8.078/1990 (CDC), na parte processual, é aplicável ao processo do trabalho. Ademais, a regra insculpida no art. 28, § 5º, do CDC está em consonância com os princípios da celeridade, proteção ao trabalhador hipossuficiente, da efetividade da execução trabalhista e do privilégio do crédito laboral, merecendo plena aplicação ao processo do trabalho.

Desta forma, basta que se verifique a insuficiência de bens por parte da pessoa jurídica para arcar com a condenação trabalhista, para que seja possível a desconsideração de sua personalidade jurídica da empresa, visto que esta constitui obstáculo ao ressarcimento de prejuízos causados aos consumidores.

É nesse aspecto o posicionamento dos tribunais do trabalho, conforme se pode observar nos julgados abaixo:

> "À FALTA DE BENS DA EMPRESA QUE SEJAM SUFICIENTES PARA COBRIR O VALOR DO CRÉDITO EXEQUENDO (NÃO HÁ PROVA EM SENTIDO CONTRÁRIO NOS AUTOS), OS BENS DOS SEUS SÓCIOS RESPONDEM PELA EXECUÇÃO. COMO BEM DECIDIU O COLENDO TST: 'RESPONSABILIDADE SOLIDÁRIA. SÓCIO COTISTA. TEORIA DA DESCONSIDERAÇÃO DA PESSOA JURÍDICA. Em sede de direito do trabalho, em que créditos trabalhistas não podem ficar a descoberto, vem-se abrindo uma exceção ao princípio da responsabilidade limitada (*disregard of legal entity*) para que o empregado possa, verificando a insuficiência do patrimônio societário, sujeitar à execução os bens dos sócios da pessoa jurídica, não havendo bem da sociedade para saldar a dívida, encontra respaldo nos artigos 10 do Decreto 3.708/19, 592, II, do CPC (art. 790, II, NCPC) e 134, VII, do Código Tributário Nacional. Independentemente de que a executada não tenha encerrado suas atividades. Agravo de petição a que se dá provimento'" (TRT – 6.ª Região – 2.ª T. – AP 00654.1990.141.06.00.0 – Rel. Des. Josélia Morais da Costa – *DEJTPE* 15.12.2009).

> "EXECUÇÃO. RESPONSABILIDADE DO SÓCIO DA EXECUTADA. O agravante é sócio da executada. O fato de o sócio não constar do título executivo como devedor ou mesmo de não fazer parte do polo passivo da reclamação trabalhista na fase cognitiva não significa ausência de responsabilidade para efeito de execução. O artigo 592, II, do CPC (art. 790, II, do NCPC), de aplicação subsidiária ao processo do trabalho dispõe que os sócios têm responsabilidade na execução da sociedade, quando os bens dessa mostram-se insuficientes para o pagamento de débitos trabalhistas, pois o não pagamento de tais haveres constitui violação à lei e os empregados nunca assumem o risco do empreendimento" (TRT – 2.ª Região – 6.ª T. – AP 03334-2005-202-02-00-6 – Rel. Ivani Contini Bramante – publicado em 29.09.2006).

Sem versar sobre os requisitos para a desconsideração da personalidade jurídica da empresa, o CPC instituiu regras para o seu processamento, prevendo o incidente de desconsideração da personalidade jurídica da empresa em seus arts. 133 a 137 e a CLT, no art. 855-A, determina que se aplicam no Processo do Trabalho. Observe:

> "Art. 855-A, CLT. Aplica-se ao processo do trabalho o incidente de desconsideração da personalidade jurídica previsto nos arts. 133 a 137 da Lei no 13.105, de 16 de março de 2015 – Código de Processo Civil".
>
> "Art. 133. O incidente de desconsideração da personalidade jurídica será instaurado a pedido da parte ou do Ministério Público, quando lhe couber intervir no processo.
>
> § 1.º O pedido de desconsideração da personalidade jurídica observará os pressupostos previstos em lei.
>
> § 2.º Aplica-se o disposto neste Capítulo à hipótese de desconsideração inversa da personalidade jurídica".
>
> "Art. 134. O incidente de desconsideração é cabível em todas as fases do processo de conhecimento, no cumprimento de sentença e na execução fundada em título executivo extrajudicial.
>
> § 1.º A instauração do incidente será imediatamente comunicada ao distribuidor para as anotações devidas.
>
> § 2.º Dispensa-se a instauração do incidente se a desconsideração da personalidade jurídica for requerida na petição inicial, hipótese em que será citado o sócio ou a pessoa jurídica.
>
> § 3.º A instauração do incidente suspenderá o processo, salvo na hipótese do § 2º.
>
> § 4.º O requerimento deve demonstrar o preenchimento dos pressupostos legais específicos para desconsideração da personalidade jurídica".

> "Art. 135. Instaurado o incidente, o sócio ou a pessoa jurídica será citado para manifestar-se e requerer as provas cabíveis no prazo de 15 (quinze) dias".
>
> "Art. 136. Concluída a instrução, se necessária, o incidente será resolvido por decisão interlocutória.
>
> Parágrafo único. Se a decisão for proferida pelo relator, cabe agravo interno".
>
> "Art. 137. Acolhido o pedido de desconsideração, a alienação ou a oneração de bens, havida em fraude de execução, será ineficaz em relação ao requerente".

De acordo com o TST, a partir da vigência da Lei 13.467/2017 (Reforma Trabalhista), somente poderá iniciar de ofício o incidente de desconsideração da personalidade jurídica nos casos em que as partes não estiverem representadas por advogado (art. 13, IN 41/2018, TST).

Aquele cujo patrimônio busca-se alcançar fará parte do processo, por isso, o incidente de desconsideração da personalidade jurídica é uma espécie de intervenção de terceiros. Trata-se de uma intervenção provocada, ou seja, ele não compõe o processo espontaneamente.

Determina o art. 133 do CPC que o incidente de desconsideração da personalidade jurídica será instaurado a pedido da parte ou do Ministério Público, ou seja, não será processado de ofício, estando em consonância com o art. 878 da CLT, segundo o qual "a execução será promovida pelas partes, permitida a execução de ofício pelo juiz ou pelo Presidente do Tribunal apenas nos casos em que as partes não estiverem representadas por advogado".

Ressalte-se que o atual diploma processual previu a desconsideração inversa da personalidade jurídica (art. 133, § 2º, do CPC), a qual ocorre quando se litiga contra o indivíduo e se busca bens na pessoa jurídica.

Dispensa-se a instauração do incidente se a desconsideração da personalidade jurídica for requerida na petição inicial, hipótese em que será citado o sócio ou a pessoa jurídica (art. 134, § 2º, CPC).

O requerimento suspende o processo e o requerente deve demonstrar o preenchimento dos pressupostos legais específicos para desconsideração da personalidade jurídica, ou seja, a insuficiência de patrimônio da pessoa demandada (teoria menor - art. 28, § 5º, CDC).

A pessoa jurídica ou o sócio será citado para se manifestar e requerer as provas cabíveis no prazo de 15 dias, sendo a decisão interlocutória (art. 135, CPC).

Acolhido o pedido de desconsideração, a alienação ou a oneração de bens, havida em fraude de execução, será ineficaz em relação ao requerente (art. 137, CPC).

Esclarece o art. 855-A, § 1º, que da decisão interlocutória que acolher ou rejeitar o incidente:

> I – na fase de cognição, não cabe recurso de imediato, na forma do art. 893, § 1º, da CLT;
>
> II – na fase de execução, cabe agravo de petição, independentemente de garantia do juízo;
>
> III – cabe agravo interno se proferida pelo relator em incidente instaurado originariamente no tribunal.

A instauração do incidente suspenderá o processo, sem prejuízo de concessão da tutela de urgência de natureza cautelar de que trata o art. 301 do CPC (art. 855-A, § 2º, CLT), sendo muito utilizada para o bloqueio de contas.

Em síntese, o incidente será aplicável na seara trabalhista com algumas adaptações:

- Poderá ser instaurado a requerimento da parte e do Ministério Público.
- A pessoa jurídica ou o sócio será citado para manifestar-se e requerer as provas cabíveis no prazo de 15 dias.
- A decisão é interlocutória.
- Se examinado na fase de cognição, não cabe recurso de imediato.
- Se examinado na fase de execução, cabe agravo de petição, independentemente de garantia do juízo.
- Se apreciado pelo Relator, em incidente instaurado originariamente no tribunal (CPC, art. 932, inciso VI), caberá agravo interno.

7.3. RESPONSABILIDADE PATRIMONIAL DO DEVEDOR

Consoante menciona o art. 789 do CPC, o devedor responde com todos os seus bens presentes e futuros para o cumprimento de suas obrigações, salvo as restrições estabelecidas em lei.

Portanto, a execução é sempre real, ensejando um dever para o devedor e uma responsabilidade para o seu patrimônio.

Estarão sujeitos à penhora e à consequente expropriação judicial não apenas os bens que o devedor possuía ao tempo em que a execução se iniciou, mas, também, todos que venham a ser adquiridos ou integrados ao seu patrimônio enquanto não satisfeita a obrigação.

Com efeito, iniciada a execução por quantia certa, não localizado o executado ou demonstrado que o devedor não possui bens capazes de satisfazê-la, a execução não será extinta, cabendo ao magistrado, conforme já mencionado neste capítulo, nos termos do art. 40 da Lei 6.830/1980, suspender o curso da execução trabalhista enquanto não for localizado o devedor ou encontrado bens sobre os quais possa recair a penhora.

Ultrapassado o prazo máximo de um ano da suspensão do curso da execução, sem que seja localizado o devedor ou encontrados bens penhoráveis, o juiz ordenará o arquivamento dos autos, o qual poderá ser desarquivado, a qualquer tempo, para prosseguimento da execução, caso sejam encontrados o devedor ou os bens (art. 40, §§ 2.º e 3.º, da Lei 6.830/1980).

7.4. TÍTULOS EXECUTIVOS TRABALHISTAS JUDICIAIS E EXTRAJUDICIAIS

O art. 876 da CLT disciplina os títulos executivos trabalhistas, dividindo-os em judiciais e extrajudiciais, quais sejam:

a) **judiciais:**

- sentenças transitadas em julgado;
- sentenças sujeitas a recurso desprovido de efeito suspensivo;
- acordos judiciais não cumpridos.

b) **extrajudiciais:**

- termos de compromisso de ajustamento de conduta firmados perante o Ministério Público do Trabalho;
- termos de conciliação firmados perante a comissão de conciliação prévia.

Também são títulos executivos extrajudiciais, executados na Justiça do Trabalho, as certidões de inscrição na dívida ativa da União, relativas multas administrativas impostas aos empregadores e tomadores de serviços pelos órgãos de fiscalização das relações de trabalho, uma vez que o art. 114, VII, da CF, com a redação dada pela EC 45/2004, estabelece que compete à Justiça do Trabalho julgar as "ações relativas às penalidades administrativas impostas aos empregadores pelos órgãos de fiscalização das relações de trabalho".

Além desses, o cheque e a nota promissória também são títulos executáveis na Justiça do Trabalho. Nos termos do art. 13 da IN 39/2016 do TST, "por aplicação supletiva do art. 784, I (art. 15 do CPC), o cheque e a nota promissória emitidos em reconhecimento de dívida inequivocamente de natureza trabalhista também são títulos extrajudiciais para efeito de execução perante a Justiça do Trabalho", na forma dos arts. 876 e seguintes da CLT.

Vale destacar que a CF/1988, no art. 114, VIII (por força da EC 45/2004), e o parágrafo único do art. 876 da CLT (com redação dada pela Lei 11.457/2007) determinam que serão executados de ofício pela Justiça do Trabalho os créditos previdenciários devidos em decorrência das sentenças ou acordos proferidos pelos juízes e Tribunais do Trabalho.

Os títulos executivos extrajudiciais previstos no art. 876 consolidado, o cheque e a nota promissória emitidos em reconhecimento de dívida inequivocamente de natureza trabalhista, as multas administrativas impostas aos empregadores por órgão de fiscalização das relações de trabalho inscritas em dívida ativa e a sentença arbitral condenatória dispensam o processo de conhecimento, ensejando, diretamente, a ação executiva.

As sentenças normativas também somente ensejam execução das custas e despesas processuais, uma vez que o seu descumprimento apenas faz nascer uma ação de cumprimento (mera ação de conhecimento proposta perante a Vara do Trabalho).

Impende destacar que a arbitragem é cabível nos dissídios coletivos (art. 114, § 1º, da CF) e nos dissídios individuais cujos contratos de trabalho tenham remuneração superior a duas vezes o limite máximo estabelecido para os benefícios do Regime Geral de Previdência Social, desde pactuada cláusula compromissória de arbitragem, por iniciativa do empregado ou mediante a sua concordância expressa, antes ou após o término do contrato (art. 507-A, CLT). Portanto, a sentença arbitral, quando condenatória, é um título executivo, podendo ser executada na Justiça do Trabalho (art. 31 da Lei 9.307/1996).

7.5. EXECUÇÃO PROVISÓRIA E DEFINITIVA

7.5.1. Execução provisória

7.5.1.1. Conceito

A execução provisória é cabível toda vez que a decisão exarada ainda pender de recurso desprovido de efeito suspensivo.

Em outras palavras, a execução provisória pode ser utilizada quando a sentença condenatória ainda não tiver transitado em julgado, limitando-se esta a atos de constrição e não de expropriação.

O art. 899 da CLT dispõe que:

> "Art. 899. Os recursos serão interpostos por simples petição e terão efeito meramente devolutivo, salvo as exceções previstas neste Título, permitida a execução provisória até a penhora".

7.5.1.2. Requisitos para instrução

No processo do trabalho, o cumprimento provisório da sentença é feito por meio de petição dirigida ao juízo competente, cujos requisitos para sua instrução estão previstos no art. 522 do CPC, *in verbis*:

> "Art. 522. O cumprimento provisório da sentença será requerido por petição dirigida ao juízo competente.
>
> Parágrafo único. Não sendo eletrônicos os autos, a petição será acompanhada de cópias das seguintes peças do processo, cuja autenticidade poderá ser certificada pelo próprio advogado, sob sua responsabilidade pessoal:
>
> I – decisão exequenda;
>
> II – certidão de interposição do recurso não dotado de efeito suspensivo;
>
> III – procurações outorgadas pelas partes;
>
> IV – decisão de habilitação, se for o caso;
>
> V – facultativamente, outras peças processuais consideradas necessárias para demonstrar a existência do crédito".

Uma vez implantado o processo judicial eletrônico, não haverá mais a formação de autos suplementares.

Na execução provisória trabalhista não se exige que o credor, para promovê-la, preste caução, uma vez que, na maioria dos casos, o exequente é um trabalhador hipossuficiente e, portanto, sem condições de prestar caução.

Exigir caução inviabilizaria, na prática, a execução provisória pelo obreiro.

Ressalte-se que no atual Código de Processo Civil dispensa a caução para os créditos de natureza alimentar, sem estabelecer qualquer limite. Verifique o disposto no art. 521, I, do CPC:

> Art. 521. A caução prevista no inciso IV do art. 520 poderá ser dispensada nos casos em que:
>
> I – o crédito for de natureza alimentar, independentemente de sua origem;

7.5.2. Execução definitiva

À luz dos arts. 876 da CLT, 114, VII, da CF, art. 784, I, do CPC (art. 13 da IN 39/2016 do TST) e art. 507-A c/c art. 31 da Lei 9.307/1996, teremos a execução definitiva nos seguintes casos:

- trânsito em julgado da sentença condenatória;
- inadimplemento do acordo realizado em juízo;
- inadimplemento da conciliação firmada perante as Comissões de Conciliação Prévia;
- inadimplemento dos Termos de Compromisso de Ajustamento de Conduta firmados perante o Ministério Público do Trabalho;
- multa administrativa imposta ao empregador por órgão de fiscalização das relações de trabalho inscrita em dívida ativa;
- o cheque e a nota promissória emitidos em reconhecimento de dívida inequivocamente de natureza trabalhista.
- Sentença arbitral quando condenatória (art. 31 da Lei 9.307/1996)
- Impende destacar que a arbitragem é cabível nos dissídios coletivos (art. 114, § 1º, da CF) e nos dissídios individuais cujos contratos de trabalho tenham remuneração superior a duas vezes o limite máximo estabelecido para os benefícios do Regime Geral de Previdência Social, desde pactuada cláusula compromissória de arbitragem, por iniciativa do empregado ou mediante a sua concordância expressa, antes ou após o término do contrato (art. 507-A, CLT). Portanto, a sentença arbitral, quando condenatória, é um título executivo, podendo ser executada na Justiça do Trabalho (art. 31 da Lei 9.307/1996).

7.6. LIQUIDAÇÃO DA SENTENÇA

7.6.1. Introdução

A execução para cobrança de crédito fundar-se-á sempre em título líquido, certo e exigível, devendo a liquidação ser realizada quando a sentença não determinar o valor ou não individualizar o objeto da condenação.

No processo do trabalho nem todas as decisões proferidas podem ser executadas de imediato, dependendo algumas de prévia apuração dos respectivos valores contidos no comando obrigacional.

Embora o art. 840, § 1º, da CLT e o art. 852-B, II, da CLT (para o procedimento sumaríssimo) determinem que os pedidos precisam ser líquidos, o legislador não determinou que as sentenças sejam líquidas, de modo que também se sujeitam a fase de liquidação.

Os pedidos líquidos apenas limitam o pedido ao valor postulado, de modo que ainda que os cálculos de liquidação sejam maiores, o teto devido ao reclamante será o valor postulado.

O art. 879 da CLT dispõe sobre a liquidação da sentença na seara laboral. Vejamos:

> "Art. 879. Sendo ilíquida a sentença exequenda, ordenar-se-á, previamente, a sua liquidação, que poderá ser feita por cálculo, por arbitramento ou por artigos.
>
> § 1º Na liquidação, não se poderá modificar, ou inovar, a sentença liquidanda nem discutir matéria pertinente à causa principal.
>
> § 1º-A. A liquidação abrangerá, também, o cálculo das contribuições previdenciárias devidas.
>
> § 1º-B. As partes deverão ser previamente intimadas para a apresentação do cálculo de liquidação, inclusive da contribuição previdenciária incidente.
>
> § 2º Elaborada a conta e tornada líquida, o juízo deverá abrir às partes prazo comum de oito dias para impugnação fundamentada com a indicação dos itens e valores objeto da discordância, sob pena de preclusão.
>
> § 3º Elaborada a conta pela parte ou pelos órgãos auxiliares da Justiça do Trabalho, o juiz procederá à intimação da União para manifestação, no prazo de 10 (dez) dias, sob pena de preclusão.
>
> § 4º A atualização do crédito devido à Previdência Social observará os critérios estabelecidos na legislação previdenciária.
>
> § 5º O Ministro de Estado da Fazenda poderá, mediante ato fundamentado, dispensar a manifestação da União quando o valor total das verbas que integram o salário de contribuição, na forma do art. 28 da Lei nº 8.212, de 24 de julho de 1991, ocasionar perda de escala decorrente da atuação do órgão jurídico.
>
> § 6º Tratando-se de cálculos de liquidação complexos, o juiz poderá nomear perito para a elaboração e fixará, depois da conclusão do trabalho, o valor dos respectivos honorários com observância, entre outros, dos critérios de razoabilidade e proporcionalidade.
>
> § 7º A atualização dos créditos decorrentes de condenação judicial será feita pela Taxa Referencial (TR), divulgada pelo Banco Central".

No âmbito do Direito do Trabalho, o artigo 39 da Lei nº 8.177/91 estabelece que a atualização monetária dos subsídios trabalhistas deve ocorrer por meio da Taxa Referencial (TR), acrescida de juros de mora de 1% ao mês, contados a partir do auxílio da ação, conforme dispõe o artigo 883 da CLT.

Entretanto, o Tribunal Superior do Trabalho (TST), fundamentando-se nas decisões do Supremo Tribunal Federal (STF) proferidas nas ADIs nº 4.357, 4.372, 4.400 e 4.425, além da medida cautelar na Ação Cautelar nº 3.764 MC/DF, declarou a inconstitucionalidade da utilização da TR como índice de correção monetária. Isso porque a TR não reflete a variação real da inflação, o que implica a efetiva recomposição dos créditos trabalhistas. Com base nesse entendimento, o TST passou a aplicar o IPCA-E como índice de correção monetária desde o vencimento das obrigações, com a incidência de juros de 1% ao mês a partir do ajuste da ação, conforme o artigo 883 da CLT.

A Reforma Trabalhista, instituída pela Lei nº 13.467/2017, reafirmou no artigo 879, § 7º, da CLT, a utilização da TR como índice de atualização dos créditos decorrentes de condenações judiciais. Isso gerou novo debate sobre a constitucionalidade do dispositivo, o que levou o STF a se pronunciar por meio das ADCs 58 e 59 e das ADIs 5867 e 6021.

No julgamento dessas ações, o STF define as seguintes regras para a correção dos subsídios trabalhistas:

- Fase pré-judicial (período entre o vencimento da obrigação e o auxílio da ação): Aplicação do IPCA-E para atualização monetária.
- Fase judicial (a partir do auxílio da ação): Aplicação da Taxa Selic, que compreende tanto a correção da inflação quanto os juros.

Importante ressaltar que, inicialmente, o STF entendeu que a fase judicial teria início com a citação do réu. Contudo, nos embargos de declaração da ADC 58, o Supremo adequou seu entendimento à lógica do processo do trabalho, fixando o início da fase judicial a partir do pedido de consentimento.

Outro ponto relevante é o entendimento consolidado pelo TST em relação à fase pré-judicial. Nessa fase, além da atualização monetária pelo IPCA-E, há a incidência de juros calculados com base na TR, o que representa uma interpretação mais restrita do artigo 39, caput, da Lei nº 8.177/91. O TST, que antes considerava a TR como índice de correção monetária, passou a tratá-la exclusivamente como índice de juros de mora, o que possibilitou sua acumulação com o IPCA-E.

Na fase judicial, conforme o posicionamento vinculado do STF, aplica-se exclusivamente a Taxa Selic, que já incorpora a correção monetária e os juros de mora. Assim, não se admite a incidência cumulativa da Taxa Selic com juros de 1% ao mês, conforme artigo anterior 39, § 1°, da Lei n° 8.177/91. Na prática, isso significa a eliminação dos juros de mora independentes na fase judicial, uma vez que a Selic abrange ambos os encargos de forma unificada.

7.6.2. Modalidades

No processo do trabalho, a liquidação da sentença pode ser realizada de três modos: por cálculo, por arbitramento e por artigos.

Cabe destacar também que existe a possibilidade de a liquidação se processar, simultaneamente, por mais de uma das modalidades previstas em lei (cálculos, artigos, arbitramento), constituindo-se na denominada liquidação mista.

É comum, portanto, determinada parte da sentença ser liquidada por cálculos e outra parte por arbitramento (como no caso de fixação de determinada parcela *in natura*), processando-se a liquidação de maneira mista.

Outrossim, pode ocorrer que a sentença exequenda contenha parte líquida e ilíquida.

Nesse caso, a parte ilíquida será objeto de prévia liquidação, enquanto a parte líquida, a critério do credor, poderá ser imediatamente executada, mediante a extração da carta de sentença.

7.6.2.1. Liquidação por cálculo

A liquidação por cálculo, sem dúvida, é a mais utilizada na Justiça do Trabalho, e é realizada quando a determinação do valor da condenação depender apenas de cálculo aritmético.

Portanto, na liquidação por cálculo, todos os elementos necessários para se chegar ao *quantum* devido já se encontram nos autos.

A Lei 8.898/1994 conferiu nova redação ao art. 604 do CPC/1973, dispondo que, quando a determinação do valor da condenação depender apenas de cálculo aritmético, o credor procederá à sua execução, instruindo o pedido com a memória discriminada e atualizada do cálculo.

Apesar de o atual Código de Processo Civil instituir em seu art. 509, § 1.°, que: "Quando a apuração do valor depender apenas de cálculo aritmético, o credor poderá promover, desde logo, o cumprimento da sentença", a liquidação por cálculos permanecerá sendo realizada segundo as regras previstas na CLT.

Nos moldes previstos no art. 879 da CLT, cabe ao credor exequente requerer a liquidação por cálculos, instruindo o pedido com a memória discriminada e atualizada dos valores que entende devidos.

Diversas verbas podem ser liquidadas por simples cálculo, desde que sua apuração dependa apenas de operações aritméticas, como as parcelas rescisórias, as férias, a gratificação natalina, horas extras, saldo de salários etc.

Os juros de mora também são liquidados por meio de cálculos e são devidos a partir do ajuizamento da ação até o pagamento ou a efetivação do depósito, incidindo sobre a importância da condenação já corrigida monetariamente (art. 883 da CLT e Súmula 200 do TST).

A Súmula 211 do TST determina que os juros de mora e a correção monetária incluem-se na liquidação, ainda que omisso o pedido inicial ou a condenação.

Destacamos, ainda, a OJ 400 da SDI-I/TST, a qual estabelece que "os juros de mora decorrentes do inadimplemento de obrigação de pagamento em dinheiro não integram a base de cálculo do imposto de renda, independentemente da natureza jurídica da obrigação inadimplida, ante o cunho indenizatório conferido pelo art. 404 do Código Civil de 2002 aos juros de mora".

Os débitos trabalhistas das entidades submetidas aos regimes de intervenção ou liquidação extrajudicial estão sujeitos à correção monetária desde o respectivo vencimento até seu efetivo pagamento, sem interrupção ou suspensão, não incidindo, entretanto, sobre tais débitos, juros de mora (Súmula 304 do TST).

Sobre juros de mora, vejamos algumas OJs:

> "OJ 408, SDBI-1 do TST. JUROS DE MORA. EMPRESA EM LIQUIDAÇÃO EXTRAJUDICIAL. SUCESSÃO TRABALHISTA (*DEJT* divulgado em 22, 25 e 26.10.2010). É devida a incidência de juros de mora em relação aos débitos trabalhistas de empresa em liquidação extrajudicial sucedida nos moldes dos arts. 10 e 448 da CLT. O sucessor responde pela obrigação do sucedido, não se beneficiando de qualquer privilégio a este destinado".
>
> "OJ 400, SDBI-1 do TST. IMPOSTO DE RENDA. BASE DE CÁLCULO. JUROS DE MORA. NÃO INTEGRAÇÃO. ART. 404 DO CÓDIGO CIVIL BRASILEIRO (*DEJT* divulgado em 02, 03 e 04.08.2010). Os juros de mora decorrentes do inadimplemento de obrigação de pagamento em dinheiro não integram a base de cálculo do imposto de renda, independentemente da natureza jurídica da obrigação inadimplida, ante o cunho indenizatório conferido pelo art. 404 do Código Civil de 2002 aos juros de mora".

É importante salientar que se o executado for a Fazenda Pública, os juros de mora possuem um tratamento distinto, consoante se observa da leitura da OJ 7 do Tribunal Pleno do TST:

> "OJ 7, Tribunal Pleno do TST. JUROS DE MORA. CONDENAÇÃO DA FAZENDA PÚBLICA. (nova redação) – Res. 175/2011, DEJT divulgado em 27, 30 e 31.05.2011.
>
> I – Nas condenações impostas à Fazenda Pública, incidem juros de mora segundo os seguintes critérios:
>
> a) 1% (um por cento) ao mês, até agosto de 2001, nos termos do § 1º do art. 39 da Lei n.º 8.177, de 01.03.1991;
>
> b) 0,5% (meio por cento) ao mês, de setembro de 2001 a junho de 2009, conforme determina o art. 1º-F da Lei nº 9.494, de 10.09.1997, introduzido pela Medida Provisória nº 2.180-35, de 24.08.2001.
>
> II – A partir de 30 de junho de 2009, atualizam-se os débitos trabalhistas da Fazenda Pública, mediante a incidência dos índices oficiais de remuneração básica e juros aplicados à caderneta de poupança, por força do art. 5º da Lei n.º 11.960, de 29.06.2009.
>
> III – A adequação do montante da condenação deve observar essa limitação legal, ainda que em sede de precatório."

E quando a pessoa jurídica de direito público for condenada a responder de forma subsidiária pelas obrigações trabalhistas não pagas pelo devedor principal, não se beneficia da limitação dos juros, prevista no art. 1º-F da Lei nº 9.494, de 10.09.1997, conforme OJ 382, SDBI-I, do TST:

> "OJ 382, SDBI-I DO TST. JUROS DE MORA. ART. 1º-F DA LEI Nº 9.494, DE 10.09.1997. INAPLICABILIDADE À FAZENDA PÚBLICA QUANDO CONDENADA SUBSIDIARIAMENTE (*DEJT* divulgado em 19, 20 e 22.04.2010).
>
> A Fazenda Pública, quando condenada subsidiariamente pelas obrigações trabalhistas devidas pela empregadora principal, não se beneficia da limitação dos juros, prevista no art. 1º-F da Lei nº 9.494, de 10.09.1997."

A liquidação por cálculos, naturalmente, inicia-se com a elaboração dos cálculos. Os cálculos poderão ser elaborados pelas partes, pelos órgãos auxiliares da Justiça do Trabalho (contador judicial) e, na hipótese e cálculos complexos, por um perito, a critério do juiz.

Entretanto, as partes deverão ser preferencialmente intimadas para a apresentação do cálculo de liquidação, inclusive da contribuição previdenciária incidente (art. 879, § 1º-B, da CLT).

Tratando-se de cálculos de liquidação complexos, o juiz poderá nomear perito para a elaboração e fixará, depois da conclusão do trabalho, o valor dos respectivos honorários com observância, entre outros, dos critérios de razoabilidade e proporcionalidade, nos termos do art. 879, § 6.º, da CLT.

O § 2.º do art. 879 da CLT impõe ao juiz oportunizar a manifestação das partes no prazo comum de 8 dias, tão logo elaborados os cálculos. Vejamos:

> "Art. 879. (...)
>
> § 2º Elaborada a conta e tornada líquida, o juízo deverá abrir às partes prazo comum de oito dias para impugnação fundamentada com a indicação dos itens e valores objeto da discordância, sob pena de preclusão".

Cabe destacar que as impugnações aos cálculos não podem ser genéricas, mas devem ser especificados todos os pontos de divergência.

Incumbe mencionar que, após a manifestação das partes, o juiz **deverá** proceder à intimação da União para manifestação, no prazo de 10 dias, sob pena de preclusão (art. 879, § 3.º, da CLT).

Na sequência, o juiz apreciará os cálculos e proferirá sentença de liquidação, fixando o valor da execução, encerrando assim a fase de liquidação.

7.6.2.2. Liquidação por arbitramento

A liquidação será feita por arbitramento quando as partes o convencionarem expressamente ou for determinado pela sentença, ou ainda quando o exigir a natureza do objeto da liquidação (art. 509, I, do CPC).

Muitas vezes, diante das dificuldades encontradas nas tentativas de apuração do *quantum debeatur* por simples cálculos, a liquidação por arbitramento revela-se em medida eficaz para tornar líquida a sentença.

Não obstante, mesmo que no comando sentencial tenha sido determinada a liquidação por arbitramento, poderá o magistrado estabelecer, posteriormente, que a liquidação se processe por cálculos, prestigiando, assim, o princípio da celeridade e economia processual, não havendo que falar em ofensa à coisa julgada, pois não se está alterando o conteúdo substancial da sentença.

Outrossim, não se deve confundir a liquidação por arbitramento com a perícia. A perícia é meio de prova e não forma de liquidação de sentença.

Na liquidação por arbitramento, as partes não têm a faculdade de nomear assistentes ou formular quesitos, como ocorre na perícia.

No arbitramento, o árbitro é único, sendo livremente nomeado pelo juiz, consistindo a sua atividade em estimar o valor, em dinheiro, dos direitos assegurados ao exequente pela sentença, agindo como se fosse avaliador.

Vale ressaltar que o juiz não se encontra adstrito ao laudo do árbitro, podendo formar livremente o seu convencimento sobre a matéria, sendo o árbitro apenas um auxiliar do magistrado.

7.6.2.3. Liquidação pelo procedimento comum

A liquidação pelo procedimento comum será feita quando houver necessidade de alegar e provar fatos novos que devam servir de base para fixar o *quantum* da condenação (art. 509, II, do CPC).

A liquidação da sentença trabalhista pelo método do procedimento comum é feita quando sua liquidez depender da comprovação de fatos ainda não esclarecidos suficientemente no processo de conhecimento, de modo a permitir valoração imediata do título executivo.

Como exemplo de liquidação pelo procedimento comum, podemos citar a sentença que reconhece a realização de horas extras pelo obreiro, mas não as quantifica, tornando-se necessária, por conseguinte, a realização da liquidação pelo procedimento comum, objetivando apurar, por meio das provas articuladas pelas partes, o número de horas suplementares efetivamente prestadas.

A liquidação pelo procedimento comum não pode ser determinada de ofício pelo juiz, dependendo sempre de iniciativa da parte.

Com efeito, preceitua o art. 511 do CPC que, na liquidação pelo procedimento comum, o juiz determinará a intimação do requerido, na pessoa de seu advogado ou da sociedade de advogados a que estiver vinculado, para, querendo, apresentar contestação no prazo de 15 dias, observando-se, a seguir, no que couber, o disposto neste Código.

Portanto, o interessado apresentará petição inicial, alegando os fatos a serem provados e os respectivos meios de prova, sendo a parte contrária citada para, no prazo de 15 dias, contestar o pedido.

Não contestados os fatos objeto da liquidação por artigos, eles serão considerados verdadeiros.

Ao revés, contestados os fatos, o juiz examinará a celeuma, designando audiência, caso haja necessidade de produção de provas, para, posteriormente, proferir decisão.

Em última análise, verifica-se que a liquidação por artigos é muito complexa, constituindo-se em verdadeiro processo de cognição, podendo haver indeferimento da petição de liquidação, suspensão e extinção da liquidação, revelia do devedor, produção de provas, julgamento antecipado da liquidação e designação de audiência para coleta de prova oral, sendo, em função do princípio da celeridade, desaconselhável a adoção de tal modalidade de liquidação no âmbito laboral.

7.6.2.4. *Impugnação à sentença de liquidação*

Uma vez apurado o valor da execução, será expedido o mandado de citação do executado para que pague ou garanta o juízo no prazo de 48 horas, nos termos do art. 880 da CLT:

> "Art. 880. Requerida a execução, o juiz ou presidente do tribunal mandará expedir mandado de citação do executado, a fim de que cumpra a decisão ou o acordo no prazo, pelo modo e sob as cominações estabelecidas ou, quando se tratar de pagamento em dinheiro, inclusive de contribuições sociais devidas à União, para que o faça em 48 (quarenta e oito) horas ou garanta a execução, sob pena de penhora".

O art. 884 da CLT estabelece que no prazo de 5 dias, contados da ciência da garantia do juízo realizada pelo executado, o exequente poderá apresentar impugnação à sentença de liquidação:

> "Art. 884. Garantida a execução ou penhorados os bens, terá o executado 5 (cinco) dias para apresentar embargos, cabendo igual prazo ao exequente para impugnação".

Frise-se que, mesmo deixando o executado de apresentar embargos à execução, deverá o magistrado conceder prazo para o exequente impugnar a sentença de liquidação, evitando-se, assim, no futuro, que seja arguida pelo credor (na primeira oportunidade que tiver de falar nos autos ou em audiência) a nulidade do processo, a partir do momento em que a providência judicial não foi adotada (*error in procedendo*).

Esclarece o art. 884, § 4.º, da CLT que serão julgados na mesma sentença os embargos e as impugnações à liquidação apresentados pelos credores trabalhista e previdenciário.

7.7. EXECUÇÃO POR QUANTIA CERTA CONTRA DEVEDOR SOLVENTE – PROCESSAMENTO

7.7.1. Citação, pagamento, depósito para apresentação de embargos

Tornada a dívida líquida e certa, com a respectiva homologação dos cálculos, inicia-se a execução trabalhista.

O objetivo da execução por quantia certa é expropriar bens do devedor a fim de satisfazer o direito do credor, respondendo o executado com seu patrimônio, presente ou futuro, para o cumprimento das obrigações.

Nesse contexto, achando-se a dívida já com seu valor líquido e certo, será expedido o **mandado executivo**, denominado mandado de citação, penhora e avaliação, a ser cumprido pelo oficial de justiça.

Nos termos do art. 880 da CLT (com redação dada pela Lei 11.457/2007), o executado será citado para em 48 horas pagar a dívida ou mesmo garantir a execução. Vejamos:

> "Art. 880 da CLT. Requerida a execução, o juiz ou presidente do tribunal mandará expedir mandado de citação do executado, a fim de que cumpra a decisão ou o acordo no prazo, pelo modo e sob as cominações estabelecidas ou, quando se tratar de pagamento em dinheiro, inclusive de contribuições sociais devidas à União, para que o faça em 48 (quarenta e oito) horas ou garanta a execução, sob pena de penhora".

O Pleno do Tribunal Superior do Trabalho decidiu que o art. 523, § 1º, do Código de Processo Civil é incompatível com o processo do trabalho. O dispositivo prevê multa de 10% sobre o valor do débito caso o pagamento não seja feito de forma voluntária no prazo de 15 dias. A decisão se deu em julgamento de incidente de recurso repetitivo, e o entendimento adotado deverá ser aplicado a todos os casos que tratam de matéria semelhante. Os acórdãos em julgamento de recurso de repetitivos se tratam de precedentes obrigatórios, vinculando todos os juízes e tribunais, nos termos do art. 927, III, do CPC.

Prevaleceu o entendimento de que há procedimento específico na CLT que se contrapõe à incidência da multa. Não é uma questão de omissão, mas de incompatibilidade lógica.

O art. 523, § 1º, do CPC concede ao devedor prazo de 15 dias para praticar um único ato possível – pagar a dívida, que, caso contrário, será acrescida da multa. No processo do trabalho, ao contrário, os arts. 880, *caput*, e 882 da CLT facultam ao devedor, no prazo de 48h, praticar um desses dois atos: pagar ou garantir a execução com outro tipo de bem. A possibilidade de nomeação de bens à penhora exclui a ordem para pagamento imediato da dívida.

A tese jurídica fixada no julgamento do recurso de revista repetitivo (IRR-1786-24.2015.5.04.0000), de observância obrigatória nos demais casos sobre a mesma matéria, foi a seguinte:

> "A multa coercitiva do artigo 523, parágrafo 1º do CPC (antigo artigo 475-J do CPC de 1973) não é compatível com as normas vigentes da CLT por que se rege o processo do trabalho, ao qual não se aplica".

Vale salientar que a citação do devedor na execução trabalhista, ao contrário do que ocorre no processo de cognição, é pessoal, sendo realizada pelos oficiais de justiça. O mandado de citação deverá conter a decisão exequenda ou o termo de acordo não cumprido (art. 880, § 1.º, da CLT).

O mandado de citação deverá conter a decisão exequenda ou o termo de acordo não cumprido (art. 880, § 1.º, da CLT).

Conforme determina o art. 880, § 3.º, da CLT, se o executado, procurado por duas vezes no espaço de 48 horas, não for encontrado, far-se-á a citação por edital, publicada no jornal oficial ou, na falta deste, afixado na sede da Vara ou Juízo, durante cinco dias.

Embora pouco aplicado ao processo do trabalho, alguns doutrinadores entendem que o art. 830 do CPC (mencionando a possibilidade de o oficial de justiça proceder ao arresto em caso de não localização do devedor) tem aplicação subsidiária ao processo do trabalho.

Nesse caso, se o oficial de justiça não encontrasse o devedor (procurado por duas vezes), poderia arrestar tantos bens quantos bastassem para garantir a execução, certificando a respeito das diligências empreendidas para localizá-lo e devolvendo o mandado à Vara do Trabalho para realização da citação por edital.

Aperfeiçoada a citação e transcorrido o prazo de pagamento, o arresto converter-se-á em penhora, independentemente de termo (art. 830, § 3.º, do CPC).

Realizada a citação, o oficial de justiça, de posse do mandado, aguardará o decurso do prazo de 48 horas, podendo o executado nesse interregno adotar três posicionamentos, quais sejam:

- efetuar o pagamento do valor da execução, conforme previsto no art. 881 da CLT;
- depositar em juízo o valor da execução objetivando a garantia do juízo e a oposição de embargos à execução (art. 882, primeira parte, da CLT);
- nomear bens à penhora, objetivando a garantia do juízo e a oposição de embargos à execução (art. 882, parte final, da CLT).

7.7.2. Nomeação de bens à penhora

Estabelece o art. 882 consolidado que:

> "Art. 822, CLT. O executado que não pagar a importância reclamada poderá garantir a execução mediante depósito da quantia correspondente, atualizada e acrescida das despesas processuais, apresentação de seguro garantia judicial ou nomeação de bens à penhora, observada a ordem preferencial estabelecida no art. 835 da Lei nº 13.105, de 16 de março de 2015 – Código de Processo Civil."

Portanto, uma das alternativas do executado, no intervalo de 48 horas após a citação, é nomear bens à penhora objetivando garantir o juízo e possibilitando a este embargar a execução.

Nos termos do art. 884, § 6º, da CLT, a exigência da garantia ou penhora não se aplica às entidades filantrópicas e/ou àqueles que compõem ou compuseram a diretoria dessas instituições[1].

A gradação legal para nomeação de bens à penhora prevista no art. 835 do CPC, a qual se aplica ao Processo do Trabalho, consoante preceitua o art. 3º, XVI, da IN 39/2016 do TST, é a seguinte:

> I – dinheiro, em espécie ou em depósito ou aplicação em instituição financeira;
>
> II – títulos da dívida pública da União, dos Estados e do Distrito Federal com cotação em mercado;
>
> III – títulos e valores mobiliários com cotação em mercado;
>
> IV – veículos de via terrestre;
>
> V – bens imóveis;

---

1. Art. 16, IN 41/2018, TST. O art. 884, § 6º, da CLT aplica-se às entidades filantrópicas e seus diretores, em processos com execuções iniciadas após 11.11.2017, data em que entrou em vigor a Lei 13.467/2017 (Reforma Trabalhista).

VI – bens móveis em geral;

VII – semoventes;

VIII – navios e aeronaves;

IX – ações e quotas de sociedades simples e empresárias;

X – percentual do faturamento de empresa devedora;

XI – pedras e metais preciosos;

XII – direitos aquisitivos derivados de promessa de compra e venda e de alienação fiduciária em garantia;

XIII – outros direitos.

Estabelece o § 1º do referido artigo que "é prioritária a penhora em dinheiro, podendo o juiz, nas demais hipóteses, alterar a ordem prevista no art. 835 do CPC, de acordo com as circunstâncias do caso concreto".

Outrossim, a gradação legal prevista no art. 835 do CPC deve ser observada tão somente pelo executado que nomeia bens à penhora e não, necessariamente, pelo exequente, pelo juiz ou pelo oficial de justiça que realizar a penhora em caso de inércia do devedor, não estando o meirinho adstrito à ordem prevista no digesto processual civil, podendo penhorar qualquer bem, desde que seja de maior e/ou melhor liquidez no leilão.

Nos termos do art. 835, § 2º, do CPC, para fins de substituição da penhora, equiparam-se a dinheiro a fiança bancária e o seguro garantia judicial, desde que em valor não inferior ao do débito constante da inicial, acrescido de trinta por cento.

Estabelece o art. 848 do CPC que a parte poderá requerer a substituição da penhora se:

- ela não obedecer à ordem legal;
- ela não incidir sobre os bens designados em lei, contrato ou ato judicial para o pagamento;
- havendo bens no foro da execução, outros tiverem sido penhorados;
- havendo bens livres, ela tiver recaído sobre bens já penhorados ou objeto de gravame;
- ela incidir sobre bens de baixa liquidez;
- fracassar a tentativa de alienação judicial do bem;
- o executado não indicar o valor dos bens ou omitir qualquer das indicações previstas em lei.

Vale ressaltar que o art. 848, parágrafo único, do CPC permite que a penhora seja substituída por fiança bancária ou por seguro garantia judicial, em valor não inferior ao do débito constante da inicial, acrescido de trinta por cento.

Requerida a substituição do bem penhorado, o executado deve indicar onde se encontram os bens sujeitos à execução, exibir a prova de sua propriedade e a certidão negativa ou positiva de ônus, bem como abster-se de qualquer atitude que dificulte ou embarace a realização da penhora (art. 847, § 2.º, do CPC).

Caso uma das partes aceite a estimativa de valor dos bens feita pela outra não será realizada a avaliação de bens pelo oficial de justiça (art. 871, I, do CPC).

Cumpridas as exigências legais, a nomeação será reduzida a termo, havendo-se por penhorados os bens, intimando-se o executado para vir assiná-lo como depositário, salvo se o exequente não concordar em que os bens fiquem sob a guarda do executado (Lei 6.830/1980, art. 11, § 3.º).

Nesse caso, os bens serão removidos para o depósito público (se existir), ou mesmo deverá o exequente indicar depositário particular, providenciando meios de transporte para a remoção dos bens.

7.7.3. Penhora

7.7.3.1. Introdução

Dispõe o art. 883 da CLT que:

> "Art. 883. Não pagando o executado, nem garantindo a execução, seguir-se-á penhora dos bens, tantos quantos bastem ao pagamento da importância da condenação, acrescida de custas e juros de mora, sendo estes, em qualquer caso, devidos a partir da data em que for ajuizada a reclamação inicial".

Portanto, se o executado não pagar a dívida, não efetuar o depósito judicial para apresentação de embargos à execução ou não nomear bens à penhora, no prazo de 48 horas contados da citação, o oficial de justiça retornará ao local da execução e penhorará tantos bens quantos bastem para satisfazer o julgado, inclusive custas, juros de mora, correção monetária e a contribuição previdenciária (executada simultaneamente com o crédito trabalhista), salvo os bens impenhoráveis.

Com a penhora, será materializada a apreensão judicial dos bens do executado, para que sejam levados a hasta pública para a satisfação da condenação imposta.

A penhora será realizada onde se encontrarem os bens, ainda que sob a posse, detenção ou guarda de terceiros (art. 845 do CPC).

Por outro lado, dispõe o art. 836 do CPC que não se levará a efeito a penhora, quando ficar evidente que o produto da execução dos bens encontrados será totalmente absorvido pelo pagamento das custas da execução (princípio da utilidade para o credor), cabendo ao oficial de justiça descrever, na certidão, os que guarnecem a residência ou o estabelecimento do devedor.

O art. 838 do CPC determina que a penhora será realizada mediante auto ou termo que conterá a indicação do dia, mês, ano e lugar em que foi feita, os nomes do exequente e do executado, a descrição dos bens penhorados, com as suas características **e a nomeação do depositário dos bens.**

Como já referido, o art. 848, parágrafo único, do CPC permite que a penhora seja substituída por fiança bancária ou seguro garantia judicial, em valor não inferior ao do débito constante da inicial acrescido de mais 30%.

Discute-se muito na doutrina se, no ato da expropriação de seus bens (penhora), o devedor é obrigado a assumir o encargo de fiel depositário, entendendo alguns que o oficial de justiça, à luz do art. 838, IV, do CPC, poderá nomear depositário independentemente da assinatura do auto de depósito.

No entanto, o Tribunal Superior do Trabalho, por meio da OJ 89 da SDI--II, manifestou-se em sentido contrário, firmando entendimento de que a investidura no encargo de fiel depositário depende da aceitação do nomeado, com sua assinatura no Termo de Compromisso constante no auto de penhora.

Cumpre destacar que, atualmente, os oficiais de justiça também acumulam a função de avaliadores.

Logo, no ato da penhora, já será feita pelo meirinho a avaliação, não sendo mais aplicado o art. 888 da CLT, neste particular.

À luz da IN 39/2016 do TST, que versa sobre as normas do Código de Processo Civil de 2015 aplicáveis e inaplicáveis ao Processo do Trabalho, o art. 841, *caput* e §§ 1.º e 2.º, do CPC, que dispõe sobre a intimação da penhora, são compatíveis com a seara trabalhista:

> "Art. 841. Formalizada a penhora por qualquer dos meios legais, dela será imediatamente intimado o executado.
>
> § 1.º A intimação da penhora será feita ao advogado do executado ou à sociedade de advogados a que aquele pertença.
>
> § 2.º Se não houver constituído advogado nos autos, o executado será intimado pessoalmente, de preferência por via postal".

Não se procede à segunda penhora, salvo se: a primeira for anulada, se, executados os bens, o produto da alienação não bastar para o pagamento do exequente ou se o exequente desistir da primeira penhora, por serem litigiosos os bens ou por estarem submetidos à constrição judicial (art. 851 do CPC).

O art. 847 do CPC permite que o executado, no prazo de dez dias, contados da intimação da penhora, requeira a substituição do bem penhorado, desde que comprove que a substituição será menos onerosa e não trará prejuízo ao exequente (arts. 80, IV e VI e 805 do CPC).

Por fim, dispõe o art. 874 do CPC que o juiz poderá, após a avaliação, a requerimento do interessado e ouvida a parte contrária, mandar reduzir ou ampliar a penhora. Vejamos:

> "Art. 874. Após a avaliação, o juiz poderá, a requerimento do interessado e ouvida a parte contrária, mandar:
>
> I – reduzir a penhora aos bens suficientes ou transferi-la para outros, se o valor dos bens penhorados for consideravelmente superior ao crédito do exequente e dos acessórios;
>
> II – ampliar a penhora ou transferi-la para outros bens mais valiosos, se o valor dos bens penhorados for inferior ao crédito do exequente".

7.7.3.2. Bens impenhoráveis

O art. 833 do CPC elenca diversos bens não suscetíveis de constrição judicial (absolutamente impenhoráveis), a saber:

- os bens inalienáveis e os declarados, por ato voluntário, não sujeitos à execução;
- os móveis, pertences e utilidades domésticas que guarnecem a residência do executado, salvo os de elevado valor ou que ultrapassem as necessidades comuns correspondentes a um médio padrão de vida;
- os vencimentos, subsídios, soldos, salários, remunerações, proventos de aposentadoria, pensões, pecúlios e montepios; as quantias recebidas por liberabilidade de terceiro e destinadas ao sustento do devedor e sua família, os ganhos de trabalhador autônomo e os honorários de profissional liberal, ressalvado o § 2.º;
- os livros, as máquinas, as ferramentas, os utensílios, os instrumentos ou outros bens móveis necessários ou úteis ao exercício da profissão do executado;
- o seguro de vida;

- os materiais necessários para obras em andamento, salvo se essas forem penhoradas;
- a pequena propriedade rural, assim definida em lei, desde que trabalhada pela família;
- os recursos públicos recebidos por instituições privadas para aplicação compulsória em educação, saúde ou assistência social;
- a quantia depositada em caderneta de poupança, até o limite de 40 salários-mínimos;
- os recursos públicos do fundo partidário recebidos, nos termos da lei, por partido político, nos termos da lei;
- os créditos oriundos de alienação de unidades imobiliárias, sob regime de incorporação imobiliária, vinculados à execução da obra.

Observe que o art. 833, § 2º, do CPC versa sobre a impenhorabilidade de verbas de natureza alimentar e os valores depositados em caderneta de poupança (incisos IV e X), estabelecendo o seguinte: a) a possibilidade da penhora do salário no que exceder a 50 salários-mínimos mensais, sendo indiferente se a dívida é ou não de caráter alimentar; e b) a penhorabilidade de qualquer importância para pagamento de verbas de natureza alimentar independentemente de sua origem.

Vale frisar que, embora não constem no rol dos bens impenhoráveis contidos no art. 833 do digesto processual civil, os bens públicos também são absolutamente impenhoráveis.

Outrossim, aduz o art. 834 do CPC que podem ser penhorados à falta de outros bens, os frutos e rendimentos dos bens inalienáveis, salvo se destinados à satisfação de prestação alimentícia.

A lei não garantiu ao credor hipotecário o direito de impugnar a penhora do bem imóvel recebido em garantia, apenas sendo-lhe assegurado o direito de preferência no recebimento do seu crédito na hipótese de alienação do imóvel penhorado em hasta pública, após o pagamento do crédito trabalhista.

Com efeito, à exceção dos bens que a lei declara inalienáveis, todos os demais podem ser objeto de constrição e expropriação judicial, inclusive o imóvel hipotecado, o que é admitido pelo próprio art. 333, II, do CC.

O leilão será precedido de publicação de edital, que conterá a existência de ônus, recurso ou processo pendente sobre os bens a serem leiloados (art. 886, VI, do CPC), sob pena de nulidade.

A Lei 8.009/1990, por sua vez, tornou impenhoráveis os bens de família, quais sejam o imóvel residencial próprio do casal ou da entidade familiar, abrangendo o imóvel sobre o qual se assentam a construção, as plantações, as benfeitorias de qualquer natureza e todos os equipamentos, inclusive de uso profissional, ou móveis que guarnecem a casa, desde que quitados.

Portanto, os bens da família protegidos pela Lei 8.009/1990 não respondem por qualquer tipo de dívida civil, comercial, fiscal, trabalhista, previdenciária ou de outra natureza, seja contraída por qualquer dos cônjuges, pelos pais ou filhos que sejam proprietários e nele residam, salvo nas hipóteses previstas na própria lei em comento.

Caso o imóvel seja alugado, a impenhorabilidade alcança apenas os bens móveis quitados que guarneçam a residência do locatário, desde que comprovada pelo mesmo a propriedade dos bens.

Excluem-se da regra da impenhorabilidade prevista na Lei 8.009/1990 os veículos de transporte, obras de arte e adornos suntuosos.

Esclarece, outrossim, o art. 3.º da Lei 8.009/1990 que a impenhorabilidade é oponível em qualquer processo de execução civil, fiscal, previdenciária, trabalhista ou de outra natureza, salvo se movido:

- em razão dos créditos de trabalhadores da própria residência (empregados domésticos) e das respectivas contribuições previdenciárias
- pelo titular do crédito decorrente do financiamento destinado à construção ou à aquisição do imóvel, no limite dos créditos e acréscimos constituídos em função do respectivo contrato;
- pelo credor de pensão alimentícia;
- para cobrança de impostos, predial ou territorial, taxas e contribuições devidas em função do imóvel familiar;
- para execução de hipoteca sobre o imóvel oferecido como garantia real pelo casal ou pela entidade familiar;
- por ter sido adquirido com produto de crime ou para execução de sentença penal condenatória a ressarcimento, indenização ou perdimento de bens.

O art. 46 da LC 150/2015 revogou o inciso I, do art. 3º, da Lei 8.009/90, que afastava a regra da impenhorabilidade do bem de família no caso dos trabalhadores domésticos. Dessa forma, o referido bem também é impenhorável nos processos trabalhistas movidos por trabalhadores domésticos.

Não se beneficiará do disposto na lei em destaque o devedor que, sabendo-se insolvente, adquire de má-fé imóvel mais valioso para transferir a residência familiar anterior, desfazendo-se ou não da moradia antiga, podendo o magistrado, nesse caso, na respectiva ação movida pelo credor, transferir a impenhorabilidade para a moradia familiar anterior, ou anular-lhe a venda, liberando a mais valiosa para execução ou concurso, conforme a hipótese (art. 4.º, § 1.º, da Lei 8.009/1990).

Vale ressaltar que o Plenário do STF (RE 407688-SP, j. 08.02.2006), por maioria, alterou o entendimento firmado em julgados anteriores (RE 352940 e RE 449657) considerando constitucional o art. 3.º, VII, da Lei 8.009/1990, que possibilita a penhora do imóvel dado pelo fiador em garantia à locação, uma vez que tal dispositivo não afronta o art. 6.º da CF/1988 (com redação dada pela EC 26/2000). Entendeu o STF que não há incompatibilidade entre o art. 3.º, VII, da Lei 8.009/1990 e o art. 6.º da CF/88, pois o cidadão tem a liberdade de escolher se deve ou não avalizar um contrato de aluguel e, nessa situação, o de arcar com os riscos que a condição de fiador implica. Portanto, para o STF, o único imóvel (bem de família) de uma pessoa que assume a condição de fiador em contrato de aluguel pode ser penhorado, em caso de inadimplência do locatário.

Por último, para efeitos da impenhorabilidade de que trata a Lei 8.009/1990, considera-se residência um único imóvel utilizado pelo casal ou pela entidade familiar para moradia permanente, restando claro que, na hipótese de possuírem vários imóveis utilizados como residência, a impenhorabilidade recairá sobre o de menor valor, salvo se outro tiver sido registrado, para esse fim, no Registro de Imóveis, na forma do Código Civil (art. 5.º, parágrafo único, da Lei 8.009/1990).

7.7.3.3. Execução por carta

Dispõe o art. 845, § 2.º, do CPC que, se o executado não tiver bens no foro do processo, a execução será feita por carta precatória executória, penhorandose, avaliando-se e alienando-se os bens no foro da situação.

O art. 845, § 2.º, do CPC está em consonância com o art. 236 do mesmo Código, ao mencionar que os atos processuais serão cumpridos por ordem judicial ou requisitados por carta, conforme hajam de realizar-se dentro ou fora dos limites territoriais da comarca.

Quanto à competência para julgamento dos embargos à execução nas execuções processadas por carta precatória aplica-se o disposto no art. 914, § 2º, do CPC:

> "Art. 914, § 2.º. Na execução por carta, os embargos serão oferecidos no juízo deprecante ou no juízo deprecado, mas a competência para julgá-los é do juízo deprecante, salvo se versarem unicamente sobre

vícios ou defeitos da penhora, da avaliação ou da alienação dos bens efetuadas no juízo deprecado".

Pelo exposto, podemos concluir que:

- na execução por carta precatória, os embargos à execução serão protocolados perante o juízo deprecado ou deprecante, sendo, em regra, julgados pelo juízo deprecante;
- caso os embargos versem sobre vícios ou irregularidades de atos praticados pelo próprio juízo deprecado, como vícios na penhora e/ou avaliação de bens, caberá ao juízo deprecado o julgamento dos embargos.

No que tange os embargos de terceiro, a regra de competência é diversa, sendo observado o disposto no parágrafo único do art. 676 do CPC:

> "Art. 676. Os embargos serão distribuídos por dependência ao juízo que ordenou a constrição e autuados em apartado.
>
> Parágrafo único. Nos casos de ato de constrição realizado por carta, os embargos serão oferecidos no juízo deprecado, salvo se indicado pelo juízo deprecante o bem constrito ou se já devolvida a carta".

Nesse sentido, atente-se para a Súmula 419 do TST:

> "SÚMULA 419 DO TST. COMPETÊNCIA. EMBARGOS DE TERCEIRO. EXECUÇÃO POR CARTA PRECATÓRIA. JUÍZO DEPRECADO. (alterada em decorrência do CPC de 2015) – Res. 212/2016, *DEJT* divulgado em 20, 21 e 22.09.2016. Na execução por carta precatória, os embargos de terceiro serão oferecidos no juízo deprecado, salvo se indicado pelo juízo deprecante o bem constrito ou se já devolvida a carta (art. 676, parágrafo único, do CPC de 2015)".

7.7.4. Embargos à execução

7.7.4.1. Matéria arguível

O art. 884, § 1.º, da CLT determina que a matéria de defesa nos embargos à execução será restrita às alegações de cumprimento da decisão ou do acordo, quitação ou prescrição da dívida (fatos estes ocorridos posteriores à sentença).

Vale salientar que o art. 525, *caput* e § 1º, do CPC determina que o devedor poderá apresentar impugnação à execução, no prazo de 15 dias, estabelecendo que:

"Art. 525. Transcorrido o prazo previsto no art. 523 sem o pagamento voluntário, inicia-se o prazo de 15 (quinze) dias para que o executado, independentemente de penhora ou nova intimação, apresente, nos próprios autos, sua impugnação.

§ 1.º Na impugnação, o executado poderá alegar:

I – falta ou nulidade da citação se, na fase de conhecimento, o processo correu à revelia;

II – ilegitimidade de parte;

III – inexequibilidade do título ou inexigibilidade da obrigação;

IV – penhora incorreta ou avaliação errônea;

V – excesso de execução ou cumulação indevida de execuções;

VI – incompetência absoluta ou relativa do juízo da execução;

VII – qualquer causa modificativa ou extintiva da obrigação, como pagamento, novação, compensação, transação ou prescrição, desde que supervenientes à sentença".

Entendemos que o art. 525, *caput* e § 1.º, do CPC será aplicado subsidiariamente ao processo do trabalho, tendo em vista que, conforme já mencionado anteriormente, o art. 884, § 1.º, da CLT não esgotou todas as hipóteses arguíveis via embargos à execução.

Por outro lado, considerando as novas modalidades de execução (art. 876 da CLT e art. 784, I, c/c o art. 13, IN 39/2016) que permitem a execução de cinco títulos executivos extrajudiciais na Justiça do Trabalho (termo de compromisso de ajustamento de conduta firmado perante o Ministério Público do Trabalho, termo de conciliação ajustado perante a comissão de conciliação prévia, cheque, nota promissória e sentença arbitral condenatória), em caso de embargos à execução, entendemos plenamente aplicável o art. 917 do CPC, que dispõe:

"Art. 917. Nos embargos à execução, o executado poderá alegar:

I – inexequibilidade do título ou inexigibilidade da obrigação;

II – penhora incorreta ou avaliação errônea;

III – excesso de execução ou cumulação indevida de execuções;

IV – retenção por benfeitorias necessárias ou úteis, nos casos de execução para entrega de coisa certa;

V – incompetência absoluta ou relativa do juízo da execução;

VI – qualquer matéria que lhe seria lícito deduzir como defesa em processo de conhecimento".

A compensação ou retenção não podem ser matéria de embargos à execução, uma vez que, nos moldes do art. 767 consolidado, tais matérias somente podem ser arguidas no processo cognitivo, em sede de contestação.

Será oferecida a alegação de impedimento ou suspeição do juiz, observando o disposto nos arts. 146 e 148, com base nos arts. 535, § 1º, do CPC e 16, § 3.º, da Lei 6.830/1980.

7.7.4.2. Prazo e procedimento

A possibilidade de o executado opor embargos à execução está condicionada à garantia prévia do juízo, conforme se depreende do inteiro teor dos arts. 884 da CLT e 16, § 1.º, da Lei 6.830/1980.

Logo, a garantia do juízo, por meio de depósito ou nomeação de bens à penhora ou após a penhora coativa, representa requisito indispensável ao regular exercício do direito do devedor de oferecer embargos à execução.

Nos termos do art. 884, § 6º, da CLT a exigência da garantia ou penhora não se aplica às entidades filantrópicas e/ou àqueles que compõem ou compuseram a diretoria dessas instituições[2].

Caso o juízo não esteja totalmente garantido, os embargos não serão admitidos.

A Fazenda Pública, com base no art. 910 do CPC, estará dispensada de garantir previamente o juízo para opor embargos à execução.

Com efeito, determina o art. 884 da CLT que, garantida a execução ou penhorados os bens, terá o executado cinco dias para apresentar embargos, cabendo igual prazo ao exequente para impugnação.

Em relação à Fazenda Pública, a MP 2.180-35, de 24.08.2001, acrescentou à Lei 9.494/1997 o art. 1.º-B, alterando o prazo previsto nos arts. 730 do CPC/1973 e 884 da CLT, para 30 dias. Depois, o atual Código de Processo Civil também assegurou o prazo de 30 dias para a Fazenda embargar (art. 910 da CLT).

Logo, a Fazenda Pública é citada para oferecer embargos, caso deseje, no prazo de 30 dias.

Outrossim, havendo vários executados no mesmo processo, os embargos à execução apresentados por um dos devedores não suspende a execução

---

2. Art. 16, IN 41/2018, TST. O art. 884, § 6º, da CLT aplica-se às entidades filantrópicas e seus diretores, em processos com execuções iniciadas após 11.11.2017, data em que entrou em vigor a Lei 13.467/2017 (Reforma Trabalhista).

em relação aos demais, quando o fato e fundamento apresentados disserem respeito, exclusivamente, ao devedor embargante.

Da mesma forma, havendo vários executados no mesmo processo, somente deverão ser aceitos os embargos à execução individualmente oferecidos, daqueles executados que garantirem, previamente, a execução.

O juiz, à luz do art. 918 do CPC (aplicável ao Processo do Trabalho, segundo a IN 39/2016 do TST), poderá rejeitar liminarmente os embargos quando:

- intempestivos;
- nos casos de indeferimento da petição inicial e de improcedência liminar do pedido;
- manifestamente protelatórios.

Caso considere necessário, o juiz poderá designar audiência para produção de provas, com oitiva de testemunhas arroladas pelo embargante, a qual será realizada dentro de cinco dias (art. 884, § 2.º, da CLT).

Não tendo sido arroladas testemunhas nos embargos, o juiz proferirá a decisão, dentro de cinco dias, julgando subsistente ou insubsistente a penhora (art. 885 da CLT).

Caso tenham sido arroladas testemunhas, finda a sua inquirição em audiência, o processo será concluso ao juiz no prazo de 48 horas, e este proferirá sua decisão no prazo de cinco dias.

7.7.5. Exceção de pré-executividade

Já vimos que a possibilidade de o executado opor embargos à execução está condicionada à garantia prévia do juízo (arts. 884 da CLT e 16, § 1.º, da Lei 6.830/1980).

Modernamente, doutos do processo civil têm defendido a possibilidade da utilização da figura denominada "exceção de préexecutividade", que consiste, em síntese, na possibilidade de o devedor alegar determinadas matérias, sem que, para isso, necessite efetuar a garantia patrimonial da execução.

A utilização da objeção de pré-executividade, portanto, destina-se a impedir que a exigência de prévia garantia patrimonial da execução possa representar, em situações especiais, obstáculo intransponível à defesa do executado.

Cabe destacar que o direito processual não contempla no ordenamento jurídico vigente a figura da exceção de pré-executividade, nascendo esta da construção doutrinária e jurisprudencial.

Convém lembrar que os embargos à execução continuam sendo o principal meio de defesa do devedor, somente admitindo-se a exceção de pré-executividade na Justiça do Trabalho para se atacar o próprio título executivo, invocar matérias de ordem pública ou temas relevantes.

Passamos a citar, abaixo, algumas hipóteses em que seria possível a utilização da exceção de pré-executividade:

- nulidade ou inexigibilidade do título executivo;
- excesso de execução;
- novação, transação ou quitação da dívida;
- incompetência absoluta do juízo da execução;
- ausência de citação no processo de conhecimento;
- prescrição intercorrente;
- nas hipóteses dos arts. 485, IV, V, VI e 337, ambos do CPC.

Com efeito, as alegações contidas na exceção de pré-executividade deverão ser comprovadas perante o juiz do trabalho por meio de prova documental pré-constituída (salvo se a matéria arguida for exclusivamente de direito), como ocorre na ação de mandado de segurança, evitando-se que esse remédio jurídico seja utilizado como expediente artificioso pelo devedor, retardando a prestação jurisdicional ou atropelando o andamento do processo de execução.

Na hipótese de a exceção de pré-executividade ser utilizada com o intuito meramente protelatório, restará configurado o ato atentatório à dignidade da justiça (art. 774 do CPC), sendo passível o devedor de multa fixada pelo juiz, não superior a 20% do valor atualizado do débito em execução, em favor do exequente, exigível nos próprios autos do processo (art. 774, parágrafo único, do CPC).

A exceção de pré-executividade poderá ser apresentada mediante simples petição nos autos da execução, tão logo o devedor seja citado, ou mesmo já na fase de liquidação.

O ato jurisdicional que apreciar a exceção terá a seguinte natureza jurídica:

A) será considerado decisão interlocutória se a exceção de pré-executividade for rejeitada, não sendo cabível, de imediato, qualquer recurso no âmbito laboral, o que não impede que as questões suscitadas sejam novamente arguidas nos embargos à execução, desde que garantido o juízo;

B) será considerado sentença se a exceção de pré-executividade for acolhida, extinguindo-se, total ou parcialmente, a execução, ensejando, portanto, a interposição de agravo de petição pelo interessado.

Vale acentuar que a Fazenda Pública não pode fazer uso da exceção de pré-executividade em virtude de possuir a prerrogativa legal de oferecer embargos sem a necessidade de garantir o juízo.

Por último, o CPC atual, em seu art. 914, manteve o posicionamento que já constava no CPC/1973, introduzido pela Lei 11.382/2006, que nas execuções por título extrajudicial não há mais a necessidade e possibilidade da utilização da denominada exceção de pré-executividade, uma vez que a defesa do executado por meio de embargos não mais dependerá de prévia segurança do juízo.

7.7.6. Prescrição intercorrente

Prescrição intercorrente é a que se dá no curso da ação, em razão da paralisação ou não realização de atos do processo executivo.

O art. 11-A, *caput* e §§ 1º e 2º, da CLT,[3] torna aplicável a prescrição intercorrente mediante requerimento ou de ofício no processo do trabalho, de modo que a Súmula 114 do TST, que determina o contrário, deve ser cancelada.

Observe o disposto no art. 11-A, § 1º, da CLT:

> "Art. 11-A. Ocorre a prescrição intercorrente no processo do trabalho no prazo de dois anos.
>
> § 1º A fluência do prazo prescricional intercorrente inicia-se quando o exequente deixa de cumprir determinação judicial no curso da execução.
>
> § 2º A declaração da prescrição intercorrente pode ser requerida ou declarada de ofício em qualquer grau de jurisdição".

Prescrição intercorrente é a perda de um direito pelo decurso do tempo, em razão da inércia da parte, que não toma iniciativa no sentido de

3. O fluxo da prescrição intercorrente conta-se a partir do descumprimento da determinação judicial a que alude o § 1º do art. 11-A da CLT , desde que feita após 11.11. 2017, data em que entrou em vigor a Lei nº 13.467/2017 (Reforma Trabalhista) (art. 2º, IN 41/2018, TST).

praticar atos processuais necessários para a execução da dívida, paralisando o processo, por mais de 2 anos.

Ressalte-se que só há prescrição intercorrente quando o exequente deixar de praticar ato que dependa exclusivamente dele para a continuação da execução. É comum na liquidação por procedimento comum em que a continuação do processo depende do exequente alegar e provar fatos novos (art. 509, II, do CPC).

A execução no Processo do Trabalho não se inicia de ofício, nos termos do art. 878 da CLT e, em razão disso, medidas como o bloqueio de dinheiro via Bacen Jud para posterior conversão em penhora (art. 854 do CPC) e a desconsideração da personalidade jurídica da empresa (art. 855-A da CLT c/c o art. 133 do CPC), dentre outros, dependem do requerimento do exequente. Ou seja, cabe ao exequente buscar meios para localizar o executado e bens penhoráveis, ainda que restem infrutíferos. Sua inércia poderá conduzir a prescrição intercorrente.

Ressalte-se, entretanto, que a contagem da prescrição não se inicia de mediato. Primeiro ocorre a suspensão pelo prazo de 1 ano e apenas após esse prazo terá início a contagem da prescrição intercorrente. É o que determina a Lei de Execução Fiscais (Lei 6.830/80) e o CPC, que estão em consonância.

O art. 40, *caput* e §§ 2º e 3º, da Lei 6.830/80 e o art. 921, III e §§ 1º ao 7º, do CPC determinam que o juiz suspenderá a execução se não localizado o devedor ou encontrados bens sobre os quais possa recair a penhora e nesse período não corre a prescrição.

A suspensão perdurará pelo prazo máximo de 1 ano. Não localizado devedor ou bens penhoráveis, o processo será arquivado e iniciará o prazo de prescrição intercorrente de 2 anos.

Encontrados que sejam, a qualquer tempo, o devedor ou os bens, serão desarquivados os autos para prosseguimento da execução.

Ressalte-se que se da decisão que ordenar o arquivamento tiver decorrido o prazo prescricional, o juiz, depois de ouvido o exequente, poderá, de ofício, reconhecer a prescrição intercorrente e decretá-la de imediato (art. 40, § 4º, Lei 6.830/80).

Observe o disposto nos art. 40, *caput* e §§ 2º e 3º, da Lei 6.830/80 e no art. 921, III e §§ 1º ao 7º, do CPC:

> "Art. 40, Lei 6.830/80. O Juiz suspenderá o curso da execução, enquanto não for localizado o devedor ou encontrados bens sobre os quais possa recair a penhora, e, nesses casos, não correrá o prazo de prescrição.

§ 1º - Suspenso o curso da execução, será aberta vista dos autos ao representante judicial da Fazenda Pública.

§ 2º - Decorrido o prazo máximo de 1 (um) ano, sem que seja localizado o devedor ou encontrados bens penhoráveis, o Juiz ordenará o arquivamento dos autos.

§ 3º - Encontrados que sejam, a qualquer tempo, o devedor ou os bens, serão desarquivados os autos para prosseguimento da execução.

§ 4º Se da decisão que ordenar o arquivamento tiver decorrido o prazo prescricional, o juiz, depois de ouvida a Fazenda Pública, poderá, de ofício, reconhecer a prescrição intercorrente e decretá-la de imediato".

"Art. 921. Suspende-se a execução:

§ 2º Decorrido o prazo máximo de 1 (um) ano sem que seja localizado o executado ou que sejam encontrados bens penhoráveis, o juiz ordenará o arquivamento dos autos.

(...)

III - quando não for localizado o executado ou bens penhoráveis;

(...)

§ 1º Na hipótese do inciso III, o juiz suspenderá a execução pelo prazo de 1 (um) ano, durante o qual se suspenderá a prescrição.

§ 2º Decorrido o prazo máximo de 1 (um) ano sem que seja localizado o executado ou que sejam encontrados bens penhoráveis, o juiz ordenará o arquivamento dos autos.

§ 3º Os autos serão desarquivados para prosseguimento da execução se a qualquer tempo forem encontrados bens penhoráveis.

§ 4º O termo inicial da prescrição no curso do processo será a ciência da primeira tentativa infrutífera de localização do devedor ou de bens penhoráveis, e será suspensa, por uma única vez, pelo prazo máximo previsto no § 1º deste artigo.

§ 4º-A. A efetiva citação, intimação do devedor ou constrição de bens penhoráveis interrompe o prazo de prescrição, que não corre pelo tempo necessário à citação e à intimação do devedor, bem como para as formalidades da constrição patrimonial, se necessária, desde que o credor cumpra os prazos previstos na lei processual ou fixados pelo juiz.

§ 5º O juiz, depois de ouvidas as partes, no prazo de 15 (quinze) dias, poderá, de ofício, reconhecer a prescrição no curso do processo e extingui-lo, sem ônus para as partes.

§ 6º A alegação de nulidade quanto ao procedimento previsto neste artigo somente será conhecida caso demonstrada a ocorrência de efetivo prejuízo, que será presumido apenas em caso de inexistência da intimação de que trata o § 4º deste artigo.

§ 7º Aplica-se o disposto neste artigo ao cumprimento de sentença de que trata o art. 523 deste Código."

Por fim, é importante destacar que somente depois de ouvidas as partes, no prazo de 15 dias, o juiz poderá, de ofício, reconhecer a prescrição intercorrente e extinguir o processo (art. 921, § 5º, CPC).

7.7.7. Embargos de Terceiro

No curso da execução trabalhista, muitas vezes o juiz, objetivando dar efetividade ao julgado, determina a apreensão de bens pertencentes a terceiros, os quais, não integrando o processo, também não estariam obrigados a adimplir a obrigação derivada do título executivo, não restando outra alternativa aos atingidos pela constrição judicial senão utilizarem-se da ação denominada embargos de terceiro.

A Consolidação das Leis do Trabalho é omissa sobre os embargos de terceiro, impondo-se, por conseguinte, a aplicação subsidiária do Código de Processo Civil, arts. 674 a 680 do CPC.

Consoante estabelece o art. 674 do CPC, quem, não sendo parte no processo, sofrer constrição ou ameaça de constrição sobre bens que possua ou sobre os quais tenha direito incompatível com o ato constritivo, poderá requerer seu desfazimento ou sua inibição por meio de embargos de terceiro.

Os embargos em comento podem ser de terceiro senhor e possuidor ou apenas possuidor.

Com efeito, os embargos de terceiro objetivam proteger a posse ou a propriedade de bens de terceiros estranhos ao processo (em regra) em função da ameaça (turbação) ou efetiva constrição judicial (esbulho).

Não se deve confundir os embargos de terceiro com as ações possessórias (arts. 554 e seguintes do CPC), uma vez que os embargos objetivam a defesa da posse turbada ou esbulhada por ato judicial, enquanto nas ações possessórias os atos de turbação ou de esbulho são praticados pelo particular ou pelo Estado, não estando este último (Estado) no exercício da jurisdição.

Impende mencionar que se considera terceiro, para ajuizamento dos embargos, nos termos do art. 674, § 2º, do CPC:

> a) o cônjuge ou companheiro, quando defende a posse de bens próprios ou de sua meação;
>
> b) o adquirente de bens cuja constrição decorreu de decisão que declara a ineficácia da alienação realizada em fraude à execução;
>
> c) quem sofre constrição judicial de seus bens por força de desconsideração da personalidade jurídica, de cujo incidente não fez parte;
>
> d) o credor com garantia real para obstar expropriação judicial do objeto de direito real de garantia, caso não tenha sido intimado, nos termos legais dos atos expropriatórios respectivos.

Em outras palavras, o devedor (parte no processo) também pode, excepcionalmente, oferecer embargos de terceiro, sempre que for necessário resguardar determinados bens que possui na qualidade, por exemplo, de locatário, arrendatário, comodatário etc.

Em razão disso, Manoel Antônio Teixeira (*Execução no processo do trabalho*, p. 630) conceitua terceiro como "a pessoa que, sendo ou não parte no processo de execução, defende bens que, em decorrência do título aquisitivo ou da qualidade em que os possui, não podem ser objeto de apreensão judicial".

Os embargos de terceiro possuem natureza jurídica de ação incidental utilizada tanto no processo cognitivo como também no processo de execução.

Nesse contexto, dispõe o art. 675 do CPC que os embargos de terceiro podem ser opostos a qualquer tempo no processo de conhecimento, enquanto não transitada em julgado a sentença.

Todavia, no cumprimento de sentença ou no processo de execução, os embargos de terceiro somente podem ser opostos até 5 dias depois da adjudicação, da alienação por iniciativa particular ou da arrematação, mas sempre antes da assinatura da respectiva carta.

Caso identifique a existência de terceiro titular de interesse em embargar o ato, o juiz mandará intimá-lo pessoalmente.

A distribuição dos embargos de terceiro será sempre por dependência ao juízo que ordenou a constrição e autuados em apartado.

Nos casos de ato de constrição realizado por carta, os embargos serão oferecidos no juízo deprecado, salvo se indicado pelo juízo deprecante o bem constrito ou se já devolvida a carta, conforme exigência do art. 676, parágrafo único, do CPC:

> "Art. 676. Os embargos serão distribuídos por dependência ao juízo que ordenou a constrição e autuados em apartado.

> Parágrafo único. Nos casos de ato de constrição realizado por carta, os embargos serão oferecidos no juízo deprecado, salvo se indicado pelo juízo deprecante o bem constrito ou se já devolvida a carta".

No mesmo sentido, evidenciamos a Súmula 419 do TST:

> "SÚMULA 419 DO TST. COMPETÊNCIA. EMBARGOS DE TERCEIRO. EXECUÇÃO POR CARTA PRECATÓRIA. JUÍZO DEPRECADO (alterada em decorrência do CPC de 2015) – Res. 212/2016 – *DEJT* divulgado em 20, 21 e 22.09.2016.
>
> Na execução por carta precatória, os embargos de terceiro serão oferecidos no juízo deprecado, salvo se indicado pelo juízo deprecante o bem constrito ou se já devolvida a carta" (art. 676, parágrafo único, do CPC de 2015)".

Na peça vestibular dos embargos de terceiro (petição inicial) deverão ser observados os seguintes requisitos (art. 677 do CPC):

- o embargante deverá apresentar a prova sumária de sua posse ou de seu domínio;
- o embargante deverá demonstrar a qualidade de terceiro;
- a inicial deverá ser acompanhada dos documentos que demonstrem o alegado;
- a inicial deverá indicar o rol de testemunhas.

A decisão que reconhecer suficientemente provado o domínio ou a posse determinará a suspensão das medidas constritivas sobre os bens litigiosos objeto dos embargos, bem como a manutenção ou a reintegração provisória da posse, se o embargante a houver requerido. O juiz poderá condicionar a ordem de manutenção ou de reintegração provisória de posse à prestação de caução pelo requerente, ressalvada a impossibilidade da parte economicamente hipossuficiente (art. 678 do CPC).

Caso os embargos de terceiro versem sobre todos os bens, o juiz determinará a suspensão do curso do processo principal.

Os embargos poderão ser contestados no prazo de 15 dias (art. 679 do CPC).

Apresentada resposta aos embargos, o juiz realizará a instrução, se necessário (inclusive ouvindo testemunhas), proferindo, posteriormente, a sentença.

O recurso cabível em face da sentença proferida nos embargos de terceiro na execução é o agravo de petição.

7.7.8. Avaliação, leilão, arrematação, adjudicação, remição e alienação por iniciativa particular

7.7.8.1. Avaliação

Inicialmente, cabe destacar que, nos dias atuais, os oficiais de justiça da Justiça do Trabalho acumulam a função de avaliador (atividade instituída pela Lei 5.645/1970), ou seja, quando a penhora é realizada, simultaneamente, o meirinho procede à avaliação do bem, agilizando, assim, o processo de execução.

Com isso, não há mais espaço para a aplicação dos arts. 886, § 2.º, 887 e 888 (primeira parte), todos da CLT.

Resolvidos os embargos do devedor propostos, ou esgotado o prazo para tal, seguir-se-á à arrematação dos bens já avaliados no momento da constrição judicial.

Não obstante, **se** decorrido considerável tempo entre a penhora (e consequente avaliação do bem) e o julgamento dos embargos, poderá o juiz determinar a expedição de mandado de reavaliação dos bens, objetivando conhecer o seu valor real no momento da expropriação judicial.

Ademais, a Consolidação das Leis do Trabalho é omissa quanto à possibilidade de a avaliação ser impugnada pelo interessado, abrindo-se caminho para aplicação subsidiária do art. 13, §§ 1.º, 2.º e 3.º, da Lei 6.830/1980, *in verbis*:

> **"Art. 13. (...)**
>
> § 1.º Impugnada a avaliação, pelo executado, ou pela Fazenda Pública, antes de publicado o edital de leilão, o juiz, ouvida a outra parte, nomeará avaliador oficial para proceder a nova avaliação dos bens penhorados.
>
> § 2.º Se não houver, na Comarca, avaliador oficial ou este não puder apresentar o laudo de avaliação no prazo de 15 (quinze) dias, será nomeada pessoa ou entidade habilitada, a critério do juiz.
>
> § 3.º Apresentado o laudo, o juiz decidirá de plano sobre a avaliação".

Dispõe, outrossim, o art. 873 do CPC que é admitida nova avaliação quando: qualquer das partes arguir, fundamentadamente, a ocorrência de erro na avaliação ou dolo do avaliador; se verificar, posteriormente à avaliação, que houve majoração ou diminuição no valor do bem; ou o juiz tiver fundada dúvida sobre o valor atribuído ao bem na primeira avaliação.

Poderá o juiz, se houver excesso ou insuficiência de penhora, a requerimento do interessado, reduzi-la, transferi-la ou ampliá-la, conforme aduzido no art. 874 do CPC.

7.7.8.2. Leilão

A efetivação do processo de execução depende da expropriação de bens do devedor de modo a satisfazer o direito do credor.

Com efeito, os bens do executado serão alienados em leilão.

É possível, todavia, que o interessado em adquirir o bem requeira seu pagamento parcelado, à luz do art. 895 do CPC, aplicável ao Processo do Trabalho, consoante preceitua a IN 39/2016 do TST:

> "Art. 895. O interessado em adquirir o bem penhorado em prestações poderá apresentar, por escrito:
>
> I – até o início do primeiro leilão, proposta de aquisição do bem por valor não inferior ao da avaliação;
>
> II – até o início do segundo leilão, proposta de aquisição do bem por valor que não seja considerado vil.
>
> § 1.º A proposta conterá, em qualquer hipótese, oferta de pagamento de pelo menos vinte e cinco por cento do valor do lance à vista e o restante parcelado em até 30 (trinta) meses, garantido por caução idônea, quando se tratar de móveis, e por hipoteca do próprio bem, quando se tratar de imóveis.
>
> § 2.º As propostas para aquisição em prestações indicarão o prazo, a modalidade, o indexador de correção monetária e as condições de pagamento do saldo.
>
> § 3.º (VETADO).
>
> § 4.º No caso de atraso no pagamento de qualquer das prestações, incidirá multa de dez por cento sobre a soma da parcela inadimplida com as parcelas vincendas.
>
> § 5.º O inadimplemento autoriza o exequente a pedir a resolução da arrematação ou promover, em face do arrematante, a execução do valor devido, devendo ambos os pedidos ser formulados nos autos da execução em que se deu a arrematação.
>
> § 6.º A apresentação da proposta prevista neste artigo não suspende o leilão.
>
> § 7.º A proposta de pagamento do lance à vista sempre prevalecerá sobre as propostas de pagamento parcelado.

> § 8.º Havendo mais de uma proposta de pagamento parcelado:
>
> I – em diferentes condições, o juiz decidirá pela mais vantajosa, assim compreendida, sempre, a de maior valor;
>
> II – em iguais condições, o juiz decidirá pela formulada em primeiro lugar.
>
> § 9.º No caso de arrematação a prazo, os pagamentos feitos pelo arrematante pertencerão ao exequente até o limite de seu crédito, e os subsequentes, ao executado".

O art. 888 da CLT, atendendo ao princípio da publicidade, determinou que a arrematação dos bens será anunciada por edital afixado na sede do juízo ou tribunal e publicado no jornal local, se houver, com a antecedência de 20 dias.

Portanto, o edital de leilão é requisito indispensável, formal, essencial à validade do ato de expropriação dos bens levados à hasta pública, ensejando nulidade do ato o desatendimento da formalidade prevista no art. 888 da CLT.

No edital deverão constar, obrigatoriamente, o dia, horário, local do leilão, bem como descrição de todos os bens que serão vendidos, indicando a quantidade, a qualidade, as características, o estado de conservação, o valor da avaliação, o lugar onde se encontram os bens, se imóvel, as divisas, a transcrição aquisitiva ou a inscrição, e a menção sobre a existência de ônus, recurso ou causa pendente sobre os bens a serem arrematados.

No processo civil, em regra, poderá haver dois leilões, onde na primeira o bem somente será vendido se alcançar lance superior à importância da avaliação (art. 886, V, do CPC) e o segundo leilão, onde os bens poderão ser vendidos por qualquer lance, desde que não seja preço vil (art. 891 do CPC).

Todavia, no processo do trabalho a hasta pública é única, sendo os bens, desde logo, vendidos pelo maior lance, conforme estabelece o art. 888, § 1.º, da CLT. Vejamos:

> **"Art. 888. (...)**
>
> § 1.º A arrematação far-se-á em dia, hora e lugar anunciados e os bens serão vendidos pelo maior lance, tendo o exequente preferência para a adjudicação".

Caso não haja licitantes, e não requerendo o credor a adjudicação dos bens penhorados, poderão ser os mesmos vendidos por leiloeiro nomeado pelo juiz (art. 888, § 3.º, da CLT).

A Consolidação das Leis do Trabalho é omissa quanto à necessidade de intimação do executado quando da realização da praça, sendo que a jurisprudência vinha se inclinando no sentido de considerar válida a intimação da praça ou leilão feita ao advogado da parte.

O art. 889 do CPC (de aplicação subsidiária ao processo do trabalho), determina que serão cientificados da alienação judicial, com pelo menos 5 dias de antecedência: o executado, por meio de seu advogado ou, se não tiver procurador constituído nos autos, por carta registrada, mandado, edital ou outro meio idôneo; o coproprietário de bem indivisível do qual tenha sido penhorada fração ideal; o titular de usufruto, uso, habitação, enfiteuse, direito de superfície, concessão de uso especial para fins de moradia ou concessão de direito real de uso, quando a penhora recair sobre bem gravado com tais direitos reais; o proprietário do terreno submetido ao regime de direito de superfície, enfiteuse, concessão de uso especial para fins de moradia ou concessão de direito real de uso, quando a penhora recair sobre tais direitos reais; o credor pignoratício, hipotecário, anticrético, fiduciário ou com penhora anteriormente averbada, quando a penhora recair sobre bens com tais gravames, caso não seja o credor, de qualquer modo, parte na execução; o promitente comprador, quando a penhora recair sobre bem o qual haja promessa de compra e venda registrada; o promitente vendedor, quando a penhora recair sobre direito aquisitivo derivado de promessa de compra e venda registrada; e a União, o Estado e o Município, no caso de alienação de bem tombado.

7.7.8.3. Arrematação

A arrematação é o ato processual consistente na venda, pelo Estado, de forma coercitiva, dos bens do executado, objetivando satisfazer o crédito do exequente, realizado por intermédio do leilão.

Os doutos do processo civil sempre consideraram a alienação em hasta pública como formalista, onerosa e demorada, apresentando-se como a maneira menos eficaz de alcançar um preço justo e compatível para o bem expropriado.

Neste contexto, o CPC estabelece como meio expropriatório preferencial a adjudicação pelo próprio exequente, por preço não inferior ao da avaliação (art. 876 do CPC).

Não efetivada a adjudicação, o exequente poderá solicitar a alienação do bem por iniciativa particular ou por intermédio de corretor ou leiloeiro público credenciado perante o órgão judiciário (art. 880 do CPC).

Logo, somente em última hipótese é que se fará a alienação do bem em leilão (art. 886 do CPC), dando preferência para que a alienação seja realizada por meio eletrônico (rede mundial de computadores), com uso de páginas virtuais criadas pelos Tribunais ou por entidades públicas ou privadas, e não sendo possível a sua realização por meio eletrônico, o leilão será presencial (art. 882 do CPC).

Entendemos que as regras de expropriação de bens insculpidas no Código de Processo Civil são totalmente compatíveis com o processo do trabalho. Logo, penhorados os bens necessários à garantia do juízo e resolvidos eventuais embargos, o exequente será notificado para manifestar sua intenção ou não pela adjudicação dos bens, nunca por preço inferior ao da avaliação, permitindo-se ao credor, caso não deseje exercer a adjudicação, que requeira a sua alienação por iniciativa própria ou por intermédio de corretor credenciado perante a autoridade judiciária laboral.

Não havendo interesse na adjudicação nem requerimento do credor para alienação por iniciativa particular, seguirão os bens para alienação em hasta pública, adotando-se, a partir de então, os trâmites previstos no art. 888 da CLT, sendo possível, também, a implementação pelos Tribunais do Trabalho de meios eletrônicos para alienação dos bens penhorados.

Realizado o leilão, o bem será vendido ao licitante que oferecer o maior lance, esclarecendo o § 2.º do art. 888 consolidado que o arrematante deverá garantir o lance com sinal correspondente a 20% do seu valor.

Caso o arrematante ou seu fiador não pague em 24 horas o preço da arrematação, perderá, em benefício da execução, o sinal dado (art. 888, § 4.º, da CLT).

Impende destacar que o credor exequente também poderá oferecer lance e arrematar os bens levados a leilão, ainda que por valor inferior ao constante do edital.

Caso o credor somente pudesse arrematar os bens pelo preço da avaliação constante do edital, estaríamos diante de evidente conduta discriminatória, mormente quando os demais licitantes podem arrematar os bens por preço inferior ao da avaliação.

Frise-se que, a teor do art. 892, § 1.º, do CPC, se o exequente arrematar os bens e for o único credor, não estará obrigado a exibir o preço, mas, se o valor dos bens exceder ao seu crédito, depositará, dentro de 3 dias, a diferença, sob pena de tornar-se sem efeito a arrematação, e, nesse caso, realizar-se-á novo leilão, à custa do exequente.

Considerando que o art. 888, § 1.º, da CLT dispõe que os bens serão vendidos pelo maior lance, alguns operadores do direito laboral advogam a tese de que é inaplicável, no processo do trabalho, o art. 891 do CPC, determinando que não será aceito lance que, em segundo leilão, ofereça preço vil (preço irrisório, ínfimo, muito abaixo do valor da avaliação ou do mercado).

Permissa venia, não corroboramos com tal entendimento.

Deve-se levar em consideração, em primeiro lugar, que a execução deverá ser realizada da maneira menos gravosa para o devedor.

Por outro lado, é prudente que o juiz fixe limites para a arrematação dos bens, objetivando desestimular a proliferação de licitantes profissionais, os quais se locupletam às custas do executado.

Ademais, a alienação de bens por preço irrisório acaba por eternizar o processo executivo, haja vista que novos bens, caso existam, deverão ser penhorados para satisfazer o crédito, ensejando sucessivos atos expropriatórios, prejudicando tanto o exequente quanto a celeridade processual e a efetividade da execução.

Portanto, não há qualquer incompatibilidade entre o art. 888, § 1.º, da CLT e o art. 891 do CPC; ao contrário, há perfeita harmonia, sendo os bens alienados pelo melhor preço, desde que o lance não seja vil.

Estabelece o art. 890 do CPC que é admitido oferecer lance todo aquele que estiver na livre administração de seus bens, com exceção:

- dos tutores, curadores, testamenteiros, administradores, síndicos ou liquidantes, quanto aos bens confiados a sua guarda e responsabilidade;
- dos mandatários, quanto aos bens de cuja administração ou alienação estejam encarregados;
- do juiz, do membro do Ministério Público e da Defensoria Pública, do escrivão, do chefe de secretaria e dos demais servidores e auxiliares da justiça, em relação aos bens e direitos objeto de alienação na localidade onde servirem ou a que se estender a sua autoridade;
- dos servidores públicos em geral, quanto aos bens ou aos direitos da pessoa jurídica a que servirem ou que estejam sob sua administração direta ou indireta;
- dos leiloeiros e seus prepostos, quanto aos bens de cuja venda estejam encarregados;
- dos advogados de qualquer das partes.

Por seu turno, o art. 899 do CPC determina que a arrematação será suspensa logo que o produto da alienação dos bens for suficiente para o pagamento do credor e para a satisfação das despesas da execução.

A formalização da arrematação se dará por meio do competente auto, o qual será lavrado no prazo de 24 horas, contados da realização da hasta pública, facultando-se, nesse prazo, ao credor, a adjudicação dos bens arrematados e, ao devedor, a remição do valor total da execução.

Assinado o auto de arrematação pelo magistrado, pelo serventuário encarregado e pelo arrematante, a arrematação torna-se perfeita, acabada e irretratável.

O art. 903 do CPC determina que qualquer que seja a modalidade de leilão, assinado o auto pelo juiz, pelo arrematante e pelo leiloeiro, a arrematação será considerada perfeita, acabada e irretratável, ainda que venham a ser julgados procedentes os embargos do executado ou a ação autônoma de que trata o § 4º do art. 903, assegurada a possibilidade de reparação pelos prejuízos sofridos. Isso decorre da regra processual de que os embargos não são dotados, em regra, de efeito suspensivo (art. 919 do CPC).

O art. 903, § 1.º, do CPC permite o desfazimento da arrematação nas seguintes hipóteses, ressalvadas outras situações previstas no Código:

- invalidada, quando realizada por preço vil ou com outro vício;
- considerada ineficaz, se não observado o disposto no art. 804;
- resolvida, se não for pago o preço ou se não for prestada a caução.

A carta de arrematação, nos moldes do art. 901, § 2.º, do digesto processual civil, conterá a descrição do imóvel, com remissão à sua matrícula ou individuação e aos seus registros, a cópia do auto de arrematação e a prova de pagamento do imposto de transmissão, além da indicação da existência de eventual ônus real ou gravame.

Assinada a carta de arrematação, não caberá mais nenhuma medida ou recurso nos mesmos autos, nem mesmo a via rescisória, conforme a Súmula 399 do TST, *in verbis*:

> "SÚMULA 399 DO TST – AÇÃO RESCISÓRIA. CABIMENTO. SENTENÇA DE MÉRITO. DECISÃO HOMOLOGATÓRIA DE ADJUDICAÇÃO, DE ARREMATAÇÃO E DE CÁLCULOS. (conversão das Orientações Jurisprudenciais 44, 45 e 85, primeira parte, da SDI-II – Res. 137/2005 – *DJ* 22.08.2005)
>
> I – É incabível ação rescisória para impugnar decisão homologatória de adjudicação ou arrematação (ex-OJs 44 e 45 – ambas inseridas em 20.09.2000)

II – A decisão homologatória de cálculos apenas comporta rescisão quando enfrentar as questões envolvidas na elaboração da conta de liquidação, quer solvendo a controvérsia das partes quer explicitando, de ofício, os motivos pelos quais acolheu os cálculos oferecidos por uma das partes ou pelo setor de cálculos, e não contestados pela outra (ex-OJ 85, primeira parte – inserida em 13.03.2002 e alterada em 26.11.2002)."

Expedida a carta de arrematação, determinará o juiz o levantamento do depósito em favor do exequente, objetivando satisfazer o julgado.

7.7.8.4. Adjudicação

A adjudicação consiste no ato processual em que o exequente ou terceiros interessados, por vontade própria, incorpora ao seu patrimônio bens penhorados que foram levados à hasta pública.

Conforme já mencionado anteriormente, o meio expropriatório preferencial é a adjudicação pelo próprio exequente, por preço não inferior ao da avaliação. Vejamos a redação do art. 876 do CPC:

> "Art. 876. É lícito ao exequente, oferecendo preço não inferior ao da avaliação, requerer que lhe sejam adjudicados os bens penhorados.
>
> § 1.º Requerida a adjudicação, o executado será intimado do pedido:
>
> I – pelo Diário da Justiça, na pessoa de seu advogado constituído nos autos;
>
> II – por carta com aviso de recebimento, quando representado pela Defensoria Pública ou quando não tiver procurador constituído nos autos;
>
> III – por meio eletrônico, quando, sendo o caso do § 1.º do art. 246, não tiver procurador constituído nos autos.
>
> § 2.º Considera-se realizada a intimação quando o executado houver mudado de endereço sem prévia comunicação ao juízo, observado o disposto no art. 274, parágrafo único.
>
> § 3.º Se o executado, citado por edital, não tiver procurador constituído nos autos, é dispensável a intimação prevista no § 1.º.
>
> § 4.º Se o valor do crédito for:
>
> I – inferior ao dos bens, o requerente da adjudicação depositará de imediato a diferença, que ficará à disposição do executado;
>
> II – superior ao dos bens, a execução prosseguirá pelo saldo remanescente.

> § 5.º Idêntico direito pode ser exercido por aqueles indicados no art. 889, incisos II a VIII, pelos credores concorrentes que hajam penhorado o mesmo bem, pelo cônjuge, pelo companheiro, pelos descendentes ou pelos ascendentes do executado.
>
> § 6.º Se houver mais de um pretendente, proceder-se-á a licitação entre eles, tendo preferência, em caso de igualdade de oferta, o cônjuge, o companheiro, o descendente ou o ascendente, nessa ordem.
>
> § 7.º No caso de penhora de quota social ou de ação de sociedade anônima fechada realizada em favor de exequente alheio à sociedade, esta será intimada, ficando responsável por informar aos sócios a ocorrência da penhora, assegurando-se a estes a preferência".

Ratificamos o nosso posicionamento no sentido de que as novas regras de expropriação de bens insculpidas no Código de Processo Civil entre elas o art. 876 do CPC são totalmente compatíveis com o processo do trabalho.

Logo, penhorados os bens necessários à garantia do juízo e resolvidos eventuais embargos, o exequente será notificado para manifestar sua intenção ou não pela adjudicação dos bens, nunca por preço inferior ao da avaliação.

Na hipótese de adjudicação de bens pelo exequente, se ainda lhe restar saldo favorável, a execução prosseguirá pelo valor remanescente, com a constrição de novos bens do executado. Ao revés, se o valor do crédito for inferior ao dos bens, o adjudicante depositará de imediato a diferença, ficando esta à disposição do executado.

A adjudicação considera-se perfeita e acabada com a lavratura e assinatura do auto pelo juiz, pelo adjudicatário, pelo escrivão ou chefe de secretaria e, se estiver presente, pelo executado, expedindo-se carta de adjudicação e o mandado de imissão na posse, quando se tratar de bem imóvel, ou a ordem de entrega ao adjudicatário, quando se tratar de bem móvel (art. 877, § 1.º, do CPC). Em caso de adjudicação de imóvel, a carta conterá a descrição do imóvel, com remissão à sua matrícula e aos seus registros, a cópia do auto de adjudicação e a prova de quitação do imposto de transmissão.

No caso de penhora de bem hipotecado, o executado poderá remi-lo até a assinatura do auto de adjudicação, oferecendo preço igual ao da avaliação, se não tiver havido licitantes, ou ao do maior lance oferecido. Na hipótese de falência ou de insolvência do devedor hipotecário, o direito de remição previsto no § 3º será deferido à massa ou aos credores em concurso, não podendo o exequente recusar o preço da avaliação do imóvel (art. 877, §§ 3.º e 4.º, do CPC).

7.7.8.5. Remição

A remição consiste no ato processual do pagamento da totalidade da dívida executiva pelo devedor, liberando-se os bens constritos e, privilegiando-se, assim, o princípio da não prejudicialidade do devedor.

Para evitar a alienação judicial, pode o executado, consoante previsto no art. 826 do CPC, antes de adjudicados ou alienados os bens, a todo tempo, remir a execução, pagando ou consignando a importância atualizada da dívida, acrescida de juros, custas e honorários advocatícios.

Determina o art. 13 da Lei 5.584/1970 que, em qualquer hipótese, a remição somente será deferida ao executado se este oferecer preço igual ao valor da condenação.

Materializada a remição da execução, extingue-se a execução.

7.7.8.6. Suspensão e extinção da execução

Conforme previsto no art. 921 do CPC, suspende-se a execução:

- nas hipóteses dos arts. 313 e 315, no que couber;
- no todo ou em parte, quando recebidos com efeito suspensivo os embargos à execução;
- quando não for localizado o executado ou bens penhoráveis;
- se a alienação dos bens penhorados não se realizar por falta de licitantes e o exequente, em 15 (quinze) dias, não requerer a adjudicação nem indicar outros bens penhoráveis;
- quando concedido o parcelamento de que trata o art. 916.

Ressalte-se que o credor não pode utilizar da execução apenas para acarretar danos ao devedor, quando o patrimônio do executado não for suficiente para suportar a dívida.

Nessa esteira de raciocínio, o art. 836 do CPC, aplicável ao Processo do Trabalho, conforme institui o TST na IN 39/2016, versa que não se efetuará a penhora quando ficar evidente que o produto da alienação dos bens encontrados será inteiramente absorvido pelo pagamento das custas da execução.

O art. 40, *caput* e §§ 2º e 3º, da Lei 6.830/80 e o art. 921, III e §§ 1º ao 7º, do CPC determinam que o juiz suspenderá a execução se não localizado o devedor ou encontrados bens sobre os quais possa recair a penhora e nesse período não corre a prescrição.

A suspensão perdurará pelo prazo máximo de 1 ano. Não localizado devedor ou bens penhoráveis o processo será arquivado e iniciará o prazo de prescrição intercorrente de 2 anos.

Encontrados que sejam, a qualquer tempo, o devedor ou os bens, serão desarquivados os autos para prosseguimento da execução.

Observe o disposto nos art. 40, *caput* e §§ 2º e 3º, da Lei 6.830/80 e no art. 921, III e §§ 1º ao 7º, do CPC:

> Art. 40, Lei 6.830/80. O Juiz suspenderá o curso da execução, enquanto não for localizado o devedor ou encontrados bens sobre os quais possa recair a penhora, e, nesses casos, não correrá o prazo de prescrição.
>
> § 1º - Suspenso o curso da execução, será aberta vista dos autos ao representante judicial da Fazenda Pública.
>
> § 2º - Decorrido o prazo máximo de 1 (um) ano, sem que seja localizado o devedor ou encontrados bens penhoráveis, o Juiz ordenará o arquivamento dos autos.
>
> § 3º - Encontrados que sejam, a qualquer tempo, o devedor ou os bens, serão desarquivados os autos para prosseguimento da execução.
>
> § 4º Se da decisão que ordenar o arquivamento tiver decorrido o prazo prescricional, o juiz, depois de ouvida a Fazenda Pública, poderá, de ofício, reconhecer a prescrição intercorrente e decretá-la de imediato. (Incluído pela Lei nº 11.051, de 2004)

> Art. 921. Suspende-se a execução:
>
> § 2º Decorrido o prazo máximo de 1 (um) ano sem que seja localizado o executado ou que sejam encontrados bens penhoráveis, o juiz ordenará o arquivamento dos autos.
>
> (...)
>
> III - quando não for localizado o executado ou bens penhoráveis;
>
> (...)
>
> § 1º Na hipótese do inciso III, o juiz suspenderá a execução pelo prazo de 1 (um) ano, durante o qual se suspenderá a prescrição.
>
> § 2º Decorrido o prazo máximo de 1 (um) ano sem que seja localizado o executado ou que sejam encontrados bens penhoráveis, o juiz ordenará o arquivamento dos autos.
>
> § 3º Os autos serão desarquivados para prosseguimento da execução se a qualquer tempo forem encontrados bens penhoráveis.
>
> § 4º O termo inicial da prescrição no curso do processo será a ciência da primeira tentativa infrutífera de localização do devedor ou de bens

> penhoráveis, e será suspensa, por uma única vez, pelo prazo máximo previsto no § 1º deste artigo.
>
> § 4º-A. A efetiva citação, intimação do devedor ou constrição de bens penhoráveis interrompe o prazo de prescrição, que não corre pelo tempo necessário à citação e à intimação do devedor, bem como para as formalidades da constrição patrimonial, se necessária, desde que o credor cumpra os prazos previstos na lei processual ou fixados pelo juiz.
>
> § 5º O juiz, depois de ouvidas as partes, no prazo de 15 (quinze) dias, poderá, de ofício, reconhecer a prescrição no curso do processo e extingui-lo, sem ônus para as partes.
>
> § 6º A alegação de nulidade quanto ao procedimento previsto neste artigo somente será conhecida caso demonstrada a ocorrência de efetivo prejuízo, que será presumido apenas em caso de inexistência da intimação de que trata o § 4º deste artigo.
>
> § 7º Aplica-se o disposto neste artigo ao cumprimento de sentença de que trata o art. 523 deste Código."

Decorrido o prazo de suspensão, inicia-se a prescrição intercorrente. O art. 11-A, *caput* e § 1º, da CLT torna aplicável a prescrição intercorrente no processo do trabalho, de modo que a Súmula 114 do TST, que determina o contrário, deve ser cancelada.

Observe o disposto no art. 11-A, § 1º, da CLT:

> Art. 11-A. Ocorre a prescrição intercorrente no processo do trabalho no prazo de dois anos.
>
> § 1º A fluência do prazo prescricional intercorrente inicia-se quando o exequente deixa de cumprir determinação judicial no curso da execução.

Prescrição intercorrente é a perda de um direito pelo decurso do tempo, em razão da inércia da parte, que não toma iniciativa no sentido de praticar atos processuais necessários para a execução da dívida, paralisando o processo, por mais de 2 anos.

Nos termos do art. 11-A, § 2º, da CLT a prescrição intercorrente poderá ser declarada de ofício pelo juiz, extinguindo a execução.

Impende destacar que, suspensa a execução, é defeso praticar quaisquer atos processuais, podendo o juiz, entretanto, ordenar providências cautelares urgentes.

Na IN 39/2016, o TST mantém o seu posicionamento pela inaplicabilidade da prescrição intercorrente no Processo do Trabalho, ao instituir que o art.

921, §§ 3º e 4º, do atual CPC não se aplica à seara trabalhista. Ocorre que o art. 921, em seu inciso III e §§ 1º e 2º, reza que, quando o executado não possuir bens, o juiz suspenderá a execução pelo prazo de 1 ano. Decorrido este prazo, se não forem localizados bens, o juiz ordenará o arquivamento dos autos, podendo desarquivá-los se a qualquer tempo forem localizados bens penhoráveis. Até aqui o atual diploma processual estabeleceu o mesmo que a Lei 6.830/80, entendendo o TST que não se aplica no Processo do Trabalho o início da contagem da prescrição intercorrente a partir desse momento (art. 921, § 4º, do CPC). O Tribunal mantém o parecer já consubstanciado na Súmula 114 do TST, segundo a qual "é inaplicável na Justiça do Trabalho a prescrição intercorrente". Naturalmente também sustenta a inaplicabilidade do § 5º do referido artigo, consoante o qual a prescrição referida poderia ser acolhida de ofício, e do art. 924, V do CPC, que prevê a extinção da execução quando ocorrer a prescrição intercorrente.

O art. 916 do CPC institui a possibilidade de suspensão da execução, permitindo ao executado que, no prazo para embargos, reconhecendo a dívida, requeira o parcelamento do débito em até seis parcelas mensais, com o depósito imediato de 30% do valor da execução. Tal dispositivo aplica-se ao Processo do Trabalho, conforme dispõe a IN 39/2016 do TST. Vejamos a redação do art. 916 do CPC:

> "Art. 916. No prazo para embargos, reconhecendo o crédito do exequente e comprovando o depósito de trinta por cento do valor em execução, acrescido de custas e de honorários de advogado, o executado poderá requerer que lhe seja permitido pagar o restante em até 6 (seis) parcelas mensais, acrescidas de correção monetária e de juros de um por cento ao mês.
>
> § 1.º O exequente será intimado para manifestar-se sobre o preenchimento dos pressupostos do *caput*, e o juiz decidirá o requerimento em 5 (cinco) dias.
>
> § 2.º Enquanto não apreciado o requerimento, o executado terá de depositar as parcelas vincendas, facultado ao exequente seu levantamento.
>
> § 3.º Deferida a proposta, o exequente levantará a quantia depositada, e serão suspensos os atos executivos.
>
> § 4.º Indeferida a proposta, seguir-se-ão os atos executivos, mantido o depósito, que será convertido em penhora.
>
> § 5.º O não pagamento de qualquer das prestações acarretará cumulativamente:
>
> I – o vencimento das prestações subsequentes e o prosseguimento do processo, com o imediato reinício dos atos executivos;

> II – a imposição ao executado de multa de dez por cento sobre o valor das prestações não pagas.
>
> § 6.º A opção pelo parcelamento de que trata este artigo importa renúncia ao direito de opor embargos.
>
> § 7.º O disposto neste artigo não se aplica ao cumprimento da sentença".

Entendemos que o art. 916 do CPC, embora compatível com o processo do trabalho, deve ser aplicado com cautela no âmbito trabalhista. Evidentemente, deverá o juiz do trabalho verificar se, de fato, as condições financeiras do executado ensejam o parcelamento da dívida como forma de garantir o adimplemento do crédito do trabalhador, evitando-se, assim, que o devedor mau pagador, que não esteja enfrentando qualquer dificuldade econômica, se utilize do parcelamento do débito apenas como uma forma de postergar a liquidação da dívida.

Por outro lado, reza o art. 924 do CPC que se extingue a execução quando:

- a petição inicial for indeferida;
- a obrigação for satisfeita;
- o executado obtiver, por qualquer outro meio, a extinção total da dívida;
- o exequente renunciar ao crédito;
- ocorrer a prescrição intercorrente.

7.7.8.7. Alienação por iniciativa particular

Conforme já mencionado anteriormente, a doutrina sempre considerou a alienação em leilão como formalista, onerosa e demorada, apresentando-se como a maneira menos eficaz de alcançar um preço justo e compatível para o bem expropriado.

Nesse diapasão, o Código de Processo Civil estabelece como meio expropriatório preferencial a adjudicação pelo próprio exequente, por preço não inferior ao da avaliação, e não efetivada a adjudicação, o exequente poderá requerer a alienação por iniciativa particular, permitindo-se que o exequente requeira que os bens penhorados sejam alienados por sua própria iniciativa ou por intermédio de corretor ou leiloeiro credenciado perante o órgão judiciário. Confira o teor do art. 880 do CPC:

> "Art. 880. Não efetivada a adjudicação, o exequente poderá requerer a alienação por sua própria iniciativa ou por intermédio de corretor ou leiloeiro público credenciado perante o órgão judiciário.

> § 1.º O juiz fixará o prazo em que a alienação deve ser efetivada, a forma de publicidade, o preço mínimo, as condições de pagamento, as garantias e, se for o caso, a comissão de corretagem.
>
> § 2.º A alienação será formalizada por termo nos autos, com a assinatura do juiz, do exequente, do adquirente e, se estiver presente, do executado, expedindo-se:
>
> I – a carta de alienação e o mandado de imissão na posse, quando se tratar de bem imóvel;
>
> II – a ordem de entrega ao adquirente, quando se tratar de bem móvel.
>
> § 3.º Os tribunais poderão editar disposições complementares sobre o procedimento da alienação prevista neste artigo, admitindo, quando for o caso, o concurso de meios eletrônicos, e dispor sobre o credenciamento dos corretores e leiloeiros públicos, os quais deverão estar em exercício profissional por não menos que 3 (três) anos.
>
> § 4.º Nas localidades em que não houver corretor ou leiloeiro público credenciado nos termos do § 3.º, a indicação será de livre escolha do exequente".

Entendemos que a omissão da Consolidação das Leis Trabalhistas sobre o tema autoriza a aplicação subsidiária do art. 880 do CPC, em face do disposto no art. 769 da CLT.

Como já referido neste capítulo, sendo a alienação em hasta pública formalista, onerosa e demorada, apresenta-se como a maneira menos eficaz de alcançar um preço justo e compatível para o bem expropriado.

Nesse contexto, o CPC estabelece como meio expropriatório preferencial a adjudicação pelo próprio exequente por preço não inferior ao da avaliação (art. 876 do CPC).

Não efetivada a adjudicação, o exequente poderá solicitar a alienação do bem por iniciativa particular ou por intermédio de corretor ou leiloeiro público credenciado perante o órgão judiciário (art. 880 do CPC).

Logo, somente em última hipótese é que se fará a alienação do bem em leilão (art. 886 do CPC), dando preferência para que a alienação seja realizada por meio eletrônico (rede mundial de computadores), com uso de páginas virtuais criadas pelos Tribunais ou por entidades públicas ou privadas, e não sendo possível a sua realização por meio eletrônico, o leilão será presencial (art. 882 do CPC).

Assim, penhorados os bens necessários à garantia do juízo e resolvidos eventuais embargos, o exequente será notificado para manifestar sua intenção ou não pela adjudicação dos bens, nunca por preço inferior ao da avaliação, permitindo-se ao credor, caso não deseje exercer a adjudicação, que requeira a sua alienação por iniciativa própria ou por intermédio de corretor credenciado perante a autoridade judiciária laboral.

7.8. EXECUÇÃO CONTRA A MASSA FALIDA

Doutrina e jurisprudência divergem sobre a competência ou não da Justiça do Trabalho para executar seus julgados, quando decretada a falência do executado.

Com efeito, sobre o tema podemos mencionar três correntes, a saber:

- 1.ª corrente – defende a tese de que, decretada a falência da empresa no curso do processo de execução trabalhista, cessaria a execução, devendo o exequente, de imediato, habilitar-se perante o juízo universal da falência, operando-se a *vis attractiva* do juízo universal da quebra em relação ao juízo singular da execução;
- 2.ª corrente – defende a tese de que o art. 114 da CF/1988 confere à Justiça do Trabalho a competência para executar seus próprios julgados, o que afastaria a submissão dos créditos trabalhistas ao juízo universal da falência, pouco importando o momento da quebra (se posterior aos atos de constrição ou não), até mesmo porque os créditos trabalhistas são considerados privilegiados, não sujeitos, portanto, à habilitação no juízo universal da falência;
- 3.ª corrente – adota posicionamento diferenciado conforme o momento dos atos de constrição judicial. Caso os bens do executado sejam penhorados antes da decretação da quebra da empresa, não serão eles alcançados pelo juízo falimentar (aplicação analógica da Súmula 44 do antigo TFR). No entanto, se os atos de constrição ocorrerem após a falência da empresa, cessa a competência da Justiça do Trabalho, devendo o obreiro habilitar o seu crédito perante o juízo falimentar.

A terceira corrente é a mais aceita no âmbito laboral, até porque resguarda o princípio da igualdade entre os credores privilegiados da massa falida, permitindo a disputa dos créditos em igualdade de condições perante o juízo universal falimentar.

Nessa esteira, o procedimento que tem sido adotado, rotineiramente, na Justiça do Trabalho em função da decretação judicial da falência do executado é:

A) continuar com o processo de cognição até o trânsito em julgado da sentença e, havendo condenação da massa, munir o credor de certidão do seu crédito, para fins de habilitação perante o juízo falimentar;

B) realizar a hasta pública dos bens penhorados, quando, à época da decretação da falência, já estiverem designadas as datas para a praça e o leilão, remetendo o produto da alienação dos bens para o juízo falimentar, devendo o credor trabalhista habilitar seu crédito perante o juízo da quebra;

C) pagar o credor trabalhista se, quando da decretação da falência da empresa, a hasta pública já se encontrar consumada (bem vendido), sendo destinado à massa falida apenas o resíduo do produto da expropriação judicial (caso exista).

A Lei 11.101, de 09.02.2005, que regula a recuperação judicial, extrajudicial e a falência do empresário e da sociedade empresária, trouxe, em seu bojo, algumas inovações quanto à preferência dos créditos trabalhistas em caso de falência da empresa, a saber:

> "Lei 11.101/2005:
>
> Art. 6º A decretação da falência ou o deferimento do processamento da recuperação judicial implica: (*Redação dada pela Lei 14.112/2020*)
>
> I – suspensão do curso da prescrição das obrigações do devedor sujeitas ao regime desta Lei; (*Acrescido pela Lei 14.112/2020*)
>
> II – suspensão das execuções ajuizadas contra o devedor, inclusive daquelas dos credores particulares do sócio solidário, relativas a créditos ou obrigações sujeitos à recuperação judicial ou à falência; (*Acrescido pela Lei 14.112/2020*)
>
> III – proibição de qualquer forma de retenção, arresto, penhora, sequestro, busca e apreensão e constrição judicial ou extrajudicial sobre os bens do devedor, oriunda de demandas judiciais ou extrajudiciais cujos créditos ou obrigações sujeitem-se à recuperação judicial ou à falência. (*Acrescido pela Lei 14.112/2020*)
>
> (...)
>
> § 2.º É permitido pleitear, perante o administrador judicial, habilitação, exclusão ou modificação de créditos derivados da relação de trabalho, mas as ações de natureza trabalhista, inclusive as impugnações a que se refere o art. 8.º desta Lei, serão processadas perante a justiça especializada até a apuração do respectivo crédito, que será inscrito no quadro-geral de credores pelo valor determinado em sentença.
>
> (...)"

"Art. 76. O juízo da falência é indivisível e competente para conhecer todas as ações sobre bens, interesses e negócios do falido, ressalvadas as causas trabalhistas, fiscais e aquelas não reguladas nesta Lei em que o falido regular como autor ou litisconsorte ativo.

(...)"

"Art. 83. A classificação dos créditos na falência obedece à seguinte ordem:

I – os créditos derivados da legislação trabalhista, limitados a 150 (cento e cinquenta) salários-mínimos por credor, e aqueles decorrentes de acidentes de trabalho; (*Redação dada pela Lei 14.112/2020*)

(...)

VI – os créditos quirografários, a saber: (*Redação dada pela Lei 14.112/2020*)

(...)

c) os saldos dos créditos derivados da legislação trabalhista que excederem o limite estabelecido no inciso I do *caput* deste artigo; (*Redação dada pela Lei 14.112/2020*)

§ 4º (*Revogado pela Lei 14.112/2020*)

§ 5º Para os fins do disposto nesta Lei, os créditos cedidos a qualquer título manterão sua natureza e classificação. (*Acrescido pela Lei 14.112/2020*)

§ 6º Para os fins do disposto nesta Lei, os créditos que disponham de privilégio especial ou geral em outras normas integrarão a classe dos créditos quirografários. (*Acrescido pela Lei 14.112/2020*)

(...)"

"Art. 84. Serão considerados créditos extraconcursais e serão pagos com precedência sobre os mencionados no art. 83 desta Lei, na ordem a seguir, aqueles relativos: (*Redação dada pela Lei 14.112/2020*)

I-D – às remunerações devidas ao administrador judicial e aos seus auxiliares, aos reembolsos devidos a membros do Comitê de Credores, e aos créditos derivados da legislação trabalhista ou decorrentes de acidentes de trabalho re-lativos a serviços prestados após a decretação da falência; (*Acrescido pela Lei 14.112/2020*)

Logo, após a edição da Lei 11.101/2005, podemos concluir que:

- as reclamações trabalhistas, independentemente da decretação da falência da empresa, continuam a ser processadas e julgadas pela Justiça do Trabalho, que informará ao juízo da falência para efeitos de habilitação, o crédito laboral oriundo da decisão judicial transitada em julgado;

- somente serão considerados créditos privilegiados na falência os limitados a 150 salários-mínimos, por credor, sendo os saldos que excederem este limite enquadrados como créditos quirografários;
- em caso de cessão de crédito trabalhista a terceiro, o mesmo será considerado crédito quirografário;
- os créditos trabalhistas devidos aos obreiros que continuarem prestando serviços à massa falida após a decretação de quebra da empresa serão considerados extraconcursais e serão pagos com precedência a qualquer outro.

7.9. EXECUÇÃO DE CONTRIBUIÇÃO PREVIDENCIÁRIA

A EC 20/1998 introduziu o § 3.º ao art. 114 da CF/1988, estabelecendo que:

> "Compete ainda à Justiça do Trabalho executar, de ofício, as contribuições sociais previstas no artigo 195, I, *a*, e II, e seus acréscimos legais, decorrentes das sentenças que proferir".

Posteriormente, a EC 45/2004 inseriu esta mesma competência no inciso VIII do mesmo art. 114 da CF/1988, dispondo que:

> "Art. 114. Compete à Justiça do Trabalho processar e julgar:
>
> (...)
>
> VIII – a execução, de ofício, das contribuições sociais previstas no art. 195, I, *a*, e II, e seus acréscimos legais, decorrentes das sentenças que proferir".

Logo, o juiz do trabalho passou a executar, de ofício, as contribuições previdenciárias devidas pelos empregados e empregadores, em função das sentenças ou acordos proferidos.

A contribuição previdenciária somente incidirá sobre as parcelas de natureza salarial, e não sobre as parcelas de natureza indenizatória, devendo o magistrado sempre indicar, na sentença ou no acordo homologado, a natureza jurídica das parcelas.

Desse modo, as decisões cognitivas ou homologatórias deverão sempre indicar a natureza jurídica das parcelas constantes da condenação ou do acordo homologado (se salariais ou indenizatórias), indicando o limite de responsabilidade de casa parte pelo reconhecimento da contribuição previdenciária.

Deve-se ressaltar que a Lei nº 13.876/2019 incluiu os parágrafos 3º-A e 3º-B no art. 832 da CLT:

> § 3º-A. Para os fins do § 3º deste artigo, salvo na hipótese de o pedido da ação limitar-se expressamente ao reconhecimento de verbas de

> natureza exclusivamente indenizatória, a parcela referente às verbas de natureza remuneratória não poderá ter como base de cálculo valor inferior:
>
> I - ao salário-mínimo, para as competências que integram o vínculo empregatício reconhecido na decisão cognitiva ou homologatória; ou
>
> II - à diferença entre a remuneração reconhecida como devida na decisão cognitiva ou homologatória e a efetivamente paga pelo empregador, cujo valor total referente a cada competência não será inferior ao salário-mínimo.
>
> § 3º-B Caso haja piso salarial da categoria definido por acordo ou convenção coletiva de trabalho, o seu valor deverá ser utilizado como base de cálculo para os fins do § 3º-A deste artigo.

A interpretação literal dos parágrafos, nos leva a concluir que, havendo pedidos de natureza salarial na inicial, não seria possível firmar acordo sobre verbas exclusivamente indenizatórias. No entanto, esses parágrafos devem ser interpretados à luz do art. 832, da CLT, o qual impõe a discriminação das verbas existentes na condenação ou no acordo.

Com efeito, no caso de conciliação, o termo que for lavrado valerá como decisão irrecorrível, salvo para a Previdência Social quanto às contribuições que lhe forem devidas (art. 831, parágrafo único, da CLT).

Nessa esteira, a União será intimada das decisões homologatórias de acordos que contenham parcela indenizatória, na forma do art. 20 da Lei 11.033, de 21 de dezembro de 2004, facultada a interposição de recurso relativo aos tributos que lhe forem devidos (art. 832, § 4.º, da CLT).

Idêntico raciocínio pode ser utilizado em relação às decisões cognitivas (sentenças que julgam o mérito), das quais a União também poderá apresentar recurso ordinário em razão das parcelas consideradas pelo juiz como de natureza indenizatória (art. 832, § 5º, da CLT).

A Lei 8.212/1991 autoriza a União a dispensar a constituição ou exigência de crédito previdenciário, mediante critérios a serem definidos pelos órgãos competentes (no caso, a Fazenda Pública) que avaliem o custo despendido na tentativa de arrecadação. Previsão semelhante é encontrada nos arts. 832, § 7º, e 879, § 5º, da CLT.

> "Art. 54, Lei 8.212/1991. Os órgãos competentes estabelecerão critério para a dispensa de constituição ou exigência de crédito de valor inferior ao custo dessa medida. CLT".

> "Art. 832, CLT. Da decisão deverão constar o nome das partes, o resumo do pedido e da defesa, a apreciação das provas, os fundamentos da decisão e a respectiva conclusão.
>
> (...)
>
> § 7º. O Ministro de Estado da Fazenda poderá, mediante ato fundamentado, dispensar a manifestação da União nas decisões homologatórias de acordos em que o montante da parcela indenizatória envolvida ocasionar perda de escala decorrente da atuação do órgão jurídico". (Incluído pela Lei nº 11.457, de 2007)".
>
> "Art. 879. Sendo ilíquida a sentença exequenda, ordenar-se-á, previamente, a sua liquidação, que poderá ser feita por cálculo, por arbitramento ou por artigos. (Redação dada pela Lei nº 2.244, de 23.6.1954)
>
> (...)
>
> § 5.º O Ministro de Estado da Fazenda poderá, mediante ato fundamentado, dispensar a manifestação da União quando o valor total das verbas que integram o salário-de-contribuição, na forma do art. 28 da Lei no 8.212, de 24 de julho de 1991, ocasionar perda de escala decorrente da atuação do órgão jurídico". (Incluído pela Lei nº 11.457, de 2007).

Cabe destacar que, elaborados os cálculos, as partes terão o prazo comum de 8 dias para impugná-los e a União, o prazo de 10 dias (art. 879, §§ 2º e 3.º, da CLT).

O art. 764, § 3.º, da CLT permite às partes celebrar acordo que ponha termo ao processo, ainda mesmo depois de encerrado o juízo conciliatório.

Portanto, é possível a conciliação em valor inferior ao contido na sentença condenatória, tenha ocorrido ou não o trânsito em julgado da sentença.

Caso a conciliação judicial tenha sido firmada antes do trânsito em julgado da sentença, a contribuição previdenciária será apenas calculada sobre as verbas salariais provenientes do acordo, mesmo que pactuado em bases menores do que o *quantum* fixado no julgado, haja vista que ainda não havia sido constituído, definitivamente, o crédito previdenciário.

Todavia, se o acordo judicial for homologado após o trânsito em julgado da sentença, sobre o que incidem as contribuições previdenciárias: sobre o valor da condenação transitada em julgado ou sobre o valor do acordo celebrado e homologado após o trânsito em julgado?

Estabelece o art. 832, § 6.º, da CLT que as contribuições serão calculadas sobre as verbas salariais deferidas no julgado, independentemente de o acordo judicial celebrado estipular um valor menor do que o fixado na decisão, uma vez que já haviam nascido os créditos da União, não podendo as partes transigir sobre aquilo que não mais lhes pertence. Ou seja, ao celebrar o acordo, o empregado poderia receber crédito menor do que o deferido em sentença, a União, não.

Nesse sentido era a antiga redação do § 5.º do art. 43 da Lei 8.212/1991, a qual estabelecia que "o acordo celebrado após ter sido proferida decisão de mérito não prejudicará ou de qualquer forma afetará o valor e a execução das contribuições dela decorrentes".

Ocorre que o supracitado § 6.º foi inserido no art. 832 da CLT pela Lei 11.457, em 16 de março de 2007, e, posteriormente, em 17 de maio de 2009, a Lei 11.491 alterou o § 5.º da Lei 8.212/1991, passando a determinar que as contribuições previdenciárias incidem sobre o valor do acordo celebrado após o trânsito em julgado e não mais sobre o valor da condenação.

Ressalte-se que a Lei 8.212/1991 dispõe sobre a organização da Seguridade Social e institui o seu Plano de Custeio. Trata-se, portanto, de lei específica quanto aos temas relacionados à seguridade social, a qual prevalece sobre a norma geral, nesse caso, a CLT, e, mais especificamente, o art. 832, § 6.º, da CLT.

Uma vez que a CLT confere às partes a faculdade de celebrar acordo em qualquer fase do processo (art. 764 da CLT) e as contribuições previdenciárias caracterizam-se como verba acessória, uma vez alterado o valor do acordo, é natural que as contribuições acompanhem o principal, sendo, portanto, também alteradas.

Nesse sentido, segue ementa do TRT 13.ª Região:

> "SENTENÇA. TRÂNSITO EM JULGADO. ACORDO HOMOLOGADO. CONTRIBUIÇÃO PREVIDENCIÁRIA. O crédito previdenciário decorre do crédito trabalhista, consequentemente se este teve alteração aquele também terá, pois o primeiro é acessório do segundo. Desta forma, a faculdade que é concedida às partes para concretização de acordo a qualquer tempo, alterando a verba trabalhista executada, refletirá no crédito previdenciário que está sendo executado, já que a sua base de cálculo foi alterada. Tal entendimento encontra-se albergado no art. 43, § 5.º, da Lei 8.212/1991, com redação dada pela Lei 11.941/2009, o qual revogou o § 6.º do art. 832 da CLT. Agravo de Petição não provido" (Agravo de Petição 0028000-56.2009.5.13.0018 – Rel. Des. Carlos Coelho de Miranda Freire – 2.ª T. – TRT 13.ª Região – Data de Publicação: 27.08.2010).

O Tribunal Superior do Trabalho reconhece que as contribuições previdenciárias devem incidir sobre o valor do acordo celebrado e homologado após o trânsito em julgado, entretanto, entende que deve ser respeitada a proporcionalidade de valores entre as parcelas de natureza salarial e indenizatória deferidas na sentença condenatória e as parcelas objeto do acordo. Observe a OJ 376 da SDI-1 do TST:

> "OJ 376 da SDI-I. CONTRIBUIÇÃO PREVIDENCIÁRIA. ACORDO HOMOLOGADO EM JUÍZO APÓS O TRÂNSITO EM JULGADO DA SENTENÇA CONDENATÓRIA. INCIDÊNCIA SOBRE O VALOR HOMOLOGADO. É devida a contribuição previdenciária sobre o valor do acordo celebrado e homologado após o trânsito em julgado de decisão judicial, respeitada a proporcionalidade de valores entre as parcelas de natureza salarial e indenizatória deferidas na decisão condenatória e as parcelas objeto do acordo".

Dessa forma, como já mencionado, ao proferir sentença condenatória, o juiz deve discriminar a natureza jurídica de cada uma das parcelas, estabelecendo quais dentre as deferidas têm natureza salarial e quais têm natureza indenizatória (art. 832, § 3.º, da CLT), vez que apenas sobre aquelas incide contribuição previdenciária. Caso, por exemplo, 70% das verbas objeto da condenação tenham natureza salarial e apenas 30% tenham natureza indenizatória, sendo o valor total da condenação de R$ 100.000,00, celebrado o acordo após o trânsito em julgado no importe de R$ 10.000,00, ao discriminar os valores objeto do acordo, 70% devem corresponder a parcelas de natureza salarial (R$ 7.000,00) e apenas 30% do total podem ser discriminados como verbas de natureza indenizatória (R$ 3.000,00), sendo que sobre estas não incide a contribuição previdenciária.

No mesmo sentido seguem as ementas:

> "RECURSO DE REVISTA. EXECUÇÃO. CONTRIBUIÇÃO PREVIDENCIÁRIA. ACORDO HOMOLOGADO EM JUÍZO APÓS O TRÂNSITO EM JULGADO DA SENTENÇA CONDENATÓRIA. 1. Firmado acordo judicial após o trânsito em julgado de sentença condenatória, as contribuições previdenciárias deverão incidir sobre o valor da avença e não sobre a quantia fixada na sentença. 2. Todavia, o ajuste deverá guardar proporcionalidade com as verbas deferidas na sentença transitada em julgado. 3. Cristalizado, nesta Corte Superior, mediante a edição da OJ 376/SDI-I, o entendimento no sentido de que 'é devida a contribuição previdenciária sobre o valor do acordo celebrado e homologado após o trânsito em julgado de decisão judicial, respeitada a proporcionalidade de valores entre as parcelas de natureza salarial e indenizatória deferidas na decisão condenatória e as parcelas objeto do acordo'. Recurso de revista conhecido e provido" (TST – RR 84500532009502037 3 – Rel. Hugo Carlos Scheuermann – j. em 20.05.2015 – 1ª T. – *DEJT* 29.05.2015).

"AGRAVO DE INSTRUMENTO EM RECURSO DE REVISTA. EXECUÇÃO. CONTRIBUIÇÕES PREVIDENCIÁRIAS. ACORDO HOMOLOGADO APÓS O TRÂNSITO EM JULGADO DA SENTENÇA CONDENATÓRIA. COISA JULGADA. A SBDI-1 desta Corte firmou posicionamento no sentido de determinar a incidência das contribuições previdenciárias sobre o valor total do acordo, respeitada a proporcionalidade das parcelas de natureza salarial e indenizatória declaradas na decisão transitada em julgado. Incidência da Orientação Jurisprudencial n.º 376 da SBDI-I do TST. Inexiste, pois, ofensa à coisa julgada, porquanto o Tribunal Regional registrou terem sido devidamente discriminadas as verbas salariais e indenizatórias, conforme a proporção definida pela sentença exequenda" (AIRR 3113-34.2010.5.02.0000 – 1.ª T. – Rel. Min. Luiz Philippe Vieira de Mello Filho – 23.03.2011).

"I – AGRAVO DE INSTRUMENTO EM RECURSO DE REVISTA. EXECUÇÃO. CONTRIBUIÇÃO PREVIDENCIÁRIA. ACORDO HOMOLOGADO EM JUÍZO APÓS O TRÂNSITO EM JULGADO DE SENTENÇA CONDENATÓRIA. OFENSA À COISA JULGADA. Constatada possível violação do art. 5.º, XXXVI, da Constituição da República, merece provimento o Agravo de Instrumento para determinar-se o processamento do Recurso de Revista. II – RECURSO DE REVISTA. EXECUÇÃO. CONTRIBUIÇÃO PREVIDENCIÁRIA. ACORDO HOMOLOGADO EM JUÍZO APÓS O TRÂNSITO EM JULGADO DE SENTENÇA CONDENATÓRIA. OFENSA À COISA JULGADA. Esta Corte pacificou o entendimento no sentido de que, havendo homologação de acordo em juízo após o trânsito em julgado da sentença condenatória, deverá incidir a contribuição previdenciária sobre os valores acordados, e não sobre o montante deferido na sentença, respeitada, contudo, a proporção das parcelas de natureza salarial e indenizatória contida na decisão transitada em julgado. Recurso de Revista conhecido e parcialmente provido" (RR 44040-23.2004.5.02.0042 – 8ª T. – Rel. Min. Márcio Eurico Vitral Amaro – j. 12.05.2010 – Data de Publicação: 14.05.2010).

"AGRAVO DE INSTRUMENTO EM RECURSO DE REVISTA. INSS. CONTRIBUIÇÃO PREVIDENCIÁRIA. ACORDO HOMOLOGADO EM JUÍZO APÓS O TRÂNSITO EM JULGADO DE SENTENÇA CONDENATÓRIA. COISA JULGADA. Agravo de instrumento conhecido e provido por possível violação ao art. 5.º, XXXVI da Constituição Federal. RECURSO DE REVISTA. CONTRIBUIÇÃO PREVIDENCIÁRIA. ACORDO HOMOLOGADO EM JUÍZO APÓS O TRÂNSITO EM JULGADO DE SENTENÇA CONDENATÓRIA. COISA JULGADA. A SBDI-1 na sessão do dia 25 de agosto de 2008, ao julgar o processo n.º TST-E--RR-218/2000-093-15-40.0 do Exm.º Sr. Ministro Aloysio Corrêa da Veiga, publicado em 05.09.2008, pacificou a jurisprudência no sentido de que, havendo acordo homologado em juízo após o trânsito em julgado da

> decisão trabalhista exequenda, sobre ele deverá incidir a contribuição previdenciária, e não sobre o valor objeto da sentença, respeitada, contudo, a proporção das parcelas de natureza salarial e indenizatória contida na decisão transitada em julgado. Recurso de Revista conhecido e parcialmente provido" (TST-RR-581/2004-351-02-40.2 – 3.ª T. – Rel. Min. Carlos Alberto Reis de Paula – *DEJT* 30.04.2009).
>
> "RECURSO DE REVISTA. CONTRIBUIÇÕES PREVIDENCIÁRIAS. ACORDO CELEBRADO APÓS O TRÂNSITO EM JULGADO DA SENTENÇA EXEQUENDA. A Subseção-I Especializada em Dissídios Individuais, na hipótese de acordo celebrado após o trânsito em julgado da sentença exequenda, firmou posicionamento no sentido de determinar a incidência das contribuições previdenciárias sobre o valor total do acordo, respeitada a proporcionalidade das parcelas de naturezas salarial e indenizatória declaradas na decisão transitada em julgado. Recurso de revista conhecido e provido" (TST-RR-25317/2003-005-11-00.1 – 1.ª T. – Rel. Min. Luiz Philippe Vieira de Mello Filho – *DEJT* 24.04.2009).

Conforme já comentado, na hipótese de conciliação, o termo que for lavrado valerá como decisão irrecorrível, salvo para a Previdência Social quanto às contribuições que lhe forem devidas (art. 831, parágrafo único, da CLT).

Em outras palavras, celebrada a conciliação judicial, os autos transitam em julgado para as partes no momento da homologação do acordo (S. 100, V, do TST). Todavia, em relação às contribuições previdenciárias, deverá a União Federal ser intimada dos acordos judiciais realizados, facultado a esta (União), a interposição do recurso ordinário, no prazo de 16 dias (prazo em dobro em função do art. 180 do CPC).

É comum a interposição de recurso ordinário, anteriormente pela autarquia do INSS, agora por meio da União Federal em função da criação da Secretaria da Receita Federal do Brasil (Lei 11.457/2007), quando o termo de conciliação judicial apontar parcelas de natureza indenizatórias que, em verdade, deveriam ser consideradas como de natureza salarial (somente sobre as parcelas de natureza salarial há a incidência de contribuição previdenciária).

Nesse contexto, ratificamos o posicionamento de que na homologação do acordo trabalhista deverá haver discriminação das parcelas de natureza salarial e indenizatória, sob pena da contribuição incidir sobre o valor total apurado em liquidação de sentença ou sobre o valor do acordo homologado (art. 43, § 1.º, da Lei 8.212/1991).

Vejamos o art. 43 e seu § 1.º da Lei 8.212/1991:

"Art. 43. Nas ações trabalhistas de que resultar o pagamento de direitos sujeitos à incidência de contribuição previdenciária, o juiz, sob pena de responsabilidade, determinará o imediato recolhimento da importância devida à Seguridade Social.

§ 1.º Nas sentenças judiciais ou nos acordos homologados em que não figurarem, discriminadamente, as parcelas legais relativas às contribuições sociais, estas incidirão sobre o valor total apurado em liquidação de sentença ou sobre o valor do acordo homologado. (Incluído pela Lei n.º 11.941, de 2009)".

Vale enfatizar que a Lei 11.457, de 16 de março de 2007 (que criou a Secretaria da Receita Federal do Brasil), alterou a redação de alguns artigos da CLT, quais sejam, os arts. 832, 876, 879, 880 e 889-A, que tratam da execução das contribuições sociais devidas atualmente à União:

"Art. 832 da CLT...

(...)

§ 4.º A União será intimada das decisões homologatórias de acordos que contenham parcela indenizatória, na forma do art. 20 da Lei 11.033, de 21 de dezembro de 2004, facultada a interposição de recurso relativo aos tributos que lhe forem devidos.

§ 5.º Intimada da sentença, a União poderá interpor recurso relativo à discriminação de que trata o § 3.º deste artigo.

§ 6.º O acordo celebrado após o trânsito em julgado da sentença ou após a elaboração dos cálculos de liquidação de sentença não prejudicará os créditos da União. [Como vimos acima, esse parágrafo foi tacitamente revogado pelo § 5.º do art. 43 da Lei 8.212/1991, com a redação dada pela Lei 11.941/2009].

§ 7.º O Ministro de Estado da Fazenda poderá, mediante ato fundamentado, dispensar a manifestação da União nas decisões homologatórias de acordos em que o montante da parcela indenizatória envolvida ocasionar perda de escala decorrente da atuação do órgão jurídico".

"Art. 876 da CLT...

(...)

Parágrafo único. A Justiça do Trabalho executará, de ofício, as contribuições sociais previstas na alínea a do inciso I e no inciso II do caput do art. 195 da Constituição Federal, e seus acréscimos legais, relativas ao objeto da condenação constante das sentenças que proferir e dos acordos que homologar. (*Redação dada pela Lei 13.467/2017*)

> "Art. 879 da CLT...
>
> (...)
>
> § 3.º Elaborada a conta pela parte ou pelos órgãos auxiliares da Justiça do Trabalho, o juiz procederá à intimação da União para manifestação, no prazo de 10 (dez) dias, sob pena de preclusão.
>
> (...)
>
> § 5.º O Ministro de Estado da Fazenda poderá, mediante ato fundamentado, dispensar a manifestação da União quando o valor total das verbas que integram o salário de contribuição, na forma do art. 28 da Lei n.º 8.212, de 24 de julho de 1991, ocasionar perda de escala decorrente da atuação do órgão jurídico."
>
> "Art. 880 da CLT – Requerida a execução, o juiz ou presidente do tribunal mandará expedir mandado de citação do executado, a fim de que cumpra a decisão ou o acordo no prazo, pelo modo e sob as cominações estabelecidas ou, quando se tratar de pagamento em dinheiro, inclusive de contribuições sociais devidas à União, para que o faça em 48 (quarenta e oito) horas ou garanta a execução, sob pena de penhora."
>
> "Art. 889-A da CLT...
>
> (...)
>
> § 1.º Concedido parcelamento pela Secretaria da Receita Federal do Brasil, o devedor juntará aos autos a comprovação do ajuste, ficando a execução da contribuição social correspondente suspensa até a quitação de todas as parcelas.
>
> § 2.º As Varas do Trabalho encaminharão mensalmente à Secretaria da Receita Federal do Brasil informações sobre os recolhimentos efetivados nos autos, salvo se outro prazo for estabelecido em regulamento".

Passou a denominada Secretaria da Receita Federal do Brasil a ter competência para fiscalizar, arrecadar e cobrar o recolhimento das contribuições sociais devidas pelos empregadores e trabalhadores.

Nessa esteira, a União será sempre intimada das decisões homologatórias de acordos que contenham parcela indenizatória (e não mais o INSS, como ocorria anteriormente), sendo-lhe facultado interpor recurso relativo às contribuições que lhe forem devidas.

Igual raciocínio pode ser utilizado quanto às decisões cognitivas (sentenças que julgam o mérito), das quais a União também poderá apresentar recurso ordinário em razão das parcelas consideradas pelo juiz como de natureza indenizatória.

Nos termos do art. 876, parágrafo único, da CLT, a Justiça do Trabalho executará, de ofício, as contribuições sociais previstas na alínea "a" do inciso I e no inciso II do *caput* do art. 195 da Constituição Federal, e seus acréscimos legais, exclusivamente quanto às sentenças condenatórias em pecúnia e homologatórias de acordo.

No mesmo sentido é a Súmula 368, I, do TST. *In verbis*:

> "SÚMULA 368, I, DO TST. DESCONTOS PREVIDENCIÁRIOS E FISCAIS. COMPETÊNCIA. RESPONSABILIDADE PELO PAGAMENTO. FORMA DE CÁLCULO.
>
> I – A Justiça do Trabalho é competente para determinar o recolhimento das contribuições fiscais. A competência da Justiça do Trabalho, quanto à execução das contribuições previdenciárias, limita-se às sentenças condenatórias em pecúnia que proferir e aos valores, objeto de acordo homologado, que integrem o salário de contribuição. (ex-OJ 141 da SBDI-1 – inserida em 27.11.1998)."

O mesmo prevê a Súmula Vinculante 53 do STF:

> "A competência da Justiça do Trabalho prevista no art. 114, VIII, da Constituição Federal alcança a execução de ofício das contribuições previdenciárias relativas ao objeto da condenação constante das sentenças que proferir e acordos por ela homologados."

Ressalte-se que será descontado do crédito devido ao empregado em condenação trabalhista a sua quota-parte relativa ao imposto de renda e contribuições previdenciárias, sendo do empregador a responsabilidade pelo recolhimento de tais contribuições advindas da condenação.

Nesse sentido é o item II, da Súmula 368, do TST:

> "SÚMULA 368, II, DO TST. DESCONTOS PREVIDENCIÁRIOS E FISCAIS. COMPETÊNCIA. RESPONSABILIDADE PELO PAGAMENTO. FORMA DE CÁLCULO.
>
> (...)
>
> II - É do empregador a responsabilidade pelo recolhimento das contribuições previdenciárias e fiscais, resultantes de crédito do empregado oriundo de condenação judicial. A culpa do empregador pelo inadimplemento das verbas remuneratórias, contudo, não exime a responsabilidade do empregado pelos pagamentos do imposto de renda devido e da contribuição previdenciária que recaia sobre sua quota-parte. (ex-OJ 363 da SBDI-1, parte final).

Por fim, inclui-se na competência da Justiça do Trabalho a execução, de ofício, da contribuição referente ao Seguro de Acidente de Trabalho (SAT), uma vez que esta tem natureza de contribuição para a seguridade social, pois se destina ao financiamento de benefícios relativos à incapacidade do empregado decorrente de infortúnio no trabalho. No mesmo sentido é a Súmula 454 do TST. Observe:

> Súmula 454, TST. COMPETÊNCIA DA JUSTIÇA DO TRABALHO. EXECUÇÃO DE OFÍCIO. CONTRIBUIÇÃO SOCIAL REFERENTE AO SEGURO DE ACIDENTE DE TRABALHO (SAT). ARTS. 114, VIII, E 195, I, "a", DA CONSTITUIÇÃO DA REPÚBLICA (conversão da Orientação Jurisprudencial nº 414 da SBDI-1) - Res. 194/2014, DEJT divulgado em 21, 22 e 23.05.2014. Compete à Justiça do Trabalho a execução, de ofício, da contribuição referente ao Seguro de Acidente de Trabalho (SAT), que tem natureza de contribuição para a seguridade social (arts. 114, VIII, e 195, I, "a", da CF), pois se destina ao financiamento de benefícios relativos à incapacidade do empregado decorrente de infortúnio no trabalho (arts. 11 e 22 da Lei nº 8.212/1991).

7.10. EXECUÇÃO CONTRA A FAZENDA PÚBLICA

7.10.1. Introdução

Inicialmente, cabe esclarecer que estão compreendidas no conceito de Fazenda Pública todas as pessoas jurídicas de direito público interno, como a União, Estados, Municípios, Distrito Federal, Autarquias e Fundações Públicas instituídas pelo poder público.

Por conseguinte, as empresas públicas e sociedades de economia mista, por serem pessoas jurídicas de direito privado, não se encaixam no conceito de Fazenda Pública.

A execução contra a Fazenda Pública não se processa da mesma forma como se dá quando o devedor é pessoa física ou jurídica de direito privado, uma vez que os bens da Fazenda Pública são impenhoráveis e imprescritíveis (não sujeitos a usucapião).

A Fazenda Pública, com base no art. 910 do CPC, estará dispensada de garantir previamente o juízo para opor embargos à execução.

Portanto, na execução por quantia certa, a Fazenda Pública não será citada para pagar ou nomear bens à penhora, mas sim para oferecer embargos, se desejar.

Vale ressaltar a OJ 343 da SDI-I/TST, publicada no *DJ* de 22.06.2004, *in verbis*:

> "OJ 343 DA SDI-I/TST. PENHORA. SUCESSÃO. ART. 100 DA CF/1988. EXECUÇÃO. É válida a penhora em bens de pessoa jurídica de direito privado, realizada anteriormente à sucessão pela União ou por Estado-membro, não podendo a execução prosseguir mediante precatório. A decisão que a mantém não viola o art. 100 da CF/1988".

Por outro lado, quanto às obrigações de fazer e não fazer e a obrigação de dar (coisa certa ou incerta), a execução contra a Fazenda Pública não difere das que se processam em relação aos devedores em geral.

O art. 535 do CPC dispõe sobre as matérias que poderão ser abordadas em caso de embargos propostos na execução contra a Fazenda Pública. Vejamos:

> "Art. 535. A Fazenda Pública será intimada na pessoa de seu representante judicial, por carga, remessa ou meio eletrônico, para, querendo, no prazo de 30 (trinta) dias e nos próprios autos, impugnar a execução, podendo arguir:
>
> I – falta ou nulidade da citação se, na fase de conhecimento, o processo correu à revelia;
>
> (...)
>
> IV – excesso de execução ou cumulação indevida de execuções;
>
> (...)
>
> VI – qualquer causa modificativa ou extintiva da obrigação, como pagamento, novação, compensação, transação ou prescrição, desde que supervenientes ao trânsito em julgado da sentença (...)".

Cabe destacar, ainda, as seguintes Orientações Jurisprudenciais:

> "OJ 382 DA SDI-I. JUROS DE MORA. ART. 1.º-F DA LEI N.º 9.494, DE 10.09.1997. INAPLICABILIDADE À FAZENDA PÚBLICA QUANDO CONDENADA SUBSIDIARIAMENTE. A Fazenda Pública, quando condenada subsidiariamente pelas obrigações trabalhistas devidas pela empregadora principal, não se beneficia da limitação dos juros, prevista no art. 1.º-F da Lei n.º 9.494, de 10.09.1997".
>
> "OJ TP 7. JUROS DE MORA. CONDENAÇÃO DA FAZENDA PÚBLICA. (nova redação, Res. 175, de 24.05.2011)
>
> I – Nas condenações impostas à Fazenda Pública, incidem juros de mora segundo os seguintes critérios:
>
> a) 1% (um por cento) ao mês, até agosto de 2001, nos termos do § 1º do art. 39 da Lei n.º 8.177, de 1.03.1991;

b) 0,5% (meio por cento) ao mês, de setembro de 2001 a junho de 2009, conforme determina o art. 1.º-F da Lei n.º 9.494, de 10.09.1997, introduzido pela Medida Provisória n.º 2.180-35, de 24.08.2001.

II – A partir de 30 de junho de 2009, atualizam-se os débitos trabalhistas da Fazenda Pública, mediante a incidência dos índices oficiais de remuneração básica e juros aplicados à caderneta de poupança, por força do art. 5º da Lei n.º 11.960, de 29.06.2009.

III – A adequação do montante da condenação deve observar essa limitação legal, ainda que em sede de precatório".

7.10.2. Prazo para oferecimento de embargos

O art. 884 da CLT assim estabelece:

"Art. 884. Garantida a execução ou penhorados os bens, terá o executado cinco dias para apresentar embargos, cabendo igual prazo ao exequente para impugnação".

Por seu turno, o art. 910 do CPC assim disciplina:

"Art. 910. Na execução fundada em título extrajudicial, a Fazenda Pública será citada para opor embargos em 30 (trinta) dias".

O CPC está em consonância com a MP 2.180-35, de 24.08.2001, que acrescentou o art. 1.º-B à Lei 9.494/1997, alterando o prazo previsto no art. 884 da CLT (5 dias), passando a Fazenda Pública a dispor de 30 dias para opor embargos à execução. Vejamos:

"Lei 9.494/97 – Art. 1.º-B. O prazo a que se refere o *caput* dos arts. 730 do Código de Processo Civil (art. 910 do NCPC) e 884 da CLT, aprovada pelo Dec.-lei n. 5.452, de 1.º de maio de 1943, passa a ser de 30 (trinta) dias".

7.10.3. Precatório

Conforme já exposto, em face da impenhorabilidade dos bens públicos, a execução por quantia certa contra a Fazenda Pública se processa de maneira diferente, sendo ela citada, para, querendo, diretamente opor embargos à execução.

Superada a fase de embargos, o juiz da execução mandará formar um processo denominado precatório, por meio da extração das principais peças do processo trabalhista, relacionados na IN 32/2007/TST.

O precatório consiste na requisição, feita pelo Poder Judiciário ao Poder Executivo respectivo, de numerário suficiente para arcar com as condenações impostas à Fazenda Pública mediante sentença judicial contra a qual não caiba mais recurso.

Por meio do precatório assegura-se o efetivo respeito do Poder Público pelas decisões judiciais que lhe sejam contrárias, além de disciplinar uma ordem cronológica para os pagamentos a serem efetuados, assegurando-se aos credores dos entes públicos igualdade de tratamento, respeitando-se, outrossim, o princípio da impessoalidade.

Os pagamentos a cargo da Fazenda Pública serão, portanto, feitos segundo rigorosa ordem de apresentação dos precatórios, à conta dos créditos orçamentários, ou extraorçamentários, abertos para esse fim.

Observa-se, contudo, que o art. 100, §§ 1º e 2º, da CF, alterado pela EC 94, de 2016, cuida do pagamento dos débitos de natureza alimentícia, que possuem preferência sobre todos os demais débitos. Dentre os débitos de natureza alimentícia, possuem preferência aqueles cujos titulares, originários ou por sucessão hereditária, tenham 60 (sessenta) anos de idade, ou sejam portadores de doença grave, ou pessoas com deficiência, assim definidos na forma da lei, serão pagos com preferência sobre todos os demais débitos, até o valor equivalente ao triplo fixado em lei como obrigações de pequeno valor, admitido o fracionamento para essa finalidade, sendo que o restante será pago na ordem cronológica de apresentação do precatório.

Formado o precatório (com a extração obrigatória de cópias das peças previstas na IN 32/2007 do TST), o juiz da execução o remeterá ao presidente do Tribunal Regional do Trabalho, onde o precatório será autuado e numerado, segundo a ordem cronológica de chegada, para efeito de precedência de seu cumprimento.

Caberá ao presidente do Tribunal, no exercício de atividade administrativa, examinar as formalidades extrínsecas do precatório e ordenar diligências para regularização dos defeituosos, inclusive a correção das inexatidões materiais ou a retificação de erros de cálculo, seja de ofício ou a requerimento da parte.

Não havendo qualquer irregularidade a ser sanada, ou mesmo não sendo impugnado o precatório pelo Procurador Público, o presidente do Tribunal expedirá o precatório-requisitório determinando que o ente público providencie a inclusão no orçamento de dotação suficiente ao correspondente pagamento, lembrando que os precatórios apresentados até 1.º de julho serão relacionados para pagamento dentro do exercício financeiro subsequente, quando terão seus valores atualizados monetariamente.

A data de recepção do ofício requisitório pelo ente público, certificada nos autos, tem sido considerada pela doutrina e jurisprudência como o termo que define a cronologia de cumprimento dos precatórios.

O art. 100 da CF/1988, e seus parágrafos, disciplina o precatório, nos seguintes termos:

> "Art. 100. Os pagamentos devidos pelas Fazendas Públicas Federal, Estaduais, Distrital e Municipais, em virtude de sentença judiciária, far-se-ão exclusivamente na ordem cronológica de apresentação dos precatórios e à conta dos créditos respectivos, proibida a designação de casos ou de pessoas nas dotações orçamentárias e nos créditos adicionais abertos para este fim. ("Caput" do artigo com redação dada pela Emenda Constitucional nº 62, de 2009)
>
> § 1º Os débitos de natureza alimentícia compreendem aqueles decorrentes de salários, vencimentos, proventos, pensões e suas complementações, benefícios previdenciários e indenizações por morte ou por invalidez, fundadas em responsabilidade civil, em virtude de sentença judicial transitada em julgado, e serão pagos com preferência sobre todos os demais débitos, exceto sobre aqueles referidos no § 2º deste artigo. (Parágrafo com redação dada pela Emenda Constitucional nº 62, de 2009)
>
> § 2º Os débitos de natureza alimentícia cujos titulares, originários ou por sucessão hereditária, tenham 60 (sessenta) anos de idade, ou sejam portadores de doença grave, ou pessoas com deficiência, assim definidos na forma da lei, serão pagos com preferência sobre todos os demais débitos, até o valor equivalente ao triplo fixado em lei para os fins do disposto no § 3º deste artigo, admitido o fracionamento para essa finalidade, sendo que o restante será pago na ordem cronológica de apresentação do precatório. (Parágrafo com redação dada pela Emenda Constitucional nº 94, de 2016)
>
> § 3º O disposto no caput deste artigo relativamente à expedição de precatórios não se aplica aos pagamentos de obrigações definidas em leis como de pequeno valor que as Fazendas referidas devam fazer em virtude de sentença judicial transitada em julgado. (Parágrafo com redação dada pela Emenda Constitucional nº 62, de 2009)
>
> § 4º Para os fins do disposto no § 3º, poderão ser fixados, por leis próprias, valores distintos às entidades de direito público, segundo as

diferentes capacidades econômicas, sendo o mínimo igual ao valor do maior benefício do regime geral de previdência social. (Parágrafo com redação dada pela Emenda Constitucional nº 62, de 2009)

§ 5º É obrigatória a inclusão no orçamento das entidades de direito público de verba necessária ao pagamento de seus débitos oriundos de sentenças transitadas em julgado constantes de precatórios judiciários apresentados até 2 de abril, fazendo-se o pagamento até o final do exercício seguinte, quando terão seus valores atualizados monetariamente. (Parágrafo com redação dada pela Emenda Constitucional nº 114, de 2021, em vigor a partir de 2022)

§ 6º As dotações orçamentárias e os créditos abertos serão consignados diretamente ao Poder Judiciário, cabendo ao Presidente do Tribunal que proferir a decisão exequenda determinar o pagamento integral e autorizar, a requerimento do credor e exclusivamente para os casos de preterimento de seu direito de precedência ou de não alocação orçamentária do valor necessário à satisfação do seu débito, o sequestro da quantia respectiva. (Parágrafo com redação dada pela Emenda Constitucional nº 62, de 2009)

§ 7º O Presidente do Tribunal competente que, por ato comissivo ou omissivo, retardar ou tentar frustrar a liquidação regular de precatórios incorrerá em crime de responsabilidade e responderá, também, perante o Conselho Nacional de Justiça. (Parágrafo acrescido pela Emenda Constitucional nº 62, de 2009)

§ 8º É vedada a expedição de precatórios complementares ou suplementares de valor pago, bem como o fracionamento, repartição ou quebra do valor da execução para fins de enquadramento de parcela do total ao que dispõe o § 3º deste artigo.

§ 9.º Sem que haja interrupção no pagamento do precatório e mediante comunicação da Fazenda Pública ao Tribunal, o valor correspondente aos eventuais débitos inscritos em dívida ativa contra o credor do requisitório e seus substituídos deverá ser depositado à conta do juízo responsável pela ação de cobrança, que decidirá pelo seu destino definitivo. (Redação dada pela Emenda Constitucional nº 113, de 2021)[4]

4. ADI 7047 - Decisão: O Tribunal, por maioria, converteu o julgamento da medida cautelar em julgamento de mérito e conheceu da ação direta para julgá-la parcialmente procedente e declarar a inconstitucionalidade dos arts. 100, § 9º, da Constituição Federal, e 101, § 5º, do ADCT, com redação estabelecida pelo art. 1º da EC 113/21, bem como dar interpretação conforme a Constituição ao art. 100, § 11, da Constituição, com redação da EC 113/21, para excluir a expressão com auto aplicabilidade para a União de seu texto. ADI 7064 - (...) (iv) declarar a inconstitucionalidade do art. 6º da Emenda Constitucional 114/2021, bem como dos arts. 100, § 9º, da Constituição Federal, e 101, § 5º, do ADCT, com redação estabelecida pelo art. 1º da EC 113/21; (...)

§ 10. Antes da expedição dos precatórios, o Tribunal solicitará à Fazenda Pública devedora, para resposta em até 30 (trinta) dias, sob pena de perda do direito de abatimento, informação sobre os débitos que preencham as condições estabelecidas no § 9.º, para os fins nele previstos. (Incluído pela Emenda Constitucional 62, de 2009).

§ 11. É facultada ao credor, conforme estabelecido em lei do ente federativo devedor, a oferta de créditos líquidos e certos que originalmente lhe são próprios ou adquiridos de terceiros reconhecidos pelo ente federativo ou por decisão judicial transitada em julgado para:

I - quitação de débitos parcelados ou débitos inscritos em dívida ativa do ente federativo devedor, inclusive em transação resolutiva de litígio, e, subsidiariamente, débitos com a administração autárquica e fundacional do mesmo ente;

II - compra de imóveis públicos de propriedade do mesmo ente disponibilizados para venda;

III - pagamento de outorga de delegações de serviços públicos e demais espécies de concessão negocial promovidas pelo mesmo ente;

IV - aquisição, inclusive minoritária, de participação societária, disponibilizada para venda, do respectivo ente federativo; ou

V - compra de direitos, disponibilizados para cessão, do respectivo ente federativo, inclusive, no caso da União, da antecipação de valores a serem recebidos a título do excedente em óleo em contratos de partilha de petróleo.

§ 12. A partir da promulgação desta Emenda Constitucional, a atualização de valores de requisitórios, após sua expedição, até o efetivo pagamento, independentemente de sua natureza, será feita pelo índice oficial de remuneração básica da caderneta de poupança, e, para fins de compensação da mora, incidirão juros simples no mesmo percentual de juros incidentes sobre a caderneta de poupança, ficando excluída a incidência de juros compensatórios. (Incluído pela Emenda Constitucional 62, de 2009).

§ 13. O credor poderá ceder, total ou parcialmente, seus créditos em precatórios a terceiros, independentemente da concordância do devedor, não se aplicando ao cessionário o disposto nos §§ 2.º e 3.º. (Incluído pela Emenda Constitucional 62, de 2009).

§ 14. A cessão de precatórios, observado o disposto no § 9º deste artigo, somente produzirá efeitos após comunicação, por meio de petição protocolizada, ao Tribunal de origem e ao ente federativo devedor. (Redação dada pela Emenda Constitucional nº 113, de 2021)

§ 15. Sem prejuízo do disposto neste artigo, lei complementar a esta Constituição Federal poderá estabelecer regime especial para pagamento de crédito de precatórios de Estados, Distrito Federal e Municípios, dispondo sobre vinculações à receita corrente líquida e forma e prazo de liquidação. (Incluído pela Emenda Constitucional 62, de 2009).

§ 16. A seu critério exclusivo e na forma de lei, a União poderá assumir débitos, oriundos de precatórios, de Estados, Distrito Federal e Municípios, refinanciando-os diretamente. (Incluído pela Emenda Constitucional 62, de 2009)

§ 17. A União, os Estados, o Distrito Federal e os Municípios aferirão mensalmente, em base anual, o comprometimento de suas respectivas receitas correntes líquidas com o pagamento de precatórios e obrigações de pequeno valor. (Incluído pela Emenda Constitucional nº 94, de 2016)

§ 18. Entende-se como receita corrente líquida, para os fins de que trata o § 17, o somatório das receitas tributárias, patrimoniais, industriais, agropecuárias, de contribuições e de serviços, de transferências correntes e outras receitas correntes, incluindo as oriundas do § 1º do art. 20 da Constituição Federal, verificado no período compreendido pelo segundo mês imediatamente anterior ao de referência e os 11 (onze) meses precedentes, excluídas as duplicidades, e deduzidas: (Incluído pela Emenda Constitucional nº 94, de 2016)

I – na União, as parcelas entregues aos Estados, ao Distrito Federal e aos Municípios por determinação constitucional; (Incluído pela Emenda Constitucional nº 94, de 2016)

II – nos Estados, as parcelas entregues aos Municípios por determinação constitucional; (Incluído pela Emenda Constitucional nº 94, de 2016)

III – na União, nos Estados, no Distrito Federal e nos Municípios, a contribuição dos servidores para custeio de seu sistema de previdência e assistência social e as receitas provenientes da compensação financeira referida no § 9º do art. 201 da Constituição Federal. (Incluído pela Emenda Constitucional nº 94, de 2016)

§ 19. Caso o montante total de débitos decorrentes de condenações judiciais em precatórios e obrigações de pequeno valor, em período de 12 (doze) meses, ultrapasse a média do comprometimento percentual da receita corrente líquida nos 5 (cinco) anos imediatamente anteriores, a parcela que exceder esse percentual poderá ser financiada, excetuada dos limites de endividamento de que tratam os incisos VI e VII do art. 52 da Constituição Federal e de quaisquer outros limites de endividamento previstos, não se aplicando a esse financiamento a vedação de vinculação de receita prevista no inciso IV do art. 167 da Constituição Federal. (Incluído pela Emenda Constitucional nº 94, de 2016)

> § 20. Caso haja precatório com valor superior a 15% (quinze por cento) do montante dos precatórios apresentados nos termos do § 5º deste artigo, 15% (quinze por cento) do valor deste precatório serão pagos até o final do exercício seguinte e o restante em parcelas iguais nos cinco exercícios subsequentes, acrescidas de juros de mora e correção monetária, ou mediante acordos diretos, perante Juízos Auxiliares de Conciliação de Precatórios, com redução máxima de 40% (quarenta por cento) do valor do crédito atualizado, desde que em relação ao crédito não penda recurso ou defesa judicial e que sejam observados os requisitos definidos na regulamentação editada pelo ente federado. (Incluído pela Emenda Constitucional nº 94, de 2016)
>
> § 21. Ficam a União e os demais entes federativos, nos montantes que lhes são próprios, desde que aceito por ambas as partes, autorizados a utilizar valores objeto de sentenças transitadas em julgado devidos a pessoa jurídica de direito público para amortizar dívidas, vencidas ou vincendas: (Incluído pela Emenda Constitucional nº 113, de 2021)
>
> I – nos contratos de refinanciamento cujos créditos sejam detidos pelo ente federativo que figure como devedor na sentença de que trata o caput deste artigo; (Incluído pela Emenda Constitucional nº 113, de 2021)
>
> II – nos contratos em que houve prestação de garantia a outro ente federativo; (Incluído pela Emenda Constitucional nº 113, de 2021)
>
> III – nos parcelamentos de tributos ou de contribuições sociais; e (Incluído pela Emenda Constitucional nº 113, de 2021)
>
> IV – nas obrigações decorrentes do descumprimento de prestação de contas ou de desvio de recursos. (Incluído pela Emenda Constitucional nº 113, de 2021)
>
> § 22. A amortização de que trata o § 21 deste artigo: (Incluído pela Emenda Constitucional nº 113, de 2021)
>
> I – nas obrigações vencidas, será imputada primeiramente às parcelas mais antigas; (Incluído pela Emenda Constitucional nº 113, de 2021)
>
> II – nas obrigações vincendas, reduzirá uniformemente o valor de cada parcela devida, mantida a duração original do respectivo contrato ou parcelamento. (Incluído pela Emenda Constitucional nº 113, de 2021)"

Para fins de precatório, a cessão de crédito de natureza alimentícia não implica a alteração de sua natureza, preservando a mesma natureza e sua ordem de preferência após a cessação (Tema 361 de Repercussão Geral – STF).

7.10.4. Débitos de pequeno valor

O art. 100, §§ 3.º e 4.º, da CF/1988, com redação dada pela EC 67/2009, dispôs sobre as denominadas dívidas de pequeno valor da Fazenda Pública Federal, Estadual ou Municipal, contraídas em virtude de sentença judicial transitada em julgado, excluindo-as da incidência do precatório. Senão vejamos:

> "**Art. 100 (...)**
>
> § 3.º O disposto no *caput* deste artigo relativamente à expedição de precatórios não se aplica aos pagamentos de obrigações definidas em leis como de pequeno valor que as Fazendas referidas devam fazer em virtude de sentença judicial transitada em julgado. (Redação dada pela Emenda Constitucional 62, de 2009).
>
> § 4.º Para os fins do disposto no § 3.º, poderão ser fixados, por leis próprias, valores distintos às entidades de direito público, segundo as diferentes capacidades econômicas, sendo o mínimo igual ao valor do maior benefício do regime geral de previdência social. (Redação dada pela Emenda Constitucional 62, de 2009)".
>
> Relembre-se que a EC 37/2002 alterou os arts. 86 e 87 da ADCT, principalmente para fixar, de modo objetivo, enquanto não existir lei disciplinando a respeito, valores considerados de pequeno valor, atinente aos débitos da Fazenda Pública. Vejamos:
>
> "Art. 86/ADCT. Serão pagos conforme disposto no art. 100 da Constituição Federal, não se lhes aplicando a regra de parcelamento estabelecida no *caput* do art. 78 deste Ato das Disposições Constitucionais Transitórias, os débitos da Fazenda Federal, Estadual, Distrital ou Municipal oriundos de sentenças transitadas em julgado, que preencham, cumulativamente, as seguintes condições:
>
> I – ter sido objeto de emissão de precatórios judiciários;
>
> II – ter sido definidos como de pequeno valor pela lei de que trata o § 3.º do art. 100 da Constituição Federal ou pelo art. 87 deste Ato das Disposições Constitucionais Transitórias;
>
> III – estar, total ou parcialmente, pendentes de pagamento na data da publicação desta Emenda Constitucional.
>
> § 1.º Os débitos a que se refere o *caput* deste artigo, ou os respectivos saldos, serão pagos na ordem cronológica de apresentação dos respectivos precatórios, com precedência sobre os de maior valor.
>
> § 2.º Os débitos a que se refere o *caput* deste artigo, se ainda não tiverem sido objeto de pagamento parcial, nos termos do art. 78 deste

> Ato das Disposições Constitucionais Transitórias, poderão ser pagos em duas parcelas anuais, se assim dispuser a lei.
>
> § 3.º Observada a ordem cronológica de sua apresentação, os débitos de natureza alimentícia previstos neste artigo terão precedência sobre todos os demais".
>
> "Art. 87/ADCT. Para efeito do que dispõem o § 3.º do art. 100 da Constituição Federal e o art. 78 deste Ato das Disposições Constitucionais Transitórias, serão considerados de pequeno valor, até que se dê a publicação oficial das respectivas leis definidoras pelos entes da Federação, observado o disposto no § 4.º do art. 100 da Constituição Federal, os débitos ou obrigações consignados em precatório judiciário, que tenham valor igual ou inferior a:
>
> I – quarenta salários-mínimos, perante a Fazenda dos Estados e do Distrito Federal;
>
> II – trinta salários-mínimos, perante a Fazenda dos Municípios.
>
> Parágrafo único. Se o valor da execução ultrapassar o estabelecido neste artigo, o pagamento far-se-á, sempre, por meio de precatório, sendo facultada à parte exequente a renúncia ao crédito do valor excedente, para que possa optar pelo pagamento do saldo sem o precatório, da forma prevista no § 3.º do art. 100".

Logo, enquanto não forem elaboradas pelos respectivos entes da federação as leis instituidoras dos débitos de pequeno valor, será considerada dívida de pequeno valor em relação aos Estados a que não ultrapassar 40 salários-mínimos e em relação aos Municípios, a que não superar 30 salários-mínimos.

Em relação à União Federal, embora o art. 87 da ADCT não tenha se referido a ela, a Lei 10.259/2001, art. 17, § 1.º (Lei dos Juizados Especiais Cíveis e Criminais da Justiça Federal), estabeleceu que, para os efeitos do § 3.º do art. 100 da CF, as obrigações ali definidas como de pequeno valor, a serem pagas independentemente de precatório, terão como limite o mesmo valor estabelecido na própria lei que define a competência do Juizado Especial Federal Cível, isto é, de 60 salários-mínimos.

Portanto, em relação à Fazenda Pública Federal, considera-se dívida de pequeno valor a que não ultrapassar a 60 salários-mínimos.

Neste contexto, considerando que as dívidas de pequeno valor não serão submetidas a precatório, qual seria o prazo para a Fazenda Pública efetuar o devido pagamento?

Em resposta, os juízes têm utilizado como parâmetro a própria Lei 10.259/2001, art. 17, que determina o prazo de 60 dias para o pagamento da dívida de pequeno valor, contados do ato de requisição da autoridade judicial.

Para melhor elucidação, transcrevemos, abaixo, o art. 17 da Lei em comento:

> "Art. 17. Tratando-se de obrigação de pagar quantia certa, após o *trânsito em julgado da decisão, o pagamento será* efetuado no prazo de 60 (sessenta) dias, contados da entrega da requisição, por ordem do Juiz, à autoridade citada para a causa, na agência mais próxima da Caixa Econômica Federal ou do Banco do Brasil, independentemente de precatório".

Entendemos que a requisição de numerários e, portanto, o início do prazo de 60 dias para pagamento da dívida de pequeno valor somente deverão ocorrer após o esgotamento do prazo para oposição de embargos pela Fazenda Pública, ou mesmo posteriormente ao julgamento dos embargos à execução eventualmente propostos pelo ente público.

Decorridos os 60 dias, sem o efetivo depósito da dívida de pequeno valor pelo ente público, o juiz determinará a ordem de sequestro de numerários.

7.10.5. Regime especial de liquidação dos precatórios – art. 97 do ADCT

O art. 97 do ADCT, acrescentado pela EC 62/2009, criou regime especial de liquidação de precatórios para os Estados, o Distrito Federal e os Municípios que, na data de publicação da citada Emenda Constitucional, estejam em mora na quitação de precatórios vencidos, relativos às suas administrações direta e indireta, inclusive os emitidos durante o período de vigência do regime especial instituído por esse artigo. Essas pessoas políticas deverão fazer os seus pagamentos de acordo com as normas do referido art. 97 do ADCT, sendo inaplicável o disposto no art. 100 da CF, exceto em seus §§ 2.º, 3.º, 9.º, 10, 11, 12, 13 e 14, e sem prejuízo dos acordos de juízos conciliatórios já formalizados na data de promulgação da EC 62/2009.

Por último, transcrevemos o art. 97 do ADCT:

> "Art. 97. Até que seja editada a lei complementar de que trata o § 15 do art. 100 da Constituição Federal, os Estados, o Distrito Federal e os Municípios que, na data de publicação desta Emenda Constitucional, estejam em mora na quitação de precatórios vencidos, relativos às suas administrações direta e indireta, inclusive os emitidos durante o período de vigência do regime especial instituído por este artigo, farão esses pagamentos de acordo com as normas a seguir estabelecidas, sendo inaplicável o disposto no art. 100 desta Constituição Federal, exceto em

seus §§ 2.º, 3.º, 9.º, 10, 11, 12, 13 e 14, e sem prejuízo dos acordos de juízos conciliatórios já formalizados na data de promulgação desta Emenda Constitucional. (Incluído pela Emenda Constitucional 62, de 2009)

§ 1.º Os Estados, o Distrito Federal e os Municípios sujeitos ao regime especial de que trata este artigo optarão, por meio de ato do Poder Executivo: (Incluído pela Emenda Constitucional 62, de 2009)

I – pelo depósito em conta especial do valor referido pelo § 2.º deste artigo; ou (Incluído pela Emenda Constitucional 62, de 2009)

II – pela adoção do regime especial pelo prazo de até 15 anos, caso em que o percentual a ser depositado na conta especial a que se refere o § 2.º deste artigo corresponderá, anualmente, ao saldo total dos precatórios devidos, acrescido do índice oficial de remuneração básica da caderneta de poupança e de juros simples no mesmo percentual de juros incidentes sobre a caderneta de poupança para fins de compensação da mora, excluída a incidência de juros compensatórios, diminuído das amortizações e dividido pelo número de anos restantes no regime especial de pagamento. (Incluído pela Emenda Constitucional 62, de 2009)

§ 2.º Para saldar os precatórios, vencidos e a vencer, pelo regime especial, os Estados, o Distrito Federal e os Municípios devedores depositarão mensalmente, em conta especial criada para tal fim, 1/12 (um doze avos) do valor calculado percentualmente sobre as respectivas receitas correntes líquidas, apuradas no segundo mês anterior ao mês de pagamento, sendo que esse percentual, calculado no momento de opção pelo regime e mantido fixo até o final do prazo a que se refere o § 14 deste artigo, será: (Incluído pela Emenda Constitucional 62, de 2009)

I – para os Estados e para o Distrito Federal: (Incluído pela Emenda Constitucional 62, de 2009)

a) de, no mínimo, 1,5% (um inteiro e cinco décimos por cento), para os Estados das regiões Norte, Nordeste e Centro-Oeste, além do Distrito Federal, ou cujo estoque de precatórios pendentes das suas administrações direta e indireta corresponder a até 35% (trinta e cinco por cento) do total da receita corrente líquida; (Incluído pela Emenda Constitucional 62, de 2009)

b) de, no mínimo, 2% (dois por cento), para os Estados das regiões Sul e Sudeste, cujo estoque de precatórios pendentes das suas administrações direta e indireta corresponder a mais de 35% (trinta e cinco por cento) da receita corrente líquida; (Incluído pela Emenda Constitucional 62, de 2009)

II – para Municípios: (Incluído pela Emenda Constitucional 62, de 2009)

a) de, no mínimo, 1% (um por cento), para Municípios das regiões Norte, Nordeste e Centro-Oeste, ou cujo estoque de precatórios pendentes das suas administrações direta e indireta corresponder a até 35% (trinta e cinco por cento) da receita corrente líquida; (Incluído pela Emenda Constitucional 62, de 2009)

b) de, no mínimo, 1,5% (um inteiro e cinco décimos por cento), para Municípios das regiões Sul e Sudeste, cujo estoque de precatórios pendentes das suas administrações direta e indireta corresponder a mais de 35% (trinta e cinco por cento) da receita corrente líquida. (Incluído pela Emenda Constitucional 62, de 2009)

§ 3.º Entende-se como receita corrente líquida, para os fins de que trata este artigo, o somatório das receitas tributárias, patrimoniais, industriais, agropecuárias, de contribuições e de serviços, transferências correntes e outras receitas correntes, incluindo as oriundas do § 1.º do art. 20 da Constituição Federal, verificado no período compreendido pelo mês de referência e os 11 meses anteriores, excluídas as duplicidades, e deduzidas: (Incluído pela Emenda Constitucional 62, de 2009)

I – nos Estados, as parcelas entregues aos Municípios por determinação constitucional; (Incluído pela Emenda Constitucional 62, de 2009)

II – nos Estados, no Distrito Federal e nos Municípios, a contribuição dos servidores para custeio do seu sistema de previdência e assistência social e as receitas provenientes da compensação financeira referida no § 9.º do art. 201 da Constituição Federal. (Incluído pela Emenda Constitucional 62, de 2009)

§ 4.º As contas especiais de que tratam os §§ 1.º e 2.º serão administradas pelo Tribunal de Justiça local, para pagamento de precatórios expedidos pelos tribunais. (Incluído pela Emenda Constitucional 62, de 2009)

§ 5.º Os recursos depositados nas contas especiais de que tratam os §§ 1.º e 2.º deste artigo não poderão retornar para Estados, Distrito Federal e Municípios devedores. (Incluído pela Emenda Constitucional 62, de 2009)

§ 6.º Pelo menos 50% (cinquenta por cento) dos recursos de que tratam os §§ 1.º e 2.º deste artigo serão utilizados para pagamento de precatórios em ordem cronológica de apresentação, respeitadas as preferências definidas no § 1.º, para os requisitórios do mesmo ano e no § 2.º do art. 100, para requisitórios de todos os anos. (Incluído pela Emenda Constitucional 62, de 2009)

§ 7.º Nos casos em que não se possa estabelecer a precedência cronológica entre dois precatórios, pagar-se-á primeiramente o precatório de menor valor. (Incluído pela Emenda Constitucional 62, de 2009)

§ 8.º A aplicação dos recursos restantes dependerá de opção a ser exercida por Estados, Distrito Federal e Municípios devedores, por ato do Poder Executivo, obedecendo à seguinte forma, que poderá ser aplicada isoladamente ou simultaneamente: (Incluído pela Emenda Constitucional 62, de 2009)

I – destinados ao pagamento dos precatórios por meio do leilão; (Incluído pela Emenda Constitucional 62, de 2009)

II – destinados a pagamento a vista de precatórios não quitados na forma do § 6.º e do inciso I, em ordem única e crescente de valor por precatório; (Incluído pela Emenda Constitucional 62, de 2009)

III – destinados a pagamento por acordo direto com os credores, na forma estabelecida por lei própria da entidade devedora, que poderá prever criação e forma de funcionamento de câmara de conciliação. (Incluído pela Emenda Constitucional 62, de 2009)

§ 9.º Os leilões de que trata o inciso I do § 8.º deste artigo: (Incluído pela Emenda Constitucional 62, de 2009)

I – serão realizados por meio de sistema eletrônico administrado por entidade autorizada pela Comissão de Valores Mobiliários ou pelo Banco Central do Brasil; (Incluído pela Emenda Constitucional 62, de 2009)

II – admitirão a habilitação de precatórios, ou parcela de cada precatório indicada pelo seu detentor, em relação aos quais não esteja pendente, no âmbito do Poder Judiciário, recurso ou impugnação de qualquer natureza, permitida por iniciativa do Poder Executivo a compensação com débitos líquidos e certos, inscritos ou não em dívida ativa e constituídos contra devedor originário pela Fazenda Pública devedora até a data da expedição do precatório, ressalvados aqueles cuja exigibilidade esteja suspensa nos termos da legislação, ou que já tenham sido objeto de abatimento nos termos do § 9.º do art. 100 da Constituição Federal; (Incluído pela Emenda Constitucional 62, de 2009)

III – ocorrerão por meio de oferta pública a todos os credores habilitados pelo respectivo ente federativo devedor; (Incluído pela Emenda Constitucional 62, de 2009)

IV – considerarão automaticamente habilitado o credor que satisfaça o que consta no inciso II; (Incluído pela Emenda Constitucional 62, de 2009)

V – serão realizados tantas vezes quanto necessário em função do valor disponível; (Incluído pela Emenda Constitucional 62, de 2009)

VI – a competição por parcela do valor total ocorrerá a critério do credor, com deságio sobre o valor desta; (Incluído pela Emenda Constitucional 62, de 2009)

VII – ocorrerão na modalidade deságio, associado ao maior volume ofertado cumulado ou não com o maior percentual de deságio, pelo maior percentual de deságio, podendo ser fixado valor máximo por credor, ou por outro critério a ser definido em edital; (Incluído pela Emenda Constitucional 62, de 2009)

VIII – o mecanismo de formação de preço constará nos editais publicados para cada leilão; (Incluído pela Emenda Constitucional 62, de 2009)

IX – a quitação parcial dos precatórios será homologada pelo respectivo Tribunal que o expediu. (Incluído pela Emenda Constitucional 62, de 2009)

§ 10. No caso de não liberação tempestiva dos recursos de que tratam o inciso II do § 1.º e os §§ 2.º e 6.º deste artigo: (Incluído pela Emenda Constitucional 62, de 2009)

I – haverá o sequestro de quantia nas contas de Estados, Distrito Federal e Municípios devedores, por ordem do Presidente do Tribunal referido no § 4.º, até o limite do valor não liberado; (Incluído pela Emenda Constitucional 62, de 2009)

II – constituir-se-á, alternativamente, por ordem do Presidente do Tribunal requerido, em favor dos credores de precatórios, contra Estados, Distrito Federal e Municípios devedores, direito líquido e certo, autoaplicável e independentemente de regulamentação, à compensação automática com débitos líquidos lançados por esta contra aqueles, e, havendo saldo em favor do credor, o valor terá automaticamente poder liberatório do pagamento de tributos de Estados, Distrito Federal e Municípios devedores, até onde se compensarem; (Incluído pela Emenda Constitucional 62, de 2009)

III – o chefe do Poder Executivo responderá na forma da legislação de responsabilidade fiscal e de improbidade administrativa; (Incluído pela Emenda Constitucional 62, de 2009)

IV – enquanto perdurar a omissão, a entidade devedora: (Incluído pela Emenda Constitucional 62, de 2009)

a) não poderá contrair empréstimo externo ou interno; (Incluído pela Emenda Constitucional 62, de 2009)

b) ficará impedida de receber transferências voluntárias; (Incluído pela Emenda Constitucional 62, de 2009)

V – a União reterá os repasses relativos ao Fundo de Participação dos Estados e do Distrito Federal e ao Fundo de Participação dos Municípios, e os depositará nas contas especiais referidas no § 1.º, devendo sua utilização obedecer ao que prescreve o § 5.º, ambos deste artigo. (Incluído pela Emenda Constitucional 62, de 2009)

§ 11. No caso de precatórios relativos a diversos credores, em litisconsórcio, admite-se o desmembramento do valor, realizado pelo Tribunal de origem do precatório, por credor, e, por este, a habilitação do valor total a que tem direito, não se aplicando, neste caso, a regra do § 3.º do art. 100 da Constituição Federal (Incluído pela Emenda Constitucional 62, de 2009).

§ 12. Se a lei a que se refere o § 4.º do art. 100 não estiver publicada em até 180 dias, contados da data de publicação desta Emenda Constitucional, será considerado, para os fins referidos, em relação a Estados, Distrito Federal e Municípios devedores, omissos na regulamentação, o valor de: (Incluído pela Emenda Constitucional 62, de 2009)

I – 40 salários-mínimos para Estados e para o Distrito Federal; (Incluído pela Emenda Constitucional 62, de 2009)

II – 30 salários-mínimos para Municípios. (Incluído pela Emenda Constitucional 62, de 2009)

§ 13. Enquanto Estados, Distrito Federal e Municípios devedores estiverem realizando pagamentos de precatórios pelo regime especial, não poderão sofrer sequestro de valores, exceto no caso de não liberação tempestiva dos recursos de que tratam o inciso II do § 1.º e o § 2.º deste artigo. (Incluído pela Emenda Constitucional 62, de 2009)

§ 14. O regime especial de pagamento de precatório previsto no inciso I do § 1.º vigorará enquanto o valor dos precatórios devidos for superior ao valor dos recursos vinculados, nos termos do § 2.º, ambos deste artigo, ou pelo prazo fixo de até 15 anos, no caso da opção prevista no inciso II do § 1.º. (Incluído pela Emenda Constitucional 62, de 2009)

§ 15. Os precatórios parcelados na forma do art. 33 ou do art. 78 deste Ato das Disposições Constitucionais Transitórias e ainda pendentes de pagamento ingressarão no regime especial com o valor atualizado das parcelas não pagas relativas a cada precatório, bem como o saldo dos acordos judiciais e extrajudiciais. (Incluído pela Emenda Constitucional 62, de 2009)

§ 16. A partir da promulgação desta Emenda Constitucional, a atualização de valores de requisitórios, até o efetivo pagamento, independentemente de sua natureza, será feita pelo índice oficial de remuneração básica da caderneta de poupança, e, para fins de compensação da mora, incidirão juros simples no mesmo percentual de juros incidentes sobre a caderneta de poupança, ficando excluída a incidência de juros compensatórios. (Incluído pela Emenda Constitucional 62, de 2009)

§ 17. O valor que exceder o limite previsto no § 2.º do art. 100 da Constituição Federal será pago, durante a vigência do regime especial, na forma prevista nos §§ 6.º e 7.º ou nos incisos I, II e III do § 8.º deste artigo, devendo os valores despendidos para o atendimento do disposto no § 2.º do art. 100 da Constituição Federal serem computados para efeito do § 6.º deste artigo. (Incluído pela Emenda Constitucional 62, de 2009)

§ 18. Durante a vigência do regime especial a que se refere este artigo, gozarão também da preferência a que se refere o § 6.º os titulares originais de precatórios que tenham completado 60 anos de idade até a data da promulgação desta Emenda Constitucional. (Incluído pela Emenda Constitucional 62, de 2009)".

7.11. EXECUÇÃO POR PRESTAÇÕES SUCESSIVAS

Nos casos de execução por prestações sucessivas, o procedimento será o mesmo utilizado contra devedor solvente. Entretanto, apresenta peculiaridades em relação às prestações devidas, conforme disposto nos arts. 891 e 892 da CLT. Confira:

"Art. 891. Nas prestações sucessivas por tempo determinado, a execução pelo não pagamento de uma prestação compreenderá as que lhe sucederem".

"Art. 892. Tratando-se de prestações sucessivas por tempo indeterminado, a execução compreenderá inicialmente as prestações devidas até a data do ingresso na execução".

7.12. DA CERTIDÃO NEGATIVA DE DÉBITOS TRABALHISTAS

A Lei 12.440/2011 acrescentou à CLT o art. 642-A, instituindo a denominada certidão negativa de débitos trabalhistas – CNDT, objetivando comprovar a inexistência de débitos trabalhistas não quitados perante a Justiça Especializada trabalhista. Senão vejamos:

"Art. 642-A. É instituída a Certidão Negativa de Débitos Trabalhistas (CNDT), expedida gratuita e eletronicamente, para comprovar a inexistência de débitos inadimplidos perante a Justiça do Trabalho.

§ 1.º O interessado não obterá a certidão quando em seu nome constar:

I – o inadimplemento de obrigações estabelecidas em sentença condenatória transitada em julgado proferida pela Justiça do Trabalho ou em acordos judiciais trabalhistas, inclusive no concernente aos recolhimentos previdenciários, a honorários, a custas, a emolumentos ou a recolhimentos determinados em lei; ou

II – o inadimplemento de obrigações decorrentes de execução de acordos firmados perante o Ministério Público do Trabalho ou Comissão de Conciliação Prévia.

§ 2.º Verificada a existência de débitos garantidos por penhora suficiente ou com exigibilidade suspensa, será expedida Certidão Positiva de Débitos Trabalhistas em nome do interessado com os mesmos efeitos da CNDT.

§ 3.º A CNDT certificará a empresa em relação a todos os seus estabelecimentos, agências e filiais.

§ 4.º O prazo de validade da CNDT é de 180 (cento e oitenta) dias, contado da data de sua emissão".

Ressalte-se que nos termos do art. 883-A da CLT, a decisão judicial transitada em julgado somente poderá gerar inscrição do nome do executado no Banco Nacional de Devedores Trabalhistas (BNDT) depois de transcorrido o prazo de 45 dias a contar da citação do executado, se não houver garantia do juízo[5].

7.13. HIPOTECA JUDICIÁRIA, PROTESTO DE DECISÃO JUDICIAL E INCLUSÃO DO NOME DO EXECUTADO EM CADASTROS DE INADIMPLENTES

O art. 495 do CPC versa sobre a hipoteca judiciária, o art. 517 do CPC regulamenta o protesto judicial e o art. 782 do CPC dispõe sobre a inclusão do nome do executado em cadastros de inadimplentes. Todas são medidas para assegurar o cumprimento da decisão e dar maior efetividade às decisões judiciais.

O TST, na IN 39/2016, estabelece em seu art. 17 que, sem prejuízo da inclusão do devedor no Banco Nacional de Devedores Trabalhistas (art. 642-A, CLT), aplicam-se à execução trabalhista as normas dos arts. 495, 517 e 782, §§ 3.º, 4.º e 5.º, do CPC, que tratam respectivamente da hipoteca judiciária, do protesto de decisão judicial e da inclusão do nome do executado em cadastros de inadimplentes.

Ressalte-se que nos termos do art. 883-A da CLT, a decisão judicial transitada em julgado somente poderá ser levada a protesto, gerar inscrição do nome do executado em órgãos de proteção ao crédito ou no Banco Nacional de Devedores Trabalhistas (BNDT) depois de transcorrido o prazo de 45 dias a contar da citação do executado, se não houver garantia do juízo[6].

---

5. Art. 15, IN 41/2018, TST. O prazo previsto no art. 883-A da CLT, para as medidas de execução indireta nele especificadas, aplica-se somente às execuções iniciadas a partir de 11 de novembro de 2017.
6. Art. 15, IN 41/2018, TST. O prazo previsto no art. 883-A da CLT, para as medidas de execução indireta nele especificadas, aplica-se somente às execuções iniciadas a partir de 11 de novembro de 2017.

7.13.1. Hipoteca judiciária

Nos termos do art. 495 do CPC, a decisão que condenar o réu ao pagamento de prestação consistente em dinheiro e a que determinar a conversão de prestação de fazer, de não fazer ou de dar coisa em prestação pecuniária valerão como título constitutivo de hipoteca judiciária.

A decisão produz a hipoteca judiciária: a) embora a condenação seja genérica; b) ainda que o credor possa promover o cumprimento provisório da sentença ou esteja pendente arresto sobre bem do devedor; e c) mesmo que impugnada por recurso dotado de efeito suspensivo.

A hipoteca judiciária poderá ser realizada mediante apresentação de cópia da sentença perante o cartório de registro imobiliário, independentemente de ordem judicial, de declaração expressa do juiz ou de demonstração de urgência (art. 495, § 2.º, do CPC).

No prazo de até 15 (quinze) dias da data de realização da hipoteca, a parte informá-la-á ao juízo da causa, que determinará a intimação da outra parte para que tome ciência do ato (art. 495, § 3.º, do CPC).

A hipoteca judiciária, uma vez constituída, implicará, para o credor hipotecário, o direito de preferência, quanto ao pagamento, em relação a outros credores, observada a prioridade no registro (art. 495, § 4.º, do CPC).

Sobrevindo a reforma ou a invalidação da decisão que impôs o pagamento de quantia, a parte responderá, independentemente de culpa, pelos danos que a outra parte tiver sofrido em razão da constituição da garantia, devendo o valor da indenização ser liquidado e executado nos próprios autos (art. 495, § 4.º, do CPC).

7.13.2. Protesto judicial

Nos termos do art. 517 do CPC, a decisão judicial transitada em julgado poderá ser levada a protesto. Atente-se, porém, que no processo do trabalho protesto somente pode ocorrer depois de transcorrido o prazo de 45 dias a contar da citação do executado, se não houver garantia do juízo (art. 883-A, CLT)[7].

Para efetivar o protesto, incumbe ao exequente apresentar certidão de teor da decisão (art. 517, § 1.º, do CPC).

7. Art. 15, IN 41/2018, TST. O prazo previsto no art. 883-A da CLT, para as medidas de execução indireta nele especificadas, aplica-se somente às execuções iniciadas a partir de 11 de novembro de 2017.

A certidão de teor da decisão deverá ser fornecida no prazo de 3 (três) dias e indicará o nome e a qualificação do exequente e do executado, o número do processo, o valor da dívida e a data de decurso do prazo para pagamento voluntário (art. 517, § 2.º, do CPC).

O executado que tiver proposto ação rescisória para impugnar a decisão exequenda pode requerer, a suas expensas e sob sua responsabilidade, a anotação da propositura da ação à margem do título protestado (art. 517, § 3.º, do CPC).

A requerimento do executado, o protesto será cancelado por determinação do juiz, mediante ofício a ser expedido ao cartório, no prazo de 3 (três) dias, contado da data de protocolo do requerimento, desde que comprovada a satisfação integral da obrigação (art. 517, § 4.º, do CPC).

7.13.3. Inclusão do nome do executado em cadastros de inadimplentes

Com base no art. 782, § 3.º, do CPC, a requerimento da parte, o juiz pode determinar a inclusão do nome do executado em cadastros de inadimplentes.

A inscrição será cancelada imediatamente se for efetuado o pagamento, se for garantida a execução ou se a execução for extinta por qualquer outro motivo (§ 4º do art. 782 do CPC).

O disposto nos §§ 3.º e 4.º do referido artigo aplica-se à execução definitiva de título judicial (§ 5º do referido artigo).

7.14. Resumo da matéria

1. A execução somente se processa sobre os bens do devedor, dispondo o art. 789 do CPC que o devedor responde com todos os seus bens presentes e futuros pelas dívidas contraídas.

2. Somente estarão sujeitas ao processo de execução as ações condenatórias.

3. A execução trabalhista encontra-se disciplinada por quatro normas legais a serem aplicadas na seguinte ordem: Consolidação das Leis do Trabalho, Lei 5.584/1970, Lei 6.830/1980 e Código de Processo Civil. O art. 878 da CLT dispõe que a execução será promovida pelas partes, permitida a execução de ofício pelo juiz ou pelo Presidente do Tribunal apenas nos casos em que as partes não estiverem representadas por advogado.

4. Embora o art. 878 da CLT faça referência apenas às partes quando determina quem poderá iniciar a execução, ela poderá ser promovida também pelos legitimados do art. 778, § 1.º, do CPC, quais sejam: o Ministério Público do Trabalho; o espólio, herdeiros ou sucessores do credor, sempre que, por morte deste, lhes for transmitido o direito resultante do título executivo; o cessionário, quando o direito resultante do título executivo lhe foi transferido por ato entre vivos; e o sub-rogado, nos casos de sub-rogação legal ou convencional.

5. Entende o Tribunal Superior do Trabalho que a cessão de crédito não pode ser realizada no âmbito laboral, tendo em vista que o ingresso de terceiro (cessionário) na relação jurídica processual geraria a incompetência material da Justiça do Trabalho.

6. Sobrevindo a morte do credor, o juiz suspenderá a execução (art. 921, I, do CPC) até que se formalize a habilitação do espólio, dos herdeiros e dos sucessores.

7. Entende o Tribunal Superior do Trabalho que a cessão de crédito não pode ser realizada no âmbito laboral, tendo em vista que o ingresso de terceiro (cessionário) na relação jurídica processual geraria a incompetência material da Justiça do Trabalho.

8. Normalmente, é o empregador (pessoa física ou jurídica) quem figura no polo passivo da execução trabalhista.

9. O art. 876 da CLT disciplina os títulos executivos trabalhistas, dividindo-os em judiciais e extrajudiciais.

10. São títulos executivos judiciais: sentenças transitadas em julgado, sentenças desprovidas de efeito suspensivo, acordos judiciais não cumpridos.

11. São títulos executivos extrajudiciais: Termos de Compromisso de Ajustamento de Conduta firmados perante o Ministério Público do Trabalho e os termos de conciliação ajustados perante a comissão de conciliação prévia e a sentença arbitral condenatória (art. 31 da Lei 9.307/1996)

12. As sentenças normativas também somente ensejam execução das custas e despesas processuais, uma vez que seu descumprimento apenas faz nascer uma ação de cumprimento.

13. A execução provisória é cabível toda vez que a decisão exarada ainda pender de recurso desprovido de efeito suspensivo (art. 876 CLT). No processo do trabalho, a execução provisória é feita por meio de carta de sentença, cujos requisitos para a instrução estão previstos no art. 522 do CPC.

14. Os títulos executivos extrajudiciais jamais darão ensejo à execução provisória, mas tão somente à execução definitiva.

15. Conforme previsto no art. 899 da CLT, a execução provisória é realizada até a penhora, o que não impede a oposição de embargos à penhora ou mesmo posterior agravo de petição, objetivando tornar insubsistente a penhora, ou ainda para se discutirem os cálculos de liquidação.

16. No processo do trabalho nem todas as decisões proferidas podem ser executadas de imediato, dependendo algumas de prévia apuração dos respectivos valores contidos no comando obrigacional.

17. No processo do trabalho, a liquidação da sentença pode ser realizada de três modos: por cálculo, por arbitramento e pelo procedimento comum.

18. Cabe destacar também que existe a possibilidade de a liquidação se processar, simultaneamente, por mais de uma das modalidades previstas em lei (cálculos, procedimento comum, arbitramento), constituindo-se na denominada liquidação mista.

19. A liquidação por cálculos, sem dúvida, é a mais utilizada na Justiça do Trabalho, e é realizada quando a determinação do valor da condenação depender apenas de cálculo aritmético.

20. A Súmula 211 do TST determina que os juros de mora e a correção monetária incluem-se na liquidação, ainda que omisso o pedido inicial ou a condenação.

21. Os juros contam-se a partir da data do ajuizamento da ação (art. 883 da CLT).

22. A liquidação será feita por arbitramento quando as partes o convencionarem expressamente ou for determinado pela sentença, ou ainda quando o exigir a natureza do objeto da liquidação.

23. A liquidação pelo procedimento comum será feita quando houver necessidade de alegar e provar fatos novos que devam servir de base para fixar o *quantum* da condenação (art. 509, II, do CPC).

24. O § 2.º do art. 879 da CLT impõe ao juiz oportunizar a manifestação das partes no prazo comum de 8 dias, tão logo elaborados os cálculos.

25. Cabe destacar que, em relação à União, elaborada a conta, seja pela parte ou pelo contador judicial, o juiz deverá proceder à sua intimação, via postal, para manifestação no prazo de dez dias, sob pena de preclusão (art. 879, § 3.º, da CLT).

26. Manoel Antônio Teixeira Filho (*Execução no processo do trabalho*, p. 354-356) leciona que a sentença de liquidação constituise numa decisão de caráter interlocutório de natureza declaratória (declara o *quantum debeatur*).

27. O Tribunal Superior do Trabalho tem se posicionado, na maioria dos julgados, no sentido de que não cabe ação rescisória em relação à decisão meramente homologatória de cálculos.

28. O objetivo da execução por quantia certa é expropriar bens do devedor a fim de satisfazer o direito do credor, respondendo o executado com seu patrimônio, presente ou futuro, para o cumprimento das obrigações.

29. Achando-se a dívida já com seu valor líquido e certo, será expedido o **mandado executivo**, denominado mandado de citação, penhora e avaliação, a ser cumprido pelo oficial de justiça.

30. À luz do art. 880 da CLT, o executado será citado para em 48 horas pagar a dívida ou mesmo garantir a execução.

31. A citação do devedor na execução trabalhista, ao contrário do que ocorre no processo de cognição, é pessoal, sendo efetuada pelos oficiais de justiça.

32. Realizada a citação, o oficial de justiça, de posse do mandado executivo, aguardará pelo prazo de 48 horas, facultando-se ao devedor três alternativas, a saber: efetuar o pagamento do valor da execução, depositar em juízo o valor da execução ou nomear bens a penhora, objetivando a garantia do juízo e a oposição de embargos à execução.

33. O Pleno do Tribunal Superior do Trabalho decidiu que o art. 523, § 1°, do Código de Processo Civil é incompatível com o processo do trabalho. O dispositivo prevê multa de 10% sobre o valor do débito caso o pagamento não seja feito de forma voluntária no prazo de 15 dias. A decisão se deu em julgamento de incidente de recurso repetitivo, e o entendimento adotado deverá ser aplicado a todos os casos que tratam de matéria semelhante. Os acórdãos em julgamento de recurso de repetitivos se tratam de precedentes obrigatórios, vinculando todos os juízes e tribunais, nos termos do art. 927, III, do CPC.

34. A tese jurídica fixada no julgamento do recurso de revista repetitivo (IRR-1786-24.2015.5.04.0000), de observância obrigatória nos demais casos sobre a mesma matéria, foi a seguinte: "A multa coercitiva do art. 523, § 1°, do CPC (antiqo art. 475-J do CPC de 1973) não é compatível com as normas vigentes da CLT por que se rege o processo do trabalho, ao qual não se aplica".

35. Nos termos do art. 884, § 6°, da CLT, a exigência da garantia ou penhora não se aplica às entidades filantrópicas e/ou àqueles que compõem ou compuseram a diretoria dessas instituições.

36. A gradação legal de bens nomeados à penhora, prevista no art. 835 do CPC, é a seguinte: dinheiro, em espécie ou em depósito ou aplicação em instituição financeira, títulos da dívida pública da União, dos Estados e do Distrito Federal com cotação em mercado, títulos e valores mobiliários com cotação em mercado, veículos de via terrestre, bens imóveis, bens móveis em geral, semoventes, navios e aeronaves, ações e quotas de sociedades simples e empresárias, percentual do faturamento de empresa devedora, pedras e metais preciosos, direitos aquisitivos derivados de promessa de compra e venda e de alienação fiduciária em garantia e outros direitos.

37. Impende destacar que o executado deverá nomear os bens dentro do prazo de 48 horas, sob pena de preclusão, mesmo que a penhora ainda não tenha sido realizada.

38. Estabelece o art. 848 do CPC que a parte poderá requerer a substituição da penhora se: ela não obedecer à ordem legal; ela não incidir sobre os bens designados em lei, contrato ou ato judicial para o pagamento; havendo bens no foro da execução, outros tiverem sido penhorados; havendo bens livres, ela tiver recaído sobre bens já penhorados ou objeto de gravame; ela incidir sobre bens de baixa liquidez; fracassar a tentativa de alienação judicial do bem; e o executado não indicar o valor dos bens ou omitir qualquer das indicações previstas em lei.

39. O exequente será notificado para manifestar ou não sua aceitação aos bens nomeados à penhora, devendo eventual impugnação pelo credor ser fundamentada, indicando a existência de outros bens penhoráveis sobre os quais deverá incidir a penhora.

40. Aceita a nomeação, cumpre ao devedor, dentro de prazo razoável assinado pelo juiz, exibir a prova de propriedade dos bens e, quando for o caso, a certidão negativa de ônus.

41. Cumpridas as exigências legais, a nomeação será reduzida a termo, havendo-se por penhorados os bens, intimando-se o executado para vir assiná-lo como depositário, salvo se o exequente não concordar em que os bens fiquem sob a guarda do executado.

42. Se o executado não pagar a dívida, não efetuar o depósito judicial para apresentação de embargos à execução ou não nomear bens à penhora, no prazo de 48 horas contados da citação, o oficial de justiça retornará ao local da execução e penhorará tantos bens quantos bastem para satisfazer o julgado, inclusive custas, juros de mora, correção monetária e a contribuição previdenciária, salvo os bens impenhoráveis.

43. O Tribunal Superior do Trabalho, por meio da OJ 89 da SDI-II, firmou entendimento de que a investidura no encargo de fiel depositário depende da aceitação do nomeado, com sua assinatura no Termo de Compromisso constante no auto de penhora.

44. O art. 833 do CPC relaciona os bens absolutamente impenhoráveis, quais sejam:

- Os bens inalienáveis e os declarados, por ato voluntário, não sujeitos à execução;
- Os móveis, pertences e utilidades domésticas que guarnecem a residência do executado, salvo os de elevado valor ou que ultrapassem as necessidades comuns correspondentes a um médio padrão de vida;
- Os vencimentos, subsídios, soldos, salários, remunerações, proventos de aposentadoria, pensões, pecúlios e montepios; as quantias recebidas por liberabilidade de terceiro e destinadas ao sustento do devedor e sua família, os ganhos de trabalhador autônomo e os honorários de profissional liberal, ressalvado o § 2.º;
- Os livros, as máquinas, as ferramentas, os utensílios, os instrumentos ou outros bens móveis necessários ou úteis ao exercício da profissão do executado;

- O seguro de vida;
- Os materiais necessários para obras em andamento, salvo se estas forem penhoradas;
- A pequena propriedade rural, assim definida em lei, desde que trabalhada pela família;
- Os recursos públicos recebidos por instituições privadas para aplicação compulsória em educação, saúde ou assistência social;
- a quantia depositada em caderneta de poupança, até o limite de 40 salários-mínimos;
- os recursos públicos do fundo partidário recebidos por partido político, nos termos da lei;
- os créditos oriundos de alienação de unidades imobiliárias, sob regime de incorporação imobiliária, vinculados à execução da obra.

45. Vale destacar que, embora não constem no rol dos bens impenhoráveis contidos no art. 833 do digesto processual civil, os bens públicos também são absolutamente impenhoráveis.

46. O credor hipotecário deverá ser intimado da penhora.

47. A Lei 8.009/1990, por sua vez, tornou impenhoráveis os bens de família, quais sejam o imóvel residencial próprio do casal ou da entidade familiar, abrangendo o imóvel sobre o qual se assentam a construção, as plantações, as benfeitorias de qualquer natureza e todos os equipamentos, inclusive de uso profissional, ou móveis que guarnecem a casa, desde que quitados.

48. Caso o devedor não tenha bens no foro da causa, a execução será feita por carta precatória executória, penhorando-se, avaliando-se e alienando-se os bens no foro da situação.

49. Na execução por carta precatória, os embargos à execução serão oferecidos no juízo deprecante ou no juízo deprecado, mas a competência para julgá-los é do juízo deprecante, salvo se versarem unicamente sobre vícios ou defeitos da penhora, da avaliação ou da alienação dos bens efetuadas no juízo deprecado (art. 914, § 2º, CPC).

50. No que tange os embargos de terceiro, a regra de competência é diversa. Os embargos serão oferecidos no juízo deprecado, salvo se indicado pelo juízo deprecante o bem constrito ou se já devolvida a carta (art. 676, parágrafo único, do CPC e Súmula 419 do TST).

51. O art. 884, § 1.º, da CLT determina que a matéria de defesa nos embargos à execução será restrita às alegações de cumprimento da decisão ou do acordo, quitação ou prescrição da dívida (fatos estes ocorridos posteriores à sentença).

52. Não obstante, percebe-se que a Consolidação das Leis do Trabalho (art. 884, § 1.º) não esgotou todas as matérias possíveis de arguição via embargos, fato este que motivou grande parte da doutrina a aceitar a aplicação subsidiária do Código de Processo Civil, o qual elenca outras hipóteses de matéria de defesa na impugnação à execução.

53. A possibilidade de o executado opor embargos à execução está condicionada à garantia prévia do juízo, conforme se depreende do inteiro teor do art. 884 da CLT.

54. Determina o art. 884 da CLT que, garantida a execução ou penhorados os bens, terá o executado cinco dias para apresentar embargos, cabendo igual prazo ao exequente para impugnação.

55. A impugnação à execução no processo do trabalho é processada nos mesmos autos da execução, sendo sempre recebida com efeito suspensivo, ficando a execução suspensa até o julgamento da impugnação.

56. Caso ache necessário, o juiz poderá designar audiência para produção de provas, com oitiva de testemunhas arroladas pelo embargante, a qual será realizada dentro de cinco dias (art. 884, § 2.º, da CLT).

57. Não tendo sido arroladas testemunhas nos embargos, o juiz proferirá a decisão, dentro de cinco dias, julgando subsistente ou insubsistente a penhora (art. 885 da CLT).

58. Modernamente, doutos do processo civil têm defendido a possível utilização da figura denominada "exceção de pré-executividade" que consiste, em síntese, na possibilidade de o devedor alegar determinadas matérias, sem que, para isso, necessite efetuar a garantia patrimonial da execução.

59. A utilização da objeção de pré-executividade, portanto, destina-se a impedir que a exigência de prévia garantia patrimonial da execução possa representar, em situações especiais, obstáculo intransponível à defesa do executado.

60. Cabe destacar que o direito processual não contempla no ordenamento jurídico vigente a figura da exceção de pré-executividade, nascendo esta da construção doutrinária e jurisprudencial.

61. A exceção de pré-executividade poderá ser apresentada mediante simples petição nos autos da execução, tão logo o devedor seja citado, ou mesmo já na fase de liquidação.

62. O ato jurisdicional que apreciar a exceção será considerado decisão interlocutória se a exceção de pré-executividade for rejeitada, não sendo cabível, de imediato, qualquer recurso no âmbito laboral, o que não impede que as questões suscitadas sejam novamente arguidas nos embargos à execução, desde que garantido o juízo.

63. O ato jurisdicional que apreciar a exceção será considerado sentença se a exceção de pré-executividade for acolhida, extinguindo-se, total ou parcialmente, a execução, ensejando, portanto, a interposição de agravo de petição pelo interessado.

64. Ademais, vale frisar que a Fazenda Pública não pode fazer uso da exceção de pré-executividade na medida em que possui a prerrogativa legal de oferecer embargos sem a necessidade de garantir o juízo.

65. No curso da execução trabalhista, muitas vezes, o juiz, objetivando dar efetividade ao julgado, determina a apreensão de bens pertencentes a terceiros, os quais, não integrando o processo, também não estariam obrigados a adimplir a obrigação derivada do título executivo, não restando outra alternativa aos atingidos pela constrição judicial senão se utilizarem da ação denominada embargos de terceiro.

66. O art. 11-A, *caput* e §§ 1º e 2º, da CLT torna aplicável a prescrição intercorrente mediante requerimento ou de ofício no processo do trabalho, de modo que a Súmula 114 do TST, que determina o contrário, deve ser cancelada.

67. Prescrição intercorrente é a perda de um direito pelo decurso do tempo, em razão da inércia da parte, que não toma iniciativa no sentido de praticar atos processuais necessários para a execução da dívida, paralisando o processo, por mais de 2 anos.

68. A Consolidação das Leis do Trabalho é omissa sobre os embargos de terceiro, impondo-se, por conseguinte, a aplicação subsidiária do Código de Processo Civil, em seus arts. 674 a 680.

69. Consoante preceitua o art. 674 do CPC, quem, não sendo parte no processo, sofrer constrição ou ameaça de constrição sobre bens que possua ou sobre os quais tenha direito incompatível com o ato constritivo, poderá requerer seu desfazimento ou sua inibição por meio de embargos de terceiro.

70. No cumprimento de sentença ou no processo de execução, os embargos de terceiro somente podem ser opostos até 5 dias depois da adjudicação, da alienação por iniciativa particular ou da arrematação, mas sempre antes da assinatura da respectiva carta.

71. A distribuição dos embargos de terceiro será sempre por dependência ao juízo que ordenou a constrição e autuados em apartado. Nos casos de ato de constrição realizado por carta, os embargos serão oferecidos no juízo deprecado, salvo se indicado pelo juízo deprecante o bem constrito ou se já devolvida a carta, conforme exigência do art. 676 do CPC.

72. O art. 888 da CLT, atendendo ao princípio da publicidade, determinou que a arrematação dos bens será anunciada por edital afixado na sede do juízo ou tribunal e publicado no jornal local, se houver, com a antecedência de 20 dias.

73. No processo civil, em regra, poderá haver dois leilões, onde no primeiro o bem somente será vendido se alcançar lance superior à importância da avaliação (art. 886, V, do CPC), e o segundo leilão, onde os bens poderão ser vendidos por qualquer lance, desde que não seja preço vil (art. 891 do CPC).

74. No processo do trabalho a hasta pública é única, sendo os bens, desde logo, vendidos pelo maior lance, conforme estabelece o art. 888, § 1.º, da CLT.

75. Caso não haja licitantes, e não requerendo o credor a adjudicação dos bens penhorados, poderão ser estes vendidos por leiloeiro nomeado pelo juiz (art. 888, § 3.º, da CLT).

76. A arrematação é o ato processual consistente na venda, pelo Estado, de forma coercitiva, dos bens do executado, objetivando satisfazer o crédito do exequente, realizado por meio da praça ou leilão.

77. Considerando que o art. 888, § 1.º, da CLT dispõe que os bens serão vendidos pelo maior lance, alguns operadores do direito laboral advogam a tese de que é inaplicável, no processo do trabalho, o art. 891 do CPC, determinando que não será aceito lance que, em segundo leilão, ofereça preço vil (preço irrisório, ínfimo, muito abaixo do valor da avaliação ou do mercado). *Permissa venia*, não corroboramos com tal entendimento.

78. Portanto, não há qualquer incompatibilidade entre o art. 888, § 1.º, da CLT e o art. 891 do CPC; ao contrário, há perfeita harmonia, sendo os bens alienados pelo melhor preço, desde que o lance não seja vil. Segundo o parágrafo único do art. 891 do CPC, considera-se preço vil aquele inferior a 50% do valor da avaliação.

79. Caso o arrematante ou seu fiador não pague em 24 horas o preço da arrematação, perderá, em benefício da execução, o sinal dado (art. 888, § 4.º, da CLT).

80. Impende destacar que o credor exequente também poderá oferecer lance e arrematar os bens levados à praça, ainda que por valor inferior ao constante do edital.

81. Esclarece o art. 899 do CPC que a arrematação será suspensa logo que o produto da alienação dos bens for suficiente para o pagamento do credor e para a satisfação das despesas da execução.

82. A formalização da arrematação se dará por meio do competente auto, o qual será lavrado no prazo de 24 horas, contados da realização da hasta pública, facultando-se, nesse prazo, ao credor, a adjudicação dos bens arrematados e, ao devedor, a remição do valor total da execução.

83. Assinado o auto de arrematação pelo magistrado, pelo serventuário encarregado e pelo arrematante, a arrematação torna-se perfeita, acabada e irretratável.

84. A adjudicação consiste no ato processual em que o exequente, por vontade própria, incorpora ao seu patrimônio bens penhorados que foram levados a leilão.

85. O art. 888, § 1.º, da CLT estabelece que, no caso de arrematação, o exequente terá preferência para adjudicação.

86. Os bens leiloados serão vendidos pelo maior lance, salvo se o exequente optar por adjudicá-los, pois a lei lhe confere tal preferência.

87. A remição consiste no ato processual do pagamento da totalidade da dívida executiva pelo devedor, liberando-se os bens constritos e privilegiando-se, assim, o princípio da não prejudicialidade do devedor.

88. Para evitar a alienação judicial, pode o executado, conforme previsto no art. 826 do CPC, a qualquer tempo, antes da assinatura do auto de arrematação ou adjudicação, remir a sua dívida, pagando a importância total da condenação, atualizada monetariamente, acrescida de juros, custas processuais e honorários de sucumbência (caso exista tal condenação).

89. Determina o art. 13 da Lei 5.584/1970 que, em qualquer hipótese, a remição somente será deferida ao executado se este oferecer preço igual ao valor da condenação.

90. Por força de emenda constitucional, o juiz do trabalho passou a executar, de ofício, as contribuições previdenciárias devidas pelos empregados e empregadores, em função das sentenças ou acordos proferidos.

91. A contribuição previdenciária somente incidirá sobre as parcelas de natureza salarial, e não sobre as parcelas de natureza indenizatória, devendo o magistrado sempre indicar, na sentença ou no acordo homologado, a natureza jurídica das parcelas, conforme determina o art. 832, § 3.º, da CLT.

92. Com efeito, no caso de conciliação, o termo que for lavrado valerá como decisão irrecorrível, salvo para a Previdência Social quanto às contribuições que lhe forem devidas (art. 831, parágrafo único, da CLT).

93. Nessa esteira, a União será sempre intimada, via postal, das decisões homologatórias de acordos que contenham parcela indenizatória, sendo-lhe facultado interpor recurso (a nosso ver, o recurso ordinário, com prazo em dobro em função do art. 180 do CPC) relativo às contribuições que lhe forem devidas (art. 832, § 4.º, da CLT).

94. O mesmo raciocínio podemos utilizar em relação às decisões cognitivas (sentenças que julgam o mérito), das quais a União também poderá apresentar recurso ordinário em razão das parcelas consideradas pelo juiz como de natureza indenizatória.

95. Estão compreendidas no conceito de Fazenda Pública todas as pessoas jurídicas de direito público interno, como a União, Estados, Municípios, Distrito Federal, Autarquias e Fundações Públicas instituídas pelo poder público.

96. As empresas públicas e sociedades de economia mista, por serem pessoas jurídicas de direito privado, não se encaixam no conceito de Fazenda Pública.

97. A execução contra a Fazenda Pública não se processa da mesma forma como se dá quando o devedor é pessoa física ou jurídica de direito privado, uma vez que os bens da Fazenda Pública são impenhoráveis e imprescritíveis (não sujeitos a usucapião).

98. Somente a Fazenda Pública, com base no art. 910 do CPC, estará dispensada de garantir previamente o juízo para opor embargos à execução.

99. Portanto, na execução por quantia certa, a Fazenda Pública não será citada para pagar ou nomear bens à penhora, mas sim para oferecer embargos no prazo de 30 dias, se desejar.

100. O precatório consiste na requisição feita pelo Poder Judiciário ao Poder Executivo respectivo, de numerário suficiente para arcar com as condenações impostas à Fazenda Pública por meio de sentença judicial contra a qual não caiba mais recurso.

101. Por meio do precatório garante-se o efetivo respeito do Poder Público pelas decisões judiciais que lhe sejam contrárias, além de disciplinar uma ordem cronológica para os pagamentos a serem efetuados, assegurando-se aos credores dos entes públicos igualdade de tratamento, respeitando-se, outrossim, o princípio da impessoalidade.

102. Os pagamentos a cargo da Fazenda Pública serão, portanto, feitos segundo rigorosa ordem de apresentação dos precatórios, à conta dos créditos orçamentários, ou extraorçamentários, abertos para esse fim.

103. Não havendo qualquer irregularidade a ser sanada, ou mesmo não sendo impugnado o precatório pelo Procurador Público, o Presidente do Tribunal expedirá o precatório-requisitório determinando que o ente público providencie a inclusão no orçamento de dotação suficiente ao correspondente pagamento, lembrando que os precatórios apresentados até 1.º de julho serão relacionados para pagamento dentro do exercício financeiro subsequente, quando terão seus valores atualizados monetariamente.

104. Em relação à possibilidade de sequestro de recursos financeiros da Fazenda Pública, dispõe o art. 100, § 6.º, da CF/1988, com a redação dada pela EC 62/2009, que "as dotações orçamentárias e os créditos abertos serão consignados diretamente ao Poder Judiciário, cabendo ao Presidente do Tribunal que proferir a decisão exequenda determinar o pagamento integral e autorizar, a requerimento do credor e exclusivamente para *os casos de preterimento de seu direito de precedência ou de não alocação orçamentária do valor necessário à satisfação do seu débito*, o sequestro da quantia respectiva" (grifo nosso).

105. O art. 100, § 3.º, da CF/1988, com redação dada pela EC 62/2009, dispôs sobre as denominadas dívidas de pequeno valor da Fazenda Pública Federal, Estadual ou Municipal, contraídas em virtude de sentença judicial transitada em julgado, excluindo-as da incidência do precatório.

106. Enquanto não forem elaboradas pelos respectivos entes da federação as leis instituidoras dos débitos de pequeno valor, será considerada dívida de pequeno valor em relação aos Estados a que não ultrapassar 40 salários-mínimos e em relação aos Municípios, a que não superar 30 salários-mínimos.

107. Em relação à Fazenda Pública Federal, considera-se dívida de pequeno valor a que não ultrapassar 60 salários-mínimos.

108. O art. 100, §§ 1.º e 2.º, da CF cuida do pagamento dos débitos de natureza alimentícia, que possuem preferência sobre todos os demais débitos. Entre os débitos de natureza alimentícia, possuem preferência aqueles cujos titulares tenham 60 anos de idade ou mais na data de expedição do precatório, ou sejam portadores de doença grave, definidos na forma da lei, limitado o seu valor ao equivalente ao triplo do fixado em lei como débito de pequeno valor, admitindose o fracionamento para essa finalidade, sendo que o restante será pago na ordem cronológica de apresentação do precatório.

109. O art. 97 do ADCT, acrescentado pela EC 62/2009, criou o regime especial de liquidação de precatórios para os Estados, o Distrito Federal e os Municípios que, na data de publicação da citada Emenda Constitucional, estejam em mora na quitação de precatórios vencidos, relativos às suas administrações direta e indireta, inclusive os emitidos durante o período de vigência do regime especial instituído por esse artigo. Essas pessoas políticas deverão fazer os seus pagamentos de acordo com as normas do referido art. 97 do ADCT, sendo inaplicável o disposto no art. 100 da CF, exceto em seus §§ 2.º, 3.º, 9.º, 10, 11, 12, 13 e 14, e sem prejuízo dos acordos de juízos conciliatórios já formalizados na data de promulgação da EC 62/2009.

110. Nas prestações sucessivas por tempo determinado, a execução pelo não pagamento de uma prestação compreenderá as que lhe sucederem.

111. Tratando-se de prestações sucessivas por tempo indeterminado, a execução compreenderá inicialmente as prestações devidas até a data do ingresso na execução.

112. Nos termos do art. 883-A da CLT, a decisão judicial transitada em julgado somente poderá ser levada a protesto, gerar inscrição do nome do executado em órgãos de proteção ao crédito ou no Banco Nacional de Devedores Trabalhistas (BNDT) depois de transcorrido o prazo de 45 dias a contar da citação do executado, se não houver garantia do juízo.

113. O art. 642-A da CLT instituiu a denominada certidão negativa de débitos trabalhistas – CNDT, objetivando comprovar a inexistência de débitos trabalhistas não quitados perante a Justiça Especializada trabalhista.

114. O art. 495 do CPC versa sobre a hipoteca judiciária, o art. 517 do CPC regulamenta o protesto judicial e o art. 782 do CPC dispõe sobre a inclusão do nome do executado em cadastros de inadimplentes. Todas são medidas para assegurar o cumprimento da decisão e dar maior efetividade às decisões judiciais.

115. O TST, na IN 39/2016, estabelece em seu art. 17 que, sem prejuízo da inclusão do devedor no Banco Nacional de Devedores Trabalhistas (art. 642-A da CLT), aplicam-se à execução trabalhista as normas dos arts. 495, 517 e 782, §§ 3.º, 4.º e 5.º, do CPC, que tratam respectivamente da hipoteca judiciária, do protesto de decisão judicial e da inclusão do nome do executado em cadastros de inadimplentes.

116. Nos termos do art. 495 do CPC, a decisão que condenar o réu ao pagamento de prestação consistente em dinheiro e a que determinar a conversão de prestação de fazer, de não fazer ou de dar coisa em prestação pecuniária valerão como título constitutivo de hipoteca judiciária.

117. A decisão produz a hipoteca judiciária: a) embora a condenação seja genérica; b) ainda que o credor possa promover o cumprimento provisório da sentença ou esteja pendente arresto sobre bem do devedor; e c) mesmo que impugnada por recurso dotado de efeito suspensivo.

118. A hipoteca judiciária poderá ser realizada mediante apresentação de cópia da sentença perante o cartório de registro imobiliário, independentemente de ordem judicial, de declaração expressa do juiz ou de demonstração de urgência (art. 495, § 2.º, do CPC).

119. No prazo de até 15 (quinze) dias da data de realização da hipoteca, a parte informá-la-á ao juízo da causa, que determinará a intimação da outra parte para que tome ciência do ato (art. 495, § 3.º, do CPC).

120. A hipoteca judiciária, uma vez constituída, implicará, para o credor hipotecário, o direito de preferência, quanto ao pagamento, em relação a outros credores, observada a prioridade no registro (art. 495, § 4.º, do CPC).

121. Sobrevindo a reforma ou a invalidação da decisão que impôs o pagamento de quantia, a parte responderá, independentemente de culpa, pelos danos que a outra parte tiver sofrido em razão da constituição da garantia, devendo o valor da indenização ser liquidado e executado nos próprios autos (art. 495, § 4.º, do CPC).

122. À luz do art. 517 do CPC, a decisão judicial transitada em julgado poderá ser levada a protesto, nos termos da lei, depois de transcorrido o prazo para pagamento voluntário. Atente-se, porém, que no processo do trabalho protesto somente pode ocorrer depois de transcorrido o prazo de 45 dias a contar da citação do executado, se não houver garantia do juízo (art. 883-A, CLT).

123. Para efetivar o protesto, incumbe ao exequente apresentar certidão de teor da decisão (art. 517, § 1.º, do CPC).

124. A certidão de teor da decisão deverá ser fornecida no prazo de 3 (três) dias e indicará o nome e a qualificação do exequente e do executado, o número do processo, o valor da dívida e a data de decurso do prazo para pagamento voluntário (art. 517, § 2.º, do CPC).

125. O executado que tiver proposto ação rescisória para impugnar a decisão exequenda pode requerer, a suas expensas e sob sua responsabilidade, a anotação da propositura da ação à margem do título protestado (art. 517, § 3.º, do CPC).

126. A requerimento do executado, o protesto será cancelado por determinação do juiz, mediante ofício a ser expedido ao cartório, no prazo de 3 (três) dias, contado da data de protocolo do requerimento, desde que comprovada a satisfação integral da obrigação (art. 517, § 4.º, do CPC).

127. Com base no art. 782, § 3.º, do CPC, a requerimento da parte, o juiz pode determinar a inclusão do nome do executado em cadastros de inadimplentes na execução definitiva de título judicial. A inscrição será cancelada imediatamente se for efetuado o pagamento, se for garantida a execução ou se a execução for extinta por qualquer outro motivo (§ 4.º do art. 782 do CPC). O disposto nos §§ 3º e 4º do referido artigo aplica-se à execução definitiva de título judicial (§ 5º do referido artigo).

7.15. QUESTÕES CORRELATAS

01. (TRT-5/Técnico Judiciário – Área Administrativa/2013) NÃO se caracterizam como bens absolutamente impenhoráveis:

(A) os móveis, pertences e utilidades domésticas que guarnecem a residência do executado.

(B) os seguros de vida.

(C) os salários.

(D) os vestuários, bem como os pertences de uso pessoal do executado, mesmo que de elevado valor.

(E) as pequenas propriedades rurais, assim definidas em lei, desde que trabalhadas pela família.

02. (TRT-15/Analista Judiciário – Oficial de Justiça Avaliador/2013) Hortência é Analista Oficial de Justiça Avaliador Federal do Tribunal Regional do Trabalho da 15.ª Região. Em determinado processo, já em fase de penhora de bens, a empresa devedora não efetuou o pagamento da dívida de R$ 40.000,00, bem como não nomeou bens à penhora.

Hortência, ao diligenciar na filial da empresa reclamada, "Fazenda Águas Claras Ltda.", se depara com os seguintes bens: dois terrenos conjugados; 100 cabeças de gados; uma caminhonete; barras de ouro e maquinários para produção de café. Neste caso, em regra, preferencialmente, Hortência deverá penhorar

(A) um dos terrenos.

(B) a caminhonete.

(C) as cabeças de gado.

(D) as barras de ouro.

(E) os maquinários.

03. (TRT-9/Analista Judiciário – Área Judiciária/2013) A fase de execução no processo trabalhista possui regramentos próprios e típicos, conforme previsões contidas na Consolidação das Leis do Trabalho, sendo correto afirmar sobre essa fase que

(A) a matéria de defesa nos embargos do executado será restrita às alegações de cumprimento da decisão ou do acordo, quitação ou prescrição da dívida, não cabendo produção de prova testemunhal.

(B) requerida a execução, o Juiz mandará expedir mandado de citação do executado para que faça o pagamento em 15 (quinze) dias ou garanta a execução, sob pena de penhora.

(C) o executado que não pagar a importância reclamada poderá nomear bens à penhora, não havendo qualquer ordem preferencial a ser observada.

(D) garantida a execução ou penhorados os bens, terá a empresa executada 5 (cinco) dias para apresentar embargos, cabendo igual prazo ao exequente para impugnação.

(E) serão julgados em sentenças distintas os embargos e as impugnações à liquidação apresentadas pelos credores trabalhista e previdenciário, para possibilitar recursos parciais.

04. (TRT-1/Analista Judiciário – Área Administrativa/2013) Analise as seguintes assertivas relativas à execução no processo do trabalho, conforme normas contidas na Consolidação das Leis do Trabalho.

I. Os termos de ajuste de conduta firmados perante o Ministério Público do Trabalho e os termos de conciliação firmados perante as Comissões de Conciliação Prévia não se constituem em títulos de natureza executória perante a Justiça do Trabalho.

II. Garantida a execução ou penhorados os bens, terá o executado 5 (cinco) dias para apresentar embargos, cabendo igual prazo ao exequente para impugnação.

III. Requerida a execução, quando se tratar de pagamento em dinheiro, inclusive de contribuições sociais devidas à União, o juiz mandará expedir mandado de citação do executado, para que o faça em 5 (cinco) dias ou garanta a execução, sob a pena de penhora.

IV. O executado que não pagar a importância reclamada poderá garantir a execução mediante depósito da mesma, atualizada e acrescida das despesas processuais, ou nomeando bens à penhora, não havendo qualquer ordem preferencial de bens para a penhora.

V. Nas prestações sucessivas por tempo determinado, a execução pelo não pagamento de uma prestação compreenderá as que lhe sucederem.

Está correto o que se afirma APENAS em:

(A) I e II.

(B) II e III.

(C) III e IV.

(D) II e V.

(E) I e V.

05. (TRT-15/Analista Judiciário – Oficial de Justiça Avaliador/2013) No tocante aos Embargos à Execução, considere:

I. Em regra, garantia do juízo por meio de depósito ou nomeação de bens à penhora ou após a penhora coativa, representa requisito indispensável ao regular exercício do direito do devedor de oferecer embargos à execução.

II. Os Embargos à execução no processo do trabalho, em regra, são processados nos mesmos autos da execução, sendo recebidos com efeito suspensivo, ficando a execução suspensa até o julgamento dos embargos.

III. A compensação, em regra, deve ser arguida quando opostos embargos à execução.

IV. Em sede de Embargos à Execução é impossível arrolar testemunhas, havendo expressa vedação legal na Consolidação das Leis do Trabalho.

Está correto o que se afirma APENAS em

(A) I e IV.

(B) I e II.

(C) I, II e IV.

(D) III e IV.

(E) I, II e III.

06. (TRT-15/Técnico Judiciário – Área Administrativa/2013) Em determinado leilão judicial Laura arrematou uma casa no valor de R$ 500.000,00. Neste caso, o valor que Laura deve depositar a título de sinal para garantia do lance e o prazo para completar o preço total da arrematação são, respectivamente:

(A) R$ 100.000,00 e 48 horas.

(B) R$ 200.000,00 e 15 dias.

(C) R$ 50.000,00 e 10 dias.

(D) R$ 100.000,00 e 24 horas.

(E) R$ 200.000,00 e 48 horas.

07. (TRT-15/Analista Judiciário – Oficial de Justiça Avaliador/2013) Maria arrematou um terreno em leilão judicial pelo valor de R$ 70.000,00. Maria depositou o sinal correto, mas após 2 dias da arrematação ela ainda não havia pago o preço da arrematação. Neste caso, de acordo com a Consolidação das Leis do Trabalho, Maria

(A) perderá o sinal em benefício da execução.

(B) ainda está no prazo legal para depositar o preço da arrematação que é de cinco dias.

(C) ainda está no prazo legal para depositar o preço da arrematação que é de três dias.

(D) terá direito a devolução do sinal, mas não poderá mais arrematar o mesmo bem em outro leilão.

(E) terá direito a devolução do sinal, mas pagará multa administrativa no valor de um terço do valor dado a título de sinal.

08. (TRT-19/Analista Judiciário – Área Judiciária /2014) De acordo com a Consolidação das Leis do Trabalho, a arrematação de bens penhorados será anunciada por edital afixado na sede do Juízo ou Tribunal e publicado no jornal local, se houver, com a antecedência de

(A) 10 dias.

(B) 3 meses.

(C) 30 dias.

(D) 20 dias.

(E) 2 meses.

09. (TRT-19/Analista Judiciário – Oficial de Justiça Avaliador /2014) Considere a seguinte situação hipotética: Em determinada execução trabalhista foi leiloada uma casa e seu respectivo terreno na cidade de Belo Monte. Severino arrematou a referida casa pelo preço de R$ 390.000,00. Neste caso,

(A) Severino deverá garantir o lance com sinal correspondente a R$ 39.000,00.

(B) se Severino não pagar, dentro de 48 horas, o preço da arrematação, perderá, em benefício da execução, o sinal.

(C) se Severino não pagar, dentro de cinco dias, o preço da arrematação, perderá, em benefício da execução, o sinal.

(D) Severino deverá garantir o lance com sinal correspondente a R$ 78.000,00.

(E) Severino deverá pagar o preço total da arrematação, em até 48 horas da realização da praça, independentemente de sinal.

10. (TRT-19/Analista Judiciário – Oficial de Justiça Avaliador/2014) Considere a seguinte situação hipotética: Márcio reside em Maceió e está sendo executado em reclamação trabalhista proposta pela sua ex-empregada doméstica, reclamação esta já em fase de execução. Márcio não possui dinheiro depositado em conta corrente, poupança ou aplicação bancária, mas possui os seguintes bens: um trator; um apartamento situado em Salvador; pedras preciosas; um seguro de vida e quotas de sociedade empresarial. Neste caso, considerando que Márcio não indicou bens à penhora, o oficial de justiça deverá penhorar, preferencialmente,

(A) o apartamento.

(B) o trator.

(C) as pedras preciosas.

(D) o seguro de vida.

(E) as quotas de sociedade empresarial.

11. (TRT-19/Analista Judiciário – Oficial de Justiça Avaliador/2014) No tocante aos embargos à execução, considere:

I. Mesmo que se trate de título executivo extrajudicial trabalhista, o executado poderá opor embargos no prazo de cinco dias, após garantia do juízo.

II. O embargado será intimado para impugnar os embargos à execução no prazo de oito dias.

III. A competência para julgamento dos embargos à execução é do juízo onde se processa a execução.

IV. O procedimento dos embargos à execução veda a oitiva de testemunhas, uma vez que as matérias discutidas são, exclusivamente, de direito, como exemplo da prescrição.

Está correto o que consta APENAS em

(A) I e III.

(B) I, II e IV.

(C) III e IV.

(D) I, II e III.

(E) II, III e IV.

12. **(TRT-2/Analista Judiciário – Execução de Mandados/2014) No tocante à hasta pública, é INCORRETO afirmar:**

(A) Será fonte subsidiária para dirimir quaisquer questões oriundas do processo de execução e da hasta pública, a Lei de Execuções Fiscais, precedendo, inclusive, ao quanto dispõe o Código de Processo Civil.

(B) A arrematação far-se-á em dia, hora e local anunciados e os bens serão vendidos pelo maior lance, tendo o exequente preferência para a adjudicação.

(C) A arrematação far-se-á em dia, hora e local anunciados e os bens serão vendidos pelo maior lance, tendo o exequente preferência para a remição.

(D) O arrematante do bem deverá garantir o lance com sinal correspondente a vinte por cento do seu valor, pagando o restante em vinte e quatro horas, sob pena de perder o sinal pago em benefício da execução.

(E) Se a praça ou o leilão for de diversos bens, terá preferência o lançador que propuser arrematá-los englobadamente, oferecendo para os que não tiverem licitante preço igual ao da avaliação e para os demais o de maior lance.

13. **(TRT-16/Analista Judiciário – Execução de Mandados/2014) Maria, Oficial de Justiça Avaliadora, para cumprimento de mandado de penhora e avaliação no importe de R$ 50.000,00 dirigiu-se ao local onde está situada a empresa executada, encontrando vários bens. Analisando-os abaixo, Maria deverá lavrar o Auto de Penhora e Avaliação, preferencialmente,**

(A) de uma televisão e um freezer.

(B) de um automóvel.

(C) do imóvel onde reside o sócio e sua família.

(D) do percentual de faturamento da empresa executada.

(E) de barras de ouro.

14. **(TRT-16/Analista Judiciário – Área Judiciária/2014) Em determinada reclamação trabalhista foi determinada a penhora online de ativos financeiros do executado. No tocante aos bens impenhoráveis, a quantia depositada em caderneta de poupança é**

(A) penhorável, tendo em vista a natureza alimentar do crédito trabalhista.

(B) impenhorável, até o limite de 40 salários-mínimos.

(C) impenhorável, independente do valor depositado.

(D) impenhorável, até no máximo 30 salários-mínimos.

(E) impenhorável, até no máximo 20 salários-mínimos.

15. (TRT9 – AJAJ – 2015) Sobre a execução por prestações sucessivas no Processo do Trabalho é correto afirmar:

(A) Não havendo regramento próprio previsto na Consolidação das Leis do Trabalho sobre o tema utilizam-se por analogia as regras contidas na Lei de Execuções Fiscais.

(B) Nas prestações sucessivas por tempo determinado, a execução pelo não pagamento de uma prestação compreenderá as que lhe sucederem.

(C) Tratando-se de prestações sucessivas por tempo indeterminado, a execução pelo não pagamento de uma prestação compreenderá as duas primeiras que lhe sucederem, apenas se houver sido determinado na sentença.

(D) Tratando-se de prestações sucessivas por tempo indeterminado, a execução compreenderá inicialmente as prestações devidas até o período de dois anos do ingresso da ação.

(E) Nas prestações sucessivas por tempo determinado, a execução pelo inadimplemento de uma parcela não compreende as que lhe sucederem e, naquelas por tempo indeterminado, o exequente deve executar parcelas inadimplidas a cada período de doze meses.

16. (TRT3 – OJAF – 2015) Quanto à penhora,

(A) o imóvel residencial próprio do casal, ou da entidade familiar, é impenhorável, abrangendo inclusive os veículos de transporte, obras de arte e adornos suntuosos que guarnecerem a residência.

(B) esta realizar-se-á em dias úteis, domingos ou feriados, das 6 às 20 horas.

(C) na hipótese de o casal, ou entidade familiar, ser possuidor de vários imóveis utilizados como residência, a impenhorabilidade recairá sobre o imóvel registrado, para esse fim, no Registro de Imóveis.

(D) quando a residência familiar constituir-se em imóvel rural, a impenhorabilidade restringir-se-á à sede de moradia, com os respectivos bens móveis.

(E) se o devedor fechar as portas da casa, a fim de obstar a penhora dos bens, o oficial de justiça dará uma ordem de arrombamento.

17. (TRT3 – TJAA – 2015) Simon arrematou uma casa em leilão judicial no qual os bens da empresa "X" foram leiloados para pagamento de diversas reclamações trabalhistas. O lance de Simon foi de R$ 500.000,00. Neste caso, de acordo com a Consolidação das Leis do Trabalho, Simon deverá garantir o lance com

(A) sinal de R$ 100.000,00 e pagar o preço da arrematação dentro de 24 horas.

(B) o seu preço integral no ato da arrematação no leilão judicial.

(C) sinal de R$ 50.000,00 e pagar o preço da arrematação dentro de 24 horas.

(D) sinal de R$ 100.000,00 e pagar o preço da arrematação dentro de 48 horas.

(E) sinal de R$ 50.000,00 e pagar o preço da arrematação dentro de cinco dias.

18. (TRT4 – TJAA – 2015) Xisto arrematou um conjunto comercial pelo valor de R$ 200.000,00. No ato da arrematação depositou R$ 40.000,00. Neste caso, conforme previsão na Consolidação das Leis do Trabalho, Xisto

(A) deverá depositar o restante dentro do prazo de 48 horas.

(B) depositou valor a menor uma vez que deveria ter depositado R$ 60.000,00.

(C) depositou valor a maior uma vez que deveria ter depositado R$ 20.000,00.

(D) deverá depositar o restante dentro do prazo de 24 horas.

(E) depositou valor a menor uma vez que deveria ter depositado R$ 80.000,00.

19. (TRT9 – TJAA – 2015) Heitor arrematou um conjunto comercial em leilão ocorrido na fase de execução da reclamação trabalhista "X" pelo valor de R$ 300.000,00. No momento da arrematação Heitor garantiu a arrematação com um sinal de R$ 60.000,00. Após 30 horas da arrematação, Heitor ainda não depositou o restante do valor. Neste caso, Heitor

(A) ainda está no prazo para pagamento do restante do valor, uma vez que a Consolidação das Leis do Trabalho prevê o prazo de 48 horas para complementação do valor da arrematação.

(B) perderá, em benefício da execução, metade do sinal, ou seja R$ 30.000,00, voltando à praça o bem executado.

(C) terá direito a devolução integral do sinal, voltando à praça o bem executado.

(D) perderá, em benefício da execução, 1/3 do sinal, ou seja R$ 20.000,00 voltando à praça o bem executado.

(E) perderá, em benefício da execução, o sinal de R$ 60.000,00, voltando à praça o bem executado.

20. (TRT23 – OJAF – 2016) Conforme normas contidas na Consolidação das Leis do Trabalho quanto à sentença, coisa julgada e liquidação,

(A) no caso de conciliação, o termo que for lavrado valerá como decisão irrecorrível para partes e terceiros, visto que reproduz a livre vontade dos litigantes, com a chancela do Estado-Juiz.

(B) as partes serão intimadas da sentença proferida em reclamação trabalhista que tramita pelo rito sumaríssimo na própria audiência em que prolatada, como regra.

(C) não há previsão para liquidação da sentença trabalhista por arbitramento, mas apenas por cálculos ou por artigos.

(D) na liquidação da sentença, excepcionalmente, poder-se-á discutir matéria pertinente à causa principal, inovando a sentença liquidanda, quando houver omissão no julgado em relação a um dos pedidos principais.

(E) elaborada a conta e tornada líquida, o juiz deverá abrir prazo comum de, no máximo, 5 dias para que as partes se manifestem, não havendo preclusão, pois a matéria relativa aos itens e valores poderá ser rediscutida em sede de embargos à execução.

21. (TRT23 – TJAA – 2016) No tocante à liquidação de sentença, considere:

I. A liquidação por cálculos é a mais comum no processo do trabalho; já a liquidação por arbitramento depende, necessariamente, da realização de perícia e, por fim, a liquidação por artigos é a espécie de liquidação realizada quando o credor precisa alegar e provar fato novo para a determinação do valor da condenação.

II. A liquidação por cálculos é a mais comum no processo do trabalho; já a liquidação por artigos depende, necessariamente, da realização de perícia e, por fim, a

liquidação por arbitramento é a espécie de liquidação realizada quando o credor precisa alegar e provar fato novo para a determinação do valor da condenação.

III. Na liquidação, não se poderá modificar, ou inovar, a sentença liquidanda, nem discutir matéria pertinente à causa principal.

IV. As partes devem se ater também ao cálculo das contribuições previdenciárias devidas, sendo que, ao não fazê-lo, o Juiz determinará que a Secretaria o faça.

Está correto o que consta APENAS em

(A) I e III.

(B) II e IV.

(C) II e III.

(D) I, III e IV.

(E) I e IV.

22. (TRT14 – AJAJ – 2016) A Consolidação das Leis do Trabalho apresenta um capítulo próprio com disposições específicas sobre o tema execução, segundo as quais:

(A) As contribuições sociais devidas em decorrência de sentença condenatória não serão executadas *ex officio* devendo ser instaurado procedimento próprio pelo órgão previdenciário e remessa de carta de execução para a Justiça Federal.

(B) Garantida a execução terá o executado o prazo de 10 dias para apresentar embargos, cabendo ao exequente mais 10 dias para impugnação.

(C) A matéria de defesa em embargos à execução ficará restrita às alegações de quitação da dívida exequenda, cabendo apenas prova documental e não há previsão de prova oral em audiência.

(D) Os termos de ajuste de conduta firmados perante o Ministério Público do Trabalho e os termos de conciliação firmados perante as Comissões de Conciliação Prévia são considerados títulos executivos extrajudiciais que são executados na Justiça do Trabalho.

(E) A execução pelo não pagamento de uma prestação não compreenderá as que lhe sucederem, nos casos de execução de prestações sucessivas por tempo determinado.

23. (TRT20 – OJAF – 2016) Em se tratando de execução trabalhista, nos termos previstos na Consolidação das Leis do Trabalho,

(A) não cabe a execução provisória por carta de sentença, nem a execução de prestações sucessivas por tempo indeterminado.

(B) nas prestações sucessivas por tempo determinado, a execução deverá recair sobre cada parcela não cumprida, não compreendendo as que lhe sucederem.

(C) caberá execução provisória apenas se fora caucionado o valor de cinquenta por cento da execução.

(D) nas prestações sucessivas por tempo determinado, a execução pelo não pagamento de uma prestação compreenderá as que lhe sucederem.

(E) tratando-se de prestações sucessivas por tempo indeterminado, a execução compreenderá todas as prestações devidas até o final do ano de ingresso da execução.

24. (TRT23 – TJAA – 2016) Em determinada reclamação trabalhista, na fase de execução de sentença definitiva, foi homologado o valor da condenação em R$ 100.000,00, tendo sido devidamente citada a executada para pagamento, que demonstrou seu inconformismo com o valor cobrado perante o Sr. Oficial de Justiça. Esgotado seu prazo e sem que a executada pagasse ou indicasse bem à penhora,

(A) deverá ingressar com exceção de pré-executividade no prazo preclusivo de oito dias, após a penhora de bens, alegando incorreção dos valores cobrados, por medida de economia e celeridade processuais.

(B) deverá ingressar com Embargos, antes da penhora de bens, alegando a incorreção dos valores cobrados, por medida de economia e celeridade processuais.

(C) deverá interpor Agravo de Petição, após a penhora de bens, alegando a incorreção dos valores cobrados.

(D) o Juiz da Vara determinará a penhora de tantos bens quantos bastem para a satisfação do julgado, sendo que a penhora em dinheiro não é permitida nesta fase.

(E) o Juiz da Vara determinará a penhora de tantos bens quantos bastem para a satisfação do julgado, podendo ser feita a penhora em dinheiro.

25. (TRT23 – TJAA – 2016) A Fazenda Pública, devidamente intimada na pessoa de seu representante judicial, poderá impugnar a execução. Neste caso, a matéria que NÃO poderá ser arguida é

(A) excesso de execução.

(B) ilegitimidade de parte.

(C) falta ou nulidade de citação, se, na fase de conhecimento, o processo correu à revelia.

(D) desconhecimento do exequente.

(E) cumulação indevida de execuções.

26. (TRT1 – Juiz do Trabalho – 2016) Sendo ré em uma execução em curso na Justiça do Trabalho, na qual a dívida estava no montante de R$ 5.000,00 (cinco mil reais), a empresa Antiquário "X" teve penhorado e removido para o depósito público um antigo lustre no valor de R$ 10.000,00 (dez mil reais), o qual estava em seu poder em razão de um contrato estimatório que havia celebrado com terceiro, sendo certo que este ainda aguardava a venda do bem para haver seu crédito.

Nesse caso, o

(A) devedor embargaria a execução, alegando que o lustre era impenhorável.

(B) devedor apresentaria exceção de pré-executividade, alegando que não seria o possuidor do lustre.

(C) devedor apresentaria simples petição, comprovando o caráter estimatório do lustre.

(D) terceiro embargaria de terceiro a execução, pedindo que o bem fosse retirado da posse do Antiquário e a ele devolvido.

(E) devedor embargaria a execução, alegando excesso de execução, uma vez que o lustre valeria o dobro do valor da dívida.

27. (TRT23 – AJAJ – 2016) A Metha Medicamentos S/A é uma empresa privada e foi condenada em ação trabalhista, com trânsito em julgado. Estando garantida a execução ou penhorados bens do devedor, terá a executada o prazo para embargos de

(A) 20 dias.

(B) 15 dias.

(C) 48 horas.

(D) 10 dias.

(E) 05 dias.

28. (PREFEITURA/CAMPINAS – Procurador – 2016) Conforme dispositivos contidos na Consolidação das Leis do Trabalho e entendimento sumulado do Tribunal Superior do Trabalho sobre a execução trabalhista é correto afirmar:

(A) Na liquidação da sentença exequenda, não se poderá modificar ou inovar a sentença liquidanda nem discutir matéria pertinente à causa principal, salvo para atribuir interpretação favorável ao exequente, sendo que a liquidação não abrangerá o cálculo das contribuições previdenciárias devidas que será efetuada em apartado.

(B) Requerida a execução, o juiz mandará expedir mandado de citação do executado, a fim de que cumpra a decisão ou o acordo no prazo, pelo modo e sob as cominações estabelecidas ou, quando se tratar de pagamento em dinheiro, inclusive de contribuições sociais devidas à União, para que o faça em cinco dias ou garanta a execução, sob pena de penhora.

(C) Não fere direito líquido e certo do impetrante o ato judicial que determina penhora em dinheiro do executado para garantir crédito exequendo, quando nomeados outros bens à penhora, em execução provisória, uma vez que obedece à gradação prevista na Consolidação das Leis do Trabalho.

(D) Garantida a execução ou penhorados os bens, terá a empresa privada executada dez dias e a Fazenda Pública o prazo de vinte dias para apresentação de embargos, cabendo igual prazo ao exequente para impugnação da conta de liquidação.

(E) Na execução por carta precatória, os embargos de terceiro serão oferecidos no juízo deprecante ou no juízo deprecado, mas a competência para julgá-los é do juízo deprecante, salvo se versarem, unicamente, sobre vícios ou irregularidades da penhora, avaliação ou alienação dos bens, praticados pelo juízo deprecado, em que a competência será deste último.

29. (TRT20 – TJAA – 2016) O reclamado Netuno foi condenado a pagar horas extras e indenização por dano moral e material em razão de agressões verbais e físicas a seu empregado, que exercia as funções de motorista particular. Não recorreu da sentença e se iniciou a execução. Nessa hipótese, conforme regras contidas na Consolidação das Leis do Trabalho,

(A) elaborada a conta e tornada líquida a sentença exequenda, o juiz deverá abrir às partes prazo comum de 5 dias para impugnação fundamentada com a indicação dos itens e valores objeto da discordância, sob pena de preclusão.

(B) requerida a execução, o juiz mandará expedir mandado de citação do executado, a fim de que pague o valor da condenação, acrescido de contribuições sociais devidas à União, em 5 dias, ou garanta a execução nesse prazo, sob pena de penhora.

(C) garantida a execução ou penhorados os bens, terá o executado 15 dias para apresentar embargos, cabendo o prazo de 5 dias ao exequente para impugnação.

(D) a matéria de defesa dos embargos à execução será restrita às alegações de cumprimento da decisão ou do acordo, quitação, não cabendo, nesta fase, arguição de prescrição da dívida e prova testemunhal.

(E) julgada subsistente a penhora, o juiz mandará proceder à avaliação dos bens penhorados e, concluída esta, ocorrerá a arrematação que será que fará em dia, hora e lugar anunciados e os bens serão vendidos pelo maior lance, tendo o exequente a preferência para a adjudicação.

30. (TRT21/Analista Judiciário – Área Judiciária/2017) Conforme a legislação processual trabalhista, alterada pela Lei 13.467/2017, no tocante às custas processuais e à concessão da Justiça Gratuita nos processos afetos à jurisdição da Justiça do Trabalho, o valor máximo para pagamento de custas processuais será de ..I.. vezes o limite máximo do Regime Geral de Previdência Social, sendo facultado aos juízes, órgãos julgadores e presidentes dos tribunais do trabalho de qualquer instância conceder ..II.. o benefício da justiça gratuita, inclusive quanto a translados e instrumentos, àqueles que percebem salário igual ou inferior a ..III.. % do limite máximo dos benefícios do Regime Geral de Previdência Social

Completam, correta e respectivamente, as lacunas I, II, III:

(A) quatro – apenas a requerimento – 40

(B) duas – apenas a requerimento – 50

(C) quatro – a requerimento ou de ofício – 40

(D) cinco – apenas a requerimento – 40

(E) duas – a requerimento ou de ofício – 50

31. (TRT21/Analista Judiciário – Área Judiciária/2017) De acordo com a Lei 13.467/2017, a execução será promovida:

(A) pelas partes, permitida a execução de ofício pelo juiz ou pelo Presidente do Tribunal apenas nos casos em que as partes não estiverem representadas por advogado, e, elaborada a conta e tornada líquida, o juízo deverá abrir às partes prazo comum de oito dias para impugnação fundamentada com a indicação dos itens e valores objeto da discordância, sob pena de preclusão.

(B) sempre pelas partes, vedada a execução de ofício pelo juiz ou pelo Presidente do Tribunal e, elaborada a conta e tornada líquida, o juízo poderá abrir às partes prazo comum de oito dias para impugnação fundamentada com a indicação dos itens e valores objeto da discordância, sob pena de preclusão.

(C) pelas partes, permitida a execução de ofício pelo juiz ou pelo Presidente do Tribunal apenas nos casos em que as partes não estiverem representadas por advogado e, elaborada a conta e tornada líquida, o juízo deverá abrir às partes prazo comum de quinze dias para impugnação fundamentada com a indicação dos itens e valores objeto da discordância, sob pena de preclusão.

(D) sempre pelas partes, vedada a execução de ofício pelo juiz ou pelo Presidente do Tribunal e, elaborada a conta e tornada líquida, o juízo deverá abrir às partes prazo comum de dez dias para impugnação fundamentada com a indicação dos itens e valores objeto da discordância, sob pena de preclusão.

(E) pelas partes, permitida a execução de ofício pelo juiz ou pelo Presidente do Tribunal apenas nos casos em que as partes não estiverem representadas por advogado e, elaborada a conta e tornada líquida, o juízo poderá abrir às partes prazo comum de dez dias para impugnação fundamentada com a indicação dos itens e valores objeto da discordância, sob pena de preclusão.

32. (FCC – Analista Judiciário – Oficial de Justiça Avaliador – TRT 15/2018) Considerando as regras legais em relação à liquidação de sentença e à execução no processo do trabalho,

(A) a execução poderá ser promovida por qualquer interessado ou *ex officio* pelo próprio Juiz ou pelo Presidente do Tribunal competente.

(B) é facultado ao devedor o pagamento imediato da parte que entender devida à Previdência Social, sem prejuízo da cobrança de eventuais diferenças encontradas na execução *ex officio*.

(C) a exigência de garantia ou penhora se aplica às entidades filantrópicas e/ou àqueles que compõem ou compuseram a diretoria dessas instituições.

(D) elaborada a conta e tornada líquida, o juízo poderá abrir às partes prazo comum de cinco dias para impugnação fundamentada com a indicação dos itens e valores objeto da discordância, sob pena de preclusão.

(E) garantida a execução ou penhorados os bens, no prazo de oito dias, o executado poderá apresentar embargos à execução.

33. (AOCP – Analista Judiciário – Área Judiciária – TRT 1/2018) A empresa ThOliveira Comércio de Metais formalizou acordo em uma reclamação trabalhista, na qual se comprometeu a pagar o valor de R$ 12.000,00 em 12 parcelas ao ex-funcionário Fernando Carrara. Ocorre que, após cumprir duas delas, deixou de cumprir o pactuado, motivo pelo qual o Reclamante pediu a execução do acordo. O juiz mandou expedir mandado de citação para que a Executada cumpra o acordo e que o faça em 48 (quarenta e oito) horas ou garanta a execução, sob pena de penhora. Diante do caso apresentado, assinale a alternativa correta.

(A) A Reclamada será citada via oficial de justiça. Se procurada pelo oficial por 3 (três) vezes no espaço de 72 (setenta e duas) horas e não for encontrada, a citação será feita por edital, publicado no jornal oficial ou, na falta deste, afixado na sede da Junta ou Juízo, durante 7 (sete) dias.

(B) A Reclamada será citada via oficial de justiça. Se procurada pelo oficial por 2 (duas) vezes no espaço de 48 (quarenta e oito) horas e não for encontrada, a citação será feita por edital, publicado no jornal oficial ou, na falta deste, afixado na sede da Junta ou Juízo, durante 5 (cinco) dias.

(C) A Reclamada será citada via correspondência com Aviso de Recebimento. Caso se mantiver inerte pelo prazo de 5 (cinco) dias após o recebimento, a citação será feita por edital, publicado no jornal oficial ou, na falta deste, afixado na sede da Junta ou Juízo, durante 7 (sete) dias.

(D) A Reclamada será citada via oficial de justiça. Se procurada pelo oficial por 2 (duas) vezes no espaço de 72 (setenta e duas) horas e não for encontrada, a citação será feita por edital, publicado no jornal oficial ou, na falta deste, afixado na sede da Junta ou Juízo, durante 10 (dez) dias.

(E) A Reclamada será citada via correspondência com Aviso de Recebimento. Caso se mantiver inerte, será procurada por oficial de diligência por 3 (três) vezes no espaço de 72 (setenta e duas) horas. Se não for encontrada, a citação será feita por edital, publicado no jornal oficial ou, na falta deste, afixado na sede da Junta ou Juízo, durante 7 (sete) dias.

34. (AOCP – Técnico Judiciário – Área Administrativa – TRT 1/2018) Considerando os temas: citação, nomeação de bens, mandado e penhora, bens penhoráveis e impenhoráveis, no Direito Processual do Trabalho, pautados na Lei nº 13.467/2017, assinale a alternativa correta.

(A) A Consolidação das Leis Trabalhistas faz menção expressa sobre o artigo de lei do Código de Processo Civil que traz a ordem preferencial de penhora, tendo como primeira opção o dinheiro, em espécie ou em depósito ou aplicação em instituição financeira.

(B) Requerida a execução, o juiz do tribunal mandará expedir mandado de citação do executado, a fim de que cumpra a decisão ou o acordo no prazo pelo modo e sob as cominações estabelecidas ou, quando se tratar de pagamento em dinheiro, inclusive de contribuições sociais devidas à União, para que o faça em 72 (setenta e duas) horas ou garanta a execução, sob pena de penhora.

(C) Não pagando o executado, nem garantindo a execução, seguir-se-á penhora dos bens, tantos quantos bastem ao pagamento da importância da condenação, sem custas e juros de mora.

(D) São impenhoráveis os móveis pertences e utilidades domésticas que guarnecem a residência do executado, inclusive os de elevado valor ou os que ultrapassem as necessidades comuns correspondentes a um médio padrão de vida.

(E) O executado que não pagar a importância reclamada perderá o direito de garantir a execução mediante depósito da quantia correspondente atualizada e sem as despesas processuais.

35. (AOCP – Técnico Judiciário – Área Administrativa – TRT 1/2018) Considerando a execução contra a Fazenda Pública e a massa falida, assinale a alternativa INCORRETA.

(A) No processo do trabalho, os créditos contra a massa falida são julgados pela Justiça do Trabalho até o momento em que houver a liquidação da sentença e seja definido o valor devido pelo empregado.

(B) Na execução contra a Fazenda Pública, não opostos embargos ou transitada em julgado a decisão que os rejeitar, expedir-se-á precatório ou requisição de pequeno valor em favor do exequente.

(C) Em relação à execução contra a Fazenda Pública, é permitida a expedição de precatórios complementares ou suplementares de valor pago, bem como o fracionamento, repartição ou quebra do valor da execução para fins de enquadramento de parcela do total no que se refere a pagamento de pequeno valor definido em lei.

(D) Na execução contra a Fazenda Pública, fundada em título extrajudicial, a Fazenda Pública será citada para opor embargos em 30 (trinta) dias.

(E) Os direitos oriundos da existência do contrato de trabalho subsistirão em caso de falência, sendo que constituirão créditos privilegiados a totalidade dos salários devidos ao empregado e a totalidade das indenizações a que tiver direito.

36. (AOCP – Analista Judiciário – Área Judiciária – TRT 1/2018) Acerca das disposições da CLT relativas à execução e avaliação de bens, assinale a alternativa correta.

(A) A avaliação dos bens penhorados, em virtude da execução de decisão condenatória, será feita por avaliador escolhido de comum acordo pelas partes, que perceberá as custas arbitradas pelo juiz ou presidente do tribunal trabalhista.

(B) Não acordando as partes quanto à designação de avaliador, dentro de 8 (oito) dias após o despacho que o determinou a avaliação, será o avaliador designado livremente pelo juiz ou presidente do tribunal.

(C) Os servidores da Justiça do Trabalho poderão ser escolhidos ou designados para servirem como avaliadores.

(D) Ao apresentar Embargos à Execução, o devedor poderá arrolar testemunhas que, caso julgue necessário ouvi-las, o juiz marcará audiência para produção da prova, que deverá ocorrer dentro do prazo de 10 (dez) dias.

(E) A execução poderá ser promovida por qualquer interessado ou *ex officio* pelo próprio juiz, presidente ou tribunal competente.

37. (FCC – Técnico Judiciário – Área Administrativa – TRT 6/2018) Em relação à execução trabalhista, conforme legislação vigente,

(A) será promovida pelas partes, permitida a atuação de ofício do Juiz, ainda que as partes estejam assistidas por advogado.

(B) requerida a execução, o Juiz mandará expedir mandado de citação do executado, a fim de que proceda ao pagamento em dinheiro, inclusive de contribuições sociais devidas à União, em cinco dias, ou garanta a execução, sob pena de penhora.

(C) garantida a execução ou penhorados os bens, terá o executado prazo de quinze dias para apresentar embargos, cabendo igual prazo ao exequente para impugnação.

(D) a matéria de defesa em embargos à execução será restrita às alegações de cumprimento da decisão ou do acordo, quitação ou prescrição da dívida, não cabendo produção de prova testemunhal em audiência.

(E) o executado que não pagar a importância reclamada poderá garantir a execução mediante depósito da quantia correspondente, atualizada e acrescida das despesas processuais, apresentação de seguro-garantia judicial ou nomeação de bens à penhora, observada a ordem preferencial estabelecida na lei processual civil.

38. (FCC – Analista Judiciário – Oficial de Justiça Avaliador – TRT 6/2018) A decisão judicial transitada em julgado somente poderá ser levada a protesto, gerar inscrição do nome do executado em órgãos de proteção ao crédito ou no Banco Nacional de Devedores Trabalhistas (BNDT), nos termos da lei, depois de transcorrido o prazo de

(A) quarenta e cinco dias a contar da citação do executado, se não houver garantia do juízo.

(B) sessenta dias a contar da citação do executado, se não houver garantia do juízo.

(C) quarenta e cinco dias a contar da garantia do juízo.

(D) sessenta dias a contar da garantia do juízo.

(E) trinta dias a contar da garantia do juízo.

39. (FCC – Analista Judiciário – Oficial de Justiça Avaliador – TRT 6/2018) Considere as afirmações abaixo acerca da liquidação e execução de sentença no processo do trabalho, conforme previsão na CLT.

I. A execução no processo do trabalho será sempre promovida por iniciativa das partes em qualquer hipótese, por determinação legal.

II. Elaborada a conta e tornada líquida, o juízo poderá abrir às partes prazo sucessivo de 8 dias para impugnação fundamentada, sob pena de preclusão.

III. A atualização dos créditos decorrentes de condenação judicial será feita pela Taxa Referencial (TR), divulgada pelo Banco Central do Brasil.

IV. Tratando-se de execução de valores superiores a 40 salários mínimos, o juiz deverá nomear perito para a elaboração e fixará, depois da conclusão do trabalho, o valor dos respectivos honorários.

Está correto o que se afirma APENAS em

(A) IV.

(B) II e IV.

(C) I e II.

(D) III.

(E) I e III.

40. (Cespe – Procurador do Estado – PE/2018) De acordo com o disposto na CLT e com a jurisprudência do TST a respeito da execução trabalhista, a parte executada será citada para pagar a quantia devida ou indicar bens à penhora no prazo de

(A) vinte e quatro horas.

(B) trinta e seis horas.

(C) quarenta e oito horas.

(D) sessenta horas.

(E) setenta e duas horas.

41. (Vunesp – Procurador – IPSM/2018) Contra as decisões definitivas nas fases de conhecimento e execuçao, sao cabiveis, respectivamente:

(A) recurso ordinário e agravo de petição, no prazo de oito dias corridos.

(B) recurso ordinário e agravo de petição, no prazo de oito dias úteis.

(C) recurso ordinário e agravo de instrumento, no prazo de oito dias corridos.

(D) recurso ordinário e agravo de instrumento, no prazo de oito dias úteis.

(E) recurso ordinário, no prazo de oito dias úteis e embargos à execução, no prazo de cinco dias úteis.

42. (Vunesp – Procurador Jurídico – Prefeitura de Guarujá – SP/2021) Aquiles é vencedor numa demanda trabalhista já transitada em julgado. Passada a fase de liquidação de sentença e, com a decisão de homologação dos cálculos de liquidação apresentados pela Reclamada, por intermédio de sentença de liquidação, Aquiles, discordando dos seus termos, pretende adotar a medida processual compatível. Dessa forma, considerando o que diz a CLT, Aquiles:

(A) deve apresentar embargos à penhora, no prazo de 5 (cinco) dias, sendo a matéria restrita ao cumprimento da sentença.

(B) pode apresentar impugnação à sentença de liquidação no prazo de 5 (cinco) dias após a garantia da execução ou penhora de bens.

(C) pode interpor o recurso de Agravo de petição, no prazo de 8 (oito) dias, contados da intimação da sentença de liquidação, independentemente de estar ou não garantido o juízo.

(D) deve apresentar embargos à execução, no prazo de 5 (cinco) dias, contados da intimação para contraminuta de embargos à execução interpostos pela executada.

(E) após garantia da execução ou penhorados os bens, depois do prazo de embargos para a executada, terá 5 (cinco) dias para apresentar impugnação à sentença de liquidação.

43. (Vunesp – Advogado – CODEN – SP/2021) A respeito da execução no processo do trabalho e liquidação de sentença, assinale a alternativa correta.

(A) A execução será promovida pelas partes, sendo vedada a execução de ofício.

(B) A liquidação não abrangerá o cálculo das contribuições previdenciárias.

(C) A atualização dos créditos decorrentes de condenação judicial será feita pela variação da taxa Selic.

(D) Elaborada a conta e tornada líquida, o juízo deverá abrir às partes prazo sucessivo de oito dias para impugnação.

(E) Elaborada a conta e tornada líquida, o juízo deverá abrir às partes prazo comum de oito dias para impugnação.

44. (FCC – 2024 – TRT – 7ª Região (CE) – Técnico Judiciário – Área Administrativa) A loja de roupas Local Jeans Ltda., executada em uma reclamação trabalhista, apresentou embargos à execução arrolando testemunhas, o que foi indeferido pelo juiz, sob o argumento de que não se tratava de processo de conhecimento, não sendo cabível tal meio de prova nessa fase processual. Sobre o caso narrado, observando o que prevê a Consolidação das Leis do Trabalho sobre a matéria, a decisão do juiz foi

(A) correta, uma vez que é permitido arrolar testemunhas na fase de execução somente com a interposição de Agravo de Petição.

(B) Incorreta, pois é permitida a prova testemunhal em sede de embargos à execução.

(C) correta, pois já fora ultrapassada a fase de conhecimento.

(D) incorreta, sendo cabível a prova testemunhal, cabendo, nesse caso, interposição de Mandado de Segurança.

(E) correta, já que a matéria na execução está restrita a valores.

45. (FCC – 2024 – TRT – 7ª Região (CE) – Analista Judiciário – Área Judiciária (Especialidade Oficial de Justiça Avaliador Federal)) Celeste teve julgada procedente em parte sua reclamação trabalhista. Com o trânsito em julgado, iniciou-se a fase executória, tendo o juiz lhe concedido prazo para apresentar cálculos de liquidação, o que foi apresentado. Destes cálculos, a empresa executada foi intimada a se manifestar, mas quedou-se inerte. Em seguida, o juiz homologou os cálculos

de Celeste e citou a executada para pagamento. À executada apresentou guia de depósito do valor homologado e, 5 dias após, interpôs embargos à execução, refutando os cálculos homologados, entendendo que estavam majorados. Diante da situação retratada e conforme a CLT, é correto afirmar:

(A) Os embargos não serão apreciados, pois somente com apresentação de seguro-garantia judicial é que fica garantido o juízo e não pelo depósito.

(B) Houve preclusão do direito de impugnação da executada, uma vez que silenciou acerca dos cálculos no primeiro momento, logo, o mérito dos embargos não será apreciado.

(C) Os embargos à execução são a medida correta, obedecendo a executada o prazo processual e a garantia do juízo, razão pela qual serão apreciados.

(D) Os embargos não serão apreciados posto que são interposição, já que o prazo para sua interposição é de 3 dias.

(E) Somente com a penhora de bens inicia-se O prazo para interposição de embargos à execução, não se prestando O depósito judicial para tal fim.

GABARITO

01 - D	02 - B	03 - D
04 - D	05 - B	06 - D
07 - A	08 - D	09 - D
10 - B	11 - A	12 - C
13 - B	14 - B	15 - B
16 - D	17 - A	18 - D
19 - E	20 - B	21 - A
22 - D	23 - D	24 - E
25 - D	26 - A	27 - E
28 - E	29 - E	30 - C
31 - A	32 - B	33 - B
34 - A	35 - C	36 - A
37 - E	38 - A	39 - D
40 - C	41 - B	42 - B
43 - E	44 - B	45 - B

CAPÍTULO 8

PROCEDIMENTOS ESPECIAIS

8.1. AÇÃO RESCISÓRIA

8.1.1. Conceito e cabimento

Trata-se de uma ação de conhecimento, de natureza constitutivo-negativa, objetivando a desconstituição ou anulação da *res judicata.*

Em outras palavras, a ação rescisória é uma ação autônoma que visa desconstituir ou anular decisão judicial (em regra de mérito) transitada em julgado em função de vícios insanáveis.

No Código de Processo Civil, a ação rescisória está regulada nos arts. 966 e seguintes, aplicáveis ao Processo do Trabalho, consoante determina o TST, no art. 3º, XXVI, da IN 39/2016.

O art. 836 da CLT previa a possibilidade de ajuizamento de ação rescisória no âmbito da Justiça do Trabalho, determinando a aplicação dos dispositivos do Código de Processo Civil, ressalvando, apenas, a dispensa do depósito prévio exigido no art. 968, II, do digesto processual civil.

Todavia, a Lei 11.495/2007, publicada no *DOU* em 25 de junho de 2007, modificou a redação do art. 836 da CLT passando a estabelecer que a propositura da ação rescisória está sujeita ao depósito prévio de 20% do valor da causa, salvo prova de miserabilidade jurídica do autor. Veja a nova redação do art. 836 da CLT:

> "Art. 836. É vedado aos órgãos da Justiça do Trabalho conhecer de questões já decididas, excetuados os casos expressamente previstos neste Título e a ação rescisória, que será admitida na forma do disposto no Capítulo IV do Título IX da Lei 5.869, de 11 de janeiro de 1973 – Código de Processo Civil, sujeita ao depósito prévio de 20% (vinte por cento) do valor da causa, salvo prova de miserabilidade jurídica do autor".

Em outras palavras, no âmbito laboral, a parte que propuser ação rescisória (seja trabalhador ou empregador) deverá efetuar, como pressuposto para propositura do corte rescisório (salvo demonstração de miserabilidade jurídica), o depósito prévio de 20% (vinte por cento) do valor da causa, a título de multa, caso a ação seja, por unanimidade de votos, declarada inadmissível ou improcedente.

Observe que, no âmbito do CPC, o depósito prévio é fixado em apenas 5% (cinco por cento) do valor da causa, a título de multa, caso a ação seja, por unanimidade de votos, declarada inadmissível ou improcedente (art. 968, II, do CPC).

8.1.2. Requisitos

Em regra, decisão de mérito, porque sujeita à coisa julgada material, poderá ser objeto de ação rescisória, abrangendo a sentença e o acórdão.

O atual Código de Processo Civil autoriza a ação rescisória de sentença que não seja de mérito em duas hipóteses (art. 966, § 2º, do CPC): a) de sentença que impeça a propositura de nova demanda, como é o caso da sentença que reconhece a ilegitimidade para a causa, a ausência de interesse de agir, a existência de litispendência, coisa julgada ou perempção; e b) que verse sobre a admissibilidade de recurso, como é o caso da decisão que não admite o recurso ordinário, por exemplo, por ser intempestivo.

Observe o disposto no art. 966, § 2º, do CPC:

> "Art. 966. A decisão de mérito, transitada em julgado, pode ser rescindida quando:
>
> (...)
>
> § 2.º Nas hipóteses previstas nos incisos do *caput*, será rescindível a decisão transitada em julgado que, embora não seja de mérito, impeça:
>
> I – nova propositura da demanda; ou
>
> II – admissibilidade do recurso correspondente".

O Código de Processo Civil assegura, portanto, a rescindibilidade de decisão que, embora não seja de mérito, não é mais passível de discussão.

Ressalte-se, portanto, que uma questão processual, como a ilegitimidade de parte, pode ser objeto de ação rescisória, uma vez que não admite a propositura de nova demanda.

Logo, quando o processo é extinto sem julgamento do mérito (sentença terminativa), como nas hipóteses de carência de ação ou ausência de pressuposto de constituição e desenvolvimento válido e regular do processo, não caberá ajuizamento de ação rescisória, visto que a sentença não é de mérito, ensejando, apenas, a coisa julgada formal.

Nessa esteira, a OJ 134 da SDI-II/TST estabelece que "a decisão proferida em embargos à execução ou em agravo de petição que apenas declara preclusa a oportunidade de impugnação da sentença de liquidação não é rescindível, em virtude de produzir tão-somente coisa julgada formal.".

Pela mesma razão, por não apreciarem o mérito da causa, em regra, as decisões interlocutórias e os despachos de mero expediente também não serão submetidos ao corte rescisório.

Outrossim, quando a sentença é inexistente (como na hipótese de a sentença não trazer a parte dispositiva ou ser proferida por uma pessoa que não é juiz), não há que falar em ação rescisória, pois sequer existiu a coisa julgada material, não havendo o que rescindir, visto que sentença inexistente não produz qualquer efeito jurídico.

Sobre a exigência de coisa julgada, cumpre observar a OJ 157 da SDI-2:

> "OJ 157 DA SDI-2. AÇÃO RESCISÓRIA. DECISÕES PROFERIDAS EM FASES DISTINTAS DE UMA MESMA AÇÃO. COISA JULGADA. NÃO CONFIGURAÇÃO (atualizada em decorrência do CPC de 2015) – Res. 208/2016, *DEJT* divulgado em 22, 25 e 26.04.2016.
>
> A ofensa à coisa julgada de que trata o inciso IV do art. 966 do CPC de 2015 (inciso IV do art. 485 do CPC de 1973) refere-se apenas a

> relações processuais distintas. A invocação de desrespeito à coisa julgada formada no processo de conhecimento, na correspondente fase de execução, somente é possível com base na violação do art. 5.º, XXXVI, da Constituição da República."

Vale destacar que o Supremo Tribunal Federal, por meio da Súmula 514, admite a ação rescisória em face de sentença transitada em julgado, ainda que contra ela não se tenham esgotados todos os recursos.

O Tribunal Superior do Trabalho (Súmula 412) admite que uma questão processual possa ser objeto de ação rescisória desde que consista em pressuposto de validade de uma sentença de mérito.

Por sua vez, a sentença normativa transitada em julgado também admite a ação rescisória, conforme previsto na Lei 7.701/1988, art. 2.º, I, *c*.

Verifique, por fim, a OJ 154 da SDI 2:

> "Ação rescisória. Acordo prévio ao ajuizamento da reclamação. Quitação geral. Lide simulada. Possibilidade de rescisão da sentença homologatória de acordo apenas se verificada a existência de vício de consentimento. A sentença homologatória de acordo prévio ao ajuizamento de reclamação trabalhista, no qual foi conferida quitação geral do extinto contrato, sujeita-se ao corte rescisório tão somente se verificada a existência de fraude ou vício de consentimento".

O corte rescisório não pode ser utilizado antes do trânsito em julgado da sentença ou acórdão, visto não ser admissível ação rescisória preventiva, conforme entendimento consubstanciado na Súmula 299 do TST.

8.1.3. Competência

A ação rescisória será sempre julgada pelos tribunais, no âmbito laboral, pelo Tribunal Regional do Trabalho respectivo ou pelo Tribunal Superior do Trabalho, dependendo da sentença ou acórdão a ser rescindido.

Decisão	Juízo competente
Sentença	TRT
Acórdão do TRT	TRT
Acórdão do TST	TST

Importante destacar o efeito substitutivo dos recursos, previsto no art. 1.008 do CPC, segundo o qual "o julgamento proferido pelo tribunal substituirá a decisão impugnada no que houver sido objeto de recurso".

Dessa forma, uma vez que o recurso tenha sido conhecido e seu mérito apreciado, seja para dar provimento ou não ao recurso, o acórdão terá substituído a decisão anterior e, apenas este, será objeto de ação rescisória.

Assim, se a ação rescisória visar desconstituir um acórdão do TRT já substituído por acórdão do TST, sendo a ação proposta no TRT, este será incompetente e, por isso, o autor será intimado para emendar a petição inicial, a fim de adequar o objeto da ação rescisória. Depois da emenda, será permitido ao réu complementar a sua defesa e, em seguida, os autos serão remetidos ao tribunal competente. É o que se extrai do art. 968, §§ 5.º e 6.º, do CPC:

> "Art. 968. A petição inicial será elaborada com observância dos requisitos essenciais do art. 319, devendo o autor:
>
> (...)
>
> § 5.º Reconhecida a incompetência do tribunal para julgar a ação rescisória, o autor será intimado para emendar a petição inicial, a fim de adequar o objeto da ação rescisória, quando a decisão apontada como rescindenda:
>
> I – não tiver apreciado o mérito e não se enquadrar na situação prevista no § 2.º do art. 966;
>
> II – tiver sido substituída por decisão posterior.
>
> § 6.º Na hipótese do § 5.º, após a emenda da petição inicial, será permitido ao réu complementar os fundamentos de defesa, e, em seguida, os autos serão remetidos ao tribunal competente".

Dessa forma, os itens I e II, da Súmula 192 do TST, determinam que "se não houver o conhecimento de recurso de revista ou de embargos, a competência para julgar ação que vise a rescindir a decisão de mérito é do Tribunal Regional do Trabalho, salvo se o acórdão rescindendo do Tribunal Superior do Trabalho que não conhece de recurso de embargos ou de revista, analisando arguição de violação de dispositivo de lei material ou decidindo em consonância com súmula de direito material ou com iterativa, notória e atual jurisprudência de direito material da Seção de Dissídios Individuais, examina o mérito da causa, cabendo ação rescisória da competência do Tribunal Superior do Trabalho".

8.1.4. Legitimidade

O art. 967 do CPC estabelece os legitimados a propor ação rescisória. Constate:

> "Art. 967. Têm legitimidade para propor a ação rescisória:
>
> I – quem foi parte no processo ou o seu sucessor a título universal ou singular;
>
> II – o terceiro juridicamente interessado;
>
> III – o Ministério Público:
>
> a) se não foi ouvido no processo em que lhe era obrigatória a intervenção;
>
> b) quando a decisão rescindenda é o efeito de simulação ou de colusão das partes, a fim de fraudar a lei;
>
> c) em outros casos em que se imponha sua atuação;
>
> IV – aquele que não foi ouvido no processo em que lhe era obrigatória a intervenção.
>
> Parágrafo único. Nas hipóteses do art. 178, o Ministério Público será intimado para intervir como fiscal da ordem jurídica quando não for parte".

Quanto à legitimidade para o Ministério Público propor ação rescisória, a Súmula 407 do TST esclarece que a legitimidade *ad causam* do Ministério Público do Trabalho para propor ação rescisória, ainda que não tenha sido parte no processo que deu origem à decisão rescindenda, não está limitada às hipóteses em que não foi ouvido no processo quando sua intervenção era obrigatória e também quando a sentença é o resultado da colusão entre as partes (art. 967, III, *a*, *b* e *c* do CPC).

O art. 967, III, alíneas *a*, *b* e *c*, do CPC, determina que o Ministério Público terá legitimidade para propor a ação rescisória se não foi ouvido no processo em que lhe era obrigatória a intervenção (alínea *a*); quando a decisão rescindenda é o efeito de simulação ou de colusão das partes, a fim de fraudar a lei (alínea *b*); e, também, em outros casos em que se imponha sua atuação (alínea *c*). Ou seja, o diploma processual estabelece que também será cabível a ação rescisória, pelo Ministério Público, em caso de simulação e em outros casos em que se imponha sua atuação.

8.1.5. Ação rescisória e sentença homologatória de acordo

O art. 966, § 4.º, do CPC, estabelece que "os atos judiciais de disposição de direitos, praticados pelas partes ou por outros participantes do processo e homologados pelo juízo, bem como os atos homologatórios praticados no curso da execução, estão sujeitos à anulação, nos termos da lei".

Em outras palavras, no âmbito do processo civil, atos judiciais de disposição de direitos ou os atos homologatórios praticados no curso da execução não serão submetidos à ação rescisória, podendo ser objeto de simples ação anulatória em caso de verificação, por exemplo, de algum vício de vontade (erro, dolo, coação, simulação ou fraude).

Todavia, no âmbito laboral, pensamento diverso tem sido adotado. Com efeito, o art. 831, parágrafo único, da CLT, dispõe que:

> "Art. 831. A decisão será proferida depois de rejeitada pelas partes a proposta de conciliação.
>
> Parágrafo único. No caso de conciliação, o termo que for lavrado valerá como decisão irrecorrível, salvo para a Previdência Social quanto às contribuições que lhe forem devidas".

Neste sentido, o Tribunal Superior do Trabalho firmou entendimento, consubstanciado na Súmula 259, de que somente por ação rescisória é impugnável o termo de conciliação previsto no art. 831, parágrafo único, consolidado.

Portanto, homologado acordo na Justiça do Trabalho, não será cabível ação anulatória para desconstituí-lo, como prevê o art. 966, § 4.º, do CPC, mas, sim, ação rescisória, espelhada na Súmula 259 do TST.

Finalmente, atente-se para a OJ 158 DA SDI-II do TST:

> "OJ 158 DA SDI II. AÇÃO RESCISÓRIA. DECLARAÇÃO DE NULIDADE DE DECISÃO HOMOLOGATÓRIA DE ACORDO EM RAZÃO DE COLUSÃO (ART. 485, III, DO CPC) (ART. 966, III, DO NCPC). MULTA POR LITIGÂNCIA DE MÁ-FÉ. IMPOSSIBILIDADE (*DEJT* divulgado em 12, 13 e 16.04.2012). A declaração de nulidade de decisão homologatória de acordo, em razão da colusão entre as partes (art. 485, III, do CPC) (art. 966, III, do NCPC), é sanção suficiente em relação ao procedimento adotado, não havendo que ser aplicada a multa por litigância de má-fé".

8.1.6. Juízo rescindente e rescisório

O autor da ação pode cumular ao pedido principal de rescisão do julgado pleito de novo julgamento da causa pelo mesmo tribunal que apreciou a rescisória. Com efeito, em várias hipóteses previstas no art. 966 do CPC, o tribunal exercerá também, além do juízo rescindente, o juízo rescisório (*iudicium rescissorium*), proferindo novo julgamento da causa.

Logo, apenas em poucas situações, o tribunal exercerá somente o chamado juízo rescindente (*iudicium rescindens*), limitando-se a atuação da Corte Trabalhista a rescindir o julgado, como nas hipóteses do art. 966, II e IV, do CPC.

Ademais, não se pode esquecer que o art. 968, I, do CPC, elenca como requisito obrigatório da petição inicial a cumulação ao pedido de rescisão, se for o caso, o de novo julgamento do processo, não sendo possível considerar implícito o pedido de novo julgamento.

8.1.7. Hipóteses de cabimento

As hipóteses de cabimento da ação rescisória estão previstas no art. 966 do CPC, a seguir elencadas:

> "Art. 966. A decisão de mérito, transitada em julgado, pode ser rescindida quando:
>
> I – se verificar que foi proferida por força de prevaricação, concussão ou corrupção do juiz;
>
> II – for proferida por juiz impedido ou por juízo absolutamente incompetente;
>
> III – resultar de dolo ou coação da parte vencedora em detrimento da parte vencida ou, ainda, de simulação ou colusão entre as partes, a fim de fraudar a lei;
>
> IV – ofender a coisa julgada;
>
> V – violar manifestamente norma jurídica;
>
> VI – for fundada em prova cuja falsidade tenha sido apurada em processo criminal ou venha a ser demonstrada na própria ação rescisória;
>
> VII – obtiver o autor, posteriormente ao trânsito em julgado, prova nova cuja existência ignorava ou de que não pôde fazer uso, capaz, por si só, de lhe assegurar pronunciamento favorável;
>
> VIII – for fundada em erro de fato verificável do exame dos autos".

Passemos a analisar, individualmente, as hipóteses de cabimento da ação rescisória:

A – Se verificar que foi proferida por força de prevaricação, concussão ou corrupção do juiz:

A doutrina costuma nominar como "juiz peitado" o que profere sentença dada por prevaricação, concussão ou corrupção passiva, uma vez que na legislação penal mais antiga tais crimes eram chamados de "peita ou suborno".

A concussão, a corrupção passiva e a prevaricação são crimes previstos no Código Penal, a saber:

- Art. 316 – CONCUSSÃO – *Exigir, para si ou para outrem, direta ou* indiretamente, ainda que fora da função ou antes de assumi-la, mas em razão dela, vantagem indevida;
- Art. 317 – CORRUPÇÃO PASSIVA – Solicitar ou receber, para si ou para outrem, direta ou indiretamente, ainda que fora da função ou antes de assumi-la, mas em razão dela, vantagem indevida, ou aceitar promessa de tal vantagem;
- Art. 319 – PREVARICAÇÃO – Retardar ou deixar de praticar, indevidamente, ato de ofício, ou praticá-lo contra disposição expressa de lei, para satisfazer interesse ou sentimento pessoal.

A apuração do crime na instância penal não é condição para o ajuizamento da ação rescisória, considerando a independência entre a instância civil e criminal.

Em outras palavras, não há necessidade de que o juiz tenha sido condenado na esfera criminal pela prática de qualquer dos ilícitos penais elencados no art. 966, I, do CPC para que a ação rescisória possa ser proposta.

Todavia, eventual decisão em processo penal tramitado anteriormente ao ajuizamento da ação rescisória poderá influenciar decisivamente no julgamento da demanda.

Caso o magistrado seja condenado criminalmente pelo delito de prevaricação, concussão ou corrupção passiva, torna-se evidente que o tribunal não poderá se opor à rescisão do julgado por considerar que não houve a prática do crime (fato este que já foi comprovado na esfera penal).

Por outro lado, se o magistrado for absolvido criminalmente em função da inexistência material do delito, a ação rescisória não terá como prosperar, impedindo-se a rescisão do julgado.

E, por último, se o magistrado for absolvido por outro motivo que não seja a inexistência material do fato criminoso, como na hipótese de absolvição por falta de provas, o tribunal poderá apreciar, livremente, o pedido rescisório fundamentado no art. 966, I, do CPC.

B – Proferida por juiz impedido ou por juízo absolutamente incompetente:

Cabe mencionar que, considerando a redação imposta pelo art. 966, II, do CPC, a sentença proferida por um juiz suspeito, transitada em julgado, não ensejará o ajuizamento de ação rescisória.

Em função da taxatividade imposta pelo art. 966 do CPC, somente as sentenças proferidas por juiz impedido ou por juízo absolutamente incompetente darão ensejo ao corte rescisório.

Na hipótese em destaque, não haverá juízo rescisório, mas tão somente o juízo rescindente, devendo o tribunal remeter os autos ao juízo competente ou imparcial, para que proceda a novo julgamento da causa.

C – Resultar de dolo ou coação da parte vencedora em detrimento da parte vencida, ou, ainda, de simulação ou colusão entre as partes, a fim de fraudar a lei:

Este item encerra, em verdade, quatro hipóteses de cabimento de ação rescisória, quais sejam: dolo, coação, simulação e colusão. O atual CPC ampliou as hipóteses admitindo a rescisão nas situações de coação da parte vencedora em prejuízo da vencida e quando ocorrer a simulação entre as partes com o intuito de fraudar a lei.

Na primeira hipótese, o dolo é configurado quando se verifica que a parte vencedora, agindo com deslealdade e má-fé, tenha impedido ou dificultado a atuação processual da parte vencida, ou mesmo tenha induzido o magistrado a julgamento que se distancie da verdade dos fatos.

Neste contexto, para que a sentença possa ser objeto de ação rescisória, é imprescindível que a atitude dolosa da parte vencedora tenha sido fator determinante para o resultado do processo.

Em outras palavras, o dolo da parte vencedora só permite a utilização do corte rescisório se tiver repercutido de maneira decisiva no proferimento da sentença. Ressalte-se que o dolo do representante legal da parte ou de seu advogado, de modo a favorecê-la, equivale ao próprio dolo da parte.

Em relação à colusão processual, esta encontra previsão também no art. 142 do CPC, segundo o qual, "convencendo-se, pelas circunstâncias da causa, de que autor e réu se serviram do processo para praticar ato simulado ou conseguir fim vedado por lei, o juiz proferirá decisão que impeça os objetivos das partes, aplicando, de ofício, as penalidades da litigância de má-fé".

No âmbito laboral, infelizmente, ainda é comum a prática de ato processual simulado pelas partes objetivando atingir fim ilícito, em geral, muitas vezes lesando terceiros.

Podemos citar como exemplo de colusão processual a propositura de reclamatórias simuladas, em que são celebrados acordos vultuosos (em geral, realizados fora de pauta ou mesmo na audiência de conciliação), que, em regra, propositadamente, não são cumpridos, gerando a penhora de bens indicados espontaneamente pelo próprio executado, desviando-se, assim, patrimônio, que poderia ser utilizado para saldar as dívidas com os verdadeiros credores trabalhistas.

Portanto, verificado o conluio fraudatório, haverá espaço tanto para a atuação do juízo rescindente como também do juízo rescisório, que extinguirá o processo sem julgamento do mérito, conforme previsão na OJ 94 da SDI-II/TST, *in verbis*:

> "OJ 94 da SDI-II/TST. Ação rescisória. Colusão. Fraude à lei. Reclamatória simulada extinta. A decisão ou acordo judicial subjacente à reclamação trabalhista, cuja tramitação deixa nítida a simulação do litígio para fraudar a lei e prejudicar terceiros, enseja ação rescisória, com lastro em colusão. No juízo rescisório, o processo simulado deve ser extinto".

A coação é um dos vícios do consentimento nos negócios jurídicos, caracteriza-se pelo constrangimento físico ou moral para alguém fazer algum ato sob o fundado temor de dano iminente e considerável à sua pessoa, à sua família ou a seus bens. É possível visualizá-la nas hipóteses de acordo (art. 151 do CC).

Por seu turno, nos termos do art. 167, § 1.º, do CC, haverá simulação nos negócios jurídicos quando:

a) aparentarem conferir ou transmitir direitos a pessoas diversas daquelas às quais realmente se conferem, ou transmitem;

b) contiverem declaração, confissão, condição ou cláusula não verdadeira; e

c) os instrumentos particulares forem antedatados, ou pós-datados.

D – Ofender a coisa julgada:

A coisa julgada material impede que os elementos presentes numa demanda sejam rediscutidos em nova ação judicial, respeitando-se os limites objetivos e subjetivos da *res iudicata*.

Vale destacar que a coisa julgada formal, que nasce da extinção do processo sem julgamento do mérito, não pode ser atacada mediante ação rescisória.

Com efeito, proposta novamente demanda idêntica à outra já anteriormente sentenciada e coberta com o manto da coisa julgada material, deverá o reclamado, na defesa, preliminarmente, suscitar a matéria, com base no art. 337, VII, do CPC (podendo também o juiz conhecer a matéria de ofício, tendo em vista o disposto no art. 337, § 5.º, do CPC).

No entanto, não arguida a preliminar de coisa julgada pelo reclamado no curso da ação repetida (ou em caso de rejeição da preliminar), restará ao prejudicado, posteriormente, após o trânsito em julgado da decisão, ajuizar ação rescisória, objetivando a rescisão da segunda sentença meritória (agressora da coisa julgada), e, por consequência, a extinção do processo sem julgamento do mérito.

O Tribunal Superior do Trabalho, através da OJ 101 da SDI-II, no entanto, entende que o interessado somente poderá se utilizar da ação rescisória, à luz art. 966, IV, do CPC, quando demonstrar que, na decisão rescindenda, arguiu a tese de ofensa à coisa julgada. Repare:

> "OJ 101 da SDI-II/TST. AÇÃO RESCISÓRIA. INCISO IV DO ART. 966 DO CPC DE 2015. ART. 485, IV, DO CPC DE 1973. OFENSA À COISA JULGADA. NECESSIDADE DE FIXAÇÃO DE TESE NA DECISÃO RESCINDENDA (atualizada em decorrência do CPC de 2015) – Res. 208/2016, *DEJT* divulgado em 22, 25 e 26.04.2016.

Para viabilizar a desconstituição do julgado pela causa de rescindibilidade do inciso IV do art. 966 do CPC de 2015 (inciso IV do art. 485 do CPC de 1973), é necessário que a decisão rescindenda tenha enfrentado as questões ventiladas na ação rescisória, sob pena de inviabilizar o cotejo com o título executivo judicial tido por desrespeitado, de modo a se poder concluir pela ofensa à coisa julgada.

A ofensa capaz de dar ensejo ao corte rescisório, quando embasado no inciso IV do art. 966 do CPC, dirige-se à coisa julgada ocorrida em ação diversa, onde caracterizada a tríplice identidade de partes, causa de pedir e pedido.

A ação rescisória pautada na inobservância do título exequendo na fase de execução, ou seja, na discrepância entre o título executivo transitado em julgado e a execução, não tem por fundamento o art. 966, IV, do CPC, mas sim violação à lei, isto é, ao art. 5º, XXXVI, da CF, o qual contempla o princípio da coisa julgada.

Nesta esteira, atente-se para a OJ 157 da SDI-2 do TST:

> "OJ 157 DA SDI2. AÇÃO RESCISÓRIA. DECISÕES PROFERIDAS EM FASES DISTINTAS DE UMA MESMA AÇÃO. COISA JULGADA. NÃO CONFIGURAÇÃO (*DEJT* divulgado em 12, 13 e 16.04.2012). A ofensa à coisa julgada de que trata o art. 485, IV, do CPC (art. 966, IV, do NCPC) refere-se apenas a relações processuais distintas. A invocação de desrespeito à coisa julgada formada no processo de conhecimento, na correspondente fase de execução, somente é possível com base na violação do art. 5º, XXXVI, da Constituição da República".

Vale ressaltar que a ação rescisória pautada no art. 5º, XXXVI, da CF, por divergência entre a decisão exequenda e o comando judicial transitado em julgado, deve ser patente, sendo incabível quando se fizer necessária a interpretação do título executivo judicial para se concluir pela lesão a coisa julgada.

Entendemos, *permissa venia*, que não se aplica à ação rescisória o prequestionamento da matéria em relação à sentença rescindenda para cabimento da demanda rescisória, uma vez que a ação rescisória não possui natureza recursal.

Por último, destacamos a Súmula 397 do TST, que também se relaciona com a hipótese de rescisão do julgado em estudo:

> "SÚMULA 397 DO TST. AÇÃO RESCISÓRIA. ART. 966, IV, DO CPC DE 2015. ART. 485, IV, DO CPC DE 1973. AÇÃO DE CUMPRIMENTO. OFENSA À COISA JULGADA EMANADA DE SENTENÇA NORMATIVA MODIFICADA EM GRAU DE RECURSO. INVIABILIDADE. CABIMENTO DE MANDADO DE SEGURANÇA (atualizada em decorrência do CPC de 2015) – Res. 208/2016, *DEJT* divulgado em 22, 25 e 26.04.2016.
>
> Não procede ação rescisória calcada em ofensa à coisa julgada perpetrada por decisão proferida em ação de cumprimento, em face de a sentença normativa, na qual se louvava, ter sido modificada em grau de recurso, porque em dissídio coletivo somente se consubstancia coisa julgada formal. Assim, os meios processuais aptos a atacarem a execução da cláusula reformada são a exceção de pré-executividade e o mandado de segurança, no caso de descumprimento do art. 514 do CPC de 2015 (art. 572 do CPC de 1973) (ex-OJ 116 da SBDI-II – *DJ* 11.08.2003).
>
> "OJ 132. Acordo celebrado – homologado judicialmente – em que o empregado dá plena e ampla quitação, sem qualquer ressalva, alcança não só o objeto da inicial, como também todas as demais parcelas referentes ao extinto contrato de trabalho, violando a coisa julgada, a propositura de nova reclamação trabalhista".

E – Violar manifestamente norma jurídica:

Inicialmente, destaque-se que o atual CPC substituiu a palavra "lei" por "norma jurídica" ficando mais claro o sentido amplo da norma, abrangendo a Constituição Federal, emenda à Constituição, lei complementar, lei ordinária, decreto-lei, medida provisória, decreto e outras normas de caráter assemelhado.

O Tribunal Superior do Trabalho, por meio da Orientação Jurisprudencial 25 da SDI-II, firmou entendimento de que convenção coletiva de trabalho, acordo coletivo de trabalho, portaria, regulamento, súmula ou orientação jurisprudencial não se enquadram na expressão "lei", contida no art. 966, V, do CPC.

A violação de dispositivo de norma jurídica deverá ser direta, manifesta, frontal, não sendo possível a utilização de ação rescisória quando a decisão rescindenda adota uma dentre várias interpretações cabíveis ao diploma tido como violado, ainda que não seja a melhor.

O Tribunal Superior do Trabalho, por meio da Súmula 298, na hipótese de violação literal de dispositivo de lei, exige, para o cabimento da ação rescisória, que a matéria tenha sido prequestionada na decisão rescindenda.

Cabe destacar a Súmula 298 do TST, *in verbis*:

> "SÚMULA 298 DO TST. AÇÃO RESCISÓRIA. VIOLAÇÃO A DISPOSIÇÃO DE LEI. PRONUNCIAMENTO EXPLÍCITO. (Redação alterada pelo Tribunal Pleno na sessão realizada em 06.02.2012)
>
> I – A conclusão acerca da ocorrência de violação literal a disposição de lei pressupõe pronunciamento explícito, na sentença rescindenda, sobre a matéria veiculada.
>
> II – O pronunciamento explícito exigido em ação rescisória diz respeito à matéria e ao enfoque específico da tese debatida na ação, e não, necessariamente, ao dispositivo legal tido por violado. Basta que o conteúdo da norma reputada violada haja sido abordado na decisão rescindenda para que se considere preenchido o pressuposto.
>
> III – Para efeito de ação rescisória, considera-se pronunciada explicitamente a matéria tratada na sentença quando, examinando remessa de ofício, o Tribunal simplesmente a confirma.
>
> IV – A sentença meramente homologatória, que silencia sobre os motivos de convencimento do juiz, não se mostra rescindível, por ausência de pronunciamento explícito.
>
> V – Não é absoluta a exigência de pronunciamento explícito na ação rescisória, ainda que esta tenha por fundamento violação de dispositivo de lei. Assim, prescindível o pronunciamento explícito quando o vício nasce no próprio julgamento, como se dá com a sentença *extra*, *citra* e *ultra petita*".

Por sua vez, a OJ 135 da SDI-II/TST determina que "a ação rescisória calcada em violação do artigo 37, *caput*, da Constituição Federal, por desrespeito ao princípio da legalidade administrativa exige que ao menos o princípio constitucional tenha sido prequestionado na decisão".

Conforme opinião já manifestada anteriormente, entendemos que não se aplica à ação rescisória o denominado prequestionamento da matéria em relação à sentença rescindenda, visto que o corte rescisório não tem natureza recursal.

Cumpre ainda transcrever algumas Súmulas do TST, atinentes à hipótese em comento:

> "SÚMULA 408 DO TST. AÇÃO RESCISÓRIA. PETIÇÃO INICIAL. CAUSA DE PEDIR. AUSÊNCIA DE CAPITULAÇÃO OU CAPITULAÇÃO ERRÔNEA NO ART. 966 DO CPC DE 2015. ART. 485 DO CPC DE 1973. PRINCÍPIO *IURA NOVIT CURIA* (nova redação em decorrência do CPC de 2015) – Res. 208/2016, *DEJT* divulgado em 22, 25 e 26.04.2016.
>
> Não padece de inépcia a petição inicial de ação rescisória apenas porque omite a subsunção do fundamento de rescindibilidade no art. 966 do CPC de 2015 (art. 485 do CPC de 1973) ou o capitula erroneamente em um de seus incisos. Contanto que não se afaste dos fatos e fundamentos invocados como causa de pedir, ao Tribunal é lícito emprestar-lhes a adequada qualificação jurídica (*iura novit curia*). No entanto, fundando-se a ação rescisória no art. 966, inciso V, do CPC de 2015 (art. 485, inciso V, do CPC de 1973), é indispensável expressa indicação, na petição inicial da ação rescisória, da norma jurídica manifestamente violada (dispositivo legal violado sob o CPC de 1973), por se tratar de causa de pedir da rescisória, não se aplicando, no caso, o princípio *iura novit curia*. (ex-OJs n.os 32 e 33 da SBDI-II – inseridas em 20.09.2000)."

F – Por fundada em prova, cuja falsidade tenha sido apurada em processo criminal ou venha a ser demonstrada na própria ação rescisória:

De início, cabe mencionar que, se a prova tida como falsa não foi valorada pelo magistrado para a formação do seu convencimento e julgamento, não será cabível a utilização da ação rescisória.

Com isso queremos sustentar que, se a prova falsa não foi utilizada como balizamento para o sentenciamento do processo, quer dizer, se a decisão rescindenda seria idêntica mesmo desconsiderando a prova falsa apresentada, não será possível a utilização do corte rescisório.

Em outras palavras, a falsidade de prova prevista no art. 966, VI, do CPC apenas atine àquela que tenha atuado como sustentáculo na prolação da sentença rescindenda.

A falsidade da prova pode ser evidenciada nos próprios autos da ação rescisória, utilizando-se o interessado dos meios de prova legais e moralmente legítimos, bem como poderá ser apurada, previamente, por meio de sentença penal transitada em julgado.

G – Obtiver o autor, posteriormente ao trânsito em julgado, prova nova cuja existência ignorava, ou de que não pôde fazer uso, capaz, por si só, de lhe assegurar pronunciamento favorável:

Prova nova não é aquela produzida após a decisão, mas, ao revés, aquela que já existia na época da prolação da decisão rescindenda, e que a parte a ignorava ou não pôde fazer uso.

O Tribunal Superior do Trabalho, por meio da Súmula 402 acabou por conceituar a expressão "documento novo". Veja:

> "SÚMULA 402 DO TST. AÇÃO RESCISÓRIA. PROVA NOVA. DISSÍDIO COLETIVO. SENTENÇA NORMATIVA (nova redação em decorrência do CPC de 2015) - Res. 217/2017 - *DEJT* divulgado em 20, 24 e 25.04.2017
>
> I – Sob a vigência do CPC de 2015 (art. 966, inciso VII), para efeito de ação rescisória, considera-se prova nova a cronologicamente velha, já existente ao tempo do trânsito em julgado da decisão rescindenda, mas ignorada pelo interessado ou de impossível utilização, à época, no processo. II – Não é prova nova apta a viabilizar a desconstituição de julgado: a) sentença normativa proferida ou transitada em julgado posteriormente à sentença rescindenda; b) sentença normativa preexistente à sentença rescindenda, mas não exibida no processo principal, em virtude de negligência da parte, quando podia e deveria louvar-se de documento já existente e não ignorado quando emitida a decisão rescindenda. (ex-OJ nº 20 da SBDI-2 - inserida em 20.09.2000)."

O sucesso do pleito rescisório está condicionado, na hipótese em exame, ao fato de o documento novo (obtido posteriormente à sentença), por si só, ser capaz de desconstituir a prova firmada nos autos que originaram a sentença rescindenda, assegurando-lhe um pronunciamento favorável.

H – For fundada em erro de fato verificável do exame dos autos:

Inicialmente, para melhor compreensão da hipótese ensejadora do corte rescisório, passemos a transcrever o § 1.º do art. 966 do CPC:

> **"Art. 966. (...)**
>
> § 1º Há erro de fato quando a decisão rescindenda admitir fato inexistente ou quando considerar inexistente fato efetivamente ocorrido, sendo indispensável, em ambos os casos, que o fato não represente ponto controvertido sobre o qual o juiz deveria ter se pronunciado (...)".

Para que a rescisão do julgado se materialize, urge a necessidade de que a decisão rescindenda tenha sido fundada no erro de fato e que tal erro seja apurado pelo mero exame dos documentos juntados à inicial rescisória, não sendo admitida, portanto, a produção de qualquer outra prova (instrução probatória) para demonstração do erro de fato.

Outrossim, torna-se necessário que o fato não represente ponto controvertido sobre o qual o juiz deveria ter se pronunciado.

Em outras palavras, o fato enquadrado como inexistente, embora tenha ocorrido, ou aquele considerado existente, quando em verdade jamais existiu, deverá ser incontroverso, como na hipótese de alegação pelo reclamante e não impugnação pelo reclamado. Por sua vez, a decisão deverá ter silenciado sobre o fato, embora a prova dos autos demonstre a sua existência ou não.

Imaginemos a hipótese de uma ação trabalhista promovida por um obreiro reclamando o pagamento de um prêmio de R$ 30.000,00 estipulado no seu contrato de trabalho em função do alcance de determinada meta de produção na empresa, em que conste nos autos a prova do pagamento, pela empresa, de tal numerário, sem que tenha havido controvérsia entre as partes acerca do ponto. Suponhamos que o magistrado trabalhista condene a empresa, silenciando sobre o pagamento efetivamente ocorrido. Neste caso, estaremos diante de uma sentença passível de rescisão, porque não considerou o fato extintivo da obrigação (recibo de pagamento) como existente, ocorrendo o chamado erro de fato.

Ainda em relação ao erro de fato como hipótese justificadora da ação rescisória, cabe destacar as seguintes orientações jurisprudenciais da SDI-II/TST:

> "OJ 103. AÇÃO RESCISÓRIA. CONTRADIÇÃO ENTRE FUNDAMENTAÇÃO E PARTE DISPOSITIVA DO JULGADO. CABIMENTO. ERRO DE FATO. É cabível a rescisória para corrigir contradição entre a parte dispositiva do acórdão rescindendo e a sua fundamentação, por erro de fato na retratação do que foi decidido".
>
> "OJ 136. AÇÃO RESCISÓRIA. ERRO DE FATO. CARACTERIZAÇÃO (atualizada em decorrência do CPC de 2015) – Res. 208/2016, *DEJT* divulgado em 22, 25 e 26.04.2016.
>
> A caracterização do erro de fato como causa de rescindibilidade de decisão judicial transitada em julgado supõe a afirmação categórica e indiscutida de um fato, na decisão rescindenda, que não corresponde à realidade dos autos. O fato afirmado pelo julgador, que pode ensejar ação rescisória calcada no inciso VIII do art. 966 do CPC de 2015 (inciso

> IX do art. 485 do CPC de 1973), é apenas aquele que se coloca como premissa fática indiscutida de um silogismo argumentativo, não aquele que se apresenta ao final desse mesmo silogismo, como conclusão decorrente das premissas que especificaram as provas oferecidas, para se concluir pela existência do fato. Esta última hipótese é afastada pelo § 1.º do art. 966 do CPC de 2015 (§ 2.º do art. 485 do CPC de 1973), ao exigir que não tenha havido controvérsia sobre o fato e pronunciamento judicial esmiuçando as provas".

8.1.8. Petição inicial

Preceitua o art. 968 do CPC que a petição inicial será elaborada com observância dos requisitos essenciais do art. 319 do próprio CPC (requisitos da petição inicial), devendo o autor cumular ao pedido de rescisão, quando for o caso, o de novo julgamento da causa.

O art. 836 da CLT, com a redação alterada pela Lei 11.495/2007, prevê a possibilidade de ajuizamento de ação rescisória no âmbito da Justiça do Trabalho, determinando a aplicação dos dispositivos do Código de Processo Civil, exigindo-se para a sua propositura o depósito prévio de 20% do valor da causa, salvo prova de miserabilidade jurídica do autor.

Verificando o relator que a parte interessada não juntou à inicial o documento comprobatório, abrirá prazo de 15 (quinze) dias para que o faça (art. 321 do CPC de 2015), sob pena de indeferimento.

Em fase recursal, verificada a ausência de qualquer delas, cumpre ao Relator do recurso ordinário conceder o prazo de 5 (cinco) dias ao recorrente para que seja complementada a documentação exigível, nos termos do art. 932, parágrafo único, do CPC de 2015.

A Súmula 299 e a OJ 84 da SDI-II, ambos do TST versam sobre tais documentos. Vejamos:

> "SÚMULA 299 DO TST. AÇÃO RESCISÓRIA. DECISÃO RESCINDENDA. TRÂNSITO EM JULGADO. COMPROVAÇÃO. EFEITOS. (nova redação do item II em decorrência do CPC de 2015) – Res. 211/2016, *DEJT* divulgado em 24, 25 e 26.08.2016.
>
> I – É indispensável ao processamento da ação rescisória a prova do trânsito em julgado da decisão rescindenda. (ex-Súmula 299 – Res. 8/1989, *DJ* 14, 18 e 19.04.1989)
>
> II – Verificando o relator que a parte interessada não juntou à inicial o documento comprobatório, abrirá prazo de 15 (quinze) dias para que o

faça (art. 321 do CPC de 2015), sob pena de indeferimento. (ex-Súmula 299 - Res 8/1989, *DJ* 14, 18 e 19.04.1989)

III - A comprovação do trânsito em julgado da decisão rescindenda é pressuposto processual indispensável ao tempo do ajuizamento da ação rescisória. Eventual trânsito em julgado posterior ao ajuizamento da ação rescisória não reabilita a ação proposta, na medida em que o ordenamento jurídico não contempla a ação rescisória preventiva. (ex-OJ 106 da SBDI-2 - *DJ* 29.04.2003)

IV - O pretenso vício de intimação, posterior à decisão que se pretende rescindir, se efetivamente ocorrido, não permite a formação da coisa julgada material. Assim, a ação rescisória deve ser julgada extinta, sem julgamento do mérito, por carência de ação, por inexistir decisão transitada em julgado a ser rescindida. (ex-OJ nº 96 da SBDI-2 - inserida em 27.09.2002)."

AÇÃO RESCISÓRIA. AUSÊNCIA DA DECISÃO RESCINDENDA E/OU DA CERTIDÃO DE SEU TRÂNSITO EM JULGADO DEVIDAMENTE AUTENTICADAS. CONCESSÃO DE PRAZO PARA COMPLEMENTAÇÃO DA DOCUMENTAÇÃO. (alterada em decorrência do CPC de 2015) - Res. 220/2017, DEJT divulgado em 21, 22 e 25.09.2017.

São peças essenciais para o julgamento da ação rescisória a decisão rescindenda e/ou a certidão do seu trânsito em julgado, devidamente autenticadas, à exceção de cópias reprográficas apresentadas por pessoa jurídica de direito público, a teor do art. 24 da Lei nº 10.522/2002, ou declaradas autênticas pelo advogado na forma do artigo 830 da CLT com a redação dada pela Lei nº 11.925/2009. Em fase recursal, verificada a ausência de qualquer delas, cumpre ao Relator do recurso ordinário conceder o prazo de 5 (cinco) dias ao recorrente para que seja complementada a documentação exigível, nos termos do art. 932, parágrafo único, do CPC de 2015.

Quanto ao valor da causa a ser fixado na ação rescisória, o Tribunal Superior do Trabalho editou a OJ 147 da SDI-II, que dispõe:

"OJ 147 DA SDI-II/TST. AÇÃO RESCISÓRIA. VALOR DA CAUSA. O valor da causa, na ação rescisória de sentença de mérito advinda de processo de conhecimento, corresponde ao valor da causa fixado no processo originário, corrigido monetariamente. No caso de se pleitear a rescisão de decisão proferida na fase de execução, o valor da causa deve corresponder ao montante da condenação".

8.1.9. Processamento

Distribuída a peça vestibular da ação rescisória, poderá o juiz relator, de forma monocrática, indeferir a petição inicial, com base no art. 330 do CPC, decisão esta sujeita ao recurso denominado agravo regimental.

O atual Código de Processo Civil, em seu art. 969, estabelece que "a propositura da ação rescisória não impede o cumprimento da decisão rescindenda, ressalvada a concessão de tutela provisória". Logo, o atual digesto processual admite a suspensão dos efeitos da decisão rescindenda por meio da tutela provisória, que poderá ser de evidência ou de urgência e, nesse caso, com caráter cautelar ou de tutela antecipada, podendo ser de modo antecedente ou incidente (art. 294 do CPC).

Logo, passou a ser plenamente possível, desde que preenchidos os pressupostos previstos em lei, a concessão de antecipação de tutela suspendendo o cumprimento da sentença.

Recebida regularmente a petição inicial da ação rescisória, determinará o relator a citação do réu a fim de que no prazo fixado entre 15 e 30 dias, apresente sua resposta, contando-se o prazo em quádruplo quando o reclamado tratar-se de pessoa jurídica de direito público ou do Ministério Público do Trabalho.

Em relação ao início do prazo para apresentação da contestação pelo réu no âmbito do processo do trabalho, o Tribunal Superior do Trabalho editou a Orientação Jurisprudencial (*DJ* 10.11.2004) 146 da SDI-II estabelecendo que "a contestação apresentada em sede de ação rescisória obedece à regra relativa à contagem de prazo constante do art. 774 da CLT, sendo inaplicável o art. 23 do CPC".

Oferecida a resposta pelo demandado, caso os fatos alegados dependam de prova (em geral, prova testemunhal), o relator poderá delegar a competência ao órgão que proferiu a decisão rescindenda fixando prazo de um a três meses para devolução dos autos (art. 972 do CPC).

Vale salientar que a Súmula 398 do TST esclarece que, "na ação rescisória, o que se ataca na ação é a sentença, ato oficial do Estado, acobertado pelo manto da coisa julgada. Assim sendo, e considerando que a coisa julgada envolve questão de ordem pública, a revelia não produz confissão na ação rescisória".

Posteriormente, o relator determinará a abertura de prazo sucessivo de 10 dias para autor e réu ofertarem razões finais, quando, finalmente serão os autos submetidos a julgamento pelo tribunal respectivo.

Perceba, por fim, que "é cabível a condenação ao pagamento de honorários advocatícios em ação rescisória no processo trabalhista", conforme Súmula 219 do TST, com redação dada pela Res. 174/2011.

8.1.10. Prazo

Institui o art. 975 do CPC que o direito à rescisão se extingue em dois anos, contados do trânsito em julgado da última decisão proferida no processo.

Portanto, transitada em julgado a decisão meritória, o interessado terá o prazo decadencial (não sujeito à interrupção ou suspensão) de dois anos para propor a atinente ação rescisória.

Vale mencionar que, evidenciada a colusão das partes, o prazo decadencial da ação rescisória somente começa a fluir para o Ministério Público que não interveio no processo principal, a partir do momento em que teve ciência da fraude.

A respeito do prazo para ajuizamento da ação rescisória, cabe destacar a Súmula 100 do TST e a OJ 80, da SDI-II/TST:

> "SÚMULA 100 DO TST. AÇÃO RESCISÓRIA. DECADÊNCIA (incorporadas as Orientações Jurisprudenciais 13, 16, 79, 102, 104, 122 e 145 da SDI-II - Res. 137/2005 - *DJ* 22.08.2005).
>
> I - O prazo de decadência, na ação rescisória, conta-se do dia imediatamente subsequente ao trânsito em julgado da última decisão proferida na causa, seja de mérito ou não (ex-Súmula 100 - Res. 109/2001, *DJ* 18.04.2001).
>
> II Havendo recurso parcial no processo principal, o trânsito em julgado dá-se em momentos e em tribunais diferentes, contando-se o prazo decadencial para a ação rescisória do trânsito em julgado de cada decisão, salvo se o recurso tratar de preliminar ou prejudicial que possa tornar insubsistente a decisão recorrida, hipótese em que flui a decadência a partir do trânsito em julgado da decisão que julgar o recurso parcial (ex-Súmula 100 - Res. 109/2001, *DJ* 18.04.2001).
>
> III - Salvo se houver dúvida razoável, a interposição de recurso intempestivo ou a interposição de recurso incabível não protrai o termo inicial do prazo decadencial (ex-Súmula 100 - Res. 109/2001, *DJ* 18.04.2001).
>
> IV - O juízo rescindente não está adstrito à certidão de trânsito em julgado juntada com a ação rescisória, podendo formar sua convicção através de outros elementos dos autos quanto à antecipação ou postergação do 'dies a quo' do prazo decadencial (ex-OJ 102 - *DJ* 29.04.2003).

V – O acordo homologado judicialmente tem força de decisão irrecorrível, na forma do art. 831 da CLT. Assim sendo, o termo conciliatório transita em julgado na data da sua homologação judicial (ex-OJ 104 – *DJ* 29.04.2003).

VI – Na hipótese de colusão das partes, o prazo decadencial da ação rescisória somente começa a fluir para o Ministério Público, que não interveio no processo principal, a partir do momento em que tem ciência da fraude (ex-OJ 122 – *DJ* 11.08.2003).

VII – Não ofende o princípio do duplo grau de jurisdição a decisão do TST que, após afastar a decadência em sede de recurso ordinário, aprecia desde logo a lide, se a causa versar questão exclusivamente de direito e estiver em condições de imediato julgamento (ex-OJ n.º 79 – inserida em 13.03.2002).

VIII – A exceção de incompetência, ainda que oposta no prazo recursal, sem ter sido aviado o recurso próprio, não tem o condão de afastar a consumação da coisa julgada e, assim, postergar o termo inicial do prazo decadencial para a ação rescisória (ex-OJ n.º 16 – inserida em 20.09.2000).

IX – Prorroga-se até o primeiro dia útil, imediatamente subsequente, o prazo decadencial para ajuizamento de ação rescisória quando expira em férias forenses, feriados, finais de semana ou em dia em que não houver expediente forense. Aplicação do art. 775 da CLT (ex-OJ n.º 13 – inserida em 20.09.2000).

X – Conta-se o prazo decadencial da ação rescisória, após o decurso do prazo legal previsto para a interposição do recurso extraordinário, apenas quando esgotadas todas as vias recursais ordinárias (ex-OJ 145 – *DJ* 10.11.2004)".

"OJ 80 DA SDI-II/TST. AÇÃO RESCISÓRIA. DECADÊNCIA. *DIES A QUO*. RECURSO DESERTO. ENUNCIADO 100/TST. O não conhecimento do recurso por deserção não antecipa o *dies a quo* do prazo decadencial para o ajuizamento da ação rescisória, atraindo, na contagem do prazo, a aplicação do Enunciado n.º 100 do TST".

Por sua vez, o STJ, através da Súmula 401, estabelece que o prazo decadencial da ação rescisória só se inicia quando não for cabível qualquer recurso do último pronunciamento judicial.

De acordo com o atual entendimento do TST, cada pedido deve ser analisado como se fosse uma reclamação trabalhista independente, e o trânsito em julgado verifica-se em relação a cada um deles, ocorrendo em momentos e tribunais distintos. Assim, se formulados dois pedidos na mesma reclamatória e da sentença só houver recurso referente a um deles, esta decisão transitará em julgado em relação ao outro, e o prazo decadencial para a propositura da ação rescisória já terá início. O atual Código de Processo Civil, acompanhando o parecer do STJ (Súmula 401), adotou posicionamento diferente em seu art. 975, determinando que o prazo para a ação rescisória será contado do trânsito em julgado da última decisão no processo. Interpretamos que o julgamento do TST deve acompanhar o atual diploma processual, que entrará em vigor um ano após a data de sua publicação oficial.

8.1.11. Recurso

Quando a ação rescisória for julgada originariamente pelo Tribunal Regional do Trabalho, o apelo cabível em face do acórdão prolatado é o recurso ordinário, que será julgado pelo Tribunal Superior do Trabalho (SDI-II ou SDC, de acordo com a matéria), conforme estabelecido na Súmula 158 do TST, *in verbis*:

> "SÚMULA 158 DO TST. AÇÃO RESCISÓRIA. RECURSO. Da decisão de Tribunal Regional do Trabalho, em ação rescisória, é cabível recurso ordinário para o Tribunal Superior do Trabalho, em face da organização judiciária trabalhista. Ex-prejulgado n.º 35".

Frise-se que, ao recorrer de decisão condenatória em ação rescisória, é ônus do empregador vencido efetuar, no prazo, no limite e nos termos da legislação vigente, sob pena de deserção, o correspondente depósito recursal.

Em relação ao acórdão proferido nos autos da ação rescisória, seja o mesmo prolatado pelo Tribunal Regional do Trabalho ou Tribunal Superior do Trabalho, sempre caberão embargos de declaração, nos casos previstos no art. 897-A da CLT.

Caso a ação rescisória seja proposta originariamente no Tribunal Superior do Trabalho, poderá haver a interposição de embargos e, eventualmente, recurso extraordinário para o Supremo Tribunal Federal.

Por último vale frisar que, nos termos da Súmula 365 do TST, com redação dada pela Res. 129/2005, *DJ* 20.04.2005, não se aplica a alçada em ação rescisória e em mandado de segurança.

Quanto aos honorários advocatícios em ação rescisória, observe que a Súmula 219 do TST foi alterada pelo Pleno em 24.05.2011, passando a prever que "II – é cabível a condenação ao pagamento de honorários advocatícios em ação rescisória no processo trabalhista".

8.2. MANDADO DE SEGURANÇA

8.2.1. Conceito e natureza jurídica

O mestre Hely Lopes Meirelles conceitua o mandado de segurança como "o meio constitucional posto à disposição de toda pessoa física ou jurídica, órgão com capacidade processual, ou universalidade reconhecida por lei, para a proteção de direito individual ou coletivo, líquido e certo, não amparado por *habeas corpus* ou *habeas data*, lesado ou ameaçado de lesão, por ato de autoridade, seja de categoria for e sejam quais forem as funções que exerça".

Podemos conceituar o mandado de segurança como o instrumento, constitucionalmente previsto, que pode ser utilizado por pessoa, física ou jurídica, ou mesmo por ente despersonalizado com capacidade processual, objetivando a proteção de direito individual ou coletivo, líquido e certo, não amparado por *habeas corpus* ou *habeas data*, toda vez que esse direito for lesionado ou ameaçado por ato de autoridade pública ou de agente de pessoa jurídica no exercício de atribuições do Poder Público.

Vale frisar que no Brasil os vocábulos *writ* e *mandamus* são largamente utilizados para expressar o próprio mandado de segurança.

A natureza jurídica do mandado de segurança é de ação de conhecimento, sendo seu objeto mandamental, em que o juiz determina à autoridade coatora o cumprimento imediato da ordem.

O art. 1.º da Lei 12.016/2009 estabelece que conceder-se-á mandado de segurança para proteger direito líquido e certo, não amparado por *habeas corpus* ou *habeas data*, sempre que, ilegalmente ou com abuso de poder, qualquer pessoa física ou jurídica sofrer violação ou houver justo receio de sofrê-la por parte de autoridade, seja de que categoria for e sejam quais forem as funções que exerça.

8.2.2. Competência

Em regra, o *writ* será processado na Justiça do Trabalho quando o ato ilegal for prolatado pelas autoridades da Justiça laboral.

Essa é a posição adotada pelo Tribunal Superior do Trabalho no seguinte julgado:

> "MANDADO DE SEGURANÇA. COMPETÊNCIA. Para efeito da fixação de competência, em mandado de segurança é a autoridade da qual o ato atacado emana. Destarte, se o *mandamus* volta-se contra ato de uma autoridade judiciária do trabalho, competente é esta Justiça Especializada para julgar o feito. Recurso parcialmente provido" (TST, SBDJ2, Proc. RO-MS-276.951/96, Rel. Min. Ângelo Mário, *DJ* 216/97).

O art. 114, inciso IV, da CF/1988, com redação dada pela EC 45/2004, estabeleceu como competência da Justiça do Trabalho processar e julgar os mandados de segurança, *habeas corpus* e *habeas data*, quando o ato questionado envolver matéria sujeita à sua jurisdição.

Uma das grandes novidades é a possibilidade de impetração de mandado de segurança perante a Vara do Trabalho (primeiro grau de jurisdição), evidentemente, quando o ato questionado envolver matéria sujeita à sua jurisdição.

Nessa linha, por exemplo, um mandado de segurança proposto em face de ato de auditor fiscal do trabalho (como na hipótese de interdição ou embargos de obras) será processado perante a Justiça do Trabalho, e não mais perante a Justiça Federal, como era anteriormente, tendo em vista que o ato questionado envolve matéria sujeita à jurisdição trabalhista (no caso, medicina e segurança do trabalho).

Por outro lado, eventuais mandados de segurança envolvendo a atuação de membros do Ministério Público do Trabalho, como na hipótese de atos praticados na condução de procedimentos administrativos investigatórios, serão apreciados também pela Justiça do Trabalho.

A competência originária para julgamento do mandado de segurança, dependendo da hipótese, poderá também ser dos Tribunais Regionais do Trabalho ou do Tribunal Superior do Trabalho, conforme a autoridade envolvida.

Neste aspecto, caberá ao Tribunal Regional do Trabalho o julgamento do mandado de segurança, quando a autoridade coatora for:

- juiz da Vara do Trabalho, titular ou suplente, diretor de secretaria e demais funcionários;
- juiz de Direito investido na jurisdição trabalhista;
- juízes e funcionários do próprio Tribunal Regional do Trabalho.

Em relação ao Tribunal Superior do Trabalho, a Lei 7.701/1988 e o Regimento Interno do TST (Res. Adm. 1.937/2017) fixaram a competência para julgar o *mandamus*, conforme abaixo identificado:

- SDC – julga originariamente os mandados de segurança contra os atos praticados pelo Presidente do Tribunal ou por qualquer dos Ministros integrantes da seção especializada em processo de dissídio coletivo (art. 2.º, I, *d*, Lei 7.701/1988);
- SDI – julga os mandados de segurança de sua competência originária (art. 3.º, I, *b*, Lei 7.701/1988), na forma da lei;
- Órgão Especial – julga os mandados de segurança impetrados contra atos do Presidente ou de qualquer Ministro do Tribunal, ressalvada a competência das Seções Especializadas.

Outrossim, compete aos Tribunais do Trabalho julgar o mandado de segurança contra os seus próprios atos administrativos, como, por exemplo, os atos de nomeação, exoneração, punição, promoção ou reclassificação de funcionários.

8.2.3. Condições específicas e hipóteses de cabimento

O *writ* para ser admitido deve atender condições específicas, cabendo ao impetrante demonstrar, de imediato, o direito líquido e certo violado e a ilegalidade ou abuso de poder praticados pela autoridade pública.

O direito líquido e certo que autoriza o mandado de segurança diz respeito aos fatos, que devem ser provados de imediato, mediante prova exclusivamente documental no momento da propositura do *writ*.

Portanto, não será cabível o *mandamus* se houver controvérsia sobre determinado fato.

Nessa fase, o direito líquido e certo é analisado como condição da ação.

Superada esta fase, passa-se à análise do mérito do *mandamus*, em que o Tribunal verificará a possibilidade ou não de incidência da norma objetiva invocada pelo impetrante, sobre os fatos articulados e provados por documentos que acompanham a peça vestibular.

O conceito de autoridade pública é amplo, abrangendo não apenas os agentes da administração direta e indireta, como também os agentes dos Poderes Executivo, Legislativo e Judiciário.

Vale frisar que equiparam-se às autoridades os representantes ou órgãos de partidos políticos e os administradores de entidades autárquicas, bem como os dirigentes de pessoas jurídicas ou as pessoas naturais no exercício de atribuições do poder público, somente no que disser respeito a essas atribuições (art. 1.º, § 1.º, da Lei 12.016/2009).

Considerar-se-á federal a autoridade coatora se as consequências de ordem patrimonial do ato contra o qual se requer o mandado houverem de ser suportadas pela União ou entidade por ela controlada (art. 2.º da Lei 12.016/2009).

Inúmeras são as hipóteses de cabimento de mandado de segurança na Justiça do Trabalho para atacar ato de autoridade, como nas que o magistrado:

- Defere liminar em ação de reintegração no emprego ou em reclamação trabalhista para tornar sem efeito transferência ilegal de empregado;
- Defere tutela antecipada em reclamação trabalhista;
- Determina penhora de crédito do devedor;
- Nega assento à direita a membro do Ministério Público;
- Cerceia direito de defesa da parte;
- Antecipa honorários periciais nas causas concernentes à relação de emprego;
- Não admite agravo de instrumento (primeiro juízo de admissibilidade);
- Proíbe a retirada dos autos pelo advogado, sem que exista impedimento ou incompatibilidade;
- Determina penhora de bem público, ignorando o art. 100 da CF/1988;
- Desrespeita o direito de preferência do devedor (remição) ou do credor (adjudicação).

8.2.4. Não cabimento

O art. 5.º da Lei 12.016/2009 estabelece que:

> "Art. 5.º Não se concederá mandado de segurança quando se tratar:
>
> I – de ato do qual caiba recurso administrativo com efeito suspensivo, independentemente de caução;
>
> II – de decisão judicial da qual caiba recurso com efeito suspensivo;
>
> III – de decisão judicial transitada em julgado".

O art. 1.º, § 2.º, da Lei 12.016/2009 revela que não cabe mandado de segurança contra os atos de gestão comercial praticados pelos administradores de empresas públicas, de sociedade de economia mista e de concessionárias de serviço público. A constitucionalidade deste dispositivo foi confirmada na ADI nº 4296. Veja o comentário completo no próximo parágrafo.

Importante destacar que no dia 09/06/2021 foi julgado pelo plenário do Supremo Tribunal Federal (STF), a Ação Direta de Inconstitucionalidade (ADI) nº 4296, proposta pelo Conselho Federal da Ordem dos Advogados do Brasil (CFOAB), visando que fosse declarada inconstitucional alguns dispositivos da Lei do Mandado de Segurança (Lei 12.016/2009), os quais, segundo a entidade, limitavam indevidamente a abrangência da referida ação e violavam a liberdade de atividade econômica e do amplo acesso ao Poder Judiciário, entre outras alegações.

Dentre os dispositivos analisados na referida ação, destacamos a declaração de inconstitucionalidade quanto: (i) a proibição da concessão de liminar para a compensação de créditos tributários e para a entrega de mercadorias e bens provenientes do exterior (artigo 7º, parágrafo 2º); e (ii) a exigência de oitiva prévia do representante da pessoa jurídica de direito público como condição para a concessão de liminar em mandado de segurança coletivo (art. 22 § 2°).

Além disso, foram considerados constitucionais pela Suprema Corte, outros dispositivos que preveem: (i) o cabimento de Mandado de Segurança em face de atos de gestão comercial cometidos pelos administradores de empresas públicas, de sociedade de economia mista e de concessionárias de serviço público (artigo 1º, parágrafo 2º); (ii) a exigência de caução, depósito ou fiança para a concessão de liminar em Mandado de Segurança (artigo 7º, inciso III); (iii) o prazo decadencial de 120 dias para a impetração da ação (artigo 23); e (iv) o descabimento de condenação em honorários de sucumbência (artigo 25).

O Supremo Tribunal Federal entende ser incabível a utilização do mandado de segurança para atacar lei em tese (Súmula 266 do STF).

Cabe transcrever a Súmula 267 do STF e a OJ 92 da SDI-II/TST, *in verbis*:

> "Súmula 267 do STF. Não cabe mandado de segurança contra ato judicial passível de recurso ou correição".
>
> "OJ 92 DA SDI-II/TST. MANDADO DE SEGURANÇA. EXISTÊNCIA DE RECURSO PRÓPRIO. Não cabe mandado de segurança contra decisão judicial passível de reforma mediante recurso próprio, ainda que com efeito diferido".

No entanto, a jurisprudência do Supremo Tribunal Federal tem abrandado os efeitos da Súmula 267, admitindo, excepcionalmente, o *writ*, mesmo havendo recurso previsto em lei, se este não tiver efeito suspensivo.

O Tribunal Superior do Trabalho e o Supremo Tribunal Federal firmaram entendimento no sentido do não cabimento do mandado de segurança em face de decisão judicial transitada em julgado (devendo ser utilizada a ação rescisória), conforme se verifica pela transcrição da Súmula 33 (TST) e da Súmula 268 (STF), *in verbis*:

> "SÚMULA 33 DO TST. MANDADO DE SEGURANÇA. DECISÃO JUDICIAL TRANSITADA EM JULGADO. Não cabe mandado de segurança de decisão judicial transitada em julgado".
>
> "SÚMULA 268 DO STF. MANDADO DE SEGURANÇA. DECISÃO COM TRÂNSITO EM JULGADO. Não cabe mandado de segurança contra decisão judicial com trânsito em julgado".

O Tribunal Superior do Trabalho, por meio da OJ 54 da SDI-II, firmou entendimento no sentido de que, ajuizados embargos de terceiros para pleitear a desconstituição da penhora, não seria cabível a interposição simultânea de mandado de segurança com a mesma finalidade.

Por último, impende destacar que o dirigente de empresa pública que pratica determinado ato trabalhista na condição de representante legal da empresa não é enquadrado como autoridade coatora, pois, neste caso, ele apenas representa o empregador.

Exemplificando, se o dirigente da empresa pública dispensa imotivadamente uma empregada gestante, não caberá a utilização de mandado de segurança, mas tão somente ação trabalhista objetivando a reintegração da gestante ao emprego, pois, nessa hipótese, o mesmo agiu não como autoridade pública, mas como simples empregador.

8.2.5. Processamento

Conforme previsto no art. 23 da Lei 12.016/2009, o direito de requerer mandado de segurança extinguir-se-á decorridos 120 (cento e vinte) dias, contados da ciência, pelo interessado, do ato impugnado. O STF tem entendimento consolidado no sentido de que essa fixação de prazo é compatível com a Constituição Federal, conforme consta na Súmula nº 632.

Logo, a peça vestibular do *writ* deverá ser apresentada no prazo de 120 (cento e vinte) dias contados da ciência do ato ilegal, em duas vias, observados os requisitos da petição inicial, previstos no art. 319 do CPC.

A petição inicial, que deverá preencher os requisitos estabelecidos pela lei processual, será apresentada em 2 (duas) vias com os documentos que instruírem a primeira reproduzidos na segunda e indicará, além da autoridade coatora, a pessoa jurídica que esta integra, à qual se acha vinculada ou da qual exerce atribuições.

No caso em que o documento necessário à prova do alegado se ache em repartição ou estabelecimento público ou em poder de autoridade que se recuse a fornecê-lo por certidão ou de terceiro, o juiz ordenará, preliminarmente, por ofício, a exibição desse documento em original ou em cópia autêntica e marcará, para o cumprimento da ordem, o prazo de 10 (dez) dias. O escrivão extrairá cópias do documento para juntá-las à segunda via da petição.

Na inicial, poderá haver pedido de liminar pelo impetrante, sendo deferida, caso restem comprovados o *periculum in mora* (possibilidade do prejuízo irreparável) e o *fumus boni iuris* (fumaça do bom direito).

Estabelece o art. 7.º da Lei 12.016/2009 que o juiz, ao despachar a inicial, ordenará:

> "Art. 7º (...)
>
> I – que se notifique o coator do conteúdo da petição inicial, enviando-lhe a segunda via apresentada com as cópias dos documentos, a fim de que, no prazo de 10 (dez) dias, preste as informações;
>
> II – que se dê ciência do feito ao órgão de representação judicial da pessoa jurídica interessada, enviando-lhe cópia da inicial sem documentos, para que, querendo, ingresse no feito;
>
> III – que se suspenda o ato que deu motivo ao pedido, quando houver fundamento relevante e do ato impugnado puder resultar a ineficácia da medida, caso seja finalmente deferida, sendo facultado exigir do impetrante caução, fiança ou depósito, com o objetivo de assegurar o ressarcimento à pessoa jurídica".

Os efeitos da medida liminar, salvo se revogada ou cassada, persistirão até a prolação da sentença. Outrossim, deferida a medida liminar, o processo terá prioridade para julgamento.

Segundo o disposto no art. 8.º da Lei 12.016/2009, será decretada a perempção ou caducidade da medida liminar *ex officio* ou a requerimento do Ministério Público quando, concedida a medida, o impetrante criar obstáculo ao normal andamento do processo ou deixar de promover, por mais de 3 (três) dias úteis, os atos e as diligências que lhe cumprirem.

A inicial será desde logo indeferida, por decisão motivada, quando não for o caso de mandado de segurança ou lhe faltar algum dos requisitos legais ou quando decorrido o prazo legal para a impetração.

Do indeferimento da inicial pelo juiz de primeiro grau caberá, na seara laboral, recurso ordinário e, quando a competência para o julgamento do mandado de segurança couber originariamente a um dos tribunais regionais do trabalho, do ato do relator caberá agravo regimental para o órgão competente do tribunal que integre.

O ingresso de litisconsorte ativo não será admitido após o despacho da petição inicial.

Feitas as notificações, o serventuário em cujo cartório corra o feito juntará aos autos cópia autêntica dos ofícios endereçados ao coator e ao órgão de representação judicial da pessoa jurídica interessada, bem como a prova da entrega a estes ou da sua recusa em aceitá-los ou dar recibo e, no caso do art. 4.º da referida lei, a comprovação da remessa.

Findo o prazo de 10 dias para a autoridade coatora prestar informações, o juiz ouvirá o representante do Ministério Público, que opinará, dentro do prazo improrrogável de 10 (dez) dias. Com ou sem o parecer do Ministério Público, os autos serão conclusos ao juiz, para a decisão, a qual deverá ser necessariamente proferida em 30 (trinta) dias.

Concedida a segurança, o juiz transmitirá em ofício, por intermédio do oficial do juízo, ou pelo correio, mediante correspondência com aviso de recebimento, o inteiro teor da sentença à autoridade coatora e à pessoa jurídica interessada. Em caso de urgência, poderá o juiz dar ciência à autoridade coatora e à pessoa jurídica interessada por meio de telegrama, radiograma, fax ou meio eletrônico.

Vale ressaltar que a nova Lei do Mandado de Segurança, Lei 12.016/2009, passou a estabelecer que, concedida a segurança no MS, a sentença estará sujeita obrigatoriamente ao duplo grau de jurisdição (art. 14, § 1.º).

Proferida a decisão pelo Juiz do Trabalho ou pelo Tribunal Regional do Trabalho competente, caberá recurso ordinário para instância superior.

Nos casos de competência originária dos tribunais, caberá ao relator a instrução do processo, sendo assegurada a defesa oral na sessão do julgamento do mérito ou do pedido liminar (art. 16, Lei 12.016/2009, alterado pela Lei 13.676/2018).

Caso o mandado de segurança seja julgado originariamente pelo Tribunal Superior do Trabalho, em caso de denegação de segurança, o apelo cabível será o recurso ordinário (prazo de 15 dias – art. 1.003, § 5.º, do CPC) a ser julgado pelo Supremo Tribunal Federal, em função do disposto no art. 102, inciso II, *a*, da CF/1988.

Saliente-se que o art. 18 da Lei 12.016/2009 estabelece que das decisões em mandado de segurança proferidas em única instância pelos tribunais cabe recurso especial e extraordinário, nos casos legalmente previstos, e recurso ordinário, quando a ordem for denegada.

Impende-se destacar que estende-se à autoridade coatora o direito de recorrer, sendo que, concedida a segurança, a sentença estará sujeita obrigatoriamente ao duplo grau de jurisdição.

A sentença que conceder o mandado de segurança pode ser executada provisoriamente, salvo nos casos em que for vedada a concessão da medida liminar.

Por outro lado, a sentença ou o acórdão que denegar mandado de segurança, sem decidir o mérito, não impedirá que o requerente, por ação própria, pleiteie os seus direitos e os respectivos efeitos patrimoniais.

Cabe destacar que os processos de mandado de segurança e os respectivos recursos terão prioridade sobre todos os atos judiciais, salvo *habeas corpus*.

O Presidente do Tribunal ao qual couber o conhecimento do respectivo recurso poderá suspender, em decisão fundamentada, a execução da liminar e da sentença quando, a requerimento da pessoa jurídica de direito público interessada ou do Ministério Público, houver possibilidade de grave lesão à ordem, à saúde, à segurança e à economia públicas. Atente-se para o inteiro teor do art. 15 e parágrafos da Lei 12.016/2009:

> "Art. 15. Quando, a requerimento de pessoa jurídica de direito público interessada ou do Ministério Público e para evitar grave lesão à ordem, à saúde, à segurança e à economia públicas, o presidente do tribunal ao qual couber o conhecimento do respectivo recurso suspender, em decisão fundamentada, a execução da liminar e da sentença, dessa decisão caberá agravo, sem efeito suspensivo, no prazo de 5 (cinco) dias, que será levado a julgamento na sessão seguinte à sua interposição.
>
> § 1.º Indeferido o pedido de suspensão ou provido o agravo a que se refere o *caput* deste artigo, caberá novo pedido de suspensão ao presidente do tribunal competente para conhecer de eventual recurso especial ou extraordinário.
>
> § 2.º É cabível também o pedido de suspensão a que se refere o § 1.º deste artigo, quando negado provimento a agravo de instrumento interposto contra a liminar a que se refere este artigo.
>
> § 3.º A interposição de agravo de instrumento contra liminar concedida nas ações movidas contra o poder público e seus agentes não prejudica nem condiciona o julgamento do pedido de suspensão a que se refere este artigo.

> § 4.º O presidente do tribunal poderá conferir ao pedido efeito suspensivo liminar se constatar, em juízo prévio, a plausibilidade do direito invocado e a urgência na concessão da medida.
>
> § 5.º As liminares cujo objeto seja idêntico poderão ser suspensas em uma única decisão, podendo o presidente do tribunal estender os efeitos da suspensão a liminares supervenientes, mediante simples aditamento do pedido original".

Vale acentuar que a Lei 12.016/2009 passou a disciplinar o mandado de segurança coletivo nos arts. 21 e 22.

O STF julgou inconstitucional na ADI nº 4296 a exigência de oitiva prévia do representante da pessoa jurídica de direito público como condição para a concessão de liminar em mandado de segurança coletivo, por considerar que a disposição restringe o poder geral de cautela do magistrado.

Conforme argumentou o Min. Marco Aurélio:

> "O preceito contraria o sistema judicial alusivo à tutela de urgência. Se esta surge cabível no caso concreto, é impertinente, sob pena de risco do perecimento do direito, estabelecer contraditório ouvindo-se, antes de qualquer providência, o patrono da pessoa jurídica. Conflita com o acesso ao Judiciário para afastar lesão ou ameaça de lesão a direito."

Destacamos, a seguir, as principais súmulas e orientações jurisprudenciais envolvendo o tema em destaque:

- SÚMULA 33 DO TST. MANDADO DE SEGURANÇA. DECISÃO JUDICIAL TRANSITADA EM JULGADO. Não cabe mandado de segurança de decisão judicial transitada em julgado;
- SÚMULA 201 DO TST. RECURSO ORDINÁRIO EM MANDADO DE SEGURANÇA. Da decisão do Tribunal Regional do Trabalho em mandado de segurança cabe recurso ordinário, no prazo de 8 (oito) dias, para o Tribunal Superior do Trabalho, e igual dilação para o recorrido e interessados apresentarem razões de contrariedade;
- SÚMULA 397 DO TST. AÇÃO RESCISÓRIA. ART. 485, IV, DO CPC (ART. 966, IV, DO NCPC). AÇÃO DE CUMPRIMENTO. OFENSA À COISA JULGADA EMANADA DE SENTENÇA NORMATIVA MODIFICADA EM GRAU DE RECURSO. INVIABILIDADE. CABIMENTO DE MANDADO DE SEGURANÇA (conversão da Orientação Jurisprudencial 116 da SDI-II - Res. 137/2005 - *DJ* 22.08.2005).

Não procede ação rescisória calcada em ofensa à coisa julgada perpetrada por decisão proferida em ação de cumprimento, em face de a sentença normativa, na qual se louvava, ter sido modificada em grau de recurso, porque em dissídio coletivo somente se consubstancia coisa julgada formal. Assim, os meios processuais aptos a atacarem a execução da cláusula reformada são a exceção de pré-executividade e o mandado de segurança, no caso de descumprimento do art. 572 do CPC (art. 514 do atual CPC) (ex-OJ 116 – *DJ* 11.08.2003).

- SÚMULA 414 DO TST. MANDADO DE SEGURANÇA. TUTELA PROVISÓRIA CONCEDIDA ANTES OU NA SENTENÇA (nova redação em decorrência do CPC de 2015) – Res. 217/2017 – *DEJT* divulgado em 20, 24 e 25.04.2017.

  I – A tutela provisória concedida na sentença não comporta impugnação pela via do mandado de segurança, por ser impugnável mediante recurso ordinário. É admissível a obtenção de efeito suspensivo ao recurso ordinário mediante requerimento dirigido ao tribunal, ao relator ou ao presidente ou ao vice-presidente do tribunal recorrido, por aplicação subsidiária ao processo do trabalho do artigo 1.029, § 5º, do CPC de 2015.

  II – No caso de a tutela provisória haver sido concedida ou indeferida antes da sentença, cabe mandado de segurança, em face da inexistência de recurso próprio.

  III – A superveniência da sentença, nos autos originários, faz perder o objeto do mandado de segurança que impugnava a concessão ou o indeferimento da tutela provisória.

- SÚMULA 415 DO TST. MANDADO DE SEGURANÇA. PETIÇÃO INICIAL. ART. 321 DO CPC DE 2015. ART. 284 DO CPC DE 1973. INAPLICABILIDADE (atualizada em decorrência do CPC de 2015) – Res. 208/2016, *DEJT* divulgado em 22, 25 e 26.04.2016.

  Exigindo o mandado de segurança prova documental pré-constituída, inaplicável o art. 321 do CPC de 2015 (art. 284 do CPC de 1973) quando verificada, na petição inicial do *mandamus*, a ausência de documento indispensável ou de sua autenticação (ex-OJ n.º 52 da SBDI-II – inserida em 20.09.2000).

- SÚMULA 416 DO TST. MANDADO DE SEGURANÇA. EXECUÇÃO. LEI 8.432/1992. ART. 897, § 1.º, DA CLT. CABIMENTO (conversão da Orientação Jurisprudencial 55 da SDI-II – Res. 137/2005 – *DJ* 22.08.2005).

Devendo o agravo de petição delimitar justificadamente a matéria e os valores objeto de discordância, não fere direito líquido e certo o prosseguimento da execução quanto aos tópicos e valores não especificados no agravo (ex-OJ 55 – inserida em 20.09.2000);

- SÚMULA 417 DO TST. MANDADO DE SEGURANÇA. PENHORA EM DINHEIRO (alterado o item I, atualizado o item II e cancelado o item III, modulando-se os efeitos da presente redação de forma a atingir unicamente as penhoras em dinheiro em execução provisória efetivadas a partir de 18.03.2016, data de vigência do CPC de 2015) – Res. 212/2016, *DEJT* divulgado em 20, 21 e 22.09.2016.

  I – Não fere direito líquido e certo do impetrante o ato judicial que determina penhora em dinheiro do executado para garantir crédito exequendo, pois é prioritária e obedece à gradação prevista no art. 835 do CPC de 2015 (art. 655 do CPC de 1973).

  II – Havendo discordância do credor, em execução definitiva, não tem o executado direito líquido e certo a que os valores penhorados em dinheiro fiquem depositados no próprio banco, ainda que atenda aos requisitos do art. 840, I, do CPC de 2015 (art. 666, I, do CPC de 1973) (ex-OJ n.º 61 da SBDI-2 – inserida em 20.09.2000).

- SÚMULA 418 DO TST. MANDADO DE SEGURANÇA VISANDO À HOMOLOGAÇÃO DE ACORDO (nova redação em decorrência do CPC de 2015) – Res. 217/2017 – *DEJT* divulgado em 20, 24 e 25.04.2017.

  A homologação de acordo constitui faculdade do juiz, inexistindo direito líquido e certo tutelável pela via do mandado de segurança.

- OJ 93 DA SDI-II/TST. PENHORA SOBRE PARTE DA RENDA DE ESTABELECIMENTO COMERCIAL. POSSIBILIDADE. (alterada em decorrência do CPC de 2015) - Res. 220/2017, DEJT divulgado em 21, 22 e 25.09.2017. Nos termos do art. 866 do CPC de 2015, é admissível a penhora sobre a renda mensal ou faturamento de empresa, limitada a percentual, que não comprometa o desenvolvimento regular de suas atividades, desde que não haja outros bens penhoráveis ou, havendo outros bens, eles sejam de difícil alienação ou insuficientes para satisfazer o crédito executado.

- OJ 98 DA SDI-II/TST. MANDADO DE SEGURANÇA. CABÍVEL PARA ATACAR EXIGÊNCIA DE DEPÓSITO PRÉVIO DE HONORÁRIOS PERICIAIS. Inserida em 27.09.2002 (nova redação – *DJ* 22.08.2005)

  É ilegal a exigência de depósito prévio para custeio dos honorários periciais, dada a incompatibilidade com o processo do trabalho, sendo cabível o mandado de segurança visando à realização da perícia, independentemente do depósito.

- OJ 140 DA SDI-II/TST. DEPÓSITO RECURSAL E CUSTAS PROCESSUAIS. RECOLHIMENTO INSUFICIENTE. DESERÇÃO (nova redação em decorrência do CPC de 2015) - Res. 217/2017 - DEJT divulgado em 20, 24 e 25.04.2017.

  Em caso de recolhimento insuficiente das custas processuais ou do depósito recursal, somente haverá deserção do recurso se, concedido o prazo de 5 (cinco) dias previsto no § 2º do art. 1.007 do CPC de 2015, o recorrente não complementar e comprovar o valor devido.

8.3. AÇÃO CIVIL PÚBLICA

8.3.1. Conceito

A ação civil pública é o instrumento processual constitucionalmente assegurado para a defesa judicial dos interesses ou direitos metaindividuais (interesses ou direito difusos, coletivos e individuais homogêneos).

Sem dúvida, a ação civil pública representa o principal meio de acesso à jurisdição coletiva, principalmente no âmbito laboral, uma vez que a hipossuficiência do trabalhador acaba por inibir o seu acesso ao Judiciário.

8.3.2. Cabimento na Justiça do Trabalho

O primeiro dispositivo legal a dispor sobre a ação civil pública foi a LC 40/1981 (Lei Orgânica do Ministério Público), que no art. 3.º, III, estabelecia, como competência exclusiva do Ministério Público, a promoção da ação civil pública, nos termos da lei.

Em 24.07.1985, foi editada a Lei 7.347, que passou a disciplinar a ação civil pública, estabelecendo a redação atual do seu art. 1.º que:

> "Art. 1.º Regem-se pelas disposições desta Lei, sem prejuízo da ação popular, as ações de responsabilidade por danos morais e patrimoniais causados:
>
> I – ao meio ambiente;
>
> II – ao consumidor;
>
> III – a bens e direitos de valor artísticos, estético, histórico, turístico e paisagístico;

> IV – a qualquer outro interesse difuso ou coletivo (inciso acrescentado em função do art. 110 da Lei nº 8.078/90);
>
> V – por infração da ordem econômica (alterado pela Lei nº 12.529/11);
>
> VI – à ordem urbanística (incluído pela Medida Provisória nº 2.180-35/01);
>
> VII – à honra e à dignidade de grupos raciais, étnicos ou religiosos (acrescido pela Lei n. 12.966/14);
>
> VIII – ao patrimônio público e social (acrescido pela Lei nº 13.004/14)".

Com a promulgação da Constituição Federal de 1988, a ação civil pública passou a ser prevista expressamente pelo texto constitucional no art. 129, III, *in verbis*:

> "Art. 129. São funções institucionais do Ministério Público:
>
> (...)
>
> III – promover o inquérito civil e a ação civil pública, para a proteção do patrimônio público e social, do meio ambiente e de outros interesses difusos e coletivos".

Logo, a Carta Maior de 1988 permitiu a utilização da ação civil pública também no âmbito da Justiça do Trabalho, pois o texto constitucional não fez qualquer distinção entre os "ramos" do Ministério Público que estão legitimados para promover a atinente ação civil pública.

Além disso, com a promulgação da Carta Política de 1988, a ação civil pública, instituída pela Lei 7.347/1985, ampliou consideravelmente seu campo de atuação, uma vez que o texto constitucional, expressamente, passou a admitir a propositura da ACP para proteger **qualquer interesse difuso ou coletivo**.

Em 1990, surgiu a Lei 8.078/1990, conhecida como Código de Defesa do Consumidor, que em seu art. 110 fez acrescentar ao art. 1.º da Lei 7.347/1985, o inciso V, para incluir a possibilidade do manejo da ação civil pública para a defesa de qualquer outro interesse difuso e coletivo.

Além disso, a Lei 8.078/1990 passou a prever a defesa em juízo dos interesses e direitos individuais homogêneos (art. 81, parágrafo único, III), passando a ação civil pública também a ser utilizada com essa finalidade.

O Código de Defesa do Consumidor, por meio do art. 117, também concedeu nova redação ao art. 21 da Lei de Ação Civil Pública (Lei 7.347/1985), aplicando-se, doravante, às ações coletivas promovidas para a defesa dos interesses difusos, coletivos e individuais o sistema processual do próprio Código de Defesa do Consumidor.

Todavia, mesmo diante da previsão constitucional e do sistema integrado formado pelas Leis 7.347/1985 e 8.078/1990, ainda persistiram dúvidas na doutrina e na jurisprudência quanto ao cabimento da ação civil pública no âmbito da Justiça do Trabalho, as quais somente foram dirimidas com a edição da LC 75/1993 (Lei Orgânica do Ministério Público do União), que no art. 83, III, conferiu competência ao Ministério Público do Trabalho para promover a ação civil pública no âmbito da Justiça laboral.

Vejamos:

> "Art. 83. Compete ao Ministério Público do Trabalho o exercício das seguintes atribuições junto aos órgãos da Justiça do Trabalho:
>
> (...)
>
> III – promover a ação civil pública no âmbito da Justiça do Trabalho, para a defesa de interesses coletivos, quando desrespeitados os direitos sociais constitucionalmente garantidos".

8.3.3. Proteção dos interesses e direitos difusos, coletivos e individuais homogêneos

- **Proteção dos interesses e direitos difusos:**

A Lei 8.078/1990, no art. 81, parágrafo único, I, conceitua os interesses ou direitos difusos, como os transindividuais, de natureza indivisível, de que sejam titulares pessoas indeterminadas e ligadas por circunstâncias de fato.

Podemos elencar as seguintes características nos interesses difusos:

a – Indeterminação dos sujeitos: o interesse difuso alcança pessoas indeterminadas ligadas apenas por circunstâncias de fato, inexistindo qualquer vínculo jurídico que una os sujeitos afetados por esses interesses.

Portanto, nos interesses difusos, a titularidade do direito é da coletividade, ligadas por determinada circunstância de fato, como consumir um dado produto, viver em uma determinada localidade etc.

b – Indivisibilidade do objeto: os interesses difusos são insuscetíveis de repartição em quinhões ou cotas entre pessoas e grupos. Logo, a satisfação de um necessariamente implicará a satisfação de todos, assim como a lesão de um só redunda na lesão de toda a coletividade.

c – Larga conflituosidade: os interesses e direitos difusos, embora soltos, desagregados, disseminados entre os segmentos sociais, enfrentarão, em regra, resistência em face de outros interesses. Exemplificando, o interesse difuso na proteção da floresta amazônica conflita com os interesses da indústria madeireira; o interesse pela preservação da saúde de todos conflita com o interesse da indústria do fumo; os interesses da coletividade de determinado bairro decorrente da poluição sonora causada pelos trios elétricos colide com o interesse do município em função da implementação do turismo local etc.;

d – Inexistência de vínculo entre os titulares do direito: não há qualquer vínculo associativo entre os interessados nem qualquer liame jurídico que una os sujeitos afetados por esses interesses.

No âmbito da Justiça do Trabalho, podemos destacar as seguintes situações concretas da existência de interesses e direitos difusos a serem tutelados pelo Ministério Público do Trabalho por meio do manejo da competente ação civil pública:

- Greve em atividades essenciais, com o não atendimento das necessidades inadiáveis da comunidade;
- Contratação sem concurso público;
- Discriminação de trabalhadores em razão de sexo, idade, raça, deficiência, ou mesmo pelo fato de o obreiro ser portador do vírus HIV, ou da mulher encontrar-se grávida;
- Utilização de trabalhadores escravos;
- Exigência pela empresa, aos candidatos a emprego, de certidão negativa de ações propostas na Justiça do Trabalho;
- Elaboração de listas negras, nas quais o empregador ou o sindicato patronal faz circular entre as empresas a listagem de trabalhadores que possuem ações trabalhistas em curso;
- Exigência, para a contratação ou permanência de mulheres no emprego, de atestado ou exame para comprovação de esterilidade ou gravidez.

- **Proteção dos interesses e direitos coletivos:**

O Código de Defesa do Consumidor também conceitua, no art. 81, parágrafo único, II, os denominados interesses e direitos coletivos como "os transindividuais de natureza indivisível de que seja titular grupo, categoria ou classe de pessoas ligadas entre si ou com parte contrária por uma relação jurídica base".

Nos interesses coletivos, o titular do direito é o grupo, a classe, a categoria, em que o direito não é exercido individualmente, mas, sim, de forma coletiva.

Por outro lado, os interesses e direitos coletivos abrangem um número de indivíduos indeterminados, mas os seus titulares, embora tratados coletivamente, são determináveis, seja pela relação jurídica-base que as une (grupo, associação de classe, categoria etc.), seja por meio do vínculo jurídico que as liga com a parte contrária (estudantes da mesma escola, contribuintes do mesmo tributo etc.).

Ressalte-se que, a exemplo dos direitos difusos, os direitos e interesses coletivos também são indivisíveis, não podendo ser fracionado entre os integrantes do grupo, classe ou categoria, pois são afetos a todos indistintamente.

Na esfera trabalhista podemos citar alguns exemplos de lesão a interesses e direitos coletivos:

- Ofensa à liberdade sindical, com a prática de condutas antissindicais ou dispensa arbitrária de dirigentes sindicais;
- Dispensa coletiva de trabalhadores durante uma greve, como forma de retaliação ao movimento paredista;
- Agressão ao meio ambiente de trabalho, com a não adoção das medidas de medicina e higiene previstas na legislação vigente.

- **Proteção aos interesses e direitos individuais homogêneos:**

A Lei 8.078/1990, em seu art. 81, parágrafo único, III, inseriu uma nova categoria de interesses, a dos denominados interesses e direitos individuais homogêneos, conceituados como os decorrentes de origem comum.

Em verdade, os interesses e direitos individuais homogêneos representam um feixe de interesses individuais com causa comum, cujos titulares são perfeitamente identificáveis e individualizáveis.

Representam interesses transindividuais, decorrentes de origem comum, porém divisíveis, podendo, cada lesado, individualmente, buscar a devida reparação.

Não obstante a natureza individual dos interesses ou direitos envolvidos, os interesses transindividuais podem ser objeto de tratamento coletivo, em virtude de se originarem de uma situação comum, de natureza homogênea.

Portanto, não há uma relação jurídica-base entre os indivíduos, ocorrendo a sua ligação unicamente pela origem comum em razão da qual os interesses decorrem.

No âmbito laboral, podemos citar diversas condutas lesivas praticadas pelo empregador, atingindo pluralidade de empregados, possibilitando o manejo da ação civil pública na defesa dos interesses e direitos individuais homogêneos:

- Empregador que não paga as verbas rescisórias dos seus empregados;
- Não pagamento de adicional de insalubridade ou periculosidade aos empregados;

- Não concessão de intervalo inter e intrajornada aos obreiros;
- Redução salarial sem prévio ajuste em convenção ou acordo coletivo de trabalho;
- Atraso ou sonegação de salários dos empregados;
- Não concessão de férias aos obreiros;
- Não pagamento da gratificação natalina aos trabalhadores.

8.3.4. Competência material e territorial

A competência material da Justiça do Trabalho para conhecer e julgar a ação civil pública decorre, naturalmente, do disposto no art. 114 da Constituição da República e na legislação correlata já mencionada, em especial as Leis 7.347/1985 (LACP), 8.078/1990 (CDC), além da LC 75/93 (Lompu, art. 83, III).

No tocante à competência territorial, trata-se de matéria já superada em doutrina e jurisprudência, conferindo à Vara do Trabalho parcela de jurisdição suficiente para instrução e julgamento do feito, por força do disposto no art. 2.º da Lei 7.347/1985.

Com efeito, não há dúvida de que o art. 2.º da Lei 7.347/1985 conferiu à Vara do Trabalho do local onde ocorreu o dano competência funcional para processar e julgar eventual ação civil pública.

Ocorre que, muitas vezes, o dano emerge em âmbito suprarregional, ou mesmo atinge todo o território nacional.

Nesta hipótese, o art. 93 da Lei 8.078/1990 (CDC), de aplicação subsidiária à Lei 7.347/1985, ao fixar a competência para processar e julgar as ações coletivas, assim dispõe:

> "Art. 93. Ressalvada a competência da Justiça Federal, é competente para a causa a justiça local:
>
> I – no foro do lugar onde ocorreu ou deva ocorrer o dano, quando de âmbito local;
>
> II – no foro da Capital do Estado ou no Distrito Federal, para os danos de âmbito nacional ou regional, aplicando-se as regras do Código de Processo Civil aos casos de competência concorrente".

Neste diapasão, o Tribunal Superior do Trabalho editou a OJ 130 da SDI-II, dispondo sobre o tema. Senão vejamos:

> "OJ 130 SDI-II/TST. AÇÃO CIVIL PÚBLICA. COMPETÊNCIA. LOCAL DO DANO. LEI N.º 7.347/1985, ART. 2.º. CÓDIGO DE DEFESA DO CONSUMIDOR, ART. 93 (redação alterada na sessão do Tribunal Pleno realizada em 14.09.2012) – Res. 186/2012, *DEJT* 25, 26 e 27.09.2012.
>
> I – A competência para a Ação Civil Pública fixa-se pela extensão do dano.
>
> II – Em caso de dano de abrangência regional, que atinja cidades sujeitas à jurisdição de mais de uma Vara do Trabalho, a competência será de qualquer das varas das localidades atingidas, ainda que vinculadas a Tribunais Regionais do Trabalho distintos.
>
> III – Em caso de dano de abrangência suprarregional ou nacional, há competência concorrente para a Ação Civil Pública das varas do trabalho das sedes dos Tribunais Regionais do Trabalho.
>
> IV – Estará prevento o juízo a que a primeira ação houver sido distribuída".

8.3.5. Legitimidade do Ministério Público do Trabalho

A Constituição da República Federativa do Brasil em seu art. 127 elegeu o Ministério Público como defensor da ordem jurídica, do regime democrático e dos interesses sociais e individuais indisponíveis.

Por outro lado, o art. 129, III, da Lei Fundamental assim estabelece:

> "Art. 129. São funções institucionais do Ministério Público:
>
> (...)
>
> III – promover o inquérito civil e a ação civil pública para a proteção do patrimônio público e social, do meio ambiente e de outros interesses difusos e coletivos".

Nessa esteira, a LC 75, de 20.05.1993, que dispõe sobre a organização, as atribuições e o estatuto do Ministério Público da União, em seus arts. 6.º, VII, *a* e *d*, e 83, III, preconiza:

> "Art. 6.º Compete ao Ministério Público da União:
>
> (...)
>
> VII – promover o inquérito civil e a ação civil pública para:
>
> *a)* a proteção dos direitos constitucionais;
>
> (...)
>
> *d)* outros interesses individuais indisponíveis, homogêneos, sociais, difusos e coletivos".

"Art. 83. Compete ao Ministério Público do Trabalho o exercício das seguintes atribuições junto aos órgãos da Justiça do Trabalho:

(...)

III – promover a ação civil pública no âmbito da Justiça do Trabalho, para a defesa de interesses coletivos, quando desrespeitados os direitos sociais constitucionalmente garantidos".

Por sua vez, o art. 5.º da Lei 7.347/1985, que disciplina a ação civil pública, dispõe que:

"Art. 5.º Têm legitimidade para propor a ação principal e a ação cautelar: (Redação dada pela Lei nº 11.448, de 2007)

I – o Ministério Público; (Redação dada pela Lei nº 11.448, de 2007)

II – a Defensoria Pública; (Redação dada pela Lei nº 11.448, de 2007)

III – a União, os Estados, o Distrito Federal e os Municípios; (Incluído pela Lei nº 11.448, de 2007)

IV - a autarquia, empresa pública, fundação ou sociedade de economia mista; (Incluído pela Lei nº 11.448, de 2007)

V - a associação que, concomitantemente: (Incluído pela Lei nº 11.448, de 2007)

a) esteja constituída há pelo menos 1 (um) ano nos termos da lei civil; (Incluído pela Lei nº 11.448, de 2007).

b) inclua, entre suas finalidades institucionais, a proteção ao patrimônio público e social, ao meio ambiente, ao consumidor, à ordem econômica, à livre concorrência, aos direitos de grupos raciais, étnicos ou religiosos ou ao patrimônio artístico, estético, histórico, turístico e paisagístico. (Redação dada pela Lei nº 13.004, de 2014)"

A Lei 8.078/1990 (CDC), no art. 82, também legitimou o Ministério Público como legitimado para propor ação civil pública, na defesa de interesses ou direitos difusos, coletivos e individuais homogêneos.

Ademais, a própria Lei 8.625/1993 também prevê como função institucional do Ministério Público dos Estados (art. 25, IV, *a*), a promoção da ação civil pública para a defesa de quaisquer interesses difusos, coletivos e individuais homogêneos.

Desse modo, o Ministério Público do Trabalho possui legitimidade para defender tanto o interesse individual homogêneo dos trabalhadores quanto o interesse difuso ou coletivo, em face dos dispositivos constitucionais e normas previstas no ordenamento jurídico pátrio.

Outro aspecto importante a ser esclarecido é o tipo de legitimação conferida ao Ministério Público do Trabalho para a propositura da ação civil pública.

O processo civil estabeleceu duas hipóteses clássicas de legitimação para propositura de ação: a legitimação ordinária e a extraordinária.

A legitimação ordinária se dá quando o próprio interessado defende seu interesse em juízo, isto é, o titular do direito material é que possui legitimação ordinária para postular em juízo.

Já em relação à legitimação extraordinária, consiste na possibilidade de alguém, em nome próprio, pleitear direito alheio (art. 18 do CPC), o que depende de autorização legal, configurando-se verdadeira hipótese de substituição processual.

Todavia, as regras de legitimação previstas no Código de Processo Civil não são adequadas para definir a legitimação nas ações coletivas, pelo menos no que atine à defesa dos interesses difusos e coletivos.

Com efeito, a legitimação ordinária e extraordinária do Código de Processo Civil foi concebida considerando a individualização do sujeito, em que o titular do direito de ação coincide com o titular do direito material (estes determinados e identificáveis).

No âmbito dos interesses coletivos (*lato sensu*), prepondera a indeterminação dos sujeitos, em que o titular do direito de ação é distinto dos próprios titulares (indeterminados) do direito material.

Logo, a melhor doutrina, afastando a conceituação tradicional de legitimação prevista no Código de Processo Civil, classifica a legitimação *ad causam* para a defesa de direitos difusos e coletivos como uma legitimação autônoma para a condução do processo.

Todavia, em relação aos direitos individuais homogêneos, como se trata de direitos de natureza individual e divisível, em que cada titular pode buscar a reparação individual do dano, a legitimação para propositura de ação civil pública é extraordinária, ocorrendo a substituição processual por parte do ente legitimado.

8.3.6. Outros legitimados e litisconsórcio

Estabelece o art. 129, § 1.º, da CF/1988, que a legitimação do Ministério Público para a propositura da ação civil pública não impede a legitimação de terceiros, na mesma hipótese.

Portanto, o Ministério Público não é o único legitimado a propor a ação civil pública, estabelecendo o art. 5.º da Lei 7.347/1985 e o art. 82 da Lei 8.078/1990 os seguintes colegitimados:

- Defensoria Pública;
- União, Estados, Municípios e Distrito Federal;
- Autarquias, fundações públicas, empresas públicas e sociedades de economia mista;
- Associação que esteja constituída há pelo menos um ano (podendo ser dispensada esta exigência pelo magistrado, quando haja manifesto interesse social evidenciado pela dimensão ou característica do dano, ou pela relevância do bem jurídico a ser protegido) e que inclua entre seus fins institucionais a defesa dos interesses transindividuais;
- As entidades e órgãos da Administração Pública, Direta ou Indireta, ainda que sem personalidade jurídica, especificamente destinados à defesa dos interesses e direitos metaindividuais.

Atualmente, o art. 4.º, VII, da LC 80/1994, com a redação dada pela LC 132/2009, prevê como uma das funções da Defensoria Pública a propositura da ação civil pública e todas as espécies de ações capazes de propiciar a adequada tutela dos direitos difusos, coletivos ou individuais homogêneos, quando o resultado da demanda puder beneficiar grupo de pessoas hipossuficientes.

Os sindicatos a as comunidades indígenas também podem propor ações coletivas, em função do disposto nos arts. 5.º, LXX, *b*, 8.º, III, e 232, todos da CF/1988.

A Ordem dos Advogados do Brasil também é legitimada para as ações coletivas, enquanto órgão encarregado da representação de classe (Lei 8.906/1994, arts. 44, I, 49, 54, II e XIV.

Em relação à possibilidade de litisconsórcio, o art. 5.º, § 2.º, da Lei 7.347/1985 faculta ao Poder Público e a outras associações legitimadas habilitarem-se como litisconsortes de qualquer das partes.

Caso haja desistência infundada ou abandono da ação por associação legitimada, o Ministério Público ou outro legitimado assumirá a titularidade ativa. Outrossim, se o Ministério Público não for parte, atuará, obrigatoriamente, como fiscal da lei.

Por último, cabe destacar que o art. 5.º, § 5.º, da LACP admite a possibilidade de litisconsórcio facultativo entre os Ministérios Públicos da União, dos Estados e do Distrito Federal na defesa dos direitos que apresentem dimensão coletiva.

8.3.7. Objeto

O art. 3.º da Lei 7.347/1985 estabelece que "A ação civil poderá ter objeto a condenação em dinheiro, ou o cumprimento de obrigação de fazer ou não fazer".

Nada impede que na mesma ação civil pública haja pedido de tutela por mais de um interesse transindividual, assim como é juridicamente possível a acumulação de pedidos, desde que compatíveis entre si.

Neste contexto, tem sido cada vez mais constante o manejo de ação civil pública requerendo a condenação da reclamada em obrigações de fazer e não fazer, cumuladas com pedido de indenização pelos danos suportados pela própria sociedade.

Alguns operadores de direito, numa interpretação apressada do artigo em comento, sugerem a impossibilidade de a ação civil pública comportar mais de um objeto, em função da partícula "ou", inserida antes da expressão "não fazer".

8.3.8. Tutela preventiva

A Lei 7.347/1985, nos arts. 4.º e 12, possibilitou a propositura de ação cautelar antecedente à ação civil pública, bem como a inserção de pedido liminar na própria ação, objetivando a proteção de interesses metaindividuais, evitando-se lesões de difícil ou impossível reparação. Vejamos:

> "Lei n. 7.347/85:
>
> (...)
>
> Art. 4.º Poderá ser ajuizada ação cautelar para os fins desta Lei, objetivando, inclusive, evitar o dano ao meio ambiente, ao consumidor, à ordem urbanística ou aos bens e direitos de valor artísticos, estético, histórico, turístico e paisagístico.
>
> (...)
>
> Art. 12. Poderá o Juiz conceder mandado liminar, com ou sem justificação prévia, em decisão sujeita a agravo".

Outrossim, o art. 84, § 3.º, da Lei 8.078/1990 previu a possibilidade de antecipação de tutela de mérito nas ações coletivas, ao dispor que, "sendo relevante o fundamento da demanda e havendo justificado receio de ineficácia do provimento final, é lícito ao Juiz conceder a tutela liminarmente ou após justificação prévia, citado o réu".

A possibilidade de antecipação de tutela nas ações coletivas disciplinadas no art. 84, § 3.º, do CDC, precedeu a própria alteração do art. 311 do CPC, que regulamenta, de forma ampla, a tutela antecipada no processo civil.

Vale salientar que tanto o art. 11 da LACP como o art. 84, § 4.º, do CDC, possibilitam ao magistrado a fixação de multa em caso de descumprimento da tutela deferida.

Por sua vez, o art. 12, § 1.º, da Lei 7.347/1985, permite ao presidente do Tribunal suspender a execução de liminar deferida em ação civil pública, em caso de pedido realizado por ente público, objetivando evitar grave lesão à ordem, à segurança e à economia.

8.3.9. Prescrição

A ação civil pública, disciplinada na Lei 7.347/1985, tem por finalidade proteger os interesses e direitos metaindividuais - difusos, coletivos e individuais homogêneos - de ameaças e lesões, não cuidando a Lei da Ação Civil Pública acerca do prazo prescricional a ser aplicado.

Alguns apressados sugeriram que a prescrição a ser aplicada seria aquela prevista no art. 7.º, XXIX, da CF/1988, correspondente ao direito de ação dos créditos resultantes das relações de trabalho (cinco anos na vigência do contrato de trabalho, limitado a dois anos após a extinção do liame empregatício).

No entanto, esse não é o melhor entendimento.

Os interesses difusos e coletivos defendidos por meio do manejo da ação civil pública pertencem a pessoas indeterminadas, não possuindo titulação definida, tendo como características a indivisibilidade e a indisponibilidade.

Portanto, em relação aos interesses difusos e coletivos, a ação civil pública, considerando a natureza indisponível e a ausência de conteúdo econômico do interesse tutelado, apresenta-se imprescritível.

Em última análise, em relação aos interesses e direitos difusos e coletivos, não há que falar em prescrição ou decadência para propositura de ação civil pública, mesmo tratando-se da reparação genérica por danos causados.

No entanto, quanto às ações coletivas atinentes à reparação dos danos individualmente sofridos pelos trabalhadores (interesses e direitos individuais homogêneos), aplica-se a prescrição comum prevista no art. 7.º, XXIX, da CF/1988.

8.3.10. Coisa julgada e litispendência

O art. 502 do CPC define a coisa julgada material como a autoridade que torna imutável e indiscutível a decisão de mérito, não mais sujeita a recurso ordinário ou extraordinário.

Estabelece o art. 506 do digesto processual civil que a sentença faz coisa julgada às partes entre as quais é dada, não atingindo terceiros alheios ao processo.

Todavia, no processo coletivo, considerando os interesses metaindividuais tutelados, a regra clássica contida no Código de Processo Civil não se adapta às exigências e peculiaridades relativas aos interesses defendidos na ação coletiva, principalmente concernente aos limites subjetivos da sentença. Com efeito, os interesses tutelados nas ações civis públicas pertencem a uma coletividade, quase sempre indeterminada, não possuindo os legitimados para o ajuizamento da ação a titularidade do direito perseguido.

Portanto, nas ações coletivas, a coisa julgada material rompe as barreiras formadas pelos próprios litigantes formais do processo de conhecimento, para alcançar terceiros (a própria coletividade).

Logo, nas ações coletivas, em face dos interesses tutelados e características próprias, a coisa julgada se forma de acordo com as regras previstas no art. 16 da LACP e arts. 103 e 104 do CDC, a saber:

- **interesses ou direitos difusos – a coisa julgada será *erga omnes*, alcançando todos os indivíduos da coletividade e impedindo a propositura de nova ação, salvo se o pedido for julgado improcedente por insuficiência de provas, hipótese em que qualquer legitimado poderá intentar outra ação, com idêntico fundamento, valendo-se de nova prova.**

Nesta hipótese, não haverá a formação da coisa julgada quando a sentença declarar a improcedência do pedido por insuficiência de provas, possibilitando, no caso em exame, a qualquer legitimado, inclusive o próprio autor da ação coletiva, intentar nova ação, com idêntico fundamento, valendo-se de nova prova.

Por outro lado, apenas se a sentença declarar a procedência do pedido, é que se opera a denominada coisa julgada *secundum eventum litis* (segundo o resultado da lide), para beneficiar todos os integrantes da coletividade representada na ação, os quais não precisarão ajuizar demandas individuais, devendo apenas promover a liquidação e execução dos seus créditos com base na certidão da sentença coletiva, como previsto no art. 103, § 3.º, do CDC.

Ademais, se a sentença declarar a improcedência do pedido por reconhecer que a pretensão é infundada, haverá também a formação da coisa julgada, apenas em relação aos legitimados ativos para a ação civil pública. Contudo, mesmo na hipótese de improcedência de mérito, os membros da coletividade atingidos pelo ato lesivo não estarão impedidos de propor ações individuais para ressarcimento dos danos pessoalmente sofridos (art. 103, § 3.º, do CDC).

- **Interesses ou direitos coletivos – a coisa julgada será *ultra partes*, para atingir os membros do grupo, categoria ou classe representada.**

Em relação aos interesses e direitos coletivos, será observada a mesma regra adotada para os interesses difusos em caso de improcedência do pedido por insuficiência de provas e os efeitos da decisão *secundun eventum litis*, em caso de procedência do pedido.

Da mesma forma, se a sentença declarar a improcedência do pedido por reconhecer que a pretensão é infundada, não inviabilizará a propositura de ações individuais pelos membros da coletividade para ressarcimento dos danos pessoalmente sofridos.

- **Interesses ou direitos individuais homogêneos – a coisa julgada será *erga omnes*, apenas no caso de procedência do pedido, beneficiando todas as vítimas e seus sucessores, os quais poderão iniciar a liquidação e execução individual da sentença (art. 97 do CDC).**

Nesta hipótese, caso o pedido da ação coletiva tenha sido julgado improcedente, seja pela rejeição do pedido, seja pela insuficiência de provas, nenhum efeito prejudicial sofrerão os lesados, os quais poderão ajuizar ação individual pleiteando a devida indenização pelos prejuízos sofridos, desde que nenhum deles tenha intervindo como litisconsorte na ação coletiva (art. 103, § 2.º, do CDC).

Por outro lado, caso o pedido seja julgado procedente, a sentença coletiva fará coisa julgada material *erga omnes*, beneficiando todas as vítimas e seus sucessores, os quais poderão promover diretamente a liquidação da sentença e execução, nos moldes do art. 97 do CDC, sem a necessidade de ajuizar ações de conhecimento individuais.

Por fim, frise-se que as ações coletivas não induzem litispendência para as ações individuais. No entanto, os efeitos da coisa julgada *erga omnes* ou *ultra partes* não beneficiarão os autores das ações individuais, se não for por eles requerida sua suspensão no prazo de 30 dias, a contar da ciência nos autos do ajuizamento da ação coletiva, conforme estabelecido no art. 104 do CDC.

8.4. AÇÃO ANULATÓRIA DE CLÁUSULAS CONVENCIONAIS

A ação anulatória consiste numa ação de conhecimento, de natureza constitutivo-negativa, que tem por objetivo a declaração de nulidade de cláusulas estabelecidas em convenção coletiva, acordo coletivo de trabalho, ou mesmo em contratos individuais de trabalho, que violem as liberdades individuais ou coletivas ou os direitos individuais indisponíveis dos trabalhadores.

Muito se discutiu na doutrina sobre a competência originária para julgamento da ação anulatória envolvendo a declaração de nulidade de cláusulas fixadas em convenção coletiva ou acordo coletivo, prevalecendo o entendimento de que a referida ação deve ser proposta, originariamente, perante os Tribunais do Trabalho (Tribunal Regional do Trabalho ou Tribunal Superior do Trabalho, dependendo da abrangência territorial dos entes acordantes da respectiva convenção coletiva de trabalho ou acordo coletivo de trabalho), uma vez que a jurisdição trabalhista em questões coletivas é atribuição dos tribunais.

Essa foi a posição adotada pelos Tribunais do Trabalho nos seguintes arestos:

> "AÇÃO ANULATÓRIA – COMPETÊNCIA. A jurisdição trabalhista em questões coletivas é atribuição originária dos Tribunais, quer resultem da interpretação de cláusulas normativas, quer respeitem a estabelecimento de novas condições de trabalho ou, mesmo, a declaração de sua nulidade. É sabido que a presente ação visa aos interesses de uma categoria profissional, dado o caráter coletivo da norma a qual se pretende desconstituir. Desta forma, apesar de os dispositivos consolidados pertinentes à competência dos Tribunais Regionais do Trabalho não disporem sobre a ação anulatória, mesmo porque a possibilidade do seu ajuizamento nesta Justiça Especializada somente surgiu com o advento da Lei Complementar 75/1993, a jurisdição trabalhista em questões coletivas é atribuição originária dos Tribunais" (TST – SDC – Proc. RO-AA-34003/97 – Rel. Min. Fábio Ribeiro – *DJ* 236/97).
>
> "COMPETÊNCIA FUNCIONAL. AÇÃO ANULATÓRIA. ACORDO COLETIVO DE TRABALHO. O provimento jurisdicional pedido possui natureza especial, diferenciando-se sobremaneira dos interesses individuais postulados em geral, uma vez que visa atingir interesses de trabalhadores e

empregadores de toda uma categoria (profissional e econômica). Assim sendo, a demanda proposta assemelha-se em larga medida com as ações rescisórias que visam desconstituir sentenças normativas. Ademais, a jurisdição trabalhista, em questões de índole coletiva, sempre foi exercida, originariamente, pelos tribunais regionais do trabalho, ao passo que os dissídios individuais sempre couberam às Varas do Trabalho. Acresça-se que o próprio Regimento Interno desta Corte, em seu art. 20, alínea 'c', prevê expressamente que cabe à Seção Especializada processar e julgar originariamente as ações anulatórias de cláusulas de instrumento normativo. Incompetência do Juízo de Primeiro Grau que se declara" (TRT – 9.ª Região – RO 05320-2002 – Ac. 24806-2002 – Rela. Juíza Sueli Gil El-Rafihi – *DJPR* 08.11.2002).

Todavia, quando se tratar de ação anulatória de cláusula de contrato individual de trabalho, a competência originária não será dos tribunais, mas, sim, da Vara do Trabalho, por não se enquadrar como matéria coletiva.

Exemplificando, se o empregador inserir num contrato individual de trabalho firmado com menor de 17 anos cláusula obrigando o seu labor em atividades insalubres, poderá o representante legal do trabalhador, ou mesmo o Ministério Público do Trabalho, pleitear perante a Vara do Trabalho a nulidade da atinente cláusula.

A ação anulatória de cláusula de convenção ou acordo coletivo de trabalho será proposta, em regra, pelo Ministério Público do Trabalho (art. 83, IV, da LC 75/1993), não sendo possível que os próprios signatários do instrumento normativo postulem a nulidade da cláusula, salvo demonstrado vício de vontade (erro, dolo, coação ou fraude).

Com efeito, a LC 75/1993, ao estabelecer as atribuições do Ministério Público do Trabalho, fixou no art. 83, IV, a seguinte competência:

> "Art. 83 da LC 75/1993. Compete ao Ministério Público do Trabalho o exercício das seguintes atribuições junto aos órgãos da Justiça do Trabalho:
>
> (...)
>
> IV – propor as ações cabíveis para declaração de nulidade de cláusula de contrato, acordo coletivo ou convenção coletiva que viole as liberdades individuais ou coletivas ou os direitos individuais indisponíveis dos trabalhadores".

Podemos destacar vários exemplos de situações que ensejam a propositura, pelo Ministério Público do Trabalho, de ação anulatória de cláusula convencional, como nas hipóteses de instituição de cláusulas que:

- viole os direitos individuais indisponíveis dos trabalhadores fixados na Constituição Federal de 1988 e na Consolidação das Leis do Trabalho, como a que fixa a remuneração do empregado em montante inferior ao salário-mínimo, ou mesmo a que obriga o obreiro a jornadas além das permitidas no texto constitucional;
- viole normas de proteção à segurança e à saúde do trabalhador;
- viole a liberdade individual e o direito de associação ou de filiação a sindicato;
- determine a cobrança de contribuição assistencial e/ou confederativa (ao arrepio do Precedente Normativo 119 do TST ou da Súmula 666 do STF) a todos os empregados, associados ou não a sindicato;
- condicione a estabilidade da empregada gestante à comunicação prévia ao empregado do seu estado gravídico;
- que estabeleça períodos de estabilidade provisória aos obreiros (acidentado, cipeiro, dirigente sindical etc.) inferiores aos previstos na legislação ordinária;
- que determine o pagamento das verbas rescisórias dos trabalhadores dispensados em período superior ao previsto no art. 477, § 6.º, da CLT.

Nos termos do art. 611-A, § 5º, da CLT, os sindicatos subscritores de convenção coletiva ou de acordo coletivo de trabalho deverão participar, como litisconsortes necessários, em ação individual ou coletiva, que tenha como objeto a anulação de cláusulas desses instrumentos[1]:

> Art. 611-A.
>
> § 5º Os sindicatos subscritores de convenção coletiva ou de acordo coletivo de trabalho deverão participar, como litisconsortes necessários, em ação individual ou coletiva, que tenha como objeto a anulação de cláusulas desses instrumentos.

Uma vez que a decisão proferida na ação anulatória de cláusula convencional é incindível, atingindo os sindicatos dos empregados e empregadores, todos devem participar da relação processual, sendo o caso de litisconsórcio necessário. Pela mesma razão, quando se tratar de acordo coletivo de trabalho, a(s) empresa(s) subscritora(s) devem integrar a lide, uma vez que o acordo coletivo é firmado entre sindicato(s) e empresa(s).

1. Art. 3º, IN 41/2018, TST. A obrigação de formar o litisconsórcio necessário a que se refere o art. 611-A, § 5º, da CLT dar-se-á nos processos iniciados a partir de 11/11/2017, data em que entrou em vigor a Lei 13.467/2017 (Reforma Trabalhista).

Nos termos do art. 114 do CPC, "o litisconsórcio será necessário por disposição de lei ou quando, pela natureza da relação jurídica controvertida, a eficácia da sentença depender da citação de todos que devam ser litisconsortes".

Entretanto, há que se distinguir duas situações:

A primeira é a da ação anulatória com pedido expresso de anulação de cláusula convencional. Neste caso a decisão fará coisa julgada, atingindo a todos os sindicatos e, no caso de acordo coletivo, a(s) empresa(s). Logo, todos devem participar da lide, como litisconsórcio necessário. Note que o art. 611-A, § 5º, refere-se expressamente ao pedido de anulação da cláusula convencional.

A segunda é aquela em que o pedido é o de devolução de contribuição paga ao sindicato, sendo a declaração de nulidade da cláusula convencional meramente incidental. Esta não alcança os sindicatos ou empresas, razão pela qual não há litisconsórcio necessário.

Por fim, os sindicatos deverão participar da lide quando a anulação de cláusula convencional estiver em debate em recurso de revista repetitivo, uma vez que a tese firmada no mesmo constitui precedente obrigatório, vinculando a todos os juízes e tribunais, nos termos do art. 927 do CPC.

8.5. TUTELAS PROVISÓRIAS DE URGÊNCIA E EVIDÊNCIA

8.5.1. Tutelas de urgência e evidência

8.5.1.1. Espécies de tutelas de urgência

O atual Código de Processo Civil inovou quanto às tutelas cautelares e antecipadas, não destinando um livro às cautelares conforme fez o Código de 1973.

No atual diploma legal há um livro que trata da tutela provisória e as divide em tutelas de urgência e evidência (arts. 294 a 311 do CPC), e o TST entende que se aplica ao Processo do Trabalho, consoante preceitua o art. 3º, VI, da IN 39/2016 do TST.

A tutela de urgência, de natureza cautelar ou antecipada, pode ser concedida em caráter antecedente ou incidental e quando preenchidos os mesmos requisitos: houver elementos que evidenciem a probabilidade do direito – *fumus boni iuris* – e o perigo de dano ou o risco ao resultado útil do processo – *periculum in mora* (art. 300 do CPC). A tutela de urgência de natureza cautelar pode ser efetivada mediante arresto, sequestro, arrolamento de bens, registro de protesto contra alienação de bem e qualquer outra medida idônea para asseguração do direito (art. 301 do CPC).

De acordo com o art. 302 do CPC, independentemente da reparação por dano processual, a parte responde pelo prejuízo que a efetivação da tutela de urgência causar à parte adversa, se:

> "I – a sentença lhe for desfavorável;
>
> II – obtida liminarmente a tutela em caráter antecedente, não fornecer os meios necessários para a citação do requerido no prazo de 5 (cinco) dias;
>
> III – ocorrer a cessação da eficácia da medida em qualquer hipótese legal;
>
> IV – o juiz acolher a alegação de decadência ou prescrição da pretensão do autor.
>
> Parágrafo único. A indenização será liquidada nos autos em que a medida tiver sido concedida, sempre que possível".

A tutela de urgência, cautelar ou antecipada, pode ser concedida em caráter antecedente ou incidental (art. 294, parágrafo único, do CPC). A tutela provisória de evidência somente pode ser requerida em caráter incidente.

A tutela de urgência incidental é requerida dentro do processo em que se pede ou já se pediu a tutela definitiva e tem o objetivo de adiantar seus efeitos, seja de satisfação (antecipação da tutela) ou de acautelamento. É antecedente à tutela provisória requerida antes da formulação dos pedidos da tutela definitiva e tem por propósito adiantar seus efeitos.

8.5.1.1.1. Tutela de urgência antecipada

Quando se tratar de tutela provisória de urgência satisfativa (antecipada), antecedente à petição inicial, pode limitar-se: 1) ao requerimento da tutela antecipada; e 2) à indicação do pedido de tutela final, com a exposição da lide, do direito que se busca realizar e do perigo de dano ou do risco ao resultado útil do processo (art. 303, *caput*, do CPC). O autor deve indicar o valor da causa, que deve levar em consideração o pedido de tutela final (art. 303, § 4.º, do CPC).

Uma vez concedida a tutela satisfativa (antecipada) em caráter antecedente, será observado o seguinte procedimento:

1) O autor deverá aditar a petição inicial, nos mesmos autos, com a complementação de sua argumentação, a juntada de novos documentos e a confirmação do pedido de tutela final e a indicação de que pretende valer-se do benefício da antecipação da tutela. Deverá fazê-lo em 15 (quinze) dias ou em outro prazo maior que o juiz fixar, sob pena de extinção do processo sem resolução do mérito (art. 303, §§ 1.º, I, 2.º, 3.º e 5.º, do CPC).

2) Será designada no Processo do Trabalho a audiência de instrução e julgamento para a apresentação da defesa.

Caso entenda que não há elementos para a concessão de tutela antecipada, o órgão jurisdicional determinará a emenda da petição inicial em até 5 (cinco) dias, sob pena de ser indeferida e de o processo ser extinto sem resolução de mérito (art. 303, § 6.º, do CPC).

8.5.1.1.2. Tutela de urgência cautelar

Por sua vez, quando se tratar de tutela provisória cautelar em caráter antecedente à petição inicial indicará: 1) a lide e seu fundamento; e 2) a exposição sumária do direito que se objetiva assegurar e o perigo de dano ou o risco ao resultado útil do processo (art. 305, do CPC).

Ressalte-se que, caso o juiz entenda que o pedido tem natureza antecipada, ele observará o procedimento previsto para a tutela provisória antecipada, previsto no *caput* do art. 303 do CPC (art. 305, parágrafo único, do CPC).

O réu, então, será citado para, no prazo de 5 (cinco) dias, contestar o pedido e indicar as provas que pretende produzir (art. 306 do CPC).

Não sendo contestado o pedido, os fatos alegados pelo autor presumir-se-ão aceitos pelo réu como ocorridos, caso em que o juiz decidirá dentro de 5 (cinco) dias (art. 307, *caput*, do CPC).

Efetivada a tutela cautelar, o pedido principal terá de ser formulado pelo autor no prazo de 30 (trinta) dias, caso em que será apresentado nos mesmos autos em que deduzido o pedido de tutela cautelar (art. 308 do CPC).

O pedido principal pode ser formulado conjuntamente com o pedido de tutela cautelar, momento em que a causa de pedir poderá ser modificada (art. 308, §§ 1.º e 2.º, do CPC).

Apresentado o pedido principal, as partes serão intimadas para comparecer na audiência de instrução e julgamento no Processo do Trabalho.

Prevê o art. 309 do CPC que cessa a eficácia da tutela concedida em caráter antecedente, se:

> I – o autor não deduzir o pedido principal no prazo legal;
>
> II – não for efetivada dentro de 30 (trinta) dias;
>
> III – o juiz julgar improcedente o pedido principal formulado pelo autor ou extinguir o processo sem resolução de mérito.

Se por qualquer motivo cessar a eficácia da tutela cautelar, é vedado à parte renovar o pedido, salvo sob novo fundamento (art. 309, parágrafo único, do CPC).

O indeferimento da tutela cautelar não obsta a que a parte formule o pedido principal, nem influi no julgamento desse, salvo se o motivo do indeferimento for o reconhecimento de decadência ou de prescrição (art. 310 do CPC).

8.5.1.2. Tutela de evidência

A tutela de evidência será concedida, independentemente da demonstração de perigo de dano ou de risco ao resultado útil do processo, quando: a) ficar caracterizado o abuso do direito de defesa ou o manifesto propósito protelatório da parte; b) as alegações de fato puderem ser comprovadas apenas documentalmente e houver tese firmada em julgamento de casos repetitivos ou em súmula vinculante; c) se tratar de pedido reipersecutório fundado em prova documental adequada do contrato de depósito, caso em que será decretada a ordem de entrega do objeto custodiado, sob cominação de multa; e d) a petição inicial for instruída com prova documental suficiente dos fatos constitutivos do direito do autor, a que o réu não oponha prova capaz de gerar dúvida razoável (art. 311 do CPC).

8.6. HOMOLOGAÇÃO DE ACORDO EXTRAJUDICIAL

Nos termos do art. 652, V, "f", da CLT, a Justiça do Trabalho é competente para homologação de acordo extrajudicial, *in verbis*:

> "Art. 652, CLT. Compete às Varas do Trabalho:
>
> (...)
>
> f) decidir quanto à homologação de acordo extrajudicial em matéria de competência da Justiça do Trabalho."

Trata-se de procedimento de jurisdição voluntária, em que o juiz apenas homologa o acordo celebrado entre as partes extrajudicialmente.

O procedimento está previsto na CLT, no capítulo III-A, denominado "Processo de Jurisdição Voluntária para Homologação de Acordo Extrajudicial", regulamentado nos arts. 855-B a 855-E da CLT.

O processo de homologação de acordo extrajudicial terá início por petição conjunta, sendo obrigatória a representação das partes por advogado, que não poderá ser comum, sendo facultado ao trabalhador ser assistido pelo advogado do sindicato de sua categoria (art. 855-B da CLT).

À luz do art. 855-D da CLT, no prazo de quinze dias a contar da distribuição da petição, o juiz analisará o acordo, designará audiência se entender necessário e proferirá sentença. O prazo de 15 dias é impróprio e é faculdade do juiz a homologação do acordo, com base na Súmula 418 do TST.

A sentença homologatória do acordo transita em julgado na data de sua homologação, nos moldes da Súmula 100, V, do TST.

Não há dúvidas de que mesmo sendo obrigatório que as partes tenham advogados distintos, este procedimento favorecerá lides simuladas, em que para o recebimento das verbas rescisórias o empregado procurará advogado indicado pelo próprio empregador, que após a homologação do acordo contará com uma decisão transitada em julgado, de modo que o empregado nada mais poderá reclamar no futuro. Apenas as audiências podem coibir esses casos e elas são faculdade dos juízes, que por prudência sempre deve designá-las.

Institui o art. 855-C da CLT que a submissão de acordo extrajudicial à homologação não prejudica o prazo de 10 dias para pagamento das verbas rescisórias a contar do término do contrato de trabalho, previsto no art. 477, § 6º, da CLT, e tampouco afasta a aplicação da multa de um salário do empregado por atraso no pagamento, conforme dispõe o art. 477, § 8º, da CLT.

Dessa forma, se o acordo não for homologado pelo juiz, volta-se à estaca a zero, como se ele jamais tivesse sido realizado, e se houve atraso no pagamento das verbas rescisórias, a multa será devida.

A petição de homologação de acordo extrajudicial suspende o prazo prescricional da ação exclusivamente quanto aos direitos nela especificados, os quais voltarão a fluir no dia útil seguinte ao do trânsito em julgado da decisão que negar a homologação do acordo (art. 852-E da CLT).

Uma vez que a CLT preceitua que o pedido de homologação suspende o prazo prescricional apenas quanto aos direitos nela especificados, permite-se deduzir que o acordo limita-se às parcelas postuladas e não a todo o contrato de trabalho, o que, para nós, não impede que seja expressamente pactuada a plena e ampla quitação ao contrato de trabalho.

8.7. Resumo da matéria

1. A ação rescisória é uma ação de conhecimento, de natureza constitutivo-negativa, objetivando a desconstituição ou anulação da *res judicata*. Em outras palavras, a ação rescisória é uma ação autônoma que visa desconstituir ou anular sentença judicial transitada em julgado (ou acórdão), em função de vícios insanáveis.

2. O art. 836 da CLT, com a redação alterada pela Lei 11.495/2007, prevê a possibilidade de ajuizamento de ação rescisória no âmbito da Justiça do Trabalho, determinando a aplicação dos dispositivos do Código de Processo Civil, exigindo-se para a sua propositura o depósito prévio de 20% do valor da causa, salvo prova de miserabilidade jurídica do autor. Em virtude da referida alteração legal, o TST determinou o cancelamento da Súmula 194 (Res. 142/2007).

3. Em regra, decisão de mérito, porque sujeita à coisa julgada material, poderá ser objeto de ação rescisória, abrangendo a sentença e o acórdão.

4. O atual Código de Processo Civil autoriza a ação rescisória de sentença que não seja de mérito em duas hipóteses (art. 966, § 2º, do CPC): a) de sentença que impeça a propositura de nova demanda, como é o caso da sentença que reconhece a ilegitimidade para a causa, a ausência de interesse de agir, a existência de litispendência, coisa julgada ou perempção; e b) que verse sobre a admissibilidade de recurso, como é o caso da decisão que não admite o recurso ordinário, por exemplo, por ser intempestivo.

5. A ação rescisória será sempre julgada pelos tribunais, no âmbito laboral, pelo Tribunal Regional do Trabalho respectivo ou pelo Tribunal Superior do Trabalho, dependendo da sentença ou acórdão a ser rescindido.

6. Quanto à legitimidade para o Ministério Público propor ação rescisória, o Tribunal Superior do Trabalho firmou entendimento no sentido de que as hipóteses previstas no art. 967, III, *a* e *b*, do CPC (não oitiva do *Parquet* nos processos em que sua intervenção é obrigatória ou quando a sentença é efeito de colusão das partes) são meramente exemplificativas, possuindo o órgão ministerial legitimidade para propor ação rescisória em qualquer das possibilidades previstas no art. 966 do CPC, mesmo que não tenha atuado como parte no processo que deu origem à decisão rescindenda.

7. No âmbito do processo civil, as sentenças homologatórias de acordo judicial não serão submetidas à ação rescisória, podendo ser objeto de simples ação anulatória em caso de verificação, por exemplo, de algum vício de vontade (erro, dolo, coação, simulação ou fraude).

8. No âmbito laboral, pensamento diverso tem sido adotado, tendo o Tribunal Superior do Trabalho firmado entendimento, consubstanciado na Súmula 259, de que somente por ação rescisória é impugnável o termo de conciliação previsto no art. 831, parágrafo único, consolidado.

9. O autor da ação pode cumular ao pedido principal de rescisão do julgado pleito de novo julgamento da causa pelo mesmo tribunal que apreciou a rescisória.

10. Com efeito, em várias hipóteses previstas no art. 966 do CPC, o tribunal exercerá também, além do juízo rescindente, o juízo rescisório (*iudicium rescissorium*), proferindo novo julgamento da causa.

11. Não se pode esquecer que o art. 968, I, do CPC elenca como requisito obrigatório da petição inicial a cumulação ao pedido de rescisão, se for o caso, o de novo julgamento do processo, não sendo possível considerar implícito o pedido de novo julgamento.

12. A doutrina costuma nominar como "juiz peitado" o que profere sentença dada por prevaricação, concussão ou corrupção passiva, uma vez que na legislação penal mais antiga tais crimes eram chamados de "peita ou suborno".

13. Em função da taxatividade imposta pelo art. 966 do CPC, somente as sentenças proferidas por juiz impedido ou por juízo absolutamente incompetente darão ensejo ao corte rescisório.

14. Na hipótese do art. 966, II, do CPC, não haverá juízo rescisório, mas tão somente o juízo rescindente, devendo o tribunal remeter os autos ao juízo competente ou imparcial, para que proceda a novo julgamento da causa.

15. No caso do art. 966, III, do CPC, para que a sentença possa ser objeto de ação rescisória, é imprescindível que a atitude dolosa da parte vencedora tenha sido fator determinante para o resultado do processo.

16. Verificado o conluio fraudatório, haverá espaço tanto para a atuação do juízo rescindente como também do juízo rescisório, que extinguirá o processo sem julgamento do mérito.

17. O Tribunal Superior do Trabalho, por meio da OJ 101 da SDI-II, entende que o interessado somente poderá se utilizar da ação rescisória, com base no art. 966, IV, do CPC, quando demonstrar que, na decisão rescindenda, arguiu a tese de ofensa à coisa julgada.

18. O Tribunal Superior do Trabalho firmou entendimento de que convenção coletiva de trabalho, acordo coletivo de trabalho, portaria, regulamento, súmula ou orientação jurisprudencial não se enquadram no termo "lei", contido no art. 966, V, do CPC.

19. A violação de dispositivo de lei deverá ser direta, literal, frontal, não sendo possível a utilização de ação rescisória quando a decisão rescindenda adota uma dentre várias interpretações cabíveis ao diploma tido como violado, ainda que não seja a melhor.

20. Documento novo não é aquele produzido após a sentença, mas, ao revés, aquele que já existia na época da prolação da decisão rescindenda, e que a parte o ignorava ou não pôde fazer uso.

21. Em relação ao fundamento para invalidar confissão como hipótese de rescisão do julgado, deve-se ressalvar o posicionamento do Tribunal Superior do Trabalho ao destacar que a confissão possível de invalidação é a real, fruto de erro, dolo ou coação, e não a confissão ficta, resultante de revelia.

22. Distribuída a peça vestibular da ação rescisória, poderá o juiz relator, de forma monocrática, indeferir a petição inicial, à luz do art. 330 do CPC, decisão esta sujeita ao recurso denominado agravo regimental.

23. O atual Código de Processo Civil, em seu art. 969, estabelece que "a propositura da ação rescisória não impede o cumprimento da decisão rescindenda, ressalvada a concessão de tutela provisória". Logo, passou a ser plenamente possível, desde que preenchidos os pressupostos previstos em lei, a concessão de antecipação de tutela suspendendo o cumprimento da sentença.

24. Recebida regularmente a petição inicial da ação rescisória, determinará o relator a citação do réu a fim de que, no prazo fixado entre 15 e 30 dias, apresente sua resposta, contando-se o prazo em quádruplo quando o reclamado tratar-se de pessoa jurídica de direito público ou do Ministério Público do Trabalho.

25. Oferecida a resposta pelo demandado, caso os fatos alegados dependam de prova (em geral, prova testemunhal), o relator poderá delegar a competência ao órgão que proferiu a decisão rescindenda, fixando prazo de um a três meses para devolução dos autos (art. 972 do CPC).

26. Posteriormente, o relator determinará a abertura de prazo sucessivo de 10 dias para autor e réu ofertarem razões finais, quando, finalmente serão os autos submetidos a julgamento pelo tribunal respectivo.

27. Estabelece o art. 975 do CPC que o direito à rescisão se extingue em dois anos, contados do trânsito em julgado da última decisão proferida no processo.

28. Vale mencionar que, evidenciada a colusão das partes, o prazo decadencial da ação rescisória somente começa a fluir para o Ministério Público que não interveio no processo principal, a partir do momento em que teve ciência da fraude.

29. Quando a ação rescisória for julgada originariamente pelo Tribunal Regional do Trabalho, o apelo cabível em face do acórdão prolatado é o recurso ordinário, que será julgado pelo Tribunal Superior do Trabalho.

30. Caso a ação rescisória seja proposta originariamente no Tribunal Superior do Trabalho, poderá haver a interposição de embargos e, eventualmente, recurso extraordinário para o Supremo Tribunal Federal.

31. O mandado de segurança atualmente encontra suporte jurídico principal na Constituição Federal de 1988, no art. 5.º, LXIX e LXX. A Lei 12.016/2009 passou a disciplinar o mandado de segurança individual e coletivo, revogando a Lei 1.533/1951 e as demais que tratavam do assunto.

32. Podemos conceituar o mandado de segurança como o instrumento, constitucionalmente previsto, que pode ser utilizado por pessoa, física ou jurídica, ou mesmo por ente despersonalizado com capacidade processual, objetivando a proteção de direito individual ou coletivo, líquido e certo, não amparado por *habeas corpus* ou *habeas data*, toda vez que esse direito for lesionado ou ameaçado por ato de autoridade pública ou de agente de pessoa jurídica no exercício de atribuições do Poder Público.

33. A natureza jurídica do mandado de segurança é de ação de conhecimento, sendo seu objeto mandamental, em que o juiz determina à autoridade coatora o cumprimento imediato da ordem.

34. Em regra, o *writ* será processado na Justiça do Trabalho quando o ato ilegal for prolatado pelas autoridades da Justiça laboral.

35. A competência originária para julgamento do mandado de segurança será sempre dos Tribunais Regionais do Trabalho ou do Tribunal Superior do Trabalho, conforme a autoridade envolvida.

36. Caso o mandado de segurança seja julgado originariamente pelo Tribunal Superior do Trabalho, em caso de denegação de segurança, o apelo cabível será o recurso ordinário (prazo de 15 dias – art. 1.003, § 5.º, do CPC) a ser julgado pelo Supremo Tribunal Federal, em função do disposto no art. 102, II, *a*, da CF/1988.

37. O *writ* para ser admitido deve atender condições específicas, cabendo ao impetrante demonstrar, de imediato, o direito líquido e certo violado e a ilegalidade ou abuso de poder praticados pela autoridade, seja de que categoria for e sejam quais forem as funções que exerça.

38. O conceito de autoridade pública é amplo, abrangendo não apenas os agentes da administração direta e indireta, como também os agentes dos Poderes Executivo, Legislativo e Judiciário. De acordo com o § 1.º do art. 1.º da Lei 12.016/2009, equiparam-se às autoridades os representantes ou órgãos de partidos políticos e os administradores de entidades autárquicas, bem como os dirigentes de pessoas jurídicas ou as pessoas naturais no exercício de atribuições do poder público, somente no que disser respeito a essas atribuições.

39. O Supremo Tribunal Federal entende ser incabível a utilização do mandado de segurança para atacar lei em tese (Súmula 266 do STF).

40. Também é certo que não será cabível mandado de segurança quando se tratar: I – de ato do qual caiba recurso administrativo com efeito suspensivo, independentemente de caução; II – de decisão judicial da qual caiba recurso com efeito suspensivo; III – de decisão judicial transitada em julgado (art. 5.º da Lei 12.016/2009). Vale frisar que também não cabe mandado de segurança contra os atos de gestão comercial praticados pelos administradores de empresas públicas, de sociedade de economia mista e de concessionárias de serviço público (§ 2.º do art. 1.º da referida lei).

41. Impende destacar que o dirigente de empresa pública que pratica determinado ato trabalhista na condição de representante legal da empresa não é enquadrado como autoridade coatora, pois, neste caso, ele apenas representa o empregador.

42. Reza o art. 4.º da Lei 12.016/2009, que em caso de urgência é permitido impetrar mandado de segurança por telegrama, radiograma, fax ou outro meio eletrônico de autenticidade comprovada ao juiz competente, que poderá determinar seja feita pela mesma forma a notificação à autoridade coatora. Nessa situação, o texto original da petição deverá ser apresentado nos 5 (cinco) dias úteis seguintes.

43. Saliente-se, outrossim, que o *mandamus* deverá ser proposto já com toda a prova documental (prova pré-constituída), sob pena de indeferimento da inicial. No caso em que o documento necessário à prova do alegado se ache em repartição ou estabelecimento público ou em poder de autoridade que se recuse a fornecê-lo por certidão ou de terceiro, o juiz ordenará, preliminarmente, por ofício, a exibição desse documento em original ou em cópia autêntica e marcará, para o cumprimento da ordem, o prazo de 10 (dez) dias. O escrivão extrairá cópias do documento para juntá-las à segunda via da petição (art. 6.º, *caput* e § 1.º, da Lei 12.016/2009).

44. Os documentos que acompanham a inicial também deverão ser apresentados em duas vias, por meio de cópias. Também deverá ser indicada a autoridade coatora bem como a pessoa jurídica que esta integra, à qual se acha vinculada ou da qual exerce atribuições. Considera-se autoridade coatora aquela que tenha praticado o ato impugnado ou da qual emane a ordem para a sua prática.

45. O mandado de segurança pode ser indeferido de plano nos casos previstos pelo art. 485 do CPC, cabendo desta decisão agravo regimental. O pedido de mandado de segurança poderá ser renovado dentro do prazo decadencial, se a decisão denegatória não lhe houver apreciado o mérito.

46. Na inicial, poderá haver pedido de liminar pelo impetrante, sendo deferida, caso restem comprovados o *periculum in mora* (possibilidade do prejuízo irreparável) e o *fumus boni iuris* (fumaça do bom direito). Será facultado ao juiz exigir do impetrante caução, fiança ou depósito, com o objetivo de assegurar o ressarcimento à pessoa jurídica.

47. Será decretada a perempção ou caducidade da medida liminar *ex officio* ou a requerimento do Ministério Público quando, concedida a medida, o impetrante criar obstáculo ao normal andamento do processo ou deixar de promover, por mais de 3 (três) dias úteis, os atos e as diligências que lhe cumprirem.

48. Vale destacar que, a requerimento de pessoa jurídica de direito público interessada ou o Ministério Público, para evitar grave lesão à ordem, à saúde, à segurança ou à economia públicas, o art. 15 da Lei 12.016/2009 autoriza o presidente do tribunal ao qual couber o conhecimento do recurso suspender, em decisão fundamentada, a execução da liminar e da sentença, dessa decisão cabendo agravo, sem efeito suspensivo no prazo de 5 dias, que será levado a julgamento na sessão seguinte à sua interposição. Caso seja indeferido o pedido de suspensão ou provido o agravo, caberá novo pedido de suspensão ao presidente do tribunal competente para conhecer de eventual recurso especial ou extraordinário. A interposição de agravo de instrumento contra liminar concedida nas ações movidas contra o poder público e seus agentes não prejudica nem condiciona o julgamento do pedido de suspensão previsto no referido art. 15.

49. Findo o prazo de 10 dias para informações do impetrado, será ouvido o representante do Ministério Público, que opinará, dentro do prazo improrrogável de 10 (dez) dias. Com ou sem o parecer do Ministério Público, os autos serão conclusos ao juiz, para a decisão, a qual deverá ser necessariamente proferida em 30 (trinta) dias.

50. O Supremo Tribunal Federal firmou entendimento por meio da Súmula 512 de que não cabe a condenação em honorários advocatícios na ação de mandado de segurança.

51. A ação civil pública é o instrumento processual constitucionalmente assegurado para a defesa judicial dos interesses ou direitos metaindividuais (interesses ou direito difusos, coletivos e individuais homogêneos).

52. A Carta Maior de 1988 permitiu a utilização da ação civil pública também no âmbito da Justiça do Trabalho, pois o texto constitucional não fez qualquer distinção entre os "ramos" do Ministério Público que estão legitimados para promover a atinente ação civil pública.

53. Além disso, com a promulgação da Carta Política de 1988, a ação civil pública, instituída pela Lei 7.347/1985, ampliou consideravelmente seu campo de atuação, uma vez que o texto constitucional, expressamente, passou a admitir a propositura da ação civil pública para proteger **qualquer interesse difuso ou coletivo**.

54. A Lei 8.078/1990 passou a prever a defesa em juízo dos interesses e direitos individuais homogêneos (art. 81, parágrafo único, III), passando a ação civil pública também a ser utilizada com essa finalidade.

55. O Código de Defesa do Consumidor, por meio do art. 117, também concedeu nova redação ao art. 21 da Lei de Ação Civil Pública (Lei 7.347/1985), aplicando-se, doravante, às ações coletivas promovidas para a defesa dos interesses difusos, coletivos e individuais o sistema processual do próprio Código de Defesa do Consumidor.

56. A Lei 8.078/1990, no art. 81, parágrafo único, I, conceitua os interesses ou direitos difusos, como os transindividuais, de natureza indivisível, de que sejam titulares pessoas indeterminadas e ligadas por circunstâncias de fato.

57. O Código de Defesa do Consumidor conceitua, no art. 81, parágrafo único, II, os denominados interesses e direitos coletivos como sendo "os transindividuais de natureza indivisível de que seja titular grupo, categoria ou classe de pessoas ligadas entre si ou com parte contrária por uma relação jurídica base".

58. Os interesses e direitos coletivos abrangem um número de indivíduos indeterminados, mas os seus titulares, embora tratados coletivamente, são determináveis, seja pela relação jurídica-base que as une (grupo, associação de classe, categoria etc.), seja por meio do vínculo jurídico que as liga com a parte contrária (estudantes da mesma escola, contribuintes do mesmo tributo etc.).

59. Frise-se que, a exemplo dos direitos difusos, os direitos e interesses coletivos também são indivisíveis, não podendo ser fracionado entre os integrantes do grupo, classe ou categoria, pois são afetos a todos indistintamente.

60. A Lei 8.078/1990, em seu art. 81, parágrafo único, III, inseriu uma nova categoria de interesses, a dos denominados interesses e direitos individuais homogêneos, conceituados como os decorrentes de origem comum.

61. Em verdade, os interesses e direitos individuais homogêneos representam um feixe de interesses individuais com causa comum, cujos titulares são perfeitamente identificáveis e individualizáveis.

62. Representam interesses transindividuais, decorrentes de origem comum, porém divisíveis, podendo, cada lesado, individualmente, buscar a devida reparação.

63. Não obstante a natureza individual dos interesses ou direitos envolvidos, os interesses transindividuais podem ser objeto de tratamento coletivo, em virtude de se originarem de uma situação comum, de natureza homogênea.

64. A competência material da Justiça do Trabalho para conhecer e julgar a ação civil pública decorre, naturalmente, do disposto no art. 114 da Constituição da República e na legislação correlata já mencionada, em especial as Leis 7.347/1985 (LACP), 8.078/1990 (CDC), além da LC 75/93 (Lompu, art. 83, III).

65. O Tribunal Superior do Trabalho, por meio da OJ 130 da SDI-II, entendeu que a competência para a Ação Civil Pública fixa-se pela extensão do dano. Em caso de dano de abrangência regional, que atinja cidades sujeitas à jurisdição de mais de uma Vara do Trabalho, a competência será de qualquer das varas das localidades atingidas, ainda que vinculadas a Tribunais Regionais do Trabalho distintos. Em caso de dano de abrangência suprarregional ou nacional, há competência concorrente para a Ação Civil Pública das varas do trabalho das sedes dos Tribunais Regionais do Trabalho. Estará prevento o juízo a que a primeira ação houver sido distribuída.

66. O Ministério Público do Trabalho possui legitimidade para defender tanto o interesse individual homogêneo dos trabalhadores quanto o interesse difuso ou coletivo, em face dos dispositivos constitucionais e normas previstas no ordenamento jurídico pátrio.

67. A melhor doutrina, afastando a conceituação tradicional de legitimação prevista no Código de Processo Civil, classifica a legitimação *ad causam* para a defesa de direitos difusos e coletivos como uma legitimação autônoma para a condução do processo.

68. Em relação aos direitos individuais homogêneos, como se trata de direitos de natureza individual e divisível, em que cada titular pode buscar a reparação individual do dano, a legitimação para propositura de ação civil pública é extraordinária, ocorrendo a substituição processual por parte do ente legitimado.

69. Quanto à possibilidade de litisconsórcio na ação civil pública, o art. 5.º, § 2.º, da Lei 7.347/1985 faculta ao Poder Público e a outras associações legitimadas habilitarem-se como litisconsortes de qualquer das partes.

70. Caso haja desistência infundada ou abandono da ação por associação legitimada, o Ministério Público ou outro legitimado assumirá a titularidade ativa.

71. Cabe destacar que o art. 5.º, § 5.º, da LACP admite a possibilidade de litisconsórcio facultativo entre os Ministérios Públicos da União, dos Estados e do Distrito Federal na defesa dos direitos que apresentem dimensão coletiva.

72. O art. 3.º da Lei 7.347/1985 estabelece que "A ação civil poderá ter objeto a condenação em dinheiro, ou o cumprimento de obrigação de fazer ou não fazer".

73. Nada impede que na mesma ação civil pública haja pedido de tutela por mais de um interesse transindividual, assim como é juridicamente possível a acumulação de pedidos, desde que compatíveis entre si.

74. Nesta esteira, tem sido cada vez mais constante o manejo de ação civil pública requerendo a condenação da reclamada em obrigações de fazer e não fazer, cumuladas com pedido de indenização pelos danos suportados pela própria sociedade.

75. A Lei 7.347/1985, nos arts. 4.º e 12, possibilitou a propositura de ação cautelar antecedente à ação civil pública, bem como a inserção de pedido liminar na própria ação, objetivando a proteção de interesses metaindividuais, evitando-se lesões de difícil ou impossível reparação.

76. Outrossim, o art. 84, § 3.º, da Lei 8.078/1990 previu a possibilidade de antecipação de tutela de mérito nas ações coletivas, ao dispor que, "sendo relevante o fundamento da demanda e havendo justificado receio de ineficácia do provimento final, é lícito ao juiz conceder a tutela liminarmente ou após justificação prévia, citado o réu".

77. A possibilidade de antecipação de tutela nas ações coletivas disciplinadas no art. 84, § 3.°, do CDC precedeu a própria alteração do art. 311 do CPC, que regulamentou, de forma ampla, a tutela antecipada no processo civil.

78. Vale evidenciar que tanto o art. 11 da LACP como o art. 84, § 4.°, do CDC possibilitam ao magistrado a fixação de multa em caso de descumprimento da tutela deferida.

79. Em relação aos interesses e direitos difusos e coletivos, não há que falar em prescrição ou decadência para propositura de ação civil pública, mesmo tratando-se da reparação genérica por danos causados.

80. No entanto, em relação às ações coletivas atinentes à reparação dos danos individualmente sofridos pelos trabalhadores (interesses e direitos individuais homogêneos), aplica-se a prescrição comum prevista no art. 7.°, XXIX, da CF/1988.

81. Nas ações coletivas, em face dos interesses tutelados e características próprias, a coisa julgada se forma de acordo com as regras previstas no art. 16 da LACP e arts. 103 e 104 do CDC.

82. O Código de Defesa do Consumidor (art. 110), por sua vez, além de alargar a utilização da ação civil pública para a defesa de qualquer interesse difuso e coletivo (como já previsto na CF/1988, art. 129, III), instituiu, por meio do art. 91 e seguintes, um novo procedimento para a defesa específica dos interesses e direitos individuais homogêneos, surgindo a expressão "ação civil coletiva".

83. Doutrina e jurisprudência têm divergido sobre a possibilidade de utilização da ação civil pública tratando-se de direitos e interesses individuais homogêneos, ou mesmo se a ação civil coletiva seria a única ação coletiva cabível para a tutela desses mesmos interesses.

84. No entanto, entendemos que a ação civil pública e a ação civil coletiva constituem expressões sinônimas, utilizadas com a mesma finalidade, qual seja para a proteção dos interesses difusos, coletivos e individuais homogêneos, não havendo que alar, portanto, em duas ações autônomas com objetivos distintos.

85. Em outras palavras, o sistema integrado de tutela coletiva, formado pela Lei de Ação Civil Pública e Código de Defesa do Consumidor, prevê a possibilidade do manejo de ação coletiva para a proteção dos direitos e interesses transindividuais, seja qual for a denominação ou o *nomen juris* utilizado.

86. O atual Código de Processo Civil inovou quanto às tutelas cautelares e antecipadas, não destinando um livro às cautelares como fez o Código de 1973.

87. A tutela de urgência, de natureza cautelar ou antecipada, pode ser concedida em caráter antecedente ou incidental e quando preenchidos os mesmos requisitos:

houver elementos que evidenciem a probabilidade do direito – *fumus boni iuris* – e o perigo de dano ou o risco ao resultado útil do processo – *periculum in mora* (art. 300 do CPC).

88. A tutela de urgência de natureza cautelar pode ser efetivada mediante arresto, sequestro, arrolamento de bens, registro de protesto contra alienação de bem e qualquer outra medida idônea para asseguração do direito (art. 301 do CPC).

89. A tutela de urgência, cautelar ou antecipada, pode ser concedida em caráter antecedente ou incidental (art. 294, parágrafo único, do CPC). A tutela provisória de evidência somente pode ser requerida em caráter incidente.

90. É antecedente a tutela provisória requerida antes da formulação dos pedidos da tutela definitiva e tem por propósito adiantar seus efeitos.

91. Uma vez concedida a tutela satisfativa (antecipada) em caráter antecedente, será observado o seguinte procedimento: 1) o autor deverá aditar a petição inicial, nos mesmos autos, com a complementação de sua argumentação, a juntada de novos documentos e a confirmação do pedido de tutela final e a indicação de que pretende valer-se do benefício da antecipação da tutela; 2) será designada no Processo do Trabalho a audiência de instrução e julgamento para a apresentação da defesa.

92. A tutela provisória cautelar em caráter antecedente à petição inicial indicará: 1) a lide e seu fundamento; 2) a exposição sumária do direito que se objetiva assegurar e o perigo de dano ou o risco ao resultado útil do processo (art. 305 do CPC).

93. Efetivada a tutela cautelar, o pedido principal terá de ser formulado pelo autor no prazo de 30 (trinta) dias, caso em que será apresentado nos mesmos autos em que deduzido o pedido de tutela cautelar (art. 308 do CPC).

94. O pedido principal pode ser formulado conjuntamente com o pedido de tutela cautelar, momento em que a causa de pedir poderá ser modificada (art. 308, §§ 1.º e 2.º, do CPC).

95. Se por qualquer motivo cessar a eficácia da tutela cautelar, é vedado à parte renovar o pedido, salvo sob novo fundamento (art. 309, parágrafo único, do CPC).

96. O indeferimento da tutela cautelar não obsta a que a parte formule o pedido principal, nem influi no julgamento desse, salvo se o motivo do indeferimento for o reconhecimento de decadência ou de prescrição (art. 310 do CPC).

97. A tutela de evidência será concedida, independentemente da demonstração de perigo de dano ou de risco ao resultado útil do processo, quando: a) ficar caracterizado o abuso do direito de defesa ou o manifesto propósito protelatório da parte; b) as alegações de fato puderem ser comprovadas apenas documentalmente e houver tese firmada em julgamento de casos repetitivos ou em súmula vinculante; c) se tratar de pedido reipersecutório fundado em prova documental adequada do contrato de depósito, caso em que será decretada a ordem de entrega do objeto custodiado, sob cominação de multa; e d) a petição inicial for instruída com prova documental suficiente dos fatos constitutivos do direito do autor, a que o réu não oponha prova capaz de gerar dúvida razoável (art. 311 do CPC).

8.8. QUESTÕES CORRELATAS

01. (TRT-15/Técnico Judiciário – Área Administrativa/2013) Márcia ajuizou reclamação trabalhista em face da empresa "BFT Ltda.". Após regular instrução processual, o processo encontra-se concluso para prolação de sentença há mais de nove meses, tendo o Magistrado modificado três vezes a data da audiência de julgamento do referido processo. Neste caso, Márcia

(A) deverá interpor agravo de instrumento no prazo de dez dias da ciência da última modificação da data da audiência de julgamento.

(B) poderá ajuizar reclamação correcional no prazo de oito dias da ciência da última modificação da data da audiência de julgamento.

(C) poderá ajuizar reclamação correcional no prazo de cinco dias da ciência da última modificação da data da audiência de julgamento.

(D) não possui medida legal cabível tendo em vista que o magistrado possui o dever de impulsionar o processo, diligenciando da melhor maneira que entender.

(E) deverá impetrar mandado de segurança em razão da violação do direito líquido e certo resultante do desrespeito ao devido processo legal.

02. (TRT-15/Analista Judiciário – Área Judiciária/2013) Com fundamento nas disposições da CLT, em relação à ação rescisória no processo do trabalho, é correto afirmar que

(A) não se sujeita a depósito prévio, se for ajuizada pelo trabalhador.

(B) se sujeita a depósito prévio de 10% do valor da causa.

(C) se sujeita a depósito prévio de 20% do valor da causa, salvo prova de miserabilidade jurídica do autor.

(D) o valor do depósito prévio que deve ser feito para o seu ajuizamento equivale ao valor do depósito recursal fixado pelo TST para os recursos de revista.

(E) se sujeita a depósito prévio de 20% do valor de condenação arbitrado na decisão que se pretende rescindir.

03. (TRT-19/Analista Judiciário – Execução de Mandados/2014) Cíntia, renomada executiva, empregada de empresa multinacional, ajuizou ação rescisória em face do trânsito em julgado de reclamação trabalhista anteriormente ajuizada, tendo em vista que a sentença foi proferida por juiz absolutamente incompetente. Cíntia atribuiu à ação rescisória o valor de R$ 500.000,00. Neste caso, Cíntia

(A) está desobrigada a qualquer depósito prévio, tratando-se de exceção prevista para o ajuizamento por pessoa física.

(B) deverá depositar previamente em juízo o valor de R$ 50.000,00.

(C) deverá depositar previamente em juízo o valor de R$ 5.000,00.

(D) deverá depositar previamente em juízo o valor de R$ 100.000,00.

(E) está desobrigada a qualquer depósito prévio, uma vez que este somente é previsto para demandas cíveis.

04. (TRT-16/Analista Judiciário – Execução de Mandados/2014) Antonio ajuizou reclamação trabalhista contra sua ex-empregadora, sendo que na audiência designada as partes celebraram acordo amigável, devidamente homologado em Juízo, no valor de R$ 10.000,00, a ser pago em cinco parcelas de R$ 2.000,00 cada, com início a partir de dez dias da realização da audiência. Entretanto, no dia seguinte, Antonio se arrependeu, por entender que tinha direito a valor superior ao acordado. Neste caso, Antonio

(A) não poderá recorrer da decisão por este motivo.

(B) poderá interpor recurso ordinário, contando seu prazo a partir do pagamento da última parcela do acordo.

(C) poderá interpor agravo de petição, tendo em vista que está findo o processo de conhecimento.

(D) só poderá opor embargos de declaração, contando seu prazo a partir de cinco dias da data da realização da audiência.

(E) deverá interpor agravo de instrumento, contando seu prazo a partir do pagamento da primeira parcela do acordo homologado.

05. (TRT3 – OJAF – 2015) Considere:

I. O litisconsórcio, na ação rescisória, é necessário em relação ao polo passivo da demanda, porque supõe uma comunidade de direitos ou de obrigações que não admite solução díspar para os litisconsortes, em face da indivisibilidade do objeto. Já em relação ao polo ativo, o litisconsórcio é facultativo, uma vez que a aglutinação de autores se faz por conveniência e não pela necessidade decorrente da natureza do litígio, pois não se pode condicionar o exercício do direito individual de um dos litigantes no processo originário à anuência dos demais para retomar a lide.

II. O Sindicato, substituto processual e autor da reclamação trabalhista, em cujos autos fora proferida a decisão rescindenda, possui legitimidade para figurar como réu na ação rescisória, sendo descabida a exigência de citação de todos os empregados substituídos, porquanto inexistente litisconsórcio passivo necessário.

III. A ação rescisória calcada em violação de lei admite reexame de fatos e provas do processo que originou a decisão rescindenda.

Está correto o que consta em

(A) I, II e III.

(B) II e III, apenas.

(C) I, apenas.

(D) I e II, apenas.

(E) III, apenas.

06. (TRT23 – AJAJ – 2016) Há certos procedimentos especiais inseridos no texto consolidado e determinadas ações previstas na legislação processual comum que são utilizadas na Justiça do Trabalho e

(A) conforme nova legislação que regula o mandado de segurança, o prazo para impetração é de cento e oitenta dias, contados da data em que o interessado tenha conhecimento do ato arbitrário.

(B) cada parte pode indicar para audiência em inquérito judicial para apuração de falta grave a quantidade máxima de cinco testemunhas.

(C) para a instauração do inquérito para apuração de falta grave contra empregado dirigente sindical garantido com estabilidade, o empregador apresentará reclamação por escrito à Vara do Trabalho, dentro de trinta dias, contados da data da suspensão do empregado.

(D) o empregado está autorizado a ajuizar ação rescisória na Justiça do Trabalho, sem a necessidade de contratação de advogado, utilizando-se do *jus postulandi*, em razão do princípio da hipossuficiência.

(E) a ação rescisória será admitida na Justiça do trabalho, observada a forma do Código de Processo Civil, sujeita ao depósito prévio de dez por cento do valor da causa, salvo prova de miserabilidade jurídica do autor e no prazo de três anos contados do trânsito em julgado da decisão rescindenda.

07. (PGE/MT – Procurador – 2016) Conforme normas celetistas e entendimento sumulado do Tribunal Superior do Trabalho, no Inquérito para Apuração de Falta Grave,

(A) se tiver havido prévio reconhecimento da estabilidade do empregado, o julgamento do inquérito pela Vara do Trabalho não prejudicará a execução para pagamento dos salários devidos ao empregado, até a data da instauração do referido inquérito.

(B) na fase de instrução processual, cada uma das partes poderá indicar no máximo cinco testemunhas, sendo admissível a realização de prova pericial.

(C) reconhecida a inexistência de falta grave praticada pelo empregado, fica o empregador obrigado a readmiti-lo no serviço e com pagamento dos salários em dobro a que teria direito no período da suspensão.

(D) o dirigente sindical titular somente poderá ser dispensado por falta grave mediante a apuração em inquérito judicial, o que não ocorre com o suplente.

(E) para a instauração do inquérito para apuração de falta grave contra empregado estável, o empregador apresentará reclamação por escrito à Vara do Trabalho, dentro de noventa dias, contados da data da suspensão do empregado.

08. (TST/Analista Judiciário/2017) Conforme Lei 13.467 de 2017, que introduz alterações na CLT, com relação ao Processo de Jurisdição Voluntária para Homologação de Acordo Extrajudicial,

(A) a sua propositura suspende o prazo para a homologação e quitação das verbas rescisórias a que o empregado faz jus.

(B) a petição de homologação de acordo interrompe o prazo prescricional para a propositura de eventual ação trabalhista.

(C) da decisão judicial que negar a homologação do acordo extrajudicial começa a fluir o prazo prescricional de 2 anos para a propositura da ação trabalhista.

(D) é necessária a assistência de advogado para o pedido de homologação de acordo extrajudicial, podendo as partes se valerem de advogado comum, desde que seja do sindicato da categoria do empregado.

(E) a petição de homologação de acordo suspende o prazo prescricional para a propositura de eventual ação trabalhista.

09. (FCC – Analista Judiciário – Oficial de Justiça Avaliador – TRT 15/2018) Conceder-se-á mandado de segurança para proteger direito líquido e certo, não amparado por *habeas corpus* ou *habeas data*, sempre que, ilegalmente ou com abuso de poder, qualquer pessoa física ou jurídica sofrer violação ou houver justo receio de sofrê-la por parte de autoridade, seja de que categoria for e sejam quais forem as funções que exerça. No processo do trabalho, de acordo com o entendimento pacificado pelo TST,

(A) fere direito líquido e certo o prosseguimento da execução quanto aos tópicos e valores não especificados no agravo de petição.

(B) constitui direito líquido e certo do empregador a suspensão do empregado, ainda que detentor de estabilidade sindical, até a decisão final do inquérito em que se apure a falta grave a ele imputada.

(C) em execução definitiva, tem o executado direito líquido e certo a que os valores penhorados em dinheiro fiquem depositados no próprio banco, ainda que haja discordância do credor.

(D) fere direito líquido e certo a concessão de liminar obstativa de transferência de empregado.

(E) existe direito líquido e certo a ser oposto contra ato de Juiz que, antecipando a tutela jurisdicional, determina a reintegração do empregado até a decisão final do processo nos casos de anistiado pela Lei nº 8.878/1994, aposentado, integrante de comissão de fábrica, dirigente sindical, portador de doença profissional, portador de vírus HIV ou detentor de estabilidade provisória prevista em norma coletiva.

10. (FCC – Analista Judiciário – Oficial de Justiça Avaliador – TRT 15/2018) Órgão de fiscalização das relações de trabalho impôs a certa empresa pública estadual multa pecuniária por descumprimento de normas de proteção à saúde e à segurança dos trabalhadores. Após esgotada a discussão do ato punitivo na instância administrativa, a empresa impetrou mandado de segurança perante a Justiça do Trabalho, visando afastar a penalidade imposta, sob o argumento de que, por integrar a Administração pública, a empresa não estaria sujeita a essas normas, ainda que seus empregados sejam contratados pelo regime jurídico trabalhista. Nessa situação, à luz da Constituição Federal, o mandado de segurança foi impetrado perante a justiça

(A) competente, sendo o ato impugnado passível de ser objeto de mandado de segurança, mas o argumento de mérito invocado pela impetrante é incompatível com a Constituição Federal.

(B) competente, sendo o ato impugnado passível de ser objeto de mandado de segurança, que sustenta argumento de mérito compatível com a Constituição Federal.

(C) competente, mas o ato impugnado não é passível de ser objeto de mandado de segurança, uma vez que essa ação não admite a apreciação judicial da legalidade da multa pecuniária, apesar do argumento de mérito invocado pela impetrante ser compatível com a Constituição Federal.

(D) competente, mas o ato impugnado não é passível de ser objeto de mandado de segurança, uma vez que essa ação não admite a apreciação judicial da legalidade da multa pecuniária, sendo incompatível com a Constituição Federal o argumento de mérito invocado pela impetrante.

(E) incompetente, uma vez que a ação deveria ser proposta perante a Justiça Estadual, mas o ato impugnado é passível de ser objeto de mandado de segurança, apesar do argumento de mérito invocado pela impetrante ser incompatível com a Constituição Federal.

11. (FCC – Analista Judiciário – Área Judiciária – TRT 15/2018) O TST adota diversos entendimentos pacificados sobre a ação rescisória no processo do trabalho, entre os quais,

(A) é cabível pedido formulado em ação rescisória por violação literal de lei, ainda que a decisão rescindenda esteja baseada em texto legal infraconstitucional de interpretação controvertida nos Tribunais.

(B) havendo recurso parcial no processo principal, o trânsito em julgado dá-se em momentos e em tribunais diferentes, contando-se o prazo decadencial para a ação rescisória do trânsito em julgado de cada decisão, salvo se o recurso tratar de preliminar ou prejudicial que possa tornar insubsistente a decisão recorrida, hipótese em que flui a decadência a partir do trânsito em julgado da decisão que julgar o recurso parcial.

(C) o prazo de decadência, na ação rescisória, tem início e é contado do dia em que se verifica trânsito em julgado da última decisão proferida na causa, seja de mérito ou não.

(D) para efeito de ação rescisória, não se considera pronunciada explicitamente a matéria tratada na sentença quando, examinando remessa de ofício, o Tribunal simplesmente a confirma.

(E) a não apresentação de contestação na ação rescisória produz revelia, com o consequente efeito de confissão.

12. (Cespe – Analista – EMAP/2018) De acordo com o entendimento jurisprudencial da justiça do trabalho:

I. na ação rescisória, o prazo decadencial para seu ajuizamento é contado a partir do dia imediatamente subsequente ao trânsito em julgado da última decisão proferida nos autos, independentemente de tal decisão ser de mérito ou não;

II. o trânsito em julgado da decisão objeto do corte rescisório, portanto, é pressuposto processual necessário ao ajuizamento da ação rescisória, cuja ausência, respeitado o prazo para emenda, implica o indeferimento da petição inicial.

Nessa linha de raciocínio, o eventual trânsito em julgado da decisão rescindenda, posterior ao ajuizamento da ação rescisória, não tem o condão de afastar o indeferimento da petição inicial, ainda que devidamente juntada aos autos, no prazo para a emenda, a prova da sua ocorrência.

- Certo
- Errado

13. (Cespe – Analista – EMAP/2018) Com relação ao processo do trabalho, julgue o seguinte item.

Situação hipotética: Um tribunal regional do trabalho indeferiu mandado de segurança impetrado por uma sociedade de economia mista. Assertiva: Nessa situação, o processo deverá ser encaminhado ao Tribunal Superior do Trabalho para que este proceda ao reexame necessário do mandado.

Certo

Errado

14. (Cespe – Procurador do Estado – PE/2018) Assinale a opção correta à luz do entendimento do TST acerca da ação rescisória no processo do trabalho.

(A) A discussão sobre o prazo prescricional dos créditos trabalhistas, se total ou parcial, pode ser objeto de ação rescisória.

(B) A sentença normativa preexistente à sentença rescindenda poderá ser considerada prova nova, mesmo que não tenha sido exibida no processo originário por negligência da parte.

(C) O silêncio da parte vencedora a respeito de fatos contrários a ela não constitui dolo processual capaz de subsidiar ação rescisória.

(D) O sindicato não possui legitimidade para figurar como réu na ação rescisória, ainda que tenha atuado como substituto processual na reclamação trabalhista que tiver originado a sentença rescindenda.

(E) Não é necessário indicar a norma jurídica supostamente violada, ainda que a ação rescisória seja fundamentada em manifesta violação da norma jurídica.

15. (Vunesp – Procurador – IPSM/2018) Nos termos da jurisprudência sumulada do Tribunal Superior do Trabalho:

(A) a ação rescisória fundada em violação de lei admite reexame de fatos e provas do processo que originou a decisão rescindenda.

(B) sob a égide do CPC de 1973, a questão processual não pode ser objeto de ação rescisória, ainda que consista em pressuposto de validade de uma sentença de mérito.

(C) há ofensa à coisa julgada quando o juízo da execução determina os descontos previdenciários e fiscais, não obstante a omissão da sentença exequenda.

(D) em se tratando de rescisória de rescisória, o vício apontado deve nascer na decisão rescindenda, não se admitindo a rediscussão do acerto do julgamento da rescisória anterior.

(E) para fins de ação rescisória, considera-se documento novo a sentença normativa proferida ou transitada em julgado posteriormente à sentença rescindenda.

16. (Vunesp – Procurador Municipal – Prefeitura de Várzea Paulista – SP/2021) A ação rescisória na Justiça do Trabalho está sujeita ao depósito prévio de

(A) 5% (cinco por cento) sobre o valor da causa, salvo se o autor for beneficiário da justiça gratuita.

(B) 5% (cinco por cento) sobre o valor da causa, inclusive se o autor for beneficiário da justiça gratuita.

(C) 10% (dez por cento) sobre o valor da causa, salvo prova de miserabilidade jurídica do autor.

(D) 15% (quinze por cento) sobre o valor da causa, salvo prova de miserabilidade jurídica do autor.

(E) 20% (vinte por cento) sobre o valor da causa, salvo prova de miserabilidade jurídica do autor.

17. (Cespe/Cebraspe – Analista – Processos Jurídicos – APEX Brasil/2021) No que se refere a ação rescisória no processo do trabalho, julgue os itens seguintes, considerando o entendimento do TST.

I. Não é cabível pedido de tutela provisória formulado na petição inicial de ação rescisória a fim de suspender a execução da decisão rescindenda.

II. A revelia não produz confissão na ação rescisória.

III. O prazo de decadência, na ação rescisória, conta-se do dia imediatamente subsequente ao trânsito em julgado da última decisão proferida na causa, seja a decisão de mérito ou não.

Assinale a opção correta.

(A) Apenas os itens I e II estão certos.

(B) Apenas os itens I e III estão certos.

(C) Apenas os itens II e III estão certos.

(D) Todos os itens estão certos.

18. (CESPE/CEBRASPE – 2024 – PGE-PR – Procurador) Conforme expressa previsão da Consolidação das Leis do Trabalho (CLT), a ação rescisória trabalhista se sujeita ao

(A) depósito de 20% do valor da condenação, salvo se o autor for a fazenda pública ou for beneficiário da gratuidade de justiça.

(B) depósito prévio de 20% do valor da causa, salvo prova de miserabilidade jurídica do autor.

(C) depósito prévio de 5% do valor da causa, salvo prova de miserabilidade jurídica do autor.

(D) depósito de 5% do valor da condenação, salvo se o autor for a fazenda pública ou for beneficiário da gratuidade de justiça.

(E) depósito prévio de 10% do valor da causa, salvo se o autor for a fazenda pública ou for beneficiário da gratuidade de justiça.

GABARITO

01 – C	**02** – C	**03** – D
04– A	**05** – D	**06** – C
07 – A	**08** – E	**09-** B
10 – A	**11** – B	**12** – certo
13 – errado	**14** – C	**15** – D
16 – E	**17** – C	**18** – B

CAPÍTULO 9

DISSÍDIO COLETIVO

9.1. DISSÍDIO COLETIVO

9.1.1. Conceito

A Constituição Federal de 1988 em vários momentos prestigiou a negociação coletiva, estimulando a solução dos conflitos pelas próprias partes envolvidas.

Com efeito, o art. 8.º da Carta Maior concedeu autonomia administrativa, financeira e política aos sindicatos, legitimando-os como representantes da categoria respectiva nas questões judiciais e administrativas e tornando obrigatória a participação dos sindicatos nas negociações coletivas de trabalho.

Todavia, muitas vezes a denominada autocomposição dos conflitos coletivos (em que os próprios entes envolvidos chegam a um consenso, celebrando uma convenção coletiva de trabalho ou um acordo coletivo de trabalho) acaba não sendo materializada, em função da discordância entre os sindicatos que representam a categoria profissional (trabalhadores) e a categoria econômica (empregadores).

Nesta esteira, o art. 114, § 1.º, da CF/1988 dispõe que, frustrada a negociação coletiva, as partes poderão eleger árbitros para solucionar o impasse. Todavia, no palco do direito coletivo laboral, raramente os sindicatos conflitantes nomeiam árbitro para pôr fim à celeuma, seja pela falta de recursos financeiros para arcar com as despesas do profissional contratado, seja pelo clima de desconfiança surgido entre os entes envolvidos.

Com isso, nasce a possibilidade de as partes se utilizarem de um instrumento de heterocomposição denominado dissídio coletivo, que nada mais é do que uma ação que vai dirimir os conflitos coletivos de trabalho por meio do pronunciamento do Poder Judiciário do Trabalho, seja fixando novas normas e condições de trabalho para determinadas categorias, seja interpretando normas jurídicas preexistentes.

Saliente-se que não se deve confundir o dissídio individual plúrimo com o dissídio coletivo.

No dissídio coletivo estão sendo postulados interesses abstratos de um grupo social ou categoria, com o objetivo, em regra, de serem criadas novas condições de trabalho pelo Tribunal, que serão aplicadas a pessoas indeterminadas que pertençam ou venham a pertencer às categorias envolvidas. Já nos dissídios individuais plúrimos, são submetidos à apreciação da Justiça do Trabalho interesses concretos e individualizados, já previstos no ordenamento jurídico positivado, cuja decisão atingirá aquele grupo de pessoas determinadas.

9.1.2. Poder normativo

O poder normativo da Justiça do Trabalho consiste na competência constitucionalmente assegurada aos tribunais laborais de solucionar os conflitos coletivos de trabalho, estabelecendo, por meio da denominada sentença normativa, normas gerais e abstratas de conduta, de observância obrigatória para as categorias profissionais e econômicas abrangidas pela decisão, repercutindo nas relações individuais de trabalho.

O fato é que o poder normativo da Justiça do Trabalho, aliado à contribuição sindical obrigatória e à unicidade sindical, sempre foram considerados pela doutrina fatores impeditivos da liberdade sindical plena no Brasil.

Chegam alguns a afirmar que a função anômala exercida pelo Poder Judiciário laboral (atuando numa função legiferante), como criador de normas heterônomas gerais e abstratas aplicáveis às categorias econômicas e profissionais, e por consequência repercutindo seus efeitos nas relações individuais de trabalho, inibe a autocomposição dos conflitos coletivos de trabalho.

Todavia, a EC 45/2004, ao alterar o § 2.º do art. 114 da Carta Maior, limitou, consideravelmente, o Poder Normativo da Justiça do Trabalho, visto que, doravante, o dissídio coletivo de natureza econômica somente poderá ser proposto se houver mútuo acordo, ou seja, se houver a concordância de ambos os entes sindicais.

Vejamos a nova redação do art. 114, § 2.º, da CF/1988:

> "Art. 114. Compete à Justiça do Trabalho processar e julgar:
>
> (...)
>
> § 2.º Recusando-se qualquer das partes à negociação coletiva ou à arbitragem, é facultado às mesmas, de comum acordo, ajuizar dissídio coletivo de natureza econômica, podendo a Justiça do Trabalho decidir o conflito, respeitadas as disposições mínimas legais de proteção ao trabalho, bem como as convencionadas anteriormente".

Logo, verifica-se que a Justiça do Trabalho transformou-se numa espécie de juízo arbitral, somente podendo atuar e exercer o denominado poder normativo se ambos os entes sindicais concordarem com o ajuizamento do dissídio coletivo. Evidentemente, o objetivo do legislador foi estimular ainda mais a negociação coletiva, limitando, substancialmente, a intervenção da justiça laboral nos conflitos coletivos de trabalho.

No entanto, entendemos que a simples mudança do § 2.º do art. 114 da Carta de 1988 é insuficiente para a valorização das negociações coletivas, sendo imperioso que a reforma sindical tão comentada e debatida seja finalmente implementada no Brasil.

Com a mudança constitucional que ora apresentamos, será a greve (direito constitucionalmente assegurado aos trabalhadores – art. 9.º da CF/1988) provavelmente o único instrumento de pressão possível de ser exercido pelos sindicatos obreiros em busca de melhores condições de trabalho, quando o sindicato patronal, por exemplo, recusar-se à negociação coletiva e não autorizar o ingresso do correspondente dissídio coletivo.

Talvez os maiores prejudicados sejam os pequenos sindicatos obreiros, principalmente do meio rural, os quais em função da sua fragilidade sequer terão a greve como aliada em busca de mecanismos de pressão para a conquista de novas e melhores condições de trabalho.

Por outro lado, mesmo que as entidades sindicais, de comum acordo, utilizem-se do dissídio coletivo, deverá a Justiça do Trabalho respeitar os limites da lei e as disposições convencionadas anteriormente, optando o legislador constituinte por restringir ainda mais o poder normativo da Justiça do Trabalho.

Por último, em relação aos limites do poder normativo, estes estão inseridos na própria Constituição Federal de 1988. Logo, a sentença normativa encontra limites na própria lei, somente podendo atuar no vazio, no vácuo deixado propositadamente pela norma, não sendo lícito, entretanto, sobrepor-se ou contrariar a legislação em vigor.

O próprio Supremo Tribunal Federal adotou posicionamento no sentido de que o poder normativo da Justiça do Trabalho não é amplo e ilimitado, mas, ao contrário, encontra seus limites na própria lei.

Em outras palavras, o poder normativo somente pode ser exercido se houver previsão legal para tanto. Não se pode esquecer que é vedado ao Poder Judiciário exercer a atividade legislativa.

9.1.3. Cabimento

O dissídio coletivo somente poderá ser suscitado uma vez esgotada ou frustrada, total ou parcialmente, a negociação coletiva implementada diretamente pelos entes interessados, ou mesmo intermediada pelo órgão competente do Ministério do Trabalho, mediante a realização das denominadas "mesas de negociação".

A própria Constituição Federal de 1988, em seu art. 114, §§ 1.º e 2.º, condiciona a nomeação de árbitros ou o ajuizamento de dissídio coletivo à frustração da negociação coletiva. Nesse contexto, caso seja suscitado um dissídio coletivo sem o esgotamento da negociação prévia pelos entes interessados, será o processo extinto pelo Tribunal do Trabalho sem julgamento do mérito, com base no art. 485, IV, do CPC.

Ademais, após a EC 45/2004, já mencionada, que alterou o art. 114, § 2.º, da Carta de 1988, tornou-se imprescindível, para o cabimento do dissídio coletivo de natureza econômica, que ambos os entes sindicais concordem com o ajuizamento do dissídio, sob pena de não cabimento da instância.

Por outro lado, embora a matéria já fosse pacífica na doutrina e jurisprudência, a nova redação do art. 114, II, da CF/1988, imposta pela EC 45/2004, tornou explícita a competência da Justiça do Trabalho para processar e julgar as ações que envolvam o exercício do direito de greve, entre elas, o dissídio coletivo de greve, em geral ajuizada pelo ente patronal em caso de suspensão dos trabalhos pelos obreiros.

Também foi acrescentado pela EC 45/2004 o § 3.º ao art. 114 da Constituição, estabelecendo que, "em caso de greve em atividade essencial, com possibilidade de lesão do interesse público, o Ministério Público do Trabalho poderá ajuizar dissídio coletivo, competindo à Justiça do Trabalho decidir o conflito.

Portanto, havendo a paralisação de atividades essenciais como os transportes coletivos, coleta seletiva de lixo, saúde etc., poderá o Ministério Público do Trabalho suscitar o competente dissídio coletivo de greve, em função do interesse difuso de toda uma coletividade ameaçada em função da suspensão total das atividades pelos grevistas.

Frise-se, por último, que em relação aos dissídios coletivos de natureza jurídica, que objetivam interpretar norma jurídica, a nova redação constitucional não impôs a concordância mútua dos entes sindicais, apenas exigindo-a nos dissídios de natureza econômica.

9.1.4. Classificação

Tradicionalmente, os dissídios coletivos classificam-se em:

- **De natureza econômica ou de interesse** – em que são reivindicadas novas condições econômicas ou sociais que serão aplicáveis no âmbito das relações individuais de trabalho. Representam a maioria absoluta dos dissídios propostos perante a Justiça do Trabalho, envolvendo quase sempre a discussão sobre o reajuste salarial da categoria profissional. A sentença normativa oriunda do dissídio coletivo de natureza econômica é constitutiva, pois cria novas regras jurídicas de observância obrigatória pelos entes sindicais envolvidos e que repercutem nas relações individuais de trabalho;
- **De natureza jurídica** – para interpretação de cláusulas de sentenças normativas, de instrumentos de negociação coletiva, acordos e convenções coletivas, de disposições legais particulares de categoria profissional ou econômica e de atos normativos. A sentença normativa oriunda do dissídio coletivo de natureza jurídica é declaratória, pois objetiva interpretar determinado dispositivo legal ou convencional.

Cabe destacar que o dissídio coletivo de natureza jurídica não se presta a interpretar normas de caráter genérico, conforme entendimento consubstanciado na OJ 7 da SDC/TST.

O Tribunal Superior do Trabalho, por sua vez, por meio do seu Regimento Interno, aprovado pela Resolução Administrativa 1.295/2008, adota no art. 220 a seguinte classificação dos dissídios coletivos:

- **De natureza econômica** – para a instituição de normas e condições de trabalho;
- **De natureza jurídica** – para interpretação de cláusulas de sentenças normativas, de instrumentos de negociação coletiva, acordos e convenções coletivas, de disposições legais particulares de categoria profissional ou econômica e de atos normativos;
- **Originários** – quando inexistentes ou em vigor normas e condições especiais de trabalho decretadas em sentença normativa;
- **De revisão** – quando destinados a reavaliar normas e condições coletivas de trabalho preexistentes que se hajam tornado injustas ou ineficazes pela modificação das circunstâncias que as ditaram;
- **De declaração sobre a paralisação do trabalho** – decorrente de greve dos trabalhadores.

9.1.5. Partes e iniciativa

Independentemente da espécie de dissídio coletivo proposto, quem o instaura ou o suscita chama-se suscitante, recebendo a parte contrária a denominação de suscitado.

Em regra, as partes suscitante e suscitado são as categorias profissionais e econômicas interessadas na fixação das condições de trabalho.

Frise-se que, não havendo sindicato representativo da categoria econômica ou profissional, a representação poderá ser instaurada pelas federações correspondentes e, na falta destas, pelas respectivas confederações, no âmbito de sua representação, conforme autorização legal prevista no art. 857, parágrafo único, da CLT.

Com relação aos profissionais liberais, a Lei 7.316/1985 atribuiu às entidades sindicais que integram a Confederação Nacional dos Profissionais Liberais o mesmo poder de representação dos sindicatos representativos das categorias profissionais diferenciadas, tanto em ações individuais como coletivas.

O art. 856 da CLT estabelece que "a instância será instaurada mediante representação escrita ao Presidente do Tribunal. Poderá ser também instaurada por iniciativa do Presidente, ou, ainda, a requerimento da Procuradoria da Justiça do Trabalho, sempre que ocorrer suspensão do trabalho".

Em relação à legitimidade do Ministério Público do Trabalho para suscitar dissídio coletivo de greve em caso de paralisação do trabalho pelos empregados, não há qualquer dúvida, visto que, na qualidade de defensor da ordem jurídica, age o *Parquet* na defesa do interesse público, principalmente em virtude dos prejuízos que a sociedade possa sofrer em face da paralisação abusiva do trabalho, com desrespeito aos mandamentos previstos na Lei 7.783/1989 (Lei de Greve).

Nesta esteira, a CF/1988, art. 114, § 3.º, a Lei 7.783/1989, art. 8.º, e a LC 75/1993, art. 83, VIII, legitimam o Órgão Ministerial a instaurar instância em caso de greve, quando a defesa da ordem jurídica ou o interesse público assim o exigir.

Todavia, conforme já mencionado, entendemos que o Ministério Público do Trabalho somente deverá propor instância de greve, caso ocorra greve em atividades essenciais, com possibilidade de lesão ao interesse público, pois, nesse caso, estaria o Órgão Ministerial defendendo o interesse difuso de toda uma coletividade ameaçada pela paralisação de uma atividade elencada como essencial.

Além dessa hipótese, não vemos espaço para atuação do Ministério Público, pois não se pode esquecer que a greve é um direito constitucionalmente assegurado aos trabalhadores, a eles cabendo decidir sobre a oportunidade de exercê-lo e sobre os interesses que devam por meio dele defender (art. 9.º da CF/1988).

Ainda em relação ao dissídio coletivo de greve, além do Ministério Público do Trabalho, também poderá atuar como legitimado ativo da demanda o sindicato representativo da categoria econômica ou as empresas isoladamente consideradas.

Quanto à possibilidade de o presidente do tribunal instaurar de ofício a instância de greve em caso de paralisação do trabalho pelos obreiros (art. 856 da CLT), diga-se de passagem, fruto de um intervencionismo exagerado e proposital do Estado nas relações coletivas (imposto na era Vargas), entendemos que isso não é mais possível nos dias atuais pelos seguintes motivos:

- o art. 2.º do CPC fixa o princípio da inércia da jurisdição ao dispor que o processo começa por iniciativa da parte e se desenvolve por impulso oficial, salvo as exceções previstas em lei, não cabendo ao presidente do tribunal, portanto, ao arrepio do princípio em comento, instaurar, de ofício, instância de greve;
- não seria razoável, por outro lado, que a Justiça do Trabalho julgasse um dissídio coletivo por ela mesmo proposto, por meio do seu presidente;
- a Lei 7.783/1989 somente concede a iniciativa para provocar a instauração de dissídio coletivo em caso de paralisação do trabalho a

qualquer das partes ou ao Ministério Público do Trabalho, estando, portanto, o art. 856 da CLT, neste particular, derrogado pela Lei, específica, de greve;

- a própria Constituição Federal de 1988, ao acrescentar o § 3.º ao art. 114, por força da EC 45/2004, não contemplou o presidente do tribunal como colegitimado a suscitar dissídio de greve em caso de paralisação em atividade essencial.

Contudo, em concursos públicos, principalmente em questões objetivas, as bancas examinadoras ainda vêm considerando o presidente do tribunal competente para suscitar dissídio coletivo de ofício em caso de paralisação do trabalho pelos obreiros.

Destacamos, ainda, as seguintes Orientações Jurisprudenciais:

> "OJ 19 DA SDC. DISSÍDIO COLETIVO CONTRA EMPRESA. LEGITIMAÇÃO DA ENTIDADE SINDICAL. AUTORIZAÇÃO DOS TRABALHADORES DIRETAMENTE ENVOLVIDOS NO CONFLITO (inserido dispositivo) – *DEJT* divulgado em 16, 17 e 18.11.2010. A legitimidade da entidade sindical para a instauração da instância contra determinada empresa está condicionada à prévia autorização dos trabalhadores da suscitada diretamente envolvidos no conflito".
>
> "OJ 22 DA SDC. LEGITIMIDADE 'AD CAUSAM' DO SINDICATO. CORRESPONDÊNCIA ENTRE AS ATIVIDADES EXERCIDAS PELOS SETORES PROFISSIONAL E ECONÔMICO ENVOLVIDOS NO CONFLITO. NECESSIDADE (inserido dispositivo) – *DEJT* divulgado em 16, 17 e 18.11.2010. É necessária a correspondência entre as atividades exercidas pelos setores profissional e econômico, a fim de legitimar os envolvidos no conflito a ser solucionado pela via do dissídio coletivo".

9.1.6. Competência de julgamento

A competência em razão da matéria para julgamento do dissídio coletivo é da Justiça do Trabalho, em face do estatuído no art. 114 da Carta Maior.

Quando a base territorial dos sindicatos envolvidos estiver inserta na jurisdição de somente um Tribunal Regional do Trabalho, será este competente, de forma originária, para conhecer do dissídio.

Entretanto, se a base territorial dos entes sindicais abranger a jurisdição territorial de mais de um Tribunal Regional do Trabalho, a competência originária para julgamento do dissídio será do Tribunal Superior do Trabalho.

Em suma, caberá aos Tribunais Regionais do Trabalho ou ao Tribunal Superior do Trabalho o julgamento originário dos dissídios coletivos, dependendo do alcance da base territorial dos entes envolvidos.

Nos tribunais, a competência será exercida pelas seções especializadas em dissídios coletivos, onde houver, e pelo Tribunal Pleno, caso não existam seções específicas para julgamento de dissídio coletivo.

9.1.7. Procedimento

A petição inicial do dissídio coletivo será apresentada em tantas vias quantos forem os suscitados e deverá conter a designação e qualificação dos suscitantes e suscitados, a natureza do estabelecimento ou serviço, os motivos do dissídio e as bases de conciliação, devendo ser escrita, não se admitindo o dissídio coletivo verbal.

A representação dos sindicatos para instauração da instância fica subordinada à aprovação de assembleia, da qual participem os associados interessados na solução do dissídio coletivo, em primeira convocação, por maioria de 2/3 destes, ou, em segunda convocação, por 2/3 dos presentes (art. 859 da CLT).

Portanto, será necessário que a petição inicial venha acompanhada de cópia autêntica da ata de assembleia-geral que autorizou o sindicato a propor a ação coletiva, juntamente da listagem de comparecimento à referida assembleia, para que o Tribunal possa verificar o quórum previsto no art. 859 consolidado.

Também constitui documento essencial à propositura do dissídio coletivo a chamada pauta reivindicatória registrada em ata, conforme consubstanciado na OJ 08 da SDC/TST.

Por outro lado, todas as cláusulas previstas na petição inicial do dissídio coletivo devem ser fundamentadas, sob pena de o tribunal não proferir julgamento, conforme previsto no Precedente Normativo 37 do TST.

Havendo convenção coletiva, acordo coletivo ou sentença normativa em vigor, o dissídio coletivo deverá ser instaurado dentro dos 60 dias anteriores ao respectivo termo final do respectivo instrumento, para que o novo instrumento possa ter vigência no dia imediato a esse termo, conforme previsão explícita no art. 616, § 3.º, da CLT.

O Tribunal Superior do Trabalho previa na já revogada IN 4/1993 (que dispunha sobre o processo dos dissídios coletivos) que a entidade interessada poderia formular protesto em petição dirigida ao presidente do Tribunal do Trabalho respectivo, objetivando preservar a data-base da categoria quando a negociação coletiva não fosse finalizada no prazo previsto no art. 616, § 3.º, da CLT.

Nesta hipótese, deferido o protesto, a representação coletiva poderia ser ajuizada no prazo máximo de 30 dias, contados da intimação da decisão que deferiu o protesto, sob pena de perda da eficácia da referida medida.

Não obstante o cancelamento da IN 4/1993 do TST, entendemos que os sindicatos continuam com a possibilidade de utilizar o protesto judicial junto ao presidente do tribunal, com o intuito de preservar a data-base da categoria, baseando o seu pedido nos arts. 726 e seguintes do CPC, que disciplinam a figura da medida cautelar específica denominada protesto judicial.

Tratando-se de categoria diferenciada, é necessário que sejam incluídos como suscitados todos os sindicatos das diversas atividades econômicas às quais os integrantes da categoria suscitante prestem serviços, uma vez que a relação processual se dá entre as partes integrantes do processo, não havendo como a sentença normativa estender seus efeitos a quem não foi parte no dissídio.

Convém não esquecermos que o dissídio coletivo de natureza econômica, após a edição da EC 45/2004, a teor do art. 114, § 2.º, da CF/1988, somente pode ser suscitado se houver comum acordo entre os entes sindicais envolvidos.

No dissídio coletivo não há substituição processual, mas sim legitimação ordinária dos sindicatos.

Recebida e protocolada a petição inicial do dissídio e estando a mesma devidamente instruída, o presidente do tribunal designará audiência de conciliação, dentro do prazo de dez dias, determinando a notificação postal dos dissidentes.

No entanto, se a instância instaurada for a de greve, a audiência deverá ser realizada o mais breve possível, sendo muitas vezes as partes envolvidas notificadas por telefone ou *fax*.

É facultado ao empregador fazer-se representar na audiência pelo gerente, ou por qualquer outro preposto que tenha conhecimento do dissídio, e por cujas declarações será sempre responsável (art. 861 da CLT).

No dissídio coletivo não há que falar em contestação, reconvenção, revelia, confissão ou intervenção de terceiros, uma vez que na instância não há pedido, mas sim propostas de criação de novas normas, estando em debate o interesse abstrato de toda uma categoria profissional ou econômica, pelo que a decisão a ser proferida transcende à iniciativa das partes.

Neste sentido, o próprio art. 864 da CLT dispõe que, não havendo acordo ou "não comparecendo ambas as partes ou uma delas, o presidente submeterá o processo a julgamento", não havendo qualquer revelia ou confissão a ser declarada.

A conciliação nos autos do dissídio coletivo é realizada uma única vez, por meio de audiência designada com essa finalidade, presidida pelo presidente do tribunal, ou, conforme o regimento interno, por outro magistrado do tribunal.

Frise-se que o presidente do tribunal não fica adstrito às propostas das partes, podendo apresentar a solução que entender pertinente para a solução do conflito, conforme previsto no art. 862 da CLT.

Sempre que, no decorrer do dissídio, houver ameaça de perturbação da ordem, o presidente requisitará à autoridade competente as providências que se fizerem necessárias.

Quando o dissídio ocorrer fora da sede do tribunal, poderá o presidente do tribunal respectivo delegar ao juiz do trabalho local a atribuição de realizar a audiência de conciliação. Nesse caso, não havendo acordo, a autoridade delegada encaminhará o processo ao tribunal, fazendo exposição circunstanciada dos fatos e indicando a solução que lhe parecer conveniente.

Havendo acordo, o presidente o submeterá à homologação do tribunal na primeira sessão (art. 863 da CLT), e a decisão que homologar o acordo também será considerada uma decisão normativa.

Não havendo acordo, o processo será encaminhado ao Ministério Público do Trabalho para emissão de parecer.

Ressalte-se que o art. 11 da Lei 7.701/1988 dispõe que nos processos de dissídio coletivo o Ministério Público emitirá parecer escrito, ou protestará pelo pronunciamento oral, na audiência ou sessão de julgamento.

Após o parecer do Ministério Público do Trabalho, o processo será distribuído ao relator, mediante sorteio. Elaborado o relatório, o processo é encaminhado ao revisor e depois submetido a julgamento pelo tribunal.

9.1.8. Cláusulas constantes no dissídio coletivo

Podemos elencar quatro tipos de cláusulas ou condições constantes no dissídio coletivo, a serem fixadas mediante a sentença normativa, a saber:

- **Econômicas** – dizem respeito a reajustes salariais, aumentos reais, produtividade, piso salarial etc.;
- **Sociais** – atinentes à garantia de emprego e outras vantagens sem conteúdo econômico, como a fixação de condições de trabalho menos gravosas para a saúde, abono de faltas etc.;
- **Sindicais** – tratam da relação entre os sindicatos e entre empresas e o sindicato, como as cláusulas que instituem representantes sindicais na empresa, determinam desconto assistencial, confederativo etc.;
- **Obrigacionais** – estabelecem multas para a parte que descumprir as normas coletivas constantes da sentença normativa.

9.2. SENTENÇA NORMATIVA

9.2.1. Conceito e natureza

A sentença normativa é a decisão proferida pelos tribunais (Tribunal Regional do Trabalho ou Tribunal Superior do Trabalho) ao julgarem um dissídio coletivo.

Tratando-se de dissídio coletivo de natureza econômica, a sentença normativa terá natureza constitutiva, pois objetiva criar, constituir novas condições de trabalho.

Por outro lado, quando a sentença normativa for proferida no bojo de um dissídio coletivo de natureza jurídica, tal sentença terá natureza declaratória, pois apenas tem por finalidade interpretar a norma já existente.

9.2.2. Início da vigência

Em função do disposto no art. 867, parágrafo único, da CLT, a sentença normativa vigorará:

- A partir da data de sua publicação, quando ajuizado o dissídio coletivo após o prazo previsto no art. 616, § 3.º, da CLT;
- A partir da data do seu ajuizamento, quando não existir acordo coletivo, convenção coletiva ou sentença normativa em vigor;
- A partir do dia imediato ao termo final de vigência do acordo coletivo, convenção coletiva ou sentença normativa, quando ajuizado o dissídio coletivo dentro do prazo previsto no art. 616, § 3.º, da CLT.

9.2.3. Prazo

O prazo máximo de vigência da sentença normativa será de quatro anos, a teor do art. 868, parágrafo único, da CLT.

Os tribunais, em regra, objetivando incentivar a negociação coletiva entre os entes sindicais, têm fixado o prazo de vigência da sentença normativa em um ano, almejando, com isso, que na data-base do ano seguinte os sindicatos participem de novas tratativas negociais.

Observe-se que o Pleno do TST, em 24.05.2011, editou Precedente Normativo com o seguinte teor: "P.N. 120. SENTENÇA NORMATIVA. DURAÇÃO. POSSIBILIDADE E LIMITES. A sentença normativa vigora, desde seu termo inicial até que sentença normativa, convenção coletiva de trabalho ou acordo coletivo de trabalho superveniente produza sua revogação, expressa ou tácita, respeitado, porém, o prazo máximo legal de quatro anos de vigência".

9.2.4. Efeitos e coisa julgada

Os efeitos da sentença normativa são *erga omnes*, pois atingirão a todos os organismos sindicais envolvidos no dissídio coletivo, em regra, e a todos os integrantes das categorias econômicas e profissionais, associados ou não, repercutindo nas relações individuais de trabalho.

No entanto, nos processos em que o dissídio é instaurado por empresa, os efeitos da sentença normativa alcançarão apenas os trabalhadores da empresa representados pelo sindicato, sejam associados ou não.

Em relação à coisa julgada, a doutrina e jurisprudência divergem, havendo duas correntes firmadas, conforme abaixo descritas:

- **Primeira corrente** – sustenta que a sentença normativa somente faz coisa julgada formal, não havendo que falar em coisa julgada material, visto que: a sentença normativa pode ser objeto de cumprimento mesmo antes do seu trânsito em julgado; após um ano de vigência, a sentença poderá ser objeto de revisão, estando submetida, portanto, à cláusula *rebus sic stantibus*; a sentença normativa não comporta execução, e sim ação de cumprimento; a sentença normativa tem eficácia temporária (no máximo quatro anos).

Esta parece ser a corrente adotada pelo Tribunal Superior do Trabalho, consubstanciada na Súmula 397 (*DJ* 22.08.2005).

- **Segunda corrente** – à qual nos filiamos, entende que a sentença normativa faz coisa julgada formal e material. Ressalte-se que em face das sentenças normativas cabe ação rescisória (Lei 7.701/1988, art. 2.º, I, *c*). Portanto, se cabe ação rescisória em relação à sentença normativa, resta evidente que a atinente sentença normativa produz coisa julgada material. Observe-se, também, que o próprio art. 872, parágrafo único, da CLT proíbe que na ação de cumprimento possam ser rediscutidas as matérias de fato e de direito já decididas na sentença normativa, o que caracteriza, sem dúvida, a imutabilidade da *res judicata*.

Apenas deve-se ressaltar que, embora a sentença normativa produza coisa julgada formal e material, ela estará sujeita à revisão se materializada a cláusula *rebus sic stantibus*. Em outras palavras, decorrido um ano após a vigência da sentença normativa, se tiverem sido modificadas as circunstâncias que as ditaram, de modo que tais condições se hajam tornado injustas ou inaplicáveis, a sentença poderá ser revista.

9.2.5. Recursos – efeitos

Uma das peculiaridades recursais imperantes no processo do trabalho é a que determina que os recursos são dotados apenas de efeito devolutivo (art. 899 da CLT).

O direito coletivo do trabalho, no entanto, apresenta uma exceção, ao permitir que o presidente do Tribunal Superior do Trabalho conceda efeito suspensivo a eventual recurso interposto em face de sentença normativa prolatada pelo Tribunal Regional do Trabalho.

Com efeito, prolatada a sentença normativa pelo Tribunal Regional do Trabalho competente, o apelo cabível será o recurso ordinário, interposto no prazo de oito dias.

Neste contexto, a Lei 7.701/1988, art. 9.º, permite que o presidente do Tribunal Superior do Trabalho conceda efeito suspensivo ao recurso ordinário, pelo prazo improrrogável de 120 dias contados da publicação, salvo se este for julgado antes do término do prazo.

A Lei 10.192/2001, no art. 14, também dispõe que "o recurso interposto de decisão normativa da Justiça do Trabalho terá efeito suspensivo, na medida e extensão conferidas em despacho do Presidente do Tribunal Superior do Trabalho".

Caso a sentença normativa seja prolatada de forma originária pelo Tribunal Superior do Trabalho, sendo a decisão não unânime, caberão embargos infringentes (Lei 7.701/1988, art. 2.º, II, *c*, a serem julgados pela SDC (Seção de Dissídios Coletivos), salvo se a decisão atacada estiver em consonância com precedente jurisprudencial do Tribunal Superior do Trabalho ou da súmula de sua jurisprudência predominante (quando somente será possível a utilização de embargos de declaração e eventual recurso extraordinário, se houver ofensa à Constituição Federal de 1988).

9.2.6. Extensão

Quando os efeitos da sentença normativa abranger apenas uma fração de empregados da empresa, poderá haver a extensão dessa decisão aos demais empregados da mesma empresa e, até mesmo, a extensão a todos os empregados da respectiva categoria profissional (arts. 868 e 869 da CLT).

A extensão dos efeitos da sentença normativa aos demais empregados da empresa poderá ser feita pelo tribunal competente, na própria decisão, caso ache justo e conveniente.

A decisão sobre novas condições de trabalho também poderá ser estendida a todos os empregados da mesma categoria profissional compreendida na jurisdição do tribunal, desde que haja solicitação de um ou mais empregadores, dos sindicatos envolvidos, da Procuradoria do Trabalho, ou mesmo *ex officio*, pelo próprio tribunal que houver proferido a decisão.

Nestas hipóteses, para que a decisão possa ser estendida, é necessário que 3/4 dos empregadores e 3/4 dos empregados, ou os respectivos sindicatos, concordem com a extensão da decisão, marcando o tribunal um prazo não inferior a 30 nem superior a 60 dias, a fim de que se manifestem os interessados.

Ouvidos os interessados e a Procuradoria do Trabalho, será o processo submetido a julgamento, e, se o Tribunal estender a decisão, marcará a data em que a extensão deverá entrar em vigor.

9.2.7. Revisão

Conforme já descrito anteriormente, decorrido mais de um ano de sua vigência, caberá revisão das decisões que fixarem condições de trabalho, quando tiverem sido modificadas as circunstâncias que as ditaram, de modo que tais condições se hajam tornado injustas ou inaplicáveis (art. 873 da CLT).

Portanto, decorrido mais de um ano e materializada a cláusula *rebus sic stantibus*, a sentença normativa poderá sofrer um processo de revisão pelo tribunal que a tiver proferido.

> A revisão poderá ser promovida por iniciativa do tribunal prolator, da Procuradoria do Trabalho, dos sindicatos ou de empregador(es) interessado(s) no cumprimento da decisão.
>
> Quando a revisão for promovida por iniciativa do tribunal prolator ou da Procuradoria, os sindicatos e o(s) empregador(es) interessados serão ouvidos no prazo de 30 dias. Quando promovida por uma das partes interessadas, serão as outras ouvidas também em igual prazo.

A revisão será julgada pelo tribunal que tiver proferido a decisão, depois de ouvida a Procuradoria.

9.2.8. Ação de cumprimento

A sentença normativa proferida no dissídio coletivo, por não ter natureza condenatória, não comporta execução. Portanto, o não cumprimento espontâneo da sentença normativa ensejará a propositura de ação de cumprimento e não de ação executiva.

Com efeito, o art. 872 e seu parágrafo único, da CLT dispõem que:

> "Art. 872. Celebrado o acordo, ou transitada em julgado a decisão, seguir-se-á o seu cumprimento, sob as penas estabelecidas neste Título.
>
> Parágrafo único. Quando os empregadores deixarem de satisfazer o pagamento de salários, na conformidade da decisão proferida, poderão os empregados ou seus sindicatos, independente de outorga de poderes de seus associados, juntando certidão de tal decisão, apresentar reclamação à Junta ou Juízo competente, observado o processo previsto no Capítulo II deste Título, sendo vedado, porém, questionar sobre matéria de fato e de direito já apreciada na decisão".

A ação de cumprimento é uma ação de conhecimento de cunho condenatório proposta pelo sindicato profissional ou pelos próprios trabalhadores interessados, perante a Vara do Trabalho, obedecida a regra do art. 651 da CLT, cujo procedimento é semelhante ao do dissídio individual, não sendo permitido às partes discutir questões de fato ou de direito que já foram apreciadas na sentença normativa, ainda que esta não tenha transitado em julgado.

Caso a ação seja proposta pelo sindicato, estaremos diante de um caso de substituição processual, pois o sindicato estará, em nome próprio, pleiteando direito alheio.

Não obstante a redação do art. 872 da CLT indicar a necessidade do trânsito em julgado da sentença normativa para o ajuizamento da ação de cumprimento, a Lei 7.701/1988, no art. 7.º, § 6.º, passou a estabelecer que a sentença normativa poderá ser objeto de ação de cumprimento a partir do 20.º dia subsequente ao julgamento, fundada no acórdão ou na certidão de julgamento.

Portanto, não é necessário que haja o trânsito em julgado da sentença normativa para o manejo da ação de cumprimento. Neste sentido, cabe destacar a Súmula 246 do TST, *in verbis*:

> "SÚMULA 246 do TST. AÇÃO DE CUMPRIMENTO. TRÂNSITO EM JULGADO DA SENTENÇA NORMATIVA. É dispensável o trânsito em julgado da sentença normativa para a propositura da ação de cumprimento".

Ainda em relação à ação de cumprimento, considerando que esta pode ser proposta antes do trânsito em julgado da sentença normativa, caso a decisão normativa seja modificada em grau recursal para determinar a extinção do processo sem julgamento do mérito, eventual execução promovida na ação de cumprimento será extinta, uma vez que a norma sobre a qual se apoiava o título exequendo deixou de existir, valendo destacar, sobre o tema, a OJ 277 da SDI-I/TST:

> "OJ 277 DA SDI-I/TST. AÇÃO DE CUMPRIMENTO FUNDADA EM DECISÃO NORMATIVA QUE SOFREU POSTERIOR REFORMA, QUANDO JÁ TRANSITADA EM JULGADO A SENTENÇA CONDENATÓRIA. COISA JULGADA. Não CONFIGURAÇÃO. A coisa julgada produzida na ação de cumprimento é atípica, pois dependente de condição resolutiva, ou seja, da não modificação da decisão normativa por eventual recurso. Assim, modificada a sentença normativa pelo TST, com a consequente extinção do processo, sem julgamento do mérito, deve-se extinguir a execução em andamento, uma vez que a norma sobre a qual se apoiava o título exequendo deixou de existir no mundo jurídico".

Por outro lado, frise-se que o prazo prescricional com relação à ação de cumprimento de sentença normativa somente flui a partir da data do seu trânsito em julgado, conforme previsto na Súmula 350 do TST.

A ação de cumprimento também pode ser utilizada para observância de acordo coletivo ou convenção coletiva de trabalho, conforme previsto na Lei 8.984/1995 e Súmula 286 do TST.

A SDI-I/TST, por meio da OJ 188, firmou entendimento no sentido de que há falta de interesse processual para a ação individual, singular ou plúrima, quando o direito vindicado já tiver sido reconhecido mediante sentença normativa, cabendo, em tal caso, ação de cumprimento.

9.3. DISSÍDIO COLETIVO NO SERVIÇO PÚBLICO

Inicialmente, em relação às empresas públicas e sociedades de economia mista que desenvolvem atividade econômica (art. 173, § 1.º, II, da CF/1988), por se tratar de pessoas jurídicas de direito privado, não há dúvida de que deverão se submeter aos efeitos da sentença normativa eventualmente prolatada, aplicando-a às relações individuais de trabalho mantidas com os seus empregados públicos, como ocorre em relação ao Banco do Brasil, CEF, Petrobrás etc.

Quanto à administração pública direta, autárquica e fundacional, que adotar o regime estatutário, também há consenso de que os efeitos da sentença normativa não alcançarão tais pessoas jurídicas de direito público, uma vez que os servidores não serão regidos pela Consolidação das Leis do Trabalho, e sim por estatuto próprio.

O questionamento surge quando a administração direta, autárquica e fundacional adota o regime do emprego público, conforme possibilidade prevista no art. 39 da CF/1988, pois os servidores contratados nesse regime serão regidos pela Consolidação das Leis do Trabalho.

Esta possibilidade, no âmbito federal, está inclusive prevista na Lei 9.962/2000, que dispõe sobre o regime do emprego público do pessoal da administração federal direta, autárquica e fundacional.

Contudo, entendemos que os efeitos da sentença normativa não alcançarão os empregados públicos da administração direta, autárquica e fundacional, seja da União, dos Estados, dos Municípios ou do Distrito Federal, salvo no que atine às cláusulas de natureza social, pelos seguintes motivos:

- a administração pública deve respeitar o princípio da legalidade, somente podendo conceder aumento aos servidores ocupantes de cargos ou empregos públicos mediante lei de iniciativa do chefe do Poder Executivo (arts. 61 e 37, X, da CF/1988);

- o art. 169, §§ 1.º e 2.º, da CF/1988 estabelece que qualquer aumento da remuneração dos servidores ocupantes de cargos ou empregos públicos somente será possível se houver prévia previsão orçamentária suficiente para atender às projeções de despesa de pessoal e aos acréscimos dela decorrentes, bem como se existir autorização específica da lei de diretrizes orçamentárias;
- a Constituição Federal de 1988 também determina que a revisão geral da remuneração dos servidores públicos será feita na mesma data, sempre mediante lei (art. 37, X);
- não foi assegurado aos servidores públicos o reconhecimento das convenções coletivas de trabalho e acordos coletivos de trabalho (art. 39, § 3.º, da CF/1988), não se aplicando também a esses servidores, por consequência, as sentenças normativas.

O Tribunal Superior do Trabalho firmou entendimento por meio da OJ 5 da SDC, no sentido de que, em face de pessoa jurídica de direito público que mantenha empregados, cabe dissídio coletivo exclusivamente para apreciação de cláusulas de natureza social. Inteligência da Convenção 151 da Organização Internacional do Trabalho, ratificada pelo Decreto Legislativo 206/2010. Senão vejamos:

> "OJ 05 DA SDC/TST. DISSÍDIO COLETIVO. PESSOA JURÍDICA DE DIREITO PÚBLICO. POSSIBILIDADE JURÍDICA. CLÁUSULA DE NATUREZA SOCIAL (redação alterada na sessão do Tribunal Pleno realizada em 14.09.2012) – Res. 186/2012, *DEJT* 25, 26 e 27.09.2012. Em face de pessoa jurídica de direito público que mantenha empregados, cabe dissídio coletivo exclusivamente para apreciação de cláusulas de natureza social. Inteligência da Convenção n.º 151 da Organização Internacional do Trabalho, ratificada pelo Decreto Legislativo n.º 206/2010".

9.4. Resumo da matéria

1. O art. 114, § 1.º, da CF/1988 dispõe que, frustrada a negociação coletiva, as partes poderão eleger árbitros para solucionar o impasse. Todavia, no palco do direito coletivo laboral, raramente os sindicatos conflitantes nomeiam árbitro para pôr fim à celeuma, seja pela falta de recursos financeiros para arcar com as despesas do profissional contratado, seja pelo clima de desconfiança surgido entre os entes envolvidos.

2. Com isso, nasce a possibilidade de as partes se utilizarem de um instrumento de heterocomposição denominado dissídio coletivo, que nada mais é do que uma ação que vai dirimir os conflitos coletivos de trabalho por meio do pronunciamento do Poder Judiciário do Trabalho, seja fixando novas normas e condições de trabalho para determinadas categorias, seja interpretando normas jurídicas preexistentes.

3. O poder normativo da Justiça do Trabalho consiste na competência constitucionalmente assegurada aos tribunais laborais de solucionar os conflitos coletivos de trabalho, estabelecendo, por meio da denominada sentença normativa, normas gerais e abstratas de conduta, de observância obrigatória para as categorias profissionais e econômicas abrangidas pela decisão, repercutindo nas relações individuais de trabalho.

4. O poder normativo da Justiça do Trabalho, aliado à contribuição sindical obrigatória e à unicidade sindical, sempre foram considerados pela doutrina como fatores impeditivos da liberdade sindical plena no Brasil.

5. A EC 45/2004, ao alterar o § 2.º do art. 114 da Carta Maior, limitou, consideravelmente, o poder normativo da Justiça do Trabalho, visto que, doravante, o dissídio coletivo de natureza econômica somente poderá ser proposto se houver mútuo acordo, ou seja, se houver a concordância de ambos os entes sindicais.

6. Logo, verifica-se que a Justiça do Trabalho transformou-se numa espécie de juízo arbitral, somente podendo atuar e exercer o denominado poder normativo se ambos os entes sindicais concordarem com o ajuizamento do dissídio coletivo.

7. Em relação aos limites do poder normativo, estes estão inseridos na própria Constituição Federal de 1988. Logo, a sentença normativa encontra limites na própria lei, somente podendo atuar no vazio, no vácuo deixado propositadamente pela norma, não sendo lícito, entretanto, sobrepor-se ou contrariar a legislação em vigor.

8. O dissídio coletivo somente poderá ser suscitado uma vez esgotada ou frustrada, total ou parcialmente, a negociação coletiva implementada diretamente pelos entes interessados, ou mesmo intermediada pelo órgão competente do Ministério do Trabalho, mediante a realização das denominadas "mesas de negociação".

9. Caso seja suscitado um dissídio coletivo sem o esgotamento da negociação prévia pelos entes interessados, será o processo extinto pelo Tribunal do Trabalho sem julgamento do mérito, com base no art. 485, IV, do CPC.

10. Após a EC 45/2004, já mencionada, que alterou o art. 114, § 2.º, da Carta de 1988, tornou-se imprescindível, para o cabimento do dissídio coletivo de natureza econômica, que ambos os entes sindicais concordem com o ajuizamento do dissídio, sob pena de não cabimento da instância.

11. Por outro lado, embora a matéria já fosse pacífica na doutrina e jurisprudência, a nova redação do art. 114, II, da CF/1988, imposta pela EC 45/2004, tornou explícita a competência da Justiça do Trabalho para processar e julgar as ações que envolvam o exercício do direito de greve, entre elas, o dissídio coletivo de greve, em geral ajuizada pelo ente patronal em caso de suspensão dos trabalhos pelos obreiros.

12. Também foi acrescentado pela EC 45/2004 o § 3.º ao art. 114 da Constituição, estabelecendo que, "em caso de greve em atividade essencial, com possibilidade de lesão do interesse público, o Ministério Público do Trabalho poderá ajuizar dissídio coletivo, competindo à Justiça do Trabalho decidir o conflito".

13. Independentemente da espécie de dissídio coletivo proposto, quem instaura ou suscita o dissídio coletivo chama-se suscitante, recebendo a parte contrária a denominação de suscitado.

14. Frise-se que, não havendo sindicato representativo da categoria econômica ou profissional, a representação poderá ser instaurada pelas federações correspondentes e, na falta destas, pelas respectivas confederações, no âmbito de sua representação, conforme autorização legal prevista no art. 857, parágrafo único, da CLT.

15. O art. 856 da CLT estabelece que "a instância será instaurada mediante representação escrita ao Presidente do Tribunal. Poderá ser também instaurada por iniciativa do Presidente, ou, ainda, a requerimento da Procuradoria da Justiça do Trabalho, sempre que ocorrer suspensão do trabalho".

16. Em relação à legitimidade do Ministério Público do Trabalho para suscitar dissídio coletivo de greve em caso de paralisação do trabalho pelos empregados, não há qualquer dúvida, visto que, na qualidade de defensor da ordem jurídica, age o *Parquet* na defesa do interesse público, principalmente em virtude dos prejuízos que a sociedade possa sofrer em face da paralisação abusiva do trabalho, com desrespeito aos mandamentos previstos na Lei 7.783/1989 (Lei de Greve).

17. Ainda em relação ao dissídio coletivo de greve, além do Ministério Público do Trabalho, também poderá atuar como legitimado ativo da demanda o sindicato representativo da categoria econômica ou as empresas isoladamente consideradas. Confiram-se as OJs 19 e 22 da SDC sobre o tema.

18. A competência em razão da matéria para julgamento do dissídio coletivo é da Justiça do Trabalho, em face do estatuído no art. 114 da Carta Maior.

19. Quando a base territorial dos sindicatos envolvidos estiver inserta na jurisdição de somente um Tribunal Regional do Trabalho, será o mesmo competente, de forma originária, para conhecer do dissídio.

20. Todavia, se a base territorial dos entes sindicais abranger a jurisdição territorial de mais de um Tribunal Regional do Trabalho, a competência originária para julgamento do dissídio será do Tribunal Superior do Trabalho.

21. A petição inicial do dissídio coletivo será apresentada em tantas vias quantos forem os suscitados e deverá conter a designação e qualificação dos suscitantes e suscitados, a natureza do estabelecimento ou serviço, os motivos do dissídio e as bases de conciliação, devendo ser escrita, não se admitindo o dissídio coletivo verbal.

22. A representação dos sindicatos para instauração da instância fica subordinada à aprovação de assembleia, da qual participem os associados interessados na solução do dissídio coletivo, em primeira convocação, por maioria de 2/3 destes, ou, em segunda convocação, por 2/3 dos presentes.

23. Havendo convenção coletiva, acordo coletivo ou sentença normativa em vigor, o dissídio coletivo deverá ser instaurado dentro dos 60 dias anteriores ao respectivo termo final do respectivo instrumento, para que o novo instrumento possa ter vigência no dia imediato a esse termo, conforme previsão explícita no art. 616, § 3.º, da CLT.

24. Recebida e protocolada a petição inicial do dissídio e estando a mesma devidamente instruída, o presidente do tribunal designará audiência de conciliação, dentro do prazo de 10 dias, determinando a notificação postal dos dissidentes.

25. No entanto, se a instância instaurada for a de greve, a audiência deverá ser realizada o mais breve possível, sendo muitas vezes as partes envolvidas notificadas por telefone ou *fax*.

26. No dissídio coletivo não há que falar em contestação, reconvenção, revelia, confissão ou intervenção de terceiros, uma vez que na instância não há pedido, mas sim propostas de criação de novas normas, estando em debate o interesse abstrato de toda uma categoria profissional ou econômica, pelo que a decisão a ser proferida transcende à iniciativa das partes.

27. Havendo acordo, o presidente o submeterá à homologação do Tribunal na primeira sessão (art. 863 da CLT), e a decisão que homologar o acordo também será considerada uma decisão normativa.

28. Após o parecer do Ministério Público do Trabalho, o processo será distribuído ao relator, mediante sorteio. Elaborado o relatório, o processo é encaminhado ao revisor e depois submetido a julgamento pelo tribunal.

29. A sentença normativa é a decisão proferida pelos tribunais (Tribunal Regional do Trabalho ou Tribunal Superior do Trabalho) ao julgar um dissídio coletivo.

30. Tratando-se de dissídio coletivo de natureza econômica, a sentença normativa terá natureza constitutiva, pois objetiva criar, constituir novas condições de trabalho.

31. Por outro lado, quando a sentença normativa for proferida no bojo de um dissídio coletivo de natureza jurídica, tal sentença terá natureza declaratória, pois apenas tem por finalidade interpretar a norma já existente.

32. O prazo máximo de vigência da sentença normativa será de quatro anos, a teor do art. 868, parágrafo único, da CLT.

33. Os efeitos da sentença normativa são *erga omnes*, pois atingirão a todos os organismos sindicais envolvidos no dissídio coletivo, em regra, e a todos os integrantes das categorias econômicas e profissionais, associados ou não, repercutindo nas relações individuais de trabalho.

34. Todavia, nos processos em que o dissídio é instaurado por empresa, os efeitos da sentença normativa alcançarão apenas os trabalhadores da empresa representados pelo sindicato, sejam associados ou não.

35. Apenas deve-se ressaltar que, embora a sentença normativa produza coisa julgada formal e material, a mesma estará sujeita à revisão se materializada a cláusula *rebus sic stantibus*. Em outras palavras, decorrido um ano após a vigência da sentença normativa, se tiverem sido modificadas as circunstâncias que as ditaram, de modo que tais condições se hajam tornado injustas ou inaplicáveis, a sentença poderá ser revista.

36. A Lei 7.701/1988, art. 9.º, permite que o presidente do Tribunal Superior do Trabalho conceda efeito suspensivo ao recurso ordinário, pelo prazo improrrogável de 120 dias contados da publicação, salvo se este for julgado antes do término do prazo.

37. Caso a sentença normativa seja prolatada de forma originária pelo Tribunal Superior do Trabalho, sendo a decisão não unânime, caberão embargos infringentes (Lei 7.701/1988, art. 2.º, II, *c*, a serem julgados pela SDC (Seção de Dissídios Coletivos), salvo se a decisão atacada estiver em consonância com precedente jurisprudencial do Tribunal Superior do Trabalho ou da súmula de sua jurisprudência predominante.

38. Quando os efeitos da sentença normativa abranger apenas uma fração de empregados da empresa, poderá haver a extensão dessa decisão aos demais empregados da mesma empresa e, até mesmo, a extensão a todos os empregados da respectiva categoria profissional.

39. Decorrido mais de um ano de sua vigência, caberá revisão das decisões que fixarem condições de trabalho, quando tiverem sido modificadas as circunstâncias que as ditaram, de modo que tais condições se hajam tornado injustas ou inaplicáveis.

40. A ação de cumprimento é uma ação de conhecimento de cunho condenatório proposta pelo sindicato profissional ou pelos próprios trabalhadores interessados, perante a Vara do Trabalho, obedecida a regra do art. 651 da CLT, cujo procedimento é semelhante ao do dissídio individual, não sendo permitido às partes discutir questões de fato ou de direito que já foram apreciadas na sentença normativa, ainda que esta não tenha transitado em julgado.

41. Não obstante a redação do art. 872 da CLT indicar a necessidade do trânsito em julgado da sentença normativa para o ajuizamento da ação de cumprimento, a Lei 7.701/1988, no art. 7.º, § 6.º, passou a estabelecer que a sentença normativa poderá ser objeto de ação de cumprimento a partir do 20.º dia subsequente ao julgamento, fundada no acórdão ou na certidão de julgamento.

42. Frise-se que o prazo prescricional com relação à ação de cumprimento de sentença normativa somente flui a partir da data do seu trânsito em julgado, conforme previsto na Súmula 350 do TST.

43. Em relação às empresas públicas e sociedades de economia mista que desenvolvem atividade econômica (art. 173, § 1.º, II, da CF/1988), por se tratar de pessoas jurídicas de direito privado, não há dúvida de que deverão as mesmas se submeter aos efeitos da sentença normativa eventualmente prolatada, aplicando-a às relações individuais de trabalho mantidas com os seus empregados públicos, como ocorre em relação ao Banco do Brasil, CEF, Petrobrás etc.

44. Quanto à administração pública direta, autárquica e fundacional, que adotar o regime estatutário, também há consenso de que os efeitos da sentença normativa não alcançarão tais pessoas jurídicas de direito público, uma vez que os servidores não serão regidos pela Consolidação das Leis do Trabalho, e sim por estatuto próprio.

45. Entendemos que os efeitos da sentença normativa não alcançarão os empregados públicos da administração direta, autárquica e fundacional, seja da União, dos Estados, dos Municípios ou do Distrito Federal, salvo no que atine às cláusulas de natureza social, conforme previsto na OJ 5 da SDC/TST.

9.5. QUESTÕES CORRELATAS

01. (TRT-4/Magistratura do Trabalho/2012) Em relação ao dissídio coletivo é correto afirmar:

(A) A sentença normativa vigorará a partir da data de sua prolação.

(B) O prazo de vigência da sentença normativa será fixado pelo Tribunal e não poderá ser superior a 2 (dois) anos.

(C) A representação dos sindicatos para instaurar a instância fica subordinada à aprovação em assembleia, da qual participem os associados interessados na solução do dissídio coletivo, sendo necessária metade mais um dos votos dos presentes.

(D) É facultado ao empregador fazer-se representar na audiência pelo gerente ou por qualquer outro preposto que tenha conhecimento do dissídio, e por cujas declarações será sempre responsável.

(E) A representação para instaurar a instância em dissídio coletivo constitui prerrogativa exclusiva das associações sindicais.

02. (TRT-1/Analista Judiciário – Execução de Mandados/2013) Conforme previsão contida na Consolidação das Leis do Trabalho – CLT, são submetidos à apreciação da Justiça do Trabalho tanto dissídios individuais como dissídios coletivos. Sobre esses últimos, com base na CLT, é correto afirmar que:

(A) a instância em dissídio coletivo será instaurada apenas mediante representação escrita das associações sindicais, em qualquer situação.

(B) em caso de dissídio coletivo que tenha por motivo novas condições de trabalho e no qual figure como parte apenas uma fração de empregados de uma empresa, poderá o Tribunal competente estender tais condições de trabalho aos demais empregados da empresa que forem da mesma profissão dos dissidentes.

(C) a decisão sobre novas condições de trabalho não poderá também ser estendida a todos os empregados da mesma categoria profissional compreendida na jurisdição do Tribunal, apenas aos da mesma empresa.

(D) decorridos mais de 6 (seis) meses de sua vigência, caberá revisão das decisões que fixarem condições de trabalho, quando se tiverem modificado as circunstâncias que as ditaram, de modo que tais condições se hajam tornado injustas ou inaplicáveis.

(E) a revisão será julgada pelo Tribunal Superior do Trabalho quando a decisão tiver sido proferida pelo Tribunal Regional do Trabalho, depois de ouvida a Procuradoria da Justiça do Trabalho.

03. (TRT-20/Magistratura do Trabalho/2012) No que tange à ação de cumprimento, é INCORRETO afirmar:

(A) Em relação à natureza jurídica, a ação de cumprimento é uma ação de conhecimento, do tipo condenatória.

(B) A legitimação para a propositura da ação de cumprimento é concorrente, à medida que tanto o sindicato como os empregadores poderão propô-la.

(C) A competência para processar e julgar ação de cumprimento é das Varas do Trabalho.

(D) É dispensável o trânsito em julgado da sentença normativa para a propositura da ação de cumprimento.

(E) A coisa julgada produzida na ação de cumprimento é atípica, pois dependente de condição resolutiva, ou seja, da não modificação da decisão normativa por eventual recurso. Assim, modificada a sentença normativa pelo TST, com a consequente extinção do processo, sem julgamento do mérito, deve-se extinguir a execução em andamento, uma vez que a norma sobre a qual se apoiava o título exequendo deixou de existir no mundo jurídico.

04. (TRT4 – AJAJ – 2015) Conforme expresso dispositivo legal, em dissídio coletivo a decisão sobre novas condições de trabalho poderá também ser estendida a todos os empregados da mesma categoria profissional compreendida na jurisdição do Tribunal. Entretanto, NÃO possuiu legitimidade para tal solicitação

(A) um ou mais empregadores ou de qualquer sindicato destes.

(B) um ou mais sindicatos de empregados.

(C) agente da Delegacia Regional do Trabalho.

(D) o próprio Tribunal que proferiu a decisão, *ex officio*.

(E) Ministério Público do Trabalho.

05. (TRT9 – OJAF – 2015) Os dissídios coletivos possuem regramento próprio, previsto em legislação processual trabalhista, em relação à sua extensão e revisão da sentença normativa. Segundo tais normas, é INCORRETO afirmar:

(A) A decisão sobre novas condições de trabalho poderá também ser estendida a todos os empregados da mesma categoria profissional compreendida na jurisdição do Tribunal, por solicitação do Ministério Público do Trabalho.

(B) Sempre que o Tribunal estender a decisão em dissídio coletivo, marcará a data em que a extensão deva entrar em vigor.

(C) Para que a decisão sobre novas condições de trabalho possa ser estendida torna-se preciso que três quartos dos empregadores e dos empregados, ou os respectivos sindicatos, concordem com a extensão da decisão.

(D) Decorridos seis meses de sua vigência, caberá revisão das decisões que fixarem condições de trabalho, quando se tornaram injustas ou inaplicáveis em razão da modificação das circunstâncias que as ditaram.

(E) A revisão poderá ser promovida por iniciativa do Tribunal prolator, da Procuradoria da Justiça do Trabalho, das associações sindicais ou de empregador ou empregadores interessados no cumprimento da decisão.

06. (SEGEP/MA – Procurador – 2016) Em relação ao dissídio coletivo, é correto afirmar:

(A) Cabe revisão das decisões que fixarem condições de trabalho, desde que decorridos mais de seis meses de sua vigência, e desde que tenha havido modificação das circunstâncias que justificaram sua fixação quando da decisão.

(B) O prazo de vigência da decisão será fixado pelo Tribunal, não podendo ser superior a dois anos.

(C) A extensão da decisão sobre novas condições de trabalho a todos os empregados da mesma categoria profissional compreendida na jurisdição do Tribunal somente pode ser deferida mediante requerimento expresso firmado em conjunto pelo sindicato dos empregados e pelo sindicado dos empregadores.

(D) A audiência de conciliação será designada pelo Presidente do Tribunal dentro do prazo de cinco dias, determinando a notificação das partes para comparecimento.

(E) A representação dos sindicatos para instauração da instância fica subordinada à aprovação de assembleia, da qual participem os associados interessados na solução do dissídio coletivo, em primeira convocação, por maioria de 2/3 dos mesmos, ou, em segunda convocação, por dois terços dos presentes.

07. (TRT1 – Juiz do Trabalho – 2016) Em relação aos instrumentos normativos e ao poder normativo da Justiça do trabalho, com base na Consolidação das Leis do Trabalho e no entendimento sumulado pelo TST, é correto afirmar:

(A) Por ultratividade dos efeitos de norma coletiva se entende a possibilidade de, na coexistência de convenção e acordo aplicáveis à mesma categoria profissional, verificação da norma que, em seu conjunto, for mais favorável aos empregados.

(B) A revisão de sentença normativa, decorrido mais de um ano de sua vigência e quando tiverem se modificado as circunstâncias que a motivaram, tornando injustas as condições impostas, pode ser feita por iniciativa do tribunal prolator da decisão.

(C) As entidades sindicais não possuem legitimidade para, em sede de dissídio coletivo, ajustar cláusulas que prevejam multa para a hipótese de descumprimento de regras que sejam mera repetição de texto legal.

(D) A instauração de instância, quando existente a suspensão do trabalho, deve ser feita apenas pelo sindicato representativo da categoria profissional ou, havendo interesse público, pela Procuradoria Regional do Trabalho.

(E) *O não comparecimento injustificado à audiência de conciliação e julgamento do repre*sentante legal da parte, em ação de dissídio coletivo, implica, para a ausente, confissão quanto à matéria de fato.

08. (Cespe – Analista – EMAP/2018) Julgue o item a seguir, acerca dos dissídios coletivos no processo do trabalho.

Situação hipotética: O sindicato A e o sindicato B, representantes, respectivamente, dos empregados da categoria profissional X e dos empregadores, firmaram acordo posteriormente homologado no âmbito do tribunal regional do trabalho local. O sindicato C, representante dos empregados da categoria profissional Y, que não participou do dissídio coletivo entre os sindicatos A e B, e cujos filiados são contratados dos empregadores filiados ao sindicato B, pretende fazer que as condições constantes do acordo sejam estendidas às relações existentes entre o sindicato B e o sindicato C. Assertiva: Nessa situação, para que o sindicato C alcance sua pretensão, é suficiente que seus representantes e os do sindicato B registrem a extensão do acordo na delegacia do trabalho local.

- Certo
- Errado

09. (Cespe – Analista – EMAP/2018) Julgue o item a seguir, acerca dos dissídios coletivos no processo do trabalho.

Em vista da competência originária dos tribunais regionais do trabalho e do Tribunal Superior do Trabalho para julgar dissídios coletivos entre sindicatos de empregados e sindicatos de empregadores, é inaplicável, em qualquer hipótese processual, o manejo dos recursos de revista e de embargos no âmbito da subseção de dissídios individuais.

Certo

Errado

10. (FCC – Analista Judiciário – Área Judiciária – TRT 6/2018) A forma jurisdicional de solução dos conflitos coletivos de trabalho se dá por meio do ajuizamento de ação própria perante a Justiça do Trabalho, denominada de dissídio coletivo, sendo que

(A) havendo convenção coletiva, acordo coletivo ou sentença normativa em vigor, deverá ser instaurado dentro dos 90 dias anteriores ao respectivo termo final, para que o novo instrumento possa ter vigência no dia imediato a esse termo.

(B) estando o conflito limitado à base territorial correspondente à jurisdição de um único TRT, a competência para julgar o dissídio coletivo será deste TRT.

(C) a decisão nele proferida faz coisa julgada formal e material.

(D) a revisão da decisão que fixar condições de trabalho não pode ser promovida por iniciativa do Tribunal prolator da mesma e nem pela Procuradoria da Justiça do Trabalho, sendo faculdade exclusiva das partes o seu requerimento.

(E) é necessário o trânsito em julgado da sentença normativa para a propositura da ação de cumprimento.

11. (IADES – Advogado – CFM/2018) A Justiça do Trabalho, no que tange à representatividade, é mais flexível do que a Justiça Comum. Considerando a referida flexibilidade, assinale a alternativa correta.

(A) Somente os empregados poderão reclamar pessoalmente perante a Justiça do Trabalho, sendo permitido aos empregadores acompanhar as demandas até o final.

(B) Nos dissídios individuais, os empregados e os empregadores não poderão fazer-se representar por intermédio de sindicato.

(C) Nos dissídios individuais, os empregados poderão fazer-se representar por intermédio de representante não inscrito na Ordem dos Advogados do Brasil.

(D) Nos dissídios coletivos, é facultada aos interessados a assistência por advogado.

(E) Nos dissídios coletivos, é obrigatória aos interessados a assistência por advogado.

12. (Cespe/Cebraspe – Procurador do Estado – PGE-AL/2021) Com relação a dissídio coletivo, assinale a opção correta.

(A) A convenção e os acordos coletivos de trabalho devem observar, em todas as disposições, os limites estabelecidos pela lei.

(B) Entidade sindical possui legitimidade para instauração de dissídio coletivo contra uma empresa, ainda que não exista prévia autorização dos trabalhadores envolvidos no conflito.

(C) Constitui objeto ilícito de convenção ou acordo coletivo de trabalho a redução ou supressão da remuneração do trabalho noturno superior à do trabalho diurno.

(D) Sentença normativa pode estabelecer contribuição para entidade sindical para taxa de custeio de sistema confederativo.

(E) Acordo coletivo de trabalho superveniente a uma sentença normativa em vigor somente produzirá sua revogação quando contiver cláusula expressa capaz de revogar o conteúdo da sentença.

GABARITO

01 – D	**02** – B	**03** – B
04 – C	**05** – D	**06** – E
07 – B	**08** – errado	**09** – certo
10 – B	**11** – D	**12** – C

EDITORA
JusPODIVM
www.editorajuspodivm.com.br

COLOR
system

JUS4086